刑事诉讼法实务手册

CRIMINAL PROCEDURE LAW

李振洋 编著

中国法制出版社
CHINA LEGAL PUBLISHING HOUSE

序 言

一

本书以 2018 年刑事诉讼法（以下简称刑事诉讼法）的 308 条规定为主要面向，以《最高人民法院关于适用〈中华人民共和国刑事诉讼法〉的解释》（2021）（以下简称《高法解释》），《人民检察院刑事诉讼规则》（2019）（以下简称《高检规则》），《公安机关办理刑事案件程序规定》（2020 年修正）（以下简称《公安规定》）及其他规范为配套梳理，以权威机构、专家学者的重点解读、经典阐释为参考依据，以指导案例、标准文书的要旨解构、汇总编排为重要补充。体例上形成"条文注解""相关规定""裁判观点""文书格式"四个栏目。本书编写遵循三项原则：一是删繁就简，"相关规定"栏目以《高法解释》《高检规则》《公安规定》为主线，力求做到言简意赅、精益求精；二是条理清晰，"条文注解"栏目主要援引两高的权威解读，在此基础上重新归纳梳理，使之更具逻辑性、体系性和规范性；三是敦本务实，"裁判观点""文书格式"栏目摘选较为经典的指导案例和适用面广的文书样式，聚焦案例文书参考的典型性、广泛性和实用性。

二

"典型案例"栏目主要援引：最高人民法院指导性案例；最高人民检察院指导性案例；《刑事审判参考》案例。最高人民法院公布的相关案例摘选"裁判要旨"，最高人民检察院公布的相关案例摘选"要旨"。"文书格式"栏目主要参照：最高人民检察院《人民检察院工作文书格式样本（2020 年版）》；最高人民法院《法院刑事诉讼文书（样本）1999 年版》以及官方网站（https://www.court.gov.cn/）"权威发布"项下"诉讼文书样式"；公安部《公安机关刑事法律文书式样（2012 版）》及《关于修改和补充部分刑事法律文书式样的通知》（公法制〔2020〕1009 号）；司法部《关于印发〈刑事诉讼中律师使用文书格式〉的通知》（司发通〔2000〕102号）。"条文注解"栏目主要引用：最高人民法院、最高人民检察院、公安部关于适用刑事诉讼法相关问题的意见、说明、解释及通知等参考文献。

三

笔者致力于将《刑事诉讼法实务手册》打造成读者朋友学习查阅、理解应用刑诉法的工具书，法律工作者学术研究、实务操作的参考书，法科学子掌握法条、融会贯通的教辅书。编写过程中，笔者有几点感慨：从1979年新中国第一部刑诉法，到1996年八届全国人大四次会议首次修正，再到2012年、2018年两次刑诉法修正案的通过，四次刑诉法修改见证着中国程序法治逐步迈向现代化的坚实步伐，也凝聚了几代法学前辈不忘初心、久久为功的胆识与心血。每一个法条的新增与修改，都是若干年实践操作跃升到经验书写的最佳表达，都是若干年理论建构融入到立法完善的具体体现。由此看来，以"考镜源流、辨其原委"为依归的法律注释工作也就微不足道了。倘若这微不足道的工作能得到读者"有用"的评价，那便是笔者最大的期待。笔者水平有限，本书仍有不足之处，敬请读者批评指正。

李振洋
2022年10月于北京

扫码领取文件电子书

目　　录

第一编　总　　则 …………………………………………………………… 1

第一章　任务和基本原则 ……………………………………………… 1

第　一　条　立法宗旨 ……………………………………………… 1
第　二　条　本法任务 ……………………………………………… 1
第　三　条　侦查权、检察权、审判权由专门机关依法行使
　　　　　　原则　严格遵守法律程序原则 …………………… 2
第　四　条　专门机关法律授权原则 ……………………………… 2
第　五　条　人民法院、人民检察院依法独立行使职权原则 …… 3
第　六　条　依靠群众原则　以事实为根据，以法律为准绳
　　　　　　原则　公民适用法律一律平等原则 …………………… 4
第　七　条　分工负责、互相配合、互相制约原则 ……………… 5
第　八　条　人民检察院依法进行法律监督原则 ………………… 5
第　九　条　使用本民族语言文字原则 …………………………… 7
第　十　条　两审终审原则 ………………………………………… 8
第十一条　审判公开原则　被告人有权获得辩护原则 ………… 8
第十二条　禁止有罪推定原则 …………………………………… 9
第十三条　人民陪审原则 ………………………………………… 9
第十四条　犯罪嫌疑人、被告人有权获得辩护原则　保障
　　　　　　诉讼参与人诉讼权利原则 …………………………… 12
第十五条　认罪认罚从宽原则 …………………………………… 17
第十六条　法定情形不予追究刑事责任原则 …………………… 30

第十七条　追究外国人刑事责任适用我国刑诉法 32
第十八条　刑事司法协助 36

第二章　管　　辖 40

第十九条　立案管辖 40
第二十条　基层法院管辖 43
第二十一条　中级法院管辖 44
第二十二条　高级法院管辖 44
第二十三条　最高法院管辖 45
第二十四条　变更管辖 45
第二十五条　地域管辖 47
第二十六条　管辖权竞合 49
第二十七条　指定管辖 49
第二十八条　专门管辖 52

第三章　回　　避 53

第二十九条　法定回避事由 53
第三十条　违反职业准则回避 55
第三十一条　回避的程序 56
第三十二条　回避准用范围 58

第四章　辩护与代理 58

第三十三条　委托辩护权及辩护人资格 58
第三十四条　委托辩护 61
第三十五条　法律援助 64
第三十六条　值班律师 69
第三十七条　辩护人责任 72
第三十八条　辩护律师在侦查期间诉讼权利 72

第三十九条　辩护律师会见权和通信权 73
　第四十条　辩护人阅卷权 76
　第四十一条　辩护人申请调取证据权 78
　第四十二条　辩护人无罪证据开示义务 79
　第四十三条　辩护律师调查取证权 80
　第四十四条　辩护人依法辩护义务 82
　第四十五条　被告人辩护选择权 82
　第四十六条　诉讼代理权 83
　第四十七条　委托诉讼代理人程序 85
　第四十八条　辩护律师保密权及例外情形 86
　第四十九条　辩护人、诉讼代理人申诉控告权 87

第五章　证　据 88
　第五十条　证据概念及种类 88
　第五十一条　举证责任 100
　第五十二条　依法全面取证义务 100
　第五十三条　司法文书忠于事实原则 101
　第五十四条　收集、调取证据的职权和要求 101
　第五十五条　证明原则和证明标准 103
　第五十六条　非法证据排除规则 107
　第五十七条　检察机关对非法取证的处理 111
　第五十八条　证据合法性法庭调查 113
　第五十九条　证据合法性的证明责任与证明方法 115
　第六十条　非法证据的认定与排除 118
　第六十一条　证人证言的质证与查实 118
　第六十二条　证人作证义务与能力 119
　第六十三条　证人保护机制 119

- 第六十四条　作证专门保护措施 …… 120
- 第六十五条　证人补助制度 …… 121

第六章　强制措施 …… 122

- 第六十六条　非羁押性强制措施 …… 122
- 第六十七条　取保候审的适用条件、决定及执行 …… 123
- 第六十八条　取保候审的保证要求 …… 126
- 第六十九条　保证人条件 …… 127
- 第 七 十 条　保证人义务 …… 127
- 第七十一条　取保候审要求及违反后果 …… 129
- 第七十二条　保证金适用规则 …… 136
- 第七十三条　保证金退还 …… 137
- 第七十四条　监视居住的适用条件和决定、执行 …… 139
- 第七十五条　监视居住的执行程序 …… 142
- 第七十六条　指定居所监视居住期限的刑期折抵 …… 145
- 第七十七条　监视居住的规定及违反后果 …… 146
- 第七十八条　监视居住的监督措施 …… 147
- 第七十九条　取保候审、监视居住的法定期限及解除 …… 148
- 第 八 十 条　逮捕的批准、决定和执行 …… 150
- 第八十一条　逮捕适用条件 …… 153
- 第八十二条　拘留适用条件 …… 159
- 第八十三条　异地执行拘留、逮捕 …… 160
- 第八十四条　公民扭送的适用条件 …… 162
- 第八十五条　拘留的执行 …… 162
- 第八十六条　拘留之后的处理 …… 163
- 第八十七条　提请批准逮捕 …… 164
- 第八十八条　审查批准逮捕 …… 166

第八十九条	批捕权限	168
第九十条	批捕决定与执行	168
第九十一条	提请批捕审查期限	173
第九十二条	不批捕的复议、复核	174
第九十三条	逮捕执行程序	177
第九十四条	逮捕后处理	178
第九十五条	羁押必要性审查	179
第九十六条	撤销或变更强制措施	181
第九十七条	变更强制措施	183
第九十八条	羁押期限届满的处理程序	184
第九十九条	强制措施期限届满时的处理程序	185
第一百条	审查批准逮捕的侦查监督	188

第七章 附带民事诉讼 189

第一百零一条	附带民事诉讼的提起	189
第一百零二条	财产保全	193
第一百零三条	附带民事诉讼的调解与裁判	195
第一百零四条	附带民事诉讼的审判方式	198

第八章 期间、送达 199

第一百零五条	期间及其计算	199
第一百零六条	期间顺延	200
第一百零七条	送达	200

第九章 其他规定 202

第一百零八条	专门术语	202

第二编 立案、侦查和提起公诉 …… 204

第一章 立 案 …… 204

第一百零九条 立案职责 …… 204

第一百一十条 立案材料来源与接受 …… 205

第一百一十一条 报案、控告、举报的方式和要求 …… 207

第一百一十二条 立案审查与处理 …… 209

第一百一十三条 立案监督 …… 211

第一百一十四条 自诉案件的受理 …… 216

第二章 侦 查 …… 218

第一节 一般规定 …… 218

第一百一十五条 侦查职责 …… 218

第一百一十六条 预审 …… 218

第一百一十七条 对违法诉讼行为的申诉、控告 …… 219

第二节 讯问犯罪嫌疑人 …… 221

第一百一十八条 讯问主体与场所 …… 221

第一百一十九条 传唤、拘传的程序 …… 221

第一百二十条 讯问程序 …… 224

第一百二十一条 讯问聋、哑人 …… 225

第一百二十二条 讯问笔录 …… 225

第一百二十三条 讯问过程录音录像 …… 227

第三节 询问证人 …… 227

第一百二十四条 询问证人的程序 …… 227

第一百二十五条 告知证人义务及法律责任 …… 229

第一百二十六条 询问笔录的制作 …… 229

第一百二十七条 询问被害人的程序 …… 229

第四节 勘验、检查 ... 229

第一百二十八条 勘验、检查的主体和范围 ... 229
第一百二十九条 现场保护和通知义务 ... 233
第一百三十条 勘验、检查的要求 ... 233
第一百三十一条 尸体解剖程序 ... 233
第一百三十二条 人身检查程序 ... 234
第一百三十三条 勘验、检查笔录制作 ... 235
第一百三十四条 复验、复查程序 ... 235
第一百三十五条 侦查实验 ... 236

第五节 搜 查 ... 236

第一百三十六条 搜查的主体和范围 ... 236
第一百三十七条 公民提交证据义务 ... 238
第一百三十八条 持证搜查与例外 ... 238
第一百三十九条 搜查程序规范 ... 239
第一百四十条 搜查笔录制作 ... 240

第六节 查封、扣押物证、书证 ... 240

第一百四十一条 查封、扣押的对象及保管 ... 240
第一百四十二条 查封、扣押程序 ... 242
第一百四十三条 扣押邮件、电报的程序 ... 243
第一百四十四条 查询、冻结财产程序 ... 245
第一百四十五条 查封、扣押、冻结的解除 ... 248

第七节 鉴 定 ... 250

第一百四十六条 鉴定对象和主体 ... 250
第一百四十七条 鉴定要求和法律责任 ... 251
第一百四十八条 鉴定意见的告知及异议权 ... 252
第一百四十九条 精神病鉴定期间的扣除 ... 254

第八节 技术侦查措施 ······ 255
第一百五十条 技术侦查措施的适用范围 ······ 255
第一百五十一条 技术侦查适用规范 ······ 257
第一百五十二条 技术侦查措施实施规范 ······ 259
第一百五十三条 秘密侦查适用程序 ······ 260
第一百五十四条 技术侦查证据使用 ······ 261

第九节 通 缉 ······ 262
第一百五十五条 通缉条件和程序 ······ 262

第十节 侦查终结 ······ 265
第一百五十六条 侦查羁押期限 ······ 265
第一百五十七条 特殊情形延期审理 ······ 266
第一百五十八条 重大复杂案件侦查羁押期限 ······ 266
第一百五十九条 重罪案件侦查羁押期限 ······ 267
第一百六十条 特殊情形侦查羁押期限 ······ 268
第一百六十一条 听取辩护律师意见 ······ 270
第一百六十二条 侦查终结 ······ 271
第一百六十三条 撤销案件 ······ 274

第十一节 人民检察院对直接受理的案件的侦查 ······ 276
第一百六十四条 自侦案件侦查 ······ 276
第一百六十五条 自侦案件的逮捕、拘留 ······ 277
第一百六十六条 自侦案件拘留后讯问 ······ 278
第一百六十七条 自侦案件逮捕时限与变更强制措施 ······ 278
第一百六十八条 自侦案件侦查终结 ······ 279

第三章 提起公诉 ······ 280
第一百六十九条 审查起诉职能 ······ 280
第一百七十条 监察机关移送起诉案件的审查 ······ 283

第一百七十一条	审查起诉查明事项	285
第一百七十二条	审查起诉期限	287
第一百七十三条	审查起诉程序	289
第一百七十四条	签署认罪认罚具结书	293
第一百七十五条	审查起诉阶段补充侦查	297
第一百七十六条	提起公诉	302
第一百七十七条	不起诉决定及处理	313
第一百七十八条	不起诉决定的宣布及送达	320
第一百七十九条	对不起诉决定的复议、复核	321
第一百八十条	被害人对不起诉决定的申诉、救济	322
第一百八十一条	被不起诉人申诉权	324
第一百八十二条	特殊情形下撤销案件、不起诉	325

第三编 审　判 ……327

第一章　审判组织 ……327

第一百八十三条	合议庭组成规则	327
第一百八十四条	合议庭评议规则	328
第一百八十五条	审委会讨论决定案件	328

第二章　第一审程序 ……329

第一节　公诉案件 ……329

第一百八十六条	公诉案件审查	329
第一百八十七条	庭前准备程序	332
第一百八十八条	公开审判及例外	335
第一百八十九条	出庭支持公诉	336
第一百九十条	开庭	337
第一百九十一条	开庭讯问及发问	338

第一百九十二条　出庭作证 ………………………………………… 341

第一百九十三条　强制证人出庭作证 …………………………… 344

第一百九十四条　询问证人、鉴定人 …………………………… 344

第一百九十五条　证据出示与质证 ……………………………… 346

第一百九十六条　法庭调查核实证据 …………………………… 348

第一百九十七条　证据申请 ………………………………………… 349

第一百九十八条　法庭调查、法庭辩论和最后陈述 ………… 350

第一百九十九条　违反法庭秩序的处理 ………………………… 354

第 二 百 条　评议、判决 ………………………………………… 355

第二百零一条　认罪认罚案件量刑建议的采纳与调整 ……… 359

第二百零二条　宣告判决 …………………………………………… 362

第二百零三条　判决书制作 ………………………………………… 363

第二百零四条　延期审理 …………………………………………… 363

第二百零五条　审判阶段补充侦查期限 ………………………… 366

第二百零六条　中止审理 …………………………………………… 366

第二百零七条　法庭笔录 …………………………………………… 367

第二百零八条　公诉案件审理期限 ……………………………… 368

第二百零九条　审判监督 …………………………………………… 369

第二节　自诉案件 ……………………………………………………………… 371

第二百一十条　自诉案件范围 …………………………………… 371

第二百一十一条　自诉案件审查后处理 ………………………… 372

第二百一十二条　自诉案件调解及审理期限 ………………… 374

第二百一十三条　反诉 ……………………………………………… 375

第三节　简易程序 ……………………………………………………………… 377

第二百一十四条　简易程序适用范围 …………………………… 377

第二百一十五条　简易程序的除外情形 ………………………… 379

第二百一十六条	简易程序案件审判组织	380
第二百一十七条	简易程序对被告人的核实询问	380
第二百一十八条	简易程序案件法庭辩论	381
第二百一十九条	简易程序简化标准	381
第二百二十条	简易程序案件审理期限	382
第二百二十一条	简易程序转换为普通程序	382

第四节 速裁程序 ······ 382

第二百二十二条	速裁程序适用条件	382
第二百二十三条	不适用速裁程序情形	386
第二百二十四条	速裁程序简化标准	386
第二百二十五条	速裁程序案件审理期限	387
第二百二十六条	速裁程序换为简易程序或者普通程序	387

第三章 第二审程序 ······ 388

第二百二十七条	上诉权	388
第二百二十八条	抗诉权	389
第二百二十九条	被害人请求抗诉权	391
第二百三十条	上诉、抗诉的期限	393
第二百三十一条	上诉程序	393
第二百三十二条	抗诉程序	394
第二百三十三条	二审程序全面审查原则	396
第二百三十四条	二审审理方式	398
第二百三十五条	检察院在二审中职责	399
第二百三十六条	二审案件裁判方式	402
第二百三十七条	上诉不加刑原则及例外	407
第二百三十八条	一审违反法定程序的处理	408
第二百三十九条	发回重审案件审理程序	409

第二百四十条　对裁定的二审 ………………………………… 410

第二百四十一条　发回重审案件审理期限 …………………… 411

第二百四十二条　二审审理程序 ……………………………… 411

第二百四十三条　二审审理期限 ……………………………… 411

第二百四十四条　终审裁判 …………………………………… 412

第二百四十五条　查封、扣押、冻结财物的处理程序 ……… 412

第四章　死刑复核程序 …………………………………………… 417

第二百四十六条　死刑核准权 ………………………………… 417

第二百四十七条　死刑案件报请核准程序 …………………… 418

第二百四十八条　死缓核准权 ………………………………… 419

第二百四十九条　死刑和死缓复核的审判组织 ……………… 421

第二百五十条　死刑复核裁判方式 …………………………… 422

第二百五十一条　死刑复核程序规范 ………………………… 423

第五章　审判监督程序 …………………………………………… 425

第二百五十二条　申诉及其审查处理 ………………………… 425

第二百五十三条　启动再审 …………………………………… 429

第二百五十四条　提起再审程序 ……………………………… 429

第二百五十五条　指令再审的法院 …………………………… 436

第二百五十六条　再审程序 …………………………………… 437

第二百五十七条　再审案件的强制措施和中止执行 ………… 441

第二百五十八条　再审审理期限 ……………………………… 442

第四编　执　行 …………………………………………………… 445

第二百五十九条　执行法律依据 ……………………………… 445

第二百六十条　无罪、免除刑事处罚的执行 ………………… 445

第二百六十一条　死刑与死缓的执行 ………………………… 446

第二百六十二条	死刑的交付与停止执行	446
第二百六十三条	死刑执行程序	449
第二百六十四条	死缓、无期徒刑、有期徒刑和拘役的执行	451
第二百六十五条	暂予监外执行	454
第二百六十六条	暂予监外执行的事先监督	455
第二百六十七条	暂予监外执行的监督程序	457
第二百六十八条	暂予监外执行的终止	459
第二百六十九条	社区矫正	461
第二百七十条	剥夺政治权利的执行	467
第二百七十一条	罚金执行	468
第二百七十二条	没收财产的执行	468
第二百七十三条	新罪、漏罪的追诉和减刑、假释	470
第二百七十四条	减刑、假释的法律监督	478
第二百七十五条	刑罚执行中错判和申诉的处理	481
第二百七十六条	执行监督	481

第五编 特别程序 …… 483

第一章 未成年人刑事案件诉讼程序 …… 483

第二百七十七条	未成年人案件办理原则及要求	483
第二百七十八条	未成年人案件法律援助	496
第二百七十九条	社会调查	498
第二百八十条	未成年人案件逮捕和羁押要求	501
第二百八十一条	未成年人案件讯问和审判	503
第二百八十二条	附条件不起诉	507
第二百八十三条	附条件不起诉的监督考察	511
第二百八十四条	附条件不起诉的最终处理	512

第二百八十五条　未成年人案件不公开审理 …………… 514

　　第二百八十六条　犯罪记录封存 …………………………… 515

　　第二百八十七条　未成年人案件准用规定 ………………… 518

第二章　当事人和解的公诉案件诉讼程序 ……………………… 519

　　第二百八十八条　和解的适用条件、范围及例外 ………… 519

　　第二百八十九条　和解审查及和解协议书 ………………… 521

　　第二百九十条　和解协议法律效力 ………………………… 525

第三章　缺席审判程序 …………………………………………… 527

　　第二百九十一条　缺席审判的适用条件 …………………… 527

　　第二百九十二条　缺席审判案件的送达与审理 …………… 529

　　第二百九十三条　缺席审判的辩护权保障 ………………… 529

　　第二百九十四条　判决书的送达及上诉、抗诉 …………… 530

　　第二百九十五条　重新审理及纠错机制 …………………… 530

　　第二百九十六条　被告人患有严重疾病情形的缺席审理 … 531

　　第二百九十七条　被告人死亡的缺席审理 ………………… 531

第四章　犯罪嫌疑人、被告人逃匿、死亡案件违法所得的没收程序 … 532

　　第二百九十八条　违法所得没收程序的启动 ……………… 532

　　第二百九十九条　违法所得没收申请的审理 ……………… 540

　　第三百条　违法所得没收申请的处理 ……………………… 544

　　第三百零一条　违法所得没收案件终止审理及救济 ……… 547

第五章　依法不负刑事责任的精神病人的强制医疗程序 ……… 548

　　第三百零二条　强制医疗的条件 …………………………… 548

　　第三百零三条　强制医疗的决定程序 ……………………… 549

　　第三百零四条　强制医疗案件的审理 ……………………… 555

　　第三百零五条　强制医疗案件审理期限及复议程序 ……… 557

第三百零六条　强制医疗的解除 ………………………………… 558
　　第三百零七条　强制医疗的法律监督 …………………………… 560
附　则 ……………………………………………………………………… 563
　　第三百零八条　军队保卫部门、中国海警局、监狱的侦查权 …… 563

参考文献 …………………………………………………………………… 564

第一编 总 则

第一章 任务和基本原则

第一条 立法宗旨

为了保证刑法的正确实施，惩罚犯罪，保护人民，保障国家安全和社会公共安全，维护社会主义社会秩序，根据宪法，制定本法。

条文注解

本条规定了刑事诉讼法的立法宗旨，刑事诉讼法的制定与修改，应当以宪法为根本依据。刑事诉讼法应当全面贯彻宪法的原则与规定，尤其是与刑事政策、司法权能、权利保障等有关的内容。对刑事诉讼法的理解与适用，不得与宪法原则和规定相抵触。

相关规定

《高检规则》

第一条 为保证人民检察院在刑事诉讼中严格依照法定程序办案，正确履行职权，实现惩罚犯罪与保障人权的统一，根据《中华人民共和国刑事诉讼法》《中华人民共和国人民检察院组织法》和有关法律规定，结合人民检察院工作实际，制定本规则。

《公安规定》

第一条 为了保障《中华人民共和国刑事诉讼法》的贯彻实施，保证公安机关在刑事诉讼中正确履行职权，规范办案程序，确保办案质量，提高办案效率，制定本规定。

第二条 本法任务

中华人民共和国刑事诉讼法的任务，是保证准确、及时地查明犯罪事实，正确应用法律，惩罚犯罪分子，保障无罪的人不受刑事追究，教育公民自觉遵守法律，积极同犯罪行为作斗争，维护社会主义法制，尊重和保障人权，保护公民的人身权利、财产权利、民主权利和其他权利，保障社会主义建设事业的顺利进行。

条文注解

刑事诉讼法的任务就是以正当程序确保惩治犯罪、保障权利和维护秩序三个目标的实现。惩治犯罪要求不枉不纵，罚当其罪；保障权利主要是人身、财产、民主等一系列人权不受侵犯；维护秩序主要是以刑事诉讼法的实施来推动社会主义法治的完善，进而维护社会主义各项建设事业的基本秩序。

相关规定

《高检规则》

第二条 人民检察院在刑事诉讼中的任务，是立案侦查直接受理的案件、审查逮捕、审查起诉和提起公诉、对刑事诉讼实行法律监督，保证准确、及时查明犯罪事实，正确应用法律，惩罚犯罪分子，保障无罪的人不受刑事追究，保障刑事法律的统一正确实施，维护社会主义法制，尊重和保障人权，保护公民的人身权利、财产权利、民主权利和其他权利，保障社会主义建设事业的顺利进行。

《公安规定》

第二条　公安机关在刑事诉讼中的任务，是保证准确、及时地查明犯罪事实，正确应用法律，惩罚犯罪分子，保障无罪的人不受刑事追究，教育公民自觉遵守法律，积极同犯罪行为作斗争，维护社会主义法制，尊重和保障人权，保护公民的人身权利、财产权利、民主权利和其他权利，保障社会主义建设事业的顺利进行。

第三条　侦查权、检察权、审判权由专门机关依法行使原则　严格遵守法律程序原则

对刑事案件的侦查、拘留、执行逮捕、预审，由公安机关负责。检察、批准逮捕、检察机关直接受理的案件的侦查、提起公诉，由人民检察院负责。审判由人民法院负责。除法律特别规定的以外，其他任何机关、团体和个人都无权行使这些权力。

人民法院、人民检察院和公安机关进行刑事诉讼，必须严格遵守本法和其他法律的有关规定。

▍条文注解

本条体现职权法定和严格司法的原则。

职权法定原则，是指侦查权、检察权、审判权分别由公检法专门机关行使，除特别规定外其他主体均无权行使，体现出侦查、检察和审判权力的专属性与权威性。

严格司法原则，是指公检法机关进行刑事诉讼活动，必须严格遵守本法和其他有关规定，在法律框架内行权，也要承担相应的司法责任。

▍相关规定

《高检规则》

第三条　人民检察院办理刑事案件，应当严格遵守《中华人民共和国刑事诉讼法》以及其他法律的有关规定，秉持客观公正的立场，尊重和保障人权，既要追诉犯罪，也要保障无罪的人不受刑事追究。

《公安规定》

第三条　公安机关在刑事诉讼中的基本职权，是依照法律对刑事案件立案、侦查、预审；决定、执行强制措施；对依法不追究刑事责任的不予立案，已经追究的撤销案件；对侦查终结应当起诉的案件，移送人民检察院审查决定；对不够刑事处罚的犯罪嫌疑人需要行政处理的，依法予以处理或者移送有关部门；对被判处有期徒刑的罪犯，在被交付执行刑罚前，剩余刑期在三个月以下的，代为执行刑罚；执行拘役、剥夺政治权利、驱逐出境。

第四条　专门机关法律授权原则

国家安全机关依照法律规定，办理危害国家安全的刑事案件，行使与公安机关相同的职权。

▍条文注解

国家安全机关与监狱、军队保卫部门、中国海警局均属于刑事诉讼中的"专门机关"。危害国家安全的刑事案件主要是刑法分则第一章危害国家安全犯罪中规定的犯罪。对于危害国家安全的刑事案件的立案侦查权，与公安机关的立案侦查权相同。

相关规定

《国家安全法》（2015年7月1日施行）

第四十二条　国家安全机关、公安机关在依法搜集涉及国家安全的情报信息，在国家安全工作中依法行使侦查、拘留、预审和执行逮捕以及法律规定的其他职权。

有关军事机关在国家安全工作中依法行使相关职权。

第五条　人民法院、人民检察院依法独立行使职权原则

人民法院依照法律规定独立行使审判权，人民检察院依照法律规定独立行使检察权，不受行政机关、社会团体和个人的干涉。

条文注解

本条明确了人民法院、检察院独立行使审判权、检察权原则。2015年，中办、国办、中央政法委和"两高三部"陆续出台《领导干部干预司法活动、插手具体案件处理的记录、通报和责任追究规定》《司法机关内部人员过问案件的记录和责任追究规定》《关于进一步规范司法人员与当事人、律师、特殊关系人、中介组织接触交往行为的若干规定》等文件，建立了确保司法机关依法独立行使职权的保障制度。

相关规定

《人民法院组织法》（2018年10月26日修订）

第三十三条　合议庭审理案件，法官对案件的事实认定和法律适用负责；法官独任审理案件，独任法官对案件的事实认定和法律适用负责。

人民法院应当加强内部监督，审判活动有违法情形的，应当及时调查核实，并根据违法情形依法处理。

第五十二条　任何单位或者个人不得要求法官从事超出法定职责范围的事务。

对于领导干部等干预司法活动、插手具体案件处理，或者人民法院内部人员过问案件情况的，办案人员应当全面如实记录并报告；有违法违纪情形的，由有关机关根据情节轻重追究行为人的责任。

《高检规则》

第四条　人民检察院办理刑事案件，由检察官、检察长、检察委员会在各自职权范围内对办案事项作出决定，并依照规定承担相应司法责任。

检察官在检察长领导下开展工作。重大办案事项，由检察长决定。检察长可以根据案件情况，提交检察委员会讨论决定。其他办案事项，检察长可以自行决定，也可以委托检察官决定。

本规则对应当由检察长或者检察委员会决定的重大办案事项有明确规定的，依照本规则的规定。本规则没有明确规定的，省级人民检察院可以制定有关规定，报最高人民检察院批准。

以人民检察院名义制发的法律文书，由检察长签发；属于检察官职权范围内决定事项的，检察长可以授权检察官签发。

重大、疑难、复杂或者有社会影响的案件，应当向检察长报告。

第五条　人民检察院办理刑事案件，根据案件情况，可以由一名检察官独任办理，也可以由两名以上检察官组成办案组办理。由检察官办案组办理的，检察长应当指定一名检察官担任主办检察官，组织、指挥办案组办理案件。

检察官办理案件，可以根据需要配备检察官助理、书记员、司法警察、检察技术人员等检察辅助人员。检察辅助人员依照法律规定承担相应的检察辅助事务。

第六条 人民检察院根据检察工作需要设置业务机构，在刑事诉讼中按照分工履行职责。

业务机构负责人对本部门的办案活动进行监督管理。需要报请检察长决定的事项和需要向检察长报告的案件，应当先由业务机构负责人审核。业务机构负责人可以主持召开检察官联席会议进行讨论，也可以直接报请检察长决定或者向检察长报告。

第七条 检察长不同意检察官处理意见的，可以要求检察官复核，也可以直接作出决定，或者提请检察委员会讨论决定。

检察官执行检察长决定时，认为决定错误的，应当书面提出意见。检察长不改变原决定的，检察官应当执行。

第六条 依靠群众原则 以事实为根据，以法律为准绳原则 公民适用法律一律平等原则

人民法院、人民检察院和公安机关进行刑事诉讼，必须依靠群众，必须以事实为根据，以法律为准绳。对于一切公民，在适用法律上一律平等，在法律面前，不允许有任何特权。

【条文注解】

本条共确立了刑事诉讼法的三条原则：

一是依靠群众原则。相信群众力量，发动群众提供案件线索，协助案件的侦破、起诉与审理工作。

二是以事实为根据，以法律为准绳原则。"事实"，是指司法机关追究犯罪必须以客观存在、经过调查属实、有证据证明的事实为根据，而不能靠主观想象、推测和怀疑。"以法律为准绳"，是指刑事案件的办理必须严格按照刑事诉讼法和刑法规定来进行，据此判定是否有罪及如何科处刑罚。不能自设标准、超越权限、违背程序。实践中要特别注意坚持重证据、不轻信口供，严禁刑讯逼供和以威胁、引诱、欺骗以及其他非法方法收集证据；只有口供，没有其他证据，不能定罪判刑。

三是公民适用法律一律平等原则。我国宪法规定"公民在法律面前一律平等"。其基本含义包括两个层面：一方面，司法机关对一切诉讼参与人不分其民族、种族、性别、职业、社会出身、宗教信仰、教育程度、财产状况、居住期限等，都一律平等地适用程序法和实体法；另一方面，任何诉讼参与人在诉讼活动中同等享有法定诉讼权利的同时必须同等履行应尽的诉讼义务，不允许有特权和例外。

【相关规定】

《人民法院组织法》（2018年10月26日修订）

第五条 人民法院审判案件在适用法律上一律平等，不允许任何组织和个人有超越法律的特权，禁止任何形式的歧视。

第六条 人民法院坚持司法公正，以事实为根据，以法律为准绳，遵守法定程序，依法保护个人和组织的诉讼权利和其他合法权益，尊重和保障人权。

第十一条 人民法院应当接受人民群众监督，保障人民群众对人民法院工作依法享有知情权、参与权和监督权。

《人民检察院组织法》（2018年10月26日修订）

第五条 人民检察院行使检察权在适用法律上一律平等，不允许任何组织和个人有超越法律的特权，禁止任何形式的歧视。

第六条 人民检察院坚持司法公正，以事实为根据，以法律为准绳，遵守法定程序，尊重和保障人权。

第十一条 人民检察院应当接受人民群众监督，保障人民群众对人民检察院工作依法享有知情权、参与权和监督权。

《公安规定》

第四条 公安机关进行刑事诉讼，必须依靠群众，以事实为根据，以法律为准绳。对于一切公民，在适用法律上一律平等，在法律面前，不允许有任何特权。

第七条 分工负责、互相配合、互相制约原则

人民法院、人民检察院和公安机关进行刑事诉讼，应当分工负责，互相配合，互相制约，以保证准确有效地执行法律。

▶ 条文注解

本条是根据《宪法》第一百四十条规定所确立的刑事诉讼法基本原则。公检法分工负责、互相配合、互相制约，构成相辅相成的有机整体。分工负责是基本前提，主要是职责分工和管辖分工，不能替代、越权和推诿；互相配合旨在提高程序衔接的有效性，共同完成惩罚犯罪和保障人权的任务；互相制约旨在通过程序上的制约，防止和及时纠正可能发生的错误，保证案件质量，正确适用法律惩罚犯罪。

▶ 相关规定

《监察法》（2018年3月20日施行）

第四条 监察委员会依照法律规定独立行使监察权，不受行政机关、社会团体和个人的干涉。

监察机关办理职务违法和职务犯罪案件，应当与审判机关、检察机关、执法部门互相配合，互相制约。

监察机关在工作中需要协助的，有关机关和单位应当根据监察机关的要求依法予以协助。

《公安规定》

第五条 公安机关进行刑事诉讼，同人民法院、人民检察院分工负责，互相配合，互相制约，以保证准确有效地执行法律。

第八条 人民检察院依法进行法律监督原则

人民检察院依法对刑事诉讼实行法律监督。

▶ 条文注解

《宪法》第一百三十四条规定了人民检察院是国家的法律监督机关。刑事诉讼法规定了人民检察院对辩护人、诉讼代理人认为有关司法机关及其工作人员阻碍其依法行使诉讼权利的申诉或者控告，应当及时审查并通知有关机关予以纠正；人民检察院接到报案、控告、举报或者发现侦查人员以非法方法收集证据的，应当调查核实，提出纠正意见，对构成犯罪的，依法追究刑事责任；人民检察院应当对犯罪嫌疑人、被告人被逮捕后羁押的必要性进行审查，对不需要继续羁押的，应当建议释放或者变更强制措施；最高人民检察院在最高人民法院复核死刑案件过程中，可以向最高人民法院提出意见，最高人民法院应当将死刑复核结果通报最高人民检察院；人民检察院对罪犯暂予监外执行的决定和减刑、假释的裁定可以在决定前向有关机关提出书面意见；人民检察院对强制医疗的决定和执行实行监督；等等。

典型案例

1. 杨某某与云南省昆明市某区人民政府行政补偿检察监督案（"加强行政检察监督促进行政争议实质性化解"典型案例，最高检2021年2月23日发布）

裁判要旨：检察机关在办案中贯彻落实习近平法治思想，坚持把解决人民群众合法诉求作为做实行政检察的落脚点。坚持检察长带头办案，发挥检察一体化优势，促进行政争议实质性化解。本案中，检察长带头办案，通过卓有成效的调查核实查明事实，三级检察院一体化办案，促成双方达成补偿协议，维护了杨某某的合法权益，解决了持续6年的行政争议。

2. 曾某某与江西省某县政府房屋行政征收决定检察监督案（"加强行政检察监督促进行政争议实质性化解"典型案例，最高检2021年2月23日发布）

裁判要旨：办理行政诉讼监督案件要在查清事实、分清是非的基础上，发现、解决诉求背后的问题矛盾。本案是挂牌督办案件，检察机关在审查认定房屋征收决定和行政裁判正确的情况下，没有简单地以不支持监督申请决定方式结案，而是将重点放在促成当事人达成征收补偿安置协议上，为当事人建立沟通渠道，在法律范围内帮助解决和保障行政相对人的合理诉求，引导其放弃不合理要求，促成双方达成共识，并持续跟进，根本性解决诉讼背后的实体性权益问题，实现案结事了政和。

相关规定

《公安规定》

第六条 公安机关进行刑事诉讼，依法接受人民检察院的法律监督。

《高检规则》

第五百五十一条 人民检察院对刑事诉讼活动实行法律监督，发现违法情形的，依法提出抗诉、纠正意见或者检察建议。

人民检察院对于涉嫌违法的事实，可以采取以下方式进行调查核实：

（一）讯问、询问犯罪嫌疑人；
（二）询问证人、被害人或者其他诉讼参与人；
（三）询问办案人员；
（四）询问在场人员或者其他可能知情的人员；
（五）听取申诉人或者控告人的意见；
（六）听取辩护人、值班律师意见；
（七）调取、查询、复制相关登记表册、法律文书、体检记录及案卷材料等；
（八）调取讯问笔录、询问笔录及相关录音、录像或其他视听资料；
（九）进行伤情、病情检查或者鉴定；
（十）其他调查核实方式。

人民检察院在调查核实过程中不得限制被调查对象的人身、财产权利。

第五百五十二条 人民检察院发现刑事诉讼活动中的违法行为，对于情节较轻的，由检察人员以口头方式提出纠正意见；对于情节较重的，经检察长决定，发出纠正违法通知书。对于带有普遍性的违法情形，经检察长决定，向相关机关提出检察建议。构成犯罪的，移送有关机关、部门依法追究刑事责任。

有申诉人、控告人的，调查核实和纠正违法情况应予告知。

第五百五十三条 人民检察院发出纠正违法通知书的，应当监督落实。被监督单位在纠正违法通知书规定的期限内没有回复纠正情况的，人民检察院应当督促回复。经督促被监督单位仍不回复或者没有正当理由不纠正的，人民检察院应当向上一级人民检察院报告。

第五百五十四条 被监督单位对纠正

意见申请复查的，人民检察院应当在收到被监督单位的书面意见后七日以内进行复查，并将复查结果及时通知申请复查的单位。经过复查，认为纠正意见正确的，应当及时向上一级人民检察院报告；认为纠正意见错误的，应当及时予以撤销。

上一级人民检察院经审查，认为下级人民检察院纠正意见正确的，应当及时通报被监督单位的上级机关或者主管机关，并建议其督促被监督单位予以纠正；认为下级人民检察院纠正意见错误的，应当书面通知下级人民检察院予以撤销，下级人民检察院应当执行，并及时向被监督单位说明情况。

第五百五十五条 当事人和辩护人、诉讼代理人、利害关系人对于办案机关及其工作人员有刑事诉讼法第一百一十七条规定的行为，向该机关申诉或者控告，对该机关作出的处理不服或者该机关未在规定时间内作出答复，而向人民检察院申诉的，办案机关的同级人民检察院应当受理。

人民检察院直接受理侦查的案件，当事人和辩护人、诉讼代理人、利害关系人对办理案件的人民检察院的处理不服的，可以向上一级人民检察院申诉，上一级人民检察院应当受理。

未向办案机关申诉或者控告，或者办案机关在规定时间内尚未作出处理决定，直接向人民检察院申诉的，人民检察院应当告知其向办案机关申诉或者控告。人民检察院在审查逮捕、审查起诉中发现有刑事诉讼法第一百一十七条规定的违法情形的，可以直接监督纠正。

当事人和辩护人、诉讼代理人、利害关系人对刑事诉讼法第一百一十七条规定情形之外的违法行为提出申诉或者控告的，人民检察院应当受理，并及时审查，依法处理。

第五百五十六条 对人民检察院及其工作人员办理案件中违法行为的申诉、控告，由负责控告申诉检察的部门受理和审查办理。对其他司法机关处理决定不服向人民检察院提出的申诉，由负责控告申诉检察的部门受理后，移送相关办案部门审查办理。

审查办理的部门应当在受理之日起十五日以内提出审查意见。人民检察院对刑事诉讼法第一百一十七条的申诉，经审查认为需要其他司法机关说明理由的，应当要求有关机关说明理由，并在收到理由说明后十五日以内提出审查意见。

人民检察院及其工作人员办理案件中存在的违法情形属实的，应当予以纠正；不存在违法行为的，书面答复申诉人、控告人。

其他司法机关对申诉、控告的处理不正确的，人民检察院应当通知有关机关予以纠正；处理正确的，书面答复申诉人、控告人。

第九条 使用本民族语言文字原则

各民族公民都有用本民族语言文字进行诉讼的权利。人民法院、人民检察院和公安机关对于不通晓当地通用的语言文字的诉讼参与人，应当为他们翻译。

在少数民族聚居或者多民族杂居的地区，应当用当地通用的语言进行审讯，用当地通用的文字发布判决书、布告和其他文件。

条文注解

本原则包含三个层面的含义。一是使

用本民族语言文字进行诉讼是当事人及其他诉讼参与人的重要诉讼权利，不能被限制和剥夺；二是保障这一权利的正常行使是公检法机关的义务；三是在少数民族聚居或多民族共居的地区，公检法机关应当用当地通用的一种或几种文字发布判决书、公告、布告和其他文件。

相关规定

《公安规定》

第十一条 公安机关办理刑事案件，对不通晓当地通用的语言文字的诉讼参与人，应当为他们翻译。

在少数民族聚居或者多民族杂居的地区，应当使用当地通用的语言进行讯问。对外公布的诉讼文书，应当使用当地通用的文字。

第十条 两审终审原则

人民法院审判案件，实行两审终审制。

条文注解

两审终审制是人民法院审判案件的一项重要制度。根据这一制度，在一般情况下，一个案件经过两级人民法院审判即告审判终结，判决和裁定即发生法律效力。

审判第一审案件所作出的判决和裁定，在法律规定的期限内，被告人不服提出上诉，或者人民检察院认为判决裁定有错误提出抗诉的，上一级人民法院对上诉、抗诉案件应当进行审判，第二审人民法院作出的判决和裁定，就是终审的判决和裁定，是发生法律效力的判决和裁定。第一审案件的判决和裁定，如果在上诉期限内被告人不上诉、人民检察院不抗诉，也是发生法律效力的判决和裁定。

作为例外的情况，最高人民法院审判的第一审案件的判决和裁定，即是终审的判决和裁定。对于发生法律效力的判决和裁定，如果被告人仍不服的，不能再上诉，只能提出申诉。需要特别说明的是，对于死刑案件的判决，不论是经过一审还是两审，都要由最高人民法院经过死刑复核程序予以核准才发生法律效力，这一程序是专门为死刑案件所设置的特殊程序，体现了慎重适用、严格控制死刑的政策。对于发生法律效力的判决和裁定，人民检察院认为有错误的，只能按照审判监督程序提出抗诉，但不能停止判决和裁定的执行。

典型案例

杨某然贩卖毒品案（刑事审判参考案例第1412号）

裁判要旨：刑事诉讼法并未对认罪认罚案件中被告人的上诉权进行限制，两审终审制仍是我国刑事诉讼法的基本制度。被告人以量刑过重为由上诉的，二审法院应坚持全面审查和依法裁判原则，不能因此否定一审对认罪认罚情节的认定，发现量刑过重的，应当依法改判，原判量刑适当的，应当依法驳回上诉，维持原判，切实发挥二审的救济和纠错功能，依法保障被告人的合法权益。检察机关因被告人上诉而提起抗诉的，二审法院也要坚持全面审查和依法裁判原则，不能仅因检察机关抗诉就一律加重被告人刑罚。

第十一条 审判公开原则 被告人有权获得辩护原则

人民法院审判案件，除本法另有规定的以外，一律公开进行。被告人有权获得辩护，人民法院有义务保证被告人获得辩护。

条文注解

宪法第一百三十条规定，人民法院审理案件，除法律规定的特殊情况外，一律公开进行。被告人有权获得辩护。

本法一百八十八条、第二百八十五条规定的不公开审理的三类案件：涉及有关国家秘密或者个人隐私的案件；涉及商业秘密的案件，当事人申请不公开审理的案件；审判时候被告人不满十八周岁的案件。无论案件公开审理与否，宣判一律公开进行。

辩护权是犯罪嫌疑人、被告人享有的基本人权，也是最重要的诉讼权利，不得以任何借口限制和剥夺。辩护权不仅限于审判程序，而且延伸到审前程序。辩护权也不仅是指犯罪嫌疑人、被告人有权自行辩护，也包括有权获得律师帮助。

第十二条　禁止有罪推定原则

未经人民法院依法判决，对任何人都不得确定有罪。

条文注解

本条文的理解要从两个层面展开。一是刑事案件的定罪权由人民法院统一行使，人民法院对被告人定罪量刑必须依照法律规定进行。二是在人民检察院向人民法院提起公诉以前，将被指控实施犯罪的人称为犯罪嫌疑人，起诉到法院以后称为被告人。犯罪嫌疑人、被告人不是罪犯，只是涉嫌犯罪。经人民法院审判，对于证据不足，不能认定被告人有罪的，应当作出证据不足、指控犯罪不能成立的无罪判决。

相关规定

《公安规定》

第八条　公安机关办理刑事案件，应当重证据，重调查研究，不轻信口供。严禁刑讯逼供和以威胁、引诱、欺骗以及其他非法方法收集证据，不得强迫任何人证实自己有罪。

第十三条　人民陪审原则

人民法院审判案件，依照本法实行人民陪审员陪审的制度。

条文注解

人民陪审制度是司法民主的体现。2018年全国人大常委会通过了《中华人民共和国人民陪审员法》，对人民陪审员的权利、义务、任职条件、选任方式、待遇保障等作出了详细规定。按照司法体制改革要求，人民陪审制度改革趋势是探索实行人民陪审员不再审理法律适用问题，只参与审理事实认定问题。

相关规定

《人民陪审员法》（2018年4月27日施行）

第一条　为了保障公民依法参加审判活动，促进司法公正，提升司法公信，制定本法。

第二条　公民有依法担任人民陪审员的权利和义务。

人民陪审员依照本法产生，依法参加人民法院的审判活动，除法律另有规定外，同法官有同等权利。

第三条　人民陪审员依法享有参加审判活动、独立发表意见、获得履职保障等权利。

人民陪审员应当忠实履行审判职责，保守审判秘密，注重司法礼仪，维护司法形象。

第四条　人民陪审员依法参加审判活动，受法律保护。

人民法院应当依法保障人民陪审员履行审判职责。

人民陪审员所在单位、户籍所在地或者经常居住地的基层群众性自治组织应当依法保障人民陪审员参加审判活动。

第五条 公民担任人民陪审员，应当具备下列条件：

（一）拥护中华人民共和国宪法；

（二）年满二十八周岁；

（三）遵纪守法、品行良好、公道正派；

（四）具有正常履行职责的身体条件。

担任人民陪审员，一般应当具有高中以上文化程度。

第六条 下列人员不能担任人民陪审员：

（一）人民代表大会常务委员会的组成人员，监察委员会、人民法院、人民检察院、公安机关、国家安全机关、司法行政机关的工作人员；

（二）律师、公证员、仲裁员、基层法律服务工作者；

（三）其他因职务原因不适宜担任人民陪审员的人员。

第七条 有下列情形之一的，不得担任人民陪审员：

（一）受过刑事处罚的；

（二）被开除公职的；

（三）被吊销律师、公证员执业证书的；

（四）被纳入失信被执行人名单的；

（五）因受惩戒被免除人民陪审员职务的；

（六）其他有严重违法违纪行为，可能影响司法公信的。

第八条 人民陪审员的名额，由基层人民法院根据审判案件的需要，提请同级人民代表大会常务委员会确定。人民陪审员的名额数不低于本院法官数的三倍。

第九条 司法行政机关会同基层人民法院、公安机关，从辖区内的常住居民名单中随机抽选拟任命人民陪审员数五倍以上的人员作为人民陪审员候选人，对人民陪审员候选人进行资格审查，征求候选人意见。

第十条 司法行政机关会同基层人民法院，从通过资格审查的人民陪审员候选人名单中随机抽选确定人民陪审员人选，由基层人民法院院长提请同级人民代表大会常务委员会任命。

第十一条 因审判活动需要，可以通过个人申请和所在单位、户籍所在地或者经常居住地的基层群众性自治组织、人民团体推荐的方式产生人民陪审员候选人，经司法行政机关会同基层人民法院、公安机关进行资格审查，确定人民陪审员人选，由基层人民法院院长提请同级人民代表大会常务委员会任命。

依照前款规定产生的人民陪审员，不得超过人民陪审员名额数的五分之一。

第十二条 人民陪审员经人民代表大会常务委员会任命后，应当公开进行就职宣誓。宣誓仪式由基层人民法院会同司法行政机关组织。

第十三条 人民陪审员的任期为五年，一般不得连任。

第十四条 人民陪审员和法官组成合议庭审判案件，由法官担任审判长，可以组成三人合议庭，也可以由法官三人与人民陪审员四人组成七人合议庭。

第十五条 人民法院审判第一审刑事、民事、行政案件，有下列情形之一的，由人民陪审员和法官组成合议庭进行：

（一）涉及群体利益、公共利益的；

（二）人民群众广泛关注或者其他社会影响较大的；

（三）案情复杂或者有其他情形，需要由人民陪审员参加审判的。

人民法院审判前款规定的案件，法律规定由法官独任审理或者由法官组成合议庭审理的，从其规定。

第十六条　人民法院审判下列第一审案件，由人民陪审员和法官组成七人合议庭进行：

（一）可能判处十年以上有期徒刑、无期徒刑、死刑，社会影响重大的刑事案件；

（二）根据民事诉讼法、行政诉讼法提起的公益诉讼案件；

（三）涉及征地拆迁、生态环境保护、食品药品安全，社会影响重大的案件；

（四）其他社会影响重大的案件。

第十七条　第一审刑事案件被告人、民事案件原告或者被告、行政案件原告申请由人民陪审员参加合议庭审判的，人民法院可以决定由人民陪审员和法官组成合议庭审判。

第十八条　人民陪审员的回避，适用审判人员回避的法律规定。

第十九条　基层人民法院审判案件需要由人民陪审员参加合议庭审判的，应当在人民陪审员名单中随机抽取确定。

中级人民法院、高级人民法院审判案件需要由人民陪审员参加合议庭审判的，在其辖区内的基层人民法院的人民陪审员名单中随机抽取确定。

第二十条　审判长应当履行与案件审判相关的指引、提示义务，但不得妨碍人民陪审员对案件的独立判断。

合议庭评议案件，审判长应当对本案中涉及的事实认定、证据规则、法律规定等事项及应当注意的问题，向人民陪审员进行必要的解释和说明。

第二十一条　人民陪审员参加三人合议庭审判案件，对事实认定、法律适用，独立发表意见，行使表决权。

第二十二条　人民陪审员参加七人合议庭审判案件，对事实认定，独立发表意见，并与法官共同表决；对法律适用，可以发表意见，但不参加表决。

第二十三条　合议庭评议案件，实行少数服从多数的原则。人民陪审员同合议庭其他组成人员意见分歧的，应当将其意见写入笔录。

合议庭组成人员意见有重大分歧的，人民陪审员或者法官可以要求合议庭将案件提请院长决定是否提交审判委员会讨论决定。

第二十四条　人民法院应当结合本辖区实际情况，合理确定每名人民陪审员年度参加审判案件的数量上限，并向社会公告。

第二十五条　人民陪审员的培训、考核和奖惩等日常管理工作，由基层人民法院会同司法行政机关负责。

对人民陪审员应当有计划地进行培训。人民陪审员应当按照要求参加培训。

第二十六条　对于在审判工作中有显著成绩或者有其他突出事迹的人民陪审员，依照有关规定给予表彰和奖励。

第二十七条　人民陪审员有下列情形之一，经所在基层人民法院会同司法行政机关查证属实的，由院长提请同级人民代表大会常务委员会免除其人民陪审员职务：

（一）本人因正当理由申请辞去人民陪审员职务的；

（二）具有本法第六条、第七条所列情形之一的；

（三）无正当理由，拒绝参加审判活

动,影响审判工作正常进行的;

(四)违反与审判工作有关的法律及相关规定,徇私舞弊,造成错误裁判或者其他严重后果的。

人民陪审员有前款第三项、第四项所列行为的,可以采取通知其所在单位、户籍所在地或者经常居住地的基层群众性自治组织、人民团体,在辖区范围内公开通报等措施进行惩戒;构成犯罪的,依法追究刑事责任。

第二十八条　人民陪审员的人身和住所安全受法律保护。任何单位和个人不得对人民陪审员及其近亲属打击报复。

对报复陷害、侮辱诽谤、暴力侵害人民陪审员及其近亲属的,依法追究法律责任。

第二十九条　人民陪审员参加审判活动期间,所在单位不得克扣或者变相克扣其工资、奖金及其他福利待遇。

人民陪审员所在单位违反前款规定的,基层人民法院应当及时向人民陪审员所在单位或者所在单位的主管部门、上级部门提出纠正意见。

第三十条　人民陪审员参加审判活动期间,由人民法院依照有关规定按实际工作日给予补助。

人民陪审员因参加审判活动而支出的交通、就餐等费用,由人民法院依照有关规定给予补助。

第三十一条　人民陪审员因参加审判活动应当享受的补助,人民法院和司法行政机关为实施人民陪审员制度所必需的开支,列入人民法院和司法行政机关业务经费,由相应政府财政予以保障。具体办法由最高人民法院、国务院司法行政部门会同国务院财政部门制定。

第三十二条　本法自公布之日起施行。2004年8月28日第十届全国人民代表大会常务委员会第十一次会议通过的《全国人民代表大会常务委员会关于完善人民陪审员制度的决定》同时废止。

第十四条　犯罪嫌疑人、被告人有权获得辩护原则　保障诉讼参与人诉讼权利原则

人民法院、人民检察院和公安机关应当保障犯罪嫌疑人、被告人和其他诉讼参与人依法享有的辩护权和其他诉讼权利。

诉讼参与人对于审判人员、检察人员和侦查人员侵犯公民诉讼权利和人身侮辱的行为,有权提出控告。

条文注解

犯罪嫌疑人、被告人与案件处理结果有着直接的利害关系,法律赋予的申请回避、辩护、最后陈述、上诉等权利,必须得到保障。其他诉讼参与人,是指被害人、自诉人、附带民事诉讼原告人与被告人、法定代理人、诉讼代理人、辩护人、证人、鉴定人和翻译人员等。诉讼参与人在刑事诉讼活动中由于参与的诉讼关系不同、所处的诉讼地位不同,所享有的诉讼权利也不同。公检法机关有义务排除其权利行使过程中遇到的障碍,保障其权利正常行使。诉讼参与人也有权通过法律途径维护自身诉讼权利。

相关规定

《高检规则》

第五十七条　辩护人、诉讼代理人认为公安机关、人民检察、人民法院及其工作人员具有下列阻碍其依法行使诉讼权利行为之一,向同级或者上一级人民检察院申诉或者控告的,人民检察院负责控告

申诉检察的部门应当接受并依法办理,其他办案部门应当予以配合:

(一)违反规定,对辩护人、诉讼代理人提出的回避要求不予受理或者对不予回避决定不服的复议申请不予受理的;

(二)未依法告知犯罪嫌疑人、被告人有权委托辩护人的;

(三)未转达在押或者被监视居住的犯罪嫌疑人、被告人委托辩护人的要求或者未转交其申请法律援助材料的;

(四)应当通知而不通知法律援助机构为符合条件的犯罪嫌疑人、被告人或者被申请强制医疗的人指派律师提供辩护或者法律援助的;

(五)在规定时间内不受理、不答复辩护人提出的变更强制措施申请或者解除强制措施要求的;

(六)未依法告知辩护律师犯罪嫌疑人涉嫌的罪名和案件有关情况的;

(七)违法限制辩护律师同在押、被监视居住的犯罪嫌疑人、被告人会见和通信的;

(八)违法不允许辩护律师查阅、摘抄、复制本案的案卷材料的;

(九)违法限制辩护律师收集、核实有关证据材料的;

(十)没有正当理由不同意辩护律师收集、调取证据或者通知证人出庭作证的申请,或者不答复、不说明理由的;

(十一)未依法提交证明犯罪嫌疑人、被告人无罪或者罪轻的证据材料的;

(十二)未依法听取辩护人、诉讼代理人意见的;

(十三)未依法将开庭的时间、地点及时通知辩护人、诉讼代理人的;

(十四)未依法向辩护人、诉讼代理人及时送达本案的法律文书或者及时告知案件移送情况的;

(十五)阻碍辩护人、诉讼代理人在法庭审理过程中依法行使诉讼权利的;

(十六)其他阻碍辩护人、诉讼代理人依法行使诉讼权利的。

对于直接向上一级人民检察院申诉或者控告的,上一级人民检察院可以交下级人民检察院办理,也可以直接办理。

辩护人、诉讼代理人认为看守所及其工作人员有阻碍其依法行使诉讼权利的行为,向人民检察院申诉或者控告的,由负责刑事执行检察的部门接受并依法办理;其他办案部门收到申诉或者控告的,应当及时移送负责刑事执行检察的部门。

第五十八条 辩护人、诉讼代理人认为其依法行使诉讼权利受到阻碍向人民检察院申诉或者控告的,人民检察院应当及时受理并调查核实,在十日以内办结并书面答复。情况属实的,通知有关机关或者本院有关部门、下级人民检察院予以纠正。

《公安规定》

第九条 公安机关在刑事诉讼中,应当保障犯罪嫌疑人、被告人和其他诉讼参与人依法享有的辩护权和其他诉讼权利。

文书格式

犯罪嫌疑人诉讼权利义务告知书
（公安机关诉讼权利告知书一）

根据《中华人民共和国刑事诉讼法》的规定，在公安机关对案件进行侦查期间，犯罪嫌疑人有如下诉讼权利和义务：

1. 不通晓当地通用的语言文字时有权要求配备翻译人员，有权用本民族语言文字进行诉讼。

2. 对于公安机关及其侦查人员侵犯其诉讼权利和人身侮辱的行为，有权提出申诉或者控告。

3. 对于侦查人员、鉴定人、记录人、翻译人员有下列情形之一的，有权申请他们回避：（一）是本案的当事人或者是当事人的近亲属的；（二）本人或者他的近亲属和本案有利害关系的；（三）担任过本案的证人、鉴定人、辩护人、诉讼代理人的；（四）与本案当事人有其他关系，可能影响公正处理案件的。对于驳回申请回避的决定，可以申请复议一次。

4. 自接受第一次讯问或者被采取强制措施之日起，有权委托律师作为辩护人。如在押或者被监视居住，公安机关应当及时转达其委托辩护人的要求；也可以由其监护人、近亲属代为委托辩护人；依法同辩护律师会见和通信。因经济困难或者其他原因没有委托辩护人的，本人及其近亲属可以向法律援助机构提出申请。对于未成年人、盲、聋、哑人，尚未完全丧失辨认或者控制自己行为能力的精神病人，以及可能判处无期徒刑、死刑的犯罪嫌疑人，没有委托辩护人的，有权要求公安机关通知法律援助机构指派律师提供辩护。犯罪嫌疑人没有委托辩护人，法律援助机构也没有指派律师提供辩护的，有权约见值班律师，获得法律咨询、程序选择建议、申请变更强制措施、对案件处理提出意见等法律帮助。

5. 在接受传唤、拘传、讯问时，有权要求饮食和必要的休息时间。

6. 本人及其法定代理人、近亲属或者辩护人有权申请变更强制措施；对于采取强制措施届满的，有权要求解除强制措施。

7. 对于侦查人员的提问，应当如实回答。但是对与本案无关的问题，有拒绝回答的权利。在接受讯问时有权为自己辩解。如实供述自己罪行的，可以从轻处罚；因如实供述自己罪行，避免特别严重后果发生的，可以减轻处罚。

8. 犯罪嫌疑人自愿如实供述自己的罪行，承认指控的犯罪事实，愿意接受处罚的，可以依法从宽处理。

9. 有核对讯问笔录的权利；如果没有阅读能力，侦查人员应当向其宣读笔录。笔录记载有遗漏或者差错，可以提出补充或者改正。可以请求自行书写供述。

10. 未成年犯罪嫌疑人在接受讯问时，有要求通知其法定代理人到场的权利。女性未成年犯罪嫌疑人有权要求讯问时有女性工作人员在场。

11. 盲、聋、哑的犯罪嫌疑人在讯问时有要求通晓盲、聋、哑的人参加的权利。

续表

12. 有权知道用作证据的鉴定意见的内容，可以申请补充鉴定或重新鉴定。
13. 依法接受拘传、取保候审、监视居住、拘留、逮捕等强制措施和人身检查、搜查、扣押、鉴定等侦查措施。
14. 公安机关送达的各种法律文书经确认无误后，应当签名、捺指印。
15. 知悉案件移送审查起诉情况。

以上内容，我已看过/已向我宣读。（犯罪嫌疑人本人书写）
犯罪嫌疑人不能书写，以上内容已向其告知。（办案人员注明）
犯罪嫌疑人：
办案人员：
本告知书在第一次讯问犯罪嫌疑人或者对其采取强制措施之日交犯罪嫌疑人，并在第一次讯问笔录中记明，同时将本告知书复印一份附卷。

被害人诉讼权利义务告知书
（公安机关诉讼权利告知书二）

据《中华人民共和国刑事诉讼法》的规定，在公安机关对案件进行侦查期间，被害人有如下权利和义务：

1. 不通晓当地通用的语言文字时有权要求配备翻译人员，有权用本民族语言文字进行诉讼。
2. 对于公安机关及其侦查人员侵犯其诉讼权利或者进行人身侮辱的行为，有权提出申诉或者控告。
3. 因在诉讼中作证，人身安全面临危险的，可以向公安机关请求对本人或其近亲属予以保护。
4. 对于侦查人员、鉴定人、记录人、翻译人员有下列情形之一的，被害人及其法定代理人有权申请回避：（一）是本案的当事人或者是当事人的近亲属的；（二）本人或者他的近亲属和本案有利害关系的；（三）担任过本案的证人、鉴定人、辩护人、诉讼代理人的；（四）与本案当事人有其他关系，可能影响公正处理案件的。对驳回申请回避的决定，可以申请复议一次。
5. 有权核对询问笔录。如果记载有遗漏或者差错，有权提出补充或者改正，经核对无误后，应当在询问笔录上逐页签名、捺指印。有权自行书写亲笔证词。
6. 未满18周岁的被害人在接受询问时有权要求通知其法定代理人到场。
7. 由于被告人的犯罪行为而遭受物质损失的，有权提起附带民事诉讼。8. 公安机关对被害人的报案作出不予立案决定的，被害人如果不服，可以申请复议、复核。被害人认为公安机关对应当立案侦查的案件而不立案侦查的，有权向人民检察院提出。

续表

9. 有权知道用作证据的鉴定意见的内容，可以申请补充鉴定或重新鉴定。
10. 知道案件情况的有作证的义务。
11. 应当如实地提供证据、证言，有意作伪证或者隐匿罪证应负相应的法律责任。
以上内容，我已看过/已向我宣读。（被害人本人书写）
被害人不能书写，以上内容已向其告知。（办案人员注明）
被害人：
办案人员：
本告知书在第一次询问时交被害人，并在第一次询问笔录中记明情况，同时将本告知书复印一份附卷。

证人诉讼权利义务告知书
（公安机关诉讼权利告知书三）

根据《中华人民共和国刑事诉讼法》的规定，在公安机关对案件进行侦查期间，证人有如下权利和义务：

1. 不通晓当地通用的语言文字时有权要求配备翻译人员，有权用本民族语言文字进行诉讼。
2. 对于公安机关及其侦查人员侵犯其诉讼权利或者进行人身侮辱的行为，有权提出申诉或者控告。
3. 因在诉讼中作证，人身安全面临危险的，可以向公安机关请求对本人或其近亲属予以保护。
4. 有权核对询问笔录。如果记载有遗漏或者差错，有权提出补充或者改正，经核对无误后，应当在询问笔录上逐页签名、捺指印。有权自行书写亲笔证词。
5. 未满18周岁的证人在接受询问时有权要求通知其法定代理人到场。
6. 知道案件情况的有作证的义务。
7. 应当如实地提供证据、证言，有意作伪证或者隐匿罪证应负相应的法律责任。
以上内容，我已看过/已向我宣读。（证人本人书写）
证人不能书写，以上内容已向其告知。（办案人员注明）
证人：
办案人员：
本告知书在第一次询问时交证人，并在第一次询问笔录中记明情况，同时将本告知书复印一份附卷。

> **第十五条　认罪认罚从宽原则**
> 犯罪嫌疑人、被告人自愿如实供述自己的罪行，承认指控的犯罪事实，愿意接受处罚的，可以依法从宽处理。

条文注解

认罪认罚从宽原则的确立是 2018 年刑事诉讼法修改的重点。作为推进以审判为中心的刑事诉讼制度改革的配套制度，是推进刑事程序繁简分流的重要机制。其核心是程序从简，实体从宽。

"认罪"应从以下两个方面来审查：一是认罪必须出于犯罪嫌疑人、被告人自愿。"自愿"从文义上理解，是指主体基于自由意志，在没有受到外界强迫、威胁、欺骗、引诱下的自主语言表达或思想表现。本条所规定的"自愿"并非绝对的自愿，而是法律意义上的自愿，它强调的是犯罪嫌疑人、被告人在权衡利弊后基于其意愿而主动供述的行为。根据刑事诉讼法第 56 条以及相关司法解释的规定，采用刑讯逼供、威胁等非法方法违背犯罪嫌疑人、被告人真实意愿所获得的供述，不属于"自愿"供述。二是认罪必须要"如实供述自己的罪行"，这是对认罪的实质要求。认定"如实供述自己的罪行"，应当依照《刑法》关于自首、坦白的规定以及相关司法解释予以把握。认罪可以是自首、坦白，也可以是当庭认罪以及其他表现形式。不同的认罪形式不仅反映了犯罪人对犯罪的不同态度和主观恶性程度，而且由于认罪的阶段、程度、价值各异，往往在从宽与否及从宽幅度上会得到不同的刑法评价。

"认罚"具体表现为愿意接受刑罚处罚、主动退赃退赔、积极赔偿被害人损失、预交罚金等。需要注意的是，根据刑事诉讼法的规定，不同诉讼阶段"认罚"的表现形式不同。例如侦查阶段，"认罚"体现为犯罪嫌疑人"愿意接受处罚"的意思表示；审查起诉阶段体现为"同意量刑建议，签署具结书"，刑事诉讼法规定的不需要签署认罪认罚具结书的除外；审判阶段体现为对"量刑建议"无异议，承认具结书系在获得法律帮助下自愿签署。实践中需要注意的是，犯罪嫌疑人、被告人虽表示愿意接受处罚，但背地里转移财产、不退赃退赔、不积极赔偿被害人的，不能认定为"认罚"。

"从宽"包括实体和程序两个维度的从宽。实体维度的从宽，是指适度的量刑减让：一方面，认罪认罚已经成为法定的从宽情节，量刑时应予考量，从宽处理不再是可有可无；另一方面，从宽处理必须是依法从宽，而不是法外从宽。程序法上的从宽包括适用较轻缓的强制措施、简化诉讼程序、作出轻缓的程序性处理等。在程序处理上，人民检察院可以作酌定不起诉处理，可以提出适用缓刑的量刑建议。符合适用速裁程序的案件，适用速裁程序，缩短诉讼期限，提高诉讼效率，减少诉累。

认罪认罚是"从宽处理"的逻辑起点。一方面，认罪认罚表明犯罪嫌疑人、被告人在特殊预防意义上的人身危险性较弱，刑罚处罚的需求相应降低，根据处罚必要性原则可以对其从宽处理；另一方面，犯罪嫌疑人、被告人自愿认罪认罚，减少了对抗，降低了侦查机关收集证据、检察机关出庭指控的压力，整体司法成本得以节约。因此，对认罪认罚的犯罪嫌疑人、被告人给予适度的从宽处理，不仅是必要的，而且是正当的。刑事诉讼法通过第 15 条和第 201 条的设计，最大限度地消弭了"可以"从宽的不确定状态，有助于实现宽严相济刑事政策的制度化。

相关规定

《最高人民检察院、最高人民法院司法部、国家安全部、公安部关于适用认罪认罚从宽制度的指导意见》（2019年10月11日）

适用认罪认罚从宽制度，对准确及时惩罚犯罪、强化人权司法保障、推动刑事案件繁简分流、节约司法资源、化解社会矛盾、推动国家治理体系和治理能力现代化，具有重要意义。为贯彻落实修改后刑事诉讼法，确保认罪认罚从宽制度正确有效实施，根据法律和有关规定，结合司法工作实际，制定本意见。

一、基本原则

1. 贯彻宽严相济刑事政策。落实认罪认罚从宽制度，应当根据犯罪的具体情况，区分案件性质、情节和对社会的危害程度，实行区别对待，做到该宽则宽，当严则严，宽严相济，罚当其罪。对可能判处三年有期徒刑以下刑罚的认罪认罚案件，要尽量依法从简从快从宽办理，探索相适应的处理原则和办案方式；对因民间矛盾引发的犯罪，犯罪嫌疑人、被告人自愿认罪、真诚悔罪并取得谅解、达成和解、尚未严重影响人民群众安全感的，要积极适用认罪认罚从宽制度，特别是对其中社会危害不大的初犯、偶犯、过失犯、未成年犯，一般应当体现从宽；对严重危害国家安全、公共安全犯罪，严重暴力犯罪，以及社会普遍关注的重大敏感案件，应当慎重把握从宽，避免案件处理明显违背人民群众的公平正义观念。

2. 坚持罪责刑相适应原则。办理认罪认罚案件，既要考虑体现认罪认罚从宽，又要考虑其所犯罪行的轻重、应负刑事责任和人身危险性的大小，依照法律规定提出量刑建议，准确裁量刑罚，确保罚当其罪，避免罪刑失衡。特别是对于共同犯罪案件，主犯认罪认罚，从犯不认罪认罚的，人民法院、人民检察院应当注意两者之间的量刑平衡，防止因量刑失当严重偏离一般的司法认知。

3. 坚持证据裁判原则。办理认罪认罚案件，应当以事实为根据，以法律为准绳，严格按照证据裁判要求，全面收集、固定、审查和认定证据。坚持法定证明标准，侦查终结、提起公诉、作出有罪裁判应当做到犯罪事实清楚，证据确实、充分，防止因犯罪嫌疑人、被告人认罪而降低证据要求和证明标准。对犯罪嫌疑人、被告人认罪认罚，但证据不足，不能认定其有罪的，依法作出撤销案件、不起诉决定或者宣告无罪。

4. 坚持公检法三机关配合制约原则。办理认罪认罚案件，公、检、法三机关应当分工负责、互相配合、互相制约，保证犯罪嫌疑人、被告人自愿认罪认罚，依法推进从宽落实。要严格执法、公正司法，强化对自身执法司法办案活动的监督，防止产生"权权交易"、"权钱交易"等司法腐败问题。

二、适用范围和适用条件

5. 适用阶段和适用案件范围。认罪认罚从宽制度贯穿刑事诉讼全过程，适用于侦查、起诉、审判各个阶段。

认罪认罚从宽制度没有适用罪名和可能判处刑罚的限定，所有刑事案件都可以适用，不能因罪轻、罪重或者罪名特殊等原因而剥夺犯罪嫌疑人、被告人自愿认罪认罚获得从宽处理的机会。但"可以"适用不是一律适用，犯罪嫌疑人、被告人认罪认罚后是否从宽，由司法机关根据案件具体情况决定。

6. "认罪"的把握。认罪认罚从宽制度中的"认罪"，是指犯罪嫌疑人、被告人自愿如实供述自己的罪行，对指控的犯罪事实没有异议。承认指控的主要犯罪事实，仅对个别事实情节提出异议，或者虽然对行为性质提出辩解但表示接受司法机关认定意见的，不影响"认罪"的认定。犯罪嫌疑人、被告人犯数罪，仅如实供述其中一罪或部分罪名事实的，全案不作"认罪"的认定，不适用认罪认罚从宽制度，但对如实供述的部分，人民检察院可以提出从宽处罚的建议，人民法院可以从宽处罚。

7. "认罚"的把握。认罪认罚从宽制度中的"认罚"，是指犯罪嫌疑人、被告人真诚悔罪，愿意接受处罚。"认罚"，在侦查阶段表现为表示愿意接受处罚；在审查起诉阶段表现为接受人民检察院拟作出的起诉或不起诉决定，认可人民检察院的量刑建议，签署认罪认罚具结书；在审判阶段表现为当庭确认自愿签署具结书，愿意接受刑罚处罚。

"认罚"考察的重点是犯罪嫌疑人、被告人的悔罪态度和悔罪表现，应当结合退赃退赔、赔偿损失、赔礼道歉等因素来考量。犯罪嫌疑人、被告人虽然表示"认罚"，却暗中串供、干扰证人作证、毁灭、伪造证据或者隐匿、转移财产，有赔偿能力而不赔偿损失，则不能适用认罪认罚从宽制度。犯罪嫌疑人、被告人享有程序选择权，不同意适用速裁程序、简易程序的，不影响"认罚"的认定。

三、认罪认罚后"从宽"的把握

8. "从宽"的理解。从宽处理既包括实体上从宽处罚，也包括程序上从简处理。"可以从宽"，是指一般应当体现法律规定和政策精神，予以从宽处理。但可以从宽不是一律从宽，对犯罪性质和危害后果特别严重、犯罪手段特别残忍、社会影响特别恶劣的犯罪嫌疑人、被告人，认罪认罚不足以从轻处罚的，依法不予从宽处罚。

办理认罪认罚案件，应当依照刑法、刑事诉讼法的基本原则，根据犯罪的事实、性质、情节和对社会的危害程度，结合法定、酌定的量刑情节，综合考虑认罪认罚的具体情况，依法决定是否从宽、如何从宽。对于减轻、免除处罚，应当于法有据；不具备减轻处罚情节的，应当在法定幅度以内提出从轻处罚的量刑建议和量刑；对其中犯罪情节轻微不需要判处刑罚的，可以依法作出不起诉决定或者判决免予刑事处罚。

9. 从宽幅度的把握。办理认罪认罚案件，应当区别认罪认罚的不同诉讼阶段、对查明案件事实的价值和意义、是否确有悔罪表现，以及罪行严重程度等，综合考量确定从宽的限度和幅度。在刑罚评价上，主动认罪优于被动认罪，早认罪优于晚认罪，彻底认罪优于不彻底认罪，稳定认罪优于不稳定认罪。

认罪认罚的从宽幅度一般应当大于仅有坦白，或者虽认罪但不认罚的从宽幅度。对犯罪嫌疑人、被告人具有自首、坦白情节，同时认罪认罚的，应当在法定刑幅度内给予相对更大的从宽幅度。认罪认罚与自首、坦白不作重复评价。

对罪行较轻、人身危险性较小的，特别是初犯、偶犯，从宽幅度可以大一些；罪行较重、人身危险性较大的，以及累犯、再犯，从宽幅度应当从严把握。

四、犯罪嫌疑人、被告人辩护权保障

10. 获得法律帮助权。人民法院、人民检察院、公安机关办理认罪认罚案件，应当保障犯罪嫌疑人、被告人获得有效法律帮助，确保其了解认罪认罚的性质和法律后果，自愿认罪认罚。

犯罪嫌疑人、被告人自愿认罪认罚，没有辩护人的，人民法院、人民检察院、

公安机关（看守所）应当通知值班律师为其提供法律咨询、程序选择建议、申请变更强制措施等法律帮助。符合通知辩护条件的，应当依法通知法律援助机构指派律师为其提供辩护。

人民法院、人民检察院、公安机关（看守所）应当告知犯罪嫌疑人、被告人有权约见值班律师，获得法律帮助，并为其约见值班律师提供便利。犯罪嫌疑人、被告人及其近亲属提出法律帮助请求的，人民法院、人民检察院、公安机关（看守所）应当通知值班律师为其提供法律帮助。

11. 派驻值班律师。法律援助机构可以在人民法院、人民检察院、看守所派驻值班律师。人民法院、人民检察院、看守所应当为派驻值班律师提供必要办公场所和设施。

法律援助机构应当根据人民法院、人民检察院、看守所的法律帮助需求和当地法律服务资源，合理安排值班律师。值班律师可以定期值班或轮流值班，律师资源短缺的地区可以通过探索现场值班和电话、网络值班相结合，在人民法院、人民检察院毗邻设置联合工作站，省内和市内统筹调配律师资源，以及建立政府购买值班律师服务机制等方式，保障法律援助值班律师工作有序开展。

12. 值班律师的职责。值班律师应当维护犯罪嫌疑人、被告人的合法权益，确保犯罪嫌疑人、被告人在充分了解认罪认罚性质和法律后果的情况下，自愿认罪认罚。值班律师应当为认罪认罚的犯罪嫌疑人、被告人提供下列法律帮助：

（一）提供法律咨询，包括告知涉嫌或指控的罪名、相关法律规定，认罪认罚的性质和法律后果等；

（二）提出程序适用的建议；

（三）帮助申请变更强制措施；

（四）对人民检察院认定罪名、量刑建议提出意见；

（五）就案件处理，向人民法院、人民检察院、公安机关提出意见；

（六）引导、帮助犯罪嫌疑人、被告人及其近亲属申请法律援助；

（七）法律法规规定的其他事项。

值班律师可以会见犯罪嫌疑人、被告人，看守所应当为值班律师会见提供便利。危害国家安全犯罪、恐怖活动犯罪案件，侦查期间值班律师会见在押犯罪嫌疑人的，应当经侦查机关许可。自人民检察院对案件审查起诉之日起，值班律师可以查阅案卷材料、了解案情。人民法院、人民检察院应当为值班律师查阅案卷材料提供便利。

值班律师提供法律咨询、查阅案卷材料、会见犯罪嫌疑人或者被告人、提出书面意见等法律帮助活动的相关情况应当记录在案，并随案移送。

13. 法律帮助的衔接。对于被羁押的犯罪嫌疑人、被告人，在不同诉讼阶段，可以由派驻看守所的同一值班律师提供法律帮助。对于未被羁押的犯罪嫌疑人、被告人，前一诉讼阶段的值班律师可以在后续诉讼阶段继续为犯罪嫌疑人、被告人提供法律帮助。

14. 拒绝法律帮助的处理。犯罪嫌疑人、被告人自愿认罪认罚，没有委托辩护人，拒绝值班律师帮助的，人民法院、人民检察院、公安机关应当允许，记录在案并随案移送。但是审查起诉阶段签署认罪认罚具结书时，人民检察院应当通知值班律师到场。

15. 辩护人职责。认罪认罚案件犯罪嫌疑人、被告人委托辩护人或者法律援助机构指派律师为其辩护的，辩护律师在侦查、审查起诉和审判阶段,应当与犯罪嫌疑人、被告人就是否认罪认罚进行沟通,提供法律咨询和帮助,并就定罪量刑、诉讼程序适用等向办案机关提出意见。

五、被害方权益保障

16. 听取意见。办理认罪认罚案件,应当听取被害人及其诉讼代理人的意见,并将犯罪嫌疑人、被告人是否与被害方达成和解协议、调解协议或者赔偿被害方损失,取得被害方谅解,作为从宽处罚的重要考虑因素。人民检察院、公安机关听取意见情况应当记录在案并随案移送。

17. 促进和解谅解。对符合当事人和解程序适用条件的公诉案件,犯罪嫌疑人、被告人认罪认罚的,人民法院、人民检察院、公安机关应当积极促进当事人自愿达成和解。对其他认罪认罚案件,人民法院、人民检察院、公安机关可以促进犯罪嫌疑人、被告人通过向被害方赔偿损失、赔礼道歉等方式获得谅解,被害方出具的谅解意见应当随案移送。

人民法院、人民检察院、公安机关在促进当事人和解谅解过程中,应当向被害方释明认罪认罚从宽、公诉案件当事人和解适用程序等具体法律规定,充分听取被害方意见,符合司法救助条件的,应当积极协调办理。

18. 被害方异议的处理。被害人及其诉讼代理人不同意对认罪认罚的犯罪嫌疑人、被告人从宽处理的,不影响认罪认罚从宽制度的适用。犯罪嫌疑人、被告人认罪认罚,但没有退赃退赔、赔偿损失,未能与被害方达成调解或者和解协议的,从宽时应当予以酌减。犯罪嫌疑人、被告人自愿认罪并且愿意积极赔偿损失,但由于被害方赔偿请求明显不合理,未能达成调解或者和解协议的,一般不影响犯罪嫌疑人、被告人从宽处理。

六、强制措施的适用

19. 社会危险性评估。人民法院、人民检察院、公安机关应当将犯罪嫌疑人、被告人认罪认罚作为其是否具有社会危险性的重要考虑因素。对于罪行较轻、采用非羁押性强制措施足以防止发生刑事诉讼法第八十一条第一款规定的社会危险性的犯罪嫌疑人、被告人,根据犯罪性质及可能判处的刑罚,依法可不适用羁押性强制措施。

20. 逮捕的适用。犯罪嫌疑人认罪认罚,公安机关认为罪行较轻、没有社会危险性的,应当不再提请人民检察院审查逮捕。对提请逮捕的,人民检察院认为没有社会危险性不需要逮捕的,应当作出不批准逮捕的决定。

21. 逮捕的变更。已经逮捕的犯罪嫌疑人、被告人认罪认罚的,人民法院、人民检察院应当及时审查羁押的必要性,经审查认为没有继续羁押必要的,应当变更为取保候审或者监视居住。

七、侦查机关的职责

22. 权利告知和听取意见。公安机关在侦查过程中,应当告知犯罪嫌疑人享有的诉讼权利、如实供述罪行可以从宽处理和认罪认罚的法律规定,听取犯罪嫌疑人及其辩护人或者值班律师的意见,记录在案并随案移送。

对非讯问时间、办案人员不在场情况下,犯罪嫌疑人向看守所工作人员或者辩护人、值班律师表示愿意认罪认罚的,有关人员应当及时告知办案单位。

23. 认罪教育。公安机关在侦查阶段应当同步开展认罪教育工作,但不得强迫犯罪嫌疑人认罪,不得作出具体的从宽承诺。犯罪嫌疑人自愿认罪,愿意接受司法机关处罚的,应当记录在案并附卷。

24. 起诉意见。对移送审查起诉的案

件，公安机关应当在起诉意见书中写明犯罪嫌疑人自愿认罪认罚情况。认为案件符合速裁程序适用条件的，可以在起诉意见书中建议人民检察院适用速裁程序办理，并简要说明理由。

对可能适用速裁程序的案件，公安机关应当快速办理，对犯罪嫌疑人未被羁押的，可以集中移送审查起诉，但不得为集中移送拖延案件办理。

对人民检察院在审查逮捕期间或者重大案件听取意见中提出的开展认罪认罚工作的意见或建议，公安机关应当认真听取，积极开展相关工作。

25. 执法办案管理中心建设。加快推进公安机关执法办案管理中心建设，探索在执法办案管理中心设置速裁法庭，对适用速裁程序的案件进行快速办理。

八、审查起诉阶段人民检察院的职责

26. 权利告知。案件移送审查起诉后，人民检察院应当告知犯罪嫌疑人享有的诉讼权利和认罪认罚的法律规定，保障犯罪嫌疑人的程序选择权。告知应当采取书面形式，必要时应当充分释明。

27. 听取意见。犯罪嫌疑人认罪认罚的，人民检察院应当就下列事项听取犯罪嫌疑人、辩护人或者值班律师的意见，记录在案并附卷：

（一）涉嫌的犯罪事实、罪名及适用的法律规定；

（二）从轻、减轻或者免除处罚等从宽处罚的建议；

（三）认罪认罚后案件审理适用的程序；

（四）其他需要听取意见的情形。

人民检察院未采纳辩护人、值班律师意见的，应当说明理由。

28. 自愿性、合法性审查。对侦查阶段认罪认罚的案件，人民检察院应当重点审查以下内容：

（一）犯罪嫌疑人是否自愿认罪认罚，有无因受到暴力、威胁、引诱而违背意愿认罪认罚；

（二）犯罪嫌疑人认罪认罚时的认知能力和精神状态是否正常；

（三）犯罪嫌疑人是否理解认罪认罚的性质和可能导致的法律后果；

（四）侦查机关是否告知犯罪嫌疑人享有的诉讼权利，如实供述自己罪行可以从宽处理和认罪认罚的法律规定，并听取意见；

（五）起诉意见书中是否写明犯罪嫌疑人认罪认罚情况；

（六）犯罪嫌疑人是否真诚悔罪，是否向被害人赔礼道歉。

经审查，犯罪嫌疑人违背意愿认罪认罚的，人民检察院可以重新开展认罪认罚工作。存在刑讯逼供等非法取证行为的，依照法律规定处理。

29. 证据开示。人民检察院可以针对案件具体情况，探索证据开示制度，保障犯罪嫌疑人的知情权和认罪认罚的真实性及自愿性。

30. 不起诉的适用。完善起诉裁量权，充分发挥不起诉的审前分流和过滤作用，逐步扩大相对不起诉在认罪认罚案件中的适用。对认罪认罚后没有争议，不需要判处刑罚的轻微刑事案件，人民检察院可以依法作出不起诉决定。人民检察院应当加强对案件量刑的预判，对其中可能判处免刑的轻微刑事案件，可以依法作出不起诉决定。

对认罪认罚后案件事实不清、证据不足的案件，应当依法作出不起诉决定。

31. 签署具结书。犯罪嫌疑人自愿认罪，同意量刑建议和程序适用的，应当在辩护人或者值班律师在场的情况下签署认罪认罚具结书。犯罪嫌疑人被羁押的,看守所应当为签署具结书提供场所。具结书应当包括犯罪嫌疑人如实供述罪行、同意量刑建议、程序适用等内容,由犯罪嫌疑人、辩护人或者值班律师签名。

犯罪嫌疑人认罪认罚,有下列情形之一的,不需要签署认罪认罚具结书:

(一)犯罪嫌疑人是盲、聋、哑人,或者是尚未完全丧失辨认或者控制自己行为能力的精神病人的;

(二)未成年犯罪嫌疑人的法定代理人、辩护人对未成年人认罪认罚有异议的;

(三)其他不需要签署认罪认罚具结书的情形。

上述情形犯罪嫌疑人未签署认罪认罚具结书的,不影响认罪认罚从宽制度的适用。

32. 提起公诉。人民检察院向人民法院提起公诉的,应当在起诉书中写明被告人认罪认罚情况,提出量刑建议,并移送认罪认罚具结书等材料。量刑建议书可以另行制作,也可以起诉书中写明。

33. 量刑建议的提出。犯罪嫌疑人认罪认罚的,人民检察院应当就主刑、附加刑、是否适用缓刑等提出量刑建议。人民检察院提出量刑建议前,应当充分听取犯罪嫌疑人、辩护人或者值班律师的意见,尽量协商一致。

办理认罪认罚案件,人民检察院一般应当提出确定刑量刑建议。对新类型、不常见犯罪案件,量刑情节复杂的重罪案件等,也可以提出幅度刑量刑建议。提出量刑建议,应当说明理由和依据。

犯罪嫌疑人认罪认罚没有其他法定量刑情节的,人民检察院可以根据犯罪的事实、性质等,在基准刑基础上适当减让提出确定刑量刑建议。有其他法定量刑情节的,人民检察院应当综合认罪认罚和其他法定量刑情节,参照相关量刑规范提出确定刑量刑建议。

犯罪嫌疑人在侦查阶段认罪认罚的,主刑从宽的幅度可以在前款基础上适当放宽;被告人在审判阶段认罪认罚的,在前款基础上可以适当缩减。建议判处罚金刑的,参照主刑的从宽幅度提出确定的数额。

34. 速裁程序的办案期限。犯罪嫌疑人认罪认罚,人民检察院经审查,认为符合速裁程序适用条件的,应当在十日以内作出是否提起公诉的决定;对可能判处的有期徒刑超过一年的,可以在十五日以内作出是否提起公诉的决定。

九、社会调查评估

35. 侦查阶段的社会调查。犯罪嫌疑人认罪认罚,可能判处管制、宣告缓刑的,公安机关可以委托犯罪嫌疑人居住地的社区矫正机构进行调查评估。

公安机关在侦查阶段委托社区矫正机构进行调查评估,社区矫正机构在公安机关移送审查起诉后完成调查评估的,应当及时将评估意见提交受理案件的人民检察院或者人民法院,并抄送公安机关。

36. 审查起诉阶段的社会调查。犯罪嫌疑人认罪认罚,人民检察院拟提出缓刑或者管制量刑建议的,可以及时委托犯罪嫌疑人居住地的社区矫正机构进行调查评估,也可以自行调查评估。人民检察院提起公诉时,已收到调查材料的,应当将材料一并移送,未收到调查材料的,应当将委托文书随案移送;在提起公诉后收到调查材料的,应当及时移送人民法院。

37. 审判阶段的社会调查。被告人认罪认罚,人民法院拟判处管制或者宣告缓刑的,可以及时委托被告人居住地的社区矫正机构进行调查评估,也可以自行调查评估。

社区矫正机构出具的调查评估意见，是人民法院判处管制、宣告缓刑的重要参考。对没有委托社区矫正机构进行调查评估或者判决前未收到社区矫正机构调查评估报告的认罪认罚案件，人民法院经审理认为被告人符合管制、缓刑适用条件的，可以判处管制、宣告缓刑。

38. 司法行政机关的职责。受委托的社区矫正机构应当根据委托机关的要求，对犯罪嫌疑人、被告人的居所情况、家庭和社会关系、一贯表现、犯罪行为的后果和影响、居住地村（居）民委员会和被害人意见、拟禁止的事项等进行调查了解，形成评估意见，及时提交委托机关。

十、审判程序和人民法院的职责

39. 审判阶段认罪认罚自愿性、合法性审查。办理认罪认罚案件，人民法院应当告知被告人享有的诉讼权利和认罪认罚的法律规定，听取被告人及其辩护人或者值班律师的意见。庭审中应当对认罪认罚的自愿性、具结书内容的真实性和合法性进行审查核实，重点核实以下内容：

（一）被告人是否自愿认罪认罚，有无因受到暴力、威胁、引诱而违背意愿认罪认罚；

（二）被告人认罪认罚时的认知能力和精神状态是否正常；

（三）被告人是否理解认罪认罚的性质和可能导致的法律后果；

（四）人民检察院、公安机关是否履行告知义务并听取意见；

（五）值班律师或者辩护人是否与人民检察院进行沟通，提供了有效法律帮助或者辩护，并在场见证认罪认罚具结书的签署。

庭审中审判人员可以根据具体案情，围绕定罪量刑的关键事实，对被告人认罪认罚的自愿性、真实性等进行发问，确认被告人是否实施犯罪，是否真诚悔罪。

被告人违背意愿认罪认罚，或者认罪认罚后又反悔，依法需要转换程序的，应当按照普通程序对案件重新审理。发现存在刑讯逼供等非法取证行为的，依照法律规定处理。

40. 量刑建议的采纳。对于人民检察院提出的量刑建议，人民法院应当依法进行审查。对于事实清楚，证据确实、充分，指控的罪名准确，量刑建议适当的，人民法院应当采纳。具有下列情形之一的，不予采纳：

（一）被告人的行为不构成犯罪或者不应当追究刑事责任的；

（二）被告人违背意愿认罪认罚的；

（三）被告人否认指控的犯罪事实的；

（四）起诉指控的罪名与审理认定的罪名不一致的；

（五）其他可能影响公正审判的情形。

对于人民检察院起诉指控的事实清楚，量刑建议适当，但指控的罪名与审理认定的罪名不一致的，人民法院可以听取人民检察院、被告人及其辩护人对审理认定罪名的意见，依法作出裁判。

人民法院不采纳人民检察院量刑建议的，应当说明理由和依据。

41. 量刑建议的调整。人民法院经审理，认为量刑建议明显不当，或者被告人、辩护人对量刑建议有异议且有理有据的，人民法院应当告知人民检察院，人民检察院可以调整量刑建议。人民法院认为调整后的量刑建议适当的，应当予以采纳；人民检察院不调整量刑建议或者调整后仍然明显不当的，人民法院应当依法作出判决。

适用速裁程序审理的，人民检察院调整量刑建议应当在庭前或者当庭提出。调整量刑建议后，被告人同意继续适用速裁程序的，不需要转换程序处理。

42. 速裁程序的适用条件。基层人民法院管辖的可能判处三年有期徒刑以下刑罚的案件，案件事实清楚，证据确实、充分，被告人认罪认罚并同意适用速裁程序的，可以适用速裁程序，由审判员一人独任审判。人民检察院提起公诉时，可以建议人民法院适用速裁程序。

有下列情形之一的，不适用速裁程序办理：

（一）被告人是盲、聋、哑人，或者是尚未完全丧失辨认或者控制自己行为能力的精神病人的；

（二）被告人是未成年人的；

（三）案件有重大社会影响的；

（四）共同犯罪案件中部分被告人对指控的犯罪事实、罪名、量刑建议或者适用速裁程序有异议的；

（五）被告人与被害人或者其法定代理人没有就附带民事诉讼赔偿等事项达成调解或者和解协议的；

（六）其他不宜适用速裁程序办理的案件。

43. 速裁程序的审理期限。适用速裁程序审理案件，人民法院应当在受理后十日以内审结；对可能判处的有期徒刑超过一年的，应当在十五日以内审结。

44. 速裁案件的审理程序。适用速裁程序审理案件，不受刑事诉讼法规定的送达期限的限制，一般不进行法庭调查、法庭辩论，但在判决宣告前应当听取辩护人的意见和被告人的最后陈述意见。

人民法院适用速裁程序审理案件，可以在向被告人送达起诉书时一并送达权利义务告知书、开庭传票，并核实被告人自然信息等情况。根据需要，可以集中送达。

人民法院适用速裁程序审理案件，可以集中开庭，逐案审理。人民检察院可以指派公诉人集中出庭支持公诉。公诉人简要宣读起诉书后，审判人员应当当庭询问被告人对指控事实、证据、量刑建议以及适用速裁程序的意见，核实具结书签署的自愿性、真实性、合法性，并核实附带民事诉讼赔偿等情况。

适用速裁程序审理案件，应当当庭宣判。集中审理的，可以集中当庭宣判。宣判时，根据案件需要，可以由审判员进行法庭教育。裁判文书可以简化。

45. 速裁案件的二审程序。被告人不服适用速裁程序作出的第一审判决提出上诉的案件，可以不开庭审理。第二审人民法院审查后，按照下列情形分别处理：

（一）发现被告人以事实不清、证据不足为由提出上诉的，应当裁定撤销原判，发回原审人民法院适用普通程序重新审理，不再按认罪认罚案件从宽处罚；

（二）发现被告人以量刑不当为由提出上诉的，原判量刑适当的，应当裁定驳回上诉，维持原判；原判量刑不当的，经审理后依法改判。

46. 简易程序的适用。基层人民法院管辖的被告人认罪认罚案件，事实清楚、证据充分，被告人对适用简易程序没有异议的，可以适用简易程序审判。

适用简易程序审理认罪认罚案件，公诉人可以简要宣读起诉书，审判人员当庭询问被告人对指控的犯罪事实、证据、量刑建议及适用简易程序的意见，核实具结书签署的自愿性、真实性、合法性。法庭调查可以简化，但对有争议的事实和证据应当进行调查、质证，法庭辩论可以仅围绕有争议的问题进行。裁判文书可以简化。

47. 普通程序的适用。适用普通程序办理认罪认罚案件，可以适当简化法庭调查、辩论程序。公诉人宣读起诉书后，合议庭当庭询问被告人对指控的犯罪事实、证据及量刑建议的意见，核实具结书签署的自愿性、真实性、合法性。公诉人、辩护人、审判人员对被告人的讯问、发问可以简化。对控辩双方无异议的证据，可以仅就证据名称及证明内容进行说明；对控辩双方有异议，或者法庭认为有必要调查核实的证据，应当出示并进行质证。法庭辩论主要围绕有争议的问题进行，裁判文书可以适当简化。

48. 程序转换。人民法院在适用速裁程序审理过程中，发现有被告人的行为不构成犯罪或者不应当追究刑事责任、被告人违背意愿认罪认罚、被告人否认指控的犯罪事实情形的，应当转为普通程序审理。发现其他不宜适用速裁程序但符合简易程序适用条件的，应当转为简易程序重新审理。

发现有不宜适用简易程序审理情形的，应当转为普通程序审理。

人民检察院在人民法院适用速裁程序审理案件过程中，发现有不宜适用速裁程序审理情形的，应当建议人民法院转为普通程序或者简易程序重新审理；发现有不宜适用简易程序审理情形的，应当建议人民法院转为普通程序重新审理。

49. 被告人当庭认罪认罚案件的处理。被告人在侦查、审查起诉阶段没有认罪认罚，但当庭认罪，愿意接受处罚的，人民法院应当根据审理查明的事实，就定罪和量刑听取控辩双方意见，依法作出裁判。

50. 第二审程序中被告人认罪认罚案件的处理。被告人在第一审程序中未认罪认罚，在第二审程序中认罪认罚的，审理程序依照刑事诉讼法规定的第二审程序进行。第二审人民法院应当根据其认罪认罚的价值、作用决定是否从宽，并依法作出裁判。确定从宽幅度时应当与第一审程序认罪认罚有所区别。

十一、认罪认罚的反悔和撤回

51. 不起诉后反悔的处理。因犯罪嫌疑人认罪认罚，人民检察院依照刑事诉讼法第一百七十七条第二款作出不起诉决定后，犯罪嫌疑人否认指控的犯罪事实或者不积极履行赔礼道歉、退赃退赔、赔偿损失等义务的，人民检察院应当进行审查，区分下列情形依法作出处理：

（一）发现犯罪嫌疑人没有犯罪事实，或者符合刑事诉讼法第十六条规定的情形之一的，应当撤销原不起诉决定，依法重新作出不起诉决定；

（二）认为犯罪嫌疑人仍属于犯罪情节轻微，依照刑法规定不需要判处刑罚或者免除刑罚的，可以维持原不起诉决定；

（三）排除认罪认罚因素后，符合起诉条件的，应当根据案件具体情况撤销原不起诉决定，依法提起公诉。

52. 起诉前反悔的处理。犯罪嫌疑人认罪认罚，签署认罪认罚具结书，在人民检察院提起公诉前反悔的，具结书失效，人民检察院应当在全面审查事实证据的基础上，依法提起公诉。

53. 审判阶段反悔的处理。案件审理过程中，被告人反悔不再认罪认罚的，人民法院应当根据审理查明的事实，依法作出裁判。需要转换程序的，依照本意见的相关规定处理。

54. 人民检察院的法律监督。完善人民检察院对侦查活动和刑事审判活动的监督机制，加强对认罪认罚案件办理全过程的监督，规范认罪认罚案件的抗诉工作，确保无罪的人不受刑事追究、有罪的人受到公正处罚。

十二、未成年人认罪认罚案件的办理

55. 听取意见。人民法院、人民检察

院办理未成年人认罪认罚案件，应当听取未成年犯罪嫌疑人、被告人的法定代理人的意见，法定代理人无法到场的，应当听取合适成年人的意见，但受案时犯罪嫌疑人已经成年的除外。

56. 具结书签署。未成年犯罪嫌疑人签署认罪认罚具结书时，其法定代理人应当到场并签字确认。法定代理人无法到场的，合适成年人应当到场签字确认。法定代理人、辩护人对未成年人认罪认罚有异议的，不需要签署认罪认罚具结书。

57. 程序适用。未成年人认罪认罚案件，不适用速裁程序，但应当贯彻教育、感化、挽救的方针，坚持从快从宽原则，确保案件及时办理，最大限度保护未成年人合法权益。

58. 法治教育。办理未成年人认罪认罚案件，应当做好未成年犯罪嫌疑人、被告人的认罪服法、悔过教育工作，实现惩教结合目的。

十三、附则

59. 国家安全机关、军队保卫部门、中国海警局、监狱办理刑事案件，适用本意见的有关规定。

60. 本指导意见由会签单位协商解释，自发布之日起施行。

《高法解释》

第三百四十七条 刑事诉讼法第十五条规定的"认罪"，是指犯罪嫌疑人、被告人自愿如实供述自己的罪行，对指控的犯罪事实没有异议。

刑事诉讼法第十五条规定的"认罚"，是指犯罪嫌疑人、被告人真诚悔罪，愿意接受处罚。

被告人认罪认罚的，可以依照刑事诉讼法第十五条的规定，在程序上从简、实体上从宽处理。

第三百四十八条 对认罪认罚案件，应当根据案件情况，依法适用速裁程序、简易程序或者普通程序审理。

《高检规则》

第十一条 犯罪嫌疑人、被告人自愿如实供述自己的罪行，承认指控的犯罪事实，愿意接受处罚的，可以依法从宽处理。

认罪认罚从宽制度适用于所有刑事案件。人民检察院办理刑事案件的各个诉讼环节，都应当做好认罪认罚的相关工作。

> **典型案例**

1. 吕某某、郭某某故意伤害案（检察机关适用认罪认罚典型案例，2019 年 10 月 24 日发布）

裁判要旨：本案中具体量刑建议的计算方法为：一是确定量刑起点。由于本案适用认罪认罚从宽制度，在量刑起点 6 个月至 24 个月有期徒刑幅度内，选取中间偏下值，确定本案量刑起点为 12 个月有期徒刑。二是根据增加刑罚量的情形，确定基准刑。因本案造成一人轻伤二级的后果，无增加刑罚量的情形，因此本案基准刑为 12 个月有期徒刑。三是在确定基准刑的基础上，根据本案具有的量刑情节对基准刑进行调节，确定拟建议刑。本案具有以下从轻处罚的量刑情节：（1）本案因民间矛盾引发，可减少基准刑的 10%；（2）犯罪嫌疑人具有自首情节，可减少基准刑的 20%；（3）积极赔偿被害人全部经济损失并取得谅解，可以减少基准刑的 20%。因此本案拟建议刑为 12 ×（1-10% -20%-20%）= 6，即 6 个月有期徒刑。四是根据案情由检察官对拟建议刑进行 30% 幅度内的自由调节，确定精准量刑建议。本案无需使用 30% 自由裁量幅度的特殊情形，但鉴于本案两名犯罪嫌疑人符合缓刑条件，因此，对吕某某、郭某某二人提出确定的量刑建议为有期徒刑 6 个月，缓刑 1 年，并建议本案可适用速裁程序提起公诉。两名犯罪嫌疑人对上述罪名、量刑建议、适用速裁程序均表示无异议，自愿认罪认罚，在辩护律师见证下，签署具结书。

2. 丰某某盗伐林木案（检察机关适用认罪认罚典型案例，2019年10月24日发布）

裁判要旨：丰某某系初犯，犯罪情节轻微，主观恶性不大，社会危害性较小，自愿认罪认罚，已履行"补植复绿"义务，结合认罪认罚从宽制度，综合考量宽严相济刑事政策、社会公共利益和办案效果，可依法对丰某某作不起诉处理。适用认罪认罚从宽制度办理涉林破坏环境资源案件，检察机关充分发挥主导作用，通过释法说理、督促"补植复绿"等方式，促使犯罪嫌疑人自愿认罪悔罪，积极履行"补植复绿"义务，对犯罪情节轻微的，依法作出不起诉决定。对于拟作出不起诉决定的案件，进行公开审查听证和公开宣告，有利于实现法律效果和社会效果的统一。

3. 武某某故意杀人案（检察机关适用认罪认罚典型案例，2019年10月24日发布）

裁判要旨：承办检察官经审阅案件材料认为，本案证据确实、充分，能够形成完整的证据锁链，证明武某某得知唐某某与他人发生不正当关系后心生不满，使用锐器扎刺被害人要害部位，涉嫌故意杀人罪。武某某能够基本如实供述自己的罪行，只是在行为性质、行为手段上做辩解，符合适用认罪认罚从宽制度的相关标准。检察官在办案中注意教育转化，向犯罪嫌疑人充分阐释了认罪认罚从宽制度，武某某接受检察机关指控的罪名。检察官又与被害人家属沟通，进行释法说理。武某某向被害人家属真诚悔罪，积极赔偿。被害人家属在充分了解法律规定后，接受武某某道歉和赔偿，出具了谅解书。检察机关在审查全案事实与证据后，认为本案犯罪嫌疑人与被害人系恋爱关系，因感情纠纷引发，案发后，犯罪嫌疑人认罪悔罪，积极赔偿，取得被害人家属谅解，可依法适用认罪认罚从宽制度。

4. 林某彬等人组织、领导、参加黑社会性质组织案（检例第84号）

裁判要旨：认罪认罚从宽制度可以适用于所有刑事案件，没有适用罪名和可能判处刑罚的限定，涉黑涉恶犯罪案件依法可以适用该制度。认罪认罚从宽制度贯穿刑事诉讼全过程，适用于侦查、起诉、审判各个阶段。检察机关办理涉黑涉恶犯罪案件，要积极履行主导责任，发挥认罪认罚从宽制度在查明案件事实、提升指控效果、有效追赃挽损等方面的作用。

5. 马某飞盗窃案（刑事审判参考案例第1406号）

裁判要旨：实践中，要把轻罪案件作为适用认罪认罚从宽制度的重点，既有利于及时惩治犯罪，又有利于发挥刑罚的教育矫治功能，有利于罪犯顺利回归社会。轻罪案件应用好用足认罪认罚从宽制度，程序上要根据案件性质、刑罚轻重、案件难易以及被告人的选择，采取与之相适应的诉讼程序，符合速裁程序和简易程序适用条件的，依法适用速裁和简易程序，充分发挥其分流功能，避免程序空转，在更高层次上实现公正与效率的统一；强制措施的适用上，要把犯罪嫌疑人、被告人认罪认罚作为其是否具有社会危险性的重要考虑因素，能不捕的，不捕，减少羁押；犯罪情节轻微，依法可不判处刑罚的，可不诉的，不诉；符合缓刑适用条件的，依法判处缓刑，扩大非监禁刑的适用。

文书格式

××××人民检察院
认罪认罚从宽制度告知书

一、根据《中华人民共和国刑事诉讼法》第十五条的规定，犯罪嫌疑人、被告人自愿如实供述自己的罪行，承认指控的犯罪事实，愿意接受处罚的，可以依法从宽处理。

二、犯罪嫌疑人、被告人没有委托辩护人，法律援助机构没有指派律师为其提供辩护的，由值班律师为犯罪嫌疑人、被告人提供法律咨询、程序选择建议、申请变更强制措施、对案件处理提出意见等法律帮助，犯罪嫌疑人、被告人有权约见值班律师。

三、适用认罪认罚从宽制度，犯罪嫌疑人、被告人应当签署《认罪认罚从宽制度告知书》及《认罪认罚具结书》。《认罪认罚具结书》应由辩护人或值班律师签字确认。有下列情形之一的，不需要签署认罪认罚具结书：

（一）犯罪嫌疑人是盲、聋、哑人，或者是尚未完全丧失辨认或者控制自己行为能力的精神病人的；

（二）未成年犯罪嫌疑人的法定代理人、辩护人对未成年人认罪认罚有异议的；

（三）其他不需要签署认罪认罚具结书的情形。

四、《认罪认罚具结书》应载明：犯罪嫌疑人基本信息、认罪认罚情况、被指控的犯罪事实、罪名及适用的法律规定、检察机关对犯罪嫌疑人拟提出的从轻、减轻或者免除处罚等从宽处罚的建议；认罪认罚后案件审理适用的程序及其他需要听取意见的情形。

五、检察机关根据犯罪嫌疑人、被告人的犯罪事实、犯罪情节、认罪情形，就主刑、附加刑、是否适用缓刑等拟出量刑建议。犯罪嫌疑人、被告人或其辩护人/值班律师可以向检察机关提出从轻、减轻处罚等意见，检察机关根据案件情况，可以进行调整。

六、对于认罪认罚案件，除《中华人民共和国刑事诉讼法》第二百零一条规定的除外情形外，人民法院依法作出判决时，一般应当采纳人民检察院指控的罪名和量刑建议。

七、《认罪认罚具结书》签署后，犯罪嫌疑人、被告人提出异议或变更的，人民检察院将重新提出量刑建议。

八、经协商，犯罪嫌疑人、被告人如不同意检察机关的量刑建议，有权不签署《认罪认罚具结书》，不适用本制度。

本人已阅读并完全理解上述《认罪认罚从宽制度告知书》，并由本人签署后附卷留存。

签名：
年　月　日

本文书一式二份，一份留存附卷，一份交犯罪嫌疑人、被告人

第十六条　法定情形不予追究刑事责任原则

有下列情形之一的，不追究刑事责任，已经追究的，应当撤销案件，或者不起诉，或者终止审理，或者宣告无罪：

（一）情节显著轻微、危害不大，不认为是犯罪的；

（二）犯罪已过追诉时效期限的；

（三）经特赦令免除刑罚的；

（四）依照刑法告诉才处理的犯罪，没有告诉或者撤回告诉的；

（五）犯罪嫌疑人、被告人死亡的；

（六）其他法律规定免予追究刑事责任的。

条文注解

根据本条规定，刑事案件只要存在六种情形中的任何一种，就不能追究犯罪嫌疑人、被告人的刑事责任。对于刑事诉讼开始前已经发现的，不应立案受理。在侦查阶段发现的，应当撤销案件。在审查起诉阶段发现的，应当作出不起诉的决定。在审判阶段发现的，对情节显著轻微、危害不大，不认为是犯罪的，应当作出判决，宣告无罪；对于告诉才处理，被害人撤回告诉的，用准许撤诉的裁定结案；对具有其他情形的案件，一律裁定终止审理。

相关规定

《高检规则》

第三百二十条　法定最高刑为无期徒刑、死刑的犯罪，已过二十年追诉期限的，不再追诉。如认为必须追诉的，须报请最高人民检察院核准。

第三百二十一条　须报请最高人民检察院核准追诉的案件，公安机关在核准之前可以依法对犯罪嫌疑人采取强制措施。

公安机关报请核准追诉并提请逮捕犯罪嫌疑人，人民检察院经审查认为必须追诉而且符合法定逮捕条件的，可以依法批准逮捕，同时要求公安机关在报请核准追诉期间不得停止对案件的侦查。

未经最高人民检察院核准，不得对案件提起公诉。

第三百二十二条　报请核准追诉的案件应当同时符合下列条件：

（一）有证据证明存在犯罪事实，且犯罪事实是犯罪嫌疑人实施的；

（二）涉嫌犯罪的行为应当适用的法定量刑幅度的最高刑为无期徒刑或者死刑；

（三）涉嫌犯罪的性质、情节和后果特别严重，虽然已过二十年追诉期限，但社会危害性和影响依然存在，不追诉会严重影响社会稳定或者产生其他严重后果，而必须追诉的；

（四）犯罪嫌疑人能够及时到案接受追诉。

第三百二十三条　公安机关报请核准追诉的案件，由同级人民检察院受理并层报最高人民检察院审查决定。

第三百二十四条　地方各级人民检察院对公安机关报请核准追诉的案件，应当及时进行审查并开展必要的调查。经检察委员会审议提出是否同意核准追诉的意见，制作报请核准追诉案件报告书，连同案卷材料一并层报最高人民检察院。

第三百二十五条　最高人民检察院收到省级人民检察院报送的报请核准追诉案件报告书及案卷材料后，应当及时审查，必要时指派检察人员到案发地了解案件有关情况。经检察长批准，作出是否核准追诉的决定，并制作核准追诉决定书或者不予核准追诉决定书，逐级下达至最初受理案件的人民检察院，由其送达报请核准追诉的公安机关。

第三百二十六条 对已经采取强制措施的案件，强制措施期限届满不能作出是否核准追诉决定的，应当对犯罪嫌疑人变更强制措施或者延长侦查羁押期限。

第三百二十七条 最高人民检察院决定核准追诉的案件，最初受理案件的人民检察院应当监督公安机关的侦查工作。

最高人民检察院决定不予核准追诉，公安机关未及时撤销案件的，同级人民检察院应当提出纠正意见。犯罪嫌疑人在押的，应当立即释放。

典型案例

1. 马某龙抢劫核准追诉案（检例第 20 号）

裁判要旨： 故意杀人、抢劫、强奸、绑架、爆炸等严重危害社会治安的犯罪，经过二十年追诉期限，仍然严重影响人民群众安全感，被害方、案发地群众、基层组织等强烈要求追究犯罪嫌疑人刑事责任，不追诉可能影响社会稳定或者产生其他严重后果的，对犯罪嫌疑人应当追诉。

2. 丁某山等故意伤害核准追诉案（检例第 21 号）

裁判要旨： 涉嫌犯罪情节恶劣、后果严重，并且犯罪后积极逃避侦查，经过二十年追诉期限，犯罪嫌疑人没有明显悔罪表现，也未通过赔礼道歉、赔偿损失等获得被害方谅解，犯罪造成的社会影响没有消失，不追诉可能影响社会稳定或者产生其他严重后果的，对犯罪嫌疑人应当追诉。

3. 杨某云故意杀人不核准追诉案（检例第 22 号）

裁判要旨： 因婚姻家庭等民间矛盾激化引发的犯罪，经过二十年追诉期限，犯罪嫌疑人没有再犯罪危险性，被害人及其家属对犯罪嫌疑人表示谅解，不追诉有利于化解社会矛盾、恢复正常社会秩序，同时不会影响社会稳定或者产生其他严重后果的，对犯罪嫌疑人可以不再追诉。须报请最高人民检察院核准追诉的案件，侦查机关在核准之前可以依法对犯罪嫌疑人采取强制措施。侦查机关报请核准追诉并提请逮捕犯罪嫌疑人，人民检察院经审查认为必须追诉而且符合法定逮捕条件的，可以依法批准逮捕。

4. 蔡某星、陈某辉等抢劫不核准追诉案（检例第 23 号）

裁判要旨： 涉嫌犯罪已过二十年追诉期限，犯罪嫌疑人没有再犯罪危险性，并且通过赔礼道歉、赔偿损失等方式积极消除犯罪影响，被害方对犯罪嫌疑人表示谅解，犯罪破坏的社会秩序明显恢复，不追诉不会影响社会稳定或者产生其他严重后果的，对犯罪嫌疑人可以不再追诉。1997 年 9 月 30 日以前实施的共同犯罪，已被司法机关采取强制措施的犯罪嫌疑人逃避侦查或者审判的，不受追诉期限限制。司法机关在追诉期限内未发现或者未采取强制措施的犯罪嫌疑人，应当受追诉期限限制；涉嫌犯罪应当适用的法定量刑幅度的最高刑为无期徒刑、死刑，犯罪行为发生二十年以后认为必须追诉的，须报请最高人民检察院核准。

5. 乔某诈骗案（刑事审判参考案例第 851 号）

裁判要旨： 对于没有充分证据证明被告人实施被指控的犯罪时已经达到法定刑事责任年龄且确实无法查明的，应当根据存疑有利于被告人的原则，推定其没有达到相应法定刑事责任年龄。

被告人的刑事责任年龄既是重要的定罪依据，也是关键的量刑情节，必须依法查明。司法实践中,认定被告人刑事责任年龄的证据可能会有瑕疵或者与其他在案证据存在矛盾。在具体案件审判过程中,应当尽可能穷尽一切调查手段,并结合全部在案证据综合审查判断。对于没有充分证据证明被告人实施被指控的犯罪时已经达到法定刑事责任年龄且确实无法查明的,应当根据存疑有利于被告人的原则,推定其没有达到相应法定刑事责任年龄。

第十七条　追究外国人刑事责任适用我国刑诉法

对于外国人犯罪应当追究刑事责任的,适用本法的规定。

对于享有外交特权和豁免权的外国人犯罪应当追究刑事责任的,通过外交途径解决。

条文注解

本条第一款是国家主权原则在刑事诉讼中的体现。本条所称"外国人",是指具有外国国籍、无国籍和国籍不明的人。外国人犯罪是指根据刑法第六条、第八条、第九条和第十条关于管辖权的规定,适用中国刑法追究刑事责任的情形。

本条第二款规定了享有外交特权和豁免权的外国人犯罪的处理原则。享有外交特权和豁免权的外国人主要是指以下几种人:1. 外国驻中国的外交代表以及与其共同生活的不是中国公民的配偶及未成年子女;2. 途经中国的外国驻第三国的外交代表和与其共同生活的配偶及未成年子女;3. 来中国访问的外国国家元首、政府首脑、外交部长及其他具有同等身份的官员;4. 来中国参加联合国及其专门机构召开的国际会议的外国代表、临时来中国的联合国及其专门机构的官员和专家、联合国及其专门机构驻中国的代表机构和人员等。这些外国人如若犯罪,可通过宣布其为"不受欢迎的人",令其限期出境,或宣布驱逐出境,并建议派出国依照他们国家的法律进行处理等方式加以解决。

相关规定

《高法解释》

第四百七十五条　本解释所称的涉外刑事案件是指:

(一)在中华人民共和国领域内,外国人犯罪或者我国公民对外国、外国人犯罪的案件;

(二)符合刑法第七条、第十条规定情形的我国公民在中华人民共和国领域外犯罪的案件;

(三)符合刑法第八条、第十条规定情形的外国人犯罪的案件;

(四)符合刑法第九条规定情形的中华人民共和国在所承担国际条约义务范围内行使管辖权的案件。

第四百七十六条　第一审涉外刑事案件,除刑事诉讼法第二十一条至第二十三条规定的以外,由基层人民法院管辖。必要时,中级人民法院可以指定辖区内若干基层人民法院集中管辖第一审涉外刑事案件,也可以依照刑事诉讼法第二十四条的规定,审理基层人民法院管辖的第一审涉外刑事案件。

第四百七十七条　外国人的国籍,根据其入境时持用的有效证件确认;国籍不明的,根据公安机关或者有关国家驻华使领馆出具的证明确认。

国籍无法查明的,以无国籍人对待,适用本章有关规定,在裁判文书中写明"国籍不明"。

第四百七十八条　在刑事诉讼中,外国籍当事人享有我国法律规定的诉讼权利并承担相应义务。

第四百七十九条　涉外刑事案件审判

期间，人民法院应当将下列事项及时通报同级人民政府外事主管部门，并依照有关规定通知有关国家驻华使领馆：

（一）人民法院决定对外国籍被告人采取强制措施的情况，包括外国籍当事人的姓名（包括译名）、性别、入境时间、护照或者证件号码、采取的强制措施及法律依据、羁押地点等；

（二）开庭的时间、地点、是否公开审理等事项；

（三）宣判的时间、地点。

涉外刑事案件宣判后，应当将处理结果及时通报同级人民政府外事主管部门。

对外国籍被告人执行死刑的，死刑裁决下达后执行前，应当通知其国籍国驻华使领馆。

外国籍被告人在案件审理中死亡的，应当及时通报同级人民政府外事主管部门，并通知有关国家驻华使领馆。

第四百八十条 需要向有关国家驻华使领馆通知有关事项的，应当层报高级人民法院，由高级人民法院按照下列规定通知：

（一）外国籍当事人国籍国与我国签订有双边领事条约的，根据条约规定办理；未与我国签订双边领事条约，但参加《维也纳领事关系公约》的，根据公约规定办理；未与我国签订领事条约，也未参加《维也纳领事关系公约》，但与我国有外交关系的，可以根据外事主管部门的意见，按照互惠原则，根据有关规定和国际惯例办理；

（二）在外国驻华领馆领区内发生的涉外刑事案件，通知有关外国驻该地区的领馆；在外国领馆领区外发生的涉外刑事案件，通知有关外国驻华使馆；与我国有外交关系，但未设使领馆的国家，可以通知其代管国家驻华使领馆；无代管国家、代管国家不明的，可以不通知；

（三）双边领事条约规定通知时限的，应当在规定的期限内通知；没有规定的，应当根据或者参照《维也纳领事关系公约》和国际惯例尽快通知，至迟不得超过七日；

（四）双边领事条约没有规定必须通知，外国籍当事人要求不通知其国籍国驻华使领馆的，可以不通知，但应当由其本人出具书面声明。

高级人民法院向外国驻华使领馆通知有关事项，必要时，可以请人民政府外事主管部门协助。

第四百八十一条 人民法院受理涉外刑事案件后，应当告知在押的外国籍被告人享有与其国籍国驻华使领馆联系，与其监护人、近亲属会见、通信，以及请求人民法院提供翻译的权利。

第四百八十二条 涉外刑事案件审判期间，外国籍被告人在押，其国籍国驻华使领馆官员要求探视的，可以向受理案件的人民法院所在地的高级人民法院提出。人民法院应当根据我国与被告人国籍国签订的双边领事条约规定的时限予以安排；没有条约规定的，应当尽快安排。必要时，可以请人民政府外事主管部门协助。

涉外刑事案件审判期间，外国籍被告人在押，其监护人、近亲属申请会见的，可以向受理案件的人民法院所在地的高级人民法院提出，并依照本解释第四百八十六条的规定提供与被告人关系的证明。人民法院经审查认为不妨碍案件审判的，可以批准。

被告人拒绝接受探视、会见的，应当由其本人出具书面声明。拒绝出具书面声明的，应当记录在案；必要时，应当录音录像。

探视、会见被告人应当遵守我国法律

规定。

第四百八十三条 人民法院审理涉外刑事案件，应当公开进行，但依法不应公开审理的除外。

公开审理的涉外刑事案件，外国籍当事人国籍国驻华使领馆官员要求旁听的，可以向受理案件的人民法院所在地的高级人民法院提出申请，人民法院应当安排。

第四百八十四条 人民法院审判涉外刑事案件，使用中华人民共和国通用的语言、文字，应当为外国籍当事人提供翻译。翻译人员应当在翻译文件上签名。

人民法院的诉讼文书为中文本。外国籍当事人不通晓中文的，应当附有外文译本，译本不加盖人民法院印章，以中文本为准。

外国籍当事人通晓中国语言、文字，拒绝他人翻译，或者不需要诉讼文书外文译本的，应当由其本人出具书面声明。拒绝出具书面声明的，应当记录在案；必要时，应当录音录像。

第四百八十五条 外国籍被告人委托律师辩护，或者外国籍附带民事诉讼原告人、自诉人委托律师代理诉讼的，应当委托具有中华人民共和国律师资格并依法取得执业证书的律师。

外国籍被告人在押的，其监护人、近亲属或者其国籍国驻华使领馆可以代为委托辩护人。其监护人、近亲属代为委托的，应当提供与被告人关系的有效证明。

外国籍当事人委托其监护人、近亲属担任辩护人、诉讼代理人的，被委托人应当提供与当事人关系的有效证明。经审查，符合刑事诉讼法、有关司法解释规定的，人民法院应当准许。

外国籍被告人没有委托辩护人的，人民法院可以通知法律援助机构为其指派律师提供辩护。被告人拒绝辩护人辩护的，应当由其出具书面声明，或者将其口头声明记录在案；必要时，应当录音录像。被告人属于应当提供法律援助情形的，依照本解释第五十条规定处理。

第四百八十六条 外国籍当事人从中华人民共和国领域外寄交或者托交给中国律师或者中国公民的委托书，以及外国籍当事人的监护人、近亲属提供的与当事人关系的证明，必须经所在国公证机关证明，所在国中央外交主管机关或者其授权机关认证，并经中华人民共和国驻该国使领馆认证，或者履行中华人民共和国与该所在国订立的有关条约中规定的证明手续，但我国与该国之间有互免认证协定的除外。

第四百八十七条 对涉外刑事案件的被告人，可以决定限制出境；对开庭审理案件时必须到庭的证人，可以要求暂缓出境。限制外国人出境的，应当通报同级人民政府外事主管部门和当事人国籍国驻华使领馆。

人民法院决定限制外国人和中国公民出境的，应当书面通知被限制出境的人在案件审理终结前不得离境，并可以采取扣留护照或者其他出入境证件的办法限制其出境；扣留证件的，应当履行必要手续，并发给本人扣留证件的证明。

需要对外国人和中国公民在口岸采取边控措施的，受理案件的人民法院应当按照规定制作边控对象通知书，并附有关法律文书，层报高级人民法院办理交控手续。紧急情况下，需要采取临时边控措施的，受理案件的人民法院可以先向有关口岸所在地出入境边防检查机关交控，但应当在七日以内按照规定层报高级人民法院办理手续。

第四百八十八条 涉外刑事案件，符合刑事诉讼法第二百零八条第一款、第二百四十三条规定的,经有关人民法院批准或者决定,可以延长审理期限。

第四百八十九条 涉外刑事案件宣判后,外国籍当事人国籍国驻华使领馆要求提供裁判文书的,可以向受理案件的人民法院所在地的高级人民法院提出,人民法院可以提供。

第四百九十条 涉外刑事案件审理过程中的其他事项,依照法律、司法解释和其他有关规定办理。

《公安规定》

第三百五十七条 办理外国人犯罪案件,应当严格依照我国法律、法规、规章,维护国家主权和利益,并在对等互惠原则的基础上,履行我国所承担的国际条约义务。

第三百五十八条 外国籍犯罪嫌疑人在刑事诉讼中,享有我国法律规定的诉讼权利,并承担相应的义务。

第三百五十九条 外国籍犯罪嫌疑人的国籍,以其入境时持用的有效证件予以确认;国籍不明的,由出入境管理部门协助予以查明。国籍确实无法查明的,以无国籍人对待。

第三百六十条 确认外国籍犯罪嫌疑人身份,可以依照有关国际条约或者通过国际刑事警察组织、警务合作渠道办理。确实无法查明的,可以按其自报的姓名移送人民检察院审查起诉。

第三百六十一条 犯罪嫌疑人为享有外交或者领事特权和豁免权的外国人的,应当层报公安部,同时通报同级人民政府外事办公室,由公安部商请外交部通过外交途径办理。

第三百六十二条 公安机关办理外国人犯罪案件,使用中华人民共和国通用的语言文字。犯罪嫌疑人不通晓我国语言文字的,公安机关应当为他翻译;犯罪嫌疑人通晓我国语言文字,不需要他人翻译的,应当出具书面声明。

第三百六十三条 外国人犯罪案件,由犯罪地的县级以上公安机关立案侦查。

第三百六十四条 外国人犯中华人民共和国缔结或者参加的国际条约规定的罪行后进入我国领域内的,由该外国人被抓获地的设区的市一级以上公安机关立案侦查。

第三百六十五条 外国人在中华人民共和国领域外对中华人民共和国国家或者公民犯罪,应当受刑罚处罚的,由该外国人入境地或者入境后居住地的县级以上公安机关立案侦查;该外国人未入境的,由被害人居住地的县级以上公安机关立案侦查;没有被害人或者是对中华人民共和国国家犯罪的,由公安部指定管辖。

第三百六十六条 发生重大或者可能引起外交交涉的外国人犯罪案件的,有关省级公安机关应当及时将案件办理情况报告公安部,同时通报同级人民政府外事办公室。必要时,由公安部商外交部将案件情况通知我国驻外使馆、领事馆。

第三百六十七条 对外国籍犯罪嫌疑人依法作出取保候审、监视居住决定或者执行拘留、逮捕后,应当在四十八小时以内层报省级公安机关,同时通报同级人民政府外事办公室。

重大涉外案件应当在四十八小时以内层报公安部,同时通报同级人民政府外事办公室。

第三百六十八条 对外国籍犯罪嫌疑人依法作出取保候审、监视居住决定或者执行拘留、逮捕后,由省级公安机关根据有关规定,将其姓名、性别、入境时间、护照或者证件号码、案件发生的时间、地点、涉嫌犯罪的主要事实、已采取的强制措施及其法律依据等,通知该外国人所属国家的驻华使馆、领事馆,同时报告公安部。经省级公安机关批准,领事通报任务较重的副省级城市公安局可以直接行使领事通报职能。

外国人在公安机关侦查或者执行刑罚期间死亡的,有关省级公安机关应当通知该外国人国籍国的驻华使馆、领事馆,同时报告公安部。

未在华设立使馆、领事馆的国家,可以通知其代管国家的驻华使馆、领事馆;无代管国家或者代管国家不明的,可以不予通知。

第三百六十九条 外国籍犯罪嫌疑人委托辩护人的,应当委托在中华人民共和国的律师事务所执业的律师。

第三百七十条 公安机关侦查终结前,外国驻华外交、领事官员要求探视被监视居住、拘留、逮捕或者正在看守所服刑的本国公民的,应当及时安排有关探视事宜。犯罪嫌疑人拒绝其国籍国驻华外交、领事官员探视的,公安机关可以不予安排,但应当由其本人提出书面声明。

在公安机关侦查羁押期间,经公安机关批准,外国籍犯罪嫌疑人可以与其近亲属、监护人会见、与外界通信。

第三百七十一条 对判处独立适用驱逐出境刑罚的外国人,省级公安机关在收到人民法院的刑事判决书、执行通知书的副本后,应当指定该外国人所在地的设区的市一级公安机关执行。

被判处徒刑的外国人,主刑执行期满后应当执行驱逐出境附加刑的,省级公安机关在收到执行监狱的上级主管部门转交的刑事判决书、执行通知书副本或者复印件后,应当通知该外国人所在地的设区的市一级公安机关或者指定有关公安机关执行。

我国政府已按照国际条约或者《中华人民共和国外交特权与豁免条例》的规定,对实施犯罪,但享有外交或者领事特权和豁免权的外国人宣布为不受欢迎的人,或者不可接受并拒绝承认其外交或者领事人员身份,责令限期出境的人,无正当理由逾期不自动出境的,由公安部凭外交部公文指定该外国人所在地的省级公安机关负责执行或者监督执行。

第三百七十二条 办理外国人犯罪案件,本章未规定的,适用本规定其他各章的有关规定。

第三百七十三条 办理无国籍人犯罪案件,适用本章的规定。

第十八条 刑事司法协助

根据中华人民共和国缔结或者参加的国际条约,或者按照互惠原则,我国司法机关和外国司法机关可以相互请求刑事司法协助。

▎条文注解

国际刑事司法协助,是指中华人民共和国和外国在刑事案件调查、侦查、起诉、审判和执行等活动中相互提供协助,包括送达文书,调查取证,安排证人作证或者协助调查、查封、扣押、冻结涉案财物,没收、返还违法所得及其他涉案财物,移管被判刑人员以及其他协助。

▎相关规定

《高法解释》

第四百九十一条 请求和提供司法协助,应当依照《中华人民共和国国际刑事司法协助法》、我国与有关国家、地区签订的刑事司法协助条约、移管被判刑人条约和有关法律规定进行。

对请求书的签署机关、请求书及所附材料的语言文字、有关办理期限和具体程序等事项,在不违反中华人民共和国法律的基本原则的情况下,可以按照刑事司法协助条约规定或者双方协商办理。

第四百九十二条 外国法院请求的事项有损中华人民共和国的主权、安全、社会公共利益以及违反中华人民共和国法律的基本原则的,人民法院不予协助;属于有关法律规定的可以拒绝提供刑事司法协助情形的,可以不予协助。

第四百九十三条 人民法院请求外国提供司法协助的,应当层报最高人民法院,经最高人民法院审核同意后交由有关对外联系机关及时向外国提出请求。

外国法院请求我国提供司法协助,有关对外联系机关认为属于人民法院职权范围的,经最高人民法院审核同意后转有关人民法院办理。

第四百九十四条 人民法院请求外国提供司法协助的请求书,应当依照刑事司法协助条约的规定提出;没有条约或者条约没有规定的,应当载明法律规定的相关信息并附相关材料。请求书及其所附材料应当以中文制作,并附有被请求国官方文字的译本。

外国请求我国法院提供司法协助的请求书,应当依照刑事司法协助条约的规定提出;没有条约或者条约没有规定的,应当载明我国法律规定的相关信息并附相关材料。请求书及所附材料应当附有中文译本。

第四百九十五条 人民法院向在中华人民共和国领域外居住的当事人送达刑事诉讼文书,可以采用下列方式:

(一)根据受送达人所在国与中华人民共和国缔结或者共同参加的国际条约规定的方式送达;

(二)通过外交途径送达;

(三)对中国籍当事人,所在国法律允许或者经所在国同意的,可以委托我国驻受送达人所在国的使领馆代为送达;

(四)当事人是自诉案件的自诉人或者附带民事诉讼原告人的,可以向有权代其接受送达的诉讼代理人送达;

(五)当事人是外国单位的,可以向其在中华人民共和国领域内设立的代表机构或者有权接受送达的分支机构、业务代办人送达;

(六)受送达人所在国法律允许的,可以邮寄送达;自邮寄之日起满三个月,送达回证未退回,但根据各种情况足以认定已经送达的,视为送达;

(七)受送达人所在国法律允许的,可以采用传真、电子邮件等能够确认受送达人收悉的方式送达。

第四百九十六条 人民法院通过外交途径向在中华人民共和国领域外居住的受送达人送达刑事诉讼文书的,所送达的文书应当经高级人民法院审查后报最高人民法院审核。最高人民法院认为可以发出的,由最高人民法院交外交部主管部门转递。

外国法院通过外交途径请求人民法院送达刑事诉讼文书的,由该国驻华使馆将法律文书交我国外交部主管部门转最高人民法院。最高人民法院审核后认为属于人民法院职权范围,且可以代为送达的,应当转有关人民法院办理。

《公安规定》

第十三条 根据《中华人民共和国引渡法》《中华人民共和国国际刑事司法协助法》,中华人民共和国缔结或者参加的国际条约和公安部签订的双边、多边合作协议,或者按照互惠原则,我国公安机关可以和外国警察机关开展刑事司法协助和警务合作。

第三百七十四条 公安部是公安机关

进行刑事司法协助和警务合作的中央主管机关，通过有关法律、国际条约、协议规定的联系途径、外交途径或者国际刑事警察组织渠道，接收或者向外国提出刑事司法协助或者警务合作请求。

地方各级公安机关依照职责权限办理刑事司法协助事务和警务合作事务。

其他司法机关在办理刑事案件中，需要外国警方协助的，由其中央主管机关与公安部联系办理。

第三百七十五条 公安机关进行刑事司法协助和警务合作的范围，主要包括犯罪情报信息的交流与合作，调查取证，安排证人作证或者协助调查，查封、扣押、冻结涉案财物，没收、返还违法所得及其他涉案财物，送达刑事诉讼文书，引渡、缉捕和递解犯罪嫌疑人、被告人或者罪犯，以及国际条约、协议规定的其他刑事司法协助和警务合作事宜。

第三百七十六条 在不违背我国法律和有关国际条约、协议的前提下，我国边境地区设区的市一级公安机关和县级公安机关与相邻国家的警察机关，可以按照惯例相互开展执法会晤、人员往来、边境管控、情报信息交流等警务合作，但应当报省级公安机关批准，并报公安部备案；开展其他警务合作的，应当报公安部批准。

第三百七十七条 公安部收到外国的刑事司法协助或者警务合作请求后，应当依据我国法律和国际条约、协议的规定进行审查。对于符合规定的，交有关省级公安机关办理，或者移交其他有关中央主管机关；对于不符合条约或者协议规定的，通过接收请求的途径退回请求方。

对于请求书的签署机关、请求书及所附材料的语言文字、有关办理期限和具体程序等事项，在不违反我国法律基本原则的情况下，可以按照刑事司法协助条约、警务合作协议规定或者双方协商办理。

第三百七十八条 负责执行刑事司法协助或者警务合作的公安机关收到请求书和所附材料后，应当按照我国法律和有关国际条约、协议的规定安排执行，并将执行结果及其有关材料报经省级公安机关审核后报送公安部。

在执行过程中，需要采取查询、查封、扣押、冻结等措施或者返还涉案财物，且符合法律规定的条件的，可以根据我国有关法律和公安部的执行通知办理有关法律手续。

请求书提供的信息不准确或者材料不齐全难以执行的，应当立即通过省级公安机关报请公安部要求请求方补充材料；因其他原因无法执行或者具有应当拒绝协助、合作的情形不能执行的，应当将请求书和所附材料，连同不能执行的理由通过省级公安机关报送公安部。

第三百七十九条 执行刑事司法协助和警务合作，请求书中附有办理期限的，应当按期完成。未附办理期限的，调查取证应当在三个月以内完成；送达刑事诉讼文书，应当在十日以内完成。不能按期完成的，应当说明情况和理由，层报公安部。

第三百八十条 需要请求外国警方提供刑事司法协助或者警务合作的，应当按照我国有关法律、国际条约、协议的规定提出刑事司法协助或者警务合作请求书，所附文件及相应译文，经省级公安机关审核后报送公安部。

第三百八十一条 需要通过国际刑事警察组织查找或者缉捕犯罪嫌疑人、被告人或者罪犯，查询资料、调查取证的，应当提出申请层报国际刑事警察组织中国国家中心局。

第三百八十二条 公安机关需要外国协助安排证人、鉴定人来中华人民共和国作证或者通过视频、音频作证,或者协助调查的,应当制作刑事司法协助请求书并附相关材料,经公安部审核同意后,由对外联系机关及时向外国提出请求。

来中华人民共和国作证或者协助调查的证人、鉴定人离境前,公安机关不得就其入境前实施的犯罪进行追究;除因入境后实施违法犯罪而被采取强制措施的以外,其人身自由不受限制。

证人、鉴定人在条约规定的期限内或者被通知无需继续停留后十五日内没有离境的,前款规定不再适用,但是由于不可抗力或者其他特殊原因未能离境的除外。

第三百八十三条 公安机关提供或者请求外国提供刑事司法协助或者警务合作,应当收取或者支付费用的,根据有关国际条约、协议的规定,或者按照对等互惠的原则协商办理。

第三百八十四条 办理引渡案件,依照《中华人民共和国引渡法》等法律规定和有关条约执行。

《高检规则》

第六百七十一条 人民检察院依据国际刑事司法协助法等有关法律和有关刑事司法协助条约进行刑事司法协助。

第六百七十二条 人民检察院刑事司法协助的范围包括刑事诉讼文书送达,调查取证,安排证人作证或者协助调查,查封、扣押、冻结涉案财物,返还违法所得及其他涉案财物,移管被判刑人以及其他协助。

第六百七十三条 最高人民检察院是检察机关开展国际刑事司法协助的主管机关,负责审核地方各级人民检察院向外国提出的刑事司法协助请求,审查处理对外联系机关转递的外国提出的刑事司法协助请求,审查决定是否批准执行外国的刑事司法协助请求,承担其他与国际刑事司法协助相关的工作。

办理刑事司法协助相关案件的地方各级人民检察院应当向最高人民检察院层报需要向外国提出的刑事司法协助请求,执行最高人民检察院交办的外国提出的刑事司法协助请求。

第六百七十四条 地方各级人民检察院需要向外国请求刑事司法协助的,应当制作刑事司法协助请求书并附相关材料。经省级人民检察院审核同意后,报送最高人民检察院。

刑事司法协助请求书应当依照相关刑事司法协助条约的规定制作;没有条约或者条约没有规定的,可以参照国际刑事司法协助法第十三条的规定制作。被请求方有特殊要求的,在不违反我国法律的基本原则的情况下,可以按照被请求方的特殊要求制作。

第六百七十五条 最高人民检察院收到地方各级人民检察院刑事司法协助请求书及所附相关材料后,应当依照国际刑事司法协助法和有关条约进行审查。对符合规定、所附材料齐全的,最高人民检察院是对外联系机关的,应当及时向外国提出请求;不是对外联系机关的,应当通过对外联系机关向外国提出请求。对不符合规定或者材料不齐全的,应当退回提出请求的人民检察院或者要求其补充、修正。

第六百七十六条 最高人民检察院收到外国提出的刑事司法协助请求后,应当对请求书及所附材料进行审查。对于请求书形式和内容符合要求的,应当按照职责分工,将请求书及所附材料转交有关主管机关或者省级人民检察院处理;对于请求书形式和内容不符合要求的,可以要求请求方补充材料或者重新提出请求。

外国提出的刑事司法协助请求明显损害我国主权、安全和社会公共利益的,可以直接拒绝提供协助。

第六百七十七条 最高人民检察院在收到对外联系机关转交的刑事司法协助请求书及所附材料后，经审查，分别作出以下处理：

（一）根据国际刑事司法协助法和刑事司法协助条约的规定，认为可以协助执行的，作出决定并安排有关省级人民检察院执行；

（二）根据国际刑事司法协助法或者刑事司法协助条约的规定，认为应当全部或者部分拒绝协助的，将请求书及所附材料退回对外联系机关并说明理由；

（三）对执行请求有保密要求或者有其他附加条件的，通过对外联系机关向外国提出，在外国接受条件并且作出书面保证后，决定附条件执行；

（四）需要补充材料的，书面通过对外联系机关要求请求方在合理期限内提供。

第六百七十八条 有关省级人民检察院收到最高人民检察院交办的外国刑事司法协助请求后，应当依法执行，或者交由下级人民检察院执行。

负责执行的人民检察院收到刑事司法协助请求书和所附材料后，应当立即安排执行，并将执行结果及有关材料报经省级人民检察院审查后，报送最高人民检察院。

对于不能执行的，应当将刑事司法协助请求书和所附材料，连同不能执行的理由，通过省级人民检察院报送最高人民检察院。

因请求书提供的地址不详或者材料不齐全，人民检察院难以执行该项请求的，应当立即通过最高人民检察院书面通知对外联系机关，要求请求方补充提供材料。

第六百七十九条 最高人民检察院应当对执行结果进行审查。对于符合请求要求和有关规定的，通过对外联系机关转交或者转告请求方。

《国际刑事司法协助法》（2018年10月26日起施行）（略）

第二章　管　辖

第十九条　立案管辖

刑事案件的侦查由公安机关进行，法律另有规定的除外。

人民检察院在对诉讼活动实行法律监督中发现的司法工作人员利用职权实施的非法拘禁、刑讯逼供、非法搜查等侵犯公民权利、损害司法公正的犯罪，可以由人民检察院立案侦查。对于公安机关管辖的国家机关工作人员利用职权实施的重大犯罪案件，需要由人民检察院直接受理的时候，经省级以上人民检察院决定，可以由人民检察院立案侦查。

自诉案件，由人民法院直接受理。

条文注解

公安机关侦查职能管辖：兜底型管辖模式，即除由监察机关、人民检察院、人民法院、军队保卫部门、监狱、海警部门等专门机关管辖的刑事案件,其他均由公安机关进行管辖。对于侦查职能管辖存在交叉的情形,应当严格执行各专门机关的管辖分工,坚持以涉嫌主罪的办案机关为主侦查,其他办案机关配合的原则。

检察机关侦查职能管辖:一是自行侦查权,即针对司法工作人员利用职权实施的非法拘禁、刑讯逼供、非法搜查等侵犯公民权利、损害司法公正的犯罪("司法工作人员",是指具有侦查、检察、审判、监管职责的工作人员);二是机动侦查权,即对于公安机关管辖的国家机关工作人员利用职权实施的重大犯罪案件,需要由人民检察院直接受理的时候,经省级以上人民检察院决定,可以由人民检察院立案侦查。

监察机关的职能管辖:监察法第11条第2项规定,对涉嫌贪污贿赂、滥用职权、玩忽职守、权力寻租、利益输送、徇私舞弊以及浪费国家资财等职务违法和职务犯罪进行调查。刑事诉讼法将原属检察院的贪污贿赂犯罪、国家工作人员渎职犯罪等公职人员犯罪的侦查权调整到监察机关。

人民法院的职能管辖:告诉才处理的案件以及人民检察院没有提起公诉,被害人有证据证明的轻微刑事案件。人民法院对自诉案件的管辖,是对特定类型案件设置的专门司法救济机制。

相关规定

《公安规定》

第十四条 根据刑事诉讼法的规定,除下列情形外,刑事案件由公安机关管辖:

(一)监察机关管辖的职务犯罪案件;

(二)人民检察院管辖的在对诉讼活动实行法律监督中发现的司法工作人员利用职权实施的非法拘禁、刑讯逼供、非法搜查等侵犯公民权利、损害司法公正的犯罪,以及经省级以上人民检察院决定立案侦查的公安机关管辖的国家机关工作人员利用职权实施的重大犯罪案件;

(三)人民法院管辖的自诉案件。对于人民法院直接受理的被害人有证据证明的轻微刑事案件,因证据不足驳回起诉,人民法院移送公安机关或者被害人向公安机关控告的,公安机关应当受理;被害人直接向公安机关控告的,公安机关应当受理;

(四)军队保卫部门管辖的军人违反职责的犯罪和军队内部发生的刑事案件;

(五)监狱管辖的罪犯在监狱内犯罪的刑事案件;

(六)海警部门管辖的海(岛屿)岸线以外我国管辖海域内发生的刑事案件。对于发生在沿海港岙口、码头、滩涂、台轮停泊点等区域的,由公安机关管辖;

(七)其他依照法律和规定应当由其他机关管辖的刑事案件。

《高检规则》

第十三条 人民检察院在对诉讼活动实行法律监督中发现的司法工作人员利用职权实施的非法拘禁、刑讯逼供、非法搜查等侵犯公民权利、损害司法公正的犯罪,可以由人民检察院立案侦查。

对于公安机关管辖的国家机关工作人员利用职权实施的重大犯罪案件,需要由人民检察院直接受理的,经省级以上人民检察院决定,可以由人民检察院立案侦查。

第十四条 人民检察院办理直接受理侦查的案件,由设区的市级人民检察院立案侦查。基层人民检察院发现犯罪线索的,应当报设区的市级人民检察院决定立案侦查。

设区的市级人民检察院根据案件情况也可以将案件交由基层人民检察院立案侦

查，或者要求基层人民检察院协助侦查。对于刑事执行派出检察院辖区内与刑事执行活动有关的犯罪线索，可以交由刑事执行派出检察院立案侦查。

最高人民检察院、省级人民检察院发现犯罪线索的，可以自行立案侦查，也可以将犯罪线索交由指定的省级人民检察院或者设区的市级人民检察院立案侦查。

第十七条 人民检察院办理直接受理侦查的案件，发现犯罪嫌疑人同时涉嫌监察机关管辖的职务犯罪线索的，应当及时与同级监察机关沟通。

经沟通，认为全案由监察机关管辖更为适宜的，人民检察院应当将案件和相应职务犯罪线索一并移送监察机关；认为由监察机关和人民检察院分别管辖更为适宜的，人民检察院应当将监察机关管辖的相应职务犯罪线索移送监察机关，对依法由人民检察院管辖的犯罪案件继续侦查。

人民检察院应当及时将沟通情况报告上一级人民检察院。沟通期间不得停止对案件的侦查。

第十八条 人民检察院办理直接受理侦查的案件涉及公安机关管辖的刑事案件，应当将属于公安机关管辖的刑事案件移送公安机关。如果涉嫌的主罪属于公安机关管辖，由公安机关为主侦查，人民检察院予以配合；如果涉嫌的主罪属于人民检察院管辖，由人民检察院为主侦查，公安机关予以配合。

对于一人犯数罪、共同犯罪、共同犯罪的犯罪嫌疑人还实施其他犯罪、多个犯罪嫌疑人实施的犯罪存在关联，并案处理有利于查明案件事实和诉讼进行的，人民检察院可以在职责范围内对相关犯罪案件并案处理。

《高法解释》

第一条 人民法院直接受理的自诉案件包括：

（一）告诉才处理的案件：

1. 侮辱、诽谤案（刑法第二百四十六条规定的，但严重危害社会秩序和国家利益的除外）；

2. 暴力干涉婚姻自由案（刑法第二百五十七条第一款规定的）；

3. 虐待案（刑法第二百六十条第一款规定的，但被害人没有能力告诉或者因受到强制、威吓无法告诉的除外）；

4. 侵占案（刑法第二百七十条规定的）。

（二）人民检察院没有提起公诉，被害人有证据证明的轻微刑事案件：

1. 故意伤害案（刑法第二百三十四条第一款规定的）；

2. 非法侵入住宅案（刑法第二百四十五条规定的）；

3. 侵犯通信自由案（刑法第二百五十二条规定的）；

4. 重婚案（刑法第二百五十八条规定的）；

5. 遗弃案（刑法第二百六十一条规定的）；

6. 生产、销售伪劣商品案（刑法分则第三章第一节规定的，但严重危害社会秩序和国家利益的除外）；

7. 侵犯知识产权案（刑法分则第三章第七节规定的，但严重危害社会秩序和国家利益的除外）；

8. 刑法分则第四章、第五章规定的，可能判处三年有期徒刑以下刑罚的案件。

本项规定的案件，被害人直接向人民法院起诉的，人民法院应当依法受理。对其中证据不足，可以由公安机关受理的，或者认为对被告人可能判处三年有期徒刑以上刑罚的，应当告知被害人向公安机关报案，或者移送公安机关立案侦查。

(三) 被害人有证据证明对被告人侵犯自己人身、财产权利的行为应当依法追究刑事责任,且有证据证明曾经提出控告,而公安机关或者人民检察院不予追究被告人刑事责任的案件。

典型案例

丁某某、林某某等人假冒注册商标立案监督案（检例第93号）

裁判要旨：检察机关在办理售假犯罪案件时,应当注意审查发现制假犯罪事实,强化对人民群众切身利益和企业知识产权的保护力度。对于公安机关未立案侦查的制假犯罪与已立案侦查的售假犯罪不属于共同犯罪的,应当按照立案监督程序,监督公安机关立案侦查。对于跨地域实施的关联制假售假犯罪,检察机关可以建议公安机关并案管辖。

文书格式

```
              ××××人民检察院
               移送案件通知书

                          ××检××移〔20××〕×号
_____涉嫌_____一案,我院经审查认为属于_____管辖。根据《中华人民共和国刑事诉讼法》第一百一十条的规定,现将本案及有关材料移送你_____管辖。
   此致

                              20××年××月××日
                                    （院印）
```

第二十条　基层法院管辖

基层人民法院管辖第一审普通刑事案件,但是依照本法由上级人民法院管辖的除外。

条文注解

一般来讲,一审由基层人民法院管辖。对于重大、复杂案件,新类型疑难案件,法律适用具有普遍指导意义的案件,涉及本院院长回避等事由不宜行使管辖权的案件,可以移送中级人民法院进行一审。

相关规定

《高法解释》

第十七条　基层人民法院对可能判处无期徒刑、死刑的第一审刑事案件,应当移送中级人民法院审判。

基层人民法院对下列第一审刑事案件,可以请求移送中级人民法院审判：

(一) 重大、复杂案件；
(二) 新类型的疑难案件；
(三) 在法律适用上具有普遍指导意义的案件。

需要将案件移送中级人民法院审判的,应当在报请院长决定后,至迟于案件审理期限届满十五日以前书面请求移送。中级人民法院应当在接到申请后十日以内作出决定。不同意移送的，应当下达不同意移送决定书，由请求移送的人民法院依法审判；同意移送的，应当下达同意移送决定书，并书面通知同级人民检察院。

第十八条 有管辖权的人民法院因案件涉及本院院长需要回避或者其他原因，不宜行使管辖权的，可以请求移送上一级人民法院管辖。上一级人民法院可以管辖，也可以指定与提出请求的人民法院同级的其他人民法院管辖。

第二十三条 第二审人民法院发回重新审判的案件，人民检察院撤回起诉后，又向原第一审人民法院的下级人民法院重新提起公诉的，下级人民法院应当将有关情况层报原第二审人民法院。原第二审人民法院根据具体情况，可以决定将案件移送原第一审人民法院或者其他人民法院审判。

第二十五条 第二审人民法院在审理过程中，发现被告人还有其他犯罪没有判决的，参照前条规定处理。第二审人民法院决定并案审理的，应当发回第一审人民法院，由第一审人民法院作出处理。

第二十一条　中级法院管辖

中级人民法院管辖下列第一审刑事案件：

（一）危害国家安全、恐怖活动案件；

（二）可能判处无期徒刑、死刑的案件。

条文注解

"危害国家安全案件"，是指刑法分则第一章规定的危害国家安全案件。"恐怖活动案件"，是指刑法分则第二章规定的相关恐怖活动犯罪案件，以及恐怖活动组织、恐怖活动人员实施的杀人、爆炸、绑架等犯罪案件。

"可能判处无期徒刑、死刑的案件"，是指案件可能判处的法定刑幅度包含无期徒刑、死刑的案件。

相关规定

《公安规定》

第三百八十五条 本规定所称"危害国家安全犯罪"，包括刑法分则第一章规定的危害国家安全罪以及危害国家安全的其他犯罪；"恐怖活动犯罪"，包括以制造社会恐慌、危害公共安全或者胁迫国家机关、国际组织为目的，采取暴力、破坏、恐吓等手段，造成或者意图造成人员伤亡、重大财产损失、公共设施损坏、社会秩序混乱等严重社会危害的犯罪，以及煽动、资助或者以其他方式协助实施上述活动的犯罪。

《高法解释》

第十四条 人民检察院认为可能判处无期徒刑、死刑，向中级人民法院提起公诉的案件，中级人民法院受理后，认为不需要判处无期徒刑、死刑的，应当依法审判，不再交基层人民法院审判。

第十五条 一人犯数罪、共同犯罪或者其他需要并案审理的案件，其中一人或者一罪属于上级人民法院管辖的，全案由上级人民法院管辖。

第二十二条　高级法院管辖

高级人民法院管辖的第一审刑事案件，是全省（自治区、直辖市）性的重大刑事案件。

条文注解

高级人民法院承担对中级人民法院一

审判决裁定不服提起的上诉、抗诉案件，以及核准死刑缓期执行案件，监督本区域内地方法院审判工作。全省（自治区、直辖市）性的重大刑事案件，数量较少但往往社会关注度高，由高级人民法院一审较为适宜。

> **相关规定**
>
> 《人民法院组织法》（2018年10月26日修订）
>
> 第二十一条　高级人民法院审理下列案件：
>
> （一）法律规定由其管辖的第一审案件；
>
> （二）下级人民法院报请审理的第一审案件；
>
> （三）最高人民法院指定管辖的第一审案件；
>
> （四）对中级人民法院判决和裁定的上诉、抗诉案件；
>
> （五）按照审判监督程序提起的再审案件；
>
> （六）中级人民法院报请复核的死刑案件。

第二十三条　最高法院管辖

最高人民法院管辖的第一审刑事案件，是全国性的重大刑事案件。

> **条文注解**

最高人民法院是国家的最高审判机关，受理对高级人民法院的第一审判决、裁定不服提出的上诉、抗诉案件，核准死刑案件等。"全国性的重大刑事案件"是指在全国范围内涉及面广、影响大的重大案件。最高人民法院审判案件，所作判决、裁定即为终审的判决、裁定。

> **相关规定**
>
> 《人民法院组织法》（2018年10月26日修订）
>
> 第十六条　最高人民法院审理下列案件：
>
> （一）法律规定由其管辖的和其认为应当由自己管辖的第一审案件；
>
> （二）对高级人民法院判决和裁定的上诉、抗诉案件；
>
> （三）按照全国人民代表大会常务委员会的规定提起的上诉、抗诉案件；
>
> （四）按照审判监督程序提起的再审案件；
>
> （五）高级人民法院报请核准的死刑案件。
>
> 第十七条　死刑除依法由最高人民法院判决的以外，应当报请最高人民法院核准。
>
> 第十八条　最高人民法院可以对属于审判工作中具体应用法律的问题进行解释。
>
> 最高人民法院可以发布指导性案例。
>
> 第十九条　最高人民法院可以设巡回法庭，审理最高人民法院依法确定的案件。
>
> 巡回法庭是最高人民法院的组成部分。巡回法庭的判决和裁定即最高人民法院的判决和裁定。

第二十四条　变更管辖

上级人民法院在必要的时候，可以审判下级人民法院管辖的第一审刑事案件；下级人民法院认为案情重大、复杂需要由上级人民法院审判的第一审刑事案件，可以请求移送上一级人民法院审判。

条文注解

本条主要规定了提级管辖和移送管辖。

提级管辖中"必要的时候",是指案情重大、复杂或者案件社会影响大,由上级法院审判更为适宜,更能保证审判质量和效果。

移送管辖,与提级管辖发生的事由一致,不同的是下级法院主动向上移送。

需要注意的是,院长回避以及管辖权异议等情况出现时,变更管辖尤为重要。

相关规定

《公安规定》

第二十四条 县级公安机关负责侦查发生在本辖区内的刑事案件。

设区的市一级以上公安机关负责下列犯罪中重大案件的侦查:

(一)危害国家安全犯罪;
(二)恐怖活动犯罪;
(三)涉外犯罪;
(四)经济犯罪;
(五)集团犯罪;
(六)跨区域犯罪。

上级公安机关认为有必要的,可以侦查下级公安机关管辖的刑事案件;下级公安机关认为案情重大需要上级公安机关侦查的刑事案件,可以请求上一级公安机关管辖。

《高法解释》

第十六条 上级人民法院决定审判下级人民法院管辖的第一审刑事案件的,应当向下级人民法院下达改变管辖决定书,并书面通知同级人民检察院。

第十七条 基层人民法院对可能判处无期徒刑、死刑的第一审刑事案件,应当移送中级人民法院审判。

基层人民法院对下列第一审刑事案件,可以请求移送中级人民法院审判:

(一)重大、复杂案件;
(二)新类型的疑难案件;
(三)在法律适用上具有普遍指导意义的案件。

需要将案件移送中级人民法院审判的,应当在报请院长决定后,至迟于案件审理期限届满十五日以前书面请求移送。中级人民法院应当在接到申请后十日以内作出决定。不同意移送的,应当下达不同意移送决定书,由请求移送的人民法院依法审判;同意移送的,应当下达同意移送决定书,并书面通知同级人民检察院。

第十八条 有管辖权的人民法院因案件涉及本院院长需要回避或者其他原因,不宜行使管辖权的,可以请求移送上一级人民法院管辖。上一级人民法院可以管辖,也可以指定与提出请求的人民法院同级的其他人民法院管辖。

《高检规则》

第十五条 对本规则第十三条第二款规定的案件,人民检察院需要直接立案侦查的,应当层报省级人民检察院决定。

报请省级人民检察院决定立案侦查的案件,应当制作提请批准直接受理书,写明案件情况以及需要由人民检察院立案侦查的理由,并附有关材料。

省级人民检察院应当在收到提请批准直接受理书后十日以内作出是否立案侦查的决定。省级人民检察院可以决定由设区的市级人民检察院立案侦查,也可以自行立案侦查。

第十六条 上级人民检察院在必要的时候,可以直接立案侦查或者组织、指挥、参与侦查下级人民检察院管辖的案件。下级人民检察院认为案情重大、复杂,需要由上级人民检察院立案侦查的案件,可以请求移送上级人民检察院立案侦查。

第二十五条　地域管辖

刑事案件由犯罪地的人民法院管辖。如果由被告人居住地的人民法院审判更为适宜的,可以由被告人居住地的人民法院管辖。

条文注解

地域管辖是指不同地区的同级人民法院之间对第一审刑事案件管辖权的分工。

一般原则:犯罪地管辖。犯罪地包括犯罪行为发生地和犯罪结果发生地。犯罪行为发生地,包括犯罪行为的实施地以及预备地、开始地、途径地、结果地等与犯罪行为有关的地点;犯罪行为有连续、持续或者继续状态的,犯罪行为连续、持续或者继续实施的地方都属于犯罪行为发生地。犯罪结果发生地,包括犯罪对象被侵害地、犯罪所得的实际取得地、藏匿地、转移地、使用地、销售地等。

需注意的是,最高院等部门出台《关于办理网络犯罪案件适用刑事诉讼程序若干问题的意见》,结合网络犯罪案件的特点,对网络犯罪案件的犯罪地进行了扩张性解释。对职务犯罪案件的地域管辖,按照监察法和高检规则的规定进行。

补充原则:居住地管辖。如果被告人在居住地民愤极大或者影响较大,或者可能判处缓刑,需要由居住地的人民法院审判,更有利于震慑犯罪分子,进行法治宣传教育,可以由居住地法院管辖。

相关规定

《公安规定》

第十五条　刑事案件由犯罪地的公安机关管辖。如果由犯罪嫌疑人居住地的公安机关管辖更为适宜的,可以由犯罪嫌疑人居住地的公安机关管辖。

法律、司法解释或者其他规范性文件对有关犯罪案件的管辖作出特别规定的,从其规定。

第十六条　犯罪地包括犯罪行为发生地和犯罪结果发生地。犯罪行为发生地,包括犯罪行为的实施地以及预备地、开始地、途经地、结束地等与犯罪行为有关的地点;犯罪行为有连续、持续或者继续状态的,犯罪行为连续、持续或者继续实施的地方都属于犯罪行为发生地。犯罪结果发生地,包括犯罪对象被侵害地、犯罪所得的实际取得地、藏匿地、转移地、使用地、销售地。

居住地包括户籍所在地、经常居住地。经常居住地是指公民离开户籍所在地最后连续居住一年以上的地方,但住院就医的除外。单位登记的住所地为其居住地。主要营业地或者主要办事机构所在地与登记的住所地不一致的,主要营业地或者主要办事机构所在地为其居住地。

第十七条　针对或者主要利用计算机网络实施的犯罪,用于实施犯罪行为的网络服务使用的服务器所在地,网络服务提供者所在地,被侵害的网络信息系统及其管理者所在地,以及犯罪过程中犯罪嫌疑人、被害人使用的网络信息系统所在地,被害人被侵害时所在地和被害人财产遭受损失地公安机关可以管辖。

第十八条　行驶中的交通工具上发生的刑事案件,由交通工具最初停靠地公安机关管辖;必要时,交通工具始发地、途经地、目的地公安机关也可以管辖。

第十九条　在中华人民共和国领域外的中国航空器内发生的刑事案件,由该航空器在中国最初降落地的公安机关管辖。

第二十条　中国公民在中国驻外使、领馆内的犯罪,由其主管单位所在地或者原户籍地的公安机关管辖。

中国公民在中华人民共和国领域外的

犯罪，由其入境地、离境前居住地或者现居住地的公安机关管辖；被害人是中国公民的，也可由被害人离境前居住地或者现居住地的公安机关管辖。

《高法解释》

第二条 犯罪地包括犯罪行为地和犯罪结果地。

针对或者主要利用计算机网络实施的犯罪，犯罪地包括用于实施犯罪行为的网络服务使用的服务器所在地，网络服务提供者所在地，被侵害的信息网络系统及其管理者所在地，犯罪过程中被告人、被害人使用的信息网络系统所在地，以及被害人被侵害时所在地和被害人财产遭受损失地等。

第三条 被告人的户籍地为其居住地。经常居住地与户籍地不一致的，经常居住地为其居住地。经常居住地为被告人被追诉前已连续居住一年以上的地方，但住院就医的除外。

被告单位登记的住所地为其居住地。主要营业地或者主要办事机构所在地与登记的住所地不一致的，主要营业地或者主要办事机构所在地为其居住地。

第四条 在中华人民共和国内水、领海发生的刑事案件，由犯罪地或者被告人登陆地的人民法院管辖。由被告人居住地的人民法院审判更为适宜的，可以由被告人居住地的人民法院管辖。

第五条 在列车上的犯罪，被告人在列车运行途中被抓获的，由前方停靠站所在地负责审判铁路运输刑事案件的人民法院管辖。必要时，也可以由始发站或者终点站所在地负责审判铁路运输刑事案件的人民法院管辖。

被告人不是在列车运行途中被抓获的，由负责该列车乘务的铁路公安机关对应的审判铁路运输刑事案件的人民法院管辖；被告人在列车运行途经车站被抓获的，也可以由该车站所在地负责审判铁路运输刑事案件的人民法院管辖。

第六条 在国际列车上的犯罪，根据我国与相关国家签订的协定确定管辖；没有协定的，由该列车始发或者前方停靠的中国车站所在地负责审判铁路运输刑事案件的人民法院管辖。

第七条 在中华人民共和国领域外的中国船舶内的犯罪，由该船舶最初停泊的中国口岸所在地或者被告人登陆地、入境地的人民法院管辖。

第八条 在中华人民共和国领域外的中国航空器内的犯罪，由该航空器在中国最初降落地的人民法院管辖。

第九条 中国公民在中国驻外使领馆内的犯罪，由其主管单位所在地或者原户籍地的人民法院管辖。

第十条 中国公民在中华人民共和国领域外的犯罪，由其登陆地、入境地、离境前居住地或者现居住地的人民法院管辖；被害人是中国公民的，也可以由被害人离境前居住地或者现居住地的人民法院管辖。

第十一条 外国人在中华人民共和国领域外对中华人民共和国国家或者公民犯罪，根据《中华人民共和国刑法》应当受处罚的，由该外国人登陆地、入境地或者入境后居住地的人民法院管辖，也可以由被害人离境前居住地或者现居住地的人民法院管辖。

第十二条 对中华人民共和国缔结或者参加的国际条约所规定的罪行，中华人民共和国在所承担条约义务的范围内行使刑事管辖权的，由被告人被抓获地、登陆地或者入境地的人民法院管辖。

第十三条 正在服刑的罪犯在判决宣告前还有其他罪没有判决的，由原审地人民法院管辖；由罪犯服刑地或者犯罪地的人民法院审判更为适宜的，可以由罪犯服刑地或者犯罪地的人民法院管辖。

罪犯在服刑期间又犯罪的，由服刑地的人民法院管辖。

罪犯在脱逃期间又犯罪的，由服刑地的人民法院管辖。但是，在犯罪地抓获罪犯并发现其在脱逃期间犯罪的，由犯罪地的人民法院管辖。

第二十四条　人民法院发现被告人还有其他犯罪被起诉的，可以并案审理；涉及同种犯罪的，一般应当并案审理。

人民法院发现被告人还有其他犯罪被审查起诉、立案侦查、立案调查的，可以参照前款规定协商人民检察院、公安机关、监察机关并案处理，但可能造成审判过分迟延的除外。

根据前两款规定并案处理的案件，由最初受理地的人民法院审判。必要时，可以由主要犯罪地的人民法院审判。

《高检规则》

第十九条　本规则第十三条规定的案件，由犯罪嫌疑人工作单位所在地的人民检察院管辖。如果由其他人民检察院管辖更为适宜的，可以由其他人民检察院管辖。

第二十六条　管辖权竞合

几个同级人民法院都有权管辖的案件，由最初受理的人民法院审判。在必要的时候，可以移送主要犯罪地的人民法院审判。

▎条文注解

管辖权竞合，主要涉及优先管辖和移送管辖。最初受理的人民法院，已经启动诉讼程序，了解案情，由其继续审理，有利于提高诉讼效率。"必要的时候"主要是指犯罪地人民法院管辖更有利于查清案件事实，或者进行法治教育，此种情况下可以移送主要犯罪地人民法院。

▎相关规定

《公安规定》

第二十一条　几个公安机关都有权管辖的刑事案件，由最初受理的公安机关管辖。必要时，可以由主要犯罪地的公安机关管辖。

具有下列情形之一的，公安机关可以在职责范围内并案侦查：

（一）一人犯数罪的；

（二）共同犯罪的；

（三）共同犯罪的犯罪嫌疑人还实施其他犯罪的；

（四）多个犯罪嫌疑人实施的犯罪存在关联，并案处理有利于查明犯罪事实的。

《高法解释》

第十九条　两个以上同级人民法院都有管辖权的案件，由最初受理的人民法院审判。必要时，可以移送主要犯罪地的人民法院审判。

管辖权发生争议的，应当在审理期限内协商解决；协商不成的，由争议的人民法院分别层报共同的上级人民法院指定管辖。

《高检规则》

第二十一条　几个人民检察院都有管辖的案件，由最初受理的人民检察院管辖。必要时，可以由主要犯罪地的人民检察院管辖。

第二十七条　指定管辖

上级人民法院可以指定下级人民法院审判管辖不明的案件，也可以指定下级人民法院将案件移送其他人民法院审判。

▎条文注解

指定管辖是指上级人民法院基于审判指导权限，依法调整案件审判管辖的制度。

"管辖不明"主要是指案件的管辖在法律中没有明确的规定,对案件应由何地法院管辖存有争议。为避免管辖权争议,本条进行了授权性规定,主要包括指定审判和指定移送两种情形。

相关规定

《公安规定》

第二十二条 对管辖不明确或者有争议的刑事案件,可以由有关公安机关协商。协商不成的,由共同的上级公安机关指定管辖。

对情况特殊的刑事案件,可以由共同的上级公安机关指定管辖。

提请上级公安机关指定管辖时,应当在有关材料中列明犯罪嫌疑人基本情况、涉嫌罪名、案件基本事实、管辖争议情况、协商情况和指定管辖理由,经公安机关负责人批准后,层报有权指定管辖的上级公安机关。

第二十三条 上级公安机关指定管辖的,应当将指定管辖决定书分别送达被指定管辖的公安机关和其他有关的公安机关,并根据办案需要抄送同级人民法院、人民检察院。

原受理案件的公安机关,在收到上级公安机关指定其他公安机关管辖的决定书后,不再行使管辖权,同时应当将犯罪嫌疑人、涉案财物以及案卷材料等移送被指定管辖的公安机关。

对指定管辖的案件,需要逮捕犯罪嫌疑人的,由被指定管辖的公安机关提请同级人民检察院审查批准;需要提起公诉的,由该公安机关移送同级人民检察院审查决定。

《高法解释》

第二十条 管辖不明的案件,上级人民法院可以指定下级人民法院审判。

有关案件,由犯罪地、被告人居住地以外的人民法院审判更为适宜的,上级人民法院可以指定下级人民法院管辖。

第二十一条 上级人民法院指定管辖,应当将指定管辖决定书送达被指定管辖的人民法院和其他有关的人民法院。

第二十二条 原受理案件的人民法院在收到上级人民法院改变管辖决定书、同意移送决定书或者指定其他人民法院管辖的决定书后,对公诉案件,应当书面通知同级人民检察院,并将案卷材料退回,同时书面通知当事人;对自诉案件,应当将案卷材料移送被指定管辖的人民法院,并书面通知当事人。

《高检规则》

第二十二条 对于下列案件,上级人民检察院可以指定管辖:

(一)管辖有争议的案件;

(二)需要改变管辖的案件;

(三)需要集中管辖的特定类型的案件;

(四)其他需要指定管辖的案件。

对前款案件的审查起诉指定管辖的,人民检察院应当与相应的人民法院协商一致。对前款第三项案件的审查逮捕指定管辖的,人民检察院应当与相应的公安机关协商一致。

典型案例

蓝某诈骗案(刑事审判参考案例第6号)

裁判要旨:被告人蓝某的犯罪地、住所地均在四川绵阳,即不存在刑事诉讼法第二十六条规定的管辖不明或者需要移送管辖的情况,即不存在需要指定湖南省长沙市中级人民法院管辖的情由,湖南法院对此案无管辖权。刑事诉讼法关于以犯罪地和被告人居住地确定审判管辖的规定,主要目的就是便于司法机关及时地查明案件事实,有效地打击犯罪。根据刑事诉讼法第二十六条的规定,指定管辖只适用于两种案件：

第一种是管辖不明的案件，即由于特殊情形所致，难以确认应由何地人民法院管辖的案件。对这种案件，需要上级人民法院指定下级人民法院管辖。

第二种是根据案件的具体情由，需要指定移送管辖的案件。所谓"具体情由"，主要是指可能影响案件公正审判等特殊情况。例如，某一法院院长为刑事案件的当事人的，如果案件由该院审判，就可能妨碍作出公正裁决，因此，对该案应指定移送其他法院管辖。

蓝某诈骗案既不属于管辖不明的案件，亦不属于需要指定移送管辖的案件，只应由四川省有关法院审判。最高人民法院于1997年10月17日就此案批复湖南省高级人民法院，湖南法院对此案无管辖权，应由长沙市中级人民法院将案件退回检察机关，由他们按法律规定将此案移送有管辖权的司法机关审理。

文书格式

```
                ××××人民检察院
                 指定管辖决定书

                              ××检××指辖〔20××〕×号
_____人民检察院：
    根据《中华人民共和国刑事诉讼法》第十九条、《人民检察院刑事诉讼规则》第_____条的规定，现将_____涉嫌_____一案，指定你院管辖。

                              20××年××月××日
                                    （院印）
```

```
                 ×××公安局
                 指定管辖决定书

                              ×公（  ）指管字〔  〕  号
    经对_____案件的管辖问题进行审查，根据《公安机关办理刑事案件程序规定》第十九条之规定，决定由_____管辖。请_____公安（分）局在_____日内将与案件有关的证据材料移送该公安机关。

                                    公安局（印）
                                      年  月  日
```

第二十八条 专门管辖

专门人民法院案件的管辖另行规定。

条文注解

专门人民法院主要包括军事法院、海事法院、知识产权法院和金融法院等。由于案件类型特殊性，需要法律另行规定，或者最高院出台司法解释进行规定。

相关规定

《高法解释》

第二十六条 军队和地方互涉刑事案件，按照有关规定确定管辖。

《高检规则》

第二十三条 军事检察院等专门人民检察院的管辖以及军队与地方互涉刑事案件的管辖，按照有关规定执行。

《公安规定》

第二十六条 铁路公安机关管辖铁路系统的机关、厂、段、院、校、所、队、工区等单位发生的刑事案件，车站工作区域内、列车内发生的刑事案件，铁路沿线发生的盗窃或者破坏铁路、通信、电力线路和其他重要设施的刑事案件，以及内部职工在铁路线上工作时发生的刑事案件。

铁路系统的计算机信息系统延伸到地方涉及铁路业务的网点，其计算机信息系统发生的刑事案件由铁路公安机关管辖。

对倒卖、伪造、变造火车票的刑事案件，由最初受理案件的铁路公安机关或者地方公安机关管辖。必要时，可以移送主要犯罪地的铁路公安机关或者地方公安机关管辖。

在列车上发生的刑事案件，犯罪嫌疑人在列车运行途中被抓获的，由前方停靠站所在地的铁路公安机关管辖；必要时，也可以由列车始发站、终点站所在地的铁路公安机关管辖。犯罪嫌疑人不是在列车运行途中被抓获的，由负责该列车乘务的铁路公安机关管辖；但在列车运行途经的车站被抓获的，也可以由该车站所在地的铁路公安机关管辖。

在国际列车上发生的刑事案件，根据我国与相关国家签订的协定确定管辖；没有协定的，由该列车始发或者前方停靠的中国车站所在地的铁路公安机关管辖。

铁路建设施工工地发生的刑事案件由地方公安机关管辖。

第二十七条 民航公安机关管辖民航系统的机关、厂、段、院、校、所、队、工区等单位、机场工作区域内、民航飞机内发生的刑事案件。

重大飞行事故刑事案件由犯罪结果发生地机场公安机关管辖。犯罪结果发生地未设机场公安机关或者不在机场公安机关管辖范围内的，由地方公安机关管辖，有关机场公安机关予以协助。

第二十八条 海关走私犯罪侦查机构管辖中华人民共和国海关关境内发生的涉税走私犯罪和发生在海关监管区内的非涉税走私犯罪等刑事案件。

第二十九条 公安机关侦查的刑事案件的犯罪嫌疑人涉及监察机关管辖的案件时，应当及时与同级监察机关协商，一般应当由监察机关为主调查，公安机关予以协助。

第三十条 公安机关侦查的刑事案件涉及人民检察院管辖的案件时，应当将属于人民检察院管辖的刑事案件移送人民检察院。涉嫌主罪属于公安机关管辖的，由公安机关为主侦查；涉嫌主罪属于人民检察院管辖的，公安机关予以配合。

公安机关侦查的刑事案件涉及其他侦查机关管辖的案件时，参照前款规定办理。

第三十一条 公安机关和军队互涉刑事案件的管辖分工按照有关规定办理。

公安机关和武装警察部队互涉刑事案件的管辖分工依照公安机关和军队互涉刑事案件的管辖分工的原则办理。

典型案例

张某、沈某某等7人抢劫案（检例第19号）

裁判要旨：1.办理未成年人与成年人共同犯罪案件，一般应当将未成年人与成年人分案起诉，但对于未成年人系犯罪集团的组织者或者其他共同犯罪中的主犯，或者具有其他不宜分案起诉情形的，可以不分案起诉。

2. 办理未成年人与成年人共同犯罪案件，应当根据未成年人在共同犯罪中的地位、作用，综合考量未成年人实施犯罪行为的动机和目的、犯罪时的年龄、是否属于初犯、偶犯、犯罪后的悔罪表现、个人成长经历和一贯表现等因素，依法从轻或者减轻处罚。

3. 未成年人犯罪不构成累犯。

第三章 回 避

第二十九条 法定回避事由

审判人员、检察人员、侦查人员有下列情形之一的，应当自行回避，当事人及其法定代理人也有权要求他们回避：

（一）是本案的当事人或者是当事人的近亲属的；

（二）本人或者他的近亲属和本案有利害关系的；

（三）担任过本案的证人、鉴定人、辩护人、诉讼代理人的；

（四）与本案当事人有其他关系，可能影响公正处理案件的。

条文注解

回避是指审判人员、检察人员、侦查人员和法律规定的其他人员遇有法律规定的情形，不得参加（或者继续参加）审判、检察、侦查或者其他诉讼活动的制度。

回避的情形有三种：自行回避、指令回避和依申请回避。自行回避是前述人员主动向所在机关提出回避申请；指令回避是办案机关依职权决定负责人或办案人员回避；依申请回避是有回避事由，但前述人员没有自行回避，办案机关没有指令回避，当事人及其法定代理人提出回避申请。

相关规定

《高法解释》

第一十七条 审判人员具有下列情形之一的，应当自行回避，当事人及其法定代理人有权申请其回避：

（一）是本案的当事人或者是当事人的近亲属的；

（二）本人或者其近亲属与本案有利害关系的；

（三）担任过本案的证人、鉴定人、辩护人、诉讼代理人、翻译人员的；

（四）与本案的辩护人、诉讼代理人有近亲属关系的；

（五）与本案当事人有其他利害关系，可能影响公正审判的。

《高检规则》

第二十四条 检察人员在受理举报和

办理案件过程中,发现有刑事诉讼法第二十九条或者第三十条规定的情形之一的,应当自行提出回避;没有自行提出回避的,人民检察院应当决定其回避,当事人及其法定代理人有权要求其回避。

第二十五条 检察人员自行回避的,应当书面或者口头提出,并说明理由。口头提出的,应当记录在案。

第二十六条 人民检察院应当告知当事人及其法定代理人有依法申请回避的权利,并告知办理相关案件的检察人员、书记员等人员的姓名、职务等有关情况。

第二十七条 当事人及其法定代理人要求检察人员回避的,应当书面或者口头向人民检察院提出,并说明理由。口头提出的,应当记录在案。根据刑事诉讼法第三十条的规定要求检察人员回避的,应当提供有关证明材料。

人民检察院经过审查或者调查,认为检察人员符合回避条件的,应当作出回避决定;不符合回避条件的,应当驳回申请。

第二十八条 在开庭审理过程中,当事人及其法定代理人向法庭申请出庭的检察人员回避的,在收到人民法院通知后,人民检察院应当作出回避或者驳回申请的决定。不属于刑事诉讼法第二十九条、第三十条规定情形的回避申请,出席法庭的检察人员应当建议法庭当庭驳回。

第三十五条 参加过同一案件侦查的人员,不得承办该案的审查逮捕、审查起诉、出庭支持公诉和诉讼监督工作,但在审查起诉阶段参加自行补充侦查的人员除外。

《公安规定》

第三十二条 公安机关负责人、侦查人员有下列情形之一的,应当自行提出回避申请,没有自行提出回避申请的,应当责令其回避,当事人及其法定代理人也有权要求他们回避:

(一)是本案的当事人或者是当事人的近亲属的;

(二)本人或者他的近亲属和本案有利害关系的;

(三)担任过本案的证人、鉴定人、辩护人、诉讼代理人的;

(四)与本案当事人有其他关系,可能影响公正处理案件的。

文书格式

××××人民检察院
回避决定书

××检××避〔20××〕×号

＿＿＿＿＿＿＿＿:
根据《中华人民共和国刑事诉讼法》第＿＿＿＿＿＿条的规定,经＿＿＿＿＿＿＿决定,＿＿＿＿＿＿＿对＿＿＿＿＿＿＿案予以回避。

20××年××月××日
(院印)

```
                    ×××公安局
                回避/驳回申请回避决定书

                              ×公（  ）回/驳回字〔  〕  号
    申请人＿＿＿＿＿＿，性别＿＿，出生日期＿＿＿＿＿＿，住址＿＿＿＿
    ＿＿＿＿＿＿＿＿＿＿＿＿＿＿＿＿＿＿，
    单位＿＿＿＿＿＿＿＿＿＿＿＿＿＿，本案中的身份＿＿＿＿＿＿。
    被申请人＿＿＿＿＿＿，单位及职务＿＿＿＿＿＿＿＿＿＿。
    申请人于＿＿年＿＿月＿＿日以＿＿＿＿＿＿＿＿＿＿＿＿＿
    ＿＿＿＿＿＿＿＿为由，提出要求办理＿＿＿＿＿＿案的＿＿＿＿＿＿回避的
    申请，经审查，认为＿＿＿＿＿＿，根据《中华人民共和国刑事诉讼法》第＿＿＿＿条之
    规定，由＿＿＿＿＿＿＿＿＿＿＿＿决定＿＿＿＿＿＿＿＿＿＿＿＿＿
    ＿＿＿＿＿＿。
    如不服本决定，申请人可以在收到本决定书五日以内向＿＿＿＿＿＿＿＿＿＿申
    请复议。

                                              公安局（印）
                                               年   月   日
```

第三十条 违反职业准则回避

审判人员、检察人员、侦查人员不得接受当事人及其委托的人的请客送礼，不得违反规定会见当事人及其委托的人。

审判人员、检察人员、侦查人员违反前款规定的，应当依法追究法律责任。当事人及其法定代理人有权要求他们回避。

条文注解

法定诉讼行为之外，审判人员、检察人员、侦查人员私自会见当事人及委托的人，或者接受请托，影响案件公正处理，是法律所禁止的。

上述情形出现，会造成两种后果：法律后果，即追究相应法律责任；程序后果，即当事人及其法定代理人有权要求他们回避。

相关规定

《高法解释》

第二十八条 审判人员具有下列情形之一的，当事人及其法定代理人有权申请其回避：

（一）违反规定会见本案当事人、辩护人、诉讼代理人的；

（二）为本案当事人推荐、介绍辩护人、诉讼代理人，或者为律师、其他人员介绍办理本案的；

（三）索取、接受本案当事人及其委托的人的财物或者其他利益的；

（四）接受本案当事人及其委托的人的宴请，或者参加由其支付费用的活动的；

（五）向本案当事人及其委托的人借用款物的；

（六）有其他不正当行为，可能影响公正审判的。

第三十三条 当事人及其法定代理人依照刑事诉讼法第三十条和本解释第二十八条的规定申请回避的，应当提供证明材料。

《公安规定》

第三十三条 公安机关负责人、侦查人员不得有下列行为：

（一）违反规定会见本案当事人及其委托人；

（二）索取、接受本案当事人及其委托人的财物或者其他利益；

（三）接受本案当事人及其委托人的宴请，或者参加由其支付费用的活动；

（四）其他可能影响案件公正办理的不正当行为。

违反前款规定的，应当责令其回避并依法追究法律责任。当事人及其法定代理人有权要求其回避。

第三十一条 回避的程序

审判人员、检察人员、侦查人员的回避，应当分别由院长、检察长、公安机关负责人决定；院长的回避，由本院审判委员会决定；检察长和公安机关负责人的回避，由同级人民检察院检察委员会决定。

对侦查人员的回避作出决定前，侦查人员不能停止对案件的侦查。

对驳回申请回避的决定，当事人及其法定代理人可以申请复议一次。

■ 条文注解

办案人员回避和办案机关负责人回避的决定主体不同。

侦查人员回避有特殊要求，即决定作出前不能停止对案件的侦查。主要是由于侦查具有较强的时效性和连续性，停止侦查不利于案件的顺利侦破。

回避的具体程序，包括权利告知、理由说明、证据提供，申请审查以及救济机制。

■ 相关规定

《高法解释》

第三十二条 审判人员自行申请回避，或者当事人及其法定代理人申请审判人员回避的，可以口头或者书面提出，并说明理由，由院长决定。

院长自行申请回避，或者当事人及其法定代理人申请院长回避的，由审判委员会讨论决定。审判委员会讨论时，由副院长主持，院长不得参加。

第三十四条 应当回避的审判人员没有自行回避，当事人及其法定代理人也没有申请其回避的，院长或者审判委员会应当决定其回避。

第三十五条 对当事人及其法定代理人提出的回避申请，人民法院可以口头或者书面作出决定，并将决定告知申请人。

当事人及其法定代理人申请回避被驳回的，可以在接到决定时申请复议一次。不属于刑事诉讼法第二十九条、第三十条规定情形的回避申请，由法庭当庭驳回，并不得申请复议。

第三十六条 当事人及其法定代理人申请出庭的检察人员回避的，人民法院应当区分情况作出处理：

（一）属于刑事诉讼法第二十九条、第三十条规定情形的回避申请，应当决定休庭，并通知人民检察院尽快作出决定；

（二）不属于刑事诉讼法第二十九条、第三十条规定情形的回避申请，应当当庭驳回，并不得申请复议。

《高检规则》

第二十九条　检察长的回避,由检察委员会讨论决定。检察委员会讨论检察长回避问题时,由副检察长主持,检察长不得参加。

其他检察人员的回避,由检察长决定。

第三十条　当事人及其法定代理人要求公安机关负责人回避,向同级人民检察院提出,或者向公安机关提出后,公安机关移送同级人民检察院的,由检察长提交检察委员会讨论决定。

第三十一条　检察长应当回避,本人没有自行回避,当事人及其法定代理人也没有申请其回避的,检察委员会应当决定其回避。

其他检察人员有前款规定情形的,检察长应当决定其回避。

第三十二条　人民检察院作出驳回申请回避的决定后,应当告知当事人及其法定代理人如不服本决定,有权在收到驳回申请回避的决定书后五日以内向原决定机关申请复议一次。

第三十三条　当事人及其法定代理人对驳回申请回避的决定不服申请复议的,决定机关应当在三日以内作出复议决定并书面通知申请人。

第三十四条　对人民检察院直接受理的案件进行侦查的人员或者进行补充侦查的人员在回避决定作出以前和复议期间,不得停止对案件的侦查。

第三十六条　被决定回避的检察长在回避决定作出以前所取得的证据和进行的诉讼行为是否有效,由检察委员会根据案件具体情况决定。

被决定回避的其他检察人员在回避决定作出以前所取得的证据和进行的诉讼行为是否有效,由检察长根据案件具体情况决定。

被决定回避的公安机关负责人在回避决定作出以前所进行的诉讼行为是否有效,由作出决定的人民检察院检察委员会根据案件具体情况决定。

《公安规定》

第三十五条　侦查人员的回避,由县级以上公安机关负责人决定;县级以上公安机关负责人的回避,由同级人民检察院检察委员会决定。

第三十六条　当事人及其法定代理人对侦查人员提出回避申请的,公安机关应当在收到回避申请后二日以内作出决定并通知申请人,情况复杂的,经县级以上公安机关负责人批准,可以在收到回避申请后五日以内作出决定。

当事人及其法定代理人对县级以上公安机关负责人提出回避申请的,公安机关应当及时将申请移送同级人民检察院。

第三十七条　当事人及其法定代理人对驳回申请回避的决定不服的,可以在收到驳回申请回避决定书后五日以内向作出决定的公安机关申请复议。

公安机关应当在收到复议申请后五日以内作出复议决定并书面通知申请人。

第三十八条　在作出回避决定前,申请或者被申请回避的公安机关负责人、侦查人员不得停止对案件的侦查。

作出回避决定后,申请或者被申请回避的公安机关负责人、侦查人员不得再参与本案的侦查工作。

第三十九条　被决定回避的公安机关负责人、侦查人员在回避决定作出以前所进行的诉讼活动是否有效,由作出决定的机关根据案件情况决定。

第三十二条 回避准用范围

本章关于回避的规定适用于书记员、翻译人员和鉴定人。

辩护人、诉讼代理人可以依照本章的规定要求回避、申请复议。

条文注解

书记员、翻译人员和鉴定人，与案件处理公正与否密切相关，实行回避制度有利于维护司法公正。

本条第二款是 2012 年刑事诉讼法修改增加的条文，旨在保护犯罪嫌疑人、被告人申请回避的权利。

相关规定

《高法解释》

第三十七条 本章所称的审判人员，包括人民法院院长、副院长、审判委员会委员、庭长、副庭长、审判员和人民陪审员。

第三十八条 法官助理、书记员、翻译人员和鉴定人适用审判人员回避的有关规定，其回避问题由院长决定。

第三十九条 辩护人、诉讼代理人可以依照本章的有关规定要求回避、申请复议。

《高检规则》

第三十七条 本规则关于回避的规定，适用于书记员、司法警察和人民检察院聘请或者指派的翻译人员、鉴定人。

书记员、司法警察和人民检察院聘请或者指派的翻译人员、鉴定人的回避由检察长决定。

辩护人、诉讼代理人可以依照刑事诉讼法及本规则关于回避的规定要求回避、申请复议。

《公安规定》

第四十条 本章关于回避的规定适用于记录人、翻译人员和鉴定人。

记录人、翻译人员和鉴定人需要回避的，由县级以上公安机关负责人决定。

第四十一条 辩护人、诉讼代理人可以依照本章的规定要求回避、申请复议。

第四章 辩护与代理

第三十三条 委托辩护权及辩护人资格

犯罪嫌疑人、被告人除自己行使辩护权以外，还可以委托一至二人作为辩护人。下列的人可以被委托为辩护人：

（一）律师；

（二）人民团体或者犯罪嫌疑人、被告人所在单位推荐的人；

（三）犯罪嫌疑人、被告人的监护人、亲友。

正在被执行刑罚或者依法被剥夺、限制人身自由的人，不得担任辩护人。

被开除公职和被吊销律师、公证员执业证书的人，不得担任辩护人，但系犯罪嫌疑人、被告人的监护人、近亲属的除外。

条文注解

本条规定了犯罪嫌疑人、被告人委托辩护人的权利。同时明确了适格与不适格的情形。

需要注意两点：其一，委托辩护是行使辩护权的一种方式，另外还有自行辩护、指定辩护等。其二，"亲友"指亲属和朋友，不仅指近亲属，还包括其他亲友。

> [!相关规定]

《高法解释》

第四十条 人民法院审判案件，应当充分保障被告人依法享有的辩护权利。

被告人除自己行使辩护权以外，还可以委托辩护人辩护。下列人员不得担任辩护人：

（一）正在被执行刑罚或者处于缓刑、假释考验期间的人；

（二）依法被剥夺、限制人身自由的人；

（三）被开除公职或者被吊销律师、公证员执业证书的人；

（四）人民法院、人民检察院、监察机关、公安机关、国家安全机关、监狱的现职人员；

（五）人民陪审员；

（六）与本案审理结果有利害关系的人；

（七）外国人或者无国籍人；

（八）无行为能力或者限制行为能力的人。

前款第三项至第七项规定的人员，如果是被告人的监护人、近亲属，由被告人委托担任辩护人的，可以准许。

第四十一条 审判人员和人民法院其他工作人员从人民法院离任后二年内，不得以律师身份担任辩护人。

审判人员和人民法院其他工作人员从人民法院离任后，不得担任原任职法院所审理案件的辩护人，但系被告人的监护人、近亲属的除外。

审判人员和人民法院其他工作人员的配偶、子女或者父母不得担任其任职法院所审理案件的辩护人，但系被告人的监护人、近亲属的除外。

> [!典型案例]

1. 陈某贩卖、运输毒品案（刑事审判参考案例第733号）

裁判要旨： 同一律师在侦查和审判阶段先后接受同一案件中有利害关系的两名犯罪嫌疑人、被告人的委托，参与刑事诉讼活动，侵犯了犯罪嫌疑人、被告人的合法权益，影响程序的公正性。本案律师祁某在侦察阶段先后为有利害关系的两名同案犯罪嫌疑人提供法律服务，又在一审、二审阶段继续为有利益冲突的另一被告人提供辩护。一审、二审法院未能发现并予以纠正，可能影响案件的公正审判，应当以程序违法为由，撤销一、二审裁判，发回重新审判。

2. 刘某高、刘某贵贩卖、运输毒品案（刑事审判参考案例第956号）

裁判要旨： "一名辩护人不得为两名以上的同案被告人辩护"，不能仅仅理解为不得"在同一案件的同一诉讼程序中同时为两名以上同案被告人辩护"，即使是在同一案件的不同审级中，这一限制性规定也同样应当适用。"犯罪事实存在关联的被告人"的范围，应当尽量作宽泛的理解，如恐怖组织、黑社会性质组织的参加者，其行为与集团组织指挥者实施的具体犯罪可能并无关联，但由于其系该集团的参加者，仍应当认定为"犯罪事实存在关联的被告人"。部分下游型犯罪，如洗钱、帮助毁灭、伪造证据、窝藏、包庇、掩饰、隐瞒犯罪所得、犯罪收益等犯罪，虽然与上游犯罪不构成共犯，且完全属于两种不同性质的犯罪，但犯罪事实之间仍然存在一定关联，也应当适用上述规定。

文书格式

委 托 书
(担任辩护人适用)

委托人_____根据《中华人民共和国刑事诉讼法》第三十三条、第三十四条及《中华人民共和国律师法》第二十八条之规定，委托_____律师事务所_____律师担任_____案犯罪嫌疑人（被告人）_____的辩护人。

本委托书有效期自即日起至_____止。

委托人（签名）：
年　月　日

委 托 书
(担任申诉代理人适用)

委托人_____根据《中华人民共和国刑事诉讼法》第三十三条、《中华人民共和国律师法》第二十八条之规定，委托_____律师事务所_____律师担任_____案_____的申诉代理人。

委托人（签名）：
年　月　日

律师事务所函
(担任辩护人适用)

〔　〕第　号

_____：

根据《中华人民共和国刑事诉讼法》第三十三条、第三十四条、第二百九十三条及《中华人民共和国律师法》第二十八条之规定，本所接受_____的委托，指派_____律师担任_____案犯罪嫌疑人（被告人）_____的辩护人。

特此函告。

(律师事务所章)
年　月　日

续表

附:
1. 委托书一份
2. 辩护人身份信息
姓　名：＿＿＿＿＿＿＿　　执业证号：＿＿＿＿＿＿＿＿
电　话：＿＿＿＿＿＿＿　　通信地址：＿＿＿＿＿＿＿＿
律所统一社会信用代码：＿＿＿＿＿＿＿＿＿

第三十四条　委托辩护

犯罪嫌疑人自被侦查机关第一次讯问或者采取强制措施之日起，有权委托辩护人；在侦查期间，只能委托律师作为辩护人。被告人有权随时委托辩护人。

侦查机关在第一次讯问犯罪嫌疑人或者对犯罪嫌疑人采取强制措施的时候，应当告知犯罪嫌疑人有权委托辩护人。人民检察院自收到移送审查起诉的案件材料之日起三日以内，应当告知犯罪嫌疑人有权委托辩护人。人民法院自受理案件之日起三日以内，应当告知被告人有权委托辩护人。犯罪嫌疑人、被告人在押期间要求委托辩护人的，人民法院、人民检察院和公安机关应当及时转达其要求。

犯罪嫌疑人、被告人在押的，也可以由其监护人、近亲属代为委托辩护人。

辩护人接受犯罪嫌疑人、被告人委托后，应当及时告知办理案件的机关。

条文注解

对本条的理解要从以下五个方面展开：

其一，委托辩护的起始时间。犯罪嫌疑人自被侦查机关第一次讯问或者采取强制措施之日起，有权委托辩护人。犯罪嫌疑人的权利可能面临法律风险之时就得以委托辩护。

其二，侦查期间，只能委托辩护律师作为辩护人。侦查阶段，律师作为专业法律人士，可以最大限度保护犯罪嫌疑人权利，同时不会干扰正常的侦查活动。

其三，办案机关的权利告知义务。无论处在哪一阶段，办案机关都有义务告知犯罪嫌疑人、被告人有权委托辩护人。

其四，代为委托辩护人。在押的犯罪嫌疑人、被告人，可以由其监护人、近亲属代为委托辩护人，公检法机关应当允许。

其五，辩护人接受委托后，应当及时告知相应机关，提交委托手续，以便公检法机关及时了解委托辩护情况。

相关规定

《公安规定》

第四十二条　公安机关应当保障辩护律师在侦查阶段依法从事下列执业活动：

（一）向公安机关了解犯罪嫌疑人涉嫌的罪名和案件有关情况，提出意见；

（二）与犯罪嫌疑人会见和通信，向犯罪嫌疑人了解案件有关情况；

（三）为犯罪嫌疑人提供法律帮助、

代理申诉、控告；

（四）为犯罪嫌疑人申请变更强制措施。

第四十三条 公安机关在第一次讯问犯罪嫌疑人或者对犯罪嫌疑人采取强制措施的时候，应当告知犯罪嫌疑人有权委托律师作为辩护人，并告知其如果因经济困难或者其他原因没有委托辩护律师的，可以向法律援助机构申请法律援助。告知的情形应当记录在案。

对于同案的犯罪嫌疑人委托同一名辩护律师的，或者两名以上未同案处理但实施的犯罪存在关联的犯罪嫌疑人委托同一名辩护律师的，公安机关应当要求其更换辩护律师。

第四十四条 犯罪嫌疑人可以自己委托辩护律师。犯罪嫌疑人在押的，也可以由其监护人、近亲属代为委托辩护律师。

犯罪嫌疑人委托辩护律师的请求可以书面提出，也可以口头提出。口头提出的，公安机关应当制作笔录，由犯罪嫌疑人签名、捺指印。

第四十五条 在押的犯罪嫌疑人向看守所提出委托辩护律师要求的，看守所应当及时将其请求转达给办案部门，办案部门应当及时向犯罪嫌疑人委托的辩护律师或者律师事务所转达该项请求。

在押的犯罪嫌疑人仅提出委托辩护律师的要求，但提不出具体对象的，办案部门应当及时通知犯罪嫌疑人的监护人、近亲属代为委托辩护律师。犯罪嫌疑人无监护人或者近亲属的，办案部门应当及时通知当地律师协会或者司法行政机关为其推荐辩护律师。

《高检规则》

第四十条 人民检察院负责侦查的部门在第一次讯问犯罪嫌疑人或者对其采取强制措施时，应当告知犯罪嫌疑人有权委托辩护人，并告知其如果因经济困难或者其他原因没有委托辩护人的，可以申请法律援助。属于刑事诉讼法第三十五条规定情形的，应当告知犯罪嫌疑人有权获得法律援助。

人民检察院自收到移送起诉案卷材料之日起三日以内，应当告知犯罪嫌疑人有权委托辩护人，并告知其如果因经济困难或者其他原因没有委托辩护人的，可以申请法律援助。属于刑事诉讼法第三十五条规定情形的，应当告知犯罪嫌疑人有权获得法律援助。

当面口头告知的，应当记入笔录，由被告知人签名；电话告知的，应当记录在案；书面告知的，应当将送达回执入卷。

第四十一条 在拘押或者被指定居所监视居住的犯罪嫌疑人向人民检察院提出委托辩护人要求的，人民检察院应当及时向其监护人、近亲属或者其指定的人员转达要求，并记录在案。

《高法解释》

第四十五条 审判期间，在押的被告人要求委托辩护人的，人民法院应当在三日以内向其监护人、近亲属或者其指定的人员转达要求。被告人应当提供有关人员的联系方式。有关人员无法通知的，应当告知被告人。

第五十二条 审判期间，辩护人接受被告人委托的，应当在接受委托之日起三日以内，将委托手续提交人民法院。

接受法律援助机构指派为被告人提供辩护的，适用前款规定。

> **典型案例**

谢某抢劫案（刑事审判参考案例第 845 号）

裁判要旨：被告人在一审庭审结束后、审结前才委托辩护人参与一审程序的，人民法院依法应当准许。被告人在一审庭审结束后委托的辩护人，必须在一审审结前参与诉讼。一审法院不准许被告人在庭审结束后委托的律师参与一审程序的决定，限制了被告人的辩护权，违反了相关程序，应予纠正。

文书格式

×××× 人民检察院
侦查阶段委托辩护人/申请法律援助告知书

×× 检 ×× 侦委辩/申援〔20××〕× 号

_____：

本院对_____一案已经依法立案侦查。根据《中华人民共和国刑事诉讼法》第三十四条、第三十五条之规定，现告知你有权委托辩护人，在侦查阶段只能委托律师担任辩护人。如果因经济困难或者其他原因，可以申请法律援助。

如果属于盲、聋、哑人/尚未完全丧失辨认或者控制自己行为能力的精神病人/可能被判处无期徒刑或者死刑的人，根据《中华人民共和国刑事诉讼法》第三十五条之规定，没有委托辩护人的，人民检察院将通知法律援助机构指派律师提供辩护。

20×× 年 ×× 月 ×× 日
（院印）

律师会见犯罪嫌疑人（被告人）专用介绍信

〔　　〕第　　号

_____：

根据《中华人民共和国刑事诉讼法》第三十四条、第三十九条、以及《中华人民共和国律师法》第三十三条之规定，现指派本所_____律师前往你处会见_____案在押犯罪嫌疑人（被告人）_____，请予以安排。

（律师事务所章）
年　月　日

附：
1. 律师执业证复印件一份、委托书一份
2. 辩护人信息

姓　名：_____　执业证号：_____
电　话：_____　身份证号：_____
通信地址：_____

第三十五条 法律援助

犯罪嫌疑人、被告人因经济困难或者其他原因没有委托辩护人的，本人及其近亲属可以向法律援助机构提出申请。对符合法律援助条件的，法律援助机构应当指派律师为其提供辩护。

犯罪嫌疑人、被告人是盲、聋、哑人，或者是尚未完全丧失辨认或者控制自己行为能力的精神病人，没有委托辩护人的，人民法院、人民检察院和公安机关应当通知法律援助机构指派律师为其提供辩护。

犯罪嫌疑人、被告人可能被判处无期徒刑、死刑，没有委托辩护人的，人民法院、人民检察院和公安机关应当通知法律援助机构指派律师为其提供辩护。

条文注解

本条规定了法律援助的适用范围。

一是依申请提供法律援助。因经济困难或者其他原因没有委托辩护人的，本人及近亲属可以申请。符合条件的，"应当"指派。

二是特殊群体的强制辩护。特殊群体是指存在生理缺陷的人以及精神病人，这类群体如若没有委托辩护，不需申请，公检法机关也应当指派。

三是重罪案件的强制辩护。可能判处无期徒刑、死刑（死刑立即执行和死刑缓期执行），在任何诉讼阶段，未委托辩护人，不需申请，公检法机关也应当指派。

相关规定

《**法律援助法**》（2021年8月20日施行）

第二十四条 刑事案件的犯罪嫌疑人、被告人因经济困难或者其他原因没有委托辩护人的，本人及其近亲属可以向法律援助机构申请法律援助。

第二十五条 刑事案件的犯罪嫌疑人、被告人属于下列人员之一，没有委托辩护人的，人民法院、人民检察院、公安机关应当通知法律援助机构指派律师担任辩护人：

（一）未成年人；

（二）视力、听力、言语残疾人；

（三）不能完全辨认自己行为的成年人；

（四）可能被判处无期徒刑、死刑的人；

（五）申请法律援助的死刑复核案件被告人；

（六）缺席审判案件的被告人；

（七）法律法规规定的其他人员。

其他适用普通程序审理的刑事案件，被告人没有委托辩护人的，人民法院可以通知法律援助机构指派律师担任辩护人。

第二十六条 对可能被判处无期徒刑、死刑的人，以及死刑复核案件的被告人，法律援助机构收到人民法院、人民检察院、公安机关通知后，应当指派具有三年以上相关执业经历的律师担任辩护人。

第二十七条 人民法院、人民检察院、公安机关通知法律援助机构指派律师担任辩护人时，不得限制或者损害犯罪嫌疑人、被告人委托辩护人的权利。

第二十八条 强制医疗案件的被申请人或者被告人没有委托诉讼代理人的，人民法院应当通知法律援助机构指派律师为其提供法律援助。

第二十九条 刑事公诉案件的被害人及其法定代理人或者近亲属，刑事自诉案件的自诉人及其法定代理人，刑事附带民事诉讼案件的原告人及其法定代理人，因经济困难没有委托诉讼代理人的，可以向法律援助机构申请法律援助。

第三十条 值班律师应当依法为没有辩护人的犯罪嫌疑人、被告人提供法律咨询、程序选择建议、申请变更强制措施、对案件处理提出意见等法律帮助。

第三十一条 下列事项的当事人，因经济困难没有委托代理人的，可以向法律援助机构申请法律援助：

（一）依法请求国家赔偿的；

（二）请求给予社会保险待遇或者社会救助；

（三）请求发给抚恤金的；

（四）请求给付赡养费、抚养费、扶养费的；

（五）请求确认劳动关系或者支付劳动报酬的；

（六）请求认定公民无民事行为能力或者限制民事行为能力的；

（七）请求工伤事故、交通事故、食品药品安全事故、医疗事故人身损害赔偿的；

（八）请求环境污染、生态破坏损害赔偿的；

（九）法律、法规、规章规定的其他情形。

第三十二条 有下列情形之一，当事人申请法律援助的，不受经济困难条件的限制：

（一）英雄烈士近亲属为维护英雄烈士的人格权益的；

（二）因见义勇为行为主张相关民事权益的；

（三）再审改判无罪请求国家赔偿的；

（四）遭受虐待、遗弃或者家庭暴力的受害人主张相关权益的；

（五）法律、法规、规章规定的其他情形。

第三十三条 当事人不服司法机关生效裁判或者决定提出申诉或者申请再审，人民法院决定、裁定再审或者人民检察院提出抗诉，因经济困难没有委托辩护人或者诉讼代理人的，本人及其近亲属可以向法律援助机构申请法律援助。

第三十四条 经济困难的标准，由省、自治区、直辖市人民政府根据本行政区域经济发展状况和法律援助工作需要确定，并实行动态调整。

第三十五条 人民法院、人民检察院、公安机关和有关部门在办理案件或者相关事务中，应当及时告知有关当事人有权依法申请法律援助。

第三十六条 人民法院、人民检察院、公安机关办理刑事案件，发现有本法第二十五条第一款、第二十八条规定情形的，应当在三日内通知法律援助机构指派律师。法律援助机构收到通知后，应当在三日内指派律师并通知人民法院、人民检察院、公安机关。

第三十七条 人民法院、人民检察院、公安机关应当保障值班律师依法提供法律帮助，告知没有辩护人的犯罪嫌疑人、被告人有权约见值班律师，并依法为值班律师了解案件有关情况、阅卷、会见等提供便利。

第三十八条 对诉讼事项的法律援助，由申请人向办案机关所在地的法律援助机构提出申请；对非诉讼事项的法律援助，由申请人向争议处理机关所在地或者事由发生地的法律援助机构提出申请。

第三十九条 被羁押的犯罪嫌疑人、被告人、服刑人员，以及强制隔离戒毒人员等提出法律援助申请的，办案机关、监管场所应当在二十四小时内将申请转交法律援助机构。

犯罪嫌疑人、被告人通过值班律师提

出代理、刑事辩护等法律援助申请的，值班律师应当在二十四小时内将申请转交法律援助机构。

第四十条　无民事行为能力人或者限制民事行为能力人需要法律援助的，可以由其法定代理人代为提出申请。法定代理人侵犯无民事行为能力人、限制民事行为能力人合法权益的，其他法定代理人或者近亲属可以代为提出法律援助申请。

被羁押的犯罪嫌疑人、被告人、服刑人员，以及强制隔离戒毒人员，可以由其法定代理人或者近亲属代为提出法律援助申请。

第四十一条　因经济困难申请法律援助的，申请人应当如实说明经济困难状况。

法律援助机构核查申请人的经济困难状况，可以通过信息共享查询，或者由申请人进行个人诚信承诺。

法律援助机构开展核查工作，有关部门、单位、村民委员会、居民委员会和个人应当予以配合。

第四十二条　法律援助申请人有材料证明属于下列人员之一的，免予核查经济困难状况：

（一）无固定生活来源的未成年人、老年人、残疾人等特定群体；

（二）社会救助、司法救助或者优抚对象；

（三）申请支付劳动报酬或者请求工伤事故人身损害赔偿的进城务工人员；

（四）法律、法规、规章规定的其他人员。

《高法解释》

第四十四条　被告人没有委托辩护人的，人民法院自受理案件之日起三日以内，应当告知其有权委托辩护人；被告人因经济困难或者其他原因没有委托辩护人的，应当告知其可以申请法律援助；被告人属于应当提供法律援助情形的，应当告知其将依法通知法律援助机构指派律师为其提供辩护。

被告人没有委托辩护人，法律援助机构也没有指派律师为其提供辩护的，人民法院应当告知被告人有权约见值班律师，并为被告人约见值班律师提供便利。

告知可以采取口头或者书面方式。

第四十六条　人民法院收到在押被告人提出的法律援助或者法律帮助申请，应当依照有关规定及时转交法律援助机构或者通知值班律师。

第四十七条　对下列没有委托辩护人的被告人，人民法院应当通知法律援助机构指派律师为其提供辩护：

（一）盲、聋、哑人；

（二）尚未完全丧失辨认或者控制自己行为能力的精神病人；

（三）可能被判处无期徒刑、死刑的人。

高级人民法院复核死刑案件，被告人没有委托辩护人的，应当通知法律援助机构指派律师为其提供辩护。

死刑缓期执行期间故意犯罪的案件，适用前两款规定。

第四十八条　具有下列情形之一，被告人没有委托辩护人的，人民法院可以通知法律援助机构指派律师为其提供辩护：

（一）共同犯罪案件中，其他被告人已经委托辩护人的；

（二）案件有重大社会影响的；

（三）人民检察院抗诉的；

（四）被告人的行为可能不构成犯罪的；

（五）有必要指派律师提供辩护的其他情形。

第四十九条　人民法院通知法律援助

机构指派律师提供辩护的，应当将法律援助通知书、起诉书副本或者判决书送达法律援助机构；决定开庭审理的，除适用简易程序或者速裁程序审理的以外，应当在开庭十五日以前将上述材料送达法律援助机构。

法律援助通知书应当写明案由、被告人姓名、提供法律援助的理由、审判人员的姓名和联系方式；已确定开庭审理的，应当写明开庭的时间、地点。

第五十条　被告人拒绝法律援助机构指派的律师为其辩护，坚持自己行使辩护权的，人民法院应当准许。

属于应当提供法律援助的情形，被告人拒绝指派的律师为其辩护的，人民法院应当查明原因。理由正当的，应当准许，但被告人应当在五日以内另行委托辩护人；被告人未另行委托辩护人的，人民法院应当在三日以内通知法律援助机构另行指派律师为其提供辩护。

第五十一条　对法律援助机构指派律师为被告人提供辩护，被告人的监护人、近亲属又代为委托辩护人的，应当听取被告人的意见，由其确定辩护人人选。

第三百六十一条　适用简易程序审理的案件，符合刑事诉讼法第三十五条第一款规定的，人民法院应当告知被告人及其近亲属可以申请法律援助。

《高检规则》

第四十二条　人民检察院办理直接受理侦查案件和审查起诉案件，发现犯罪嫌疑人是盲、聋、哑人或者是尚未完全丧失辨认或者控制自己行为能力的精神病人，或者可能被判处无期徒刑、死刑，没有委托辩护人的，应当自发现之日起三日以内书面通知法律援助机构指派律师为其提供辩护。

第四十三条　人民检察院收到在押或者被指定居所监视居住的犯罪嫌疑人提出的法律援助申请，应当在二十四小时以内将申请材料转交法律援助机构，并通知犯罪嫌疑人的监护人、近亲属或者其委托的其他人员协助提供有关证件、证明等材料。

《公安规定》

第四十六条　符合下列情形之一，犯罪嫌疑人没有委托辩护人的，公安机关应当自发现该情形之日起三日以内通知法律援助机构为犯罪嫌疑人指派辩护律师：

（一）犯罪嫌疑人是盲、聋、哑人，或者是尚未完全丧失辨认或者控制自己行为能力的精神病人；

（二）犯罪嫌疑人可能被判处无期徒刑、死刑。

第四十七条　公安机关收到在押的犯罪嫌疑人提出的法律援助申请后，应当在二十四小时以内将申请转交所在地的法律援助机构，并在三日以内通知申请人的法定代理人、近亲属或者其委托的其他人员协助提供有关证件、证明等相关材料。犯罪嫌疑人的法定代理人、近亲属或者其委托的其他人员地址不详无法通知的，应当在转交申请时一并告知法律援助机构。

犯罪嫌疑人拒绝法律援助机构指派的律师作为辩护人或者自行委托辩护人的，公安机关应当在三日以内通知法律援助机构。

文书格式

```
                    ×××公安局
                  提供法律援助通知书

                                  ×公（　　）法援字〔　　〕号

    ＿＿＿＿＿＿＿＿：
        我局办理的＿＿＿＿＿＿＿＿＿＿＿＿＿＿＿＿＿案，犯罪嫌疑人＿＿＿＿＿＿
    ＿＿＿＿＿＿＿＿（性别＿＿＿，出生日期＿＿＿＿＿＿＿＿＿＿）因其＿＿＿＿＿＿＿＿＿
    ＿＿＿＿＿＿＿＿＿＿＿＿＿＿，符合《中华人民共和国刑事诉讼法》第＿＿＿＿＿＿＿条规
    定的情形，请依法指派律师为其提供辩护。
        犯罪嫌疑人羁押处所/住所：＿＿＿＿＿＿＿＿＿＿＿＿＿＿＿＿＿＿＿＿＿＿＿＿
        联系人、联系方式：＿＿＿＿＿＿＿＿＿＿＿＿＿＿＿＿＿＿＿＿＿＿＿＿＿＿＿
                                                            公安局（印）
                                                             年　月　日
```

```
                   ××××人民检察院
                  提供法律援助通知书

    ＿＿＿＿＿＿＿＿＿＿＿＿＿＿＿＿＿＿＿＿＿＿＿＿＿＿＿＿＿＿＿＿＿＿＿＿＿＿
                                  ××检××援〔20××〕×号
    ＿＿＿＿＿＿＿＿：
        本院办理的＿＿＿＿＿＿＿＿＿＿＿＿案，犯罪嫌疑人＿＿＿＿＿＿＿（性别、出生
    日期）＿＿＿＿＿＿＿，涉嫌＿＿＿＿＿＿＿罪，现羁押/居住于＿＿＿＿＿＿＿＿＿＿＿
    ＿＿＿＿（未被羁押的，填写其住所），其属于＿＿＿＿＿＿＿＿＿＿＿＿＿＿＿＿，符合《中华人
    民共和国刑事诉讼法》第三十五条第＿＿＿款/第二百七十八条规定的情形，请依法指派
    律师为其提供辩护。
        本院联系人姓名：
        联系方式：
                                                        20××年××月××日
                                                             （院印）



        本通知书已收到。
        法律援助机构收件人：
                                                             年　月　日
```

刑事法律援助辩护（代理）函

〔　　　〕第　　号

_____：

根据《中华人民共和国刑事诉讼法》的相关规定及_____（法律援助机构）的来函，本所指派_____律师担任_____案件犯罪嫌疑人（被告人或被申请人）_____的辩护人（诉讼代理人）。

特此函告。

（律师事务所章）

年　月　日

附：

律师姓名：_____律师执业证号：_____

电话：_____电子邮箱：_____

地址：_____

第三十六条　值班律师

法律援助机构可以在人民法院、看守所等场所派驻值班律师。犯罪嫌疑人、被告人没有委托辩护人，法律援助机构没有指派律师为其提供辩护的，由值班律师为犯罪嫌疑人、被告人提供法律咨询、程序选择建议、申请变更强制措施、对案件处理提出意见等法律帮助。

人民法院、人民检察院、看守所应当告知犯罪嫌疑人、被告人有权约见值班律师，并为犯罪嫌疑人、被告人约见值班律师提供便利。

条文注解

本条是 2018 年刑事诉讼法修改新增加的内容，明确了我国值班律师制度。具体理解要从以下三点展开：

值班律师的适用条件。犯罪嫌疑人、被告人没有委托辩护人，或者法律援助机构没有指派律师为其提供辩护的情况下，值班律师可以提供帮助。性质上来看，这是一种补充性、应急性的措施。

值班律师的基本职能。值班律师具有会见权和阅卷权。法律帮助职能主要包括提供法律咨询、程序选择建议、申请变更强制措施、对案件处理提出意见等有限的辩护职能，不能提出犯罪嫌疑人、被告人无罪、罪轻或者减轻、免除其刑事责任的材料和意见等核心辩护职能。但在接受委托后，可以转为辩护律师。

在认罪认罚案件中，值班律师向犯罪嫌疑人、被告人释明认罪认罚有关规定和法律后果，对检察机关指控的罪名、量刑、诉讼程序等事项提出意见，签署认罪认罚具结书时现场见证，确保真实性和自愿性。

相关规定

《公安规定》

第四十九条 犯罪嫌疑人、被告人入所羁押时没有委托辩护人,法律援助机构也没有指派律师提供辩护的,看守所应当告知其有权约见值班律师,获得法律咨询、程序选择建议、申请变更强制措施、对案件处理提出意见等法律帮助,并为犯罪嫌疑人、被告人约见值班律师提供便利。

没有委托辩护人、法律援助机构没有指派律师提供辩护的犯罪嫌疑人、被告人,向看守所申请由值班律师提供法律帮助的,看守所应当在二十四小时内通知值班律师。

《高检规则》

第二百六十七条 人民检察院办理犯罪嫌疑人认罪认罚案件,应当保障犯罪嫌疑人获得有效法律帮助,确保其了解认罪认罚的性质和法律后果,自愿认罪认罚。

人民检察院受理案件后,应当向犯罪嫌疑人了解其委托辩护人的情况。犯罪嫌疑人自愿认罪认罚、没有辩护人的,在审查逮捕阶段,人民检察院应当要求公安机关通知值班律师为其提供法律帮助;在审查起诉阶段,人民检察院应当通知值班律师为其提供法律帮助。符合通知辩护条件的,应当依法通知法律援助机构指派律师为其提供辩护。

第二百六十八条 人民检察院应当商法律援助机构设立法律援助工作站派驻值班律师或者及时安排值班律师,为犯罪嫌疑人提供法律咨询、程序选择建议、申请变更强制措施、对案件处理提出意见等法律帮助。

人民检察院应当告知犯罪嫌疑人有权约见值班律师,并为其约见值班律师提供便利。

第二百六十九条 犯罪嫌疑人认罪认罚的,人民检察院应当告知其享有的诉讼权利和认罪认罚的法律规定,听取犯罪嫌疑人、辩护人或者值班律师、被害人及其诉讼代理人对下列事项的意见,并记录在案:

(一)涉嫌的犯罪事实、罪名及适用的法律规定;

(二)从轻、减轻或者免除处罚等从宽处罚的建议;

(三)认罪认罚后案件审理适用的程序;

(四)其他需要听取意见的事项。

依照前款规定听取值班律师意见的,应当提前为值班律师了解案件有关情况提供必要的便利。自人民检察院对案件审查起诉之日起,值班律师可以查阅案卷材料,了解案情。人民检察院应当为值班律师查阅案卷材料提供便利。

人民检察院不采纳辩护人或者值班律师所提意见的,应当向其说明理由。

典型案例

1. 倪某某偷逃税款案(法律援助值班律师工作典型案例,司法部 2017 年 9 月 28 日发布)

裁判要旨: 犯罪嫌疑人倪某某系上海某公司业务员,受该公司实际控制人陶某某指使,采取虚假方式骗取海关手册并核销,造成该公司偷逃税款 423 万余元。2017 年 8 月,上海市法律援助中心安排上海思义律师事务所律师为倪某某提供值班律师法律帮助,值班律师准时到达上海市人民检察院第三分院,与倪某某进行了沟通。值班律师了解到其工作时间不长,对于业务不熟悉,法律意识淡薄,在陶某某的指使下,走上了犯罪道路。值班律师告诉倪某某,检察院认定其自首、从犯的从轻、减轻情节,是充分考虑实际案情及其认罪态度后的宽大处理。倪某某对于自己的犯罪行为供认不讳，愿意认罪认罚。按照法律规定，涉案金额达到400万元以上的案件至少是3年以上有期徒刑的量刑幅度。最后，检察院向法院提出了五个月以下拘役并适用缓刑的量刑建议。在值班律师的见证下，倪某某自愿签署了认罪认罚具结书。

2. 李某故意伤害案（法律援助值班律师工作典型案例，司法部2017年9月28日发布）

裁判要旨：2017年8月21日，河南某律师事务所宋律师在郑州市第三看守所值班时，一名检察官来到值班室，称有一起故意伤害案犯罪嫌疑人李某自愿认罪，需要值班律师提供帮助。检察官向李某讲解认罪认罚从宽制度的适用情形，并出办认罪认罚告知书。宋律师向李某分析了选择认罪认罚从宽制度的自愿性、简易性以及可能发生的法律后果，犯罪嫌疑人李某表示同意适用认罪认罚从宽程序。

检察官根据李某无犯罪前科、赔偿受害人及获得谅解等量刑情节，作出了"有期徒刑六个月，缓刑一年"的量刑建议。宋律师根据相关法律规定向李某分析这个量刑建议是否合理，由其自愿选择是否适用。最后，李某选择适用认罪认罚从宽程序，检察官出具认罪认罚具结书由其自愿签名，宋律师在场见证了具结书的签署。

3. 钱某故意伤害案（检例第82号）

裁判要旨：检察机关应当健全量刑协商机制，规范认罪认罚案件量刑建议的形成过程。依法听取犯罪嫌疑人、辩护人或者值班律师的意见，通过出示有关证据、释法说理等方式，结合案件事实和情节开展量刑协商，促进协商一致。注重运用司法救助等制度措施化解矛盾，提升办案质效。

文书格式

```
××××人民检察院
值班律师提供法律帮助通知书

                              ××检××帮〔20××〕×号
_____法律援助中心：
    本院办理的犯罪嫌疑人_____涉嫌_____案，符合认罪认罚从宽制度的适用条件。根据《中华人民共和国刑事诉讼法》第三十六条、第一百七十四条的规定，请依法安排值班律师为其提供法律帮助。
    联系人：
    联系方式：

                                    20××年××月××日
                                          （院印）
```

第三十七条 辩护人责任

辩护人的责任是根据事实和法律，提出犯罪嫌疑人、被告人无罪、罪轻或者减轻、免除其刑事责任的材料和意见，维护犯罪嫌疑人、被告人的诉讼权利和其他合法权益。

条文注解

第一，辩护人的实质辩护职责。"提出犯罪嫌疑人、被告人无罪、罪轻或者减轻、免除其刑事责任的材料和意见"，是指辩护人经过了解案情和对案件进行调查，提出犯罪嫌疑人、被告人没有犯罪行为、其行为不构成犯罪或者虽然构成犯罪，但罪行较轻的材料，提出对于犯罪嫌疑人应当依照刑法判决无罪、从轻处罚、减轻处罚或者免除处罚的理由和证据，如被告人属于未成年人，有自首、立功表现等，并根据掌握的事实、证据，依据法律规定发表辩护意见。

第二，辩护人的权利保障职责。辩护的目的是维护犯罪嫌疑人、被告人的诉讼权利和其他合法权益。这是辩护人的职责所在，是法律赋予辩护人的义务。"诉讼权利"是指刑事诉讼法和其他法律规定的，犯罪嫌疑人、被告人在刑事诉讼中享有的程序性的权利，如使用本民族语言文字进行诉讼的权利、申请回避的权利、拒绝回答与本案无关的问题的权利、申请变更强制措施的权利、申请通知新的证人到庭的权利、进行法庭辩论和最后陈述的权利、上诉的权利等。

相关规定

《律师法》

第二条 本法所称律师，是指依法取得律师执业证书，接受委托或者指定，为当事人提供法律服务的执业人员。律师应当维护当事人合法权益，维护法律正确实施，维护社会公平和正义。

《高检规则》

第五十四条 在人民检察院侦查、审查逮捕、审查起诉过程中，辩护人要求听取其意见的，办案部门应当及时安排。辩护人提出书面意见的，办案部门应当接收并登记。

听取辩护人意见应当制作笔录或者记录在案，辩护人提出的书面意见应当附卷。

辩护人提交案件相关材料的，办案部门应当将辩护人提交材料的目的、来源及内容等情况记录在案，一并附卷。

第三十八条 辩护律师在侦查期间诉讼权利

辩护律师在侦查期间可以为犯罪嫌疑人提供法律帮助；代理申诉、控告；申请变更强制措施；向侦查机关了解犯罪嫌疑人涉嫌的罪名和案件有关情况，提出意见。

条文注解

辩护律师在侦查阶段依法从事下列执业活动：

其一，向公安机关了解犯罪嫌疑人涉嫌的罪名和案件有关情况，提出意见。

其二，与犯罪嫌疑人会见和通信，向犯罪嫌疑人了解案件有关情况。

其三，为犯罪嫌疑人提供法律帮助，如告知权利，解释相关政策、诉讼程序，解答疑问等。

其四，代理申诉、控告。对侦查人员以及其他人员侵犯犯罪嫌疑人诉讼权利和其他合法权益的行为，例如，刑讯逼供等，以犯罪嫌疑人名义提出申诉、控告。

其五，为犯罪嫌疑人申请变更强制措

施。包括羁押性强制措施变更为非羁押性强制措施或者较重的羁押性强制措施变更为较轻的羁押性强制措施。

相关规定

《律师法》

第三十一条　律师担任辩护人的，应当根据事实和法律，提出犯罪嫌疑人、被告人无罪、罪轻或者减轻、免除其刑事责任的材料和意见，维护犯罪嫌疑人、被告人的诉讼权利和其他合法权益。

《公安规定》

第五十条　辩护律师向公安机关了解案件有关情况的，公安机关应当依法将犯罪嫌疑人涉嫌的罪名以及当时已查明的该罪的主要事实，犯罪嫌疑人被采取、变更、解除强制措施，延长侦查羁押期限等案件有关情况，告知接受委托或者指派的辩护律师，并记录在案。

第三十九条　辩护律师会见权和通信权

辩护律师可以同在押的犯罪嫌疑人、被告人会见和通信。其他辩护人经人民法院、人民检察院许可，也可以同在押的犯罪嫌疑人、被告人会见和通信。

辩护律师持律师执业证书、律师事务所证明和委托书或者法律援助公函要求会见在押的犯罪嫌疑人、被告人的，看守所应当及时安排会见，至迟不得超过四十八小时。

危害国家安全犯罪、恐怖活动犯罪案件，在侦查期间辩护律师会见在押的犯罪嫌疑人，应当经侦查机关许可。上述案件，侦查机关应当事先通知看守所。

辩护律师会见在押的犯罪嫌疑人、被告人，可以了解案件有关情况，提供法律咨询等；自案件移送审查起诉之日起，可以向犯罪嫌疑人、被告人核实有关证据。辩护律师会见犯罪嫌疑人、被告人时不被监听。

辩护律师同被监视居住的犯罪嫌疑人、被告人会见、通信，适用第一款、第三款、第四款的规定。

条文注解

除危害国家安全犯罪、恐怖活动犯罪案件外，辩护律师与犯罪嫌疑人、被告人会见和通信不需要经过许可。其他辩护人与犯罪嫌疑人、被告人会见和通信，需要经过法院、检察院许可。

辩护律师会见时需出示的证件主要包括律师执业证书、律师事务所证明和委托书或者法律援助公函。看守所应当及时安排会见，至迟不得超过四十八小时。

自移送审查起诉之日起，辩护律师可以向犯罪嫌疑人、被告人核实有关证据。因为案件已经审查终结，事实已经查清，证据已经固定，律师核查证据不会影响侦查活动的进行。

辩护律师会见不被监听。"不被监听"包括办案机关不得在会见时派员到场，不得以监控、录音等方式监听谈话内容。若违规采取监听措施，将影响到有关监听材料的证据资格。

相关规定

《律师法》

第三十三条　律师担任辩护人的，有权持律师执业证书、律师事务所证明和委托书或者法律援助公函，依照刑事诉讼法的规定会见在押或者被监视居住的犯罪嫌疑人、被告人。辩护律师会见犯罪嫌疑人、被告人时不被监听。

《公安规定》

第五十一条 辩护律师可以同在押或者被监视居住的犯罪嫌疑人会见、通信。

第五十二条 对危害国家安全犯罪案件、恐怖活动犯罪案件，办案部门应当在将犯罪嫌疑人送看守所羁押时书面通知看守所；犯罪嫌疑人被监视居住的，应当在送交执行时书面通知执行机关。

辩护律师在侦查期间要求会见前款规定案件的在押或者被监视居住的犯罪嫌疑人，应当向办案部门提出申请。

对辩护律师提出的会见申请，办案部门应当在收到申请后三日以内，报经县级以上公安机关负责人批准，作出许可或者不许可的决定，书面通知辩护律师，并及时通知看守所或者执行监视居住的部门。除有碍侦查或者可能泄露国家秘密的情形外，应当作出许可的决定。

公安机关不许可会见的，应当说明理由。有碍侦查或者可能泄露国家秘密的情形消失后，公安机关应当许可会见。

有下列情形之一的，属于本条规定的"有碍侦查"：

（一）可能毁灭、伪造证据，干扰证人作证或者串供的；

（二）可能引起犯罪嫌疑人自残、自杀或者逃跑的；

（三）可能引起同案犯逃避、妨碍侦查的；

（四）犯罪嫌疑人的家属与犯罪有牵连的。

第五十三条 辩护律师要求会见在押的犯罪嫌疑人，看守所应当在查验其律师执业证书、律师事务所证明和委托书或者法律援助公函后，在四十八小时以内安排律师会见到犯罪嫌疑人，同时通知办案部门。

侦查期间，辩护律师会见危害国家安全犯罪案件、恐怖活动犯罪案件在押或者被监视居住的犯罪嫌疑人时，看守所或者监视居住执行机关还应当查验侦查机关的许可决定文书。

第五十五条 辩护律师会见在押或者被监视居住的犯罪嫌疑人时，看守所或者监视居住执行机关应当采取必要的管理措施，保障会见顺利进行，并告知其遵守会见的有关规定。辩护律师会见犯罪嫌疑人时，公安机关不得监听，不得派员在场。

辩护律师会见在押或者被监视居住的犯罪嫌疑人时，违反法律规定或者会见的规定的，看守所或者监视居住执行机关应当制止。对于严重违反规定或者不听劝阻的，可以决定停止本次会见，并及时通报其所在的律师事务所、所属的律师协会以及司法行政机关。

《高法解释》

第五十六条 辩护律师可以同在押的或者被监视居住的被告人会见和通信。其他辩护人经人民法院许可，也可以同在押的或者被监视居住的被告人会见和通信。

文书格式

会见犯罪嫌疑人申请表

申请人		性　别		出生日期	
单　位		律师执业证编号			

续表

犯罪嫌疑人		性　别		出生日期	
涉嫌罪名		拘留/逮捕/监视居住 时　间			
\multicolumn{6}{l}{　　我受_____委托，为犯罪嫌疑人提供辩护。根据《中华人民共和国刑事诉讼法》第三十九条第____款之规定，特申请会见犯罪嫌疑人。 　　申请人：　　　　　　　　　　　　　　　　　　　　　　　　年　月　日}
侦查 机关 意见	\multicolumn{5}{l}{办案人意见： 　　年　月　日 办案单位意见： 　　年　月　日 领导批示： 　　年　月　日}

×××公安局
准予会见犯罪嫌疑人决定书

×公（　）准见字〔　〕号

　　申请人_____，_____律师事务所律师，律师执业证编号_____。

　　根据《中华人民共和国刑事诉讼法》第三十七条第_____款之规定，决定同意申请人会见犯罪嫌疑人_____。请持此决定书与_____联系会见事宜。

公安局（印）
年　月　日

××××人民检察院
批准律师以外的辩护人与犯罪嫌疑人
会见和通信决定书

××检××准见〔20××〕×号

_____：
　　根据《中华人民共和国刑事诉讼法》第三十九条第一款之规定，决定许可_____（公民身份证号码_____）与犯罪嫌疑人_____（性别_____，出生日期_____，于____年__月__日被执行_____）会见和通信，请予以安排。

20××年××月××日
（院印）

第四十条　辩护人阅卷权

辩护律师自人民检察院对案件审查起诉之日起，可以查阅、摘抄、复制本案的案卷材料。其他辩护人经人民法院、人民检察院许可，也可以查阅、摘抄、复制上述材料。

条文注解

辩护人阅卷权是证据开示原则的体现。

自检察院对案件审查起诉之日起，辩护人才有阅卷权。考虑到侦察阶段证据可能尚未固定，且阅卷可能影响正常的侦查活动，因此，侦查阶段辩护人不享有阅卷权。

查阅、摘抄、复制是基本的阅卷方式。审前阅卷是为开庭辩护做好充分准备。

案卷材料的范围包括侦查机关移送的各种材料。除依法不公开的材料外，其余案卷材料都在阅卷范围之内。

区别于辩护律师，辩护人的阅卷需要经过法院、检察院的许可。

相关规定

《律师法》

第三十四条　律师担任辩护人的，自人民检察院对案件审查起诉之日起，有权查阅、摘抄、复制本案的案卷材料。

《高检规则》

第四十七条　自人民检察院对案件审查起诉之日起，应当允许辩护律师查阅、摘抄、复制本案的案卷材料。案卷材料包括案件的诉讼文书和证据材料。

人民检察院直接受理侦查案件移送起诉，审查起诉案件退回补充侦查、改变管辖、提起公诉的，应当及时告知辩护律师。

第四十八条　自人民检察院对案件审查起诉之日起，律师以外的辩护人向人民检察院申请查阅、摘抄、复制本案的案卷材料或者申请同在押、被监视居住的犯罪嫌疑人会见和通信的，由人民检察院负责捕诉的部门进行审查并作出是否许可的决定，在三日以内书面通知申请人。

人民检察院许可律师以外的辩护人同在押或者被监视居住的犯罪嫌疑人通信的，可以要求看守所或者公安机关将书信送交人民检察院进行检查。

律师以外的辩护人申请查阅、摘抄、复制案卷材料或者申请同在押、被监视居住的犯罪嫌疑人会见和通信，具有下列情形之一的，人民检察院可以不予许可：

（一）同案犯罪嫌疑人在逃的；

（二）案件事实不清，证据不足，或者遗漏罪行、遗漏同案犯罪嫌疑人需要补充侦查的；

（三）涉及国家秘密或者商业秘密的；

（四）有事实表明存在串供、毁灭、伪造证据或者危害证人人身安全可能的。

第四十九条 辩护律师或者经过许可的其他辩护人到人民检察院查阅、摘抄、复制本案的案卷材料，由负责案件管理的部门及时安排，由办案部门提供案卷材料。因办案部门工作等原因无法及时安排的，应当向辩护人说明，并自即日起三个工作日以内安排辩护人阅卷，办案部门应当予以配合。

人民检察院应当为辩护人查阅、摘抄、复制案卷材料设置专门的场所或者电子卷宗阅卷终端设备。必要时，人民检察院可以派员在场协助。

辩护人复制案卷材料可以采取复印、拍照、扫描、刻录等方式，人民检察院不收取费用。

《高法解释》

第五十三条 辩护律师可以查阅、摘抄、复制案卷材料。其他辩护人经人民法院许可，也可以查阅、摘抄、复制案卷材料。合议庭、审判委员会的讨论记录以及其他依法不公开的材料不得查阅、摘抄、复制。

辩护人查阅、摘抄、复制案卷材料的，人民法院应当提供便利，并保证必要的时间。

值班律师查阅案卷材料的，适用前两款规定。

复制案卷材料可以采用复印、拍照、扫描、电子数据拷贝等方式。

第五十四条 对作为证据材料向人民法院移送的讯问录音录像，辩护律师申请查阅的，人民法院应当准许。

第五十五条 查阅、摘抄、复制案卷材料，涉及国家秘密、商业秘密、个人隐私的，应当保密；对不公开审理案件的信息、材料，或者在办案过程中获悉的案件重要信息、证据材料，不得违反规定泄露、披露，不得用于办案以外的用途。人民法院可以要求相关人员出具承诺书。

违反前款规定的，人民法院可以通报司法行政机关或者有关部门，建议给予相应处罚；构成犯罪的，依法追究刑事责任。

文书格式

××××人民检察院
批准律师以外的辩护人查阅、摘抄、复制
案卷材料决定书

××检××准阅〔20××〕×号

_____：

根据《中华人民共和国刑事诉讼法》第四十条之规定，决定同意你查阅、摘抄、复制本案的案卷材料。

20××年××月××日
（院印）

> **第四十一条　辩护人申请调取证据权**
>
> 辩护人认为在侦查、审查起诉期间公安机关、人民检察院收集的证明犯罪嫌疑人、被告人无罪或者罪轻的证据材料未提交的，有权申请人民检察院、人民法院调取。

条文注解

辩护人享有申请调取证据的权利。

其一，本条所规定的"无罪或者罪轻的证据材料"，既包括某个单独的可能证明犯罪嫌疑人无罪或者罪轻的证据，也包括某些相矛盾的证据材料中可能证明犯罪嫌疑人无罪或者罪轻的证据，如一个案件中有多个目击证人，有的目击证人的证言是证明犯罪嫌疑人有罪或者罪重的，有的目击证人的证言是证明犯罪嫌疑人无罪或者罪轻的，再比如一个证人前后提供过多次证言，有的证言是证明犯罪嫌疑人有罪或者罪重的，有的证言是证明犯罪嫌疑人无罪或者罪轻的。

其二，辩护人申请调取证据，应当以书面形式提出申请，并且提供相应线索或者材料。办案机关未提交的证据材料，主要是指相关机关未将证明无罪或者罪轻的材料纳入案卷或者原本纳入后来移除的情形。办案机关收到申请后，应当进行审查。

相关规定

《高法解释》

第五十七条　辩护人认为在调查、侦查、审查起诉期间监察机关、公安机关、人民检察院收集的证明被告人无罪或者罪轻的证据材料未随案移送，申请人民法院调取的，应当以书面形式提出，并提供相关线索或者材料。人民法院接受申请后，应当向人民检察院调取。人民检察院移送相关证据材料后，人民法院应当及时通知辩护人。

《高检规则》

第五十条　案件提请批准逮捕或者移送起诉后，辩护人认为公安机关在侦查期间收集的证明犯罪嫌疑人无罪或者罪轻的证据材料未提交，申请人民检察院向公安机关调取的，人民检察院负责捕诉的部门应当及时审查。经审查，认为辩护人申请调取的证据已收集并且与案件事实有联系的，应当予以调取；认为辩护人申请调取的证据未收集或者与案件事实没有联系的，应当决定不予调取并向辩护人说明理由。公安机关移送相关证据材料的，人民检察院应当在三日以内告知辩护人。

人民检察院办理直接受理侦查的案件，适用前款规定。

第三百六十三条　在审查起诉期间，人民检察院可以根据辩护人的申请，向监察机关、公安机关调取在调查、侦查期间收集的证明犯罪嫌疑人、被告人无罪或者罪轻的证据材料。

文书格式

向被害人方调查取证申请书
申请人：＿＿＿＿＿＿　律师事务所＿＿＿＿＿＿　律师
联系方式：＿＿＿＿＿＿＿＿＿＿＿＿＿＿＿＿

续表

根据《中华人民共和国刑事诉讼法》关于向被害人及其近亲属、被害人提供的证人调查取证的相关规定，申请人作为_____案犯罪嫌疑人（被告人）_____的辩护律师，拟向被害人（被害人近亲属、被害人提供的证人）_____收集与本案有关的材料，请予许可。

具体收集的材料内容为：

此致

_____

申请人（签名）：
年　月　日

××××人民检察院
调取已收集证据决定书

××检××调已收证〔20××〕×号

_____：

本院办理的_____案，犯罪嫌疑人_____的辩护人_____依据《中华人民共和国刑事诉讼法》第四十一条之规定，向本院申请调取你单位已收集的_____证据材料，请接到通知后三日以内，将该证据材料移交本院。

20××年××月××日
（院印）

第四十二条　辩护人无罪证据开示义务

辩护人收集的有关犯罪嫌疑人不在犯罪现场、未达到刑事责任年龄、属于依法不负刑事责任的精神病人的证据，应当及时告知公安机关、人民检察院。

▌条文注解

本条所规定的"辩护人收集"，包括犯罪嫌疑人及其近亲属或者其他人向辩护人提供的有关证据材料，以及辩护人向有关单位和个人收集的证据材料。

"犯罪嫌疑人不在犯罪现场"，是指当犯罪行为发生时，有证据证明犯罪嫌疑人在犯罪现场以外的其他地方，从而不可能在犯罪现场实施犯罪行为。在这种情况下，如果侦查机关将犯罪嫌疑人在犯罪现场实施犯罪行为作为侦查方向，则很有可能形成错案，犯罪分子则另有其人。

"未达到刑事责任年龄"，是指对于故意杀人、故意伤害致人重伤或者死亡、强奸、抢劫、贩卖毒品、放火、爆炸、投毒犯罪案件，有证据证明犯罪嫌疑人不满十四周岁，对于其他犯罪案件，有证据证明犯罪嫌疑人不满十六周岁。根据刑法有关规定，在这种情况下，犯罪嫌疑人不负刑事责任，公安机关应当撤销案件，已移送审查起诉的，人民检察院应当作出不起诉的决定。

"属于依法不负刑事责任的精神病人"，是指经过鉴定证明，犯罪嫌疑人是在不能辨认或者不能控制自己行为的时候造成危害结果的。根据刑法有关规定，在这种情况下，犯罪嫌疑人也不负刑事责任。需要注意的是，根据刑法规定，精神病人造成危害结果依法不负刑事责任的，在必要的时候，由政府强制医疗。因此，对于犯罪嫌疑人属于不负刑事责任的精神病人的，如果符合强制医疗条件，公安机关在撤销刑事案件的同时，应当写出强制医疗意见书，移送人民检察院。人民检察院发现符合强制医疗条件的，应当向人民法院提出强制医疗的申请，由人民法院作出是否强制医疗的决定。

本条规定的"及时告知"，是指辩护人收集到上述三类证据的，应当尽快将有关情况告知办理案件的公安机关、人民检察院，也可以直接将有关证据交给公安机关、人民检察院。从本条关于"犯罪嫌疑人"和"公安机关、人民检察院"的表述上看，本条主要适用于辩护人在侦查阶段和审查起诉阶段收集到上述三类证据的情形。对于辩护人在审判阶段收集到上述三类证据的，根据刑事诉讼法关于审判程序的规定，辩护人可以直接在法庭上出示，也可以申请人民法院通知有关证人出庭或者调取有关证据。

相关规定

《公安规定》

第五十八条 案件侦查终结前，辩护律师提出要求的，公安机关应当听取辩护律师的意见，根据情况进行核实，并记录在案。辩护律师提出书面意见的，应当附卷。

对辩护律师收集的犯罪嫌疑人不在犯罪现场、未达到刑事责任年龄、属于依法不负刑事责任的精神病人的证据，公安机关应当进行核实并将有关情况记录在案，有关证据应当附卷。

《高检规则》

第五十一条 在人民检察院侦查、审查逮捕、审查起诉过程中，辩护人收集的有关犯罪嫌疑人不在犯罪现场、未达到刑事责任年龄、属于依法不负刑事责任的精神病人的证据，告知人民检察院的，人民检察院应当及时审查。

典型案例

伍某洪、黄某燕绑架案（刑事审判参考案例第659号）

裁判要旨：证明被告人刑事责任年龄的证据应当首先使用被告人所在地公安机关出具的证明文件。当户籍证明与被告人供述的年龄出现矛盾，且涉及被告人刑事责任年龄时，应当收集其他证据，以确定被告人的真实年龄。如果其他证据材料能够相互印证，经审查能够证明被告人真实年龄的，可以排除户籍证明等法定证据，以其他证据来认定年龄。当户籍证明与其他证据材料的矛盾无法得到排除时，应正确贯彻"有利于被告人"原则，准确认定被告人的年龄。

第四十三条　辩护律师调查取证权

辩护律师经证人或者其他有关单位和个人同意，可以向他们收集与本案有关的材料，也可以申请人民检察院、人民法院收集、调取证据，或者申请人民法院通知证人出庭作证。

辩护律师经人民检察院或者人民法院许可，并且经被害人或者其近亲属、被害人提供的证人同意，可以向他们收集与本案有关的材料。

条文注解

本条规定了辩护律师的调查取证权，包括向证人取证和向被害人取证两种情形。

在刑事诉讼中，辩护人不能只凭阅卷和会见被告人掌握的情况进行一般性的辩护，而是应当收集有利于被告人一方的证据，并根据掌握的证据去进行辩护，从而维护被告人的合法权利。经证人或者其他有关单位、个人同意，辩护律师可以向他们收集证实犯罪嫌疑人、被告人是否犯罪、罪重还是罪轻的物证、书证、视听资料和证人证言。在遭到拒绝时可以申请人民检察院、人民法院依法收集调取证据，通知证人出庭作证。辩护律师向被害人、被害人近亲属、被害人提供的证人收集证据的，为了保障被害人的合法权利，防止被害人一方的证人迫于威胁或者受到引诱而作假的证词，法律规定必须经人民检察院或者人民法院许可，并经被害人或其近亲属、被害人提供的证人同意。

相关规定

《高法解释》

第五十八条　辩护律师申请向被害人及其近亲属、被害人提供的证人收集与本案有关的材料，人民法院认为确有必要的，应当签发准许调查书。

第五十九条　辩护律师向证人或者有关单位、个人收集、调取与本案有关的证据材料，因证人或者有关单位、个人不同意，申请人民法院收集、调取，或者申请通知证人出庭作证，人民法院认为确有必要的，应当同意。

第六十条　辩护律师直接申请人民法院向证人或者有关单位、个人收集、调取证据材料，人民法院认为确有必要，且不宜或者不能由辩护律师收集、调取的，应当同意。

人民法院向有关单位收集、调取的书面证据材料，必须由提供人签名，并加盖单位印章；向个人收集、调取的书面证据材料，必须由提供人签名。

人民法院对有关单位、个人提供的证据材料，应当出具收据，写明证据材料的名称、收到的时间、件数、页数以及是否为原件等，由书记员、法官助理或者审判人员签名。

收集、调取证据材料后，应当及时通知辩护律师查阅、摘抄、复制，并告知人民检察院。

第六十一条　本解释第五十八条至第六十条规定的申请，应当以书面形式提出，并说明理由，写明需要收集、调取证据材料的内容或者需要调查问题的提纲。

对辩护律师的申请，人民法院应当在五日以内作出是否准许、同意的决定，并通知申请人；决定不准许、不同意的，应当说明理由。

《高检规则》

第五十二条　案件移送起诉后，辩护律师依据刑事诉讼法第四十三条第一款的规定申请人民检察院收集、调取证据的，人民检察院负责捕诉的部门应当及时审查。经审查，认为需要收集、调取证据的，应当决定收集、调取并制作笔录附卷；决定不予收集、调取的，应当书面说明理由。

人民检察院根据辩护律师的申请收集、调取证据时，辩护律师可以在场。

第五十三条　辩护律师申请人民检察院许可其向被害人或者其近亲属、被害人提供的证人收集与本案有关材料的，人民检察院负责捕诉的部门应当及时进行审查。人民检察院应当在五日以内作出是否许可的决定，通知辩护律师；不予许可的，应当书面说明理由。

文书格式

```
××××人民检察院
许可辩护律师收集案件材料决定书
                    ××检××帮〔20××〕×号
_____：
    你提出的收集案件有关材料申请书收悉。经审查，根据《中华人民共和国刑事诉
讼法》第四十三条第二款之规定，决定许可你向_____收集与本案有关的
材料，但是必须经其本人同意。
                                        20××年××月××日
                                              （院印）
```

第四十四条　辩护人依法辩护义务

辩护人或者其他任何人，不得帮助犯罪嫌疑人、被告人隐匿、毁灭、伪造证据或者串供，不得威胁、引诱证人作伪证以及进行其他干扰司法机关诉讼活动的行为。

违反前款规定的，应当依法追究法律责任，辩护人涉嫌犯罪的，应当由办理辩护人所承办案件的侦查机关以外的侦查机关办理。辩护人是律师的，应当及时通知其所在的律师事务所或者所属的律师协会。

条文注解

本条主体不仅限于辩护人，还包括"其他任何人"。

我国《刑法》第三百零六条规定，在刑事诉讼中，辩护人、诉讼代理人毁灭证据、伪造证据，帮助当事人毁灭、伪造证据，威胁、引诱证人违背事实改变证言或者作伪证的，是犯罪行为，应当判处刑罚，刑法罪名为辩护人妨害作证罪。

辩护人违反依法辩护义务的追责，应当由办理辩护人所承办案件的侦查机关以外的侦查机关办理，主要是为了防止侦查机关滥用刑法规定，随意采取强制措施，干扰相关案件的秉公处理。同时，通知律所和律协，有助于依法维护涉案律师的合法权益。

相关规定

《公安规定》

第五十六条　辩护人或者其他任何人在刑事诉讼中，违反法律规定，实施干扰诉讼活动行为的，应当依法追究法律责任。

辩护人实施干扰诉讼活动行为，涉嫌犯罪，属于公安机关管辖的，应当由办理辩护人所承办案件的公安机关报请上一级公安机关指定其他公安机关立案侦查，或者由上一级公安机关立案侦查。不得指定原承办案件公安机关的下级公安机关立案侦查。辩护人是律师的，立案侦查的公安机关应当及时通知其所在的律师事务所、所属的律师协会以及司法行政机关。

第四十五条　被告人辩护选择权

在审判过程中，被告人可以拒绝辩护人继续为他辩护，也可以另行委托辩护人辩护。

条文注解

本条立法初衷是为了最大限度维护被告人自身辩护权。

需要注意的是，辩护选择权也有法律限制，被告人在一个审判程序中更换辩护人一般不得超过两次。属于应当提供法律援助的情形，调整后仍拒绝，强制辩护。

相关规定

《高法解释》

第五十条 被告人拒绝法律援助机构指派的律师为其辩护，坚持自己行使辩护权的，人民法院应当准许。

属于应当提供法律援助的情形，被告人拒绝指派的律师为其辩护的，人民法院应当查明原因。理由正当的，应当准许，但被告人应当在五日以内另行委托辩护人；被告人未另行委托辩护人的，人民法院应当在三日以内通知法律援助机构另行指派律师为其提供辩护。

第三百一十一条 被告人在一个审判程序中更换辩护人一般不得超过两次。

被告人当庭拒绝辩护人辩护，要求另行委托辩护人或者指派律师的，合议庭应当准许。被告人拒绝辩护人辩护后，没有辩护人的，应当宣布休庭；仍有辩护人的，庭审可以继续进行。

有多名被告人的案件，部分被告人拒绝辩护人辩护后，没有辩护人的，根据案件情况，可以对该部分被告人另案处理，对其他被告人的庭审继续进行。

重新开庭后，被告人再次当庭拒绝辩护人辩护的，可以准许，但被告人不得再次另行委托辩护人或者要求另行指派律师，由其自行辩护。

被告人属于应当提供法律援助的情形，重新开庭后再次当庭拒绝辩护人辩护的，不予准许。

第三百一十二条 法庭审理过程中，辩护人拒绝为被告人辩护，有正当理由的，应当准许；是否继续庭审，参照适用前条规定。

第三百一十三条 依照前两条规定另行委托辩护人或者通知法律援助机构指派律师的，自案件宣布休庭之日起至第十五日止，由辩护人准备辩护，但被告人及其辩护人自愿缩短时间的除外。

庭审结束后、判决宣告前另行委托辩护人的，可以不重新开庭；辩护人提交书面辩护意见的，应当接受。

第五百七十二条 未成年被告人或者其法定代理人当庭拒绝辩护人辩护的，适用本解释第三百一十一条第二款、第三款的规定。

重新开庭后，未成年被告人或者其法定代理人再次当庭拒绝辩护人辩护的，不予准许。重新开庭时被告人已满十八周岁的，可以准许，但不得再另行委托辩护人或者要求另行指派律师，由其自行辩护。

《高检规则》

第四十四条 属于应当提供法律援助的情形，犯罪嫌疑人拒绝法律援助机构指派的律师作为辩护人的，人民检察院应当查明拒绝的原因。有正当理由的，予以准许，但犯罪嫌疑人需另行委托辩护人；犯罪嫌疑人未另行委托辩护人的，应当书面通知法律援助机构另行指派律师为其提供辩护。

第四十六条 诉讼代理权

公诉案件的被害人及其法定代理人或者近亲属，附带民事诉讼的当事人及其法定代理人，自案件移送审查起诉之日起，有权委托诉讼代理人。自诉案件的自诉人及其法定代理人，附带民事诉讼的当事人及其法定代理人,有权随时委托诉讼代理人。

人民检察院自收到移送审查起诉的案件材料之日起三日以内,应当告知被害人及其法定代理人或者其近亲属、附带民事诉讼的当事人及其法定代理人有权委托诉讼代理人。人民法院自受理自诉案件之日起三日以内,应当告知自诉人及其法定代理人、附带民事诉讼的当事人及其法定代理人有权委托诉讼代理人。

条文注解

公诉案件和附带民事诉讼案件,自案件移送审查起诉之日起,相关主体有权委托诉讼代理人;自诉案件,有权随时委托。

检察院收到移送审查起诉的案件材料之日起三日以内,法院受理自诉案件之日起三日以内,应当告知相关主体这一权利。

不告知或者逾期告知,均属于侵犯当事人诉讼权利的行为。

相关规定

《高检规则》

第五十五条 人民检察院自收到移送起诉案卷材料之日起三日以内,应当告知被害人及其法定代理人或者其近亲属、附带民事诉讼的当事人及其法定代理人有权委托诉讼代理人。被害人及其法定代理人、近亲属因经济困难没有委托诉讼代理人的,应当告知其可以申请法律援助。

当面口头告知的,应当记入笔录,由被告知人签名;电话告知的,应当记录在案;书面告知的,应当将送达回执入卷。被害人众多或者不确定,无法以上述方式逐一告知的,可以公告告知。无法告知的,应当记录在案。

被害人有法定代理人的,应当告知其法定代理人;没有法定代理人的,应当告知其近亲属。

法定代理人或者近亲属为二人以上的,可以告知其中一人。告知时应当按照刑事诉讼法第一百零八条第三项、第六项列举的顺序择先进行。

当事人及其法定代理人、近亲属委托诉讼代理人的,参照刑事诉讼法第三十三条等法律规定执行。

第五十六条 经人民检察院许可,诉讼代理人查阅、摘抄、复制本案案卷材料的,参照本规则第四十九条的规定办理。

律师担任诉讼代理人,需要申请人民检察院收集、调取证据的,参照本规则第五十二条的规定办理。

《高法解释》

第六十二条 人民法院自受理自诉案件之日起三日以内,应当告知自诉人及其法定代理人、附带民事诉讼当事人及其法定代理人,有权委托诉讼代理人,并告知其如果经济困难,可以申请法律援助。

文书格式

委 托 书
(担任诉讼代理人适用)

委托人_____根据《中华人民共和国刑事诉讼法》第四十六条、第二百九十九条、第三百零四条及《中华人民共和国律师法》第二十八条之规定,委托_____律

续表

师事务所＿＿＿＿＿＿＿＿＿律师在＿＿＿＿＿＿＿案中担任以下第＿＿项＿＿＿＿＿＿的诉讼代理人。
（1）公诉案件被害人（法定代理人、近亲属）；
（2）自诉案件自诉人（法定代理人）；
（3）附带民事诉讼原告人（法定代理人）；
（4）附带民事诉讼被告人（法定代理人）；
（5）没收违法所得程序犯罪嫌疑人、被告人近亲属；
（6）没收违法所得程序利害关系人；
（7）强制医疗程序被申请人、被告人法定代理人。
诉讼代理人代理权限为：
本委托书有效期自即日起至＿＿＿＿＿＿＿＿＿＿＿＿止。
　　　　　　　　　　　　　　　　　委托人（签名）
　　　　　　　　　　　　　　　　　　年　月　日

律师事务所　函
（担任诉讼代理人适用）

〔　〕第　号

＿＿＿＿＿＿＿：
　　根据《中华人民共和国刑事诉讼法》第四十六条、第二百九十九条、第三百零四条及《中华人民共和国律师法》第二十八条之规定，本所接受＿＿＿＿＿＿＿的委托，指派＿＿＿＿＿＿律师担任＿＿＿＿＿＿案＿＿＿＿＿＿的诉讼代理人。
　　特此函告。

　　　　　　　　　　　　　　　　　（律师事务所章）
　　　　　　　　　　　　　　　　　　年　月　日

附：
1. 委托书一份
2. 诉讼代理人身份信息
姓　名：＿＿＿＿＿＿＿　执业证号：＿＿＿＿＿＿＿＿＿＿＿＿
电　话：＿＿＿＿＿＿＿　通信地址：＿＿＿＿＿＿＿＿＿＿＿＿

第四十七条　委托诉讼代理人程序

委托诉讼代理人，参照本法第三十三条的规定执行。

条文注解

本法第三十三条，即委托辩护人的程序规定。

相关规定

《高法解释》

第六十三条 当事人委托诉讼代理人的,参照适用刑事诉讼法第三十三条和本解释的有关规定。

第六十四条 诉讼代理人有权根据事实和法律,维护被害人、自诉人或者附带民事诉讼当事人的诉讼权利和其他合法权益。

第六十五条 律师担任诉讼代理人的,可以查阅、摘抄、复制案卷材料。其他诉讼代理人经人民法院许可,也可以查阅、摘抄、复制案卷材料。

律师担任诉讼代理人,需要收集、调取与本案有关的证据材料的,参照适用本解释第五十九条至第六十一条的规定。

第六十六条 诉讼代理人接受当事人委托或者法律援助机构指派后,应当在三日以内将委托手续或者法律援助手续提交人民法院。

第六十八条 律师担任辩护人、诉讼代理人,经人民法院准许,可以带一名助理参加庭审。律师助理参加庭审的,可以从事辅助工作,但不得发表辩护、代理意见。

第四十八条 辩护律师保密权及例外情形

辩护律师对在执业活动中知悉的委托人的有关情况和信息,有权予以保密。但是,辩护律师在执业活动中知悉委托人或者其他人,准备或者正在实施危害国家安全、公共安全以及严重危害他人人身安全的犯罪的,应当及时告知司法机关。

条文注解

辩护律师保密权,是指律师对其在执业过程中获悉的秘密,包括犯罪嫌疑人、被告人未被掌握或未被指控的犯罪事实和证据或者其他人身危险行为,不予泄露的权利。

例外情形的规定,是寻求辩护律师职业伦理与公共利益之间的合理平衡。关乎重大公共利益或者他人人身安全的,并无保密义务。

相关规定

《公安规定》

第五十七条 辩护律师对在执业活动中知悉的委托人的有关情况和信息,有权予以保密。但是,辩护律师在执业活动中知悉委托人或者其他人,准备或者正在实施危害国家安全、公共安全以及严重危害他人人身安全的犯罪的,应当及时告知司法机关。

《高检规则》

第五十九条 辩护律师告知人民检察院其委托人或者其他人员准备实施、正在实施危害国家安全、危害公共安全以及严重危及他人人身安全犯罪的,人民检察院应当接受并立即移送有关机关依法处理。

人民检察院应当为反映情况的辩护律师保密。

第六十条 人民检察院发现辩护人有帮助犯罪嫌疑人、被告人隐匿、毁灭、伪造证据、串供,或者威胁、引诱证人作伪证以及其他干扰司法机关诉讼活动的行为,可能涉嫌犯罪的,应当将涉嫌犯罪的线索或者证据材料移送有管辖权的机关依法处理。

人民检察院发现辩护律师在刑事诉讼中违反法律、法规或者执业纪律的,应当及时向其所在的律师事务所、所属的律师协会以及司法行政机关通报。

《高法解释》

第六十七条 辩护律师向人民法院告

知其委托人或者其他人准备实施、正在实施危害国家安全、公共安全以及严重危害他人人身安全犯罪的，人民法院应当记录在案，立即转告主管机关依法处理，并为反映有关情况的辩护律师保密。

第四十九条 辩护人、诉讼代理人申诉控告权

辩护人、诉讼代理人认为公安机关、人民检察院、人民法院及其工作人员阻碍其依法行使诉讼权利的，有权向同级或者上一级人民检察院申诉或者控告。人民检察院对申诉或者控告应当及时进行审查，情况属实的，通知有关机关予以纠正。

条文注解

申诉控告权是辩护人、诉讼代理人诉讼权利的制度延伸。是辩护权和诉讼代理权有效行使的救济机制。

相关规定

《高检规则》

第五十七条 辩护人、诉讼代理人认为公安机关、人民检察院、人民法院及其工作人员具有下列阻碍其依法行使诉讼权利行为之一，向同级或者上一级人民检察院申诉或者控告的，人民检察院负责控告申诉检察的部门应当接受并依法办理，其他办案部门应当予以配合：

（一）违反规定，对辩护人、诉讼代理人提出的回避要求不予受理或者对不予回避决定不服的复议申请不予受理的；

（二）未依法告知犯罪嫌疑人、被告人有权委托辩护人的；

（三）未转达在押或者被监视居住的犯罪嫌疑人、被告人委托辩护人的要求或者未转交其申请法律援助材料的；

（四）应当通知而不通知法律援助机构为符合条件的犯罪嫌疑人、被告人或者被申请强制医疗的人指派律师提供辩护或者法律援助的；

（五）在规定时间内不受理、不答复辩护人提出的变更强制措施申请或者解除强制措施要求的；

（六）未依法告知辩护律师犯罪嫌疑人涉嫌的罪名和案件有关情况的；

（七）违法限制辩护律师同在押、被监视居住的犯罪嫌疑人、被告人会见和通信的；

（八）违法不允许辩护律师查阅、摘抄、复制本案的案卷材料的；

（九）违法限制辩护律师收集、核实有关证据材料的；

（十）没有正当理由不同意辩护律师收集、调取证据或者通知证人出庭作证的申请，或者不答复、不说明理由的；

（十一）未依法提交证明犯罪嫌疑人、被告人无罪或者罪轻的证据材料的；

（十二）未依法听取辩护人、诉讼代理人意见的；

（十三）未依法将开庭的时间、地点及时通知辩护人、诉讼代理人的；

（十四）未依法向辩护人、诉讼代理人及时送达本案的法律文书或者及时告知案件移送情况的；

（十五）阻碍辩护人、诉讼代理人在法庭审理过程中依法行使诉讼权利的；

（十六）其他阻碍辩护人、诉讼代理人依法行使诉讼权利的。

对于直接向上一级人民检察院申诉或者控告的，上一级人民检察院可以交下级人民检察院办理，也可以直接办理。

辩护人、诉讼代理人认为看守所及其工作人员有阻碍其依法行使诉讼权利的行为，向人民检察院申诉或者控告的，由负责刑事执行检察的部门接受并依法办理；其他办案部门收到申诉或者控告的，应当及时移送负责刑事执行检察的部门。

第五十八条 辩护人、诉讼代理人认为其依法行使诉讼权利受到阻碍向人民检察院申诉或者控告的，人民检察院应当及时受理并调查核实，在十日以内办结并书面答复。情况属实的，通知有关机关或者本院有关部门、下级人民检察院予以纠正。

文书格式

```
                ××××人民检察院
           辩护人/诉讼代理人申诉/控告答复书

                                    ××检××辩/诉复〔20××〕×号
  _____：
     你对_____存在_____
  _____情形的申诉/控告已收悉。经调查，现将处理情况答复如下：_____
  _____的行为，属于_____
  （是否违反刑事诉讼法的规定以及是否已经依法通知其纠正）。
                                         20××年××月××日
                                                （院印）
```

第五章 证　　据

第五十条　证据概念及种类

可以用于证明案件事实的材料，都是证据。

证据包括：

（一）物证；

（二）书证；

（三）证人证言；

（四）被害人陈述；

（五）犯罪嫌疑人、被告人供述和辩解；

（六）鉴定意见；

（七）勘验、检查、辨认、侦查实验等笔录；

（八）视听资料、电子数据。

证据必须经过查证属实，才能作为定案的根据。

条文注解

本条对证据的概念、种类作出了规定。所列八类证据是法定证据，对于无法归入法定证据种类，不具备证据形式和实质要件的材料，一般不能作为诉讼证据使用。

本条关于证据审查要求的规定也涉及证据裁判原则。这一原则主要包括：认定案件事实，必须以证据为根据；据以认定案件事实的证据必须符合证据规则的要求；认定案件事实的证据应当达到法定证明标准。

■ **相关规定**

《高法解释》

第六十九条 认定案件事实，必须以证据为根据。

第七十条 审判人员应当依照法定程序收集、审查、核实、认定证据。

第七十一条 证据未经当庭出示、辨认、质证等法庭调查程序查证属实，不得作为定案的根据。

第七十二条 应当运用证据证明的案件事实包括：

（一）被告人、被害人的身份；

（二）被指控的犯罪是否存在；

（三）被指控的犯罪是否为被告人所实施；

（四）被告人有无刑事责任能力，有无罪过，实施犯罪的动机、目的；

（五）实施犯罪的时间、地点、手段、后果以及案件起因等；

（六）是否系共同犯罪或者犯罪事实存在关联，以及被告人在犯罪中的地位、作用；

（七）被告人有无从重、从轻、减轻、免除处罚情节；

（八）有关涉案财物处理的事实；

（九）有关附带民事诉讼的事实；

（十）有关管辖、回避、延期审理等的程序事实；

（十一）与定罪量刑有关的其他事实。

认定被告人有罪和对被告人从重处罚，适用证据确实、充分的证明标准。

第七十三条 对提起公诉的案件，人民法院应当审查证明被告人有罪、无罪、罪重、罪轻的证据材料是否全部随案移送；未随案移送的，应当通知人民检察院在指定时间内移送。人民检察院未移送的，人民法院应当根据在案证据对案件事实作出认定。

第七十四条 依法应当对讯问过程录音录像的案件，相关录音录像未随案移送的，必要时，人民法院可以通知人民检察院在指定时间内移送。人民检察院未移送，导致不能排除属于刑事诉讼法第五十六条规定的以非法方法收集证据情形的，对有关证据应当依法排除；导致有关证据的真实性无法确认的，不得作为定案的根据。

第七十五条 行政机关在行政执法和查办案件过程中收集的物证、书证、视听资料、电子数据等证据材料，经法庭查证属实，且收集程序符合有关法律、行政法规规定的，可以作为定案的根据。

根据法律、行政法规规定行使国家行政管理职权的组织，在行政执法和查办案件过程中收集的证据材料，视为行政机关收集的证据材料。

第七十六条 监察机关依法收集的证据材料，在刑事诉讼中可以作为证据使用。

对前款规定证据的审查判断，适用刑事审判关于证据的要求和标准。

第七十七条 对来自境外的证据材料，人民检察院应当随案移送有关材料来源、提供人、提取人、提取时间等情况的说明。经人民法院审查，相关证据材料能够证明案件事实且符合刑事诉讼法规定的，可以作为证据使用，但提供人或者我国与有关国家签订的双边条约对材料的使用范围有明确限制的除外；材料来源不明或者真实性无法确认的，不得作为定案的根据。

当事人及其辩护人、诉讼代理人提供来自境外的证据材料的，该证据材料应当经所在国公证机关证明，所在国中央外交主管机关或者其授权机关认证，并经中华人民共和国驻该国使领馆认证，或者履行中华人民共和国与该所在国订立的有关条约中规定的证明手续，但我国与该国之间有互免认证协定的除外。

第七十八条　控辩双方提供的证据材料涉及外国语言、文字的，应当附中文译本。

第七十九条　人民法院依照刑事诉讼法第一百九十六条的规定调查核实证据，必要时，可以通知检察人员、辩护人、自诉人及其法定代理人到场。上述人员未到场的，应当记录在案。

人民法院调查核实证据时，发现对定罪量刑有重大影响的新的证据材料的，应当告知检察人员、辩护人、自诉人及其法定代理人。必要时，也可以直接提取，并及时通知检察人员、辩护人、自诉人及其法定代理人查阅、摘抄、复制。

第八十条　下列人员不得担任见证人：

（一）生理上、精神上有缺陷或者年幼，不具有相应辨别能力或者不能正确表达的人；

（二）与案件有利害关系，可能影响案件公正处理的人；

（三）行使勘验、检查、搜查、扣押、组织辨认等监察调查、刑事诉讼职权的监察、公安、司法机关的工作人员或者其聘用的人员。

对见证人是否属于前款规定的人员，人民法院可以通过相关笔录载明的见证人的姓名、身份证件种类及号码、联系方式以及常住人口信息登记表等材料进行审查。

由于客观原因无法由符合条件的人员担任见证人的，应当在笔录材料中注明情况，并对相关活动进行全程录音录像。

第八十一条　公开审理案件时，公诉人、诉讼参与人提出涉及国家秘密、商业秘密或者个人隐私的证据的，法庭应当制止；确与本案有关的，可以根据具体情况，决定将案件转为不公开审理，或者对相关证据的法庭调查不公开进行。

第八十二条　对物证、书证应当着重审查以下内容：

（一）物证、书证是否为原物、原件，是否经过辨认、鉴定；物证的照片、录像、复制品或者书证的副本、复制件是否与原物、原件相符，是否由二人以上制作，有无制作人关于制作过程以及原物、原件存放于何处的文字说明和签名；

（二）物证、书证的收集程序、方式是否符合法律、有关规定；经勘验、检查、搜查提取、扣押的物证、书证，是否附有相关笔录、清单，笔录、清单是否经调查人员或者侦查人员、物品持有人、见证人签名，没有签名的，是否注明原因；物品的名称、特征、数量、质量等是否注明清楚；

（三）物证、书证在收集、保管、鉴定过程中是否受损或者改变；

（四）物证、书证与案件事实有无关联；对现场遗留与犯罪有关的具备鉴定条件的血迹、体液、毛发、指纹等生物样本、痕迹、物品，是否已作DNA鉴定、指纹鉴定等，并与被告人或者被害人的相应生物特征、物品等比对；

（五）与案件事实有关联的物证、书证是否全面收集。

第八十三条　据以定案的物证应当是原物。原物不便搬运、不易保存、依法应当返还或者依法应当由有关部门保管、处理的，可以拍摄、制作足以反映原物外形和特征的照片、录像、复制品。必要时，审判人员可以前往保管场所查看原物。

物证的照片、录像、复制品,不能反映原物的外形和特征的,不得作为定案的根据。

物证的照片、录像、复制品,经与原物核对无误、经鉴定或以其他方式确认真实的,可以作为定案的根据。

第八十四条 据以定案的书证应当是原件。取得原件确有困难的,可以使用副本、复制件。

对书证的更改或者更改迹象不能作出合理解释,或者书证的副本、复制件不能反映原件及其内容的,不得作为定案的根据。

书证的副本、复制件,经与原件核对无误、经鉴定或者以其他方式确认真实的,可以作为定案的根据。

第八十五条 对与案件事实可能有关联的血迹、体液、毛发、人体组织、指纹、足迹、字迹等生物样本、痕迹和物品,应当提取而没有提取,应当鉴定而没有鉴定,应当移送鉴定意见而没有移送,导致案件事实存疑的,人民法院应当通知人民检察院依法补充收集、调取、移送证据。

第八十六条 在勘验、检查、搜查过程中提取、扣押的物证、书证,未附笔录或者清单,不能证明物证、书证来源的,不得作为定案的根据。

物证、书证的收集程序、方式有下列瑕疵,经补正或者作出合理解释的,可以采用:

( ) 勘验、检查、搜查、提取笔录或者扣押清单上没有调查人员或者侦查人员、物品持有人、见证人签名,或者对物品的名称、特征、数量、质量等注明不详的;

(二) 物证的照片、录像、复制品,书证的副本、复制件未注明与原件核对无异,无复制时间,或者无被收集、调取人签名的;

(三) 物证的照片、录像、复制品,书证的副本、复制件没有制作人关于制作过程和原物、原件存放地点的说明,或者说明中无签名的;

(四) 有其他瑕疵的。

物证、书证的来源、收集程序有疑问,不能作出合理解释的,不得作为定案的根据。

第八十七条 对证人证言应当着重审查以下内容:

(一) 证言的内容是否为证人直接感知;

(二) 证人作证时的年龄,认知、记忆和表达能力,生理和精神状态是否影响作证;

(三) 证人与案件当事人、案件处理结果有无利害关系;

(四) 询问证人是否个别进行;

(五) 询问笔录的制作、修改是否符合法律、有关规定,是否注明询问的起止时间和地点,首次询问时是否告知证人有关权利义务和法律责任,证人对询问笔录是否核对确认;

(六) 询问未成年证人时,是否通知其法定代理人或者刑事诉讼法第二百八十一条第一款规定的合适成年人到场,有关人员是否到场;

(七) 有无以暴力、威胁等非法方法收集证人证言的情形;

(八) 证言之间以及与其他证据之间能否相互印证,有无矛盾;存在矛盾,能否得到合理解释。

第八十八条 处于明显醉酒、中毒或者麻醉等状态,不能正常感知或者正确表达的证人所提供的证言,不得作为证据使用。

证人的猜测性、评论性、推断性的证言，不得作为证据使用，但根据一般生活经验判断符合事实的除外。

第八十九条 证人证言具有下列情形之一的，不得作为定案的根据：

（一）询问证人没有个别进行的；

（二）书面证言没有经证人核对确认的；

（三）询问聋、哑人，应当提供通晓聋、哑手势的人员而未提供的；

（四）询问不通晓当地通用语言、文字的证人，应当提供翻译人员而未提供的。

第九十条 证人证言的收集程序、方式有下列瑕疵，经补正或者作出合理解释的，可以采用；不能补正或者作出合理解释的，不得作为定案的根据：

（一）询问笔录没有填写询问人、记录人、法定代理人姓名以及询问的起止时间、地点的；

（二）询问地点不符合规定的；

（三）询问笔录没有记录告知证人有关权利义务和法律责任的；

（四）询问笔录反映出在同一时段，同一询问人员询问不同证人的；

（五）询问未成年人，其法定代理人或者合适成年人不在场的。

第九十一条 证人当庭作出的证言，经控辩双方质证、法庭查证属实的，应当作为定案的根据。

证人当庭作出的证言与其庭前证言矛盾，证人能够作出合理解释，并有其他证据印证的，应当采信其庭审证言；不能作出合理解释，而其庭前证言有其他证据印证的，可以采信其庭前证言。

经人民法院通知，证人没有正当理由拒绝出庭或者出庭后拒绝作证，法庭对其证言的真实性无法确认的，该证人证言不得作为定案的根据。

第九十二条 对被害人陈述的审查与认定，参照适用本节的有关规定。

第九十三条 对被告人供述和辩解应当着重审查以下内容：

（一）讯问的时间、地点，讯问人的身份、人数以及讯问方式等是否符合法律、有关规定；

（二）讯问笔录的制作、修改是否符合法律、有关规定，是否注明讯问的具体起止时间和地点，首次讯问时是否告知被告人有关权利和法律规定，被告人是否核对确认；

（三）讯问未成年被告人时，是否通知其法定代理人或者合适成年人到场，有关人员是否到场；

（四）讯问女性未成年被告人时，是否有女性工作人员在场；

（五）有无以刑讯逼供等非法方法收集被告人供述的情形；

（六）被告人的供述是否前后一致，有无反复以及出现反复的原因；

（七）被告人的供述和辩解是否全部随案移送；

（八）被告人的辩解内容是否符合案情和常理，有无矛盾；

（九）被告人的供述和辩解与同案被告人的供述和辩解以及其他证据能否相互印证，有无矛盾；存在矛盾的，能否得到合理解释。

必要时，可以结合现场执法音视频记录、讯问录音录像、被告人进出看守所的健康检查记录、笔录等，对被告人的供述和辩解进行审查。

第九十四条 被告人供述具有下列情形之一的，不得作为定案的根据：

（一）讯问笔录没有经被告人核对确

认的;

(二)讯问聋、哑人,应当提供通晓聋、哑手势的人员而未提供的;

(三)讯问不通晓当地通用语言、文字的被告人,应当提供翻译人员而未提供的;

(四)讯问未成年人,其法定代理人或者合适成年人不在场的。

第九十五条 讯问笔录有下列瑕疵,经补正或者作出合理解释的,可以采用;不能补正或者作出合理解释的,不得作为定案的根据:

(一)讯问笔录填写的讯问时间、讯问地点、讯问人、记录人、法定代理人等有误或者存在矛盾的;

(二)讯问人没有签名的;

(三)首次讯问笔录没有记录告知被讯问人有关权利和法律规定的。

第九十六条 审查被告人供述和辩解,应当结合控辩双方提供的所有证据以及被告人的全部供述和辩解进行。

被告人庭审中翻供,但不能合理说明翻供原因或者其辩解与全案证据矛盾,而其庭前供述与其他证据相互印证的,可以采信其庭前供述。

被告人庭前供述和辩解存在反复,但庭审中供认,且与其他证据相互印证的,可以采信其庭审供述;被告人庭前供述和辩解存在反复,庭审中不供认,且无其他证据与庭前供述印证的,不得采信其庭前供述。

第九十七条 对鉴定意见应当着重审查以下内容:

(一)鉴定机构和鉴定人是否具有法定资质;

(二)鉴定人是否存在应当回避的情形;

(三)检材的来源、取得、保管、送检是否符合法律、有关规定,与相关提取笔录、扣押清单等记载的内容是否相符,检材是否可靠;

(四)鉴定意见的形式要件是否完备,是否注明提起鉴定的事由、鉴定委托人、鉴定机构、鉴定要求、鉴定过程、鉴定方法、鉴定日期等相关内容,是否由鉴定机构盖章并由鉴定人签名;

(五)鉴定程序是否符合法律、有关规定;

(六)鉴定的过程和方法是否符合相关专业的规范要求;

(七)鉴定意见是否明确;

(八)鉴定意见与案件事实有无关联;

(九)鉴定意见与勘验、检查笔录及相关照片等其他证据是否矛盾;存在矛盾的,能否得到合理解释;

(十)鉴定意见是否依法及时告知相关人员,当事人对鉴定意见有无异议。

第九十八条 鉴定意见具有下列情形之一的,不得作为定案的根据:

(一)鉴定机构不具备法定资质,或者鉴定事项超出该鉴定机构业务范围、技术条件的;

(二)鉴定人不具备法定资质,不具有相关专业技术或者职称,或者违反回避规定的;

(三)送检材料、样本来源不明,或者因污染不具备鉴定条件的;

(四)鉴定对象与送检材料、样本不一致的;

(五)鉴定程序违反规定的;

(六)鉴定过程和方法不符合相关专业的规范要求的;

(七)鉴定文书缺少签名、盖章的;

(八)鉴定意见与案件事实没有关联的;

(九)违反有关规定的其他情形。

第九十九条 经人民法院通知,鉴定人拒不出庭作证的,鉴定意见不得作为定案的根据。

鉴定人由于不能抗拒的原因或者有其他正当理由无法出庭的,人民法院可以根据情况决定延期审理或者重新鉴定。

鉴定人无正当理由拒不出庭作证的,人民法院应当通报司法行政机关或者有关部门。

第一百条 因无鉴定机构,或者根据法律、司法解释的规定,指派、聘请有专门知识的人就案件的专门性问题出具的报告,可以作为证据使用。

对前款规定的报告的审查与认定,参照适用本节的有关规定。

经人民法院通知,出具报告的人拒不出庭作证的,有关报告不得作为定案的根据。

第一百零一条 有关部门对事故进行调查形成的报告,在刑事诉讼中可以作为证据使用;报告中涉及专门性问题的意见,经法庭查证属实,且调查程序符合法律、有关规定的,可以作为定案的根据。

第一百零二条 对勘验、检查笔录应当着重审查以下内容:

(一)勘验、检查是否依法进行,笔录制作是否符合法律、有关规定,勘验、检查人员和见证人是否签名或者盖章;

(二)勘验、检查笔录是否记录了提起勘验、检查的事由,勘验、检查的时间、地点,在场人员、现场方位、周围环境等,现场的物品、人身、尸体等的位置、特征等情况,以及勘验、检查的过程;文字记录与实物或者绘图、照片、录像是否相符;现场、物品、痕迹等是否伪造、有无破坏;人身特征、伤害情况、生理状态有无伪装或者变化等;

(三)补充进行勘验、检查的,是否说明了再次勘验、检查的原由,前后勘验、检查的情况是否矛盾。

第一百零三条 勘验、检查笔录存在明显不符合法律、有关规定的情形,不能作出合理解释的,不得作为定案的根据。

第一百零四条 对辨认笔录应当着重审查辨认的过程、方法,以及辨认笔录的制作是否符合有关规定。

第一百零五条 辨认笔录具有下列情形之一的,不得作为定案的根据:

(一)辨认不是在调查人员、侦查人员主持下进行的;

(二)辨认前使辨认人见到辨认对象的;

(三)辨认活动没有个别进行的;

(四)辨认对象没有混杂在具有类似特征的其他对象中,或者供辨认的对象数量不符合规定的;

(五)辨认中给辨认人明显暗示或者明显有指认嫌疑的;

(六)违反有关规定,不能确定辨认笔录真实性的其他情形。

第一百零六条 对侦查实验笔录应当着重审查实验的过程、方法,以及笔录的制作是否符合有关规定。

第一百零七条 侦查实验的条件与事件发生时的条件有明显差异,或者存在影响实验结论科学性的其他情形的,侦查实验笔录不得作为定案的根据。

第一百零八条 对视听资料应当着重审查以下内容:

(一)是否附有提取过程的说明,来源是否合法;

(二)是否为原件,有无复制及复制份数;是复制件的,是否附有无法调取原件的原因、复制件制作过程和原件存放地点的说明,制作人、原视听资料持有人是否签名;

（三）制作过程中是否存在威胁、引诱当事人等违反法律、有关规定的情形；

（四）是否写明制作人、持有人的身份，制作的时间、地点、条件和方法；

（五）内容和制作过程是否真实，有无剪辑、增加、删改等情形；

（六）内容与案件事实有无关联。

对视听资料有疑问的，应当进行鉴定。

第一百零九条　视听资料具有下列情形之一的，不得作为定案的根据：

（一）系篡改、伪造或者无法确定真伪的；

（二）制作、取得的时间、地点、方式等有疑问，不能作出合理解释的。

第一百一十条　对电子数据是否真实，应当着重审查以下内容：

（一）是否移送原始存储介质；在原始存储介质无法封存、不便移动时，有无说明原因，并注明收集、提取过程及原始存储介质的存放地点或者电子数据的来源等情况；

（二）是否具有数字签名、数字证书等特殊标识；

（三）收集、提取的过程是否可以重现；

（四）如有增加、删除、修改等情形的，是否附有说明；

（五）完整性是否可以保证。

第一百一十一条　对电子数据是否完整，应当根据保护电子数据完整性的相应方法进行审查、验证：

（一）审查原始存储介质的扣押、封存状态；

（二）审查电子数据的收集、提取过程，查看录像；

（三）比对电子数据完整性校验值；

（四）与备份的电子数据进行比较；

（五）审查冻结后的访问操作日志；

（六）其他方法。

第一百一十二条　对收集、提取电子数据是否合法，应当着重审查以下内容：

（一）收集、提取电子数据是否由二名以上调查人员、侦查人员进行，取证方法是否符合相关技术标准；

（二）收集、提取电子数据，是否附有笔录、清单，并经调查人员、侦查人员、电子数据持有人、提供人、见证人签名或者盖章；没有签名或者盖章的，是否注明原因；对电子数据的类别、文件格式等是否注明清楚；

（三）是否依照有关规定由符合条件的人员担任见证人，是否对相关活动进行录像；

（四）采用技术调查、侦查措施收集、提取电子数据的，是否依法经过严格的批准手续；

（五）进行电子数据检查的，检查程序是否符合有关规定。

第一百一十三条　电子数据的收集、提取程序有下列瑕疵，经补正或者作出合理解释的，可以采用；不能补正或者作出合理解释的，不得作为定案的根据：

（一）未以封存状态移送的；

（二）笔录或者清单上没有调查人员或者侦查人员、电子数据持有人、提供人、见证人签名或者盖章的；

（三）对电子数据的名称、类别、格式等注明不清的；

（四）有其他瑕疵的。

第一百一十四条　电子数据具有下列情形之一的，不得作为定案的根据：

（一）系篡改、伪造或者无法确定真伪的；

（二）有增加、删除、修改等情形，影响电子数据真实性的；

（三）其他无法保证电子数据真实性的情形。

第一百一十五条 对视听资料、电子数据，还应当审查是否移送文字抄清材料以及对绰号、暗语、俗语、方言等不易理解内容的说明。未移送的，必要时，可以要求人民检察院移送。

第一百一十六条 依法采取技术调查、侦查措施收集的材料在刑事诉讼中可以作为证据使用。

采取技术调查、侦查措施收集的材料，作为证据使用的，应当随案移送。

第一百一十七条 使用采取技术调查、侦查措施收集的证据材料可能危及有关人员的人身安全，或者可能产生其他严重后果的，可以采取下列保护措施：

（一）使用化名等代替调查、侦查人员及有关人员的个人信息；

（二）不具体写明技术调查、侦查措施使用的技术设备和技术方法；

（三）其他必要的保护措施。

第一百一十八条 移送技术调查、侦查证据材料的，应当附采取技术调查、侦查措施的法律文书、技术调查、侦查证据材料清单和有关说明材料。

移送采用技术调查、侦查措施收集的视听资料、电子数据的，应当制作新的存储介质，并附制作说明，写明原始证据材料、原始存储介质的存放地点等信息，由制作人签名，并加盖单位印章。

第一百一十九条 对采取技术调查、侦查措施收集的证据材料，除根据相关证据材料所属的证据种类，依照本章第二节至第七节的相应规定进行审查外，还应当着重审查以下内容：

（一）技术调查、侦查措施所针对的案件是否符合法律规定；

（二）技术调查措施是否经过严格的批准手续，按照规定交有关机关执行；技术侦查措施是否在刑事立案后，经过严格的批准手续；

（三）采取技术调查、侦查措施的种类、适用对象和期限是否按照批准决定载明的内容执行；

（四）采取技术调查、侦查措施收集的证据材料与其他证据是否矛盾；存在矛盾的，能否得到合理解释。

第一百二十条 采取技术调查、侦查措施收集的证据材料，应当经过当庭出示、辨认、质证等法庭调查程序查证。

当庭调查技术调查、侦查证据材料可能危及有关人员的人身安全，或者可能产生其他严重后果的，法庭应当采取不暴露有关人员身份和技术调查、侦查措施使用的技术设备、技术方法等保护措施。必要时，审判人员可以在庭外对证据进行核实。

第一百二十一条 采用技术调查、侦查证据作为定案根据的，人民法院在裁判文书中可以表述相关证据的名称、证据种类和证明对象，但不得表述有关人员身份和技术调查、侦查措施使用的技术设备、技术方法等。

第一百二十二条 人民法院认为应当移送的技术调查、侦查证据材料未随案移送的，应当通知人民检察院在指定时间内移送。人民检察院未移送的，人民法院应当根据在案证据对案件事实作出认定。

《公安规定》

第五十九条 可以用于证明案件事实的材料，都是证据。

证据包括：

（一）物证；

（二）书证；

（三）证人证言；

（四）被害人陈述；

（五）犯罪嫌疑人供述和辩解；
（六）鉴定意见；
（七）勘验、检查、侦查实验、搜查、查封、扣押、提取、辨认等笔录；
（八）视听资料、电子数据。

证据必须经过查证属实，才能作为认定案件事实的根据。

第六十四条 收集、调取的物证应当是原物。只有在原物不便搬运、不易保存或者依法应当由有关部门保管、处理或者依法应当返还时，才可以拍摄或者制作足以反映原物外形或者内容的照片、录像或者复制品。

物证的照片、录像或者复制品经与原物核实无误或者经鉴定证明为真实的，或者以其他方式确能证明其真实的，可以作为证据使用。原物的照片、录像或者复制品，不能反映原物的外形和特征的，不能作为证据使用。

第六十五条 收集、调取的书证应当是原件。只有在取得原件确有困难时，才可以使用副本或者复制件。

书证的副本、复制件，经与原件核实无误或者经鉴定证明为真实的，或者以其他方式确能证明其真实的，可以作为证据使用。书证有更改或者更改迹象不能作出合理解释的，或者书证的副本、复制件不能反映书证原件及其内容的，不能作为证据使用。

第六十六条 收集、调取电子数据，能够扣押电子数据原始存储介质的，应当扣押原始存储介质，并制作笔录、予以封存。

确因客观原因无法扣押原始存储介质的，可以现场提取或者网络在线提取电子数据。无法扣押原始存储介质，也无法现场提取或者网络在线提取的，可以采取打印、拍照或者录音录像等方式固定相关证据，并在笔录中注明原因。

收集、调取的电子数据，足以保证完整性，无删除、修改、增加等情形的，可以作为证据使用。经审查无法确定真伪，或者制作、取得的时间、地点、方式等有疑问，不能提供必要证明或者作出合理解释的，不能作为证据使用。

第六十七条 物证的照片、录像或者复制品，书证的副本、复制件，视听资料、电子数据的复制件，应当附有关制作过程及原件、原物存放处的文字说明，并由制作人和物品持有人或者物品持有单位有关人员签名。

📌典型案例

1. 吴某义故意杀人案（刑事审判参考案例第579号）

裁判要旨：鉴定意见只能证明该物证与被告人（被害人）等之间的联系，不能证明该物证与案件本身的关联性。要通过审查该鉴定意见所使用的检材来源是否清楚，提取是否合法，来判断该物证与案件之间是否存在关联性，而不能以鉴定意见作为痕迹物证审查判断的依据。对经查证物证来源不清，经补充调查核实仍然存疑的，该物证不能作为定案证据，依此作出的鉴定意见也不能采信。

2. 王某故意伤害案（刑事审判参考案例第177号）

裁判要旨：鉴定意见的审查一般主要包括对鉴定人资格、鉴定材料、鉴定过程、鉴定依据、鉴定结果与全案其他证据的一致性等内容的审查。鉴定意见作为定案的根据，同其他证据种类一样，需依法经过当庭出示、质证等法庭调查程序查证属实，且与其他在案证据能够相互印证、排除矛盾，得出合理排他性的唯一结论。

3. 王某玲故意伤害案（刑事审判参考案例第260号）

裁判要旨：关于被害人的伤残等级情

况，人民检察院的起诉书并未认定。案卷材料中虽有被害人五级伤残的医学鉴定书，但该鉴定是漯河市中级人民法院在案件受理后委托鉴定，该鉴定书没有在法庭上质证，不能作为证据使用。一审法院未经庭审质证，将证明被害人五级伤残的法医鉴定直接作为认定被告人造成被害人严重残疾的根据不仅违反证据裁判原则，也严重违反法律规定的诉讼程序，剥夺了被告人对证明其造成被害人严重残疾的证据的质证权和辩论权，一审法院的这种做法属于严重的程序违法，影响公正审判，应当裁定撤销原判，发回重审。此外，法院庭外调查取得的证据，同样必须经过质证，才能作为定案的根据。

4. 何某平抢劫案（刑事审判参考案例第686号）

裁判要旨： 经原审庭审质证的证据，在重审阶段需要重新举证、质证，未经重新举证、质证的，不能作为定案的根据。对于发回重审的案件，重新审判的内容应当包括公诉机关指控的所有事实和证据，不论该事实或证据是否曾经举证、质证。对于同案被告人存在漏罪，因原判事实不清或证据不足而发回重审的情形，法庭举证、质证环节尤为重要。一审法院重审开庭时，仅就补充起诉的事实进行举证、质证，未就原审认定的事实进行举证、质证，该做法不属于对全案重新审判，而是对补充起诉的一起事实进行"补充审理"，违背了发回重审制度的要求。

5. 范某红、韩某飞等抢劫、盗窃枪支案（刑事审判参考案例第816号）

裁判要旨： 对于庭审后或者复核审阶段发现经庭审质证的证据存在问题，经补查补正后对问题予以纠正的，需要根据该证据证明的对象以及问题的性质作出相应的处理：如果该证据并非关键证据，仅仅是作为其他证据的佐证，且缺乏该证据不影响相关事实认定的，可以基于其他证据认定相关事实，对于该证据存在的问题无须恢复法庭调查或者发回重审。如果该证据系关键定罪量刑证据，但证据存在的问题并非实质性的，仅属技术性的，如记载错误或者笔误，经补正后，可以征求对方当事人的意见，无须恢复法庭调查或者发回重审。如果该证据系关键定罪证据或者系不利于被告人的量刑证据，且证据存在的问题是实质性的，且足以影响到该证据的证明价值，则需要区分两种情况进行处理：如果证据存在的错误无法进行补正或者作出合理解释的，则应当恢复法庭调查或者发回重审，对该证据的价值重新作出判断。如在案其他证据能够证实该证据存在的错误，但该错误可以进行补正或者作出合理解释的，可以征求双方当事人的意见，如果双方对此表示认可，就无须恢复法庭调查或者发回重审；如果有一方对此有异议，要求开庭进行调查的，人民法院应当开庭或者发回重审。如果该证据系有利于被告人的量刑证据，且证据存在的问题是实质性的，经补正或者作出合理解释后，因案件处理结果对被告人有利，可以告知对方当事人补正结果，直接采信相关证据，无须恢复法庭调查或者发回重审。

6. 卞某柱抢劫案（刑事审判参考案例第498号）

裁判要旨： 被告人翻供将主要责任推卸到证人身上，常见于有特情介入的毒品犯罪案件中，被告人主要是称受到特情人员的犯意引诱或者数量引诱，从而达到减轻罪责的目的。在其他刑事案件中被告人也可能翻供将责任推卸到证人身上，被告人或者称被害方的某一证人系案件的惹起者，以证明被害方有过错，或者称某一证人系教唆者、指使者甚至作案人。对于前者,要查明该证人与被害人之间的具体关系,确定证人的行为是否足以转移到被害人身上,成为影响对被告人定罪量刑的"被害人过错"。对于后者,因该证人存在着向犯罪人转化的可能,故要按照有罪判决的要求来审查判断证据,如没有确实、充分的证据证明该证人系被告人所称的教唆者、指使者或者参与者的,则被告人的翻供内容不成立。即使根据实践经验认为被告人的翻供内容有一定的可信度,在没有确实、充分证据的条件下,也不能使该证人向犯罪人的角色转化。

7. 张某明抢劫案(刑事审判参考案例第590号)

裁判要旨：非同案共犯的供述应当被界定为被告人的供述。但在适用刑事诉讼法"只有被告人供述,没有其他证据的,不能认定被告人有罪或处以刑罚"的规定时,考虑非同案共犯毕竟具有一定的"旁观者""局外人"色彩,在对已经过庭审质证确认的被告人供述的判断和运用方面,相对于同案共犯的供述要更灵活一些,允许在一定前提下据此对被告人定罪判刑。

8. 杨某敏故意杀人案(刑事审判参考案例第599号)

裁判要旨：供证关系,即口供与在案其他证据之间的关系,在当前口供作为定案重要证据的情况下,对于分析和认定案件事实具有重要价值。从取证时间上看,供证关系有先供后证和先证后供两种类型。先供后证系侦查机关根据口供取得其他证据,如物证、书证、证言等,可信度高,证明力强;先证后供系侦查机关取得其他证据后才获得被告人口供,在需要进一步判断口供自愿性的情况下,供述的证明力相对较弱。从证据指向上看,供证关系有同向和逆向之分。同向供证关系意味着口供得到了其他证据的印证,而逆向供证关系则说明口供与其他证据存在矛盾。司法实践中,案件的证据情况个案差别较大,供证关系的样态对案件事实认定有着不同影响。对于有目击证人且有指向性极强的客观性证据的案件,供证的顺序对事实认定的影响相对较小,且被告人也较少翻供;对于没有目击证人,或者缺少指向性极强的客观性证据的案件,特别是在被告人翻供的情况下,对供证顺序和指向的分析对于认定案件事实就显得较为突出和重要。

9. 汪某胜抢劫案(刑事审判参考案例第817号)

裁判要旨：即使被告人在供认犯罪事实甚至主动投案的情况下,仍可能会隐瞒真实的犯罪动机及部分作案情节,以图获取轻刑。对被告人犯罪动机的审查,应当审查被告人供述的杀人动机及部分情节是否与在案其他证据存在矛盾,或者与常理是否相符。在被告人不如实供述的情况下,可以依据在案其他证据,认定被告人的犯罪动机。

10. 何某国抢劫案(刑事审判参考案例第497号)

裁判要旨：在审理后到案共同犯罪被告人时,对先到案共犯的裁判文书所采信的证据,应当重新逐项质证,否则不能作为认定在审案件被告人犯罪事实的证据使用。共犯的生效裁判文书作为书证,所证明的是共同犯罪人因共同犯罪被定罪判刑的情况,而不能直接证明后到案被告人的犯罪事实。虽然该文书所采信的证据多将成为指控后到案被告人的证据,但对该文书本身的质证代替不了对其中具体证据的质证。

11. 于某生申诉案(检例第25号)

裁判要旨：坚守防止冤假错案底线,是保障社会公平正义的重要方面。检察机关既要依法监督纠正确有错误的生效刑事裁判，又要注意在审查逮捕、审查起诉等环节有效发挥监督制约作用，努力从源头上防止冤假错案发生。在监督纠正冤错案件方面，要严格把握纠错标准，对于被告人供述反复，有罪供述前后矛盾，且有罪供述的关键情节与其他在案证据存在无法排除的重大矛盾，不能排除有其他人作案可能的，应当依法进行监督。

> **第五十一条　举证责任**
> 公诉案件中被告人有罪的举证责任由人民检察院承担，自诉案件中被告人有罪的举证责任由自诉人承担。

条文注解

第一，基于无罪推定原则，公诉案件中被告人有罪的举证责任，由公诉机关承担，被告人不承担证明自己无罪的责任。

第二，诉讼过程中，被告方可以提供证明其无罪、罪轻或者减轻、免除其刑事责任的材料和意见。

第三，司法实践中，被告方可以选择不提供任何证据，可以仅对公诉机关证据进行质证。

相关规定

《高检规则》

第六十一条　人民检察院认定案件事实，应当以证据为根据。

公诉案件中被告人有罪的举证责任由人民检察院承担。人民检察院在提起公诉指控犯罪时，应当提出确实、充分的证据，并运用证据加以证明。

人民检察院提起公诉，应当秉持客观公正立场，对被告人有罪、罪重、罪轻的证据都应当向人民法院提出。

第四百一十二条　在法庭审理过程中，对证据合法性以外的其他程序事实存在争议的，公诉人应当出示、宣读有关诉讼文书、侦查或者审查起诉活动笔录。

典型案例

郭某升、郭某锋、孙某标假冒注册商标案
（最高人民法院指导性案例第87号）

裁判要旨：假冒注册商标犯罪的非法经营数额、违法所得数额，应当综合被告人供述、证人证言、被害人陈述、网络销售电子数据、被告人银行账户往来记录、送货单、快递公司电脑系统记录、被告人等所作记账等证据认定。被告人辩解称网络销售记录存在刷信誉的不真实交易，但无证据证实的，对其辩解不予采纳。

> **第五十二条　依法全面取证义务**
> 审判人员、检察人员、侦查人员必须依照法定程序，收集能够证实犯罪嫌疑人、被告人有罪或者无罪、犯罪情节轻重的各种证据。严禁刑讯逼供和以威胁、引诱、欺骗以及其他非法方法收集证据，不得强迫任何人证实自己有罪。必须保证一切与案件有关或者了解案情的公民，有客观地充分地提供证据的条件，除特殊情况外，可以吸收他们协助调查。

条文注解

本条规定"不得强迫任何人证实自己有罪"，这体现了不得强迫自证其罪的基本原则。

取证要做到全面客观。避免有罪推定和确证偏见。不能选择性收集和随意性取舍，防止冤假错案。

取证要遵循法定程序，严禁刑讯逼供，威胁、引诱、欺骗以及其他非法方法收集证据。杜绝严重影响司法公正的行为出现。

保障公民充分提供证据的条件。这是我国司法群众路线的体现，有利于案件事实的还原，促进案件的公正处理。

▋相关规定

《公安规定》

第六十条 公安机关必须依照法定程序，收集、调取能够证实犯罪嫌疑人有罪或者无罪、犯罪情节轻重的各种证据。必须保证一切与案件有关或者了解案情的公民，有客观地充分地提供证据的条件，除特殊情况外，可以吸收他们协助调查。

第五十三条 司法文书忠于事实原则

公安机关提请批准逮捕书、人民检察院起诉书、人民法院判决书，必须忠实于事实真象。故意隐瞒事实真象的，应当追究责任。

▋条文注解

本条是对公安机关、人民检察院、人民法院提出的严格要求。

提请批准逮捕书是公安机关提请人民检察院批准将犯罪嫌疑人进行较长时间羁押的法律文书，是人民检察院是否批准逮捕的主要根据。在人民检察院批捕过程中，一般不对案件的事实、证据进行新的调查，只是对提请批准逮捕书中所提供的事实、证据进行核实，作出是否批准逮捕的决定。一旦提请批准逮捕书出现错误，就有可能造成犯罪嫌疑人长期被错误羁押。

起诉书是人民检察院代表国家向人民法院控告犯罪的法律文书，提交起诉书，才有审判的开始。起诉书的内容直接关系到审判的方向、焦点，应当是非常严肃、严谨的，必须符合客观实际。

判决书是人民法院对被告人作出判决的法律文书，事实则是一切判决的根据，如果判决书未忠实于事实真象，那必然导致判决的错误。

本条强调这三种法律文书必须要忠实于事实真象。"忠实于事实真象"，是指要符合客观实际，要真实。它包括两方面内容：一是不得主观臆断，不得夸大一方面而缩小另一方面，甚至只反映事实的一个侧面。二是不得歪曲事头、捏造事实，故意隐瞒事实真象，使犯罪分子逃避法律制裁，或者使无罪的人受刑事追究。

"故意隐瞒事实真象的，应当追究责任"，是指侦查人员、检察人员、审判人员在提请批准逮捕书、起诉书、判决书中故意弄虚作假的，应当依法追究其责任。构成妨害作证、徇私枉法、滥用职权、玩忽职守等犯罪的，应当依法追究刑事责任；对于尚不够刑事处罚的，应当依照公务员法、人民警察法、检察官法、法官法等规定予以处理。

▋相关规定

《公安规定》

第六十八条 公安机关提请批准逮捕书、起诉意见书必须忠实于事实真象。故意隐瞒事实真象的，应当依法追究责任。

第五十四条 收集、调取证据的职权和要求

人民法院、人民检察院和公安机关有权向有关单位和个人收集、调取证据。有关单位和个人应当如实提供证据。

> 行政机关在行政执法和查办案件过程中收集的物证、书证、视听资料、电子数据等证据材料，在刑事诉讼中可以作为证据使用。
>
> 对涉及国家秘密、商业秘密、个人隐私的证据，应当保密。
>
> 凡是伪造证据、隐匿证据或者毁灭证据的，无论属于何方，必须受法律追究。

条文注解

本条规定了公检法机关收集、调取证据的对象，以及行政机关收集的证据材料效力问题。同时规定了证据保密以及伪造、隐匿、毁灭证据的处理。

办案机关有权收集、调取证据。有关单位和个人应当如实提供。这里的"如实"，指的是全面客观提供证据，不能隐匿、伪造。

行政机关收集的证据，仅包括"物证、书证、视听资料、电子数据等"，不包括证人证言等言词证据。但监察机关收集的言词证据可以使用。

伪造、隐匿、毁灭证据将严重影响证据的客观性、全面性，不利于案件的公正处理。因此，一旦发现，将依照伪证罪、包庇罪、滥用职权罪等追究刑事责任，或者给予行政处罚、处分。

相关规定

《高检规则》

第六十四条 行政机关在行政执法和查办案件过程中收集的物证、书证、视听资料、电子数据等证据材料，经人民检察院审查符合法定要求的，可以作为证据使用。

行政机关在行政执法和查办案件过程中收集的鉴定意见、勘验、检查笔录，经人民检察院审查符合法定要求的，可以作为证据使用。

第六十五条 监察机关依照法律规定收集的物证、书证、证人证言、被调查人供述和辩解、视听资料、电子数据等证据材料，在刑事诉讼中可以作为证据使用。

《公安规定》

第六十一条 公安机关向有关单位和个人收集、调取证据时，应当告知其必须如实提供证据。

对涉及国家秘密、商业秘密、个人隐私的证据，应当保密。

对于伪造证据、隐匿证据或者毁灭证据的，应当追究其法律责任。

第六十二条 公安机关向有关单位和个人调取证据，应当经办案部门负责人批准，开具调取证据通知书，明确调取的证据和提供时限。被调取单位及其经办人、持有证据的个人应当在通知书上盖章或者签名，拒绝盖章或者签名的，公安机关应当注明。必要时，应当采用录音录像方式固定证据内容及取证过程。

第六十三条 公安机关接受或者依法调取的行政机关在行政执法和查办案件过程中收集的物证、书证、视听资料、电子数据、鉴定意见、勘验笔录、检查笔录等证据材料，经公安机关审查符合法定要求的，可以作为证据使用。

典型案例

1. 宋某某等人重大责任事故案（检例第95号）

裁判要旨：安全生产事故调查报告在刑事诉讼中可以作为证据使用，应结合全案证据进行审查。安全生产事故发生后，相关部门作出的事故调查报告，与收集调取的物证、书证、视听资料、电子数据等相关证据材料一并移送司法机关后，调查报告和这些证据材料在刑事诉讼中可以作为证据使用。调查报告对事故原因、事故性质、责任认定、责任者处理等提出的具体意见和建议,是检察机关办案中是否追究相关人员刑事责任的重要参考,但不应直接作为定案的依据,检察机关应结合全案证据进行审查,准确认定案件事实和涉案人员责任。

2. 张某闵等 52 人电信网络诈骗案(检例第 67 号)

　　裁判要旨:跨境电信网络诈骗犯罪往往涉及大量的境外证据和庞杂的电子数据。对境外获取的证据应着重审查合法性,对电子数据应着重审查客观性。

3. 沈某焕合同诈骗案(刑事审判参考案例第 578 号)

　　裁判要旨:由外国司法机关进行的调查取证,只要具备完整的证据属性,即客观性、关联性和合法性,就可对该证据进行认定。但是,对该证据的证明价值,人民法院应当结合案件的其他证据作出判断,不能因为该证据是外国司法机关提供的就直接确认其效力。对于当事人及其辩护人、诉讼代理人向法院提供的在我国领域外形成的证据,应经所在国公证机关证明、所在国外交部或者其授权机关认证,并经我国驻该国使、领馆认证。无论是公安机关、检察机关通过司法协助取得的外交书证,还是当事人及其辩护人、诉讼代理人提供的外文书证,都应由证据提供者将外文书证交有资质的翻译机构进行翻译。

文书格式

```
                ×××公安局
                调取证据通知书
                          ×公(  )调证字〔  〕    号
_____:
    根据《中华人民共和国刑事诉讼法》第五十四条之规定,我局侦办的_____
_____案需调取你处下列有关证据:_____
_____
_____。
    伪造证据、隐匿证据或者毁灭证据的,将受法律追究。
                                        公安局(印)
                                          年  月  日
```

第五十五条　证明原则和证明标准

　　对一切案件的判处都要重证据,重调查研究,不轻信口供。只有被告人供述,没有其他证据的,不能认定被告人有罪和处以刑罚;没有被告人供述,证据确实、充分的,可以认定被告人有罪和处以刑罚。

　　证据确实、充分,应当符合以

下条件：

（一）定罪量刑的事实都有证据证明；

（二）据以定案的证据均经法定程序查证属实；

（三）综合全案证据，对所认定事实已排除合理怀疑。

条文注解

关于证明原则和证明标准，2012年刑事诉讼法修改增加了排除合理怀疑的规定。本条文理解要从以下几个方面把握：

"不轻信口供"，即抛弃以往"口供中心主义"的做法，重视实物证据、科学证据的收集。

孤证不能定案规则。只有被告人供述，没有其他证据的，不能认定被告人有罪和处以刑罚。仅能证明犯罪事实发生，而不能证明被告人与犯罪事实的关联，这种情况下不能定罪。

零口供定案规则。没有被告人供述，证据确实、充分的，可以认定被告人有罪和处以刑罚。被告人自始不认罪或者未作出有罪供述，如果其他证据确实充分，能够达到法定证明标准，仍然可以定罪科刑。

关于"证据确实充分"的证明标准。第一项是量的要求：充分性的细化，定罪证据与量刑证据，证据裁判原则的要求。第二项是质的要求：包含两个方面即程序性和真实可靠性，一是要求证据必须经过正式的法庭调查程序予以查证，这是未经质证不得认证原则的要求，二是要求证据必须查证属实，真实可靠。第三项是自由心证的要求："排除合理怀疑"是指证据与证据之间、证据与事实之间，不存在无法排除的矛盾和无法解释的疑问，或矛盾和疑问得以合理排除，运用证据进行的推理符合逻辑和经验规则，得出的结论具有唯一性。

相关规定

《高法解释》

第一百三十九条 对证据的真实性，应当综合全案证据进行审查。

对证据的证明力，应当根据具体情况，从证据与案件事实的关联程度、证据之间的联系等方面进行审查判断。

第一百四十条 没有直接证据，但间接证据同时符合下列条件的，可以认定被告人有罪：

（一）证据已经查证属实；

（二）证据之间相互印证，不存在无法排除的矛盾和无法解释的疑问；

（三）全案证据形成完整的证据链；

（四）根据证据认定案件事实足以排除合理怀疑，结论具有唯一性；

（五）运用证据进行的推理符合逻辑和经验。

第一百四十一条 根据被告人的供述、指认提取到了隐蔽性很强的物证、书证，且被告人的供述与其他证明犯罪事实发生的证据相互印证，并排除串供、逼供、诱供等可能性的，可以认定被告人有罪。

第一百四十二条 对监察机关、侦查机关出具的被告人到案经过、抓获经过等材料，应当审查是否有出具该说明材料的办案人员、办案机关的签名、盖章。

对到案经过、抓获经过或者确定被告人有重大嫌疑的根据有疑问的，应当通知人民检察院补充说明。

第一百四十三条 下列证据应当慎重使用，有其他证据印证的，可以采信：

（一）生理上、精神上有缺陷，对案件事实的认知和表达存在一定困难，但尚未丧失正确认知、表达能力的被害人、证人和被告人所作的陈述、证言和供述；

（二）与被告人有亲属关系或者其他密切关系的证人所作的有利于被告人的证言，或者与被告人有利害冲突的证人所作的不利于被告人的证言。

第一百四十四条 证明被告人自首、坦白、立功的证据材料，没有加盖接受被告人投案、坦白、检举揭发等的单位的印章，或者接受人员没有签名的，不得作为定案的根据。

对被告人及其辩护人提出有自首、坦白、立功的事实和理由，有关机关未予认定，或者有关机关提出被告人有自首、坦白、立功表现，但证据材料不全的，人民法院应当要求有关机关提供证明材料，或者要求有关人员作证，并结合其他证据作出认定。

第一百四十五条 证明被告人具有累犯、毒品再犯情节等的证据材料，应当包括前罪的裁判文书、释放证明等材料；材料不全的，应当通知人民检察院提供。

第一百四十六条 审查被告人实施被指控的犯罪时或者审判时是否达到相应法定责任年龄，应当根据户籍证明、出生证明文件、学籍卡、人口普查登记、无利害关系人的证言等证据综合判断。

证明被告人已满十二周岁、十四周岁、十六周岁、十八周岁或者不满七十五周岁的证据不足的，应当作出有利于被告人的认定。

《高检规则》
第六十二条 证据的审查认定，应当结合案件的具体情况，从证据与待证事实的关联程度、各证据之间的联系、是否依照法定程序收集等方面进行综合审查判断。

第六十三条 人民检察院侦查终结或者提起公诉的案件，证据应当确实、充分。证据确实、充分，应当符合以下条件：

（一）定罪量刑的事实都有证据证明；

（二）据以定案的证据均经法定程序查证属实；

（三）综合全案证据，对所认定事实已排除合理怀疑。

《公安规定》
第六十九条 需要查明的案件事实包括：

（一）犯罪行为是否存在；

（二）实施犯罪行为的时间、地点、手段、后果以及其他情节；

（三）犯罪行为是否为犯罪嫌疑人实施；

（四）犯罪嫌疑人的身份；

（五）犯罪嫌疑人实施犯罪行为的动机、目的；

（六）犯罪嫌疑人的责任以及与其他同案人的关系；

（七）犯罪嫌疑人有无法定从重、从轻、减轻处罚以及免除处罚的情节；

（八）其他与案件有关的事实。

第七十条 公安机关移送审查起诉的案件，应当做到犯罪事实清楚，证据确实、充分。

证据确实、充分，应当符合以下条件：

（一）认定的案件事实都有证据证明；

（二）认定案件事实的证据均经法定程序查证属实；

（三）综合全案证据，刘所认定事实已排除合理怀疑。

对证据的审查，应当结合案件的具体情况，从各证据与待证事实的关联程度、各证据之间的联系等方面进行审查判断。

只有犯罪嫌疑人供述，没有其他证据的，不能认定案件事实；没有犯罪嫌疑人供述，证据确实、充分的，可以认定案件事实。

典型案例

1. 陈某东故意杀人案（刑事审判参考案例第 654 号）

裁判要旨：对于"零口供"案件，需要结合被告人的辩解，认真审查在案其他证据是否可以形成完整的证据体系锁定被告人作案。对于被告人的辩解具有合理性，足以使在案证据体系形成疑点的，要慎重决定能否定案。对于被告人的辩解前后矛盾，不能自圆其说，且其他证据确实、充分的，可以定案。

2. 陈某军故意伤害案（刑事审判参考案例第 656 号）

裁判要旨：对于被告人不认罪的案件，审查判断证据时，要特别注重审查其他证据能否形成完整的证据链。对于与案件有利害关系的证人，如果其证言与其他证据存在矛盾，证言自身前后矛盾，就不能作为定案的根据。如直接言词证据为孤证，其他间接证据无法形成完整的证据链，所得出的结论不具有唯一性、排他性，应当依法作出证据不足、指控的犯罪不能成立的无罪判决。

3. 屠某军等故意杀人案（刑事审判参考案例第 789 号）

裁判要旨：认定共同犯罪案件中"零口供"被告人的犯罪事实，关键是对在案言词证据进行综合判断。首先，要对各证人证言和被告人供述进行纵向分析，如果证言、供述有变化，则需分析该言词证据改变的特点、原因，结合取证时间、环境及该人与案件是否有利害关系、是否可能受到诱供等因素，从宏观上判断该言词证据是否可信。其次，要对各证人证言和被告人供述进行横向分析，查找各言词证据之间是否有一致的内容，是否足以否定"零口供"被告人的辩解，从微观上判断哪些言词证据可采信。再次，要对各证人证言和被告人供述进行反向分析，合理排除证言、供述之间的矛盾，分析证言、供述间细节不一致是由主观判断差别造成的，还是由相关人员虚假性、包庇性作证造成的，特别是要确认被告人辩解和证人证言相结合尚不足以合理证明相反事实。最后，要对各证人证言和被告人供述进行立体分析，将证人证言和被告人供述指向一致的部分，结合案件其他事实证据，如各被告人与被害人的关系平时有无矛盾，各被告人平时表现、相互间有无"隶属"关系等，判断能否形成完整的证据链条，最终确定"零口供"被告人的犯罪事实。

4. 徐某故意杀人、强奸案（刑事审判参考案例第 729 号）

裁判要旨：对被告人认罪供述和翻供理由或辩解的审查判断应给予同等重视，坚持证实与证伪并重的理念。对于被告人在庭前认罪后又翻供或者提出辩解的情形，需要审查被告人的翻供理由或辩解，并结合其他证据审查判断其翻供理由或辩解是否成立。对于被告人称其因遭到刑讯逼供而作出庭前认罪供述的情况，还要审查其供述是否属于非法证据。在被告人的翻供理由或者辩解不成立的情况下，则要审查被告人的庭前认罪供述与其他证据能否相互印证并形成完整的证据体系。

5. 晏某荣故意杀人、抢劫案（刑事审判参考案例第 738 号）

裁判要旨：对证据存疑案件，首先应当审查各个证据与案件事实是否有客观联系，是否能够形成证据链条，该链条是否完整、合理、有逻辑性，从整体上判断全案证据是否确实、充分。审查案件侦破经过反映的取证情况、证据之间的关系，是排除或确定证据疑点的重要手段。对犯罪动机合理性、他人参与作案可能性等"干扰性"情节进行审查，是排除或确定证据疑点的辅助手段。对于无罪事实的证明并不需要达到确实、充分，只需排除合理怀疑的程度，只要存在被告人无罪的可能性，不能认定被告人有罪即可。

6. 杜某故意杀人案（刑事审判参考案例第877号）

裁判要旨："综合全案证据，对所认定事实已排除合理怀疑"，是"证据确实、充分"的必要条件。对于犯罪事实，"合理怀疑"是指以证据、逻辑和经验法则为根据的怀疑，即案件存在被告人无罪的现实可能性。没有根据的怀疑，以及对与犯罪无关事实的合理怀疑，不影响对犯罪事实的认定。"合理怀疑"的存在，意味着由证据得出的结论不具有唯一性。

7. 于某生申诉案（检例第25号）

裁判要旨：坚守防止冤假错案底线，是保障社会公平正义的重要方面。检察机关既要依法监督纠正确有错误的生效刑事裁判，又要注意在审查逮捕、审查起诉等环节有效发挥监督制约作用，努力从源头上防止冤假错案发生。在监督纠正冤假错案件方面，要严格把握纠错标准，对于被告人供述反复，有罪供述前后矛盾，且有罪供述的关键情节与其他在案证据存在无法排除的重大矛盾，不能排除有其他人作案可能的，应当依法进行监督。

8. 李某胜故意杀人案（刑事审判参考案例第1366号）

裁判要旨：对于被告人翻供且缺乏客观性证据的案件，在审查证据时主要应从以下两个方面着手：

一方面，审查判断被告人的有罪供述是否真实、可信，翻供理由是否合理，是否适用非法证据排除。

另一方面，审查其他间接证据是否能与被告人的有罪供述相互印证，形成完整的证据锁链，并排除合理怀疑。根据不同案件类型，可将被告人的有罪供述与其他言词证据，物证、书证等实物证据，尸体检验意见、尸体照片等证据，现场勘验检查笔录等证据进行比对审查，查看是否存在矛盾以及对这些矛盾能否作出合理解释，进而判断综合全案证据，能否"排除一切合理怀疑"。

第五十六条　非法证据排除规则

采用刑讯逼供等非法方法收集的犯罪嫌疑人、被告人供述和采用暴力、威胁等非法方法收集的证人证言、被害人陈述，应当予以排除。收集物证、书证不符合法定程序，可能严重影响司法公正的，应当予以补正或者作出合理解释；不能补正或者作出合理解释的，对该证据应当予以排除。

在侦查、审查起诉、审判时发现有应当排除的证据的，应当依法予以排除，不得作为起诉意见、起诉决定和判决的依据。

▍条文注解

本条是"非法证据排除规则"的核心条款。

第一，类别上有所区分。

言词证据强制排除：犯罪嫌疑人、被告人供述、证人证言、被害人陈述。

实物证据补强解释：物证、书证。即实物证据收集不符合法定程序的，并不导致必然排除的结果，而是要求办案机关作出补正或作出合理解释，只有在不能补正、不能作出合理解释的情况下,才能产生被依法排除的法律后果。

第二,程序上贯穿始终。

非法证据排除贯穿侦查、审查起诉、审判等各个环节。侦查机关、审查起诉机关、审判机关均有权启动非法证据排除程序。

相关规定

《高法解释》

第一百二十三条　采用下列非法方法收集的被告人供述,应当予以排除:

(一)采用殴打、违法使用戒具等暴力方法或者变相肉刑的恶劣手段,使被告人遭受难以忍受的痛苦而违背意愿作出的供述;

(二)采用以暴力或者严重损害本人及其近亲属合法权益等相威胁的方法,使被告人遭受难以忍受的痛苦而违背意愿作出的供述;

(三)采用非法拘禁等非法限制人身自由的方法收集的被告人供述。

第一百二十四条　采用刑讯逼供方法使被告人作出供述,之后被告人受该刑讯逼供行为影响而作出的与该供述相同的重复性供述,应当一并排除,但下列情形除外:

(一)调查、侦查期间,监察机关、侦查机关根据控告、举报或者自己发现等,确认或者不能排除以非法方法收集证据而更换调查、侦查人员,其他调查、侦查人员再次讯问时告知有关权利和认罪的法律后果,被告人自愿供述的;

(二)审查逮捕、审查起诉和审判期间,检察人员、审判人员讯问时告知诉讼权利和认罪的法律后果,被告人自愿供述的。

第一百二十五条　采用暴力、威胁以及非法限制人身自由等非法方法收集的证人证言、被害人陈述,应当予以排除。

第一百二十六条　收集物证、书证不符合法定程序,可能严重影响司法公正的,应当予以补正或者作出合理解释;不能补正或者作出合理解释的,对该证据应当予以排除。

认定"可能严重影响司法公正",应当综合考虑收集证据违反法定程序以及所造成后果的严重程度等情况。

《高检规则》

第六十六条　对采用刑讯逼供等非法方法收集的犯罪嫌疑人供述和采用暴力、威胁等非法方法收集的证人证言、被害人陈述,应当依法排除,不得作为移送审查逮捕、批准或者决定逮捕、移送起诉以及提起公诉的依据。

第六十七条　对采用下列方法收集的犯罪嫌疑人供述,应当予以排除:

(一)采用殴打、违法使用戒具等暴力方法或者变相肉刑的恶劣手段,使犯罪嫌疑人遭受难以忍受的痛苦而违背意愿作出的供述;

(二)采用以暴力或者严重损害本人及其近亲属合法权益等进行威胁的方法,使犯罪嫌疑人遭受难以忍受的痛苦而违背意愿作出的供述;

(三)采用非法拘禁等非法限制人身自由的方法收集的供述。

第六十八条　对采用刑讯逼供方法使犯罪嫌疑人作出供述,之后犯罪嫌疑人受该刑讯逼供行为影响而作出的与该供述相同的重复性供述,应当一并排除,但下列情形除外:

(一)侦查期间,根据控告、举报或者自己发现等,公安机关确认或者不能排除以非法方法收集证据而更换侦查人员,其他侦查人员再次讯问时告知诉讼权利和认罪认罚的法律规定,犯罪嫌疑人自愿供述的;

（二）审查逮捕、审查起诉期间，检察人员讯问时告知诉讼权利和认罪认罚的法律规定，犯罪嫌疑人自愿供述的。

第六十九条 采用暴力、威胁以及非法限制人身自由等非法方法收集的证人证言、被害人陈述，应当予以排除。

第七十条 收集物证、书证不符合法定程序，可能严重影响司法公正的，人民检察院应当及时要求公安机关补正或者作出书面解释；不能补正或者无法作出合理解释的，对该证据应当予以排除。

对公安机关的补正或者解释，人民检察院应当予以审查。经补正或者作出合理解释的，可以作为批准或者决定逮捕、提起公诉的依据。

第二百六十三条 对于公安机关提请批准逮捕、移送起诉的案件，检察人员审查时发现存在本规则第七十五条第一款规定情形的，可以调取公安机关讯问犯罪嫌疑人的录音、录像并审查相关的录音、录像。对于重大、疑难、复杂的案件，必要时可以审查全部录音、录像。

对于监察机关移送起诉的案件，认为需要调取有关录音、录像的，可以商监察机关调取。

对于人民检察院直接受理侦查的案件，审查时发现负责侦查的部门未按照本规则第七十五条第三款的规定移送录音、录像或者移送不全的，应当要求其补充移送。对取证合法性或者讯问笔录真实性等产生疑问的，应当有针对性地审查相关的录音、录像。对于重大、疑难、复杂的案件，可以审查全部录音、录像。

第二百六十四条 经审查讯问犯罪嫌疑人录音、录像，发现公安机关、本院负责侦查的部门讯问不规范，讯问过程存在违法行为，录音、录像内容与讯问笔录不一致等情形的，应当逐一列明并向公安机关、本院负责侦查的部门书面提出，要求其予以纠正、补正或者书面作出合理解释。发现讯问笔录与讯问犯罪嫌疑人录音、录像内容有重大实质性差异的，或者公安机关、本院负责侦查的部门不能补正或者作出合理解释的，该讯问笔录不能作为批准或者决定逮捕、提起公诉的依据。

第二百六十五条 犯罪嫌疑人及其辩护人申请排除非法证据，并提供相关线索或者材料的，人民检察院应当调查核实。发现侦查人员以刑讯逼供等非法方法收集证据的，应当依法排除相关证据并提出纠正意见。

审查逮捕期限届满前，经审查无法确定存在非法取证的行为，但也不能排除非法取证可能的，该证据不作为批准逮捕的依据。检察官应当根据在案的其他证据认定案件事实和决定是否逮捕，并在作出批准或者不批准逮捕的决定后，继续对可能存在的非法取证行为进行调查核实。经调查核实确认存在以刑讯逼供等非法方法收集证据情形的，应当向公安机关提出纠正意见。以非法方法收集的证据，不得作为提起公诉的依据。

第二百六十六条 审查逮捕期间，犯罪嫌疑人申请排除非法证据，但未提交相关线索或者材料，人民检察院经全面审查案件事实、证据，未发现侦查人员存在以非法方法收集证据的情形，认为符合逮捕条件的，可以批准逮捕。

审查起诉期间，犯罪嫌疑人及其辩护人又提出新的线索或者证据，或者人民检察院发现新的证据，经调查核实认为侦查人员存在以刑讯逼供等非法方法收集证据情形的，应当依法排除非法证据，不得作为提起公诉的依据。

排除非法证据后，犯罪嫌疑人不再符合逮捕条件但案件需要继续审查起诉的，应当及时变更强制措施。案件不符合起诉

《公安规定》

第七十一条 采用刑讯逼供等非法方法收集的犯罪嫌疑人供述和采用暴力、威胁等非法方法收集的证人证言、被害人陈述，应当予以排除。

收集物证、书证、视听资料、电子数据违反法定程序，可能严重影响司法公正的，应当予以补正或者作出合理解释；不能补正或者作出合理解释的，对该证据应当予以排除。

在侦查阶段发现有应当排除的证据的，经县级以上公安机关负责人批准，应当依法予以排除，不得作为提请批准逮捕、移送审查起诉的依据。

人民检察院认为可能存在以非法方法收集证据情形，要求公安机关进行说明的，公安机关应当及时进行调查，并向人民检察院作出书面说明。

《关于办理死刑案件审查判断证据若干问题的规定》（法发〔2010〕20号 自2010年7月1日起施行）

第五条 办理死刑案件，对被告人犯罪事实的认定，必须达到证据确实、充分。证据确实、充分是指：（一）定罪量刑的事实都有证据证明；（二）每一个定案的证据均已经法定程序查证属实；（三）证据与证据之间、证据与案件事实之间不存在矛盾或者矛盾得以合理排除；（四）共同犯罪案件中，被告人的地位、作用均已查清；（五）根据证据认定案件事实的过程符合逻辑和经验规则，由证据得出的结论为唯一结论。

办理死刑案件，对于以下事实的证明必须达到证据确实、充分：（一）被指控的犯罪事实的发生；（二）被告人实施了犯罪行为与被告人实施犯罪行为的时间、地点、手段、后果以及其他情节；（三）影响被告人定罪的身份情况；（四）被告人有刑事责任能力；（五）被告人的罪过；（六）是否共同犯罪及被告人在共同犯罪中的地位、作用；（七）对被告人从重处罚的事实。

《关于办理刑事案件排除非法证据若干问题的规定》（法发〔2010〕20号 自2010年7月1日起施行）

第一条 采用刑讯逼供等非法手段取得的犯罪嫌疑人、被告人供述和采用暴力、威胁等非法手段取得的证人证言、被害人陈述，属于非法言词证据。

第二条 经依法确认的非法言词证据，应当予以排除，不能作为定案的根据。

第十四条 物证、书证的取得明显违反法律规定，可能影响公正审判的，应当予以补正或者作出合理解释，否则，该物证、书证不能作为定案的根据。

典型案例

1. 李某等贩卖毒品案（刑事审判参考案例第971号）

裁判要旨：（1）先庭前会议协商解决，后法庭调查启动排除。当事人及其辩护人、诉讼代理人申请排除非法证据，人民法院对证据收集的合法性有疑问的，应当召开庭前会议，就收集证据合法性等问题了解情况，听取意见。控辩双方存在较大争议，无法在庭前会议协商解决的，人民法院应当归纳争议焦点，通过法庭调查程序，对证据是否采取非法手段收集的问题进行审查，并决定是否排除相关证据。

（2）法院决定调查后，要根据相关材料综合审查判断。人民法院决定对证据收集的合法性进行法庭调查的，应当根据申请人提供的线索、材料，结合侦查机关的讯问笔录、讯问过程的录音录像、看守所管教人员的谈话笔录、驻所检察员的记录、同监室人员的证言、被告人出入看守所的身体检查记录、医院检查病历、侦查机关出具的说明等材料，综合审查判断被申请排除的证据是否采取合法手段收集。

（3）不能排除非法取证可能的，相关证据应当予以排除。现有证据材料不能证明证据收集合法性的，人民法院可以通知有关侦查人员出庭说明情况。经人民法院通知，侦查人员没有正当理由拒绝出庭说明有关情况，不能排除存在刑事诉讼法第五十四条规定的以非法方法收集证据情形的，人民法院对有关证据应当予以排除。

2. 邢某、吴某故意杀人案（刑事审判参考案例第926号）

裁判要旨：（1）被告方提出非法证据排除申请，只需提供相关线索或材料。对于被告方提出的排除非法证据申请，法庭并非一律启动证据收集合法性调查程序，而是首先要对被告方的申请及其提供的相关线索或者材料进行审查，经审查认为，被告方提供的相关线索或者材料有据可查，召开庭前会议听取控辩双方意见后，对证据收集的合法性有疑问的，应当进行调查；对证据收集的合法性没有疑问，且没有新的线索或者材料表明可能存在非法取证的，可以决定不再进行调查。

（2）非法证据排除程序中，由检察机关承担取证合法性的举证责任。在对证据收集的合法性进行法庭调查的过程中，人民检察院应当对证据收集的合法性加以证明。证明责任是指检察机关提供相应的证据来证明被告人有罪的法定负担，一旦举证不能，或举证达不到法定的证明标准，则要承担指控的犯罪不能成立的法律后果。被告方承担提供相关线索或者材料的责任，只需使法庭对证据收集合法性产生疑问即可，不同于检察机关承担取证合法性的举证责任，不要求达到"事实清楚、证据确实、充分"的证明标准。

第五十七条 检察机关对非法取证的处理

人民检察院接到报案、控告、举报或者发现侦查人员以非法方法收集证据的，应当进行调查核实。对于确有以非法方法收集证据情形的，应当提出纠正意见；构成犯罪的，依法追究刑事责任。

条文注解

这是人民检察院行使法律监督权的体现。

取证合法性争议的来源主要有两种：一是报案、控告、举报，二是发现。

人民检察院对于重大案件，在侦查终结前开展讯问合法性核查工作。

相关规定

《高检规则》

第七十一条 对重大案件，人民检察院驻看守所检察人员在侦查终结前应当对讯问合法性进行核查并全程同步录音、录像，核查情况应当及时通知本院负责捕诉的部门。

负责捕诉的部门认为确有刑讯逼供等非法取证情形的，应当要求公安机关依法排除非法证据，不得作为提请批准逮捕、移送起诉的依据。

第七十三条 人民检察院经审查认定存在非法取证行为的，对该证据应当予以排除，其他证据不能证明犯罪嫌疑人实施犯罪行为的，应当不批准或者决定逮捕。已经移送起诉的，可以依法将案件退回监察机关补充调查或者退回公安机关补充侦查，或者作出不起诉决定。被排除的非法证据应当随案移送，并写明为依法排除的非法证据。

对于侦查人员的非法取证行为，尚未构成犯罪的，应当依法向其所在机关提出纠正意见。对于需要补正或者作出合理解释的,应当提出明确要求。

对于非法取证行为涉嫌犯罪需要追究刑事责任的,应当依法立案侦查。

第七十四条 人民检察院认为可能存在以刑讯逼供等非法方法收集证据情形的,可以书面要求监察机关或者公安机关对证据收集的合法性作出说明。说明应当加盖单位公章,并由调查人员或者侦查人员签名。

第七十五条 对于公安机关立案侦查的案件,存在下列情形之一的,人民检察院在审查逮捕、审查起诉和审判阶段,可以调取公安机关讯问犯罪嫌疑人的录音、录像,对证据收集的合法性以及犯罪嫌疑人、被告人供述的真实性进行审查:

(一)认为讯问活动可能存在刑讯逼供等非法取证行为的;

(二)犯罪嫌疑人、被告人或者辩护人提出犯罪嫌疑人、被告人供述系非法取得,并提供相关线索或者材料的;

(三)犯罪嫌疑人、被告人提出讯问活动违反法定程序或者翻供,并提供相关线索或者材料的;

(四)犯罪嫌疑人、被告人或者辩护人提出讯问笔录内容不真实,并提供相关线索或者材料的;

(五)案情重大、疑难、复杂的。

人民检察院调取公安机关讯问犯罪嫌疑人的录音、录像,公安机关未提供,人民检察院经审查认为不能排除有刑讯逼供等非法取证行为的,相关供述不得作为批准逮捕、提起公诉的依据。

人民检察院直接受理侦查的案件,负责侦查的部门移送审查逮捕、移送起诉时,应当将讯问录音、录像连同案卷材料一并移送审查。

典型案例

文某非法持有毒品案(刑事审判参考案例第 1038 号)

裁判要旨:辩方能够提供涉嫌非法取证的线索或者材料的,可以依法申请启动非法证据排除程序。法院经审查对证据收集合法性有疑问的应当进行调查,不能排除存在以刑讯逼供等非法方法收集证据情形的,应当将该证据依法予以排除。根据刑事诉讼法第五十七条、第五十八条的规定,证据收集合法性的证明责任在于公诉机关,如果证据不能达到确实、充分的程度标准,不能排除非法取证合理怀疑的,对相关证据应当依法予以排除。审查起诉阶段未审查排除侦查阶段刑讯逼供取得的有罪供述,继续获取的不稳定有罪供述亦应依法予以排除本案在被告人文某能够提供确切伤情的证据,且提出其有罪供述系侦查人员刑讯逼供所致的情况下,公诉机关未能提供确实、充分的证据证明侦查机关取证的合法性,不能排除侦查机关系以刑讯逼供的方法获取被告人有罪供述的合理怀疑,故该有罪供述应当依法予以排除。

文书格式

××××人民检察院
提供证据收集合法性说明通知书

××检××提收通〔20××〕×号

_____(监察机关/侦查机关):

你____移送审查起诉(或者侦查)的犯罪嫌疑人_____涉嫌_____

续表

一案,为了解你_____调查/侦查的犯罪嫌疑人_____案的证据收集情况,根据《中华人民共和国刑事诉讼法》第五十六条、第一百七十五条第一款的规定,请你_____对该案下列证据的收集合法性作出说明,说明应当加盖单位公章,并由调查/侦查人员签名,并在收到本通知书后_____日内函告本院。

……(列出具体要求)。

20××年××月××日
(院印)

××××人民检察院
纠正非法取证意见书

××检××纠证〔20××〕×号

_____(发往单位):

本院在开展_____工作中,发现_____(写明人民检察院接到报案、控告、举报或者发现的非法取证的情况以及对涉嫌非法取证行为进行调查核实的情况。包括非法取证人员的姓名、单位、职务、非法取证事实等。非法取证事实,要写明非法取证时间、地点、经过、手段、目的和后果等。)

本院认为_____(写明认定存在非法取证行为的理由和法律依据。)

(写明具体的纠正意见)根据_____(法律依据)的规定,特向你____提出纠正意见,请在收到本意见书后十五日内,将纠正情况书面告知本院。

附件:
1. 证明非法取证事实存在的证据材料
2. 联系方式
3. 相关法律法规

20××年××月××日
(院印)

第五十八条　证据合法性法庭调查

法庭审理过程中,审判人员认为可能存在本法第五十六条规定的以非法方法收集证据情形的,应当对证据收集的合法性进行法庭调查。

当事人及其辩护人、诉讼代理人有权申请人民法院对以非法方法收集的证据依法予以排除。申请排除以非法方法收集的证据的,应当提供相关线索或者材料。

> **条文注解**

证据合法性调查的启动有两种方式，一是法院依职权启动，二是当事人、辩护人、诉讼代理人申请启动。

申请排除非法证据，"应当提供相关线索或者材料"，这是为了敦促当事方尽早提请，避免诉讼资源的浪费，同时也避免申请调查权的滥用。

庭审期间，法庭决定对证据收集的合法性进行调查的，应当先行调查；但为防止庭审过分迟延，也可以在法庭调查结束前进行调查。

> **相关规定**

《高法解释》

第一百二十七条 当事人及其辩护人、诉讼代理人申请人民法院排除以非法方法收集的证据的，应当提供涉嫌非法取证的人员、时间、地点、方式、内容等相关线索或者材料。

第一百二十八条 人民法院向被告人及其辩护人送达起诉书副本时，应当告知其申请排除非法证据的，应当在开庭审理前提出，但庭审期间才发现相关线索或者材料的除外。

第一百二十九条 开庭审理前，当事人及其辩护人、诉讼代理人申请人民法院排除非法证据的，人民法院应当在开庭前及时将申请书或者申请笔录及相关线索、材料的复制件送交人民检察院。

第一百三十条 开庭审理前，人民法院可以召开庭前会议，就非法证据排除等问题了解情况，听取意见。

在庭前会议中，人民检察院可以通过出示有关证据材料等方式，对证据收集的合法性加以说明。必要时，可以通知调查人员、侦查人员或者其他人员参加庭前会议，说明情况。

第一百三十一条 在庭前会议中，人民检察院可以撤回有关证据。撤回的证据，没有新的理由，不得在庭审中出示。

当事人及其辩护人、诉讼代理人可以撤回排除非法证据的申请。撤回申请后，没有新的线索或者材料，不得再次对有关证据提出排除申请。

第一百三十二条 当事人及其辩护人、诉讼代理人在开庭审理前未申请排除非法证据，在庭审过程中提出申请的，应当说明理由。人民法院经审查，对证据收集的合法性有疑问的，应当进行调查；没有疑问的，驳回申请。

驳回排除非法证据的申请后，当事人及其辩护人、诉讼代理人没有新的线索或者材料，以相同理由再次提出申请的，人民法院不再审查。

第一百三十三条 控辩双方在庭前会议中对证据收集是否合法未达成一致意见，人民法院对证据收集的合法性有疑问的，应当在庭审中进行调查；对证据收集的合法性没有疑问，且无新的线索或者材料表明可能存在非法取证的，可以决定不再进行调查并说明理由。

第一百三十四条 庭审期间，法庭决定对证据收集的合法性进行调查的，应当先行当庭调查。但为防止庭审过分迟延，也可以在法庭调查结束前调查。

第一百三十五条 法庭决定对证据收集的合法性进行调查的，由公诉人通过宣读调查、侦查讯问笔录、出示提讯登记、体检记录、对讯问合法性的核查材料等证据材料，有针对性地播放讯问录音录像，提请法庭通知有关调查人员、侦查人员或者其他人员出庭说明情况等方式，证明证据收集的合法性。

讯问录音录像涉及国家秘密、商业秘密、个人隐私或者其他不宜公开内容的，法庭可以决定对讯问录音录像不公开播放、质证。

公诉人提交的取证过程合法的说明材料，应当经有关调查人员、侦查人员签名，并加盖单位印章。未经签名或者盖章的，不得作为证据使用。上述说明材料不能单独作为证明取证过程合法的根据。

典型案例

郑某昌故意杀人案（刑事审判参考案例第1164号）

裁判要旨：对于被告方提出的排除非法证据申请，法庭并非一律启动证据收集合法性调查程序，而是首先要对被告方的申请及其提供的相关线索或者材料进行审查，经审查认为，被告方提供的相关线索或者材料有据可查，召开庭前会议听取控辩双方意见后，对证据收集的合法性有疑问的，应当进行调查；对证据收集的合法性没有疑问，且没有新的线索或者材料表明可能存在非法取证的，可以决定不再进行调查。

被告方承担提供相关线索或者材料的责任，只需使法庭对证据收集合法性产生疑问即可，不同于检察机关承担取证合法性的举证责任。2012年刑事诉讼法规定，在对证据收集的合法性进行法庭调查的过程中，人民检察院应当对证据收集的合法性加以证明。在非法证据排除程序中，由检察机关承担取证合法性的举证责任，符合刑事诉讼领域证明责任分配的基本原理。

第五十九条　证据合法性的证明责任与证明方法

在对证据收集的合法性进行法庭调查的过程中，人民检察院应当对证据收集的合法性加以证明。

现有证据材料不能证明证据集的合法性的，人民检察院可以提请人民法院通知有关侦查人员或者其他人员出庭说明情况；人民法院可以通知有关侦查人员或者其他人员出庭说明情况。有关侦查人员或者其他人员也可以要求出庭说明情况。经人民法院通知，有关人员应当出庭。

条文注解

证据收集合法性证明主体是人民检察院。

人民检察院承担被告人有罪的举证责任，当证明被告人有罪的证据合法性存疑时，人民检察院应当进行说明。

当现有证据材料存在疑问或者瑕疵，不能证明证据合法性时，可以提请人民法院通知有关侦查人员或者其他人员出庭说明情况，以此回应证据合法性争议。

有关侦查人员或者其他人员出庭说明情况，主要有三种情形：一是检察院提请，二是被告人及辩护人申请，三是法院依职权通知。

相关规定

《高检规则》

第七十二条　人民检察院发现侦查人员以非法方法收集证据的，应当及时进行调查核实。

当事人及其辩护人或者值班律师、诉讼代理人报案、控告、举报侦查人员采用刑讯逼供等非法方法收集证据，并提供涉嫌非法取证的人员、时间、地点、方式和内容等材料或者线索的，人民检察院应当受理并进行审查。根据现有材料无法证明证据收集合法性的，应当及时进行调查核实。

上一级人民检察院接到对侦查人员采用刑讯逼供等非法方法收集证据的报案、

控告、举报，可以直接进行调查核实，也可以交由下级人民检察院调查核实。交由下级人民检察院调查核实的，下级人民检察院应当及时将调查结果报告上一级人民检察院。

人民检察院决定调查核实的，应当及时通知公安机关。

第七十六条 对于提起公诉的案件，被告人及其辩护人提出审前供述系非法取得，并提供相关线索或者材料的，人民检察院可以将讯问录音、录像连同案卷材料一并移送人民法院。

第七十七条 在法庭审理过程中，被告人或者辩护人对讯问活动合法性提出异议，公诉人可以要求被告人及其辩护人提供相关线索或者材料。必要时，公诉人可以提请法庭当庭播放相关时段的讯问录音、录像，对有关异议或者事实进行质证。

需要播放的讯问录音、录像中涉及国家秘密、商业秘密、个人隐私或者含有其他不宜公开内容的，公诉人应当建议在法庭组成人员、公诉人、侦查人员、被告人及其辩护人范围内播放。因涉及国家秘密、商业秘密、个人隐私或者其他犯罪线索等内容，人民检察院对讯问录音、录像的相关内容进行技术处理的，公诉人应当向法庭作出说明。

第四百一十条 在法庭审理过程中，被告人及其辩护人提出被告人庭前供述系非法取得，审判人员认为需要进行法庭调查的，公诉人可以通过出示讯问笔录、提讯登记、体检记录、采取强制措施或者侦查措施的法律文书、侦查终结前对讯问合法性进行核查的材料等证据材料，有针对性地播放讯问录音、录像，提请法庭通知调查人员、侦查人员或者其他人员出庭说明情况等方式，对证据收集的合法性加以证明。

审判人员认为可能存在刑事诉讼法第五十六条规定的以非法方法收集其他证据的情形，需要进行法庭调查的，公诉人可以参照前款规定对证据收集的合法性进行证明。

公诉人不能当庭证明证据收集的合法性，需要调查核实的，可以建议法庭休庭或者延期审理。

在法庭审理期间，人民检察院可以要求监察机关或者公安机关对证据收集的合法性进行说明或者提供相关证明材料。必要时，可以自行调查核实。

第四百一十一条 公诉人对证据收集的合法性进行证明后，法庭仍有疑问的，可以建议法庭休庭，由人民法院对相关证据进行调查核实。人民法院调查核实证据，通知人民检察院派员到场的，人民检察院可以派员到场。

《高法解释》

第一百三十六条 控辩双方申请法庭通知调查人员、侦查人员或者其他人员出庭说明情况，法庭认为有必要的，应当通知有关人员出庭。

根据案件情况，法庭可以依职权通知调查人员、侦查人员或者其他人员出庭说明情况。

调查人员、侦查人员或者其他人员出庭的，应当向法庭说明证据收集过程，并就相关情况接受控辩双方和法庭的询问。

《公安规定》

第七十二条 人民法院认为现有证据材料不能证明证据收集的合法性，通知有关侦查人员或者公安机关其他人员出庭说明情况的，有关侦查人员或者其他人员应当出庭。必要时，有关侦查人员或者其他人员也可以要求出庭说明情况。侦查人员或者其他人员出庭，应当向法庭说明证收集过程,并就相关情况接受发问。

经人民法院通知,人民警察应当就其执行职务时目击的犯罪情况出庭作证。

典型案例

1. 褚某剑受贿案(刑事审判参考案例第823号)

裁判要旨:为提高审判效率,节约司法资源,应赋予法庭一定的裁量权,既可以先行调查,也可以在法庭调查结束后对被告人提出的证据合法性申请一并调查。刑事诉讼法第五十六条第一款对此作了灵活性的规定:"法庭审理过程中,审判人员认为可能存在本法第五十四条规定的以非法方法收集证据情形的,应当对证据收集的合法性进行法庭调查。"也就是说,非法证据的调查并不限于公诉人宣读起诉书之后必须立即进行,在法庭调查阶段完成均可。

对于启动非法证据排除调查程序的,应把握以下四点:(1)被告人提出非法证据申请的,必须提出相关线索或材料,并且要达到使法庭对取证行为合法性存在疑问的程度,才需要启动调查程序。(2)在对证据收集的合法性进行法庭调查的过程中,由人民检察院对证据收集的合法性加以证明。(3)法庭决定在法庭调查结束后对证据合法性进行一并调查的,在法庭调查期间,对被告人及辩护人提出异议的证据暂停质证。对证据合法性的调查程序结束后,如果法庭决定对该证据予以排除的,可不再质证。(4)对于能够排除非法取证可能性的证据,法庭仍应当继续对该证据进行质证,并结合被告人的当庭供述以及其他证据决定能否作为定案的根据。

2. 杨某龙故意杀人案(刑事审判参考案例第1168号)

裁判要旨:被告方申请排除非法证据的情形,应当由人民检察院承担证据收集合法性的证明责任,不能让被告人变相承担证明责任。实践中,侦查人员出庭鲜有承认非法取证的情形,但侦查人员出庭作证并不能仅是简单地否定没有刑讯逼供,而是应当阐述取证细节,并对被告人提供的线索或者材料作出合理的解释。如果被告人与侦查人员对取证合法性问题各执一词,在缺乏其他证据特别是讯问录音录像等客观证据佐证的情况下,简单地采信侦查人员的陈述并不妥当。

3. 李某周运输毒品案(刑事审判参考案例第1039号)

裁判要旨:人民检察院对证据收集合法性事实的证明,应当达到证据确实、充分的证明标准,即排除存在刑事诉讼法第五十四条规定的以非法方法收集证据的情形。主要理由如下:一方面,证据是认定案件事实的基础,对证据收集合法性的审查是判断该证据能否作为定案依据的关键。如果据以定案的证据在合法性方面存疑,那么以之为基础指控的犯罪事实显然也达不到"证据确实、充分"的证明标准。对证据收集合法性事实的证明标准与刑事案件定罪的证明标准在本质上是一致的。另一方面,强调公诉机关对证据收集合法性的证明应当达到证据确实、充分的证明标准,有助于规范侦查取证行为,落实不得强迫自证其罪原则的要求,减少刑讯逼供及其他非法取证情形的发生,切实保障人权,防范冤假错案。人民检察院可以通过多种方式证明取证的合法性,例如,出示讯问笔录、体检笔录,播放讯问过程同步录音录像,提请法庭通知侦查人员或者其他人员出庭作证等。

第六十条　非法证据的认定与排除

对于经过法庭审理，确认或者不能排除存在本法第五十六条规定的以非法方法收集证据情形的，对有关证据应当予以排除。

条文注解

本条规定了两种排除标准：一是确认存在非法证据，二是不能排除非法证据。

对于存在合法性争议的证据，法庭决定是否排除之前，不得对其出示质证。法庭排除相关证据后，不得作为认定案件事实的证据。

如经过法庭调查，确认不存在非法取证情形的，有关证据合法性得以确认，经查证属实的，可以作为定案的根据。

相关规定

《高法解释》

第一百三十七条　法庭对证据收集的合法性进行调查后，确认或者不能排除存在刑事诉讼法第五十六条规定的以非法方法收集证据情形的，对有关证据应当排除。

第一百三十八条　具有下列情形之一的，第二审人民法院应当对证据收集的合法性进行审查，并根据刑事诉讼法和本解释的有关规定作出处理：

（一）第一审人民法院对当事人及其辩护人、诉讼代理人排除非法证据的申请没有审查，且以该证据作为定案根据的；

（二）人民检察院或者被告人、自诉人及其法定代理人不服第一审人民法院作出的有关证据收集合法性的调查结论，提出抗诉、上诉的；

（三）当事人及其辩护人、诉讼代理人在第一审结束后才发现相关线索或者材料，申请人民法院排除非法证据的。

《高检规则》

第七十八条　人民检察院认为第一审人民法院有关证据收集合法性的审查、调查结论导致第一审判决、裁定错误的，可以依照刑事诉讼法第二百二十八条的规定向人民法院提出抗诉。

典型案例

1. 王某雷不批准逮捕案（检例第27号）

裁判要旨： 检察机关办理审查逮捕案件，要严格坚持证据合法性原则，既要善于发现非法证据，又要坚决排除非法证据。非法证据排除后，其他在案证据不能证明犯罪嫌疑人实施犯罪行为的，应当依法对犯罪嫌疑人作出不批准逮捕的决定。要加强对审查逮捕案件的跟踪监督，引导侦查机关全面及时收集证据，促进侦查活动依法规范进行。

2. 刘某鹏、罗某全贩卖毒品案（刑事审判参考案例第869号）

裁判要旨： 对于"不能排除以非法方法收集证据情形"的具体认定，可以从取证人员、时间、地点、方式、内容入手进行判断；对重大案件，应当结合同步录音录像进行判断。如果人民检察院无法提供确实、充分的证据证明取证的合法性，如对于重大犯罪案件，侦查机关未进行全程同步录音录像，讯问又未按照法律规定在看守所内进行，且没有其他证据能够证明讯问的合法性，此种情况就属于"不能排除以非法方法收集证据情形"。

第六十一条　证人证言的质证与查实

证人证言必须在法庭上经过公诉人、被害人和被告人、辩护人双方质证并且查实以后，才能作为定案的根据。法庭查明证人有意作伪证或者隐匿罪证的时候,应当依法处理。

> **条文注解**
>
> 本条主要包含两层含义:一是证人证言必须要经过法庭质证、查实后才能作为定案的根据。二是法庭查明证人有意作伪证或者隐匿罪证的,应依法处理。"依法处理"是指除不采用该证人证言外,对证人的行为构成伪证罪、包庇罪等犯罪的,应当依法追究其刑事责任。
>
> 关于质证的方式,控辩双方可以对证人进行提问,让其解释相关证言;控辩双方也可就疑点提出问题或者发表反驳意见。

> **相关规定**
>
> 《高法解释》
> 第九十一条 证人当庭作出的证言,经控辩双方质证、法庭查证属实的,应当作为定案的根据。
>
> 证人当庭作出的证言与其庭前证言矛盾,证人能够作出合理解释,并有其他证据印证的,应当采信其庭审证言;不能作出合理解释,而其庭前证言有其他证据印证的,可以采信其庭前证言。
>
> 经人民法院通知,证人没有正当理由拒绝出庭或者出庭后拒绝作证,法庭对其证言的真实性无法确认的,该证人证言不得作为定案的根据。

第六十二条 证人作证义务与能力

凡是知道案件情况的人,都有作证的义务。

生理上、精神上有缺陷或者年幼,不能辨别是非、不能正确表达的人,不能作证人。

> **条文注解**
>
> 作证的义务,是指知道案件情况的人,不得拒绝作证,并且应当如实作证。
>
> 作证的能力,是指证人是否具有辨别是非、正确表达意志的能力。生理上、精神上有缺陷或者年幼,不能辨别是非、不能正确表达的人,无法确保其证言的真实性,存在重大失真风险,因而不能作证。
>
> 需要注意的是,"不能辨别是非、不能正确表达"是以上三种情况的必要补充条件,即使生理上、精神上有缺陷或者年幼,但能够辨别是非、正确表达,仍可以成为证人。

> **相关规定**
>
> 《公安规定》
> 第七十三条
> ……
> 对于证人能否辨别是非,能否正确表达,必要时可以进行审查或者鉴别。

第六十三条 证人保护机制

人民法院、人民检察院和公安机关应当保障证人及其近亲属的安全。

对证人及其近亲属进行威胁、侮辱、殴打或者打击报复,构成犯罪的,依法追究刑事责任;尚不够刑事处罚的,依法给予治安管理处罚。

> **条文注解**
>
> 证人保护延伸至其近亲属,这是为了消除证人作证的顾虑,确保证人如实作证,提高证人出庭率。
>
> 公检法机关要对证人进行安全风险评估,对于可能因为作证而身陷危险之中的证人及其近亲属采取相应的保护措施。
>
> 对于威胁、侮辱、殴打或者打击报复证人及其近亲属的,依法追究法律责任。

相关规定

《公安规定》

第七十四条 公安机关应当保障证人及其近亲属的安全。

对证人及其近亲属进行威胁、侮辱、殴打或者打击报复，构成犯罪的，依法追究刑事责任；尚不够刑事处罚的，依法给予治安管理处罚。

第六十四条 作证专门保护措施

对于危害国家安全犯罪、恐怖活动犯罪、黑社会性质的组织犯罪、毒品犯罪等案件，证人、鉴定人、被害人因在诉讼中作证，本人或者其近亲属的人身安全面临危险的，人民法院、人民检察院和公安机关应当采取以下一项或者多项保护措施：

（一）不公开真实姓名、住址和工作单位等个人信息；

（二）采取不暴露外貌、真实声音等出庭作证措施；

（三）禁止特定的人员接触证人、鉴定人、被害人及其近亲属；

（四）对人身和住宅采取专门性保护措施；

（五）其他必要的保护措施。

证人、鉴定人、被害人认为因在诉讼中作证，本人或者其近亲属的人身安全面临危险的，可以向人民法院、人民检察院、公安机关请求予以保护。

人民法院、人民检察院、公安机关依法采取保护措施，有关单位和个人应当配合。

条文注解

第一，作证保护的案件范围，包括危害国家安全犯罪、恐怖活动犯罪、黑社会性质的组织犯罪、毒品犯罪等案件。这几类案件往往社会危险性和人身危险性都较大，保护诉讼参与人及其近亲属十分必要。

第二，作证保护的专门措施，包括信息保密、避免暴露、禁止接触（禁止令）、人身保护、住所保护等。

第三，作证保护的具体对象，包括证人、鉴定人、被害人及其近亲属。这几类人员可以向公检法机关提出申请。

相关规定

《高法解释》

第二百五十六条 证人、鉴定人、被害人因出庭作证，本人或者其近亲属的人身安全面临危险的，人民法院应当采取不公开其真实姓名、住址和工作单位等个人信息，或者不暴露其外貌、真实声音等保护措施。辩护律师经法庭许可，查阅对证人、鉴定人、被害人使用化名情况的，应当签署保密承诺书。

审判期间，证人、鉴定人、被害人提出保护请求的，人民法院应当立即审查；认为确有保护必要的，应当及时决定采取相应保护措施。必要时，可以商请公安机关协助。

第二百五十七条 决定对出庭作证的证人、鉴定人、被害人采取不公开个人信息的保护措施的，审判人员应当在开庭前核实其身份，对证人、鉴定人如实作证的保证书不得公开，在判决书、裁定书等法律文书中可以使用化名等代替其个人信息。

《高检规则》

第七十九条

……

人民检察院依法决定不公开证人、鉴定人、被害人的真实姓名、住址和工作单位等个人信息的，可以在起诉书、询问笔录等法律文书、证据材料中使用化名。但是应当另行书面说明使用化名的情况并标明密级，单独成卷。

人民检察院依法采取保护措施，可以要求有关单位和个人予以配合。

对证人及其近亲属进行威胁、侮辱、殴打或者打击报复，构成犯罪或者应当给予治安管理处罚的，人民检察院应当移送公安机关处理；情节轻微的，予以批评教育、训诫。

《公安规定》

第七十五条 对危害国家安全犯罪、恐怖活动犯罪、黑社会性质的组织犯罪、毒品犯罪等案件，证人、鉴定人、被害人因在侦查过程中作证，本人或者其近亲属的人身安全面临危险的，公安机关应当采取以下一项或者多项保护措施：

（一）不公开真实姓名、住址、通讯方式和工作单位等个人信息；

（二）禁止特定的人员接触被保护人；

（三）对被保护人的人身和住宅采取专门性保护措施；

（四）将被保护人带到安全场所保护；

（五）变更被保护人的住所和姓名；

（六）其他必要的保护措施。

证人、鉴定人、被害人认为因在侦查过程中作证，本人或者其近亲属的人身安全面临危险，向公安机关请求予以保护，公安机关经审查认为符合前款规定的条件，确有必要采取保护措施的，应当采取上述一项或者多项保护措施。

公安机关依法采取保护措施，可以要求有关单位和个人配合。

案件移送审查起诉时，应当将采取保护措施的相关情况一并移交人民检察院。

第七十六条 公安机关依法决定不公开证人、鉴定人、被害人的真实姓名、住址、通讯方式和工作单位等个人信息的，可以在

起诉意见书、询问笔录等法律文书、证据材料中使用化名等代替证人、鉴定人、被害人的个人信息。但是，应当另行书面说明使用化名的情况并标明密级，单独成卷。

> **第六十五条 证人补助制度**
> 证人因履行作证义务而支出的交通、住宿、就餐等费用，应当给予补助。证人作证的补助列入司法机关业务经费，由同级政府财政予以保障。
> 有工作单位的证人作证，所在单位不得克扣或者变相克扣其工资、奖金及其他福利待遇。

▍条文注解

证人补助的范围是"因履行作证义务而支出的交通、住宿、就餐等费用"。证人所在单位不得以证人作证耽误工作为由克扣或者变相克扣其工资、奖金及其他福利待遇，这是配合司法机关工作的责任体现。

▍相关规定

《高法解释》

第二百五十四条 证人出庭作证所支出的交通、住宿、就餐等费用，人民法院应当给予补助。

《高检规则》

第八十条 证人在人民检察院侦查、审查逮捕、审查起诉期间因履行作证义务而支出的交通、住宿、就餐等费用，人民检察院应当给予补助。

《公安规定》

第七十七条 证人保护工作所必需的人员、经费、装备等，应当予以保障。

证人因履行作证义务而支出的交通、住宿、就餐等费用，应当给予补助。证人作证的补助列入公安机关业务经费。

第六章　强制措施

> **第六十六条　非羁押性强制措施**
>
> 人民法院、人民检察院和公安机关根据案件情况，对犯罪嫌疑人、被告人可以拘传、取保候审或者监视居住。

■ 条文注解

拘传、取保候审或者监视居住，都是非羁押性强制措施。为避免未决羁押问题，防止因审前羁押而反制定罪，贯彻"少捕慎诉慎押"刑事司法政策，非羁押性强制措施应逐渐成为基本方式。

关于拘传，要注意两点。一是适用情形：犯罪嫌疑人、被告人经传唤拒不到案；如不拘传，犯罪嫌疑人、被告人可能逃避诉讼。二是持续时间：两次拘传的间隔时间一般不得少于十二小时。不得以连续拘传的形式变相拘禁犯罪嫌疑人、被告人。

■ 相关规定

《公安规定》

第七十八条　公安机关根据案件情况对需要拘传的犯罪嫌疑人，或者经过传唤没有正当理由不到案的犯罪嫌疑人，可以拘传到其所在市、县公安机关执法办案场所进行讯问。

需要拘传的，应当填写呈请拘传报告书，并附有关材料，报县级以上公安机关负责人批准。

第七十九条　公安机关拘传犯罪嫌疑人应当出示拘传证，并责令其在拘传证上签名、捺指印。

犯罪嫌疑人到案后，应当责令其在拘传证上填写到案时间；拘传结束后，应由其在拘传证上填写拘传结束时间。犯罪嫌疑人拒绝填写的，侦查人员应当在拘传证上注明。

第八十条　拘传持续的时间不得超过十二小时；案情特别重大、复杂，需要采取拘留、逮捕措施的，经县级以上公安机关负责人批准，拘传持续的时间不得超过二十四小时。不得以连续拘传的形式变相拘禁犯罪嫌疑人。

拘传期限届满，未作出采取其他强制措施决定的，应当立即结束拘传。

《高法解释》

第一百四十七条　人民法院根据案件情况，可以决定对被告人拘传、取保候审、监视居住或者逮捕。

对被告人采取、撤销或者变更强制措施的，由院长决定；决定继续取保候审、监视居住的，可以由合议庭或者独任审判员决定。

第一百四十八条　对经依法传唤拒不到庭的被告人，或者根据案件情况有必要拘传的被告人，可以拘传。

拘传被告人，应当由院长签发拘传票，由司法警察执行，执行人员不得少于二人。

拘传被告人，应当出示拘传票。对抗拒拘传的被告人，可以使用戒具。

第一百四十九条　拘传被告人，持续的时间不得超过十二小时；案情特别重大、复杂，需要采取逮捕措施的，持续的时间不得超过二十四小时。不得以连续拘传的形式变相拘禁被告人。应当保证被拘传人的饮食和必要的休息时间。

《高检规则》

第八十一条　人民检察院根据案件情

况，对犯罪嫌疑人可以拘传。

第八十二条 拘传时，应当向被拘传的犯罪嫌疑人出示拘传证。对抗拒拘传的，可以使用戒具，强制到案。

执行拘传的人员不得少于二人。

第八十三条 拘传的时间从犯罪嫌疑人到案时开始计算。犯罪嫌疑人到案后，应当责令其在拘传证上填写到案时间，签名或者盖章，并捺指印，然后立即讯问。拘传结束后，应当责令犯罪嫌疑人在拘传证上填写拘传结束时间。犯罪嫌疑人拒绝填写的，应当在拘传证上注明。

一次拘传持续的时间不得超过十二小时；案情特别重大、复杂，需要采取拘留、逮捕措施的，拘传持续的时间不得超过二十四小时。两次拘传间隔的时间一般不得少于十二小时，不得以连续拘传的方式变相拘禁犯罪嫌疑人。

拘传犯罪嫌疑人，应当保证犯罪嫌疑人的饮食和必要的休息时间。

第八十四条 人民检察院拘传犯罪嫌疑人，应当在犯罪嫌疑人所在市、县内的地点进行。

犯罪嫌疑人工作单位与居住地不在同一市、县的，拘传应当在犯罪嫌疑人工作单位所在的市、县内进行；特殊情况下，也可以在犯罪嫌疑人居住地所在的市、县内进行。

第八十五条 需要对被拘传的犯罪嫌疑人变更强制措施的，应当在拘传期限内办理变更手续。

在拘传期间决定不采取其他强制措施的，拘传期限届满，应当结束拘传。

文书格式

```
              ××××人民检察院
                  传 唤 证

                              ××检××传〔20××〕×号
_____：
    根据《中华人民共和国刑事诉讼法》第一百一十九条的规定，现通知居住在____
_____的犯罪嫌疑人_____于_____年____月____日____时到达．
接受讯问。被传唤人必须持此件报到，无故不到，得以拘传。
                                              20××年××月××日
                                                  （院印）
```

第六十七条 取保候审的适用条件、决定及执行

人民法院、人民检察院和公安机关对有下列情形之一的犯罪嫌疑人、被告人，可以取保候审：

（一）可能判处管制、拘役或者独立适用附加刑的；

（二）可能判处有期徒刑以上刑罚，采取取保候审不致发生社会危险性的；

> （三）患有严重疾病、生活不能自理，怀孕或者正在哺乳自己婴儿的妇女，采取取保候审不致发生社会危险性的；
> （四）羁押期限届满，案件尚未办结，需要采取取保候审的。
> 取保候审由公安机关执行。

条文注解

本条分为两款。第一款是关于取保候审的决定机关和适用条件的规定。根据本款规定，人民法院、人民检察院和公安机关有权决定对犯罪嫌疑人、被告人取保候审。人民法院对于被告人，人民检察院对于被审查起诉的和直接受理的案件的犯罪嫌疑人，公安机关对于侦查的案件的犯罪嫌疑人，有本款规定的四种情形之一的，可以取保候审。本款规定了四种可以适用取保候审的情形：

其一，可能判处管制、拘役或者独立适用附加刑的。管制是不剥夺人身自由的刑罚，拘役的关押期限在六个月以下，可能独立适用罚金、剥夺政治权利等附加刑的也都是较轻的罪行。可能判处这些刑罚的犯罪嫌疑人、被告人涉嫌的罪行较轻，通常情况下，不羁押不会发生社会危险性。

其二，可能判处有期徒刑以上刑罚，采取取保候审不致发生社会危险性的。考虑到有些犯罪嫌疑人、被告人可能会被判处有期徒刑以上刑罚，但其涉嫌的犯罪可能是过失犯罪，如交通肇事罪、玩忽职守罪等，有些虽然是故意犯罪，但主观恶性较小，如初犯、偶犯等。对这些犯罪嫌疑人、被告人采取取保候审不致发生社会危险性的，也可以取保候审。这里所说的"社会危险性"主要是指可能实施新的犯罪，有危害国家安全、公共安全或者社会秩序的现实危险，可能毁灭、伪造证据，干扰证人作证或者串供，可能对被害人、举报人、控告人实施打击报复，企图自杀或者逃跑等情形。判断犯罪嫌疑人、被告人是否有社会危险性要根据犯罪嫌疑人、被告人各方面情况综合考虑。通常应当根据其涉嫌犯罪行为的性质、社会危害、对所犯罪行的态度、本人的一贯表现、与所居住区域的联系等方面因素综合判断。在一般情况下，对涉嫌犯罪性质、情节恶劣，后果严重的犯罪嫌疑人、被告人不宜适用取保候审。

其三，患有严重疾病、生活不能自理，怀孕或者正在哺乳自己婴儿的妇女，采取取保候审不致发生社会危险性的。本项规定的情形又分三种情况，一是患有严重疾病，二是因为年老、残疾等原因生活不能自理，三是怀孕或者正在哺乳自己婴儿的妇女。有这三种情况，采取取保候审不致发生社会危险性的犯罪嫌疑人、被告人，可以取保候审。本项明确三类人员可以取保候审，体现了人道主义精神和对犯罪嫌疑人、被告人合法权利的保护。

其四，羁押期限届满，案件尚未办结，需要采取取保候审的。"羁押期限"包括本法有关条款规定的侦查羁押、审查起诉、一审、二审等期限。"尚未办结"包括需要继续侦查、审查起诉或者审判。根据本款规定，犯罪嫌疑人、被告人被羁押的案件，不能在本法规定的侦查羁押、审查起诉、一审、二审期限内办结，需要继续查证、审理的，对犯罪嫌疑人、被告人可以取保候审。本项作出衔接性的规定，使本款对取保候审适用条件的规定更加全面。

第二款是关于取保候审执行机关的规定。人民法院、人民检察院和公安机关都有权决定对犯罪嫌疑人、被告人取保候审，但根据本款规定，取保候审的执行机关只有一个，即公安机关。人民法院、人民检察院和公安机关决定采取的取保候审措施，都应当由公安机关执行。

> **相关规定**
>
> 《高法解释》
> 第一百五十条　被告人具有刑事诉讼法第六十七条第一款规定情形之一的，人民法院可以决定取保候审。……
>
> 《高检规则》
> 第八十七条　人民检察院对于严重危害社会治安的犯罪嫌疑人，以及其他犯罪性质恶劣、情节严重的犯罪嫌疑人不得取保候审。
>
> 第八十八条　被羁押或者监视居住的犯罪嫌疑人及其法定代理人、近亲属或者辩护人向人民检察院申请取保候审，人民检察院应当在三日以内作出是否同意的答复。经审查符合本规则第八十六条规定情形之一的，可以对被羁押或者监视居住的犯罪嫌疑人依法办理取保候审手续。经审查不符合取保候审条件的，应当告知申请人，并说明不同意取保候审的理由。
>
> 《公安规定》
> 第八十一条
> ……
> 对拘留的犯罪嫌疑人，证据不符合逮捕条件，以及提请逮捕后，人民检察院不批准逮捕，需要继续侦查，并且符合取保候审条件的，可以依法取保候审。
>
> 第八十二条　对累犯，犯罪集团的主犯，以自伤、自残办法逃避侦查的犯罪嫌疑人，严重暴力犯罪以及其他严重犯罪的犯罪嫌疑人不得取保候审，但犯罪嫌疑人具有本规定第八十一条第一款第三项、第四项规定情形的除外。
>
> 第八十三条　需要对犯罪嫌疑人取保候审的，应当制作呈请取保候审报告书，说明取保候审的理由、采取的保证方式以及应当遵守的规定，经县级以上公安机关负责人批准，制作取保候审决定书。取保候审决定书应当向犯罪嫌疑人宣读，由犯罪嫌疑人签名、捺指印。

文书格式

```
                ×××公安局
              取保候审决定书
                            ×公（  ）取保字〔   〕   号
犯罪嫌疑人_____性别_____，出生日期_____，住址_____
_____，单位及职业_____
_____，联系方式_____
_____。
    我局正在侦查_____案，因犯罪嫌疑人____
_____，根据《中华人民共和
国刑事诉讼法》第____条之规定，决定对其取保候审，期限从____年___月___日
起算。犯罪嫌疑人应当接受保证人_____的监督/交纳保证金（大写）
_____元。
                                    公安局（印）
                                      年  月  日
```

```
××××人民检察院
取保候审执行通知书
```

××检××保〔20××〕×号

犯罪嫌疑人_____因涉嫌_____，根据《中华人民共和国刑事诉讼法》第六十七条的规定，本院决定对其取保候审，保证人_____已向本院出具保证书/犯罪嫌疑人已交纳保证金（大写）_____元，期限从___年___月___日起算。

此致

_____

20××年××月××日

（院印）

注：犯罪嫌疑人_____性别____出生日期_____

公民身份证号码_____工作单位_____

住址_____联系方式_____

第六十八条 取保候审的保证要求

人民法院、人民检察院和公安机关决定对犯罪嫌疑人、被告人取保候审，应当责令犯罪嫌疑人、被告人提出保证人或者交纳保证金。

条文注解

取保候审的保证形式有两种：保证人或者保证金。

保证人是指以个人信誉和能力担保犯罪嫌疑人、被告人能够遵守取保候审规定，不致发生社会危险性的公民。保证金是指犯罪嫌疑人、被告人或者其亲友交纳的，担保犯罪嫌疑人、被告人能够遵守取保候审规定，不致发生社会危险性的资金。

需要注意的是，提出保证人或者交纳保证金，与取保候审决定是同时进行的。

相关规定

《公安规定》

第八十四条 公安机关决定对犯罪嫌疑人取保候审的，应当责令犯罪嫌疑人提出保证人或者交纳保证金。

对同一犯罪嫌疑人，不得同时责令其提出保证人和交纳保证金。对未成年人取保候审，应当优先适用保证人保证。

《高法解释》

第一百五十条

......

对被告人决定取保候审的，应当责令其提出保证人或者交纳保证金，不得同时使用保证人保证与保证金保证。

《高检规则》

第九十二条 采取保证金保证方式的，人民检察院可以根据犯罪嫌疑人的社会危险性、案件的性质、情节，可能判处刑罚的轻重，犯罪嫌疑人的经济状况等，责令犯罪嫌疑人交纳一千元以上的保证金。对于未成年犯罪嫌疑人，可以责令交纳五百元以上的保证金。

第六十九条　保证人条件

保证人必须符合下列条件：
（一）与本案无牵连；
（二）有能力履行保证义务；
（三）享有政治权利，人身自由未受到限制；
（四）有固定的住处和收入。

条文注解

本条对保证人的资格条件进行了明确。保证人与本案事实无关且与本案无利害关系；保证人需具备完全的民事行为能力；保证人未被剥夺政治权利和限制人身自由；保证人有常住居所和稳定收入，便于联系监督管理。

相关规定

《高法解释》
第一百五十一条　对下列被告人决定取保候审的，可以责令其提出一至二名保证人：
（一）无力交纳保证金的；
（二）未成年或者已满七十五周岁的；
（三）不宜收取保证金的其他被告人。
第一百五十二条　人民法院应当审查保证人是否符合法定条件。符合条件的，应当告知其必须履行的保证义务，以及不履行义务的法律后果，并由其出具保证书。
第一百五十五条　被告人被取保候审期间，保证人不愿继续履行保证义务或者丧失履行保证义务能力的，人民法院应当在收到保证人的申请或者公安机关的书面通知后三日以内，责令被告人重新提出保证人或交纳保证金，或者变更强制措施，并通知公安机关。

《高检规则》
第八十九条　人民检察院决定对犯罪嫌疑人取保候审，应当责令犯罪嫌疑人提出保证人或者交纳保证金。
对同一犯罪嫌疑人决定取保候审，不得同时使用保证人保证和保证金保证方式。
对符合取保候审条件，具有下列情形之一的犯罪嫌疑人，人民检察院决定取保候审时，可以责令其提供一至二名保证人：
（一）无力交纳保证金的；
（二）系未成年人或者已满七十五周岁的人；
（三）其他不宜收取保证金的。
第九十条　采取保证人保证方式的，保证人应当符合刑事诉讼法第六十九条规定的条件，并经人民检察院审查同意。

第七十条　保证人义务

保证人应当履行以下义务：
（一）监督被保证人遵守本法第七十一条的规定；
（二）发现被保证人可能发生或者已经发生违反本法第七十一条规定的行为的，应当及时向执行机关报告。
被保证人有违反本法第七十一条规定的行为的，保证人未履行保证义务的，对保证人处以罚款，构成犯罪的，依法追究刑事责任。

条文注解

"可能发生或者已经发生违反本法第七十一条规定的行为"，是指被保证人失去联系或者故意躲避，以此无视保证人的监督。
保证人如果发现被保证人有违反规定的企图，可能发生违反规定的行为，或者发现被保证人的行为已经违反了法律规定的义务的，应当毫不拖延地、尽快地向执行机关报告，这样才称得上"及时"。这里的"执行机关"是指公安机关。

相关规定

《高法解释》

第一百五十六条 人民法院发现保证人未履行保证义务的，应当书面通知公安机关依法处理。

第一百五十七条 根据案件事实和法律规定，认为已经构成犯罪的被告人在取保候审期间逃匿，如果系保证人协助被告人逃匿，或者保证人明知被告人藏匿地点但拒绝向司法机关提供，对保证人应当依法追究责任。

第一百五十八条 人民法院发现使用保证金保证的被取保候审人违反刑事诉讼法第七十一条第一款、第二款规定的，应当书面通知公安机关依法处理。

人民法院收到公安机关已经没收保证金的书面通知或者变更强制措施的建议后，应当区别情形，在五日以内责令被告人具结悔过，重新交纳保证金或者提出保证人，或者变更强制措施，并通知公安机关。

人民法院决定对被依法没收保证金的被告人继续取保候审的，取保候审的期限连续计算。

《公安规定》

第一百零三条 被保证人违反应当遵守的规定，保证人未履行保证义务的，查证属实后，经县级以上公安机关负责人批准，对保证人处一千元以上二万元以下罚款；构成犯罪的，依法追究刑事责任。

第一百零六条 对于犯罪嫌疑人采取保证人保证的，如果保证人在取保候审期间情况发生变化，不愿继续担保或者丧失担保条件，公安机关应当责令被取保候审人重新提出保证人或者交纳保证金，或者作出变更强制措施的决定。

人民法院、人民检察院决定取保候审的，负责执行的派出所应当自发现保证人不愿继续担保或者丧失担保条件之日起三日以内通知决定取保候审的机关。

文书格式

取 保 候 审 保 证 书

我叫＿＿＿，性别＿＿＿，出生日期＿＿＿＿＿，现住＿＿＿＿＿＿＿＿＿＿＿＿，身份证件名称＿＿＿＿＿＿＿，号码＿＿＿＿＿＿＿＿＿＿＿＿，单位及职业＿＿＿＿＿＿＿＿＿＿＿＿＿＿＿，联系方式＿＿＿＿＿＿＿＿＿＿＿＿，与犯罪嫌疑人＿＿＿＿＿＿＿＿＿＿是＿＿＿＿＿＿＿＿关系。

我自愿作如下保证：

监督犯罪嫌疑人在取保候审期间遵守下列规定：

（一）未经执行机关批准不得离开所居住的市、县；

（二）住址、工作单位和联系方式发生变动，在二十四小时以内向执行机关报告；

（三）在传讯的时候及时到案；

（四）不得以任何形式干扰证人作证；

续表

（五）不得毁灭、伪造证据或者串供。
监督犯罪嫌疑人遵守以下规定：
（一）不得进入＿＿＿＿＿＿＿＿＿＿＿＿＿＿＿＿＿＿＿等场所；
（二）不得与＿＿＿＿＿＿＿＿＿＿＿＿＿＿＿＿＿＿＿会见或者通信；
（三）不得从事＿＿＿＿＿＿＿＿＿＿＿＿＿＿＿＿＿＿＿等活动；
（四）将＿＿＿＿＿＿＿＿＿＿＿＿＿＿＿＿＿证件交执行机关保存。
本人未履行保证义务的，愿承担法律责任。
此致
＿＿＿＿＿＿公安局

保证人：
年 月 日

×××公安局
对保证人罚款决定书

×公（ ）保罚字〔 〕 号

保证人＿＿＿＿，性别＿＿，出生日期＿＿＿＿＿＿＿＿，住址＿＿＿＿＿＿＿＿＿＿＿＿＿＿＿＿＿＿＿＿＿＿。
被取保候审人＿＿＿＿＿，性别＿＿，出生日期＿＿＿＿＿＿＿，住址＿＿＿＿＿＿＿＿＿＿＿＿＿＿＿＿＿＿＿＿＿＿。
因被取保候审人在取保候审期间＿＿＿＿＿＿＿＿＿＿＿＿＿，违反《中华人民共和国刑事诉讼法》第七十一条的规定，保证人未履行保证义务，根据《中华人民共和国刑事诉讼法》第七十条之规定，决定对保证人处以罚款（大写）＿＿＿＿＿＿＿元。
如不服本决定，保证人可以在收到决定书之日起五日以内向＿＿＿＿＿＿＿申请复议一次。

公安局（印）
年 月 日

第七十一条 取保候审要求及违反后果

被取保候审的犯罪嫌疑人、被告人应当遵守以下规定：

（一）未经执行机关批准不得离开所居住的市、县；

（二）住址、工作单位和联系方式发生变动的，在二十四小时以内向执行机关报告；

（三）在传讯的时候及时到案；

（四）不得以任何形式干扰证人作证；

（五）不得毁灭、伪造证据或者串供。

人民法院、人民检察院和公安机关可以根据案件情况，责令被取保候审的犯罪嫌疑人、被告人遵守以下一项或者多项规定：

（一）不得进入特定的场所；

（二）不得与特定的人员会见或者通信；

（三）不得从事特定的活动；

（四）将护照等出入境证件、驾驶证件交执行机关保存。

被取保候审的犯罪嫌疑人、被告人违反前两款规定，已交纳保证金的，没收部分或者全部保证金，并且区别情形，责令犯罪嫌疑人、被告人具结悔过，重新交纳保证金、提出保证人，或者监视居住、予以逮捕。

对违反取保候审规定，需要予以逮捕的，可以对犯罪嫌疑人、被告人先行拘留。

条文注解

本条分为四款。第一款规定了被取保候审人应当遵守的一般要求。根据本款规定，所有被采取取保候审措施的犯罪嫌疑人、被告人都应当遵守以下五项规定：

第一，"未经执行机关批准不得离开所居住的市、县"。这里所说的"市"，是指直辖市、设区的市的城市市区和县级市的辖区，在设区的同一市内跨区活动的，不属于离开所居住的市、县。法律作这样的规定，主要是考虑到犯罪嫌疑人、被告人在案件没有终结以前，公安机关、人民检察院、人民法院随时有可能对被取保候审的犯罪嫌疑人、被告人进行讯问、核实证据，对案件开庭审理等。如果是人民检察院、人民法院决定的取保候审，在执行期间犯罪嫌疑人申请离开所居住的市、县的，公安机关应当征得人民检察院、人民法院的同意。

第二，"住址、工作单位和联系方式发生变动的，在二十四小时以内向执行机关报告"。为保障诉讼的顺利进行，保障执行机关进行监督管理，便于司法机关传讯，对于自己的住址、工作单位和联系方式，犯罪嫌疑人、被告人都应当如实报告给司法机关。应当注意的是，这种住址、工作单位和联系方式的变动，不需要经过执行机关的批准。但是，如果变动后的住址、工作单位不在其原来所居住的市、县之内，要离开原来所居住的市、县，这种变动就需要先经执行机关的批准。

第三，"在传讯的时候及时到案"。犯罪嫌疑人、被告人不在押，因此，司法机关多用传讯方式通知他们到案，被取保候审人在接到传讯后应当及时到案，才能保证刑事诉讼活动的顺利进行。这里所说的"到案"，是指犯罪嫌疑人、被告人根据司法机关的要求，主动到司法机关或者其指定的地点接受讯问、审判等。

第四，"不得以任何形式干扰证人作证"。被取保候审人不得以口头、书面或者其他形式威胁、恫吓、引诱、收买证人不作证或者不如实作证。

第五，"不得毁灭、伪造证据或者串供"。这里所说的"毁灭"证据，是指犯罪嫌疑人、被告人为推脱自己责任，逃避追究，采取积极行动隐匿证据，阻碍侦查机关侦查的行为，包括销毁已经存在的证据，或者将证据转移隐藏的行为等。"伪造"证据，包括制造假的证据、对证据进行变造等改变证据特征和所包含的信息的行为。"串供"，是指被取保候审人利用自己未被羁押的便利条件与其他同案犯建立攻守同盟、统一口径等。

第二款是关于公检法机关对特定对象的规范要求。根据案件和犯罪嫌疑人、被告人的情况有针对性地选择决定犯罪嫌疑人、被告人应当遵守的规定。根据当事人涉嫌犯罪的性质以及其认识能力、行为倾向、特殊身份等,有针对性地使用个别化的强制措施,从而更有效地防止出现社会危险性,保障诉讼顺利进行。

第一,"不得进入特定的场所"。"特定的场所",是指根据犯罪的性质及犯罪嫌疑人的个人倾向、心理状态等,可能会对这一场所正常的生产、生活或者学习造成不利影响,比如引起恐慌等,或者导致犯罪嫌疑人因为场景刺激而再次犯罪的地点。例如,禁止猥亵儿童犯罪、毒品犯罪等的犯罪嫌疑人、被告人进入学校、医院等场所;禁止盗窃犯罪的犯罪嫌疑人、被告人进入商场、车站等大型人员密集型场所;禁止进入犯罪现场等可能与被指控的犯罪有关的场所或者地点,防止毁坏现场、毁弃证据等行为的发生等。

第二,"不得与特定的人员会见或者通信"。这里的"特定人员",一般是指案件的被害人、同案犯、证人、鉴定人等人员。犯罪嫌疑人、被告人与这些人员会见或者通信,有可能会造成串供、威胁引诱欺骗证人、打击报复被害人或者证人等,从而影响诉讼的顺利进行。

第三,"不得从事特定的活动"。一般是指禁止从事与其被指控的犯罪有关的活动。这些特定的活动,或者是与被指控的犯罪为一类或者相似的行为,可能会引发犯罪嫌疑人、被告人新的犯意,或者可能对正常的社会生产、生活秩序造成不利影响。比如,对于涉嫌证券犯罪的,禁止从事证券交易;对于涉嫌贩毒、吸毒的,禁止从事医药卫生工作中接触精神药品和麻醉药品的活动;对于涉嫌拐卖妇女儿童的,禁止参加与儿童接触的教学活动等。

第四,"将护照等出入境证件、驾驶证件交执行机关保存"。这一规定的目的是限制或者防止被取保候审人离境或逃匿,保证诉讼活动的顺利进行。

第三款是对犯罪嫌疑人、被告人在取保候审期间违反规定的法律后果。如果被取保候审的犯罪嫌疑人、被告人违反本条第一款、第二款的规定,已交纳保证金的,没收部分或者全部保证金,是没收全部还是部分保证金,具体应当没收的数额,应当根据其违反规定的情节及严重程度决定,不能不分情况,一概简单采取没收全部保证金的方式。另外,还应根据不同情形分别作以下处罚:其一,对于违法情节较轻,不需要逮捕,允许再次取保候审的,责令犯罪嫌疑人、被告人具结悔过、重新交纳保证金或者提出保证人;其二,对于违法情节比较严重,不允许再取保候审的,应当采取监视居住或予以逮捕。如果犯罪嫌疑人、被告人在取保候审期间未违反第一款、第二款规定,取保候审结束时,应当将保证金退还本人。

第四款是对违反取保候审规定,需要予以逮捕的犯罪嫌疑人、被告人可以先行拘留的规定。实践中,对于有些犯罪嫌疑人、被告人,取保候审已经不能保证诉讼顺利进行,只能采取羁押性强制措施。但逮捕要履行严格的审批手续,为防止犯罪嫌疑人、被告人继续实施危害社会安全、逃避刑事追究、阻碍刑事诉讼顺利进行的行为,对违反取保候审规定需要予以逮捕的犯罪嫌疑人、被告人可以先行拘留。对于违反取保候审规定,需要先行拘留的,应当根据本法关于拘留的有关规定作出决定,由公安机关按照本法规定的程序执行。

相关规定

《高检规则》

第九十三条 人民检察院决定对犯罪嫌疑人取保候审的,应当制作取保候审决定书,载明取保候审开始的时间、保证方式、被取保候审人应当履行的义务和应当遵守的规定。……

第九十六条 采取保证人保证方式的,如果保证人在取保候审期间不愿继续保证或者丧失保证条件的,人民检察院应当在收到保证人不愿继续保证的申请或者发现其丧失保证条件后三日以内,责令犯罪嫌疑人重新提出保证人或者交纳保证金,并将变更情况通知公安机关。

第九十七条 采取保证金保证方式的,被取保候审人拒绝交纳保证金或者交纳保证金不足决定数额时,人民检察院应当作出变更取保候审措施、变更保证方式或者变更保证金数额的决定,并将变更情况通知公安机关。

第九十八条 公安机关在执行取保候审期间向人民检察院征询是否同意批准犯罪嫌疑人离开所居住的市、县时,人民检察院应当根据案件的具体情况及时作出决定,并通知公安机关。

第九十九条 人民检察院发现保证人没有履行刑事诉讼法第七十条规定的义务,应当通知公安机关,要求公安机关对保证人作出罚款决定。构成犯罪的,依法追究保证人的刑事责任。

第一百条 人民检察院发现犯罪嫌疑人违反刑事诉讼法第七十一条的规定,已交纳保证金的,应当书面通知公安机关没收部分或者全部保证金,并且根据案件的具体情况,责令犯罪嫌疑人具结悔过,重新交纳保证金、提出保证人,或者决定对其监视居住、予以逮捕。

公安机关发现犯罪嫌疑人违反刑事诉讼法第七十一条的规定,提出没收保证金或者变更强制措施意见的,人民检察院应当在收到意见后五日以内作出决定,并通知公安机关。

重新交纳保证金的程序适用本规则第九十二条的规定;提出保证人的程序适用本规则第九十条、第九十一条的规定。对犯罪嫌疑人继续取保候审的,取保候审的时间应当累计计算。

对犯罪嫌疑人决定监视居住的,应当办理监视居住手续。监视居住的期限应当自执行监视居住决定之日起计算并告知犯罪嫌疑人。

第一百零一条 犯罪嫌疑人有下列违反取保候审规定的行为,人民检察院应当对犯罪嫌疑人予以逮捕:

(一)故意实施新的犯罪;

(二)企图自杀、逃跑;

(三)实施毁灭、伪造证据,串供或者干扰证人作证,足以影响侦查、审查起诉工作正常进行;

(四)对被害人、证人、鉴定人、举报人、控告人及其他人员实施打击报复。

犯罪嫌疑人有下列违反取保候审规定的行为,人民检察院可以对犯罪嫌疑人予以逮捕:

(一)未经批准,擅自离开所居住的市、县,造成严重后果,或者两次未经批准,擅自离开所居住的市、县;

(二)经传讯不到案,造成严重后果,或者经两次传讯不到案;

(三)住址、工作单位和联系方式发生变动,未在二十四小时以内向公安机关报告,造成严重后果;

(四)违反规定进入特定场所、与特定人员会见或者通信、从事特定活动,严重妨碍诉讼程序正常进行。

有前两款情形,需要对犯罪嫌疑人予

以逮捕的,可以先行拘留;已交纳保证金的,同时书面通知公安机关没收保证金。

《公安规定》

第九十条　公安机关在决定取保候审时,还可以根据案件情况,责令被取保候审人遵守以下一项或者多项规定:

(一)不得进入与其犯罪活动等相关联的特定场所;

(二)不得与证人、被害人及其近亲属、同案犯以及与案件有关联的其他特定人员会见或者以任何方式通信;

(三)不得从事与其犯罪行为等相关联的特定活动;

(四)将护照等出入境证件、驾驶证件交执行机关保存。

公安机关应当综合考虑案件的性质、情节、社会影响、犯罪嫌疑人的社会关系等因素,确定特定场所、特定人员和特定活动的范围。

第九十一条　公安机关决定取保候审的,应当及时通知被取保候审人居住地的派出所执行。必要时,办案部门可以协助执行。

采取保证人担保形式的,应当同时送交有关法律文书、被取保候审人基本情况、保证人基本情况等材料。采取保证金担保形式的,应当同时送交有关法律文书、被取保候审人基本情况和保证金交纳情况等材料。

第九十二条　人民法院、人民检察院决定取保候审的,负责执行的县级公安机关应当在收到法律文书和有关材料后二十四小时以内,指定被取保候审人居住地派出所核实情况后执行。

第九十三条　执行取保候审的派出所应当履行下列职责:

(一)告知被取保候审人必须遵守的规定,及其违反规定或者在取保候审期间重新犯罪应当承担的法律后果;

(二)监督、考察被取保候审人遵守有关规定,及时掌握其活动、住址、工作单位、联系方式及变动情况;

(三)监督保证人履行保证义务;

(四)被取保候审人违反应当遵守的规定以及保证人未履行保证义务的,应当及时制止、采取紧急措施,同时告知决定机关。

第九十四条　执行取保候审的派出所应当定期了解被取保候审人遵守取保候审规定的有关情况,并制作笔录。

第九十五条　被取保候审人无正当理由不得离开所居住的市、县。有正当理由需要离开所居住的市、县的,应当经负责执行的派出所负责人批准。

人民法院、人民检察院决定取保候审的,负责执行的派出所在批准被取保候审人离开所居住的市、县前,应当征得决定取保候审的机关同意。

第九十六条　被取保候审人在取保候审期间违反本规定第八十九条、第九十条规定,已交纳保证金的,公安机关应当根据其违反规定的情节,决定没收部分或者全部保证金,并且区别情形,责令其具结悔过、重新交纳保证金、提出保证人,变更强制措施或者给予治安管理处罚;需要予以逮捕的,可以对其先行拘留。

人民法院、人民检察院决定取保候审的,被取保候审人违反应当遵守的规定,负责执行的派出所应当及时通知决定取保候审的机关。

第九十七条　需要没收保证金的,应当经过严格审核后,报县级以上公安机关负责人批准,制作没收保证金决定书。

决定没收五万元以上保证金的,应当经设区的市一级以上公安机关负责人批准。

第九十八条 没收保证金的决定，公安机关应当在三日以内向被取保候审人宣读，并责令其在没收保证金决定书上签名、捺指印；被取保候审人在逃或者具有其他情形不能到场的，应当向其成年家属、法定代理人、辩护人或者单位、居住地的居民委员会、村民委员会宣布，由其成年家属、法定代理人、辩护人或者单位、居住地的居民委员会或者村民委员会的负责人在没收保证金决定书上签名。

被取保候审人或者其成年家属、法定代理人、辩护人或者单位、居民委员会、村民委员会负责人拒绝签名的，公安机关应当在没收保证金决定书上注明。

第九十九条 公安机关在宣读没收保证金决定书时，应当告知如果对没收保证金的决定不服，被取保候审人或者其法定代理人可以在五日以内向作出决定的公安机关申请复议。公安机关应当在收到复议申请后七日以内作出决定。

被取保候审人或者其法定代理人对复议决定不服的，可以在收到复议决定书后五日以内向上一级公安机关申请复核一次。上一级公安机关应当在收到复核申请后七日以内作出决定。对上级公安机关撤销或者变更没收保证金决定的，下级公安机关应当执行。

第一百条 没收保证金的决定已过复议期限，或者复议、复核后维持原决定或者变更没收保证金数额的，公安机关应当及时通知指定的银行将没收的保证金按照国家的有关规定上缴国库。人民法院、人民检察院决定取保候审的，还应当在三日以内通知决定取保候审的机关。

第一百零三条 被保证人违反应当遵守的规定，保证人未履行保证义务的，查证属实后，经县级以上公安机关负责人批准，对保证人处一千元以上二万元以下罚款；构成犯罪的，依法追究刑事责任。

第一百零四条 决定对保证人罚款的，应当报经县级以上公安机关负责人批准，制作对保证人罚款决定书，在三日以内送达保证人，告知其如果对罚款决定不服，可以在收到决定书之日起五日以内向作出决定的公安机关申请复议。公安机关应当在收到复议申请后七日以内作出决定。

保证人对复议决定不服的，可以在收到复议决定书后五日以内向上一级公安机关申请复核一次。上一级公安机关应当在收到复核申请后七日以内作出决定。对上级公安机关撤销或者变更罚款决定的，下级公安机关应当执行。

第一百零五条 对于保证人罚款的决定已过复议期限，或者复议、复核后维持原决定或者变更罚款数额的，公安机关应当及时通知指定的银行将保证人罚款按照国家的有关规定上缴国库。人民法院、人民检察院决定取保候审的，还应当在三日以内通知决定取保候审的机关。

第一百零六条 对于犯罪嫌疑人采取保证人保证的，如果保证人在取保候审期间情况发生变化，不愿继续担保或者丧失担保条件，公安机关应当责令被取保候审人重新提出保证人或者交纳保证金，或者作出变更强制措施的决定。

人民法院、人民检察院决定取保候审的，负责执行的派出所应当自发现保证人不愿继续担保或者丧失担保条件之日起三日以内通知决定取保候审的机关。

第一百零七条 公安机关在取保候审期间不得中断对案件的侦查，对取保候审的犯罪嫌疑人，根据案情变化，应当及时变更强制措施或者解除取保候审。

取保候审最长不得超过十二个月。

第一百零八条 需要解除取保候审

的，应当经县级以上公安机关负责人批准，制作解除取保候审决定书、通知书，并及时通知负责执行的派出所、被取保候审人、保证人和有关单位。

人民法院、人民检察院作出解除取保候审决定的，负责执行的公安机关应当根据决定书及时解除取保候审，并通知被取保候审人、保证人和有关单位。

文书格式

被取保候审人义务告知书

根据《中华人民共和国刑事诉讼法》第七十一条第一款的规定，被取保候审人在取保候审期间应当遵守以下规定：
（一）未经执行机关批准不得离开所居住的市、县；
（二）住址、工作单位和联系方式发生变动的，在二十四小时以内向执行机关报告；
（三）在传讯的时候及时到案；
（四）不得以任何形式干扰证人作证；
（五）不得毁灭、伪造证据或者串供。

根据《中华人民共和国刑事诉讼法》第七十一条第二款的规定，被取保候审人还应遵守以下规定：
（一）不得进入_____等场所；
（二）不得与_____会见或者通信；
（三）不得从事_____等活动；
（四）将_____证件交执行机关保存。被取保候审人在取保候审期间违反上述规定，已交纳保证金的，由公安机关没收部分或者全部保证金，并且区别情形，责令被取保候审人具结悔过、重新交纳保证金、提出保证人，或者监视居住、予以逮捕。

本告知书已收到。
被取保候审人：

年　月　日

×××公安局
责令具结悔过决定书

×公（　）责具字〔　〕　号

被取保候审人_____，性别____，出生日期_____，住址_____。
因被取保候审人在取保候审期间_____，根据《中华人民

续表

共和国刑事诉讼法》第七十一条之规定，决定责令其具结悔过，并在接到本决定书之日起＿＿＿＿日内将悔过书交我局。 公安局（印） 年　月　日

第七十二条　保证金适用规则

取保候审的决定机关应当综合考虑保证诉讼活动正常进行的需要，被取保候审人的社会危险性，案件的性质、情节，可能判处刑罚的轻重，被取保候审人的经济状况等情况，确定保证金的数额。

提供保证金的人应当将保证金存入执行机关指定银行的专门账户。

条文注解

本条第一款对确定保证金金额所应考虑的因素进行了明确。

第一，"被取保候审人的社会危险性"，主要是指被取保候审人的前科情况、身份特征、再犯可能、心理倾向、认罪悔罪表现等因素。

第二，"案件的性质、情节"，是指被取保候审人涉嫌罪行的轻重程度。案件性质、情节较为恶劣的，保证金要相应提高。

第三，"可能判处刑罚的轻重"。与罪刑相符原则一样，当事人在刑事程序中所受到的刑事处遇也应当与其应当承担的法律责任相称。

第四，"被取保候审人的经济状况"，是指被取保候审人的实际承受能力。设定保证金数额时要充分考虑，合理裁量设定与其经济承受能力相符的具体数额。

第二款中"执行机关指定银行的专门账户"是指执行机关在银行开立的专门用来收取取保候审保证金的专用账户。根据本款的规定，办案机关在作出取保候审决定并确定保证金的金额后，应当将决定书送达给犯罪嫌疑人、被告人，由提供保证金的人根据取保候审决定书上确定的保证金数额，直接将保证金存入取保候审保证金专用账户，银行直接开具有关凭证，而不需要先交给执行机关。

相关规定

《高法解释》

第一百五十三条　对决定取保候审的被告人使用保证金保证的，应当依照刑事诉讼法第七十二条第一款的规定确定保证金的具体数额，并责令被告人或者为其提供保证金的单位、个人将保证金一次性存入公安机关指定银行的专门账户。

第一百五十四条　人民法院向被告人宣布取保候审决定后，应当将取保候审决定书等相关材料送交当地公安机关。

对被告人使用保证金保证的，应当在核实保证金已经存入公安机关指定银行的专门账户后，将银行出具的收款凭证一并送交公安机关。

《公安规定》

第八十七条　犯罪嫌疑人的保证金起点数额为人民币一千元。犯罪嫌疑人为未成年人的，保证金起点数额为人民币五百元。具体数额应当综合考虑保证诉讼活动正常进行的需要、犯罪嫌疑人的社会危险性、案件的性质、情节、可能判处刑罚的轻重以及犯罪嫌疑人的经济状况等情况确定。

第八十八条 县级以上公安机关应当在其指定的银行设立取保候审保证金专门账户，委托银行代为收取和保管保证金。

提供保证金的人，应当一次性将保证金存入取保候审保证金专门账户。保证金应当以人民币交纳。

保证金应当由办案部门以外的部门管理。严禁截留、坐支、挪用或者以其他任何形式侵吞保证金。

《高检规则》

第九十二条 采取保证金保证方式的，人民检察院可以根据犯罪嫌疑人的社会危险性，案件的性质、情节，可能判处刑罚的轻重，犯罪嫌疑人的经济状况等，责令犯罪嫌疑人交纳一千元以上的保证金。对于未成年犯罪嫌疑人，可以责令交纳五百元以上的保证金。

第九十四条 人民检察院应当向取保候审的犯罪嫌疑人宣读取保候审决定书，由犯罪嫌疑人签名或者盖章，并捺指印，责令犯罪嫌疑人遵守刑事诉讼法第七十一条的规定，告知其违反规定应负的法律责任。以保证金方式保证的，应当同时告知犯罪嫌疑人一次性将保证金存入公安机关指定银行的专门账户。

第九十五条 向犯罪嫌疑人宣布取保候审决定后，人民检察院应当将执行取保候审通知书送达公安机关执行，并告知公安机关在执行期间拟批准犯罪嫌疑人离开所居住的市、县的，应当事先征得人民检察院同意。以保证人方式保证的，应当将取保候审保证书同时送交公安机关。

人民检察院核实保证金已经交纳到公安机关指定银行的凭证后，应当将银行出具的凭证及其他有关材料与执行取保候审通知书一并送交公安机关。

文书格式

```
            ×××公 安 局
           收取保证金通知书
                    ×公（  ）收保字〔   〕    号
_____ ：
    根据《中华人民共和国刑事诉讼法》第六十八条、第七十二条之规定，请持此通知书于____年__月__日之前到_____银行交纳取保候审保证金（大写）_____元。
                              公安局（印）
                                年  月  日
```

第七十三条 保证金退还

犯罪嫌疑人、被告人在取保候审期间未违反本法第七十一条规定的，取保候审结束的时候，凭解除取保候审的通知或者有关法律文书到银行领取退还的保证金。

条文注解

如果犯罪嫌疑人、被告人在取保候审过程中，没有违反相关规定，其有权主张返还保证金。即使被采取羁押性强制措施或者被判决有罪，也不能没收保证金。

"取保候审结束"，是指取保候审期限届满，或者办案机关依法变更强制措施，不再适用取保候审。在诉讼衔接过程中，如果继续取保候审，原先保证金可继续使用，如果变更，则需要退还。

相关规定

《公安规定》

第一百零一条 被取保候审人在取保候审期间，没有违反本规定第八十九条、第九十条有关规定，也没有重新故意犯罪的，或者具有本规定第一百八十六条规定的情形之一的，在解除取保候审、变更强制措施的同时，公安机关应当制作退还保证金决定书，通知银行如数退还保证金。

被取保候审人可以凭退还保证金决定书到银行领取退还的保证金。被取保候审人委托他人领取的，应当出具委托书。

第一百零二条 被取保候审人没有违反本规定第八十九条、第九十条规定，但在取保候审期间涉嫌重新故意犯罪被立案侦查的，负责执行的公安机关应当暂扣其交纳的保证金，待人民法院判决生效后，根据有关判决作出处理。

《高检规则》

第一百零六条 犯罪嫌疑人在取保候审期间没有违反刑事诉讼法第七十一条的规定，或者发现不应当追究犯罪嫌疑人刑事责任的，变更、解除或者撤销取保候审时，应当告知犯罪嫌疑人可以凭变更、解除或者撤销取保候审的通知或者有关法律文书到银行领取退还的保证金。

《高法解释》

第一百五十九条 对被取保候审的被告人的判决、裁定生效后，如果保证金属于其个人财产，且需要用以退赔被害人、履行附带民事赔偿义务或者执行财产刑的，人民法院可以书面通知公安机关移交全部保证金，由人民法院作出处理，剩余部分退还被告人。

文书格式

×××公 安 局
退还保证金决定书

×公（ ）退保字〔 〕 号

被取保候审人＿＿＿＿＿，性别＿＿，出生日期＿＿＿＿＿＿，住址＿＿＿＿
＿＿＿＿＿＿＿＿＿＿＿＿＿＿＿＿＿＿＿＿。

因被取保候审人在取保候审期间遵守有关规定，根据《中华人民共和国刑事诉讼法》第七十一条之规定，决定退还其交纳的取保候审保证金（大写）＿＿＿＿＿＿＿元。请被取保候审人持此决定书、交款凭证和本人身份证件到＿＿＿＿＿＿＿＿＿＿＿＿＿＿＿银行领取。

公安局（印）
年 月 日

××××人民检察院
退还保证金决定书

××检××退保〔20××〕×号

被取保候审人_____，性别_____，出生日期_____，住址_____。因被取保候审人在取保候审期间遵守有关规定，根据《中华人民共和国刑事诉讼法》第七十三条之规定，决定退还其交纳的取保候审保证金（大写）_____元。请被取保候审人持此决定书、交款凭证和本人身份证件到_____银行领取。

20××年××月××日

（院印）

第七十四条　监视居住的适用条件和决定、执行

人民法院、人民检察院和公安机关对符合逮捕条件，有下列情形之一的犯罪嫌疑人、被告人，可以监视居住：

（一）患有严重疾病、生活不能自理的；

（二）怀孕或者正在哺乳自己婴儿的妇女；

（三）系生活不能自理的人的唯一扶养人；

（四）因为案件的特殊情况或者办理案件的需要，采取监视居住措施更为适宜的；

（五）羁押期限届满，案件尚未办结，需要采取监视居住措施的。

对符合取保候审条件，但犯罪嫌疑人、被告人不能提出保证人，也不交纳保证金的，可以监视居住。

监视居住由公安机关执行。

条文注解

本条主要规定了监视居住的适用条件以及决定、执行机关。采取监视居住措施要同时符合以下两个方面的条件：

第一，"符合逮捕条件"。可以采取监视居住措施的犯罪嫌疑人、被告人，是符合逮捕条件的。这一规定明确了监视居住作为逮捕替代措施的性质。有关部门在适用监视居住措施的时候，首先应当审查犯罪嫌疑人、被告人是否符合逮捕条件。

第二，必须具有下列五种情形之一，才能适用监视居住。

1. "患有严重疾病、生活不能自理的"。"患有严重疾病"主要是指病情严重或生命垂危，在羁押场所内容易导致传染、羁押场所的医疗条件无法治疗该疾病需要外出就医、确需家属照料生活等情况。"生活不能自理"，是指因年老、严重残疾等导致丧失行动能力，无法照料自己的基本生活，需要他人照料的情形。规定对这两类人监视居住，有利于犯罪嫌疑人、被告人回到社会上或家庭中，尽量获得更好的医治和照顾，体现了人道主义精神。

2. "怀孕或者正在哺乳自己婴儿的妇

女"。妇女在怀孕后，生理、心理会发生变化，行动不便等也减弱了其妨碍诉讼、实施危害社会行为的能力，胎儿的正常发育也需要不同于一般人的照顾。刚出生的婴儿需要母乳喂养，初期的成长环境也会对其人生具有非常重大的塑造作用。为了有利于胎儿、婴儿的发育、成长，规定对怀孕或者正在哺乳自己婴儿的妇女监视居住，让她们及婴儿回到社会上或家庭中，得到更好的医疗和照顾，有利于刑事诉讼取得更好的社会效果。

3."系生活不能自理的人的唯一扶养人"。扶养是指家庭成员以及亲属之间依据法律所进行的共同生活、互相照顾、互相帮助的权利和义务。这里所说的"扶养"包括父母对子女的抚养和子女对老人的赡养（包括养父母子女以及具有扶养关系的继父母子女），以及配偶之间、兄弟姐妹之间的相互扶养。本条规定的适用监视居住，一是要求被扶养人丧失生活自理能力，比如因为疾病、残疾、年老丧失生活能力或者行动能力、年幼等无法照顾自己基本生活的情况。二是犯罪嫌疑人、被告人系该生活不能自理的人的唯一扶养人，即除该犯罪嫌疑人、被告人之外，没有其他人对该生活不能自理的人负有法律上的扶养义务。

4."因为案件的特殊情况或者办理案件的需要，采取监视居住措施更为适宜的"。"案件的特殊情况"一般是指案件的性质、情节等表明虽然犯罪嫌疑人、被告人符合逮捕条件，但是采取更为轻缓的强制措施不致发生社会危险性，或者采取监视居住措施能够取得更好的社会效果的情形。"办理案件的需要"是从有利于继续侦查犯罪，或者诉讼活动获得更好的社会效果出发，对本来应当逮捕的犯罪嫌疑人、被告人采取监视居住措施。比如，为抓获可能与其联系的同案犯、防止其他犯罪嫌疑人因为与其无法联系而潜逃，对犯罪嫌疑人、被告人不采取羁押措施，采取监视居住措施更为有利的。

5."羁押期限届满，案件尚未办结，需要采取监视居住措施的"。这里规定的"羁押期限"，是指本法规定的侦查羁押、审查起诉、一审、二审的期限。如果案件在法定羁押期限届满不能办结的，对于还需要继续侦查、审查核实以决定是否提起公诉或者审理，又有社会危险性，符合逮捕条件的犯罪嫌疑人、被告人，可以根据本条的规定采取监视居住措施。这样规定，有助于解决超期羁押问题。

相关规定

《高检规则》

第一百零七条

......

前款第三项中的扶养包括父母、祖父母、外祖父母对子女、孙子女、外孙子女的抚养和子女、孙子女、外孙子女对父母、祖父母、外祖父母的赡养以及配偶、兄弟姐妹之间的相互扶养。

对符合取保候审条件，但犯罪嫌疑人不能提出保证人，也不交纳保证金的，可以监视居住。

《高法解释》

第一百六十条 对具有刑事诉讼法第七十四条第一款、第二款规定情形的被告人，人民法院可以决定监视居住。

人民法院决定对被告人监视居住的，应当核实其住处；没有固定住处的，应当为其指定居所。

第一百六十一条 人民法院向被告人宣布监视居住决定后，应当将监视居住决定书等相关材料送交被告人住处或者指定居所所在地的公安机关执行。

对被告人指定居所监视居住后，人民

法院应当在二十四小时以内,将监视居住的原因和处所通知其家属;确实无法通知的,应当记录在案。

第一百六十二条 人民检察院、公安机关已经对犯罪嫌疑人取保候审、监视居住,案件起诉至人民法院后,需要继续取保候审、监视居住或者变更强制措施的,人民法院应当在七日以内作出决定,并通知人民检察院、公安机关。

决定继续取保候审、监视居住的,应当重新办理手续,期限重新计算;继续使用保证金保证的,不再收取保证金。

文书格式

×××公安局
监视居住决定书

×公（ ）监居字〔 〕 号

犯罪嫌疑人_____,性别___,出生日期_____,住址_____。

我局正在侦查_____案,因_____,根据《中华人民共和国刑事诉讼法》第_____条之规定,决定在_____对犯罪嫌疑人监视居住/指定居所监视居住,由_____负责执行,监视居住期限从_____年___月___日起算。

在监视居住期间,被监视居住人应当遵守下列规定:
一、未经执行机关批准不得离开执行监视居住的处所;
二、未经执行机关批准不得会见他人或者通信;
三、在传讯的时候及时到案;
四、不得以任何形式干扰证人作证;
五、不得毁灭、伪造证据或者串供;
六、将护照等出入境证件、身份证件、驾驶证件交执行机关保存。

如果被监视居住人违反以上规定,情节严重的,可以予以逮捕;需要予以逮捕的,可以先行拘留。

公安局（印）
年 月 日

××××人民检察院
监视居住执行通知书

××检××监〔20××〕×号

犯罪嫌疑人_____因涉嫌_____,根据《中华人民共和国刑事诉讼法》第七十

续表

四条，本院决定对其监视居住，期限从_____年___月___日起算。特通知你单位执行。

此致

_____

20××年××月××日

（院印）

注：犯罪嫌疑人_____ 性别____ 出生日期_____

公民身份证号码_____ 工作单位_____

住址_____ 联系方式_____

第七十五条 监视居住的执行程序

监视居住应当在犯罪嫌疑人、被告人的住处执行；无固定住处的，可以在指定的居所执行。对于涉嫌危害国家安全犯罪、恐怖活动犯罪，在住处执行可能有碍侦查的，经上一级公安机关批准，也可以在指定的居所执行。但是，不得在羁押场所、专门的办案场所执行。

指定居所监视居住的，除无法通知的以外，应当在执行监视居住后二十四小时以内，通知被监视居住人的家属。

被监视居住的犯罪嫌疑人、被告人委托辩护人，适用本法第三十四条的规定。

人民检察院对指定居所监视居住的决定和执行是否合法实行监督。

条文注解

为防止以监视居住名义变相羁押，避免监视居住期间刑讯逼供等行为发生，本条对监视居住的具体执行程序进行了规范。

监视居住的执行场所。住处执行为原则，指定居所监视居住为例外。指定居所监视居住的适用情形有两种，一是无固定住处，二是涉嫌危害国家安全犯罪、恐怖活动犯罪，在住处执行可能有碍侦查的。

指定居所监视居住的禁止情形。"不得在羁押场所、专门的办案场所执行"，如果在羁押场所、办案场所执行，则与逮捕无异，失去了其制度价值。同时犯罪嫌疑人、被告人面临着非法取证风险，不利于其权利保障。

指定居所监视居住，需要及时通知家属。这是为保障犯罪嫌疑人、被告人家属的知情权。时间期限为执行后二十四小时以内。

人民检察院对指定居所监视居住活动进行合法性监督。这是为了监督公安机关依法执行，避免权力滥用，保障被监视居住人的合法权利。

相关规定

《公安规定》

第一百一十一条 监视居住应当在犯罪嫌疑人、被告人住处执行;无固定住处的,可以在指定的居所执行。对于涉嫌危害国家安全犯罪、恐怖活动犯罪,在住处执行可能有碍侦查的,经上一级公安机关批准,也可以在指定的居所执行。

有下列情形之一的,属于本条规定的"有碍侦查":

(一)可能毁灭、伪造证据,干扰证人作证或者串供的;

(二)可能引起犯罪嫌疑人自残、自杀或者逃跑的;

(三)可能引起同案犯逃避、妨碍侦查的;

(四)犯罪嫌疑人、被告人在住处执行监视居住有人身危险的;

(五)犯罪嫌疑人、被告人的家属或者所在单位人员与犯罪有牵连的。

指定居所监视居住的,不得要求被监视居住人支付费用。

第一百一十二条 固定住处,是指被监视居住人在办案机关所在的市、县内生活的合法住处;指定的居所,是指公安机关根据案件情况,在办案机关所在的市、县内为被监视居住人指定的生活居所。

指定的居所应当符合下列条件:

(一)具备正常的生活、休息条件;

(二)便于监视、管理;

(三)保证安全。

公安机关不得在羁押场所、专门的办案场所或者办公场所执行监视居住。

第一百一十三条 指定居所监视居住的,除无法通知的以外,应当制作监视居住通知书,在执行监视居住后二十四小时以内,由决定机关通知被监视居住人的家属。

有下列情形之一的,属于本条规定的"无法通知":

(一)不讲真实姓名、住址、身份不明的;

(二)没有家属的;

(三)提供的家属联系方式无法取得联系的;

(四)因自然灾害等不可抗力导致无法通知的。

无法通知的情形消失以后,应当立即通知被监视居住人的家属。

无法通知家属的,应当在监视居住通知书中注明原因。

第一百一十七条 公安机关决定监视居住的,由被监视居住人住处或者指定居所所在地的派出所执行,办案部门可以协助执行。必要时,也可以由办案部门负责执行,派出所或者其他部门协助执行。

第一百一十八条 人民法院、人民检察院决定监视居住的,负责执行的县级公安机关应当在收到法律文书和有关材料后二十四小时以内,通知被监视居住人住处或者指定居所所在地的派出所,核实被监视居住人身份、住处或者居所等情况后执行。必要时,可以由人民法院、人民检察院协助执行。

负责执行的派出所应当及时将执行情况通知决定监视居住的机关。

《高检规则》

第一百零八条 人民检察院应当向被监视居住的犯罪嫌疑人宣读监视居住决定书,由犯罪嫌疑人签名或者盖章,并捺指印,责令犯罪嫌疑人遵守刑事诉讼法第七十七条的规定,告知其违反规定应负的法律责任。

指定居所监视居住的,不得要求被监视居住人支付费用。

第一百一十六条 监视居住应当在犯罪嫌疑人的住处执行。犯罪嫌疑人无固定住处的,可以在指定的居所执行。

固定住处是指犯罪嫌疑人在办案机关所在地的市、县内工作、生活的合法居所。

指定的居所应当符合下列条件：

（一）具备正常的生活、休息条件；

（二）便于监视、管理；

（三）能够保证安全。

采取指定居所监视居住,不得在看守所、拘留所、监狱等羁押、监管场所以及留置室、讯问室等专门的办案场所、办公区域执行。

第一百一十七条 在指定的居所执行监视居住,除无法通知的以外,人民检察院应当在执行监视居住后二十四小时以内,将指定居所监视居住的原因通知被监视居住人的家属。无法通知的,应当将原因写明附卷。无法通知的情形消除后,应当立即通知。

无法通知包括下列情形：

（一）被监视居住人无家属；

（二）与其家属无法取得联系；

（三）受自然灾害等不可抗力阻碍。

第一百一十八条 对于公安机关、人民法院决定指定居所监视居住的案件,由批准或者决定的公安机关、人民法院的同级人民检察院负责捕诉的部门对决定是否合法实行监督。

人民检察院决定指定居所监视居住的案件,由负责控告申诉检察的部门对决定是否合法实行监督。

第一百一十九条 被指定居所监视居住人及其法定代理人、近亲属或者辩护人认为指定居所监视居住决定存在违法情形,提出控告或者举报的,人民检察院应当受理。

人民检察院可以要求有关机关提供指定居所监视居住决定书和相关案卷材料。经审查,发现存在下列违法情形之一的,应当及时通知其纠正：

（一）不符合指定居所监视居住的适用条件的；

（二）未按法定程序履行批准手续的；

（三）在决定过程中有其他违反刑事诉讼法规定的行为的。

第一百二十条 对于公安机关、人民法院决定指定居所监视居住的案件,由人民检察院负责刑事执行检察的部门对指定居所监视居住的执行活动是否合法实行监督。发现存在下列违法情形之一的,应当及时提出纠正意见：

（一）执行机关收到指定居所监视居住决定书、执行通知书等法律文书后不派员执行或者不及时派员执行的；

（二）在执行指定居所监视居住后二十四小时以内没有通知被监视居住人的家属的；

（三）在羁押场所、专门的办案场所执行监视居住的；

（四）为被监视居住人通风报信、私自传递信件、物品的；

（五）违反规定安排辩护人同被监视居住人会见、通信,或者违法限制被监视居住人与辩护人会见、通信的；

（六）对被监视居住人刑讯逼供、体罚、虐待或者变相体罚、虐待的；

（七）有其他侵犯被监视居住人合法权利行为或者其他违法行为的。

被监视居住人及其法定代理人、近亲属或者辩护人认为执行机关或者执行人员存在上述违法情形,提出控告或者举报的,人民检察院应当受理。

人民检察院决定指定居所监视居住的案件,由负责控告申诉检察的部门对指定居所监视居住的执行活动是否合法实行监督。

文书格式

```
×××公 安 局
指定居所监视居住通知书
                    ×公（  ）监通字〔    〕    号
_____：
    根据《中华人民共和国刑事诉讼法》第七十五条之规定，我局已于_____年___
月___日___时对涉嫌_____罪的_____（性别_____，
出生日期_____，住址_____）执
行指定居所监视居住。

                                        公安局（印）
                                          年  月  日
```

```
××××人民检察院
指定居所监视居住执行通知书
                    ××检××指监〔20××〕×号
    犯罪嫌疑人_____因涉嫌_____，根据《中华人民共和国刑事诉讼法》第七
十四条、第七十五条，本院决定对其指定居所监视居住，期限从_____年___月___日
起算。特通知你单位执行。
    此致

                                    20××年××月××日
                                         （院印）

    注：犯罪嫌疑人_____性别____出生日期_____
    公民身份证号码_____工作单位_____
    住址_____联系方式_____
```

第七十六条　指定居所监视居住期限的刑期折抵

指定居所监视居住的期限应当折抵刑期。被判处管制的，监视居住一日折抵刑期一日；被判处拘役、有期徒刑的，监视居住二日折抵刑期一日。

条文注解

指定居所监视居住作为限制或者剥夺人身自由的措施，本身不属于刑罚，因此在判处刑罚时应当进行折抵。

与刑罚强度相比较，指定居所监视居住与管制的强度相似，但低于拘役、有期徒刑。因此，两者在折抵刑期上存在差异。

相关规定

《刑法》（2020 年 12 月 26 日修正）

第四十一条　管制的刑期，从判决执行之日起计算；判决执行以前先行羁押的，羁押一日折抵刑期二日。

第四十四条　拘役的刑期，从判决执行之日起计算；判决执行以前先行羁押的，羁押一日折抵刑期一日。

第四十七条　有期徒刑的刑期，从判决执行之日起计算；判决执行以前先行羁押的，羁押一日折抵刑期一日。

第七十七条　监视居住的规定及违反后果

被监视居住的犯罪嫌疑人、被告人应当遵守以下规定：

（一）未经执行机关批准不得离开执行监视居住的处所；

（二）未经执行机关批准不得会见他人或者通信；

（三）在传讯的时候及时到案；

（四）不得以任何形式干扰证人作证；

（五）不得毁灭、伪造证据或者串供；

（六）将护照等出入境证件、身份证件、驾驶证件交执行机关保存。

被监视居住的犯罪嫌疑人、被告人违反前款规定，情节严重的，可以予以逮捕；需要予以逮捕的，可以对犯罪嫌疑人、被告人先行拘留。

条文注解

本条分为两款。第一款明确了被监视居住人应当遵守的六项规定：

第一，"未经执行机关批准不得离开执行监视居住的处所。"这里规定的"执行监视居住的处所"，主要包括两种情况，一是被监视居住的犯罪嫌疑人、被告人在办案机关所在的市、县内学习、生活、工作的合法住所；二是根据本法第七十五条规定，由办案机关为犯罪嫌疑人、被告人指定的居所。被监视居住人有正当理由要求离开住处或者指定的处所的，应当经执行机关批准。如果是人民法院、人民检察院决定的监视居住，公安机关在作出决定前，应当征得原决定机关同意。

第二，"未经执行机关批准不得会见他人或者通信"，是指被监视居住人未经执行机关批准，不得会见除与自己居住在一起的家庭成员和所聘请的辩护律师、辩护人以外的其他人，也不得与这些人以外的其他人通信。这里规定的"通信"除了一般的信件往来外，也包括通过新的通信方式，如：通过电话、传真、电子邮件、手机短信等进行的沟通和交流。执行机关对被监视居住的犯罪嫌疑人、被告人，可以采取电子监控、不定期检查等监视方法对其遵守监视居住规定的情况进行监督；在侦查期间，可以对被监视居住的犯罪嫌疑人的通信进行监控。

第三，"在传讯的时候及时到案"，即被监视居住人应随传随到。由于犯罪嫌疑人、被告人未被羁押，司法机关多用传讯方式通知他们到案，被监视居住人在接到传讯后应当及时到案，才能保证刑事诉讼活动的顺利进行。"到案"是指犯罪嫌疑人、被告人根据司法机关的要求，主动到司法机关或者其指定的地点接受讯问、审判等。

第四，"不得以任何形式干扰证人作证"，即被监视居住人不得以口头、书面或者以暴力、威胁、恫吓、引诱、收买证人等形式阻挠证人作证或者不如实作证,也不得指使他人采取这些方式阻挠证人作证或者不如实作证。

第五,"不得毁灭、伪造证据或者串供",即被监视居住人不得利用自己未被羁押的便利条件,隐匿、销毁、伪造与案件有关的证据材料或者串供,或者指使他人采取这些方式毁灭、伪造证据或者串供。"毁灭证据",是指采取积极行动隐匿证据,阻碍司法机关查明案情的行为,包括销毁已经存在的证据,或者将证据转移隐藏的行为等。"伪造证据",是指制造假的证据、对证据进行变造等改变证据本来特征和信息等,以便推脱自己责任,逃避追究。"串供",是指被监视居住人利用自己未被羁押的便利条件与其他同案犯建立攻守同盟、统一口径等。

第六,将护照等出入境证件、身份证件、驾驶证件交执行机关保存。这一规定的目的是限制或者防止被监视居住人离境或逃匿,保证诉讼活动的顺利进行。

第二款规定,被监视居住人如果违背上述六项规定,给司法机关的诉讼活动造成了干扰或者增加了困难,严重妨碍了诉讼活动的正常进行,就属于"情节严重"。比如,故意实施新的犯罪行为的;企图自杀、逃跑、逃避侦查、审查起诉的;实施毁灭、伪造证据或者串供、干扰证人作证行为,足以影响侦查、审查起诉工作正常进行的;未经批准,擅自离开住处或者指定的居所、擅自会见他人、经传讯不到案等造成严重后果的等。对于情节严重的,可以对其予以逮捕;如果违反规定情节较轻,可以继续对其监视居住。

> **相关规定**
>
> 《高检规则》
>
> **第一百零九条** 人民检察院核实犯罪嫌疑人住处或者为其指定居所后,应当制作监视居住执行通知书,将有关法律文书和案由、犯罪嫌疑人基本情况材料,送交监视居住地的公安机关执行,必要时人民检察院可以协助公安机关执行。
>
> 人民检察院应当告知公安机关在执行期间拟批准犯罪嫌疑人离开执行监视居住的处所、会见他人或者通信的,应当事先征得人民检察院同意。

第七十八条 监视居住的监督措施

> 执行机关对被监视居住的犯罪嫌疑人、被告人,可以采取电子监控、不定期检查等监视方法对其遵守监视居住规定的情况进行监督;在侦查期间,可以对被监视居住的犯罪嫌疑人的通信进行监控。

> **条文注解**
>
> 电子监控,是指采取在被监视居住人身上或者住所内安装电子定位装置等电子科技手段对其行踪进行的监视。应当注意:其一,这些措施只能涉及被监视居住人本人,不能对其家人也进行电子监控;其二,在侦查阶段为了对被监视居住人进行监督管理,可以采取通信监控的方式。如果需要采取监控通信的方式侦破犯罪,要根据技术侦查有关规定,经过严格的批准手续,根据批准的措施种类、对象和期限执行。

> **相关规定**
>
> 《高检规则》
>
> **第一百一十条** 人民检察院可以根据案件的具体情况,商请公安机关对被监视

居住的犯罪嫌疑人采取电子监控、不定期检查等监视方法，对其遵守监视居住规定的情况进行监督。

人民检察院办理直接受理侦查的案件对犯罪嫌疑人采取监视居住的，在侦查期间可以商请公安机关对其通信进行监控。

第一百一十一条 犯罪嫌疑人有下列违反监视居住规定的行为，人民检察院应当对犯罪嫌疑人予以逮捕：

（一）故意实施新的犯罪行为；

（二）企图自杀、逃跑；

（三）实施毁灭、伪造证据或者串供、干扰证人作证行为，足以影响侦查、审查起诉工作正常进行；

（四）对被害人、证人、鉴定人、举报人、控告人及其他人员实施打击报复。

犯罪嫌疑人有下列违反监视居住规定的行为，人民检察院可以对犯罪嫌疑人予以逮捕：

（一）未经批准，擅自离开执行监视居住的处所，造成严重后果，或者两次未经批准，擅自离开执行监视居住的处所；

（二）未经批准，擅自会见他人或者通信，造成严重后果，或者两次未经批准，擅自会见他人或者通信；

（三）经传讯不到案，造成严重后果，或者经两次传讯不到案。

有前两款情形，需要对犯罪嫌疑人予以逮捕的，可以先行拘留。

《公安规定》

第一百一十六条 公安机关对被监视居住人，可以采取电子监控、不定期检查等监视方法对其遵守监视居住规定的情况进行监督；在侦查期间，可以对被监视居住的犯罪嫌疑人的电话、传真、信函、邮件、网络等通信进行监控。

第一百一十九条 负责执行监视居住的派出所或者办案部门应当严格对被监视居住人进行监督考察，确保安全。

第一百二十条 被监视居住人有正当理由要求离开住处或者指定的居所以及要求会见他人或者通信的，应当经负责执行的派出所或者办案部门负责人批准。

人民法院、人民检察院决定监视居住的，负责执行的派出所在批准被监视居住人离开住处或者指定的居所以及与他人会见或者通信前，应当征得决定监视居住的机关同意。

第一百二十一条 被监视居住人违反应当遵守的规定，公安机关应当区分情形责令被监视居住人具结悔过或者给予治安管理处罚。情节严重的，可以予以逮捕；需要予以逮捕的，可以对其先行拘留。

人民法院、人民检察院决定监视居住的，被监视居住人违反应当遵守的规定，负责执行的派出所应当及时通知决定监视居住的机关。

第七十九条　取保候审、监视居住的法定期限及解除

人民法院、人民检察院和公安机关对犯罪嫌疑人、被告人取保候审最长不得超过十二个月，监视居住最长不得超过六个月。

在取保候审、监视居住期间，不得中断对案件的侦查、起诉和审理。对于发现不应当追究刑事责任或者取保候审、监视居住期限届满的，应当及时解除取保候审、监视居住。解除取保候审、监视居住，应当及时通知被取保候审、监视居住人和有关单位。

条文注解

最长期限限制，即取保候审最长不得超过十二个月，监视居住最长不得超过六个月。办案机关在各自诉讼阶段，不得重复采取取保候审、监视居住措施来变相延长期限。

适用期限仅限于本诉讼阶段，到下一诉讼阶段自动阻断，不能顺延到下一阶段。公安机关移送审查起诉后，人民检察院提起公诉后，都应当分别重新办理取保候审、监视居住手续，并重新计算期限，且期限不能累计计算。

取保候审、监视居住的解除条件是"不应当追究刑事责任"，指犯罪嫌疑人、被告人具有本法第十六条规定的不追究刑事责任的情形。

相关规定

《高检规则》

第一百零二条 人民检察院决定对犯罪嫌疑人取保候审，最长不得超过十二个月。

第一百零三条 公安机关决定对犯罪嫌疑人取保候审，案件移送人民检察院审查起诉后，对于需要继续取保候审的，人民检察院应当依法重新作出取保候审决定，并对犯罪嫌疑人办理取保候审手续。取保候审的期限应当重新计算并告知犯罪嫌疑人。对继续采取保证金方式取保候审的，被取保候审人没有违反刑事诉讼法第七十一条规定的，不变更保证金数额，不再重新收取保证金。

第一百零四条 在取保候审期间，不得中断对案件的侦查、审查起诉。

第一百零五条 取保候审期限届满或者发现不应当追究犯罪嫌疑人的刑事责任的，应当及时解除或者撤销取保候审。

解除或者撤销取保候审的决定，应当及时通知执行机关，并将解除或者撤销取保候审的决定书送达犯罪嫌疑人；有保证人的，应当通知保证人解除保证义务。

第一百零六条 犯罪嫌疑人在取保候审期间没有违反刑事诉讼法第七十一条的规定，或者发现不应当追究犯罪嫌疑人刑事责任的，变更、解除或者撤销取保候审时，应当告知犯罪嫌疑人可以凭变更、解除或者撤销取保候审的通知或者有关法律文书到银行领取退还的保证金。

第一百一十二条 人民检察院决定对犯罪嫌疑人监视居住，最长不得超过六个月。

第一百一十三条 公安机关决定对犯罪嫌疑人监视居住，案件移送人民检察院审查起诉后，对于需要继续监视居住的，人民检察院应当依法重新作出监视居住决定，并对犯罪嫌疑人办理监视居住手续。监视居住的期限应当重新计算并告知犯罪嫌疑人。

第一百一十四条 在监视居住期间，不得中断对案件的侦查、审查起诉。

第一百一十五条 监视居住期限届满或者发现不应当追究犯罪嫌疑人刑事责任的，应当解除或者撤销监视居住。

解除或者撤销监视居住的决定应当通知执行机关，并将解除或者撤销监视居住的决定书送达犯罪嫌疑人。

《公安规定》

第一百二十二条 在监视居住期间，公安机关不得中断案件的侦查，对被监视居住的犯罪嫌疑人，应当根据案情变化，及时解除监视居住或者变更强制措施。

监视居住最长不得超过六个月。

第一百二十三条 需要解除监视居住的，应当经县级以上公安机关负责人批准，制作解除监视居住决定书，并及时通知负责执行的派出所、被监视居住人和有关单位。

人民法院、人民检察院作出解除、变更监视居住决定的，负责执行的公安机关应当及时解除并通知被监视居住人和有关单位。

文书格式

```
×××公安局
解除取保候审决定书
                        ×公（ ）解保字〔　〕　号
被取保候审人_____，性别____，出生日期_____，住址_____
_____。
我局于____年____月____日起对其执行取保候审，现因_____
_____，根据《中华人民共和国刑事诉讼法》第七十
九条第二款之规定，决定予以解除。
                                              公安局（印）
                                                年　月　日
```

```
×××公安局
解除监视居住决定书
                        ×公（ ）解监字〔　〕　号
被监视居住人_____，性别____，出生日期_____，住址_____
_____。
我局于____年____月____日决定对其监视居住，现因_____
_____，根据《中华人民共和国刑事诉讼法》第七十九条第二款
之规定，决定予以解除。
                                              公安局（印）
                                                年　月　日
```

第八十条　逮捕的批准、决定和执行

逮捕犯罪嫌疑人、被告人，必须经过人民检察院批准或者人民法院决定，由公安机关执行。

条文注解

逮捕的批准权、决定权与执行权相分离，这是刑事诉讼制度的一项重要原则，也是公检法机关分工负责、互相配合、互相制约基本原则的体现。

逮捕的批准权由检察院行使。公安机关制作提请批准逮捕决定书，报请检察院审查批捕。逮捕的决定权由检察院、法院在各自诉讼阶段分别行使。

人民检察院决定逮捕有两种情形：一是公安机关移送审查起诉后，检察院认为应当逮捕，可依职权采取逮捕措施；二是检察院自侦案件中，认为需要逮捕犯罪嫌疑人的。

人民法院决定逮捕也有两种情形：一是审判阶段，对未予逮捕的被告人，法院认为应当逮捕；二是对自诉案件被告人，

法院认为有逮捕必要的,可以决定逮捕。

相关规定

《高检规则》

第一百四十八条 人民检察院对担任县级以上各级人民代表大会代表的犯罪嫌疑人决定采取拘传、取保候审、监视居住、拘留、逮捕强制措施的,应当报请该代表所属的人民代表大会主席团或者常务委员会许可。

人民检察院对担任本级人民代表大会代表的犯罪嫌疑人决定采取强制措施的,应当报请本级人民代表大会主席团或者常务委员会许可。

对担任上级人民代表大会代表的犯罪嫌疑人决定采取强制措施的,应当层报该代表所属的人民代表大会同级的人民检察院报请许可。

对担任下级人民代表大会代表的犯罪嫌疑人决定采取强制措施的,可以直接报请该代表所属的人民代表大会主席团或者常务委员会许可,也可以委托该代表所属的人民代表大会同级的人民检察院报请许可。

对担任两级以上的人民代表大会代表的犯罪嫌疑人决定采取强制措施的,分别依照本条第二、三、四款的规定报请许可。

对担任办案单位所在省、市、县(区)以外的其他地区人民代表大会代表的犯罪嫌疑人决定采取强制措施的,应当委托该代表所属的人民代表大会同级的人民检察院报请许可;担任两级以上人民代表大会代表的,应当分别委托该代表所属的人民代表大会同级的人民检察院报请许可。

对于公安机关提请人民检察院批准逮捕的案件,犯罪嫌疑人担任人民代表大会代表的,报请许可手续由公安机关负责办理。

担任县级以上人民代表大会代表的犯罪嫌疑人,经报请该代表所属人民代表大会主席团或者常务委员会许可后被刑事拘留的,适用逮捕措施时不需要再次报请许可。

第一百四十九条 担任县级以上人民代表大会代表的犯罪嫌疑人因现行犯被人民检察院拘留的,人民检察院应当立即向该代表所属的人民代表大会主席团或者常务委员会报告。报告的程序参照本规则第一百四十八条报请许可的程序规定。

对担任乡、民族乡、镇的人民代表大会代表的犯罪嫌疑人决定采取强制措施的,由县级人民检察院向乡、民族乡、镇的人民代表大会报告。

文书格式

```
                ×××公 安 局
                  逮 捕 证
                           ×公( )捕字〔    〕号
   根据《中华人民共和国刑事诉讼法》第八十条之规定,经_____批准/决
定,兹由我局对涉嫌_____罪的_____(性别____,出生
日期_____,住址_____)执行
逮捕,送_____看守所羁押。
```

续表

公安局（印） 年　月　日 　　本证已于_____年___月___日_____时向我宣布。 　　被逮捕人：　　　　（捺指印） 　　本证副本已收到，被逮捕人_____已于___年___月___日送至我所（如先行拘留的，填写拘留后羁押时间）。 　　接收民警： 看守所（印） 年　月　日

×××公安局 逮捕通知书 ×公（　）捕通字〔　　〕　号 _____： 　　经_____批准，我局于_____年___月___日___时对涉嫌_____罪的_____执行逮捕，现羁押在_____看守所。 公安局（印） 年　月　日 　　注：看守所地址_____

××××人民检察院 逮捕意见书 ××检××捕意〔20××〕×号 _____：（××××人民检察院负责捕诉的部门名称） 　　本院立案侦查的犯罪嫌疑人×××涉嫌×××一案，根据刑事诉讼法及其他有关规定，现移送你部门审查决定逮捕。 　　犯罪嫌疑人×××（写姓名、性别、出生年月日、公民身份证号码、民族、政治面貌、籍贯、文化程度、单位、职务、住址、是否受过行政、刑事处罚、是否患有影响羁押的疾病、因本案被采取强制措施的情况及羁押场所，是否人大代表、政协委员，并写明是否已按照规定报请许可逮捕或者报告情况）。 　　犯罪嫌疑人×××涉嫌×××一案，……（具体写明发案、立案、破案过程，犯罪嫌疑人归案情况）。 　　经依法侦查查明：

续表

>　　……（概括叙述经侦查认定的犯罪事实。应围绕刑事诉讼法规定的逮捕条件，简明扼要叙述。对于只有一名犯罪嫌疑人的案件，犯罪嫌疑人实施多次犯罪的事实应逐一列举，同时触犯数个罪名的犯罪事实应按主次顺序分别列举；对于共同犯罪案件，按犯罪嫌疑人的主从顺序，写明犯罪嫌疑人的共同犯罪事实以及各自的地位和作用）。
>　　认定上述事实及有社会危险性的证据如下：
>　　……（分列证据，说明社会危险性）。
>　　本院认为，犯罪嫌疑人×××（简单说明罪状），其行为已触犯《中华人民共和国刑法》第×××条的规定，涉嫌×××犯罪，符合逮捕条件，根据《中华人民共和国刑事诉讼法》第八十一条、第一百六十五条、第一百六十七条的规定，特移送你部门审查决定逮捕。
>
>　　　　　　　　　　　　　　　20××年××月××日
>　　　　　　　　　　　　　　　（负责侦查的部门 印）
>
>　附：1. 本案卷宗____卷____页。
>　　　2. 讯问犯罪嫌疑人录音录像资料_____份。

第八十一条　逮捕适用条件

对有证据证明有犯罪事实，可能判处徒刑以上刑罚的犯罪嫌疑人、被告人，采取保候审尚不足以防止发生下列社会危险性的，应当予以逮捕：

（一）可能实施新的犯罪的；

（二）有危害国家安全、公共安全或者社会秩序的现实危险的；

（三）可能毁灭、伪造证据，干扰证人作证或者串供的；

（四）可能对被害人、举报人、控告人实施打击报复的；

（五）企图自杀或者逃跑的。

批准或者决定逮捕，应当将犯罪嫌疑人、被告人涉嫌犯罪的性质、情节，认罪认罚等情况，作为是否可能发生社会危险性的考虑因素。

对有证据证明有犯罪事实，可能判处十年有期徒刑以上刑罚的，或者有证据证明有犯罪事实，可能判处徒刑以上刑罚，曾经故意犯罪或者身份不明的，应当予以逮捕。

被取保候审、监视居住的犯罪嫌疑人、被告人违反取保候审、监视居住规定，情节严重的，可以予以逮捕。

条文注解

本条分为四款。第一款是对一般逮捕条件的规定，第二款是社会危险性因素的考量因素。根据这两款规定，逮捕应同时具备三个条件：

第一，证据要件，即"有证据证明有犯罪事实"。一般指同时具备下列情形：其一，有证据证明发生了犯罪事实；其二，有证据证明犯罪事实是犯罪嫌疑人实施的。"有证据证明有犯罪事实"，并不要求查清全部犯罪事实。其中"犯罪事实"既可以是单一犯罪行为的事实,也可以是数个犯罪行为中任何一个犯罪行为的事实。这就是说,只要有本法规定的物证、书证、证人证言、被害人陈述、犯罪嫌疑人的供述和辩解、鉴定意见、勘验、检查辨认、侦查实验等笔录、视听资料、电子数据等证据中的任何一种证据能证明犯罪嫌疑人、被告人实施了犯罪行为,就达到了逮捕的证据要件,不需要达到"事实清楚,证据确实、充分"的程度。

第二,罪行要件,即对犯罪嫌疑人、被告人所实施的犯罪行为有可能判处徒刑以上刑罚。刑罚的轻重反映出犯罪嫌疑人、被告人的主观恶性、社会危险性,也与其逃避或者妨碍诉讼的可能之间存在很大正相关关系。以刑罚为标准可以有效衡量犯罪嫌疑人、被告人妨碍诉讼、逃避刑罚执行的可能性。一般来说,将较轻的犯罪排除在羁押范围以外,对于法定刑较低或者可能判处较轻刑罚的犯罪,不采取羁押措施,有利于限制羁押措施的过多适用,也不会妨碍刑事诉讼活动的顺利进行。羁押措施要遵循比例性原则,即是否羁押以及羁押时间要与所追究犯罪行为的严重程度相适应。

第三,社会危险性要件。社会危险性是指犯罪嫌疑人、被告人继续实施对社会造成危害的行为的可能。第一款明确规定了五种社会危险性的情形:

1. "可能实施新的犯罪的"。一方面,从其已经实施的犯罪所体现的主观恶性和犯罪习性进行考察,比如是否是惯犯、流窜犯等已经养成习性的罪犯,是否曾经被判处过刑罚,是否属于累犯,被指控的犯罪是否属于过失犯罪等各方面的因素确定。另一方面,如果有一定的证据证明犯罪嫌疑人、被告人已经开始策划、预备实施某种犯罪的,也可以认定为可能实施新的犯罪。

2. "有危害国家安全、公共安全或者社会秩序的现实危险的"。危害国家安全、公共安全或者社会秩序的行为,涉及国家的安全或者不特定多数人的人身、财产安全以及社会秩序和稳定等,对于具有这种现实危险的犯罪嫌疑人、被告人,在采取强制措施时,应当慎重考虑。如果有一定的证据或者迹象表明犯罪嫌疑人、被告人正在积极策划、组织或者进行准备,极有可能实施这类犯罪行为,为了维护国家安全和稳定,维护公共安全和社会秩序,就需要根据本条规定采取逮捕措施。

3. "可能毁灭、伪造证据,干扰证人作证或者串供的"。即采取积极行动毁灭证据,包括销毁已经存在的证据,制造假的证据或者对证据进行伪造、变造等改变证据本来特征和信息;利用自己未被羁押的便利条件与其他同案犯建立攻守同盟、统一口径;以口头、书面或者以暴力、威胁、恫吓、引诱、收买证人等形式对共同被告人、证人或者专家证人施加不当影响,阻挠证人作证或者不如实作证,或者指使、威胁、贿赂他人采取这些方式阻挠证人作证或者不如实作证,从而危及对事实真相的查明,使刑事侦查和审判等诉讼活动难以进行的。

4. "可能对被害人、举报人、控告人实施打击报复的"。保护被害人、举报人、控告人,不受打击报复,不仅有利于鼓励群众同犯罪作斗争,也有利于及时发现案件的真相。这里的打击报复,包括采取暴力方法进行的伤害或者意图伤害行为,也包括对被害人、举报人、控告人进行威胁、恐吓,对其人格、名誉进行的诋毁、攻击,或者利用职权等进行的刁难、要挟、迫害等。

5. "企图自杀或者逃跑的"。在刑事诉讼中，为了保障诉讼的顺利进行，保障法院的判决得到执行，犯罪嫌疑人、被告人到案、接受讯问和审判是必要条件之一。犯罪嫌疑人、被告人在被追诉以后自杀、逃脱或者隐藏，本身已经说明不采取控制措施，刑事追诉就可能会因为其逃避行为而受阻。因此，对于企图自杀或者逃跑的犯罪嫌疑人、被告人，可以采取逮捕措施。

第三款是对犯罪嫌疑人、被告人可以迳行逮捕的特殊规定。为了保护国家、社会、公共安全，保障诉讼活动的顺利进行，对于犯罪嫌疑人、被告人涉嫌犯罪重大，或者有证据表明其曾经犯罪，实施过危害国家、社会安全，干扰诉讼顺利进行的行为的，或者身份不明不采取逮捕措施逃跑后就无法查找的，就需要采取切实措施防止其妨碍诉讼，危害社会。本款规定的应当逮捕，主要包括三种情况：一是罪责严重情形，即有证据证明有犯罪事实，可能判处十年有期徒刑以上刑罚的情况。根据我国刑法的规定，判处十年有期徒刑以上刑罚的都是严重的犯罪，有必要对这些犯罪嫌疑人、被告人予以逮捕。二是再犯情形，即有证据证明有犯罪事实，可能判处有期徒刑以上刑罚，且曾经故意犯罪。从刑法上来说，再犯一般都表明罪犯具有较强烈的反社会心理属性和较大的社会危险性，曾经故意犯罪的情况本身就已经表明了这种社会危险性的存在。三是逃避追究情形，即有证据证明有犯罪事实，可能判处徒刑以上刑罚，且身份不明。身份不明的犯罪嫌疑人、被告人，有极大可能被逃避追究的心理驱使而拒绝向办案机关承认自己的真实身份、住址等信息，导致身份无法查明，因此有必要对这类犯罪嫌疑人、被告人予以羁押。

第四款是对违反取保候审、监视居住规定的犯罪嫌疑人、被告人采取逮捕措施的条件规定。犯罪嫌疑人、被告人违反了本法关于取保候审、监视居住的规定，就表明被告人具有本条第一款规定的社会危险性。如果存在本条第一款规定的五种社会危险性情形，给司法机关的诉讼活动造成了干扰或者增加了困难，或者严重妨碍了审判活动的正常进行，就属于"情节严重"，应当对其予以逮捕。

相关规定

《公安规定》
第一百三十三条
......
公安机关在根据第一款的规定提请人民检察院审查批准逮捕时，应当对犯罪嫌疑人具有社会危险性说明理由。

第一百三十四条 有证据证明有犯罪事实，是指同时具备下列情形：
（一）有证据证明发生了犯罪事实；
（二）有证据证明该犯罪事实是犯罪嫌疑人实施的；
（三）证明犯罪嫌疑人实施犯罪行为的证据已有查证属实的。
前款规定的"犯罪事实"既可以是单一犯罪行为的事实，也可以是数个犯罪行为中任何一个犯罪行为的事实。

第一百三十五条 被取保候审人违反取保候审规定，具有下列情形之一的，可以提请批准逮捕：
（一）涉嫌故意实施新的犯罪行为的；
（二）有危害国家安全、公共安全或者社会秩序的现实危险的；
（三）实施毁灭、伪造证据或者干扰证人作证、串供行为，足以影响侦查工作正常进行的；
（四）对被害人、举报人、控告人实施打击报复的；
（五）企图自杀、逃跑，逃避侦查的；

（六）未经批准，擅自离开所居住的市、县，情节严重的，或者两次以上未经批准，擅自离开所居住的市、县的；

（七）经传讯无正当理由不到案，情节严重的，或者经两次以上传讯不到案的；

（八）违反规定进入特定场所、从事特定活动或者与特定人员会见、通信两次以上的。

第一百三十六条 被监视居住人违反监视居住规定，具有下列情形之一的，可以提请批准逮捕：

（一）涉嫌故意实施新的犯罪行为的；

（二）实施毁灭、伪造证据或者干扰证人作证、串供行为，足以影响侦查工作正常进行的；

（三）对被害人、举报人、控告人实施打击报复的；

（四）企图自杀、逃跑，逃避侦查的；

（五）未经批准，擅自离开执行监视居住的处所，情节严重的，或者两次以上未经批准，擅自离开执行监视居住的处所的；

（六）未经批准，擅自会见他人或者通信，情节严重的，或者两次以上未经批准，擅自会见他人或者通信的；

（七）经传讯无正当理由不到案，情节严重的，或者经两次以上传讯不到案的。

《高法解释》

第一百六十三条 对具有刑事诉讼法第八十一条第一款、第三款规定情形的被告人，人民法院应当决定逮捕。

第一百六十四条 被取保候审的被告人具有下列情形之一的，人民法院应当决定逮捕：

（一）故意实施新的犯罪的；

（二）企图自杀或者逃跑的；

（三）毁灭、伪造证据，干扰证人作证或者串供的；

（四）打击报复、恐吓滋扰被害人、证人、鉴定人、举报人、控告人等的；

（五）经传唤，无正当理由不到案，影响审判活动正常进行的；

（六）擅自改变联系方式或者居住地，导致无法传唤，影响审判活动正常进行的；

（七）未经批准，擅自离开所居住的市、县，影响审判活动正常进行，或者两次未经批准，擅自离开所居住的市、县的；

（八）违反规定进入特定场所、与特定人员会见或者通信、从事特定活动，影响审判活动正常进行，或者两次违反有关规定的；

（九）依法应当决定逮捕的其他情形。

第一百六十五条 被监视居住的被告人具有下列情形之一的，人民法院应当决定逮捕：

（一）具有前条第一项至第五项规定情形之一的；

（二）未经批准，擅自离开执行监视居住的处所，影响审判活动正常进行，或者两次未经批准，擅自离开执行监视居住的处所的；

（三）未经批准，擅自会见他人或者通信，影响审判活动正常进行，或者两次未经批准，擅自会见他人或者通信的；

（四）对因患有严重疾病、生活不能自理，或者因怀孕、正在哺乳自己婴儿而未予逮捕的被告人，疾病痊愈或者哺乳期已满的；

（五）依法应当决定逮捕的其他情形。

第一百六十六条 对可能判处徒刑以下刑罚的被告人，违反取保候审、监视居住规定，严重影响诉讼活动正常进行的，可以决定逮捕。

《高检规则》

第一百二十八条 人民检察院对有证据证明有犯罪事实，可能判处徒刑以上刑罚的犯罪嫌疑人，采取取保候审尚不足以防止发生下列社会危险性的，应当批准或者决定逮捕：

（一）可能实施新的犯罪的；

（二）有危害国家安全、公共安全或者社会秩序的现实危险的；

（三）可能毁灭、伪造证据，干扰证人作证或者串供的；

（四）可能对被害人、举报人、控告人实施打击报复的；

（五）企图自杀或者逃跑的。

有证据证明有犯罪事实是指同时具备下列情形：

（一）有证据证明发生了犯罪事实；

（二）有证据证明该犯罪事实是犯罪嫌疑人实施的；

（三）证明犯罪嫌疑人实施犯罪行为的证据已经查证属实。

犯罪事实既可以是单一犯罪行为的事实，也可以是数个犯罪行为中任何一个犯罪行为的事实。

第一百二十九条 犯罪嫌疑人具有下列情形之一的，可以认定为"可能实施新的犯罪"：

（一）案发前或者案发后正在策划、组织或者预备实施新的犯罪的；

（二）扬言实施新的犯罪的；

（三）多次作案、连续作案、流窜作案的；

（四）一年内曾因故意实施同类违法行为受到行政处罚的；

（五）以犯罪所得为主要生活来源的；

（六）有吸毒、赌博等恶习的；

（七）其他可能实施新的犯罪的情形。

第一百三十条 犯罪嫌疑人具有下列情形之一的，可以认定为"有危害国家安全、公共安全或者社会秩序的现实危险"：

（一）案发前或者案发后正在积极策划、组织或者预备实施危害国家安全、公共安全或者社会秩序的重大违法犯罪行为的；

（二）曾因危害国家安全、公共安全或者社会秩序受到刑事处罚或者行政处罚的；

（三）在危害国家安全、黑恶势力、恐怖活动、毒品犯罪中起组织、策划、指挥作用或者积极参加的；

（四）其他有危害国家安全、公共安全或者社会秩序的现实危险的情形。

第一百三十一条 犯罪嫌疑人具有下列情形之一的，可以认定为"可能毁灭、伪造证据，干扰证人作证或者串供"：

（一）曾经或者企图毁灭、伪造、隐匿、转移证据的；

（二）曾经或者企图威逼、恐吓、利诱、收买证人，干扰证人作证的；

（三）有同案犯罪嫌疑人或者与其在事实上存在密切关联犯罪的犯罪嫌疑人在逃，重要证据尚未收集到位的；

（四）其他可能毁灭、伪造证据，干扰证人作证或者串供的情形。

第一百三十二条 犯罪嫌疑人具有下列情形之一的，可以认定为"可能对被害人、举报人、控告人实施打击报复"：

（一）扬言或者准备、策划对被害人、举报人、控告人实施打击报复的；

（二）曾经对被害人、举报人、控告人实施打击、要挟、迫害等行为的；

（三）采取其他方式滋扰被害人、举报人、控告人的正常生活、工作的；

（四）其他可能对被害人、举报人、控告人实施打击报复的情形。

第一百三十三条 犯罪嫌疑人具有下列情形之一的，可以认定为"企图自杀或者逃跑"：

（一）着手准备自杀、自残或者逃跑的；

（二）曾经自杀、自残或者逃跑的；

（三）有自杀、自残或者逃跑的意思表示的；

（四）曾经以暴力、威胁手段抗拒抓捕的；

（五）其他企图自杀或者逃跑的情形。

第一百三十四条 人民检察院办理审查逮捕案件，应当全面把握逮捕条件，对有证据证明有犯罪事实，可能判处徒刑以上刑罚的犯罪嫌疑人，除具有刑事诉讼法第八十一条第三款、第四款规定的情形外，应当严格审查是否具备社会危险性条件。

第一百三十五条 人民检察院审查认定犯罪嫌疑人是否具有社会危险性，应当以公安机关移送的社会危险性相关证据为依据，并结合案件具体情况综合认定。必要时，可以通过讯问犯罪嫌疑人、询问证人等诉讼参与人、听取辩护律师意见等方式，核实相关证据。

依据在案证据不能认定犯罪嫌疑人符合逮捕社会危险性条件的，人民检察院可以要求公安机关补充相关证据，公安机关没有补充移送的，应当作出不批准逮捕的决定。

第一百三十六条 对有证据证明有犯罪事实，可能判处十年有期徒刑以上刑罚的犯罪嫌疑人，应当批准或者决定逮捕。

对有证据证明有犯罪事实，可能判处徒刑以上刑罚，犯罪嫌疑人曾经故意犯罪或者不讲真实姓名、住址，身份不明的，应当批准或者决定逮捕。

第一百三十七条 人民检察院经审查认为被取保候审、监视居住的犯罪嫌疑人违反取保候审、监视居住规定，依照本规则第一百零一条、第一百一十一条的规定办理。

对于被取保候审、监视居住的可能判处徒刑以下刑罚的犯罪嫌疑人，违反取保候审、监视居住规定，严重影响诉讼活动正常进行的，可以予以逮捕。

文书格式

××××人民检察院
逮捕通知书

××检××捕通〔20××〕×号

犯罪嫌疑人_____因涉嫌_____犯罪，经_____院决定，于_____年__月__日被依法逮捕，现羁押于_____看守所。

根据《中华人民共和国刑事诉讼法》第九十三条的规定，特此通知。

家属姓名_____

地　　址_____

20××年××月××日

（院印）

第八十二条　拘留适用条件

公安机关对于现行犯或者重大嫌疑分子，如果有下列情形之一的，可以先行拘留：

（一）正在预备犯罪、实行犯罪或者在犯罪后即时被发觉的；

（二）被害人或者在场亲眼看见的人指认他犯罪的；

（三）在身边或者住处发现有犯罪证据的；

（四）犯罪后企图自杀、逃跑或者在逃的；

（五）有毁灭、伪造证据或者串供可能的；

（六）不讲真实姓名、住址，身份不明的；

（七）有流窜作案、多次作案、结伙作案重大嫌疑的。

▎条文注解▎

本条规定了先行拘留的适用条件。先行拘留是公安机关采取的一种临时性强制措施。

先行拘留适用于"现行犯和重大嫌疑分子"两种对象。"现行犯"是指正在预备犯罪、实行犯罪或者犯罪后尚未离开现场，被害人或者在场人员能够确认其实施犯罪行为的犯罪嫌疑人。"重大嫌疑分子"是指有证据证明其与犯罪事实之间存在关联，进而有重大犯罪嫌疑的犯罪嫌疑人。

关于先行拘留的适用情形，本条列举了七种，归纳起来主要有以下三种类型：

其一，现行犯。正在预备犯罪、实行犯罪或者在犯罪后即时被发觉的；被害人或者在场亲眼看见的人指认他犯罪的。

其二，有重大作案嫌疑的。在身边或者住处发现有犯罪证据的；有流窜作案、多次作案、结伙作案重大嫌疑的。

其三，有逃避追究可能的。犯罪后企图自杀、逃跑或者在逃的；有毁灭、伪造证据或者串供可能的，不讲真实姓名、住址，身份不明的。

▎相关规定▎

《高检规则》

第一百二十一条　人民检察院对于具有下列情形之一的犯罪嫌疑人，可以决定拘留：

（一）犯罪后企图自杀、逃跑或者在逃的；

（二）有毁灭、伪造证据或者串供可能的。

第一百二十二条　人民检察院作出拘留决定后，应当将有关法律文书和案由、犯罪嫌疑人基本情况的材料送交同级公安机关执行。必要时，人民检察院可以协助公安机关执行。

拘留后，应当立即将被拘留人送看守所羁押，至迟不得超过二十四小时。

> **文书格式**

```
××××人民检察院
拘留决定书
                                    ××检××拘〔20××〕×号
   犯罪嫌疑人_____，性别_____，生于_____年____月____日，居住在_____
_____，因涉嫌_____，根据《中华人民共和国刑事诉讼法》第一百六
十五条的规定，本院决定对其刑事拘留，请即执行。
   此致
_____
                                              20××年××月××日
                                                      （院印）
```

> **第八十三条 异地执行拘留、逮捕**
>
> 公安机关在异地执行拘留、逮捕的时候，应当通知被拘留、逮捕人所在地的公安机关，被拘留、逮捕人所在地的公安机关应当予以配合。

> **条文注解**

犯罪嫌疑人可能逃至异地或者远程实施犯罪行为，公安机关就需要异地执行拘留、逮捕。所谓"异地"，是指立案侦查的公安机关所在地以外的地区。"被拘留、逮捕人所在地"是指犯罪嫌疑人居住或者藏匿的地区。

公安机关的通知义务。事前通知一方面可以避免潜在的执法冲突，另一方面有助于当地公安机关的有效配合。公安机关派员前往异地执行拘留、逮捕的，执行人员应当持拘留证、逮捕证、办案协作函件和工作证件，与协作地县级以上公安机关联系；委托异地公安机关代为执行拘留、逮捕的，应当将拘留证、逮捕证、办案协作函件送达协作地公安机关。

异地公安机关的配合义务。当地公安机关经调查核实，被拘留逮捕人不在本辖区的，应当及时通知委托地公安机关或者有管辖权的公安机关。抓获犯罪嫌疑人后，应当通知委托地公安机关及时提解。

> **相关规定**

《公安规定》

第三百四十六条 公安机关在异地执行传唤、拘传、拘留、逮捕，开展勘验、检查、搜查、查封、扣押、冻结、讯问等侦查活动，应当向当地公安机关提出办案协作请求，并在当地公安机关协助下进行，或者委托当地公安机关代为执行。

开展查询、询问、辨认等侦查活动或者送达法律文书的，也可以向当地公安机关提出办案协作请求，并按照有关规定进行通报。

第三百四十七条 需要异地公安机关协助的，办案地公安机关应当制作办案协作函件，连同有关法律文书和人民警察证复印件一并提供给协作地公安机关。必要时，可以将前述法律手续传真或者通过公安机关有关信息系统传输至协作地公安机关。

请求协助执行传唤、拘传、拘留、逮捕的,应当提供传唤证、拘传证、拘留证、逮捕证;请求协助开展搜查、查封、扣押、查询、冻结等侦查活动的,应当提供搜查证、查封决定书、扣押决定书、协助查询财产通知书、协助冻结财产通知书;请求协助开展勘验、检查、讯问、询问等侦查活动的,应当提供立案决定书。

第三百四十八条　公安机关应当指定一个部门归口接收协作请求,并进行审核。对符合本规定第三百四十七条规定的协作请求,应当及时交主管业务部门办理。

异地公安机关提出协作请求的,只要法律手续完备,协作地公安机关就应当及时无条件予以配合,不得收取任何形式的费用或者设置其他条件。

第三百四十九条　对协作过程中获取的犯罪线索,不属于自己管辖的,应当及时移交有管辖权的公安机关或者其他有关部门。

第三百五十条　异地执行传唤、拘传的,协作地公安机关应当协助将犯罪嫌疑人传唤、拘传到本市、县公安机关执法办案场所或者到他的住处进行讯问。

异地执行拘留、逮捕的,协作地公安机关应当派员协助执行。

第三百五十一条　已被决定拘留、逮捕的犯罪嫌疑人在逃的,可以通过网上工作平台发布犯罪嫌疑人相关信息、拘留证或者逮捕证。各地公安机关发现网上逃犯的,应当立即组织抓捕。

协作地公安机关抓获犯罪嫌疑人后,应当立即通知办案地公安机关。办案地公安机关应当立即携带法律文书及时提解,提解的侦查人员不得少于二人。

办案地公安机关不能及时到达协作地的,应当委托协作地公安机关在拘留、逮捕后二十四小时以内进行讯问。

第三百五十二条　办案地公安机关请求代为讯问、询问、辨认的,协作地公安机关应当制作讯问、询问、辨认笔录,交被讯问、询问人和辨认人签名、捺指印后,提供给办案地公安机关。

办案地公安机关可以委托协作地公安机关协助进行远程视频讯问、询问,讯问、询问过程应当全程录音录像。

第三百五十三条　办案地公安机关请求协查犯罪嫌疑人的身份、年龄、违法犯罪经历等情况的,协作地公安机关应当在接到请求后七日以内将协查结果通知办案地公安机关;交通十分不便的边远地区,应当在十五日以内将协查结果通知办案地公安机关。

办案地公安机关请求协助调查取证或者查询犯罪信息、资料的,协作地公安机关应当及时协查并反馈。

第三百五十四条　对不履行办案协作程序或者协作职责造成严重后果的,对直接负责的主管人员和其他直接责任人员,应当给予处分;构成犯罪的,依法追究刑事责任。

第三百五十五条　协作地公安机关依照办案地公安机关的协作请求履行办案协作职责所产生的法律责任,由办案地公安机关承担。但是,协作行为超出协作请求范围,造成执法过错的,由协作地公安机关承担相应法律责任。

第三百五十六条　办案地和协作地公安机关对于案件管辖、定性处理等发生争议的,可以进行协商。协商不成的,提请共同的上级公安机关决定。

第八十四条　公民扭送的适用条件

对于有下列情形的人，任何公民都可以立即扭送公安机关、人民检察院或者人民法院处理：

（一）正在实行犯罪或者在犯罪后即时被发觉的；

（二）通缉在案的；

（三）越狱逃跑的；

（四）正在被追捕的。

> **条文注解**
>
> 本条是刑事诉讼法群众路线基本原则的重要体现。
>
> 需要注意的是，公民扭送仅限于紧急情形，本条已明确列举。对于其他非紧急情形，公民可以向司法机关报案、举报或者控告。
>
> 公民可以扭送至公检法机关，公检法机关应当予以接受，并依管辖规定及相应程序妥善处置。

第八十五条　拘留的执行

公安机关拘留人的时候，必须出示拘留证。

拘留后，应当立即将被拘留人送看守所羁押，至迟不得超过二十四小时。除无法通知或者涉嫌危害国家安全犯罪、恐怖活动犯罪通知可能有碍侦查的情形以外，应当在拘留后二十四小时以内，通知被拘留人的家属。有碍侦查的情形消失以后，应当立即通知被拘留人的家属。

> **条文注解**
>
> 本条主要对被拘留人的权利保障进行了规定。
>
> 依法取得拘留证，并且向被拘留人出示，这是规范执法的要求。对于不配合甚至抗拒拘留的人，执法人员可以采取适当的强制方法，必要时可以适用戒具。
>
> 拘留后要立即送看守所羁押，至迟不得超过二十四小时，这比较符合实践情况。除特殊情形外，二十四小时以内要通知家属，这主要是为了保障家属的知情权。
>
> 涉嫌危害国家安全犯罪、恐怖活动犯罪通知可能有碍侦查，主要是防止同案犯潜逃、自杀、毁灭证据等行为，保证侦查工作的顺利进行。

> **相关规定**
>
> 《公安规定》
>
> 第一百二十五条　拘留犯罪嫌疑人，应当填写呈请拘留报告书，经县级以上公安机关负责人批准，制作拘留证。执行拘留时，必须出示拘留证，并责令被拘留人在拘留证上签名、捺指印，拒绝签名、捺指印的，侦查人员应当注明。
>
> 紧急情况下，对于符合本规定第一百二十四条所列情形之一的，经出示人民警察证，可以将犯罪嫌疑人口头传唤至公安机关后立即审查，办理法律手续。
>
> 第一百二十六条　拘留后，应当立即将被拘留人送看守所羁押，至迟不得超过二十四小时。
>
> 异地执行拘留，无法及时将犯罪嫌疑人押解回管辖地的，应当在宣布拘留后立即将其送抓获地看守所羁押，至迟不得超过二十四小时。到达管辖地后，应当立即将犯罪嫌疑人送看守所羁押。
>
> 第一百二十七条　除无法通知或者涉嫌危害国家安全犯罪、恐怖活动犯罪通知

可能有碍侦查的情形以外,应当在拘留后二十四小时以内制作拘留通知书,通知被拘留人的家属。拘留通知书应当写明拘留原因和羁押处所。

本条规定的"无法通知"的情形适用本规定第一百一十三条第二款的规定。

有下列情形之一的,属于本条规定的"有碍侦查":

(一)可能毁灭、伪造证据,干扰证人作证或者串供的;

(二)可能引起同案犯逃避、妨碍侦查的;

(三)犯罪嫌疑人的家属与犯罪有牵连的。

无法通知、有碍侦查的情形消失以后,应当立即通知被拘留人的家属。

对于没有在二十四小时以内通知家属的,应当在拘留通知书中注明原因。

文书格式

```
                ×××公安局
                  拘 留 证
                        ×公( )拘字〔  〕 号
  根据《中华人民共和国刑事诉讼法》第_____条之规定,兹决定对犯罪嫌疑人
_____(性别____,出生日期_____,住址_____)执行拘留,送
_____看守所羁押。
                                         公安局(印)
                                         年  月  日

  本证已于_____年____月____日____时向我宣布。
  被拘留人:_____(捺指印)
  本证副本已收到,被拘留人_____于_____年____月____日____时送至我所。
  接收民警:_____  看守所(印)
```

第八十六条 拘留之后的处理

公安机关对被拘留的人,应当在拘留后的二十四小时以内进行讯问。在发现不应当拘留的时候,必须立即释放,发给释放证明。

条文注解

本条规定"拘留后的二十四小时以内进行讯问",与本法第八十五条规定的"拘留后,应当立即将被拘留人送看守所羁押,至迟不得超过二十四小时"相衔接。

拘留后应当尽快核实被拘留人是否符合拘留条件,如果存在不应当拘留情形,必须立即释放。

相关规定

《公安规定》

第一百二十八条 对被拘留的人,应当在拘留后二十四小时以内进行讯问。发现不应当拘留的,应当经县级以上公安机关负责人批准,制作释放通知书,看守所

凭释放通知书发给被拘留人释放证明书，将其立即释放。

第八十七条　提请批准逮捕

公安机关要求逮捕犯罪嫌疑人的时候，应当写出提请批准逮捕书，连同案卷材料、证据，一并移送同级人民检察院审查批准。必要的时候，人民检察院可以派人参加公安机关对于重大案件的讨论。

条文注解

"案卷材料、证据"是指用以证明本案事实的报案、控告、举报材料、调查材料、鉴定材料及其他证据材料，如犯罪嫌疑人已被拘留的，应附有拘留证。

检察院派员参与重大案件讨论，"必要的时候"是指案情重大复杂或者意见分歧很大，检察院的参与有助于促进意见的统一，保证批捕工作的顺利进行，同时督促公安机关补充收集证据材料。参加讨论的人员在充分了解案情基础上，应对侦查活动提出意见或者建议。

相关规定

《公安规定》

第一百三十七条　需要提请批准逮捕犯罪嫌疑人的，应当经县级以上公安机关负责人批准，制作提请批准逮捕书，连同案卷材料、证据，一并移送同级人民检察院审查批准。

犯罪嫌疑人自愿认罪认罚的，应当记录在案，并在提请批准逮捕书中写明有关情况。

《高检规则》

第二百五十六条　经公安机关商请或者人民检察院认为确有必要时，可以派员适时介入重大、疑难、复杂案件的侦查活动，参加公安机关对于重大案件的讨论，对案件性质、收集证据、适用法律等提出意见，监督侦查活动是否合法。

经监察机关商请，人民检察院可以派员介入监察机关办理的职务犯罪案件。

第二百八十三条　上级公安机关指定犯罪地或者犯罪嫌疑人居住地以外的下级公安机关立案侦查的案件，需要逮捕犯罪嫌疑人的，由侦查该案件的公安机关提请同级人民检察院审查批准逮捕。人民检察院应当依法作出批准或者不批准逮捕的决定。

典型案例

1. 周某集资诈骗案（检例第40号）

裁判要旨： 集资诈骗罪是近年来检察机关重点打击的金融犯罪之一。对该类犯罪，检察机关应着重从以下几个方面开展工作：一是强化证据审查。非法集资类案件由于参与人数多、涉及面广，受主客观因素影响，取证工作易出现瑕疵和问题。检察机关对重大复杂案件要及时介入侦查、引导取证。在审查案件中要强化对证据的审查，需要退回补充侦查或者自行补充侦查的，要及时退查或补查，建立起完整、牢固的证据锁链，夯实认定案件事实的证据基础。二是在法庭审理中要突出指控和证明犯罪的重点。要紧紧围绕集资诈骗罪构成要件，特别是行为人主观上具有非法占有目的、客观上以欺骗手段非法集资的事实梳理组合证据，运用完整的证据体系对认定犯罪的关键事实予以清晰证明。三是要将办理案件与追赃挽损相结合。检察机关办理相关案件，要积极配合公安机关、人民法院依法开展追赃挽损、资产处置等工作，最大限度减少人民群众的实际损失。四是要结合办案开展以案释法，增强社会公众的法治观念和风险防范意识，有效预防相关犯罪的发生。

2. 张某受贿、郭某行贿、职务侵占、诈骗案（检例第76号）

裁判要旨： 检察机关提前介入应认真审查案件事实和证据，准确把握案件定性，依法提出提前介入意见。检察机关在审查起诉阶段仍应严格审查，提出审查起诉意见。审查起诉意见改变提前介入意见的，应及时与监察机关沟通。对于在审查起诉阶段发现漏罪，如该罪属于公安机关管辖，但犯罪事实清楚，证据确实充分，符合起诉条件的，检察机关在征得相关机关同意后，可以直接追加起诉。

文书格式

×××公 安 局
提请批准逮捕书

×公（　　）提捕字〔　　〕号

犯罪嫌疑人×××……〔犯罪嫌疑人姓名（别名、曾用名、绰号等）、性别、出生日期、出生地、身份证件种类及号码、民族、文化程度、职业或工作单位及职务、居住地（包括户籍所在地、经常居住地、暂住地）、政治面貌（如是人大代表、政协委员，一并写明其具体级、届代表、委员）、违法犯罪经历以及因本案被采取强制措施的情况（时间、种类及执行场所）。案件有多名犯罪嫌疑人的，应逐一写明。〕

辩护律师×××……（如有辩护律师，写明其姓名，所在律师事务所或者法律援助机构名称，律师执业证编号。）

犯罪嫌疑人涉嫌×××（罪名）一案，由×××举报（控告、移送）至我局（写明案由和案件来源，具体为单位或者公民举报、控告、上级交办、有关部门移送、本局其他部门移交以及工作中发现等）。简要写明案件侦查过程中的各个法律程序开始的时间，如接受案件、立案的时间。具体写明犯罪嫌疑人归案情况。经依法侦查查明：……（应当根据具体案件情况，详细叙述经侦查认定的犯罪事实，并说明应当逮捕理由。）（对于只有一个犯罪嫌疑人的案件，犯罪嫌疑人实施多次犯罪的犯罪事实应逐一列举；同时触犯数个罪名的犯罪嫌疑人的犯罪事实应该按照主次顺序分别列举；对于共同犯罪的案件，写明犯罪嫌疑人的共同犯罪事实及各自在共同犯罪中的地位和作用后，按照犯罪嫌疑人的主次顺序，分别叙述各个犯罪嫌疑人的单独犯罪事实。）

认定上述事实的证据如下：……（分列相关证据，并说明证据与犯罪事实的关系）。犯罪嫌疑人自愿认罪认罚的，简要写明相关情况。综上所述，犯罪嫌疑人×××……（根据犯罪构成简要说明罪状），其行为已触犯《中华人民共和国刑法》第××条之规定，涉嫌×××罪，可能判处徒刑以上刑罚。现有（证明其犯罪事实的证据、其他证据）等证据证明，其（依据刑事诉讼法第八十一条第一款具体说明其可能具有的社会危险性）或者（……涉嫌×××罪，可能判处十年有期徒刑以上刑罚/可能判处徒刑以上刑罚，曾经故意犯罪或者身份不明）。依照《中华人民共和国刑事诉讼法》第八十一条、第八十七条之规定，犯罪嫌疑人×××符合逮捕条件，特提请批准逮捕。

```
          此致
          ×××人民检察院

                                             公安局（印）
                                                年  月  日

          附：本案卷宗卷页。
```

第八十八条　审查批准逮捕

人民检察院审查批准逮捕，可以讯问犯罪嫌疑人；有下列情形之一的，应当讯问犯罪嫌疑人：

（一）对是否符合逮捕条件有疑问的；

（二）犯罪嫌疑人要求向检察人员当面陈述的；

（三）侦查活动可能有重大违法行为的。

人民检察院审查批准逮捕，可以询问证人等诉讼参与人，听取辩护律师的意见；辩护律师提出要求的，应当听取辩护律师的意见。

条文注解

本条对检察院审查批捕的程序进行了规定。要注意以下三点：

其一，讯问的"可以"与"应当"。"可以"是检察院根据具体案情自由裁量决定是否讯问；"应当"是出现本条列举的三种情况时必须进行讯问。

其二，询问证人等诉讼参与人，听取辩护律师的意见。审查过程中，发现证人证言与犯罪嫌疑人供述以及其他证据之间存在矛盾，可以询问证人以核实有关证据。听取辩护律师意见，也是为了更严谨地审查是否符合逮捕条件。

其三，审查批捕环节，应该对证据收集的合法性以及犯罪嫌疑人、被告人供述的真实性进行审查。检察院可以调取公安机关讯问录音、录像并进行审查。

相关规定

《高检规则》

第二百五十八条　人民检察院讯问犯罪嫌疑人时，应当首先查明犯罪嫌疑人的基本情况，依法告知犯罪嫌疑人诉讼权利和义务，以及认罪认罚的法律规定，听取其供述和辩解。犯罪嫌疑人翻供的，应当讯问其原因。犯罪嫌疑人申请排除非法证据的，应当告知其提供相关线索或者材料。犯罪嫌疑人检举揭发他人犯罪的，应当予以记录，并依照有关规定移送有关机关、部门处理。

讯问犯罪嫌疑人应当制作讯问笔录，并交犯罪嫌疑人核对或者向其宣读。经核对无误后逐页签名或者盖章，并捺指印后附卷。犯罪嫌疑人请求自行书写供述的，应当准许，但不得以自行书写的供述代替讯问笔录。

犯罪嫌疑人被羁押的，讯问应当在看守所讯问室进行。

第二百五十九条　办理审查逮捕、审查起诉案件，可以询问证人、被害人、鉴定人等诉讼参与人，并制作笔录附卷。询问时，应当告知其诉讼权利和义务。

询问证人、被害人的地点按照刑事诉讼法第一百二十四条的规定执行。

第二百六十条　讯问犯罪嫌疑人，询问被害人、证人、鉴定人，听取辩护人、被害人及其诉讼代理人的意见,应当由检察人员负责进行。检察人员或者检察人员和书记员不得少于二人。

讯问犯罪嫌疑人,询问证人、鉴定人、被害人,应当个别进行。

第二百六十一条 办理审查逮捕案件,犯罪嫌疑人已经委托辩护律师的,可以听取辩护律师的意见。辩护律师提出要求的,应当听取辩护律师的意见。对辩护律师的意见应当制作笔录,辩护律师提出的书面意见应当附卷。

办理审查起诉案件,应当听取辩护人或者值班律师、被害人及其诉讼代理人的意见,并制作笔录。辩护人或者值班律师、被害人及其诉讼代理人提出书面意见的,应当附卷。

对于辩护律师在审查逮捕、审查起诉阶段多次提出意见的,均应如实记录。

辩护律师提出犯罪嫌疑人不构成犯罪、无社会危险性、不适宜羁押或者侦查活动有违法犯罪情形等书面意见的,检察人员应当审查,并在相关工作文书中说明是否采纳的情况和理由。

第二百六十二条 直接听取辩护人、被害人及其诉讼代理人的意见有困难的,可以通过电话、视频等方式听取意见并记

录在案,或者通知辩护人、被害人及其诉讼代理人提出书面意见。无法通知或者在指定期限内未提出意见的,应当记录在案。

第二百八十条 人民检察院办理审查逮捕案件,可以讯问犯罪嫌疑人;具有下列情形之一的,应当讯问犯罪嫌疑人:

(一)对是否符合逮捕条件有疑问的;

(二)犯罪嫌疑人要求向检察人员当面陈述的;

(三)侦查活动可能有重大违法行为的;

(四)案情重大、疑难、复杂的;

(五)犯罪嫌疑人认罪认罚的;

(六)犯罪嫌疑人系未成年人的;

(七)犯罪嫌疑人是盲、聋、哑人或者是尚未完全丧失辨认或者控制自己行为能力的精神病人的。

讯问未被拘留的犯罪嫌疑人,讯问前应当听取公安机关的意见。

办理审查逮捕案件,对被拘留的犯罪嫌疑人不予讯问的,应当送达听取犯罪嫌疑人意见书,由犯罪嫌疑人填写后及时收回审查并附卷。经审查认为应当讯问犯罪嫌疑人的,应当及时讯问。

第二百八十一条 对有重大影响的案件,可以采取当面听取侦查人员、犯罪嫌疑人及其辩护人等意见的方式进行公开审查。

文书格式

```
              ××××人民检察院
                询 问 通 知 书
                              ××检××询〔20××〕×号
_____:
    根据《中华人民共和国刑事诉讼法》第一百二十四条之规定,兹因办案工作需要,请你于____年____月____日____时接受询问。
    询问地点_____
                              20××年××月××日
                                        (院印)
```

> **第八十九条　批捕权限**
> 人民检察院审查批准逮捕犯罪嫌疑人由检察长决定。重大案件应当提交检察委员会讨论决定。

【条文注解】

本条对检察院审查批准逮捕的权限分工作出了规定。

根据人民检察院组织法的相关规定，重大办案事项由检察长决定。检察委员会履行讨论决定重大、疑难、复杂案件的职能。

【相关规定】

《高检规则》

第四条　人民检察院办理刑事案件，由检察官、检察长、检察委员会在各自职权范围内对办案事项作出决定，并依照规定承担相应司法责任。

检察官在检察长领导下开展工作。重大办案事项，由检察长决定。检察长可以根据案件情况，提交检察委员会讨论决定。其他办案事项，检察长可以自行决定，也可以委托检察官决定。

本规则对应当由检察长或者检察委员会决定的重大办案事项有明确规定的，依照本规则的规定。本规则没有明确规定的，省级人民检察院可以制定有关规定，报最高人民检察院批准。

以人民检察院名义制发的法律文书，由检察长签发；属于检察官职权范围内决定事项的，检察长可以授权检察官签发。

重大、疑难、复杂或者有社会影响的案件，应当向检察长报告。

> **第九十条　批捕决定与执行**
> 人民检察院对于公安机关提请批准逮捕的案件进行审查后，应当根据情况分别作出批准逮捕或者不批准逮捕的决定。对于批准逮捕的决定，公安机关应当立即执行，并且将执行情况及时通知人民检察院。对于不批准逮捕的，人民检察院应当说明理由，需要补充侦查的，应当同时通知公安机关。

【条文注解】

是否批准逮捕由检察院决定，对于检察院作出的决定，公安机关应当立即执行。执行情况应当及时告知检察院，这是检察院法律监督职能的体现。

对于证据不足，需要补充侦查的，检察院作出不批捕决定的同时，应当通知公安机关补充侦查。在此情况下，检察院应当提供补充侦查提纲。公安机关补充侦查完毕，可以重新提请批捕。

【相关规定】

《公安规定》

第一百三十八条　对于人民检察院不批准逮捕并通知补充侦查的，公安机关应当按照人民检察院的补充侦查提纲补充侦查。

公安机关补充侦查完毕，认为符合逮捕条件的，应当重新提请批准逮捕。

第一百三十九条　对于人民检察院不批准逮捕而未说明理由的，公安机关可以要求人民检察院说明理由。

《高检规则》

第一百三十八条　对实施多个犯罪行为或者共同犯罪案件的犯罪嫌疑人，符合本规则第一百二十八条的规定，具有下列情形之一的，应当批准或者决定逮捕：

（一）有证据证明犯有数罪中的一罪的；

（二）有证据证明实施多次犯罪中的一次犯罪的；

（三）共同犯罪中，已有证据证明有犯罪事实的犯罪嫌疑人。

第一百三十九条 对具有下列情形之一的犯罪嫌疑人，人民检察院应当作出不批准逮捕或者不予逮捕的决定：

（一）不符合本规则规定的逮捕条件的；

（二）具有刑事诉讼法第十六条规定的情形之一的。

第一百四十条 犯罪嫌疑人涉嫌的罪行较轻，且没有其他重大犯罪嫌疑，具有下列情形之一的，可以作出不批准逮捕或者不予逮捕的决定：

（一）属于预备犯、中止犯，或者防卫过当、避险过当的；

（二）主观恶性较小的初犯，共同犯罪中的从犯、胁从犯，犯罪后自首、有立功表现或者积极退赃、赔偿损失、确有悔罪表现的；

（三）过失犯罪的犯罪嫌疑人，犯罪后有悔罪表现，有效控制损失或者积极赔偿损失的；

（四）犯罪嫌疑人与被害人双方根据刑事诉讼法的有关规定达成和解协议，经审查，认为和解系自愿、合法且已经履行或者提供担保的；

（五）犯罪嫌疑人认罪认罚的；

（六）犯罪嫌疑人系已满十四周岁未满十八周岁的未成年人或者在校学生，本人有悔罪表现，其家庭、学校或者所在社区、居民委员会、村民委员会具备监护、帮教条件的；

（七）犯罪嫌疑人系已满七十五周岁的人。

第一百四十一条 对符合刑事诉讼法第七十四条第一款规定的犯罪嫌疑人，人民检察院经审查认为不需要逮捕的，可以在作出不批准逮捕决定的同时，向公安机关提出采取监视居住措施的建议。

第二百五十五条 人民检察院办理审查逮捕、审查起诉案件，应当全面审查证明犯罪嫌疑人有罪或者无罪、罪轻或者罪重的证据。

第二百五十七条 对于批准逮捕后要求公安机关继续侦查、不批准逮捕后要求公安机关补充侦查或者审查起诉阶段退回公安机关补充侦查的案件，人民检察院应当分别制作继续侦查提纲或者补充侦查提纲，写明需要继续侦查或者补充侦查的事项、理由、侦查方向、需补充收集的证据及其证明作用等，送交公安机关。

第二百八十五条 对公安机关提请批准逮捕的犯罪嫌疑人，具有本规则第一百三十九条至第一百四十一条规定情形，人民检察院作出不批准逮捕决定的，应当说明理由，连同案卷材料送达公安机关执行。需要补充侦查的，应当制作补充侦查提纲，送交公安机关。

人民检察院办理审查逮捕案件，不另行侦查，不得直接提出采取取保候审措施的意见。

对于因犯罪嫌疑人没有犯罪事实、具有刑事诉讼法第十六条规定的情形之一或者证据不足，人民检察院拟作出不批准逮捕决定的，应当经检察长批准。

第二百八十六条 人民检察院应当将批准逮捕的决定交公安机关立即执行，并要求公安机关将执行回执及时送达作出批准决定的人民检察院。如果未能执行，也应当要求其将回执及时送达人民检察院，并写明未能执行的原因。对于人民检察院不批准逮捕的，应当要求公安机关在收到不批准逮捕决定书后,立即释放在押的犯罪嫌疑人或者变更强制措施,并将执行回执在收到不批准逮捕决定书后三日以内送达作出不批准逮捕决定的人民检察院。

公安机关在收到不批准逮捕决定书后对在押的犯罪嫌疑人不立即释放或者变更强制措施的,人民检察院应当提出纠正意见。

第二百八十八条 人民检察院办理公安机关提请批准逮捕的案件,发现遗漏应当逮捕的犯罪嫌疑人的,应当经检察长批准,要求公安机关提请批准逮捕。公安机关不提请批准逮捕或者说明的不提请批准逮捕的理由不成立的,人民检察院可以直接作出逮捕决定,送达公安机关执行。

第二百八十九条 对已经作出的批准逮捕决定发现确有错误的,人民检察院应当撤销原批准逮捕决定,送达公安机关执行。

对已经作出的不批准逮捕决定发现确有错误,需要批准逮捕的,人民检察院应当撤销原不批准逮捕决定,并重新作出批准逮捕决定,送达公安机关执行。

对因撤销原批准逮捕决定而被释放的犯罪嫌疑人或者逮捕后公安机关变更为取保候审、监视居住的犯罪嫌疑人,又发现需要逮捕的,人民检察院应当重新办理逮捕手续。

第二百九十四条 外国人、无国籍人涉嫌危害国家安全犯罪的案件或者涉及国与国之间政治、外交关系的案件以及在适用法律上确有疑难的案件,需要逮捕犯罪嫌疑人的,按照刑事诉讼法关于管辖的规定,分别由基层人民检察院或者设区的市级人民检察院审查并提出意见,层报最高人民检察院审查。最高人民检察院认为需要逮捕的,经征求外交部的意见后,作出批准逮捕的批复;认为不需要逮捕的,作出不批准逮捕的批复。基层人民检察院或者设区的市级人民检察院根据最高人民检察院的批复,依法作出批准或者不批准逮捕的决定。层报过程中,上级人民检察院认为不需要逮捕的,应当作出不批准逮捕的批复。报送的人民检察院根据批复依法作出不批准逮捕的决定。

基层人民检察院或者设区的市级人民检察院认为不需要逮捕的,可以直接依法作出不批准逮捕的决定。

外国人、无国籍人涉嫌本条第一款规定以外的其他犯罪案件,决定批准逮捕的人民检察院应当在作出批准逮捕决定后四十八小时以内报上一级人民检察院备案,同时向同级人民政府外事部门通报。上一级人民检察院经审查发现批准逮捕决定错误的,应当依法及时纠正。

第二百九十五条 人民检察院办理审查逮捕的危害国家安全犯罪案件,应当报上一级人民检察院备案。

上一级人民检察院经审查发现错误的,应当依法及时纠正。

典型案例

王某雷不批准逮捕案(检例第27号)

裁判要旨:检察机关办理审查逮捕案件,要严格坚持证据合法性原则,既要善于发现非法证据,又要坚决排除非法证据。非法证据排除后,其他在案证据不能证明犯罪嫌疑人实施犯罪行为的,应当依法对犯罪嫌疑人作出不批准逮捕的决定。要加强对审查逮捕案件的跟踪监督,引导侦查机关全面及时收集证据,促进侦查活动依法规范进行。

文书格式

×××× 人民检察院
批准逮捕决定书

××检××批捕〔20××〕×号

_____：

　　你____于____年____月____日以_____号提请批准逮捕书提请批准逮捕犯罪嫌疑人_____，经本院审查认为，该犯罪嫌疑人涉嫌_____ _____犯罪，符合《中华人民共和国刑事诉讼法》第八十一条规定的逮捕条件，决定批准逮捕犯罪嫌疑人_____。请依法立即执行，并将执行情况在三日以内通知本院。

20××年××月××日
（院印）

×××× 人民检察院
逮捕决定书

××检××捕〔20××〕×号

　　对____年____月____日_____号逮捕意见书移送审查逮捕的犯罪嫌疑人_____，经审查认为该犯罪嫌疑人涉嫌_____罪，根据《中华人民共和国刑事诉讼法》第八十一条和第一百六十五条的规定，决定予以逮捕。请依法立即通知公安机关执行，并将执行情况在三日以内通知本院。

　　此致

_____（负责侦查的部门）

20××年××月××日
（院印）

×××× 人民检察院
不予逮捕决定书

××检××不捕〔20××〕×号

_____：

　　对_____年____月____日_____号逮捕意见书移送审查逮捕的犯罪嫌疑人____ ____涉嫌_____一案，经本院审查认为：_____ _____。根据《中华人民共和国刑事诉讼法》第八十一条、第一

续表

百六十七条的规定，决定不予逮捕犯罪嫌疑人_____。请依法立即执行，并在三日以内将执行情况通知本院。

20××年××月××日
（院印）

不捕案件补充侦查提纲
（适用因证据不足不批准/不予逮捕的案件）

_____（侦查机关/部门名称）：

你____（侦查机关/部门简称）以_____号逮捕意见书提请/移送审查批准逮捕的犯罪嫌疑人_____涉嫌_____一案，经审查，决定不批准/不予逮捕。为有效地指控犯罪，请你_____（侦查机关/部门简称）按照以下内容补充侦查。

一、补充侦查的方向
本院审查认为………

二、补充侦查的主要事项和工作
根据上述情况，请你_____（侦查机关/部门简称）查明以下事项并重点做好相关工作：
1. 为查明……，调取（核查、询问、讯问、梳理）……
2. 为查明……，调取（核查、询问、讯问、梳理）……
3. 为核实……，调取（核查、询问、讯问、梳理）……
4. 为核实……，调取（核查、询问、讯问、梳理）……
……

三、相关工作要求
补充侦查过程中，注意以下问题：
1. ……
2. ……

联系人：
联系电话：
备注：本提纲供开展补充侦查工作参考，不得装入侦查案卷。

20××年××月××日
（院印）

```
                    ×××公安局
                   补充侦查报告书
                         ×公（ ）补侦字〔   〕   号
_____人民检察院：
    你院于____年___月___日以_____〔      〕
号补充侦查决定书退回的           案，已经补充侦查完毕。结果如下：
_____
_____
_____
_____
_____
    现将该案卷宗____卷____页及补充查证材料____卷____页附后，请审查。

                                        公安局（印）
                                          年  月  日
```

第九十一条　提请批捕审查期限

公安机关对被拘留的人，认为需要逮捕的，应当在拘留后的三日以内，提请人民检察院审查批准。在特殊情况下，提请审查批准的时间可以延长一日至四日。

对于流窜作案、多次作案、结伙作案的重大嫌疑分子，提请审查批准的时间可以延长至三十日。

人民检察院应当自接到公安机关提请批准逮捕书后的七日以内，作出批准逮捕或者不批准逮捕的决定。人民检察院不批准逮捕的，公安机关应当在接到通知后立即释放，并且将执行情况及时通知人民检察院。对于需要继续侦查，并且符合取保候审、监视居住条件的，依法取保候审或者监视居住。

条文注解

一般情况下，拘留后三日以内，公安机关应当提请批捕。特殊情况下，可延长一日至四日。此处的"特殊情况"，主要是指案情重大、疑难、复杂、新型等，需要调查核实证据，难以在三日内完成，最长可延至七日。

"流窜作案"，是指跨市、县管辖范围连续作案，或者在居住地作案后逃跑到外市、县继续作案；"多次作案"，是指三次以上作案；"结伙作案"，是指二人以上共同作案。流窜作案、多次作案、结伙作案，因作案涉及不同辖区、不同时间和不同主体，调查取证难度极大。因此对于这三类案件，提请审查批捕的时间可以延至三十日。

相关规定

《公安规定》

第一百二十九条 对被拘留的犯罪嫌疑人,经过审查认为需要逮捕的,应当在拘留后的三日以内,提请人民检察院审查批准。在特殊情况下,经县级以上公安机关负责人批准,提请审查批准逮捕的时间可以延长一日至四日。

对流窜作案、多次作案、结伙作案的重大嫌疑分子,经县级以上公安机关负责人批准,提请审查批准逮捕的时间可以延长至三十日。

本条规定的"流窜作案",是指跨市、县管辖范围连续作案,或者在居住地作案后逃跑到外市、县继续作案;"多次作案",是指三次以上作案;"结伙作案",是指二人以上共同作案。

《高检规则》

第二百八十二条 对公安机关提请批准逮捕的犯罪嫌疑人,已经被拘留的,人民检察院应当在收到提请批准逮捕书后七日以内作出是否批准逮捕的决定;未被拘留的,应当在收到提请批准逮捕书后十五日以内作出是否批准逮捕的决定,重大、复杂案件,不得超过二十日。

第二百九十七条 对本院负责侦查的部门移送审查逮捕的案件,犯罪嫌疑人已被拘留的,负责捕诉的部门应当在收到逮捕犯罪嫌疑人意见书后七日以内,报请检察长决定是否逮捕,特殊情况下,决定逮捕的时间可以延长一日至三日;犯罪嫌疑人未被拘留的,负责捕诉的部门应当在收到逮捕犯罪嫌疑人意见书后十五日以内,报请检察长决定是否逮捕,重大、复杂案件,不得超过二十日。

第九十二条　不批捕的复议、复核

公安机关对人民检察院不批准逮捕的决定,认为有错误的时候,可以要求复议,但是必须将被拘留的人立即释放。如果意见不被接受,可以向上一级人民检察院提请复核。上级人民检察院应当立即复核,作出是否变更的决定,通知下级人民检察院和公安机关执行。

条文注解

本条是公安机关对不批捕决定的程序救济措施。

本条重点在于,可以要求复议,但必须将被拘留的人释放,即复议不停止执行。这是保障人权的必然要求。

需要注意的是,公安机关在收到不批准逮捕决定书后超过十五日未要求复议、提请复核,也不撤销案件或者终止侦查的,人民检察院应当发出纠正违法通知书。公安机关仍不纠正的,报上一级人民检察院协商同级公安机关处理。

相关规定

《公安规定》

第一百四十条 对于人民检察院决定不批准逮捕的,公安机关在收到不批准逮捕决定书后,如果犯罪嫌疑人已被拘留的,应当立即释放,发给释放证明书,并在执行完毕后三日以内将执行回执送达作出不批准逮捕决定的人民检察院。

第一百四十一条 对人民检察院不批准逮捕的决定,认为有错误需要复议的,应当在收到不批准逮捕决定书后五日以内制作要求复议意见书,报经县级以上公安机关负责人批准后,送交同级人民检察院复议。

如果意见不被接受，认为需要复核的，应当在收到人民检察院的复议决定书后五日以内制作提请复核意见书，报经县级以上公安机关负责人批准后，连同人民检察院的复议决定书，一并提请上一级人民检察院复核。

《高检规则》

第二百八十七条 对于没有犯罪事实或者犯罪嫌疑人具有刑事诉讼法第十六条规定情形之一，人民检察院作出不批准逮捕决定的，应当同时告知公安机关撤销案件。

对于有犯罪事实需要追究刑事责任，但不是被立案侦查的犯罪嫌疑人实施，或者共同犯罪案件中部分犯罪嫌疑人不负刑事责任，人民检察院作出不批准逮捕决定的，应当同时告知公安机关对有关犯罪嫌疑人终止侦查。

公安机关在收到不批准逮捕决定书后超过十五日未要求复议、提请复核，也不撤销案件或者终止侦查的，人民检察院应当发出纠正违法通知书。公安机关仍不纠正的，报上一级人民检察院协商同级公安机关处理。

第二百九十条 对不批准逮捕的案件，公安机关要求复议的，人民检察院负责捕诉的部门应当另行指派检察官或者检察官办案组进行审查，并在收到要求复议意见书和案卷材料后七日以内，经检察长批准，作出是否变更的决定，通知公安机关。

第二百九十一条 对不批准逮捕的案件，公安机关提请上一级人民检察院复核的，上一级人民检察院应当在收到提请复核意见书和案卷材料后十五日以内，经检察长批准，作出是否变更的决定，通知下级人民检察院和公安机关执行。需要改变原决定的，应当通知作出不批准逮捕决定的人民检察院撤销原不批准逮捕决定，另行制作批准逮捕决定书。必要时，上级人民检察院也可以直接作出批准逮捕决定，通知下级人民检察院送达公安机关执行。

对于经复议复核维持原不批准逮捕决定的，人民检察院向公安机关送达复议复核决定时应当说明理由。

第二百九十二条 人民检察院作出不批准逮捕决定，并且通知公安机关补充侦查的案件，公安机关在补充侦查后又要求复议的，人民检察院应当告知公安机关重新提请批准逮捕。公安机关坚持要求复议的，人民检察院不予受理。

对于公安机关补充侦查后应当提请批准逮捕而不提请批准逮捕的，按照本规则第二百八十八条的规定办理。

第二百九十三条 对公安机关提请批准逮捕的案件，负责捕诉的部门应当将批准、变更、撤销逮捕措施的情况书面通知本院负责刑事执行检察的部门。

文书格式

```
              ×××公安局
           要 求 复 议 意 见 书
                    ×公（　）要复字〔　　〕号

_____人民检察院：
   你院于____年__月__日以____〔　　〕____号文决定
_____，我局认为_____
```

续表

_____ _____ 　　综上所述，根据《中华人民共和国刑事诉讼法》第_____条之规定，特要求你院进行复议。 　　此致 　　_____人民检察院 　　　　　　　　　　　　　　　　　　　　　　　　　　　　公安局（印） 　　　　　　　　　　　　　　　　　　　　　　　　　　　　　年　月　日 　　注：附本案卷宗共____卷____页。

×××公安局
提请复核意见书

　　　　　　　　　　　　　　　　　　　　　　　×公（　）请核字〔　〕　号

_____人民检察院：
　　我局于____年____月____日以_____〔　　〕_____号文要求_____人民检察院复议的_____案，该院以_____〔　　〕_____号文决定维持原_____决定，我局认为该院决定有误，理由是：_____
_____
_____
_____

　　综上所述，根据《中华人民共和国刑事诉讼法》第_____条之规定，特提请你院对此案进行复核。
　　此致
　　_____人民检察院

　　　　　　　　　　　　　　　　　　　　　　　　　　　　公安局（印）
　　　　　　　　　　　　　　　　　　　　　　　　　　　　　年　月　日

　　注：附本案卷宗共____卷____页。

××××人民检察院
复议决定书

××检××议〔20××〕×号

你对_____本院_____号_____书要求复议的意见书收悉。经本院复议认为：_____。根据《中华人民共和国刑事诉讼法》第___条的规定，本院决定_____。

此致

20××年××月××日

（院印）

××××人民检察院
复核决定书

××检××核〔20××〕×号

你___对_____人民检察院_____号_____书提请复核的意见书及案件材料收悉。经本院复核认为：_____。根据《中华人民共和国刑事诉讼法》第___条的规定，本院决定_____。

此致

20××年××月××日

（院印）

第九十三条 逮捕执行程序

公安机关逮捕人的时候，必须出示逮捕证。

逮捕后，应当立即将被逮捕人送看守所羁押。除无法通知的以外，应当在逮捕后二十四小时以内，通知被逮捕人的家属。

条文注解

逮捕作为严厉的剥夺人身自由的强制措施，执法人员必须出示法律凭证，这是规范逮捕行为、保障基本人权的重要程序。被逮捕人需要在逮捕证上签名、捺手印。

逮捕后即送看守所并通知家属。与拘留后二十四小时内送看守所不同，逮捕没有延缓期限。主要是因为拘留后要讯问犯罪嫌疑人，指认现场、抓获同案犯等，逮捕与之不同，因而不需要延缓期限。二十四小时内通知家属，这是保障家属知情权的要求。

相关规定

《公安规定》

第一百四十二条 接到人民检察院批准逮捕决定书后，应当由县级以上公安机关负责人签发逮捕证,立即执行,并在执行完毕后三日以内将执行回执送达作出批准逮捕决定的人民检察院。如果未能执行,也应当将回执送达人民检察院,并写明未能执行的原因。

第一百四十三条 执行逮捕时,必须出示逮捕证,并责令被逮捕人在逮捕证上签名、捺指印,拒绝签名、捺指印的,侦查人员应当注明。逮捕后,应当立即将被逮捕人送看守所羁押。

执行逮捕的侦查人员不得少于二人。

第一百四十五条 对犯罪嫌疑人执行逮捕后,除无法通知的情形以外,应当在逮捕后二十四小时以内,制作逮捕通知书,通知被逮捕人的家属。逮捕通知书应当写明逮捕原因和羁押处所。

本条规定的"无法通知"的情形适用本规定第一百一十三条第二款的规定。

无法通知的情形消除后,应当立即通知被逮捕人的家属。

对于没有在二十四小时以内通知家属的,应当在逮捕通知书中注明原因。

第一百四十六条 人民法院、人民检察院决定逮捕犯罪嫌疑人、被告人的,由县级以上公安机关凭人民法院、人民检察院决定逮捕的法律文书制作逮捕证并立即执行。必要时,可以请人民法院、人民检察院协助执行。执行逮捕后,应当及时通知决定机关。

公安机关未能抓获犯罪嫌疑人、被告人的,应当将执行情况和未能抓获的原因通知决定逮捕的人民检察院、人民法院。对于犯罪嫌疑人、被告人在逃的,在人民检察院、人民法院撤销逮捕决定之前,公安机关应当组织力量继续执行。

《高法解释》

第一百六十七条 人民法院作出逮捕决定后,应当将逮捕决定书等相关材料送交公安机关执行,并将逮捕决定书抄送人民检察院。逮捕被告人后,人民法院应当将逮捕的原因和羁押的处所,在二十四小时以内通知其家属;确实无法通知的,应当记录在案。

《高检规则》

第三百零一条 逮捕犯罪嫌疑人后,应当立即送看守所羁押。除无法通知的以外,负责侦查的部门应当把逮捕的原因和羁押的处所,在二十四小时以内通知其家属。对于无法通知的,在无法通知的情形消除后,应当立即通知其家属。

第九十四条 逮捕后处理

人民法院、人民检察院对于各自决定逮捕的人,公安机关对于经人民检察院批准逮捕的人,都必须在逮捕后的二十四小时以内进行讯问。在发现不应当逮捕的时候,必须立即释放,发给释放证明。

条文注解

逮捕后应及时讯问,作用有二:其一,识别潜在无辜者,防止错捕;其二,固定犯罪嫌疑人供述。

"不应当逮捕"是指不符合逮捕条件,包括被逮捕人没有犯罪行为;有犯罪行为但情节轻微,不能判处徒刑以上刑罚或者依照规定不予追究的。出现这些情形,必须立即释放。

相关规定

《高检规则》

第三百零二条 对被逮捕的犯罪嫌疑人,应当在逮捕后二十四小时以内进行讯问。

发现不应当逮捕的,应当经检察长批准,撤销逮捕决定或者变更为其他强制措施，并通知公安机关执行，同时通知负责捕诉的部门。

对按照前款规定被释放或者变更强制措施的犯罪嫌疑人，又发现需要逮捕的，应当重新移送审查逮捕。

《高法解释》

第一百六十八条 人民法院对决定逮捕的被告人，应当在逮捕后二十四小时以内讯问。发现不应当逮捕的，应当立即释放。必要时，可以依法变更强制措施。

《公安规定》

第一百四十四条 对被逮捕的人，必须在逮捕后二十四小时以内进行讯问。发现不应当逮捕的，经县级以上公安机关负责人批准，制作释放通知书，送看守所和原批准逮捕的人民检察院。看守所凭释放通知书立即释放被逮捕人，并发给释放证明书。

第九十五条 羁押必要性审查

犯罪嫌疑人、被告人被逮捕后，人民检察院仍应当对羁押的必要性进行审查。对不需要继续羁押的，应当建议予以释放或者变更强制措施。有关机关应当在十日以内将处理情况通知人民检察院。

条文注解

检察院对羁押的必要性进行审查，是一种动态监督、全程监督。影响犯罪嫌疑人、被告人有无继续羁押必要性的主要因素有相关证据、基本事实、主观恶性、悔罪表现、身体状况、案件进展情况、可能判处的刑罚和有无再危害社会的危险等。

不需要继续羁押的，"应当建议予以释放或者变更强制措施"，此处不是决定，而是建议。因为检察院行使的是法律监督职能，与审查批捕不同。对于处理结果，有关机关十日内通知检察院。无论是否采

纳建议，都应当进行反馈，这是接受检察院法律监督的必然要求。

相关规定

《高法解释》

第一百七十三条 对人民法院决定逮捕的被告人，人民检察院建议释放或者变更强制措施的，人民法院应当在收到建议后十日以内将处理情况通知人民检察院。

《公安规定》

第一百五十九条 犯罪嫌疑人被逮捕后，人民检察院经审查认为不需要继续羁押，建议予以释放或者变更强制措施的，公安机关应当予以调查核实。认为不需要继续羁押的，应当予以释放或者变更强制措施；认为需要继续羁押的，应当说明理由。

公安机关应当在十日以内将处理情况通知人民检察院。

《高检规则》

第二百七十条 批准或者决定逮捕，应当将犯罪嫌疑人涉嫌犯罪的性质、情节，认罪认罚等情况，作为是否可能发生社会危险性的考虑因素。

已经逮捕的犯罪嫌疑人认罪认罚的，人民检察院应当及时对羁押必要性进行审查。经审查，认为没有继续羁押必要的，应当予以释放或者变更强制措施。

第五百七十三条 犯罪嫌疑人、被告人被逮捕后，人民检察院仍应当对羁押的必要性进行审查。

第五百七十四条 人民检察院在办案过程中可以依职权主动进行羁押必要性审查。

犯罪嫌疑人、被告人及其法定代理人、近亲属或者辩护人可以申请人民检察院进行羁押必要性审查。申请时应当说明不需要继续羁押的理由，有相关证据或者其他材料的应当提供。

看守所根据在押人员身体状况，可以建议人民检察院进行羁押必要性审查。

第五百七十五条 负责捕诉的部门依法对侦查和审判阶段的羁押必要性进行审查。经审查认为不需要继续羁押的，应当建议公安机关或者人民法院释放犯罪嫌疑人、被告人或者变更强制措施。

审查起诉阶段，负责捕诉的部门经审查认为不需要继续羁押的，应当直接释放犯罪嫌疑人或者变更强制措施。

负责刑事执行检察的部门收到有关材料或者发现不需要继续羁押的，应当及时将有关材料和意见移送负责捕诉的部门。

第五百七十六条 办案机关对应的同级人民检察院负责控告申诉检察的部门或者负责案件管理的部门收到羁押必要性审查申请后，应当在当日移送本院负责捕诉的部门。

其他人民检察院收到羁押必要性审查申请的，应当告知申请人向办案机关对应的同级人民检察院提出申请，或者在二日以内将申请材料移送办案机关对应的同级人民检察院，并告知申请人。

第五百七十七条 人民检察院可以采取以下方式进行羁押必要性审查：

（一）审查犯罪嫌疑人、被告人不需要继续羁押的理由和证明材料；

（二）听取犯罪嫌疑人、被告人及其法定代理人、辩护人的意见；

（三）听取被害人及其法定代理人、诉讼代理人的意见，了解是否达成和解协议；

（四）听取办案机关的意见；

（五）调查核实犯罪嫌疑人、被告人的身体健康状况；

（六）需要采取的其他方式。

必要时，可以依照有关规定进行公开审查。

第五百七十八条 人民检察院应当根据犯罪嫌疑人、被告人涉嫌的犯罪事实、主观恶性、悔罪表现、身体状况、案件进展情况、可能判处的刑罚和有无再危害社会的危险等因素，综合评估有无必要继续羁押犯罪嫌疑人、被告人。

第五百七十九条 人民检察院发现犯罪嫌疑人、被告人具有下列情形之一的，应当向办案机关提出释放或者变更强制措施的建议：

（一）案件证据发生重大变化，没有证据证明有犯罪事实或者犯罪行为系犯罪嫌疑人、被告人所为的；

（二）案件事实或者情节发生变化，犯罪嫌疑人、被告人可能被判处拘役、管制、独立适用附加刑、免予刑事处罚或者判决无罪的；

（三）继续羁押犯罪嫌疑人、被告人，羁押期限将超过依法可能判处的刑期的；

（四）案件事实基本查清，证据已经收集固定，符合取保候审或者监视居住条件的。

第五百八十条 人民检察院发现犯罪嫌疑人、被告人具有下列情形之一，且具有悔罪表现，不予羁押不致发生社会危险性的，可以向办案机关提出释放或者变更强制措施的建议：

（一）预备犯或者中止犯；

（二）共同犯罪中的从犯或者胁从犯；

（三）过失犯罪的；

（四）防卫过当或者避险过当的；

（五）主观恶性较小的初犯；

（六）系未成年人或者已满七十五周岁的人；

（七）与被害方依法自愿达成和解协议，且已经履行或者提供担保的；

（八）认罪认罚的；

（九）患有严重疾病、生活不能自

理的；

（十）怀孕或者正在哺乳自己婴儿的妇女；

（十一）系生活不能自理的人的唯一扶养人；

（十二）可能被判处一年以下有期徒刑或者宣告缓刑的；

（十三）其他不需要继续羁押的情形。

第五百八十一条 人民检察院向办案机关发出释放或者变更强制措施建议书的，应当说明不需要继续羁押犯罪嫌疑人、被告人的理由和法律依据，并要求办案机关在十日以内回复处理情况。

人民检察院应当跟踪办案机关对释放或者变更强制措施建议的处理情况。办案机关未在十日以内回复处理情况的，应当提出纠正意见。

第五百八十二条 对于依申请审查的案件，人民检察院办结后，应当将提出建议的情况和公安机关、人民法院的处理情况，或者有继续羁押必要的审查意见和理由及时书面告知申请人。

文书格式

```
                ××××人民检察院
               羁押必要性审查建议书

                              ××检××羁审建〔20××〕×号

  _____：
    本院根据《中华人民共和国刑事诉讼法》第九十五条的规定，依法对逮捕后羁押于_____看守所的犯罪嫌疑人/被告人_____的羁押必要性进行了审查。经审查，本院认为不需要继续羁押犯罪嫌疑人/被告人_____，理由是：……上述事实有以下证据予以证明：……
    根据《中华人民共和国刑事诉讼法》第九十五条的规定，建议你_____对犯罪嫌疑人/被告人_____予以释放/变更强制措施。请你____将处理情况十日以内通知本院。未采纳本院建议的，请说明理由和依据。

                                  20××年××月××日
                                         （院印）
```

第九十六条　撤销或变更强制措施

人民法院、人民检察院和公安机关如果发现对犯罪嫌疑人、被告人采取强制措施不当的，应当及时撤销或者变更。公安机关释放被逮捕的人或者变更逮捕措施的，应当通知原批准的人民检察院。

条文注解

本条的"不当"，主要是指对犯罪嫌疑人、被告人采取了不适当的强制措施或者对不应当采取强制措施的采取了强制措施。

"发现对犯罪嫌疑人、被告人采取强制措施不当"既包括在办理案件过程中随时发现的，也包括人民检察院进行羁押必要性审查时发现的，也有部分是由于案件情况变化当前强制措施已经不适当的。

纠正的方法有撤销或者变更两种。"撤销"是指公检法机关对自己作出的采取强制措施的决定予以撤销，不再对犯罪嫌疑人、被告人采取强制措施。"变更"是指根据案件情况，采取更为适宜的其他强制措施，比如对逮捕的犯罪嫌疑人采取取保候审、监视居住等替代性的措施。

相关规定

《公安规定》

第一百五十八条 公安机关发现对犯罪嫌疑人采取强制措施不当的，应当及时撤销或者变更。犯罪嫌疑人在押的，应当及时释放。公安机关释放被逮捕的人或者变更逮捕措施的，应当通知批准逮捕的人民检察院。

文书格式

×××公 安 局
变更逮捕措施通知书

×公（ ）变通字〔 〕 号

_____人民检察院：

你院于____年____月____日以____〔 〕____号决定书批准逮捕的犯罪嫌疑人_____已于____年____月____日被执行逮捕，现因_____，根据《中华人民共和国刑事诉讼法》第_____条之规定，我局决定于____年____月____日对其变更强制措施为_____。

公安局（印）
年 月 日

××××人民检察院
撤销强制措施通知书

××检××撤强〔20××〕×号

_____：
_____院___年__月__日决定对涉嫌_____的犯罪嫌疑人_____采取_____措施，根据《中华人民共和国刑事诉讼法》第九十六条的规定，现决定撤销对其_____的决定。请依法立即执行，并在三日内将执行情况通知本院。

特此通知

20××年××月××日
（院印）

第九十七条　变更强制措施

犯罪嫌疑人、被告人及其法定代理人、近亲属或者辩护人有权申请变更强制措施。人民法院、人民检察院和公安机关收到申请后，应当在三日以内作出决定；不同意变更强制措施的，应当告知申请人，并说明不同意的理由。

条文注解

本条对变更强制措施的申请主体及处理程序作出规定，是刑事诉讼法在涉及限制人身自由措施上应当采取审慎态度立法精神的体现。

第一，申请变更强制措施的主体：犯罪嫌疑人、被告人及其法定代理人、近亲属或者辩护人。

第二，申请变更强制措施的主张：可以是强制措施种类的变更，由强度较大的措施变更为强度较小的措施，如申请将拘留、逮捕变更为监视居住、取保候审，也可以是申请变更强制措施的执行方式，如由指定居所监视居住变更为在犯罪嫌疑人的住处执行监视居住。

第三，申请变更强制措施的理由：虽然本条没有明确规定必须提供变更理由，但为便于办案机关综合评判、依法处理，犯罪嫌疑人、被告人及辩护人等有必要提供相关的理由及证据。

第四，申请变更强制措施的拒绝：不同意的理由，主要是指应当对犯罪嫌疑人、被告人继续采取拘留、逮捕、指定居所监视居住等措施的法律依据、原因。如果变更强制措施的申请附有相关事实和证据的，人民法院、人民检察院、公安机关还应当在说明不同意变更强制措施理由的同时，对该相关事实和证据予以回应。

相关规定

《公安规定》

第一百六十条　犯罪嫌疑人及其法定代理人、近亲属或者辩护人有权申请变更强制措施。公安机关应当在收到申请后三日以内作出决定；不同意变更强制措施的，应当告知申请人，并说明理由。

《高检规则》

第一百五十条　犯罪嫌疑人及其法定代理人、近亲属或者辩护人认为人民检察院采取强制措施法定期限届满，要求解除、变更强制措施或者释放犯罪嫌疑人的，人民检察院应当在收到申请后三日以内作出决定。

经审查，认为法定期限届满的，应当决定解除、变更强制措施或者释放犯罪嫌疑人，并通知公安机关执行；认为法定期限未满的，书面答复申请人。

第一百五十一条

……

经审查，同意变更强制措施的，应当在作出决定的同时通知公安机关执行；不同意变更强制措施的，应当书面告知申请人，并说明不同意的理由。

犯罪嫌疑人及其法定代理人、近亲属或者辩护人提出变更强制措施申请的，应当说明理由，有证据和其他材料的，应当附上相关材料。

《高法解释》

第一百六十九条　被逮捕的被告人具有下列情形之一的，人民法院可以变更强制措施：

（一）患有严重疾病、生活不能自理的；
（二）怀孕或者正在哺乳自己婴儿的；
（三）系生活不能自理的人的唯一扶养人。

第一百七十条　被逮捕的被告人具有下列情形之一的，人民法院应当立即释放；必要时，可以依法变更强制措施：

（一）第一审人民法院判决被告人无罪、不负刑事责任或者免予刑事处罚的；

（二）第一审人民法院判处管制、宣告缓刑、单独适用附加刑，判决尚未发生法律效力的；

（三）被告人被羁押的时间已到第一审人民法院对其判处的刑期期限的；

（四）案件不能在法律规定的期限内审结的；

第一百七十四条　被告人及其法定代理人、近亲属或者辩护人申请变更、解除强制措施的，应当说明理由。人民法院收到申请后，应当在三日以内作出决定。同意变更、解除强制措施的，应当依照本解释规定处理；不同意的，应当告知申请人，并说明理由。

文书格式

```
            ××××人民检察院
        变更（撤销）逮捕措施通知书

                      ××检××变捕〔20××〕××号

_____：
    你____×××号逮捕决定书决定逮捕犯罪嫌疑人____，因_____（写明请求变更或者撤销逮捕措施的具体理由），现ام决定_____（变更/撤销逮捕措施的具体情况）。根据《人民检察院刑事诉讼规则》第三百零二条之规定，特通知你部门。

                              20××年××月××日
                                    （部门印）
```

第九十八条　羁押期限届满的处理程序

犯罪嫌疑人、被告人被羁押的案件，不能在本法规定的侦查羁押、审查起诉、一审、二审期限内办结的，对犯罪嫌疑人、被告人应当予以释放；需要继续查证、审理的，对犯罪嫌疑人、被告人可以取保候审或者监视居住。

条文注解

本条规定旨在防止因案件久拖不决而无限期羁押，以保护犯罪嫌疑人、被告人权利。未决羁押期限与各个阶段的办案期限相对应，办案期限届满，也就意味着羁押期限也已届满。"应当予以释放"是强制性规定，不能以任何理由超期羁押。

相关规定

《高法解释》

第一百七十一条　人民法院决定释放被告人的，应当立即将释放通知书送交公安机关执行。

第一百七十二条　被采取强制措施的被告人，被判处管制、缓刑的，在社区矫正开始后，强制措施自动解除；被单处附加刑的，在判决、裁定发生法律效力后，强制措施自动解除；被判处监禁刑的，在刑罚开始执行后，强制措施自动解除。

《高检规则》

第一百五十三条 人民检察院决定对涉嫌犯罪的机关事业单位工作人员取保候审、监视居住、拘留、逮捕的，应当在采取或者解除强制措施后五日以内告知其所在单位；决定撤销案件或者不起诉的，应当在作出决定后十日以内告知其所在单位。

第三百一十八条 人民检察院直接受理侦查的案件，不能在法定侦查羁押期限内侦查终结的，应当依法释放犯罪嫌疑人或者变更强制措施。

文书格式

```
                  ×××公 安 局
                   释 放 通 知 书
                           ×公（ ）释字〔   〕   号
看守所、_____人民检察院：
_____（性别____，出生日期_____，住址_____
_____）因_____，于____年____月
____日被执行拘留/逮捕，现因_____，
根据《中华人民共和国刑事诉讼法》第_____条之规定，予以释放。
                                               公安局（印）
                                                 年 月 日

本通知书已收到。              本通知书已收到。
接收民警：                   检察院收件人：
看守所（印）
 年  月  日                    年  月  日
```

第九十九条 强制措施期限届满时的处理程序

人民法院、人民检察院或者公安机关对被采取强制措施法定期限届满的犯罪嫌疑人、被告人，应当予以释放、解除取保候审、监视居住或者依法变更强制措施。犯罪嫌疑人、被告人及其法定代理人、近亲属或者辩护人对于人民法院、人民检察院或者公安机关采取强制措施法定期限届满的，有权要求解除强制措施。

条文注解

强制措施期限届满与羁押期限届满不同，需要注意区分。羁押期限是指与办案期限相对应的审前羁押期限，强制措施期限则以强制措施的法定期限为准。

"应当予以释放、解除取保候审、监视居住或者依法变更强制措施"，对于需要继续查证、审理的，可以依法将逮捕措施变更为取保候审、监视居住措施。

相关规定

《高检规则》

第一百五十四条 取保候审变更为监视居住，或者取保候审、监视居住变更为

拘留、逮捕的，在变更的同时原强制措施自动解除，不再办理解除法律手续。

第一百五十五条 人民检察院已经对犯罪嫌疑人取保候审、监视居住，案件起诉至人民法院后，人民法院决定取保候审、监视居住或者变更强制措施的，原强制措施自动解除，不再办理解除法律手续。

第六百一十二条 人民检察院依法对羁押期限和办案期限是否合法实行法律监督。

第六百一十三条 对公安机关、人民法院办理案件相关期限的监督，犯罪嫌疑人、被告人被羁押的，由人民检察院负责刑事执行检察的部门承担；犯罪嫌疑人、被告人未被羁押的，由人民检察院负责捕诉的部门承担。对人民检察院办理案件相关期限的监督，由负责案件管理的部门承担。

第六百一十四条 人民检察院在办理案件过程中，犯罪嫌疑人、被告人被羁押，具有下列情形之一的，办案部门应当在作出决定或者收到决定书、裁定书后十日以内通知本院负有监督职责的部门：

（一）批准或者决定延长侦查羁押限的；

（二）对于人民检察院直接受理侦查的案件，决定重新计算侦查羁押期限、变更或者解除强制措施的；

（三）对犯罪嫌疑人、被告人进行精神病鉴定的；

（四）审查起诉期间改变管辖、延长审查起诉期限的；

（五）案件退回补充侦查，或者补充侦查完毕移送起诉后重新计算审查起诉期限的；

（六）人民法院决定适用简易程序、速裁程序审理第一审案件，或者将案件由简易程序转为普通程序，由速裁程序转为简易程序、普通程序重新审理的；

（七）人民法院改变管辖，决定延期审理、中止审理，或者同意人民检察院撤回起诉的。

第六百一十五条 人民检察院发现看守所的羁押期限管理活动具有下列情形之一的，应当依法提出纠正意见：

（一）未及时督促办案机关办理换押手续的；

（二）未在犯罪嫌疑人、被告人羁押期限届满前七日以内向办案机关发出羁押期限即将届满通知书的；

（三）犯罪嫌疑人、被告人被超期羁押后，没有立即书面报告人民检察院并通知办案机关的；

（四）收到犯罪嫌疑人、被告人及其法定代理人、近亲属或者辩护人提出的变更强制措施、羁押必要性审查、羁押期限届满要求释放或者变更强制措施的申请、申诉、控告后，没有及时转送有关办案机关或者人民检察院的；

（五）其他违法情形。

第六百一十六条 人民检察院发现公安机关的侦查羁押期限执行情况具有下列情形之一的，应当依法提出纠正意见：

（一）未按规定办理换押手续的；

（二）决定重新计算侦查羁押期限、经批准延长侦查羁押期限，未书面通知人民检察院和看守所的；

（三）对犯罪嫌疑人进行精神病鉴定，没有书面通知人民检察院和看守所的；

（四）其他违法情形。

第六百一十七条 人民检察院发现人民法院的审理期限执行情况具有下列情形之一的，应当依法提出纠正意见：

（一）在一审、二审和死刑复核阶段未按规定办理换押手续的；

（二）违反刑事诉讼法的规定重新计算审理期限、批准延长审理期限、改变管辖、延期审理、中止审理或者发回重审的；

（三）决定重新计算审理期限、批准延长审理期限、改变管辖、延期审理、中止审理、对被告人进行精神病鉴定，没有书面通知人民检察院和看守所的；

（四）其他违法情形。

第六百一十八条　人民检察院发现同级或者下级公安机关、人民法院超期羁押的，应当向该办案机关发出纠正违法通知书。

发现上级公安机关、人民法院超期羁押的，应当及时层报该办案机关的同级人民检察院，由同级人民检察院向该办案机关发出纠正违法通知书。

对异地羁押的案件，发现办案机关超期羁押的，应当通报该办案机关的同级人民检察院，由其依法向办案机关发出纠正违法通知书。

第六百一十九条　人民检察院发出纠正违法通知书后，有关办案机关未回复意见或者继续超期羁押的，应当及时报告上一级人民检察院。

对于造成超期羁押的直接责任人员，可以书面建议其所在单位或者有关主管机关依照法律或者有关规定予以处分；对于造成超期羁押情节严重，涉嫌犯罪的，应当依法追究其刑事责任。

第六百二十条　人民检察院办理直接受理侦查的案件或者审查逮捕、审查起诉案件，在犯罪嫌疑人侦查羁押期限、办案期限即将届满前，负责案件管理的部门应当依照有关规定向本院办案部门进行期限届满提示。发现办案部门办理案件超过规定期限的，应当依照有关规定提出纠正意见。

《公安规定》

第一百六十一条　公安机关对被采取强制措施法定期限届满的犯罪嫌疑人，应当予以释放，解除取保候审、监视居住或者依法变更强制措施。

犯罪嫌疑人及其法定代理人、近亲属或者辩护人对于公安机关采取强制措施法定期限届满的，有权要求公安机关解除强制措施。公安机关应当进行审查，对于情况属实的，应当立即解除或者变更强制措施。

对于犯罪嫌疑人、被告人羁押期限即将届满的，看守所应当立即通知办案机关。

第一百六十二条　取保候审变更为监视居住的，取保候审、监视居住变更为拘留、逮捕的，对原强制措施不再办理解除法律手续。

第一百六十三条　案件在取保候审、监视居住期间移送审查起诉后，人民检察院决定重新取保候审、监视居住或者变更强制措施的，对原强制措施不再办理解除法律手续。

文书格式

×××× 人民检察院
纠正违法通知书

××检××纠违〔20××〕×号

_____（侦查机关）：

本院在办理_____案件中（或在工作中）发现，你____在侦查_____案过程中存在下列违法行为：

1. 发现的违法情况。包括违法人员的姓名、单位、职务、违法事实等，如果是单位违法，要写明违法单位的名称。违法事实，要写明违法时间、地点、经过、手段、目的和后果等。可表述为：经调查核实，发现……。

2. 认定违法的理由和法律依据。包括违法行为触犯的法律、法规和规范性文件的具体条款，违法行为的性质等。可表述为：本院认为……。

根据《中华人民共和国刑事诉讼法》第____条之规定，现通知你____予以纠正，并在收到本通知书后十五日内将纠正情况告知本院。

20××年××月××日
（院印）

第一百条 审查批准逮捕的侦查监督

人民检察院在审查批准逮捕工作中，如果发现公安机关的侦查活动有违法情况，应当通知公安机关予以纠正，公安机关应当将纠正情况通知人民检察院。

条文注解

检察院对公安机关侦查活动的监督是法律监督职能的重要体现。对于及时纠正侦查活动违法情形、保障诉讼程序的顺利进行至关重要，有利于从源头上解决程序违法、事实不清、证据不足等问题。

检察院可以通过三种方式进行侦查监督：一是审查公安机关移送的案件材料、证据等资料；二是在必要时派员参加公安机关对于重大案件的讨论；三是听取犯罪嫌疑人及其辩护律师的意见。

相关规定

《公安规定》

第一百四十七条 人民检察院在审查批准逮捕工作中发现公安机关的侦查活动存在违法情况，通知公安机关予以纠正的，公安机关应当调查核实，对于发现的违法情况应当及时纠正，并将纠正情况书面通知人民检察院。

文书格式

```
××××人民检察院
提前介入侦查意见书

_____（侦查机关名称）：
    犯罪嫌疑人_____涉嫌_____一案，经你局邀请（人民检察院认为确有必要），本院派员提前介入，为了彻底查明犯罪事实，有效惩治犯罪，提出以下引导取证意见：
    1.……（列出侦查取证的要求）
    2.……（列出侦查取证的要求）
    ……
    联系人：
    联系电话：
    备注：本意见书供开展侦查工作参考，不得装入侦查案卷。
                                    20××年××月××日
                                        （院印）
```

第七章　附带民事诉讼

第一百零一条　附带民事诉讼的提起

被害人由于被告人的犯罪行为而遭受物质损失的，在刑事诉讼过程中，有权提起附带民事诉讼。被害人死亡或者丧失行为能力的，被害人的法定代理人、近亲属有权提起附带民事诉讼。

如果是国家财产、集体财产遭受损失的，人民检察院在提起公诉的时候，可以提起附带民事诉讼。

条文注解

本条第一款是提起附带民事诉讼主体和条件的规定。根据本款规定，有权提起附带民事诉讼的主体包括两类人，一是被害人，即遭受犯罪行为侵害的自然人和其他组织；二是在被害人死亡或者丧失行为能力的情况下，被害人的近亲属、法定代理人有权提起附带民事诉讼。

提起附带民事诉讼需要具备以下条件：第一，被告人的行为构成犯罪，这是提起附带民事诉讼的前提条件。第二，被告人的犯罪行为对被害人所造成的损失，必须是被害人的物质损失，请求赔偿精神损失的，人民法院一般不予受理。第三，被害人的物质损失必须是由被告人的犯罪行为造成的，即被害人的物质损失与被告人的犯罪行为之间存在着因果关系，否则，不能提起附带民事诉讼。第四，附带民事诉讼的提起，只能在刑事诉讼过程中提出，被害方可以选择在侦查、起诉、审判等各环节提起。

第二款是关于人民检察院可以提起附带民事诉讼的规定。在我国，检察机关一般不参与公民个人对附带民事诉讼的提起，意在尊重公民的民事处分权。而国家和集体财产是公有财产，一旦被侵害，就需要有相关机关承担挽回损失的责任。检察机关在被害单位没有提起附带民事诉讼时，为了保护公共财产和社会利益，有权提起附带民事诉讼。

相关规定

《公安规定》

第二百九十二条 被害人提出附带民事诉讼的，应当记录在案；移送审查起诉时，应当在起诉意见书末页注明。

《高法解释》

第一百七十五条 被害人因人身权利受到犯罪侵犯或者财物被犯罪分子毁坏而遭受物质损失的，有权在刑事诉讼过程中提起附带民事诉讼；被害人死亡或者丧失行为能力的，其法定代理人、近亲属有权提起附带民事诉讼。

因受到犯罪侵犯，提起附带民事诉讼或者单独提起民事诉讼要求赔偿精神损失的，人民法院一般不予受理。

第一百七十六条 被告人非法占有、处置被害人财产的，应当依法予以追缴或者责令退赔。被害人提起附带民事诉讼的，人民法院不予受理。追缴、退赔的情况，可以作为量刑情节考虑。

第一百七十七条 国家机关工作人员在行使职权时，侵犯他人人身、财产权利构成犯罪，被害人或者其法定代理人、近亲属提起附带民事诉讼的，人民法院不予受理，但应当告知其可以依法申请国家赔偿。

第一百七十八条 人民法院受理刑事案件后，对符合刑事诉讼法第一百零一条和本解释第一百七十五条第一款规定的，可以告知被害人或者其法定代理人、近亲属有权提起附带民事诉讼。

有权提起附带民事诉讼的人放弃诉讼权利的，应当准许，并记录在案。

第一百七十九条 国家财产、集体财产遭受损失，受损失的单位未提起附带民事诉讼，人民检察院在提起公诉时提起附带民事诉讼的，人民法院应当受理。

人民检察院提起附带民事诉讼的，应当列为附带民事诉讼原告人。

被告人非法占有、处置国家财产、集体财产的，依照本解释第一百七十六条的规定处理。

第一百八十条 附带民事诉讼中依法负有赔偿责任的人包括：

（一）刑事被告人以及未被追究刑事责任的其他共同侵害人；

（二）刑事被告人的监护人；

（三）死刑罪犯的遗产继承人；

（四）共同犯罪案件中，案件审结前死亡的被告人的遗产继承人；

（五）对被害人的物质损失依法应当承担赔偿责任的其他单位和个人。

附带民事诉讼被告人的亲友自愿代为赔偿的，可以准许。

第一百八十一条 被害人或者其法定代理人、近亲属仅对部分共同侵害人提起附带民事诉讼的，人民法院应当告知其可以对其他共同侵害人，包括没有被追究刑事责任的共同侵害人，一并提起附带民事诉讼，但共同犯罪案件中同案犯在逃的除外。

被害人或者其法定代理人、近亲属放弃对其他共同侵害人的诉讼权利的，人民法院应当告知其相应法律后果，并在裁判文书中说明其放弃诉讼请求的情况。

第一百八十二条 附带民事诉讼的起诉条件是：

（一）起诉人符合法定条件；

（二）有明确的被告人；

（三）有请求赔偿的具体要求和事实、理由；

（四）属于人民法院受理附带民事诉讼的范围。

第一百八十三条 共同犯罪案件，同案犯在逃的，不应列为附带民事诉讼被告人。逃跑的同案犯到案后，被害人或者其法定代理人、近亲属可以对其提起附带民事诉讼，但已经从其他共同犯罪人处获得足额赔偿的除外。

第一百八十四条 附带民事诉讼应当在刑事案件立案后及时提起。

提起附带民事诉讼应当提交附带民事起诉状。

第一百八十五条 侦查、审查起诉期间，有权提起附带民事诉讼的人提出赔偿要求，经公安机关、人民检察院调解，当事人双方已经达成协议并全部履行，被害人或者其法定代理人、近亲属又提起附带民事诉讼的，人民法院不予受理，但有证据证明调解违反自愿、合法原则的除外。

第一百八十六条 被害人或者其法定代理人、近亲属提起附带民事诉讼的，人民法院应当在七日以内决定是否受理。符合刑事诉讼法第一百零一条以及本解释有关规定的，应当受理；不符合的，裁定不予受理。

第一百八十七条 人民法院受理附带民事诉讼后，应当在五日以内将附带民事起诉状副本送达附带民事诉讼被告人及其法定代理人，或者将口头起诉的内容及时通知附带民事诉讼被告人及其法定代理人，并制作笔录。

人民法院送达附带民事起诉状副本时，应当根据刑事案件的审理期限，确定被告人及其法定代理人的答辩准备时间。

第一百八十八条 附带民事诉讼当事人对自己提出的主张，有责任提供证据。

> **典型案例**

1. 广东省广州市人民检察院诉卫某垃圾厂、李某污染环境民事公益诉讼案（检察公益诉讼起诉典型案例，最高检2021年9月15日发布）

裁判要旨：检察机关在诉前采取措施冻结被告千万资产，确保判决"不打白条"；通过督促当地政府先行委托专业机构对涉案场地进行整治，探索在民事公益诉讼中适用先予执行程序，保障环境修复执行落实到位。依托两级检察院一体办案，民事公益诉讼与刑事案件同步审查、证据互通转化，刑事侦查搜集的证据为民事公益诉讼提供了坚实基础，民事公益诉讼中的生态环境损失证据对准确认定犯罪行为也起到支撑作用，推进受损环境及时修复、警示震慑潜在污染者。

2. 青海省西宁市城西区人民检察院诉李某某等人非法捕捞水产品刑事附带民事公益诉讼案（检察公益诉讼起诉典型案例，最高检2021年9月15日发布）

裁判要旨：青海湖是我国最大的内陆高原湖泊、最大的咸水湖。青海湖裸鲤是湖中的稀有物种，是青海湖生态系统的重要组成部分。针对非法捕捞裸鲤案件频发的现状，为节约鉴定时间和诉讼成本，检察机关积极探索以专业评估替代司法鉴定，通过与农业农村部门建立关于偷捕对青海湖裸鲤资源造成损失进行年度动态评估的长效机制，明确投放的鱼苗尾数和每尾鱼苗的放流成本，通过人工增殖放流的方式修复受损的生态环境，实现了以低成本、高效益、可执行的模式修复特定区域的生态损害。

3. 盛某水务公司污染环境刑事附带民事公益诉讼案（检例第86号）

裁判要旨：检察机关办理环境污染民事公益诉讼案件，可以在查清事实、明确责任的基础上，遵循自愿、合法和最大限度保护公共利益的原则，积极参与调解。造成环境污染的公司的控股股东自愿加入诉讼，愿意承担连带责任并提供担保的，检察机关可以依申请将其列为第三人，让其作为共同赔偿主体，督促其运用现金赔偿、替代性修复等方式，承担生态损害赔偿的连带责任。对办案中发现的带有普遍性的问题，检察机关可以通过提出检察建议、立法建议等方式，促进社会治理创新。

4. 于某森故意伤害案（刑事审判参考案例第26号）

裁判要旨：被害人由于被告人的犯罪行为遭受的物质损失，原则上都应在附带民事赔偿之列，既应包括被害人本人的医药费、营养费、误工费、就医交通费、丧葬费、伤残补偿费等，也应包括因必需的陪伴而产生的误工费、住宿费、亲属的奔丧费和所扶养人必要的生活费等多种费用。赔偿的范围只能是"物质损失"，非物质损失不属附带民事赔偿的范围。赔偿范围应只限于犯罪行为直接造成的物质损失，即直接损失。无行为能力或者限制行为能力被害人的法定代理人在附带民事诉讼中的诉讼地位与已死亡被害人近亲属有所不同，无行为能力或者限制行为能力被害人是独立的诉讼主体，具有诉讼权利能力，其原告人的身份不因其诉讼行为能力的丧失而改变，因此，其法定代理人在诉讼中的地位只能是法定代理人，而不能是原告人。对于经过审理确定的赔偿项目和数额，在判决书中均应当详细罗列，不能用估推的方法确定总赔偿额。对具体赔偿数额，应以被害人的实际损失为限，即被

害人有多大损失就应判决赔偿多少损失，而不应仅以被告人赔偿能力作为确定依据。

5. 耿某红故意伤害案（刑事审判参考案例第348号）

裁判要旨：限制民事行为能力人、无民事行为能力人不能独立参加附带民事诉讼，应由其监护人作为法定代理人代为诉讼。限制民事行为能力人、无民事行为能力人为刑事附带民事诉讼中的被告人时，其监护人也应被列为附带民事诉讼的被告人。

6. 高某故意伤害案（刑事审判参考案例第371号）

裁判要旨：只要行为人实施犯罪行为的目的或起因是出于执行职务或实施业务活动，其引起的损失就应当单位承担。但行为人在实施业务活动和执行职务的过程中并非出于实施业务活动和执行职务的目的或并非由实施业务活动和执行职务而实施的犯罪行为，其造成的损失就应由行为人自己承担。由法人或其他组织承担的责任实际上是一种替代责任，而不是连带责任，不适用一般连带责任原理。

7. 马某生故意伤害案（刑事审判参考案例第390号）

裁判要旨：刑事附带民事诉讼所要解决的因犯罪行为而引起的损害赔偿问题，在本质上仍属于民事诉讼，故附带民事部分的法律适用，在实体法上仍应适用民事法律规范。雇员在从事雇用活动中实施了致人损害的行为，雇主均应承担赔偿责任。只有雇员因故意或者重大过失致人损害的，才由雇员承担损害赔偿责任，但雇主仍需要承担连带赔偿责任。

文书格式

起诉书格式（样本）：附带民事诉讼案件适用

××××人民检察院
刑事附带民事起诉书

××检××刑附民诉〔20××〕×号

被告人……（写明姓名、性别、出生日期、民族、文化程度、职业、工作单位及职务、户籍地、住址、是否刑事案件被告人等）

被告单位……（写明单位名称、住所地、是否刑事案件被告单位、法定代表人姓名、职务等）

被害单位……（写明单位名称，所有制性质、住所地、法定代表人姓名、职务等）

诉讼请求：

……（写明具体的诉讼请求）

事实证据和理由：

……（写明检察机关审查认定的导致国家、集体财产损失的犯罪事实及有关证据）

本院认为，……（概述被告人应承担民事责任的理由），根据……（引用被告人应承担民事责任的法律条款）的规定，应承担赔偿责任。因被告人×××的上述行为构成××罪，依法应当追究刑事责任，本院已于×年×月×日以××号起诉书向你院提起公诉。现根据《中华人民共和国刑事诉讼法》第一百零一条第二款的规定，提起附带民事诉讼，请依法裁判。

此致
××××人民法院

检 察 官 ×××
检察官助理 ×××
20××年××月××日
（院印）

附件：1. 刑事附带民事起诉书副本一式×份

2. 其他需要附注的事项

第一百零二条 财产保全

人民法院在必要的时候，可以采取保全措施，查封、扣押或者冻结被告人的财产。附带民事诉讼原告人或者人民检察院可以申请人民法院采取保全措施。人民法院采取保全措施，适用民事诉讼法的有关规定。

条文注解

财产保全，是指人民法院在利害关系人起诉前或者当事人起诉后，为保障将来的生效判决能够得到执行或者避免财产遭受损失，对当事人的财产或者争议的标的物，采取限制当事人处分的强制措施。

财产保全的主要条件。"在必要的时候"是指被告人及其亲属有转移、隐匿财产的迹象，或者被告人的财产面临毁灭损失的现实风险。人民法院可以依职权采取财产保全措施。"冻结"主要针对债权、股票、基金等类型的资产。

财产保全的申请主体。除了法院可以依职权采取措施外，附带民事诉讼原告人或者人民检察院也可以申请财产保全。有些案件，被害方尚未提起附带民事诉讼，如若不采取紧急措施则可能造成无财产可供执行。

财产保全的具体程序。主要分为诉前财产保全和诉中财产保全两种。诉中财产保全，法院可以要求申请人提供担保；而诉前财产保全，必须由申请人提供担保。

相关规定

《高法解释》

第一百八十九条 人民法院对可能因被告人的行为或者其他原因，使附带民事判决难以执行的案件，根据附带民事诉讼原告人的申请，可以裁定采取保全措施，查封、扣押或者冻结被告人的财产；附带民事诉讼原告人未提出申请的，必要时，人民法院也可以采取保全措施。

有权提起附带民事诉讼的人因情况紧急，不立即申请保全将会使其合法权益受到难以弥补的损害的，可以在提起附带民事诉讼前，向被保全财产所在地、被申请人居住地或者对案件有管辖权的人民法院申请采取保全措施。申请人在人民法院受理刑事案件后十五日以内未提起附带民事诉讼的，人民法院应当解除保全措施。

人民法院采取保全措施，适用民事诉讼法第一百条至第一百零五条的有关规定，但民事诉讼法第一百零一条第三款的规定除外。

文书格式

××××人民检察院
刑事附带民事财产保全申请书

××检××附保〔20××〕×号

_____人民法院：

本院于____年____月____日以____号_____书向你院提起_____的被告人_____一案，根据《中华人民共和国刑事诉讼法》第一百零一条第二款、第一百零二条的规定，向你院申请财产保全。

被申请人：_____（被申请人为个人的，写明姓名、性别、出生日期、民族、籍贯、职业或者工作单位和职务、住址；被申请人为单位的，写明单位名称、组织机构代码、法定代表人或代表的姓名、职务）

请求事项：

请求人民法院对被申请人的下列财产进行诉讼保全：

1. ……
2. （写明财产的位置、数量、金额等情况）。

20××年××月××日
（院印）

第一百零三条　附带民事诉讼的调解与裁判

人民法院审理附带民事诉讼案件，可以进行调解，或者根据物质损失情况作出判决、裁定。

条文注解

附带民事诉讼的调解。包括在一审期间进行调解，也包括在二审期间进行调解；包括对公诉案件附带的民事诉讼进行调解，也包括对刑事自诉案件附带的民事诉讼的调解。调解达成协议，必须双方自愿，不得强迫。调解协议的内容不得违反法律规定。

附带民事诉讼的裁判。需要注意，死亡赔偿金、残疾赔偿金不属于附带民事诉讼的赔偿范围，但是达成调解、和解的不受此限制。犯罪行为造成被害人人身损害的，应当赔偿医疗费、护理费、交通费等为治疗和康复支付的合理费用，以及因误工减少的收入。造成被害人残疾的，还应当赔偿残疾生活辅助器具费等费用；造成被害人死亡的，还应当赔偿丧葬费等费用。驾驶机动车致人伤亡或者造成公私财产重大损失，构成犯罪的，依照《中华人民共和国道路交通安全法》第七十六条的规定确定赔偿责任。

相关规定

《高法解释》

第一百九十条　人民法院审理附带民事诉讼案件，可以根据自愿、合法的原则进行调解。经调解达成协议的，应当制作调解书。调解书经双方当事人签收后即具有法律效力。

调解达成协议并即时履行完毕的，可以不制作调解书，但应当制作笔录，经双方当事人、审判人员、书记员签名后即发生法律效力。

第一百九十一条　调解未达成协议或者调解书签收前当事人反悔的，附带民事诉讼应当同刑事诉讼一并判决。

第一百九十二条　对附带民事诉讼作出判决，应当根据犯罪行为造成的物质损失，结合案件具体情况，确定被告人应当赔偿的数额。

犯罪行为造成被害人人身损害的，应当赔偿医疗费、护理费、交通费等为治疗和康复支付的合理费用，以及因误工减少的收入。造成被害人残疾的，还应当赔偿残疾生活辅助器具费等费用；造成被害人死亡的，还应当赔偿丧葬费等费用。

驾驶机动车致人伤亡或者造成公私财产重大损失，构成犯罪的，依照《中华人民共和国道路交通安全法》第七十六条的规定确定赔偿责任。

附带民事诉讼当事人就民事赔偿问题达成调解、和解协议的，赔偿范围、数额不受第二款、第三款规定的限制。

第一百九十三条　人民检察院提起附带民事诉讼的，人民法院经审理，认为附带民事诉讼被告人依法应当承担赔偿责任的,应当判令附带民事诉讼被告人直接向遭受损失的单位作出赔偿;遭受损失的单位已经终止,有权利义务继受人的,应当判令其向继受人作出赔偿;没有权利义务继受人的,应当判令其向人民检察院交付赔偿款,由人民检察院上缴国库。

第一百九十四条 审理刑事附带民事诉讼案件,人民法院应当结合被告人赔偿被害人物质损失的情况认定其悔罪表现,并在量刑时予以考虑。

典型案例

1. 尹某军诉颜某奎健康权、身体权纠纷案(最高人民法院公报案例)

裁判要旨:刑事案件的受害人因犯罪行为受到身体伤害,未提起刑事附带民事诉讼,而是另行提起民事侵权诉讼的,关于残疾赔偿金是否属于物质损失范畴的问题,刑事诉讼法及司法解释没有明确规定。刑事案件受害人因犯罪行为造成残疾的,今后的生活和工作必然受到影响,导致劳动能力下降,造成生活成本增加,进而变相地减少物质收入,故残疾赔偿金应属于物质损失的范畴,应予赔偿。

2. 宋某划交通肇事案(刑事审判参考案例第314号)

裁判要旨:死亡补偿费不是精神损害抚慰金,而是对因被害人死亡遭受财产损失的赔偿费用。凡是被害人死亡的附带民事诉讼案件,均应判处死亡赔偿金(死亡补偿费)。人民法院在民事裁判文书中确定的对因受害人死亡造成死者近亲属精神损害应予赔偿的精神抚慰金没有必要表述为"死亡赔偿金",直接表述为"精神抚慰金"即可。人民法院审理被害人死亡的附带民事诉讼案件,由于有关法律和司法解释对附带民事诉讼有特殊规定,不能判处精神抚慰金,但应当判处死亡补偿费。

3. 李某前故意杀人案(刑事审判参考案例第341号)

裁判要旨:在解决附带民事诉讼赔偿问题时,应实行全部赔偿原则。被告人承担赔偿责任的范围,应当与侵权行为造成物质损失的范围对等。侵权行为所造成的损失应当全部赔偿,不能因被告人赔偿能力有限或没有赔偿能力而少赔或者不赔。

4. 程某岗等故意伤害案(刑事审判参考案例第513号)

裁判要旨:刑事附带民事诉讼案件的调解与单纯民事案件的调解相比,既有共性,也有特殊性。刑事附带民事诉讼原告人可以与部分被告人自愿达成调解协议,此种情形的调解宜采取部分撤诉的方式结案,对调解不成的其他被告人应当按照其应承担的赔偿份额依法作出判决。

文书格式

××××人民法院
刑事附带民事判决书
(一审公诉案件用)

(××××)×刑初字第××号

公诉机关××××人民检察院。

附带民事诉讼原告人(被害人)……(写明姓名、性别、出生年月日、民族、籍贯、职业或工作单位和职务、住址等)。

续表

　　被告人……（写明姓名、性别、出生年月日、民族、籍贯、职业或工作单位和职务、住址和因本案所受强制措施情况等，现在何处）。
　　辩护人……（写明姓名、性别工作单位和职务）。
　　××××人民检察院于××××年××月××日以被告人×××犯××罪，向本院提起公诉；在诉讼过程中，被害人×××又以要求被告人×××赔偿经济损失为由，向本院提起附带民事诉讼。本院受理后，依法组成合议庭（或由审判员×××独任审判），公开（或不公开）开庭对本案进行了合并审理，××××人民检察院检察长（或员）×××出庭支持公诉，附带民事诉讼原告人（被害人）×××及其××代理人×××、被告人×××及其辩护人×××、证人×××等到庭参加诉讼。本案现已审理终结。
　　……（首先概述检察院指控的基本内容，并简述附带民事诉讼原告人起诉的民事内容；其次写明被告人供认、辩解和辩护人辩护的要点）。
　　经审理查明，……（除详写法院认定的事实、情节和证据外，还应写明由于被告人的行为造成被害人直接经济损失的事实。如果控、辩双方或一方对事实有异议，应予分析否定。在认定事实时，不但要具体列举证据，而且要通过对主要证据的分析论证，来说明本判决认定的事实的正确性）。
　　本院认为，……〔根据查证属实的事实、情节和法律规定，除论证被告人是否犯罪、犯什么罪，应否追究刑事责任外，还应论证被告人对被害人的经济损失应否负民事赔偿责任（一案多人的还应分清各被告人的地位、作用及其刑事和民事责任），应该从宽或从严处理。对于控、辩双方关于适用法律方面的意见和理由，应当有分析地表示采纳或予以批驳〕。依照……（写明判决所依据的法律条款项）的规定，判决如下：
　　……〔写明判决结果。分四种情况：
　　第一、被告人构成犯罪并应赔偿经济损失的，表述的：
　　"一、被告人×××犯××罪，……（写明判处的刑罚或者免予刑事处分）；
　　二、被告人×××赔偿被害人×××……（写明赔偿的金额和支付日期）。"
　　第二、被告人构成犯罪，但不赔偿经济损失的，表述为：
　　"一、被告人×××犯××罪，……（写明判处的刑罚或者免予刑事处分）；
　　二、被告人×××不承担民事赔偿责任（或免予赔偿经济损失）。"
　　第三、被告人不构成犯罪但应赔偿经济损失的，表述为：
　　"一、被告人×××无罪；
　　二、被告人×××赔偿……（写明受偿人的姓名以及赔偿的金额和支付日期）。"
　　第四、被告人不构成犯罪又不赔偿经济损失的，表述为.
　　"一、被告人×××无罪；
　　二、被告人×××不承担民事赔偿责任。"〕
　　如不服本判决，可在接到判决书的第二日起××日内通过本院或者直接向××××人民法院提出上诉。书面上诉的，应交上书状正本一份，副本×份。

续表

审判长××× 　　　　　　　　　　　　　　　　　审判员××× 　　　　　　　　　　　　　　　　　审判员××× 　　　　　　　　　　　　　　　　××××年××月××日 　　　　　　　　　　　　　　　　　　　（院印） 　本件与原本核对无异 　　　　　　　　　　　　　　　　　书记员×××

第一百零四条　附带民事诉讼的审判方式

附带民事诉讼应当同刑事案件一并审判，只有为了防止刑事案件审判的过分迟延，才可以在刑事案件审判后，由同一审判组织继续审理附带民事诉讼。

条文注解

附带民事诉讼与刑事案件一并审判为原则，防止刑事迟延而先刑后民为例外。

在刑事诉讼过程中，合并审理因被告人的同一犯罪行为而同时引起的刑事案件和民事案件，可以全面地查明被告人是否有罪及其罪行是否造成了物质损失、损失的程度等。在一些情况下，被告人的行为所造成的物质损失程度是衡量其罪行是否严重或特别严重的情节，被告人的赔偿情况也是量刑上的考虑因素。因此，及时、全面地查明上述情况，对于案件审理意义重大。同时，通过一个诉讼程序，合并审理由被告人的犯罪行为所引起的彼此密切相关的刑事、民事两种案件，司法机关避免刑事、民事分别审理时所必然产生的调查和审理上的重复，从而大大节省人力物力和时间。

相关规定

《高法解释》

第一百九十五条　附带民事诉讼原告人经传唤，无正当理由拒不到庭，或者未经法庭许可中途退庭的，应当按撤诉处理。

刑事被告人以外的附带民事诉讼被告人经传唤，无正当理由拒不到庭，或者未经法庭许可中途退庭的，附带民事部分可以缺席判决。

刑事被告人以外的附带民事诉讼被告人下落不明，或者用公告送达以外的其他方式无法送达，可能导致刑事案件审判过分迟延的，可以不将其列为附带民事诉讼被告人，告知附带民事诉讼原告人另行提起民事诉讼。

第一百九十六条　附带民事诉讼应当同刑事案件一并审判，只有为了防止刑事案件审判的过分迟延，才可以在刑事案件审判后，由同一审判组织继续审理附带民事诉讼；同一审判组织的成员确实不能继续参与审判的，可以更换。

第一百九十七条　人民法院认定公诉案件被告人的行为不构成犯罪，对已经提起的附带民事诉讼，经调解不能达成协议的，可以一并作出刑事附带民事判决，也可以告知附带民事原告人另行提起民事诉讼。

人民法院准许人民检察院撤回起诉的公诉案件，对已经提起的附带民事诉讼，可以进行调解；不宜调解或者经调解不能达成协议的，应当裁定驳回起诉，并告知附带民事诉讼原告人可以另行提起民事诉讼。

第一百九十八条　第一审期间未提起附带民事诉讼，在第二审期间提起的，第二审人民法院可以依法进行调解；调解不成的，告知当事人可以在刑事判决、裁定生效后另行提起民事诉讼。

第一百九十九条　人民法院审理附带民事诉讼案件，不收取诉讼费。

第二百条　被害人或者其法定代理人、近亲属在刑事诉讼过程中未提起附带民事诉讼，另行提起民事诉讼的，人民法院可以进行调解，或者根据本解释第一百九十二条第二款、第三款的规定作出判决。

第二百零一条　人民法院审理附带民事诉讼案件，除刑法、刑事诉讼法以及刑事司法解释已有规定的以外，适用民事法律的有关规定。

第八章　期间、送达

第一百零五条　期间及其计算

期间以时、日、月计算。

期间开始的时和日不算在期间以内。

法定期间不包括路途上的时间。上诉状或者其他文件在期满前已经交邮的，不算过期。

期间的最后一日为节假日的，以节假日后的第一日为期满日期，但犯罪嫌疑人、被告人或者罪犯在押期间，应当至期满之日为止，不得因节假日而延长。

条文注解

本条第一款是关于期间计算单位的规定。刑事诉讼法在规定具体的期间时，分别以时、日、月为计算单位。如指定居所监视居住、逮捕的，应当在二十四小时以内通知被监视居住人、被逮捕人的家属；公安机关对被拘留的人，认为需要逮捕的，应当在拘留后的三日以内，提请人民检察院审查批准，在特殊情况下，提请审查批准的时间可以延长一日至四日；对犯罪嫌疑人逮捕后的侦查羁押期限不得超过两个月等。

第二款是关于以时或者日为单位的期间，具体从何时、何日开始起算的规定。"开始的时和日不算在期间以内"，是指期间应从诉讼行为开始后的第二个小时或者第二日起计算。如公安机关逮捕犯罪嫌疑人，应当在逮捕后二十四小时以内通知家属，假如逮捕的时间是上午九时三十分，则起算二十四小时期限的时间点应当是上午十时，"逮捕后二十四小时"是指从当日上午十时起，至次日上午十时止，公安机关应当在次日上午十时前通知被逮捕人的家属。关于以日为单位的期间的起算，以此类似，应当从诉讼行为开始之日的第二日起计算。

第三款是关于路途时间不计入法定期间的规定。"路途上的时间"，是指司法机关邮寄送达诉讼文书及当事人向司法机关邮寄诉讼文书在路途上所占用的时间。主要是考虑邮寄诉讼文书在路途上所需要的时间有长有短，如果不扣除路途上的时间，那么距离司法机关较远的当事人的诉讼权利就难以保障，有的当事人可能还没有接到司法机关送达的诉讼文书，期间就已经届满。因此，为便于当事人充分地行使诉讼权利，法律规定法定期间不包括路途上的时间。"上诉状或者其他文件在期满前已经交邮的，不算过期。"如4月5日为上诉期间届满的日期，上诉人在4月5日当天通过邮局将上诉状寄给人民法院，即使该上诉状在10天以后即4月15日才送到法院，该上诉状也属于"在期满前已经交邮的"，是有效的诉讼行为。

第四款是关于期间最后一日为节假日的情况下，如何确定期间届满日期的规定。具体分为两种情况：其一，一般情况下，期间最后一日为节假日的，以节假日后的第一日为期满日期。如期间本应当在1月1日届满，但1月1日为元旦，则应当顺延至元旦假日后第一个工作日为期间届满之日。其二，犯罪嫌疑人、被告人或者罪犯在押的，其在押期间应当至期满之日为止，不得因节假日而延长。规定这种情况不得顺延，是因为犯罪嫌疑人、被告人、罪犯处于被限制或者剥夺人身自由的状态，拘留、逮捕等强制措施的期限届满或者刑期届满的，就应当立即予以释放，否则等于延长了其被羁押的时间。

相关规定

《高法解释》

第二百零二条 以月计算的期间，自本月某日至下月同日为一个月；期限起算日为本月最后一日的，至下月最后一日为一个月；下月同日不存在的，自本月某日至下月最后一日为一个月；半个月一律按十五日计算。

以年计算的刑期，自本年本月某日至次年同月同日的前一日为一年；次年同月同日不存在的，自本年本月某日至次年同月最后一日的前一日为一年。以月计算的刑期，自本月某日至下月同日的前一日为一个月；刑期起算日为本月最后一日的，至下月最后一日的前一日为一个月；下月同日不存在的，自本月某日至下月最后一日的前一日为一个月；半个月一律按十五日计算。

第一百零六条 期间顺延

当事人由于不能抗拒的原因或者有其他正当理由而耽误期限的，在障碍消除后五日以内，可以申请继续进行应当在期满以前完成的诉讼活动。

前款申请是否准许，由人民法院裁定。

条文注解

关于申请顺延的理由，有两种：一是"不能抗拒的原因"，包括地震、台风等不可抗力造成的交通、通讯不便；二是"其他正当理由"，包括身患重大疾病等。这些情形消除五日以内可以申请继续进行诉讼活动。

申请顺延需要向法院说明正当理由，由法院裁定是否准许。这是为了防止无正当理由情况下，滥用顺延机制，有损司法严肃性和公正性。

相关规定

《高法解释》

第二百零三条 当事人由于不能抗拒的原因或者有其他正当理由而耽误期限，依法申请继续进行应当在期满前完成的诉讼活动的，人民法院查证属实后，应当裁定准许。

第一百零七条 送达

送达传票、通知书和其他诉讼文件应当交给收件人本人；如果本人不在，可以交给他的成年家属或者所在单位的负责人员代收。

收件人本人或者代收人拒绝接收或者拒绝签名、盖章的时候,送达人可以邀请他的邻居或者其他见证人到场,说明情况,把文件留在他的住处,在送达证上记明拒绝的事由、送达的日期,由送达人签名,即认为已经送达。

条文注解

第一款是直接送达程序。其一,送达诉讼文件应当交给收件人本人。在送达传票、通知书和其他诉讼文件时,首先应当送交到收件人,这种方式可使被送达人直接迅速了解送达内容,是送达的基本要求,在一般情况下应采取这种送达方式。其二,如果收件人本人不在,可以交给他的成年家属或者所在单位的负责人员代收,由他们转交收件人本人。本款所说的"其他诉讼文件"包括起诉书、不起诉决定书、判决书、裁定书等。

第二款是留置送达程序。部分收件人可能拒绝接受送达文件,还有可能以此作为不履行诉讼义务的理由。为了保证诉讼活动的顺利进行,留置送达就具有重要的现实意义。留置送达是指收件人或者代收人拒绝接收诉讼文件时,送达人依法将诉讼文件留在收件人住处的一种送达方式。诉讼文件送达后,收件人本人或者代收人拒绝接收或者拒绝签名、盖章,送达诉讼文件的人可以邀请收件人的邻居或者其他人到场作为见证人,说明情况,把文件留在收件人或者代收人的住处,并在送达证上记明拒收的理由、送达的日期,由送达人签名。除此之外,还可以采用拍照、录像等方式记录送达过程,也视为已经送达。

相关规定

《高法解释》

第二百零四条 送达诉讼文书,应当由收件人签收。收件人不在的,可以由其成年家属或者所在单位负责收件的人员代收。收件人或者代收人在送达回证上签收的日期为送达日期。

收件人或者代收人拒绝签收的,送达人可以邀请见证人到场,说明情况,在送达回证上注明拒收的事由和日期,由送达人、见证人签名或者盖章,将诉讼文书留在收件人、代收人的住处或者单位;也可以把诉讼文书留在受送达人的住处,并采用拍照、录像等方式记录送达过程,即视为送达。

第二百零五条 直接送达诉讼文书有困难的,可以委托收件人所在地的人民法院代为送达或者邮寄送达。

第二百零六条 委托送达的,应当将委托函、委托送达的诉讼文书及送达回证寄送受托法院。受托法院收到后,应当登记,在十日以内送达收件人,并将送达回证寄送委托法院;无法送达的,应当告知委托法院,并将诉讼文书及送达回证退回。

第二百零七条 邮寄送达的,应当将诉讼文书、送达回证邮寄给收件人。签收日期为送达日期。

第二百零八条 诉讼文书的收件人是军人的,可以通过其所在部队团级以上单位的政治部门转交。

收件人正在服刑的,可以通过执行机关转交。

收件人正在接受专门矫治教育等的,可以通过相关机构转交。

由有关部门、单位代为转交诉讼文书的,应当请有关部门、单位收到后立即交收件人签收,并将送达回证及时寄送人民法院。

第二百零九条 指定管辖案件的审理

期限,自被指定管辖的人民法院收到指定管辖决定书和案卷、证据材料之日起计算。

第二百一十条 对可能判处死刑的案件或者附带民事诉讼的案件,以及有刑事诉讼法第一百五十八条规定情形之一的案件,上一级人民法院可以批准延长审理期限一次,期限为三个月。因特殊情况还需要延长的,应当报请最高人民法院批准。

申请批准延长审理期限的,应当在期限届满十五日以前层报。有权决定的人民法院不同意的,应当在审理期限届满五日以前作出决定。

因特殊情况报请最高人民法院批准延长审理期限,最高人民法院经审查,予以批准的,可以延长审理期限一至三个月。期限届满案件仍然不能审结的,可以再次提出申请。

第二百一十一条 审判期间,对被告人作精神病鉴定的时间不计入审理期限。

第六百五十二条 诉讼期间制作、形成的工作记录、告知笔录等材料,应当由制作人员和其他有关人员签名、盖章。宣告或者送达裁判文书、通知书等诉讼文书的,应当由接受宣告或者送达的人在诉讼文书、送达回证上签名、盖章。

诉讼参与人未签名、盖章的,应当捺指印;刑事被告人除签名、盖章外,还应当捺指印。

当事人拒绝签名、盖章、捺指印的,办案人员应当在诉讼文书或者笔录材料中注明情况,有见证人见证或者有录音录像证明的,不影响相关诉讼文书或者笔录材料的效力。

第九章 其他规定

第一百零八条 专门术语

本法下列用语的含意是:

(一)"侦查"是指公安机关、人民检察院对于刑事案件,依照法律进行的收集证据、查明案情的工作和有关的强制性措施;

(二)"当事人"是指被害人、自诉人、犯罪嫌疑人、被告人、附带民事诉讼的原告人和被告人;

(三)"法定代理人"是指被代理人的父母、养父母、监护人和负有保护责任的机关、团体的代表;

(四)"诉讼参与人"是指当事人、法定代理人、诉讼代理人、辩护人、证人、鉴定人和翻译人员;

(五)"诉讼代理人"是指公诉案件的被害人及其法定代理人或者近亲属、自诉案件的自诉人及其法定代理人委托代为参加诉讼的人和附带民事诉讼的当事人及其法定代理人委托代为参加诉讼的人;

(六)"近亲属"是指夫、妻、父、母、子、女、同胞兄弟姊妹。

条文注解

本条规定明确了刑事诉讼法中有关专门术语的含义。

第一,"侦查"是刑事公诉案件诉讼程序的一个阶段,是侦查机关依法采取措施,调查收集证据、查明案件事实、查获犯罪嫌疑人的一系列活动。"侦查"可以分为专门调查工作和有关强制性措施两类活动。"专门调查工作",是指侦查机关为收集证据、查明案件事实而采取的各种调查工作,如讯问犯罪嫌疑人、询问证人、勘验、检查、鉴定等活动。其目的有两个,一是了解案情,弄清案件的真实情况;二是收集有罪或者无罪以及犯罪情节轻重的证据。"强制性措施"是指侦查机关为收集证据、查明犯罪事实和查获犯罪人而采取的限制、剥夺人身自由或者对人身、财物进行强制的措施,如拘传、取保候审、监视居住、拘留和逮捕五种限制或者剥夺人身自由的强制措施,通缉在逃的犯罪嫌疑人,以及搜查、扣押、冻结作为证据的财物、文件等。

第二,"当事人"是与案件的结果有着直接利害关系的人。当事人主要有被害人、自诉人、犯罪嫌疑人、被告人、附带民事诉讼的原告人和被告人。"被害人"是指人身、财产或者其他合法权益受到犯罪行为直接侵害的单位或者个人。"自诉人"是指自诉案件中的原告人。"犯罪嫌疑人"是指在侦查、审查起诉阶段,被认为涉嫌犯罪,并被公安机关以及人民检察院立案侦查和审查起诉的人。"被告人"是指在公诉案件和自诉案件中被指控犯有某种罪行而起诉到人民法院,要求追究其刑事责任的人。"附带民事诉讼的原告人"是指因犯罪行为遭受物质损失,在刑事诉讼过程中提出赔偿请求的人,一般是被害人或者被害人的法定代理人或者近亲属。"附带民事诉讼的被告人"是指对犯罪行为造成的物质损失依法负有赔偿责任而被他人提起附带民事诉讼的人,一般与刑事案件被告人是同一的。

第三,"法定代理人"是指依照法律规定对无行为能力人或者限制行为能力人负有保护义务的人。法定代理人主要有被代理人的父母、养父母、监护人和负有保护责任的机关、团体的代表。其中的"监护人"是指除父母、养父母以外,对未成年人、精神病人及其他无行为能力人的人身、财产及其他合法权益,依照法律规定有责任进行保护的人。

第四,"诉讼参与人"是指除公安、检察等专门国家机关以外的,依法参与刑事诉讼活动,在刑事诉讼中享有一定诉讼权利、负有一定诉讼义务的人。诉讼参与人通过参加诉讼活动,行使诉讼权利、承担诉讼义务,对刑事诉讼的进程和结局发挥着不同程度的影响和作用,以保证刑事诉讼活动的顺利进行。诉讼参与人包括当事人、法定代理人、诉讼代理人、辩护人、证人、鉴定人和翻译人员。

第五,"诉讼代理人"是指受委托或者指定,依法参加刑事诉讼,以维护被代理人合法权益的人,主要包括被害人、自诉人的诉讼代理人。在犯罪嫌疑人、被告人逃匿、死亡案件违法所得的没收程序中,犯罪嫌疑人、被告人的近亲属,以及其他与涉案财产有利害关系的人,也可以委托诉讼代理人。

第六,"近亲属"的范围在不同法律中规定不尽一致。根据本条规定,刑事诉讼法中的近亲属是指夫、妻、父、母、子、女、同胞兄弟姊妹。

第二编　立案、侦查和提起公诉

第一章　立　案

第一百零九条　立案职责
公安机关或者人民检察院发现犯罪事实或者犯罪嫌疑人，应当按照管辖范围，立案侦查。

条文注解

立案是我国刑事诉讼的专门程序，标志着刑事诉讼的正式启动。

侦查立案是法律赋予侦查机关的专属权力，其他任何机关或者个人都不得行使。公安机关和人民检察院依照法律规定的案件管辖范围承担着对犯罪案件的立案侦查工作。国家安全机关、军队保卫部门和监狱在行使法律授予的侦查职权时，也有侦查立案权。

相关规定

《高检规则》

第一百六十六条　人民检察院直接受理侦查案件的线索，由负责侦查的部门统一受理、登记和管理。负责控告申诉检察的部门接受的控告、举报，或者本院其他办案部门发现的案件线索，属于人民检察院直接受理侦查案件线索的，应当在七日以内移送负责侦查的部门。

负责侦查的部门对案件线索进行审查后，认为属于本院管辖，需要进一步调查核实的，应当报检察长决定。

第一百六十七条　对于人民检察院直接受理侦查案件的线索，上级人民检察院在必要时，可以直接调查核实或者组织、指挥、参与下级人民检察院的调查核实，可以将下级人民检察院管辖的案件线索指定辖区内其他人民检察院调查核实，也可以将本院管辖的案件线索交由下级人民检察院调查核实；下级人民检察院认为案件线索重大、复杂，需要由上级人民检察院调查核实的，可以提请移送上级人民检察院调查核实。

第一百六十八条　调查核实一般不得接触被调查对象。必须接触被调查对象的，应当经检察长批准。

第一百六十九条　进行调查核实，可以采取询问、查询、勘验、检查、鉴定、调取证据材料等不限制被调查对象人身、财产权利的措施。不得对被调查对象采取强制措施，不得查封、扣押、冻结被调查对象的财产，不得采取技术侦查措施。

第一百七十条　负责侦查的部门调查核实后，应当制作审查报告。

调查核实终结后，相关材料应当立卷归档。立案进入侦查程序的，对于作为诉讼证据以外的其他材料应当归入侦查内卷。

文书格式

```
            ×××公安局
            立案决定书
                       ××公（ ）立字〔    〕    号
根据《中华人民共和国刑事诉讼法》第一百零九条/第一百一十一条之规定，决定
对_____案立案侦查。
                              公安局（印）
                              年  月  日
```

```
           ××××人民检察院
            立案决定书
                       ××检××立〔20××〕××号
根据《中华人民共和国刑事诉讼法》第____条的规定，本院决定对_____
_____涉嫌_____一案立案侦查。
检察长（印）
                              20××年××月××日
                                    （院印）
```

第一百一十条 立案材料来源与接受

任何单位和个人发现有犯罪事实或者犯罪嫌疑人，有权利也有义务向公安机关、人民检察院或者人民法院报案或者举报。

被害人对侵犯其人身、财产权利的犯罪事实或者犯罪嫌疑人，有权向公安机关、人民检察院或者人民法院报案或者控告。

公安机关、人民检察院或者人民法院对于报案、控告、举报，都应当接受。对于不属于自己管辖的，应当移送主管机关处理，并且通知报案人、控告人、举报人；对于不属于自己管辖而又必须采取紧急措施的，应当先采取紧急措施，然后移送主管机关。

犯罪人向公安机关、人民检察院或者人民法院自首的，适用第三款规定。

条文注解

立案线索和材料的来源主要有三个：一是单位和个人的报案或者举报。"报案"是指单位和个人（包括被害人）向司法机关报告发现有犯罪事实或者犯罪嫌疑人的行为；"举报"是指当事人以外的其他知

情人向司法机关检举、揭发犯罪嫌疑人的犯罪事实或者犯罪嫌疑人线索的行为。二是被害人的报案或者控告。"控告"是指被害人及其近亲属或其诉讼代理人，对侵犯被害人合法权益的犯罪行为向司法机关告诉，要求追究侵害人的法律责任的行为。三是犯罪嫌疑人自首。"自首"是指犯罪嫌疑人在犯罪之后或者在逃过程中，向办案机关投案。

公检法机关对于报案、控告、举报都应当接受，不能以任何理由拒绝、推诿。接受以后应当进行初步审查，对于不属于自己管辖的，应当移送主管机关处理，并且通知报案人、控告人、举报人，以便他们了解处理结果。需要注意的是，对于不属于本机关管辖而又必须采取紧急措施的，应当先采取紧急措施，然后移送主管机关。这里"紧急措施"是指保护现场、扣押证据等措施。

相关规定

《公安规定》

第一百六十九条 公安机关对于公民扭送、报案、控告、举报或者犯罪嫌疑人自动投案的，都应当立即接受，问明情况，并制作笔录，经核对无误后，由扭送人、报案人、控告人、举报人、投案人签名、捺指印。必要时，应当对接受过程录音录像。

第一百七十五条 经过审查，认为有犯罪事实，但不属于自己管辖的案件，应当立即报经县级以上公安机关负责人批准，制作移送案件通知书，在二十四小时以内移送有管辖权的机关处理，并告知扭送人、报案人、控告人、举报人。对于不属于自己管辖而又必须采取紧急措施的，应当先采取紧急措施，然后办理手续，移送主管机关。

对不属于公安机关职责范围的事项，在接报案时能够当场判断的，应当立即口头告知扭送人、报案人、控告人、举报人向其他主管机关报案。

对于重复报案、案件正在办理或者已经办结的，应当向扭送人、报案人、控告人、举报人作出解释，不再登记，但有新的事实或者证据的除外。

第一百七十六条 经过审查，对告诉才处理的案件，公安机关应当告知当事人向人民法院起诉。

对被害人有证据证明的轻微刑事案件，公安机关应当告知被害人可以向人民法院起诉；被害人要求公安机关处理的，公安机关应当依法受理。

人民法院审理自诉案件，依法调取公安机关已经收集的案件材料和有关证据的，公安机关应当及时移交。

第一百八十四条 经立案侦查，认为有犯罪事实需要追究刑事责任，但不属于自己管辖或者需要由其他公安机关并案侦查的案件，经县级以上公安机关负责人批准，制作移送案件通知书，移送有管辖权的机关或者并案侦查的公安机关，并在移送案件后三日以内书面通知扭送人、报案人、控告人、举报人或者移送案件的行政执法机关；犯罪嫌疑人已经到案的，应当依照本规定的有关规定通知其家属。

第一百八十五条 案件变更管辖或者移送其他公安机关并案侦查时，与案件有关的法律文书、证据、财物及其孳息等应当随案移交。

移交时，由接收人、移交人当面查点清楚，并在交接单上共同签名。

文书格式

×××× 人民检察院
刑事申诉审查结果通知书

×× 检刑申审通〔20××〕×号

申诉人……（写明姓名、性别、出生日期、公民身份号码、民族、文化程度、工作单位及职务、住址）

申诉人××不服××人民检察院（人民法院）以××罪对××所作出的××（不批捕、不起诉等处理决定或者刑事判决、裁定），（如经几级人民检察院复查应写明复查经过及结论）。申诉人以……（写明申诉理由）为由，向本院提出申诉。

经本院审查认为，××人民检察院（人民法院）的××（不批捕、不起诉等决定或者刑事判决、裁定），事实清楚，证据确实、充分，处理适当（针对申诉理由分别予以说明），申诉人××的申诉理由不能成立，现予审查结案。

20××年××月××日
（审查结果专用章）

××× 公 安 局
移 送 案 件 通 知 书

×公（ ）移字〔 〕 号

＿＿＿＿＿＿＿＿：
经对＿＿＿＿＿＿＿＿案进行审查，认为＿＿＿＿＿＿＿＿＿＿＿＿＿＿＿＿，根据《中华人民共和国刑事诉讼法》第一百零一十条第三款之规定，决定将该案移送＿＿＿＿＿＿＿＿＿＿＿＿管辖。

公安局（印）
年 月 日

第一百一十一条 报案、控告、举报的方式和要求

报案、控告、举报可以用书面或者口头提出。接受口头报案、控告、举报的工作人员，应当写成笔录，经宣读无误后，由报案人、控告人、举报人签名或者盖章。

接受控告、举报的工作人员，应当向控告人、举报人说明诬告应负的法律责任。但是，只要不是捏造事实，伪造证据，即使控告、举报的事实有出入，甚至是错告的，也要和诬告严格加以区别。

公安机关、人民检察院或者人

民法院应当保障报案人、控告人、举报人及其近亲属的安全。报案人、控告人、举报人如果不愿公开自己的姓名和报案、控告、举报的行为，应当为他保守秘密。

条文注解

第一款是受理程序。报案、控告和举报可以采取书面形式，也可以口头提出。接受口头的报案、控告和举报，应尽量问清犯罪的时间、地点、方法、后果，犯罪人或嫌疑人特征等有关情节，做好笔录，并向报案人、控告人或举报人宣读，经确认无误后，由报案人、控告人或举报人签名、盖章。单位报案、控告或举报的，应当由单位负责人签名盖章，以便查证和防止诬告陷害。书面的报案、控告或举报可以面交，也可以邮寄。

第二款是告知诬告的法律责任。工作人员在接受控告、举报时，应当向控告人、举报人说明控告、举报应当实事求是，不得诬告陷害他人，违者依照刑法关于诬告陷害罪的规定追究刑事责任。同时本款也明确规定了工作人员要严格区别错告与诬告。对报案失实的甚至是错告，只要不是故意捏造事实，伪造证据，就不能认为是诬告。将错告与诬告严加区别，有利于解除报案人、控告人、举报人的思想顾虑，鼓励知情人报案、控告、举报。

第三款是办案机关保障安全和保密义务。公安机关、人民检察院、人民法院对于报案人、控告人、举报人正处于危险之中的，或因报案、控告、举报行为可能遭受侵害的，应及时采取保护性措施，如及时拘捕具有社会危险性的犯罪嫌疑人，为报案人、控告人、举报人保密等。这有利于更好地保障报案人、控告人、举报人的安全，保护群众揭露犯罪的积极性，保障侦查工作的顺利进行。

相关规定

《公安规定》

第一百七十条　公安机关对扭送人、报案人、控告人、举报人、投案人提供的有关证据材料等应当登记，制作接受证据材料清单，由扭送人、报案人、控告人、举报人、投案人签名，并妥善保管。必要时，应当拍照或者录音录像。

第一百七十一条　公安机关接受案件时，应当制作受案登记表和受案回执，并将受案回执交扭送人、报案人、控告人、举报人。扭送人、报案人、控告人、举报人无法取得联系或者拒绝接受回执的，应当在回执中注明。

第一百七十二条　公安机关接受控告、举报的工作人员，应当向控告人、举报人说明诬告应负的法律责任。但是，只要不是捏造事实、伪造证据，即使控告、举报的事实有出入，甚至是错告的，也要和诬告严格加以区别。

第一百七十三条　公安机关应当保障扭送人、报案人、控告人、举报人及其近亲属的安全。

扭送人、报案人、控告人、举报人如果不愿意公开自己的身份，应当为其保守秘密，并在材料中注明。

《高检规则》

第一百七十四条　错告对被控告人、被举报人造成不良影响的，人民检察院应当自作出不立案决定之日起一个月以内向其所在单位或者有关部门通报调查核实的结论，澄清事实。

属于诬告陷害的，应当移送有关机关处理。

第一百七十五条　人民检察院决定对人民代表大会代表立案，应当按照本规则第一百四十八条、第一百四十九条规定的程序向该代表所属的人民代表大会主席团或者常务委员会进行通报。

第一百一十二条 立案审查与处理

人民法院、人民检察院或者公安机关对于报案、控告、举报和自首的材料，应当按照管辖范围，迅速进行审查，认为有犯罪事实需要追究刑事责任的时候，应当立案；认为没有犯罪事实，或者犯罪事实显著轻微，不需要追究刑事责任的时候，不予立案，并且将不立案的原因通知控告人。控告人如果不服，可以申请复议。

条文注解

人民法院、人民检察院或者公安机关对于接受报案、控告、举报和自首的材料，应当按照管辖范围迅速进行审查，决定是否立案。

决定立案的条件：其一，有犯罪事实，即已有的材料能够说明存在危害社会的犯罪行为，包括预备犯罪，正在实施犯罪，犯罪未遂、既遂或中止。其二，依照刑法及其他有关法律的规定，对所存在的犯罪事实需要追究刑事责任。

审查与处理程序：检察院或者公安机关及时进行审查，决定是否立案。控告人不服可以进行复议。

相关规定

《高检规则》

第一百七十二条 对于其他机关或者本院其他办案部门移送的案件线索，决定不予立案的，负责侦查的部门应当制作不立案通知书，写明案由和案件来源、决定不立案的原因和法律依据，自作出不立案决定之日起十日以内送达移送案件线索的机关或者部门。

第一百七十三条 对于控告和实名举报，决定不予立案的，应当制作不立案通知书，写明案由和案件来源、决定不立案的原因和法律依据，由负责侦查的部门在十五日以内送达控告人、举报人，同时告知本院负责控告申诉检察的部门。

控告人如果不服，可以在收到不立案通知书后十日以内向上一级人民检察院申请复议。不立案的复议，由上一级人民检察院负责侦查的部门审查办理。

人民检察院认为被控告人、被举报人的行为未构成犯罪，决定不予立案，但需要追究其党纪、政纪、违法责任的，应当移送有管辖权的主管机关处理。

《公安规定》

第一百七十四条 对接受的案件，或者发现的犯罪线索，公安机关应当迅速进行审查。发现案件事实或者线索不明的，必要时，经办案部门负责人批准，可以进行调查核实。

调查核实过程中，公安机关可以依照有关法律和规定采取询问、查询、勘验、鉴定和调取证据材料等不限制被调查对象人身、财产权利的措施。但是，不得对被调查对象采取强制措施，不得查封、扣押、冻结被调查对象的财产，不得采取技术侦查措施。

第一百七十八条 公安机关接受案件后，经审查，认为有犯罪事实需要追究刑事责任，且属于自己管辖的，经县级以上公安机关负责人批准，予以立案；认为没有犯罪事实，或者犯罪事实显著轻微不需要追究刑事责任，或者具有其他依法不追究刑事责任情形的，经县级以上公安机关负责人批准，不予立案。

对有控告人的案件，决定不予立案

的,公安机关应当制作不予立案通知书,并在三日以内送达控告人。

决定不予立案后又发现新的事实或者证据,或者发现原认定事实错误,需要追究刑事责任的,应当及时立案处理。

第一百七十九条 控告人对不予立案决定不服的,可以在收到不予立案通知书后七日以内向作出决定的公安机关申请复议;公安机关应当在收到复议申请后三十日以内作出决定,并将决定书送达控告人。

控告人对不予立案的复议决定不服的,可以在收到复议决定书后七日以内向上一级公安机关申请复核;上一级公安机关应当在收到复核申请后三十日以内作出决定。对上级公安机关撤销不予立案决定的,下级公安机关应当执行。

案情重大、复杂的,公安机关可以延长复议、复核时限,但是延长时限不得超过三十日,并书面告知申请人。

第一百八十条 对行政执法机关移送的案件,公安机关应当自接受案件之日起三日以内进行审查,认为有犯罪事实,需要追究刑事责任,依法决定立案的,应当书面通知移送案件的行政执法机关;认为没有犯罪事实,或者犯罪事实显著轻微,不需要追究刑事责任,依法不予立案的,应当说明理由,并将不予立案通知书送达移送案件的行政执法机关,相应退回案件材料。

公安机关认为行政执法机关移送的案件材料不全的,应当在接受案件后二十四小时以内通知移送案件的行政执法机关在三日以内补正,但不得以材料不全为由不接受移送案件。

公安机关认为行政执法机关移送的案件不属于公安机关职责范围的,应当书面通知移送案件的行政执法机关向其他主管机关移送案件,并说明理由。

第一百八十一条 移送案件的行政执法机关对不予立案决定不服的,可以在收到不予立案通知书后三日以内向作出决定的公安机关申请复议;公安机关应当在收到行政执法机关的复议申请后三日以内作出决定,并书面通知移送案件的行政执法机关。

文书格式

```
                    ×××公安局
                   不予立案通知书
                              ×公( )不立字〔  〕  号
_____:
    你(单位)于___年__月__日提出控告/移送的_____,我
局经审查认为_____,根据《中华人民共和国刑
事诉讼法》第一百一十二条之规定,决定不予立案。
    如不服本决定,可以在收到本通知书之日起三日/七日内向_____申请
复议。
                                          公安局(印)
                                             年  月  日
```

```
┌─────────────────────────────────────────────────────┐
│                ××××人民检察院                        │
│                 不立案通知书                         │
│                         ××检××不立〔20××〕×号        │
│    _____：                                    │
│        你单位移送_____涉嫌_____一案的线索，经本院审查认为， │
│   _____。根据《中华人民共和国刑事诉讼法》第____条的规定， │
│   决定不予立案。                                    │
│        特此通知                                     │
│                              20××年××月××日         │
│                                    （院印）         │
└─────────────────────────────────────────────────────┘
```

第一百一十三条 立案监督

人民检察院认为公安机关对应当立案侦查的案件而不立案侦查的，或者被害人认为公安机关对应当立案侦查的案件而不立案侦查，向人民检察院提出的，人民检察院应当要求公安机关说明不立案的理由。人民检察院认为公安机关不立案理由不能成立的，应当通知公安机关立案，公安机关接到通知后应当立案。

条文注解

本条所说的"应当立案"，是指符合刑事诉讼法规定的立案条件，即"有犯罪事实需要追究刑事责任"的，应当立案侦查。"不立案理由不能成立"主要是指公安机关提出的不立案理由不符合刑事诉讼法规定的"没有犯罪事实，或者犯罪事实显著轻微，不需要追究刑事责任"的不立案条件。

人民检察院对公安机关的立案实行监督有两种情况：一是人民检察院通过办案、调查研究及公民、组织报案、控告、举报等途径，发现公安机关该立案而不立案的，人民检察院有权要求公安机关说明不立案的理由，公安机关应当说明。人民检察院根据自己掌握的材料，认为公安机关说明的理由不能否定人民检察院认为应当立案的根据时，人民检察院有权通知公安机关立案，公安机关接到通知后应当立案。二是被害人认为公安机关应当立案而没有立案，向人民检察院提出，要求追究行为人的刑事责任的，人民检察院也应当要求公安机关说明不立案的理由。如果认为公安机关不立案的理由不能成立的，应当通知公安机关立案，公安机关接到通知后应当立案。

相关规定

《公安规定》

第一百八十二条 对人民检察院要求说明不立案理由的案件，公安机关应当在收到通知书后七日以内，对不立案的情况、依据和理由作出书面说明，回复人民检察院。公安机关作出立案决定的，应当将立案决定书复印件送达人民检察院。

人民检察院通知公安机关立案的，公安机关应当在收到通知书后十五日以内立案，并将立案决定书复印件送达人民检察院。

第一百八十三条 人民检察院认为公安机关不应当立案而立案，提出纠正意见的，公安机关应当进行调查核实，并将有关情况回复人民检察院。

《高检规则》

第五百五十七条 被害人及其法定代理人、近亲属或者行政执法机关，认为公安机关对其控告或者移送的案件应当立案侦查而不立案侦查，或者当事人认为公安机关不应当立案而立案，向人民检察院提出的，人民检察院应当受理并进行审查。

人民检察院发现公安机关可能存在应当立案侦查而不立案侦查情形的，应当依法进行审查。

人民检察院接到控告、举报或者发现行政执法机关不移送涉嫌犯罪案件的，经检察长批准，应当向行政执法机关提出检察意见，要求其按照管辖规定向公安机关移送涉嫌犯罪案件。

第五百五十八条 人民检察院负责控告申诉检察的部门受理对公安机关应当立案而不立案或者不应当立案而立案的控告、申诉，应当根据事实、法律进行审查。认为需要公安机关说明不立案或者立案理由的，应当及时将案件移送负责捕诉的部门办理；认为公安机关立案或者不立案决定正确的，应当制作相关法律文书，答复控告人、申诉人。

第五百五十九条 人民检察院经审查，认为需要公安机关说明不立案理由的，应当要求公安机关书面说明不立案的理由。

对于有证据证明公安机关可能存在违法用刑事手段插手民事、经济纠纷，或者利用立案实施报复陷害、敲诈勒索以及谋取其他非法利益等违法立案情形，尚未提请批准逮捕或者移送起诉的，人民检察院应当要求公安机关书面说明立案理由。

第五百六十条 人民检察院要求公安机关说明不立案或者立案理由的，应当书面通知公安机关，并且告知公安机关在收到通知后七日以内，书面说明不立案或者立案的情况、依据和理由，连同有关证据材料回复人民检察院。

第五百六十一条 公安机关说明不立案或者立案的理由后，人民检察院应当进行审查。认为公安机关不立案或者立案理由不能成立的，经检察长决定，应当通知公安机关立案或者撤销案件。

人民检察院认为公安机关不立案或者立案理由成立的，应当在十日以内将不立案或者立案的依据和理由告知被害人及其法定代理人、近亲属或者行政执法机关。

第五百六十二条 公安机关对当事人的报案、控告、举报或者行政执法机关移送的涉嫌犯罪案件受理后未在规定期限内作出是否立案决定，当事人或者行政执法机关向人民检察院提出的，人民检察院应当受理并进行审查。经审查，认为尚未超过规定期限的，应当移送公安机关处理，并答复报案人、控告人、举报人或者行政执法机关；认为超过规定期限的，应当要求公安机关在七日以内书面说明逾期不作出是否立案决定的理由，连同有关证据材料回复人民检察院。公安机关在七日以内不说明理由也不作出立案或者不立案决定的，人民检察院应当提出纠正意见。人民检察院经审查有关证据材料认为符合立案条件的，应当通知公安机关立案。

第五百六十三条 人民检察院通知公安机关立案或者撤销案件，应当制作通知立案书或者通知撤销案件书，说明依据和理由，连同证据材料送达公安机关，并且告知公安机关应当在收到通知立案书后十五日以内立案，对通知撤销案件书没有异议的应当立即撤销案件，并将立案决定书或者撤销案件决定书及时送达人民检察院。

第五百六十四条 人民检察院通知公安机关立案或者撤销案件的，应当依法对执行情况进行监督。

公安机关在收到通知立案书或者通知撤销案件书后超过十五日不予立案或者未要求复议、提请复核也不撤销案件的，人民检察院应当发出纠正违法通知书。公安机关仍不纠正的，报上一级人民检察院协商同级公安机关处理。

公安机关立案后三个月以内未侦查终结的，人民检察院可以向公安机关发出立案监督案件催办函，要求公安机关及时向人民检察院反馈侦查工作进展情况。

第五百六十五条 公安机关认为人民检察院撤销案件通知有错误，要求同级人民检察院复议的，人民检察院应当重新审查。在收到要求复议意见书和案卷材料后七日以内作出是否变更的决定，并通知公安机关。

公安机关不接受人民检察院复议决定，提请上一级人民检察院复核的，上级人民检察院应当在收到提请复核意见书和案卷材料后十五日以内作出是否变更的决定，通知下级人民检察院和公安机关执行。

上级人民检察院复核认为撤销案件通知有错误的，下级人民检察院应当立即纠正；上级人民检察院复核认为撤销案件通知正确的，应当作出复核决定并送达下级公安机关。

第五百六十六条 人民检察院负责捕诉的部门发现本院负责侦查的部门对应当立案侦查的案件不立案侦查或者对不应当立案侦查的案件立案侦查的，应当建议负责侦查的部门立案侦查或者撤销案件。建议不被采纳的，应当报请检察长决定。

典型案例

1. 温某某合同诈骗立案监督案（检例第91号）

裁判要旨：检察机关办理涉企业合同诈骗犯罪案件，应当严格区分合同诈骗与民事违约行为的界限。要注意审查涉案企业在签订、履行合同过程中是否具有非法占有目的和虚构事实、隐瞒真相的行为，准确认定是否具有诈骗故意。发现公安机关对企业之间的合同纠纷以合同诈骗进行刑事立案的，应当依法监督撤销案件。对于立案后久侦不结的"挂案"，检察机关应当向公安机关提出纠正意见。

2. 上海某建筑装饰有限公司、吕某拒不执行判决立案监督案（检例第92号）

裁判要旨：负有执行义务的单位和个人以更换企业名称、隐瞒到期收入等方式妨害执行，致使已经发生法律效力的判决、裁定无法执行，情节严重的，应当以拒不执行判决、裁定罪予以追诉。申请执行人认为公安机关对拒不执行判决、裁定的行为应当立案侦查而不立案侦查，向检察机关提出监督申请的，检察机关应当要求公安机关说明不立案的理由。经调查核实，认为公安机关不立案理由不能成立的，应当通知公安机关立案。对于通知立案的涉企业犯罪案件，应当依法适用认罪认罚从宽制度。

3. 丁某某、林某某等人假冒注册商标立案监督案（检例第93号）

裁判要旨：检察机关在办理售假犯罪案件时，应当注意审查发现制假犯罪事实，强化对人民群众切身利益和企业知识产权的保护力度。对于公安机关未立案侦查的制假犯罪与已立案侦查的售假犯罪不属于共同犯罪的，应当按照立案监督程

4. 黄某某等人重大责任事故、谎报安全事故案（检例第96号）

裁判要旨：检察机关要充分运用行政执法和刑事司法衔接工作机制，通过积极履职，加强对线索移送和立案的法律监督。认定谎报安全事故罪，要重点审查谎报行为与贻误事故抢救结果之间的因果关系。对同时构成重大责任事故罪和谎报安全事故罪的，应当数罪并罚。应注重督促涉事单位或有关部门及时赔偿被害人损失，有效化解社会矛盾。安全生产事故涉及生态环境污染等公益损害的，刑事检察部门要和公益诉讼检察部门加强协作配合，督促协同行政监管部门，统筹运用法律、行政、经济等手段严格落实企业主体责任，修复受损公益，防控安全风险。

5. 广州卡某实业有限公司涉嫌销售假冒注册商标的商品立案监督案（检例第99号）

裁判要旨：在办理注册商标类犯罪的立案监督案件时，对符合商标法规定的正当合理使用情形而未侵犯注册商标专用权的，应依法监督公安机关撤销案件，以保护涉案企业合法权益。必要时可组织听证，增强办案透明度和监督公信力。

文书格式

```
            ××××人民检察院
          要求说明不立案理由通知书

                    ××检××不立通〔20××〕×号
_____：
    根据《中华人民共和国刑事诉讼法》第一百一十三条的规定，请在收到本通知书以后七日以内向本院书面说明_____一案的不立案理由。

                              20××年××月××日
                                    （院印）
```

```
            ××××人民检察院
              通知立案书

                    ××检××通立〔20××〕×号
_____（侦查机关名称）：
    本院于____年____月____日收到你局回复的____（姓名）涉嫌____（罪名）____的《不立案理由说明书》，本院审查认为：
    （写明侦查机关关于不立案理由不能成立的原因和应当立案的事实根据和法律依据。）
```

续表

　　根据《中华人民共和国刑事诉讼法》第一百一十三条的规定,现通知你局在收到本《通知立案书》后十五日以内对涉嫌＿＿＿（罪名）＿＿＿的＿＿＿（姓名）＿＿＿进行立案,并将立案决定书副本送达本院。

20××年××月××日
（院印）

××××人民检察院
立案监督审查通知书

××检立监控申审通〔20××〕×号

＿＿＿＿＿＿（控告人/申诉人姓名）：
　　你不服（写明公安机关名称、不立案通知书文号）,请求提起立案监督的申诉材料收悉。经本院审查认为,……（阐明具体依据和理由）,公安机关不立案决定（或者立案）符合法律规定。

　　特此通知

20××年××月××日
（院印）

×××公安局
不立案理由说明书

×公（　）不立说字〔　　〕号

＿＿＿＿＿＿人民检察院：
　　你院＿＿＿年＿＿＿月＿＿＿日以＿＿＿字〔　　〕＿＿＿号文要求我局对＿＿＿＿＿＿＿＿＿＿＿＿＿＿＿＿＿＿案说明不立案的理由,我局经审查认为＿＿＿＿＿＿＿＿＿＿＿＿＿＿＿＿＿＿＿＿＿＿＿＿＿＿＿＿＿＿＿＿＿＿,决定不立案。根据《中华人民共和国刑事诉讼法》第一百一十三条之规定,特此说明。

公安局（印）
年　月　日

> **第一百一十四条　自诉案件的受理**
>
> 对于自诉案件，被害人有权向人民法院直接起诉。被害人死亡或者丧失行为能力的，被害人的法定代理人、近亲属有权向人民法院起诉。人民法院应当依法受理。

条文注解

本条体现了刑事诉讼法对被害人诉讼权利的法律保护。法院对于被害方提起的诉讼，经查属于自诉案件范围的，应当依法受理；经查不属于自诉案件范围的，应当依照规定移送公安机关或者检察院按照公诉案件处理。

相关规定

《高法解释》

第三百一十七条　本解释第一条规定的案件，如果被害人死亡、丧失行为能力或者因受强制、威吓等无法告诉，或者是限制行为能力人以及因年老、患病、盲、聋、哑等不能亲自告诉的，其法定代理人、近亲属告诉或代为告诉的，人民法院应当依法受理。

被害人的法定代理人、近亲属告诉或者代为告诉的，应当提供与被害人关系的证明和被害人不能亲自告诉的原因的证明。

第三百一十八条　提起自诉应当提交刑事自诉状；同时提起附带民事诉讼的，应当提交刑事附带民事自诉状。

第三百一十九条　自诉状一般应当包括以下内容：

（一）自诉人（代为告诉人）、被告人的姓名、性别、年龄、民族、出生地、文化程度、职业、工作单位、住址、联系方式；

（二）被告人实施犯罪的时间、地点、手段、情节和危害后果等；

（三）具体的诉讼请求；

（四）致送的人民法院和具状时间；

（五）证据的名称、来源等；

（六）证人的姓名、住址、联系方式等。

对两名以上被告人提出告诉的，应当按照被告人的人数提供自诉状副本。

典型案例

1. 陈某权故意杀人案（刑事审判参考案例第523号）

裁判要旨：（1）本案系故意杀人案件，属重大刑事案件，通常情况下应由公安机关立案侦查，按照公诉程序进行处理，但本案中重庆市人民检察院第三分院已对被告人陈某权作出不起诉决定，被害人近亲属侯某棉、毛某英有证据证明对被告人侵犯被害人生命权的行为应当依法追究刑事责任，故本案符合"公诉转自诉"案件的条件，被害人近亲属可以直接向人民法院起诉，人民法院应当受理，因此，重庆市第三中级人民法院对本案作为自诉案件予以受理是正确的。

（2）现行法律并无关于自诉案件中的证据必须由自诉人自行依法收集的限制性规定，收集证据的主体既可以是自诉人本人也可以是侦查机关、公诉机关，只要符合"合法性、客观性、关联性"标准即可作为证据使用。本案中自诉人所提供的大量证人证言、《现场勘查笔录》、《现场照片》《现场勘查图》《尸体检验报告书》《尸体检验照片》等证据均系侦查机关依职权收集，对案件事实有证明意义，并经庭审予以质证，均符合"三性"要求，具有证明力，应当作为定案证据予以采信。

2. 李某盗窃案（刑事审判参考案例第558号）

裁判要旨：被告人李某以非法占有为目的，拒不退还其保管的数额较大的他人财物的行为不构成盗窃罪,其行为性质属于侵占行为。侵占案件系告诉才处理的案件,因此法院是否以侵占罪追究李某的刑事责任,取决于本案被害单位黄某公司是否向法院提起告诉。

本案中,公诉机关指控被告人李某犯罪的事实清楚,证据确实、充分,但由于李某的行为属于侵占行为,侵占案系自诉案件,而本案被害方并不存在受强制、威吓无法告诉的情况,因此公诉机关不具备起诉主体资格,无权对本案提起公诉。至案发时止,被害方黄某公司尚未向法院提起自诉,法院不能根据公诉机关指控的事实,直接改变指控罪名,作出李某犯侵占罪的有罪判决。公诉机关发现指控的犯罪系自诉案件后,要求撤回起诉的,法院依法可以裁定准许。

3. 姚某君等非法行医案(刑事审判参考案例第561号)

裁判要旨:刑事自诉案件立案后,对证不足的,法院可不经开庭审理直接驳回自诉人的起诉。自诉案件的庭前审查程序具有实质性内容,其审查结果不仅可以成为决定是否开庭审理的条件,也可直接导致驳回起诉。如果自诉人提交的控诉证据达不到确实、充分的程度,且不能补充证据的,经说服自诉人撤诉无效后,法院可不经开庭审理直接驳回起诉。

4. 刘某水侵占案(刑事审判参考案例第573号)

裁判要旨:法律对自诉案件规定了有别于公诉案件的处理程序,对于多名自诉人起诉同一被告人的情形,合并审理能够有效保证自诉案件的社会效果,如自诉人在审理中可以撤回自诉或者进行和解,各自诉人之间可以共同与被告人沟通,从而有效解决自诉案件中所有的诉讼程序问题,实现实体公正和程序价值。

文书格式

××××人民法院
立案通知书
(自诉案件用)

(___)___字第___号

你诉_____一案的自诉状已收到。经审查,起诉符合法定受理条件,本院决定立案审理。现将有关事项通知如下:

一、在诉讼过程中,当事人必须依法行使诉讼权利,履行诉讼义务,遵守诉讼秩序。自诉人经两次依法传唤,无正当理由拒不到庭的,或者未经法庭许可中途退庭的,按撤诉处理。

二、在诉讼中,自诉人承担举证责任。对于缺乏证据,自诉人提不出补充证据的,自诉人应当撤回自诉,否则本院将裁定驳回起诉。

三、你有权随时委托诉讼代理人,并将由被代理人签名或者盖章的授权委托书递交本院。

20××年××月××日
(院印)

第二章 侦 查

第一节 一般规定

第一百一十五条 侦查职责

公安机关对已经立案的刑事案件,应当进行侦查,收集、调取犯罪嫌疑人有罪或者无罪、罪轻或者罪重的证据材料。对现行犯或者重大嫌疑分子可以依法先行拘留,对符合逮捕条件的犯罪嫌疑人,应当依法逮捕。

【条文注解】

本条明确了公安机关对刑事案件立案后应当进行的诉讼活动,具体规定了侦查阶段的主要任务,即查明案件事实,收集各种证据,依法采取必要的强制措施。

侦查的目的在于收集、调取证据材料,以查清案件事实。"证据材料"是指能够反映案件事实的物品、文件、痕迹,以及犯罪嫌疑人的口供、被害人的陈述等。收集、调取证据材料应当全面,就是要求收集、调取证据材料的时候,既要收集、调取有罪、罪重的证据材料,又要收集无罪、罪轻的证据材料。

对犯罪嫌疑人依法采取强制措施是侦查工作的重要内容,采取强制措施的主要目的在于保证收集、调取证据工作的顺利进行,确保后续诉讼活动的顺利展开以及防止犯罪嫌疑人逃脱或者继续实施违法犯罪行为。

【相关规定】

《公安规定》

第一百九十一条 公安机关对已经立案的刑事案件,应当及时进行侦查,全面、客观地收集、调取犯罪嫌疑人有罪或者无罪、罪轻或者罪重的证据材料。

第二百零九条 对犯罪嫌疑人供述的犯罪事实、无罪或者罪轻的事实、申辩和反证,以及犯罪嫌疑人提供的证明自己无罪、罪轻的证据,公安机关应当认真核查;对有关证据,无论是否采信,都应当如实记录、妥善保管,并连同核查情况附卷。

第一百一十六条 预审

公安机关经过侦查,对有证据证明有犯罪事实的案件,应当进行预审,对收集、调取的证据材料予以核实。

【条文注解】

预审的任务是对侦查中收集、调取的各种证据材料予以核实,即进一步运用侦查手段复核证据,确定定案根据,认定案件事实;同时通过预审活动进一步发现犯罪线索,提高侦查成效,为案件的正确处理夯实基础。

【相关规定】

《公安规定》

第一百九十二条 公安机关经过侦查,对有证据证明有犯罪事实的案件,应当进行预审,对收集、调取的证据材料的真实性、合法性、关联性及证明力予以审查、核实。

第一百一十七条　对违法诉讼行为的申诉、控告

当事人和辩护人、诉讼代理人、利害关系人对于司法机关及其工作人员有下列行为之一的，有权向该机关申诉或者控告：

（一）采取强制措施法定期限届满，不予以释放、解除或者变更的；

（二）应当退还取保候审保证金不退还的；

（三）对与案件无关的财物采取查封、扣押、冻结措施的；

（四）应当解除查封、扣押、冻结不解除的；

（五）贪污、挪用、私分、调换、违反规定使用查封、扣押、冻结的财物的。

受理申诉或者控告的机关应当及时处理。对处理不服的，可以向同级人民检察院申诉；人民检察院直接受理的案件，可以向上一级人民检察院申诉。人民检察院对申诉应当及时进行审查，情况属实的，通知有关机关予以纠正。

条文注解

申诉、控告权的主体是当事人、辩护人、诉讼代理人以及利害关系人。"利害关系人"是指与案件有关联并存在利害关系的人，主要是指与有关涉案财产存在利害关系的人。申诉、控告权的对象主要有两类：一是涉及人身强制措施，如本条第一款、第二款；二是涉及对物强制措施，如本条第三款、第四款、第五款。

相关规定

《公安规定》

第一百九十六条　当事人和辩护人、诉讼代理人、利害关系人对于公安机关及其侦查人员有下列行为之一的，有权向该机关申诉或者控告：

（一）采取强制措施法定期限届满，不予以释放、解除或者变更的；

（二）应当退还取保候审保证金不退还的；

（三）对与案件无关的财物采取查封、扣押、冻结措施的；

（四）应当解除查封、扣押、冻结不解除的；

（五）贪污、挪用、私分、调换、违反规定使用查封、扣押、冻结的财物的。

受理申诉或者控告的公安机关应当及时进行调查核实，并在收到申诉、控告之日起三十日以内作出处理决定，书面回复申诉人、控告人。发现公安机关及其侦查人员有上述行为之一的，应当立即纠正。

第一百九十七条　上级公安机关发现下级公安机关存在本规定第一百九十六条第一款规定的违法行为或者对申诉、控告事项不按照规定处理的，应当责令下级公安机关限期纠正，下级公安机关应当立即执行。必要时，上级公安机关可以就申诉、控告事项直接作出处理决定。

《高检规则》

第五百五十五条　当事人和辩护人、诉讼代理人、利害关系人对于办案机关及其工作人员有刑事诉讼法第一百一十七条规定的行为，向该机关申诉或者控告，对该机关作出的处理不服或者该机关未在规定时间内作出答复，而向人民检察院申诉的，办案机关的同级人民检察院应当受理。

人民检察院直接受理侦查的案件，当

事人和辩护人、诉讼代理人、利害关系人对办理案件的人民检察院的处理不服的，可以向上一级人民检察院申诉，上一级人民检察院应当受理。

未向办案机关申诉或者控告，或者办案机关在规定时间内尚未作出处理决定，直接向人民检察院申诉的，人民检察院应当告知其向办案机关申诉或者控告。人民检察院在审查逮捕、审查起诉中发现有刑事诉讼法第一百一十七规定的违法情形的，可以直接监督纠正。

当事人和辩护人、诉讼代理人、利害关系人对刑事诉讼法第一百一十七条规定情形之外的违法行为提出申诉或者控告的，人民检察院应当受理，并及时审查，依法处理。

第五百五十六条 对人民检察院及其工作人员办理案件中违法行为的申诉、控告，由负责控告申诉检察的部门受理和审查办理。对其他司法机关处理决定不服向人民检察院提出的申诉，由负责控告申诉检察的部门受理后，移送相关办案部门审查办理。

审查办理的部门应当在受理之日起十五日以内提出审查意见。人民检察院对刑事诉讼法第一百一十七条的申诉，经审查认为需要其他司法机关说明理由的，应当要求有关机关说明理由，并在收到理由说明后十五日以内提出审查意见。

人民检察院及其工作人员办理案件中存在的违法情形属实的，应当予以纠正；不存在违法行为的，书面答复申诉人、控告人。

其他司法机关对申诉、控告的处理不正确的，人民检察院应当通知有关机关予以纠正；处理正确的，书面答复申诉人、控告人。

第五百六十七条 人民检察院应当对侦查活动中是否存在以下违法行为进行监督：

（一）采用刑讯逼供以及其他非法方法收集犯罪嫌疑人供述的；

（二）讯问犯罪嫌疑人依法应当录音或者录像而没有录音或者录像，或者未在法定羁押场所讯问犯罪嫌疑人的；

（三）采用暴力、威胁以及非法限制人身自由等非法方法收集证人证言、被害人陈述，或者以暴力、威胁等方法阻止证人作证或者指使他人作伪证的；

（四）伪造、隐匿、销毁、调换、私自涂改证据，或者帮助当事人毁灭、伪造证据的；

（五）违反刑事诉讼法关于决定、执行、变更、撤销强制措施的规定，或者强制措施法定期限届满，不予释放、解除或者变更的；

（六）应当退还取保候审保证金不退还的；

（七）违反刑事诉讼法关于讯问、询问、勘验、检查、搜查、鉴定、采取技术侦查措施等规定的；

（八）对与案件无关的财物采取查封、扣押、冻结措施，或者应当解除查封、扣押、冻结而不解除的；

（九）贪污、挪用、私分、调换、违反规定使用查封、扣押、冻结的财物及其孳息的；

（十）不应当撤案而撤案的；

（十一）侦查人员应当回避而不回避的；

（十二）依法应当告知犯罪嫌疑人诉讼权利而不告知，影响犯罪嫌疑人行使诉讼权利的；

（十三）对犯罪嫌疑人拘留、逮捕、指定居所监视居住后依法应当通知家属而未通知的；

（十四）阻碍当事人、辩护人、诉讼代理人、值班律师依法行使诉讼权利的；

（十五）应当对证据收集的合法性出具说明或者提供证明材料而不出具、不提供的；

（十六）侦查活动中的其他违反法律规定的行为。

第五百六十八条 人民检察院发现侦查活动中的违法情形已涉嫌犯罪，属于人民检察院管辖的，依法立案侦查；不属于人民检察院管辖的，依照有关规定移送有管辖权的机关。

第五百六十九条 人民检察院负责捕诉的部门发现本院负责侦查的部门在侦查活动中有违法情形，应当提出纠正意见。需要追究相关人员违法违纪责任的，应当报告检察长。

上级人民检察院发现下级人民检察院在侦查活动中有违法情形，应当通知其纠正。下级人民检察院应当及时纠正，并将纠正情况报告上级人民检察院。

第二节　讯问犯罪嫌疑人

第一百一十八条　讯问主体与场所

讯问犯罪嫌疑人必须由人民检察院或者公安机关的侦查人员负责进行。讯问的时候，侦查人员不得少于二人。

犯罪嫌疑人被送交看守所羁押以后，侦查人员对其进行讯问，应当在看守所内进行。

条文注解

侦查阶段只能由检察院或公安机关的侦查人员依法行使讯问犯罪嫌疑人的权力，其他任何单位和个人（监察机关以及依法授权的国家安全机关、军队保卫部门等），都无权对犯罪嫌疑人进行讯问。同时，规定讯问犯罪嫌疑人时，侦查人员不得少于二人，有利于互相配合、监督，防止个人徇私舞弊或发生刑讯逼供、诱供等非法讯问行为，也有利于防止犯罪嫌疑人诬告侦查人员有人身侮辱、刑讯逼供等行为。

侦查机关将犯罪嫌疑人送交看守所以后，如果要再讯问犯罪嫌疑人，必须在看守所内进行。看守所都设有专门的讯问室，以供侦查人员对犯罪嫌疑人进行讯问。另外，因客观原因需要在看守所外进行讯问的，应当作出合理解释。客观原因主要是指犯罪嫌疑人因身患重病等原因无法继续在看守所羁押的情形。

相关规定

《高检规则》

第一百八十二条　讯问犯罪嫌疑人，由检察人员负责进行。讯问时，检察人员或者检察人员和书记员不得少于二人。

讯问同案的犯罪嫌疑人，应当个别进行。

第一百一十九条　传唤、拘传的程序

对不需要逮捕、拘留的犯罪嫌疑人，可以传唤到犯罪嫌疑人所在市、县内的指定地点或者到他的住处进行讯问，但是应当出示人民检察院或者公安机关的证明文件。对在现场发现的犯罪嫌疑人，经出示工作证件，可以口头传唤，但应当在讯问笔录中注明。

传唤、拘传持续的时间不得超过十二小时；案情特别重大、复杂，需要采取拘留、逮捕措施的，传唤、拘传持续的时间不得超过二十四小时。

不得以连续传唤、拘传的形式变相拘禁犯罪嫌疑人。传唤、拘传犯罪嫌疑人，应当保证犯罪嫌疑人的饮食和必要的休息时间。

条文注解

"指定地点"主要是指犯罪嫌疑人在被讯问时工作生活所在的市、县的公安局、公安派出所、基层组织及其所在单位等。对于在现场发现的犯罪嫌疑人，经出示工作证件，可以口头传唤，但应当在讯问笔录中注明。

"案情特别重大、复杂，需要采取拘留、逮捕的"，是指侦查人员在办案时，发现案情特别重大、复杂，并且根据案件情况，依照法律规定对犯罪嫌疑人需要采取拘留、逮捕等措施的情形。在这种情况下，传唤、拘传持续的时间可以适当地延长，但也要受到必要的限制，其持续的时间不得超过二十四小时。

相关规定

《公安规定》

第一百九十八条 讯问犯罪嫌疑人，除下列情形以外，应当在公安机关执法办案场所的讯问室进行：

（一）紧急情况下在现场进行讯问的；

（二）对有严重伤病或者残疾、行动不便的，以及正在怀孕的犯罪嫌疑人，在其住处或者就诊的医疗机构进行讯问的。

对于已送交看守所羁押的犯罪嫌疑人，应当在看守所讯问室进行讯问。

对于正在被执行行政拘留、强制隔离戒毒的人员以及正在监狱服刑的罪犯，可以在其执行场所进行讯问。

对于不需要拘留、逮捕的犯罪嫌疑人，经办案部门负责人批准，可以传唤到犯罪嫌疑人所在市、县公安机关执法办案场所或者到他的住处进行讯问。

第一百九十九条 传唤犯罪嫌疑人时，应当出示传唤证和侦查人员的人民警察证，并责令其在传唤证上签名、捺指印。

犯罪嫌疑人到案后，应当由其在传唤证上填写到案时间。传唤结束时，应当由其在传唤证上填写传唤结束时间。犯罪嫌疑人拒绝填写的，侦查人员应当在传唤证上注明。

对在现场发现的犯罪嫌疑人，侦查人员经出示人民警察证，可以口头传唤，并将传唤的原因和依据告知被传唤人。在讯问笔录中应当注明犯罪嫌疑人到案方式，并由犯罪嫌疑人注明到案时间和传唤结束时间。

对自动投案或者群众扭送到公安机关的犯罪嫌疑人，可以依法传唤。

第二百条 传唤持续的时间不得超过十二小时。案情特别重大、复杂，需要采取拘留、逮捕措施的，经办案部门负责人批准，传唤持续的时间不得超过二十四小时。不得以连续传唤的形式变相拘禁犯罪嫌疑人。

传唤期限届满，未作出采取其他强制措施决定的，应当立即结束传唤。

第二百零一条 传唤、拘传、讯问犯罪嫌疑人，应当保证犯罪嫌疑人的饮食和必要的休息时间，并记录在案。

第二百零二条 讯问犯罪嫌疑人，必须由侦查人员进行。讯问的时候，侦查人员不得少于二人。

讯问同案的犯罪嫌疑人，应当个别进行。

《高检规则》

第一百八十三条 对于不需要逮捕、拘留的犯罪嫌疑人，可以传唤到犯罪嫌疑人所在市、县内的指定地点或者到他的住处进行讯问。

传唤犯罪嫌疑人，应当出示传唤证和工作证件，并责令犯罪嫌疑人在传唤证上签名或者盖章，并捺指印。

犯罪嫌疑人到案后，应当由其在传唤证上填写到案时间。传唤结束时，应当由其在传唤证上填写传唤结束时间。拒绝填写的，应当在传唤证上注明。

对在现场发现的犯罪嫌疑人，经出示工作证件，可以口头传唤，并将传唤的原因和依据告知被传唤人。在讯问笔录中应当注明犯罪嫌疑人到案时间、到案经过和传唤结束时间。

本规则第八十四条第二款的规定适用于传唤犯罪嫌疑人。

第一百八十四条 传唤犯罪嫌疑人时，其家属在场的，应当当场将传唤的原因和处所口头告知其家属，并在讯问笔录中注明。其家属不在场的，应当及时将传唤的原因和处所通知被传唤人家属。无法通知的，应当在讯问笔录中注明。

第一百八十五条 传唤持续的时间不得超过十二小时。案情特别重大、复杂，需要采取拘留、逮捕措施的，传唤持续的时间不得超过二十四小时。两次传唤间隔的时间一般不得少于十二小时，不得以连续传唤的方式变相拘禁犯罪嫌疑人。

传唤犯罪嫌疑人，应当保证犯罪嫌疑人的饮食和必要的休息时间。

第一百八十六条 犯罪嫌疑人被送交看守所羁押后，检察人员对其进行讯问，应当填写提讯、提解证，在看守所讯问室进行。

因辨认、鉴定、侦查实验或者追缴犯罪有关财物的需要，经检察长批准，可以提押犯罪嫌疑人出所，并应当由两名以上司法警察押解。不得以讯问为目的将犯罪嫌疑人提押出所进行讯问。

文书格式

```
                ×××公安局
                 传  唤  证

                          ×公（  ）传唤字〔    〕    号
  根据《中华人民共和国刑事诉讼法》第一百一十九条之规定，兹传唤涉嫌
_____罪的犯罪嫌疑人_____（性别____，出生日期_____，住
址_____于____年__月__日__时到_____
接受讯问。无正当理由拒不接受传唤的，可以依法拘传。
                                         公安局（印）
                                            年 月 日
```

```
┌─────────────────────────────────────────────────────────┐
│                  ××××人民检察院                          │
│                     拘传证                               │
│ ─────────────────────────────────────────────────────── │
│                              ××检××拘传〔20××〕×号       │
│   根据《中华人民共和国刑事诉讼法》第六十六条的规定,      │
│ 兹派本院工作人员____                                     │
│ _____对犯罪嫌疑人_____予以拘传。                     │
│                                       检察长（印）       │
│                                    20××年××月××日        │
│                                           （院印）       │
│                                                         │
│   到案时间：_____年__月__日__时__分                      │
│   讯问结束时间：_____年__月__日__时__分                  │
│                                       被拘传人：         │
│                                       宣 告 人：         │
└─────────────────────────────────────────────────────────┘
```

第一百二十条　讯问程序

侦查人员在讯问犯罪嫌疑人的时候,应当首先讯问犯罪嫌疑人是否有犯罪行为,让他陈述有罪的情节或者无罪的辩解,然后向他提出问题。犯罪嫌疑人对侦查人员的提问,应当如实回答。但是对与本案无关的问题,有拒绝回答的权利。

侦查人员在讯问犯罪嫌疑人的时候,应当告知犯罪嫌疑人享有的诉讼权利,如实供述自己罪行可以从宽处理和认罪认罚的法律规定。

条文注解

讯问的程序规范,关系犯罪嫌疑人认罪的自愿性,对供述的合法性具有重要影响。

讯问方式上,主要有三个步骤:第一,讯问是否有犯罪行为,此举是为了甄别是否有罪;第二,"让他陈述有罪的情节或者无罪的辩解",防止主观片面,先入为主;第三,"向他提出问题",提出的问题应当与认定案件事实有关系。基于无罪推定原则,侦查人员进行讯问,应当注重现有证据能否排除犯罪嫌疑,核实无罪可能性。对于有罪材料或者证据,可以要求犯罪嫌疑人做出合理解释。

"如实回答"义务和"拒绝回答的权利"。根据"不得强迫自证其罪原则","如实回答"的重点在于"如实",而不是"回答"。"与本案无关的问题",是指与犯罪嫌疑人、案件事实、情节、证据等没有牵连关系的问题。

告知犯罪嫌疑人的诉讼权利主要包括:有权委托律师辩护、阅读侦查讯问笔录、使用本民族语言文字、拒绝回答与本案无关的问题、申请法律援助、申请回避、申请变更强制措施等。

相关规定

《公安规定》

第二百零三条　侦查人员讯问犯罪嫌疑人时,应当首先讯问犯罪嫌疑人是否有犯罪行为,并告知犯罪嫌疑人享有的诉讼权利,如实供述自己罪行可以从宽处理以及认罪认罚的法律规定，让他陈述有罪的情节或者无罪的辩解，然后向他提出问题。

犯罪嫌疑人对侦查人员的提问，应当如实回答。但是对与本案无关的问题，有拒绝回答的权利。

第一次讯问，应当问明犯罪嫌疑人的姓名、别名、曾用名、出生年月日、户籍所在地、现住地、籍贯、出生地、民族、职业、文化程度、政治面貌、工作单位、家庭情况、社会经历、是否属于人大代表、政协委员，是否受过刑事处罚或者行政处理等情况。

《高检规则》

第一百八十七条 讯问犯罪嫌疑人一般按照下列顺序进行：

（一）核实犯罪嫌疑人的基本情况，包括姓名、出生年月日、户籍地、公民身份证码、民族、职业、文化程度、工作单位及职务、住所、家庭情况、社会经历、是否属于人大代表、政协委员等；

（二）告知犯罪嫌疑人在侦查阶段的诉讼权利，有权自行辩护或者委托律师辩护，告知其如实供述自己罪行可以依法从宽处理和认罪认罚的法律规定；

（三）讯问犯罪嫌疑人是否有犯罪行为，让他陈述有罪的事实或者无罪的辩解，应当允许其连贯陈述。

犯罪嫌疑人对检察人员的提问，应当如实回答。但是对与本案无关的问题，有拒绝回答的权利。

讯问犯罪嫌疑人时，应当告知犯罪嫌疑人将对讯问进行全程同步录音、录像。告知情况应当在录音、录像中予以反映，并记明笔录。

讯问时，对犯罪嫌疑人提出的辩解要认真查核。严禁刑讯逼供和以威胁、引诱、欺骗以及其他非法的方法获取供述。

第一百二十一条 讯问聋、哑人

讯问聋、哑的犯罪嫌疑人，应当有通晓聋、哑手势的人参加，并且将这种情况记明笔录。

▎条文注解

本条是重要的人权保障措施。

根据本条规定，讯问聋、哑的犯罪嫌疑人，应当有通晓聋、哑手势的人参加，为讯问人员和犯罪嫌疑人翻译，并在犯罪嫌疑人笔录上注明犯罪嫌疑人的聋、哑情况及翻译人员的姓名、工作单位和职业等基本情况。

在刑事诉讼活动中，聋、哑这些生理上的原因可能影响其准确地理解讯问人发问的内容、意图和准确地表达自己的意志，从而影响其充分行使辩护权，依法维护自身的合法权益。为了保障聋、哑的犯罪嫌疑人准确地供述有罪、无罪、罪轻、罪重的案件事实，在讯问这些犯罪嫌疑人时，应当有通晓聋、哑手势的人员参加讯问。

▎相关规定

《公安规定》

第二百零四条 讯问聋、哑的犯罪嫌疑人，应当有通晓聋、哑手势的人参加，并在讯问笔录上注明犯罪嫌疑人的聋、哑情况，以及翻译人员的姓名、工作单位和职业。

讯问不通晓当地语言文字的犯罪嫌疑人，应当配备翻译人员。

第一百二十二条 讯问笔录

讯问笔录应当交犯罪嫌疑人核对，对于没有阅读能力的，应当向

> 他宣读。如果记载有遗漏或者差错，犯罪嫌疑人可以提出补充或者改正。犯罪嫌疑人承认笔录没有错误后，应当签名或者盖章。侦查人员也应当在笔录上签名。犯罪嫌疑人请求自行书写供述的，应当准许。必要的时候，侦查人员也可以要犯罪嫌疑人亲笔书写供词。

条文注解

第一，讯问笔录是供述的重要证据载体。只要讯问犯罪嫌疑人，就应当制作讯问笔录，并且应当客观全面地记录犯罪嫌疑人认罪供述和无罪、罪轻辩解。讯问笔录应当载明提问和回答两个方面内容，以此保证讯问语言和方式的合法性。

第二，犯罪嫌疑人请求自行书写供述的，应当准许。必要的时候，可以要犯罪嫌疑人亲笔书写供词。"必要的时候"主要指两种情况：一是根据犯罪嫌疑人的情况书写供述更能准确地表达犯罪嫌疑人的真实意思和案件事实情况，如犯罪嫌疑人口齿不清，难以准确表达意志等；二是根据侦查的需要，从犯罪嫌疑人的书面笔录上提供侦查线索，如需要笔迹鉴定等。

相关规定

《高检规则》

第一百八十八条 讯问犯罪嫌疑人，应当制作讯问笔录。讯问笔录应当忠实于原话，字迹清楚，详细具体，并交犯罪嫌疑人核对。犯罪嫌疑人没有阅读能力的，应当向他宣读。如果记载有遗漏或者差错，应当补充或者改正。犯罪嫌疑人认为讯问笔录没有错误的，由其在笔录上逐页签名或者盖章，并捺指印，在末页写明"以上笔录我看过（向我宣读过），和我说的相符"，同时签名或者盖章，并捺指印，注明日期。如果犯罪嫌疑人拒绝签名、盖章、捺指印的，应当在笔录上注明。讯问的检察人员、书记员也应当在笔录上签名。

第一百八十九条 犯罪嫌疑人请求自行书写供述的，检察人员应当准许。必要时，检察人员也可以要求犯罪嫌疑人亲笔书写供述。犯罪嫌疑人应当在亲笔供述的末页签名或者盖章，并捺指印，注明书写日期。检察人员收到后，应当在首页右上方写明"于某年某月某日收到"，并签名。

《公安规定》

第二百零五条 侦查人员应当将问话和犯罪嫌疑人的供述或者辩解如实地记录清楚。制作讯问笔录应当使用能够长期保持字迹的材料。

第二百零六条 讯问笔录应当交犯罪嫌疑人核对；对于没有阅读能力的，应当向他宣读。如果记录有遗漏或者差错，应当允许犯罪嫌疑人补充或者更正，并捺指印。笔录经犯罪嫌疑人核对无误后，应当由其在笔录上逐页签名、捺指印，并在末页写明"以上笔录我看过（或向我宣读过），和我说的相符"。拒绝签名、捺指印的，侦查人员应当在笔录上注明。

讯问笔录上所列项目，应当按照规定填写齐全。侦查人员、翻译人员应当在讯问笔录上签名。

第二百零七条 犯罪嫌疑人请求自行书写供述的，应当准许；必要时，侦查人员也可以要求犯罪嫌疑人亲笔书写供词。犯罪嫌疑人应当在亲笔供词上逐页签名、捺指印。侦查人员收到后，应当在首页右上方写明"于某年某月某日收到"，并签名。

第一百二十三条 讯问过程录音录像

侦查人员在讯问犯罪嫌疑人的时候，可以对讯问过程进行录音或者录像；对于可能判处无期徒刑、死刑的案件或者其他重大犯罪案件，应当对讯问过程进行录音或者录像。

录音或者录像应当全程进行，保持完整性。

条文注解

其一，关于讯问过程录音录像的两种模式。一是"可以录音录像"，对于普通案件，由侦查人员裁量决定是否录音录像。二是"应当录音录像"，对象是可能判处无期徒刑、死刑的案件或者其他重大犯罪案件。"其他重大犯罪案件"主要是指致人重伤、死亡的严重危害公共安全犯罪、严重侵犯公民人身权利犯罪，以及黑社会性质组织犯罪、严重毒品犯罪等重大故意犯罪案件。

其二，关于录音录像的内项具体要求。一是全程进行，二是保持完整。"全程"一般应是从犯罪嫌疑人进入讯问场所到结束讯问离开讯问场所的过程。"保持完整"是指侦查人员讯问录音或者录像，要完整、不间断地记录每一次讯问过程，不可作剪接、删改。

其三，侦查人员对讯问过程进行录音录像的，应当在讯问笔录中注明。检察院、法院可以根据需要调取相关录音录像，有关机关应当及时提供。

相关规定

《公安规定》

第二百零八条 讯问犯罪嫌疑人，在文字记录的同时，可以对讯问过程进行录音录像。对于可能判处无期徒刑、死刑的案件或者其他重大犯罪案件，应当对讯问过程进行录音录像。

前款规定的"可能判处无期徒刑、死刑的案件"，是指应当适用的法定刑或者量刑档次包含无期徒刑、死刑的案件。"其他重大犯罪案件"，是指致人重伤、死亡的严重危害公共安全犯罪、严重侵犯公民人身权利犯罪，以及黑社会性质组织犯罪、严重毒品犯罪等重大故意犯罪案件。

对讯问过程录音录像的，应当对每一次讯问全程不间断进行，保持完整性。不得选择性地录制，不得剪接、删改。

《高检规则》

第一百九十条 人民检察院办理直接受理侦查的案件，应当在每次讯问犯罪嫌疑人时，对讯问过程实行全程录音、录像，并在讯问笔录中注明。

第三节 询问证人

第一百二十四条 询问证人的程序

侦查人员询问证人，可以在现场进行，也可以到证人所在单位、住处或者证人提出的地点进行，在必要的时候，可以通知证人到人民检察院或者公安机关提供证言。在现场询问证人，应当出示工作证件，到证人所在单位、住处或者证人提出的地点询问证人，应当出示人民检察院或者公安机关的证明文件。

询问证人应当个别进行。

条文注解

询问证人主要发生在四个地点。其一，现场询问，第一时间获取证人证言、固定原始的证据信息;其二,到证人所在单位或者住处询问,不影响证人正常的生活、工作,有利于得到证人单位及家人的支持与理解;其三,到证人提出的地点进行询问,此举有利于消除证人顾虑,保护证人隐私和安全;其四,必要的时候,通知证人到检察院或者公安机关提供证言,这样有利于保证证人人身安全,避免受到干扰。

相关规定

《公安规定》

第二百一十条 询问证人、被害人,可以在现场进行,也可以到证人、被害人所在单位、住处或者证人、被害人提出的地点进行。在必要的时候,可以书面、电话或者当场通知证人、被害人到公安机关提供证言。

询问证人、被害人应当个别进行。

在现场询问证人、被害人,侦查人员应当出示人民警察证。到证人、被害人所在单位、住处或者证人、被害人提出的地点询问证人、被害人,应当经办案部门负责人批准,制作询问通知书。询问前,侦查人员应当出示询问通知书和人民警察证。

《高检规则》

第一百九十一条 人民检察院在侦查过程中,应当及时询问证人,并且告知证人履行作证的权利和义务。

人民检察院应当保证一切与案件有关或者了解案情的公民有客观充分地提供证据的条件,并为他们保守秘密。除特殊情况外,人民检察院可以吸收他们协助调查。

第一百九十二条 询问证人,应当由检察人员负责进行。询问时,检察人员或者检察人员和书记员不得少于二人。

第一百九十三条 询问证人,可以在现场进行,也可以到证人所在单位、住处或证人提出的地点进行。必要时,也可以通知证人到人民检察院提供证言。到证人提出的地点进行询问的,应当在笔录中记明。

询问证人应当个别进行。

在现场询问证人,应当出示工作证件。到证人所在单位、住处或者证人提出的地点询问证人,应当出示人民检察院的证明文件。

文书格式

×××公 安 局
询 问 通 知 书

×公( )询通字〔 〕 号

_____:
　　我局正在办理_____案,为查明案件事实,根据《中华人民共和国刑事诉讼法》第一百二十二条之规定,通知你于____年__月__日__时到_____接受询问。

公安局(印)
年 月 日

第一百二十五条　告知证人义务及法律责任

询问证人，应当告知他应当如实地提供证据、证言和有意作伪证或者隐匿罪证要负的法律责任。

条文注解

根据刑法第三百零五条的规定，在刑事诉讼中，证人对与案件有重要关系的情节，故意作虚假证明，意图陷害他人或者隐匿罪证的，处三年以下有期徒刑或者拘役；情节严重的，处三年以上七年以下有期徒刑。刑法第三百一十条规定，明知是犯罪的人而为其提供隐藏处所、财物，帮助其逃匿或者作假证明包庇的，处三年以下有期徒刑、拘役或者管制；情节严重的，处三年以上十年以下有期徒刑。

相关规定

《公安规定》

第二百一十一条　询问前，应当了解证人、被害人的身份，证人、被害人、犯罪嫌疑人之间的关系。询问时，应当告知证人、被害人必须如实地提供证据、证言和有意作伪证或者隐匿罪证应负的法律责任。

侦查人员不得向证人、被害人泄露案情或者表示对案件的看法，严禁采用暴力、威胁等非法方法询问证人、被害人。

《高检规则》

第一百九十四条　询问证人，应当问明证人的基本情况以及与当事人的关系，并且告知证人应当如实提供证据、证言和故意作伪证或者隐匿罪证应当承担的法律责任，但是不得向证人泄露案情，不得采用拘禁、暴力、威胁、引诱、欺骗以及其他非法方法获取证言。

询问重大或者有社会影响的案件的重要证人，应当对询问过程实行全程录音、录像，并在询问笔录中注明。

第一百二十六条　询问笔录的制作

本法第一百二十二条的规定，也适用于询问证人。

条文注解

询问笔录的制作参照讯问笔录。

询问笔录应当交由证人核对，对于没有阅读能力的，应当向他宣读；如果记载有遗漏或者差错，证人可以提出补正或者改正。证人表示笔录没有错误后，应当签名或者盖章。侦查人员也应当在笔录上签名。证人请求自行书写证言的，应当准许。必要的时候，侦查人员也可以要证人书写证言。

第一百二十七条　询问被害人的程序

询问被害人，适用本节各条规定。

条文注解

询问被害人的程序参照询问证人的程序进行。但与证人证言不同，被害人陈述失真风险更大，侦查人员要审慎核实。

第四节　勘验、检查

第一百二十八条　勘验、检查的主体和范围

侦查人员对于与犯罪有关的场所、物品、人身、尸体应当进行勘验或者检查。在必要的时候，可以指派或者聘请具有专门知识的人，在侦查人员的主持下进行勘验、检查。

条文注解

勘验、检查的对象是与犯罪有关的场所、物品、人身和尸体。与犯罪有关的"场所"主要是指犯罪现场、现场外围及其他可能留有犯罪痕迹和物品的地方；与犯罪有关的"物品"是指犯罪的工具及现场遗留物，包括犯罪嫌疑人及被害人遗留的衣物、毛发、血迹、书信等可见物；与犯罪有关的"人身"主要是指犯罪嫌疑人或被害人的身体；与犯罪有关的"尸体"是指死因与犯罪有关的尸体，多属于被害人，也可能是犯罪嫌疑人。

"现场勘验"是指侦查人员对案发现场及其他留有犯罪物品、痕迹的场所进行的专门调查。"尸体检验"包括尸表检查、尸体解剖检查、取样、化验。尸体检验必须及时进行，以防止尸体腐烂、痕迹变化或消失。"物证、书证检验"是指对侦查中获得的物品或痕迹进行检查、验证。"人身检查"是指对被害人或犯罪嫌疑人的人身进行检查，目的是查清人体被伤害的情况或者某些特征。

指派聘请具有专门知识的人进行勘验、检查，必须是在侦查人员的主持下进行，以确保这种活动能够适应侦查工作的需要，依法进行。

相关规定

《公安规定》

第二百一十三条 侦查人员对于与犯罪有关的场所、物品、人身、尸体应当进行勘验或者检查，及时提取、采集与案件有关的痕迹、物证、生物样本等。在必要的时候，可以指派或者聘请具有专门知识的人，在侦查人员的主持下进行勘验、检查。

第二百一十五条 公安机关对案件现场进行勘验，侦查人员不得少于二人。

《高检规则》

第一百九十六条 检察人员对于与犯罪有关的场所、物品、人身、尸体应当进行勘验或者检查。必要时，可以指派检察技术人员或者聘请其他具有专门知识的人，在检察人员的主持下进行勘验、检查。

文书格式

```
                ××××人民检察院
                   勘  查  证
                                ××检××勘〔20××〕×号
   根据《中华人民共和国刑事诉讼法》第一百二十八条、第一百三十条的规定，兹
派_____等___人对_____进行勘
验检查。
                                    20××年××月××日
                                         （院印）
```

现场勘验笔录

现场勘验单位：_____

指派/报告单位：_____ 时间：____年___月___日___时___分___

勘验事由：_____

_____

现场勘验开始时间_____年___月___日___时___分

现场勘验结束时间_____年___月___日___时___分

现场地点：_____

现场保护情况：（空白处记载保护人、保护措施、是原始现场还是变动现场等情况）

_____

天气：阴□/晴□/雨□/雪□/雾□， 温度：_____湿度：_____风向：_____

勘验前现场的条件：变动现场□/ 原始现场□_____

现场勘验利用的光线：自然光□/ 灯光□/_____

现场勘验指挥人：_____单位_____职务_____

现场勘验情况：（空白处记载现场勘验详细情况，包括现场方位和现场概貌、中心现场位置，现场是否有变动，变动的原因，勘验过程、提取痕迹物证情况、现场周边搜索情况、现场访问情况以及其他需要说明的情况）_____

_____

现场勘验制图____张；照相____张；录像____分钟；录音____分钟。

现场勘验记录人员：

笔录人：_____

制图人：_____

照相人：_____

录像人：_____

录音人：_____

现场勘验人员：

本人签名：_____单位_____职务_____

本人签名：_____单位_____职务_____

本人签名：_____单位_____职务_____

现场勘验见证人：

本人签名_____性别____出生日期_____，住址_____

本人签名_____性别____出生日期_____，住址_____

年 月 日

现场勘验情况分析报告

案件编号：　　　　　　　　　　　　　　　　　　　　　勘查号：

现场分析依据的资料	（包括实地勘验、调查访问和检验鉴定等资料）
侵害目标及损失	
作案地点	
作案时段	作案进出口
作案手段	侵入方式
作案工具	（包括用于破坏、威胁、行凶、交通、照明的工具及其数量和特征等）
作案动机目的	
案件性质	
作案人数	
作案过程	
作案人特点	
串并意见与根据	
工作建议	（包括侦查方向与范围、痕迹物证应用与保管、侦查破案途径与措施、技术防范对策等）
现场分析人	

年　　月　　日

第一百二十九条 现场保护和通知义务

任何单位和个人,都有义务保护犯罪现场,并且立即通知公安机关派员勘验。

条文注解

任何单位和个人,发现犯罪现场,应当立即将发现犯罪现场的时间、地点、犯罪情况等信息报告给公安机关。在公安机关到达现场前,要设法保护好现场,尽量防止移动、损毁现场物品和原始痕迹,阻止其他无关人员进入现场、触碰物品等。待公安人员到达后,要采取相应措施,如封锁现场、布置警戒等。

相关规定

《公安规定》

第二百一十四条　发案地派出所、巡警等部门应当妥善保护犯罪现场和证据,控制犯罪嫌疑人,并立即报告公安机关主管部门。……

第一百三十条 勘验、检查的要求

侦查人员执行勘验、检查,必须持有人民检察院或者公安机关的证明文件。

条文注解

"证明文件"是指检察院或者公安机关开具的允许执行勘验、检查工作的证明文件。

相关规定

《公安规定》

第二百一十四条
……

执行勘查的侦查人员接到通知后,应当立即赶赴现场;勘查现场,应当持有刑事犯罪现场勘查证。

第一百三十一条 尸体解剖程序

对于死因不明的尸体,公安机关有权决定解剖,并且通知死者家属到场。

条文注解

除了公安机关,其他任何单位和个人都没有权力决定对死因不明的尸体进行解剖。同时,公安机关决定解剖尸体,应当通知其家属到场。

相关规定

《公安规定》

第二百一十八条　为了确定死因,经县级以上公安机关负责人批准,可以解剖尸体,并且通知死者家属到场,让其在解剖尸体通知书上签名。

死者家属无正当理由拒不到场或者拒绝签名的,侦查人员应当在解剖尸体通知书上注明。对身份不明的尸体,无法通知死者家属的,应当在笔录中注明。

《高检规则》

第一百九十八条　人民检察院解剖死因不明的尸体,应当通知死者家属到场,并让其在解剖通知书上签名或者盖章。

死者家属无正当理由拒不到场或者拒绝签名、盖章的,不影响解剖的进行,但是应当在解剖通知书上记明。对于身份不明的尸体,无法通知死者家属的,应当记明笔录。

文书格式

```
               ×××公 安 局
               解剖尸体通知书

                              ×公（  ）剖通字〔    〕    号
_____：
   为确定死者_____的死亡原因，我局决定于_____年___月__
__日____时在_____对其尸体进行解剖检验。根据《中
华人民共和国刑事诉讼法》第一百二十九条之规定，请你届时到场。无正当理由拒不
到场的，不影响解剖检验。

                                             公安局（印）
                                                年  月  日
```

第一百三十二条 人身检查程序

为了确定被害人、犯罪嫌疑人的某些特征、伤害情况或者生理状态，可以对人身进行检查，可以提取指纹信息，采集血液、尿液等生物样本。

犯罪嫌疑人如果拒绝检查，侦查人员认为必要的时候，可以强制检查。

检查妇女的身体，应当由女工作人员或者医师进行。

条文注解

人身检查的目的是确定被害人、犯罪嫌疑人的某些特征、伤害情况或者生理状态，以查明案件事实。其中，"某些特征"主要是指被害人、犯罪嫌疑人的体表特征，如相貌、皮肤颜色、特殊痕迹、机体有无缺损等。"伤害情况"主要是指伤害的位置、程度、伤势形态等，实践中检查人身伤害情况多是针对被害人进行的。

"生理状态"主要是指有无生理缺陷，如智力发育情况、各种生理机能等。通过人身检查，确定上述问题，有利于查明案件性质、犯罪手段和方法、犯罪工具及犯罪其他相关情节，这对认定犯罪事实，查明犯罪嫌疑人，具有重要意义。

一般情况下，侦查人员应当首先问明原因，向其讲明检查的目的、意义，让其接受检查。犯罪嫌疑人经教育仍拒绝检查的，侦查人员应当采取强制手段进行检查。本款规定的"必要的时候"是指不进行强制检查，人身检查的任务无法完成，侦查活动无法正常进行，而经教育，犯罪嫌疑人仍拒不接受检查等。需要注意的是，强制性人身检查只适用于犯罪嫌疑人，对于被害人，如果其拒绝接受人身检查，侦查人员不得使用本款规定的强制检查措施。

相关规定

《公安规定》

第二百一十七条 为了确定被害人、犯罪嫌疑人的某些特征、伤害情况或者生理状态，可以对人身进行检查，依法提

取、采集肖像、指纹等人体生物识别信息，采集血液、尿液等生物样本。被害人死亡的，应当通过被害人近亲属辨认、提取生物样本鉴定等方式确定被害人身份。

犯罪嫌疑人拒绝检查、提取、采集的，侦查人员认为必要的时候，经办案部门负责人批准，可以强制检查、提取、采集。

检查妇女的身体，应当由女工作人员或者医师进行。

检查的情况应当制作笔录，由参加检查的侦查人员、检查人员、被检查人员和见证人签名。被检查人员拒绝签名的，侦查人员应当在笔录中注明。

《高检规则》
第一百九十九条
……
必要时，可以指派、聘请法医或者医师进行人身检查。采集血液等生物样本应当由医师进行。

犯罪嫌疑人如果拒绝检查，检察人员认为必要时可以强制检查。

检查妇女的身体，应当由女工作人员或者医师进行。

人身检查不得采用损害被检查人生命、健康或者贬低其名誉、人格的方法。在人身检查过程中知悉的被检查人的个人隐私，检察人员应当予以保密。

第一百三十三条　勘验、检查笔录制作

勘验、检查的情况应当写成笔录，由参加勘验、检查的人和见证人签名或者盖章。

条文注解

"勘验、检查的情况"包括勘验、检查的时间、地点、对象、目的、经过和结果等。

相关规定

《公安规定》
第一百九十四条　公安机关开展勘验、检查、搜查、辨认、查封、扣押等侦查活动，应当邀请有关公民作为见证人。

下列人员不得担任侦查活动的见证人：

（一）生理上、精神上有缺陷或者年幼，不具有相应辨别能力或者不能正确表达的人；

（二）与案件有利害关系，可能影响案件公正处理的人；

（三）公安机关的工作人员或者其聘用的人员。

确因客观原因无法由符合条件的人员担任见证人的，应当对有关侦查活动进行全程录音录像，并在笔录中注明有关情况。

第二一十六条　勘查现场，应当拍摄现场照片、绘制现场图，制作笔录，由参加勘查的人和见证人签名。对重大案件的现场勘查，应当录音录像。

《高检规则》
第一百九十七条　勘验时，人民检察院应当邀请两名与案件无关的见证人在场。

勘查现场，应当拍摄现场照片。勘查的情况应当写明笔录并制作现场图，由参加勘查的人和见证人签名。勘查重大案件的现场，应当录像。

第一百三十四条　复验、复查程序

人民检察院审查案件的时候，对公安机关的勘验、检查，认为需要复验、复查时，可以要求公安机关复验、复查，并且可以派检察人员参加。

条文注解

复验、复查的对象是与犯罪有关的场所、物品、人身、尸体等，其目的是验证核查公安机关的勘验、检查结果是否正确。为全面深入细致地了解复验、复查工作，检察院可以派员参加。

相关规定

《公安规定》

第二百二十条　公安机关进行勘验、检查后，人民检察院要求复验、复查的，公安机关应当进行复验、复查，并可以通知人民检察院派员参加。

《高检规则》

第三百三十五条　人民检察院审查案件时，对监察机关或者公安机关的勘验、检查，认为需要复验、复查的，应当要求其复验、复查，人民检察院可以派员参加；也可以自行复验、复查，商请监察机关或者公安机关派员参加，必要时也可以指派检察技术人员或者聘请其他有专门知识的人参加。

第一百三十五条　侦查实验

为了查明案情，在必要的时候，经公安机关负责人批准，可以进行侦查实验。

侦查实验的情况应当写成笔录，由参加实验的人签名或者盖章。

侦查实验，禁止一切足以造成危险、侮辱人格或者有伤风化的行为。

条文注解

侦查实验是一项模拟案件发生时的环境、条件、进行实验性重演的侦查活动。

需要注意三点：其一，实验的条件应当与事件发生时的条件尽量相同，尽可能在事件发生的原地，使用原来的工具、物品等进行，也可邀请具有专门知识的人参与。其二，应当履行法律手续，进行侦查实验必须经公安机关负责人批准。其三，进行侦查实验采取的手段、方法必须合理规范，不得违背客观规律，违反操作规程，给实验人员和其他相关人员的生命、财产造成危险。同时，禁止任何带有人身侮辱性，损害当事人及其他人的人格尊严，或者有伤当地民俗习惯的行为。

相关规定

《公安规定》

第二百二十一条　为了查明案情，在必要的时候，经县级以上公安机关负责人批准，可以进行侦查实验。

进行侦查实验，应当全程录音录像，并制作侦查实验笔录，由参加实验的人签名。

进行侦查实验，禁止一切足以造成危险、侮辱人格或者有伤风化的行为。

《高检规则》

第二百条　为了查明案情，必要时经检察长批准，可以进行侦查实验。

侦查实验，禁止一切足以造成危险、侮辱人格或者有伤风化的行为。

第二百零一条　侦查实验，必要时可以聘请有关专业人员参加，也可以要求犯罪嫌疑人、被害人、证人参加。

第五节　搜　　查

第一百三十六条　搜查的主体和范围

为了收集犯罪证据、查获犯罪人，侦查人员可以对犯罪嫌疑人以及可能隐藏罪犯或者犯罪证据的人的身体、物品、住处和其他有关的地方进行搜查。

条文注解

搜查的范围主要包括三个方面：其一，犯罪嫌疑人的身体、物品和住处；其二，"可能隐藏罪犯或者犯罪证据的人的身体、物品、住处"，即可能窝藏罪犯或者窝藏罪证的人身、物品和住处；其三，"其他有关的地方"，是指其他罪犯可能藏身或者隐匿犯罪证据的地方。

相关规定

《公安规定》

第二百二十二条 为了收集犯罪证据、查获犯罪人，经县级以上公安机关负责人批准，侦查人员可以对犯罪嫌疑人以及可能隐藏罪犯或者犯罪证据的人的身体、物品、住处和其他有关的地方进行搜查。

《高检规则》

第二百零三条 为了收集犯罪证据，查获犯罪人，经检察长批准，检察人员可以对犯罪嫌疑人以及可能隐藏罪犯或者犯罪证据的人的身体、物品、住处、工作地点和其他有关的地方进行搜查。

文书格式

×××公安局
搜 查 证

×公（ ）搜查字〔 〕 号

因侦查犯罪需要，根据《中华人民共和国刑事诉讼法》第一百三十六条之规定，我局依法对＿＿＿＿＿＿＿＿＿＿＿＿＿＿＿＿＿＿进行搜查。

公安局（印）
年 月 日

本证已于＿＿＿年＿＿月＿＿日＿＿时向我宣布。

被搜查人或其家属或其他见证人：

××××人民检察院
搜 查 证

××检××搜〔20××〕×号

根据《中华人民共和国刑事诉讼法》第一百三十六条、第一百三十八条的规定，兹派本院工作人员＿＿＿＿＿＿＿＿＿＿＿＿＿＿ 等＿＿人持此证对＿＿＿＿＿＿＿＿＿＿＿＿＿＿＿＿＿＿进行搜查。

检察长（印）
20××年××月××日
（院印）

续表

```
本证已于_____年___月___日向我宣布。
被搜查人或其家属：_____
见证人：_____
宣告人：_____
```

第一百三十七条　公民提交证据义务

任何单位和个人，有义务按照人民检察院和公安机关的要求，交出可以证明犯罪嫌疑人有罪或者无罪的物证、书证、视听资料等证据。

条文注解

侦查人员进行搜查时，首先应当向被搜查的单位或个人讲明上述义务，提出搜查的目的和要求，被搜查的单位和个人应当积极配合。被搜查的单位或个人应当交出的物证、书证或视听资料等证据，包括搜查机关已掌握的和搜查中新发现的。对于事先已确定搜查的物证、书证和视听资料，搜查人员可以先动员被搜查者主动交出，如果拒不交出，侦查人员可以强行搜查，任何人不得以任何理由进行阻拦。

对于故意隐匿罪证的，应当依照法律规定追究责任，构成犯罪，依照刑法有关规定追究刑事责任；对于以暴力、威胁方法妨碍搜查的，应当依照刑法关于妨害公务罪的规定追究刑事责任；对于以其他方法妨碍搜查工作正常进行的，依照治安管理处罚法的有关规定给予治安处罚。

相关规定

《高检规则》

第二百零二条　人民检察院有权要求有关单位和个人，交出能够证明犯罪嫌疑人有罪或者无罪以及犯罪情节轻重的证据。

第一百三十八条　持证搜查与例外

进行搜查，必须向被搜查人出示搜查证。

在执行逮捕、拘留的时候，遇有紧急情况，不另用搜查证也可以进行搜查。

条文注解

一般情况下，需持证搜查。搜查证应当写明被搜查人的姓名、性别、职业、住址、搜查的处所、搜查的目的、搜查机关、执行人员以及搜查日期等内容。公安机关侦查人员所持搜查证由县级以上公安机关负责人签发；检察机关搜查证由检察长签发。持证搜查是法律设定的严格程序，对于违反本条规定违法进行搜查的，公民有权制止。

特殊情况下，可以无证搜查。在执行逮捕、拘留的时候，遇有紧急情况，可以不另用搜查证进行搜查。"紧急情况"主要是指被执行逮捕、拘留的人，身藏凶器或引爆装置、剧毒物品或者在其住处放置爆炸物等，可能发生自杀、凶杀以及其他危害他人或公共安全的情况，或者有毁弃、转移罪证等反侦查迹象的，不立即搜查，可能会给社会造成危害或者使获取证据失去时机，影响或妨碍侦查活动的顺利进行。在这些情况下，来不及办理搜查审批程序，侦查人员可以凭拘留证、逮捕证进行搜查，相关情况应当在搜查笔录中予以说明记录。

■ 相关规定

《高检规则》

第二百零四条 搜查应当在检察人员的主持下进行，可以有司法警察参加。必要时，可以指派检察技术人员参加或者邀请当地公安机关、有关单位协助进行。

执行搜查的人员不得少于二人。

第二百零五条 搜查时，应当向被搜查人或者他的家属出示搜查证。

在执行逮捕、拘留的时候，遇有下列紧急情况之一，不另用搜查证也可以进行搜查：

（一）可能随身携带凶器的；

（二）可能隐藏爆炸、剧毒等危险物品的；

（三）可能隐匿、毁弃、转移犯罪证据的；

（四）可能隐匿其他犯罪嫌疑人的；

（五）其他紧急情况。

搜查结束后，搜查人员应当在二十四小时以内补办有关手续。

《公安规定》

第二百二十四条 执行拘留、逮捕的时候，遇有下列紧急情况之一，不用搜查证也可以进行搜查：

（一）可能随身携带凶器的；

（二）可能隐藏爆炸、剧毒等危险物品的；

（三）可能隐匿、毁弃、转移犯罪证据的；

（四）可能隐匿其他犯罪嫌疑人的；

（五）其他突然发生的紧急情况。

> **第一百三十九条 搜查程序规范**
>
> 在搜查的时候，应当有被搜查人或者他的家属，邻居或者其他见证人在场。
>
> 搜查妇女的身体，应当由女工作人员进行。

■ 条文注解

搜查时见证人在场，有利于确保证据收集的真实性、合法性。

搜查妇女的身体由女工作人员进行，这一规定体现了对妇女的特殊保护。

■ 相关规定

《高检规则》

第二百零六条 搜查时，应当有被搜查人或者其家属、邻居或者其他见证人在场，并且对被搜查人或者其家属说明阻碍搜查、妨碍公务应负的法律责任。

搜查妇女的身体，应当由女工作人员进行。

第二百零七条 搜查时，如果遇到阻碍，可以强制进行搜查。对以暴力、威胁方法阻碍搜查的，应当予以制止，或者由司法警察将其带离现场。阻碍搜查构成犯罪的，应当依法追究刑事责任。

《公安规定》

第二百二十五条 进行搜查时，应当有被搜查人或者他的家属、邻居或者其他见证人在场。

公安机关可以要求有关单位和个人交出可以证明犯罪嫌疑人有罪或者无罪的物证、书证、视听资料等证据。遇到阻碍搜查的，侦查人员可以强制搜查。

搜查妇女的身体，应当由女工作人员进行。

> **第一百四十条　搜查笔录制作**
> 搜查的情况应当写成笔录，由侦查人员和被搜查人或者他的家属、邻居或者其他见证人签名或者盖章。如果被搜查人或者他的家属在逃或者拒绝签名、盖章，应当在笔录上注明。

条文注解

搜查的情况应当写成笔录。侦查人员应当将搜查的情况按照顺序如实记录下来，制成笔录，写明搜查的时间、地点、过程、发现的证据，提取和扣押证据的名称、数量、特征及其他有关犯罪线索等，以便存查和分析案情。

搜查笔录应当有侦查人员和被搜查人或者其家属、邻居或者其他见证人签名或盖章。以此保障搜查取得证据的真实性、有效性。

如果被搜查人或家属在逃或者拒绝签名、盖章，应当在笔录上注明，说明搜查时的情况和向法庭表明为何没有其签名盖章，以证明搜查程序的合法性。

相关规定

《公安规定》

第二百二十六条　搜查的情况应当制作笔录，由侦查人员和被搜查人或者他的家属、邻居或者其他见证人签名。

如果被搜查人拒绝签名，或者被搜查人在逃，他的家属拒绝签名或者不在场的，侦查人员应当在笔录中注明。

第六节　查封、扣押物证、书证

> **第一百四十一条　查封、扣押的对象及保管**
> 在侦查活动中发现的可用以证明犯罪嫌疑人有罪或者无罪的各种财物、文件，应当查封、扣押；与案件无关的财物、文件，不得查封、扣押。
> 对查封、扣押的财物、文件，要妥善保管或者封存，不得使用、调换或者损毁。

条文注解

查封、扣押的对象是证明有罪、无罪的各种财物、文件。需要注意两点：其一，任何与案件无关的财物、文件都不得查封、扣押，不得随意扩大查封、扣押的范围；其二，有罪或无罪、罪重或罪轻的物证、书证及视听资料等证据，都应当作为查封、扣押对象，要保证取证的全面、完整、客观。

查封、扣押财物、文件的保管要求。先对查封、扣押的财物、文件做好登记，然后分别情况入卷，予以妥善保管或者封存。对能够证明案件事实的物证、书证、视听资料，应当入卷，不能入卷的，应当拍照，将照片附卷，原财物、文件予以封存；对容易损坏的财物，应当采取拍照、录像、绘图等方法加以固定和保全。待结案后送交有关主管部门或者按照有关规定处理。"妥善保管"是指将查封、扣押的财物、文件放置于安全设施较完备的地方保管，以防止证据遗失、损毁或者被调换。"封存"是指被查封、扣押的财物属于大型物品或数量较多的，在拍照并登记后就地封存或易地封存。封存应当盖有侦查机关印章的封条，以备查核。

相关规定

《高检规则》

第二百零八条　检察人员可以凭人民检察院的证明文件，向有关单位和个人调取能够证明犯罪嫌疑人有罪或者无罪以及犯罪情节轻重的证据材料，并且可以根据需要拍照、录像、复印和复制。

第二百零九条　调取物证应当调取原物。原物不便搬运、保存，或者依法应当返还被害人，或者因保密工作需要不能调取原物的，可以将原物封存，并拍照、录像。对原物拍照或者录像应当足以反映原物的外形、内容。

调取书证、视听资料应当调取原件。取得原件确有困难或者因保密需要不能调取原件的，可以调取副本或者复制件。

调取书证、视听资料的副本、复制件和物证的照片、录像的，应当书面记明不能调取原件、原物的原因，制作过程和原件、原物存放地点，并由制作人员和原书证、视听资料、物证持有人签名或者盖章。

第二百一十条　在侦查活动中发现的可以证明犯罪嫌疑人有罪、无罪或者犯罪情节轻重的各种财物和文件，应当查封或者扣押；与案件无关的，不得查封或者扣押。查封或者扣押应当经检察长批准。

不能立即查明是否与案件有关的可疑的财物和文件，也可以查封或者扣押，但应当及时审查。经查明确实与案件无关的，应当在三日以内解除查封或者予以退还。

持有人拒绝交出应当查封、扣押的财物和文件的，可以强制查封、扣押。

对于犯罪嫌疑人、被告人到案时随身携带的物品需要扣押的，可以依照前款规定办理。对于与案件无关的个人用品，应当逐件登记，并随案移交或者退还其家属。

第二百一十一条　对犯罪嫌疑人使用违法所得与合法收入共同购置的不可分割的财产，可以先行查封、扣押、冻结。对无法分割退还的财产，应当在结案后予以拍卖、变卖，对不属于违法所得的部分予以退还。

《公安规定》

第二百二十七条　在侦查活动中发现的可用以证明犯罪嫌疑人有罪或者无罪的各种财物、文件，应当查封、扣押；但与案件无关的财物、文件，不得查封、扣押。

持有人拒绝交出应当查封、扣押的财物、文件的，公安机关可以强制查封、扣押。

第二百二十八条　在侦查过程中需要扣押财物、文件的，应当经办案部门负责人批准，制作扣押决定书；在现场勘查或者搜查中需要扣押财物、文件的，由现场指挥人员决定；但扣押财物、文件价值较高或者可能严重影响正常生产经营的，应当经县级以上公安机关负责人批准，制作扣押决定书。

在侦查过程中需要查封土地、房屋等不动产，或者船舶、航空器以及其他不宜移动的大型机器、设备等特定动产的，应当经县级以上公安机关负责人批准并制作查封决定书。

文书格式

×××公安局
查封决定书

×公（　）封字〔　　〕　　号

姓名＿＿＿＿＿＿，性别＿＿＿＿，出生日期＿＿＿＿＿＿，身份证件种类及号

续表

```
码_____ 住址_____。
    单位名称_____ 法定代表人_____，单位地址及联系方
式_____。
    我局在侦查_____案件中发现你（单位）持有的下
列财物、文件可用以证明犯罪嫌疑人有罪或者无罪，根据《中华人民共和国刑事诉讼
法》第一百四十一条之规定，现决定查封：
                                        公安局（印）
                                          年 月 日
```

```
                  ×××公 安 局
                   扣 押 决 定 书
                          ×公（ ）扣字〔  〕   号
    姓名_____，性别____，出生日期_____，身份证件种类及号
码_____ 住址_____。
    单位名称_____ 法定代表人_____，单位地址及联系方
式_____。
    我局在侦查_____案件中发现你（单位）持有的下
列财物、文件可用以证明犯罪嫌疑人有罪或者无罪，根据《中华人民共和国刑事诉讼
法》第一百四十一条之规定，现决定扣押：
                                        公安局（印）
                                          年 月 日
```

第一百四十二条　查封、扣押程序

对查封、扣押的财物、文件，应当会同在场见证人和被查封、扣押财物、文件持有人查点清楚，当场开列清单一式二份，由侦查人员、见证人和持有人签名或者盖章，一份交给持有人，另一份附卷备查。

条文注解

本条规定了查封、扣押财物的四个步骤。

查点。侦查人员应当会同在场见证人和被查封、扣押财物、文件的持有人对查封、扣押的财物、文件查点清楚。

开列清单。在查点的基础上，应当当场开列清单一式两份，在清单上写明查封、扣押财物、文件的名称、规格、特征、质量、数量，文件的编号，以及财物、文件发现的地点，查封、扣押的时间等。

签名、盖章。清单应由侦查人员、持

有人和在场见证人签名或者盖章。

清单留存。查封、扣押清单一份交给持有人或者其家属，另一份由侦查机关附卷备查。当场开列的清单，不得涂改，凡是必须更正的，须由侦查人员、持有人和见证人共同签名或盖章，或者重新开列清单。

相关规定

《公安规定》

第二百二十九条 执行查封、扣押的侦查人员不得少于二人，并出示本规定第二百二十八条规定的有关法律文书。

查封、扣押的情况应当制作笔录，由侦查人员、持有人和见证人签名。对于无法确定持有人或者持有人拒绝签名的，侦查人员应当在笔录中注明。

第二百三十条 对查封、扣押的财物和文件，应当会同在场见证人和被查封、扣押财物、文件的持有人查点清楚，当场开列查封、扣押清单一式三份，写明财物或者文件的名称、编号、数量、特征及其来源等，由侦查人员、持有人和见证人签名，一份交给持有人，一份交给公安机关保管人员，一份附卷备查。

对于财物、文件的持有人无法确定，以及持有人不在现场或者拒绝签名的，侦查人员应当在清单中注明。

依法扣押文物、贵金属、珠宝、字画等贵重财物的，应当拍照或者录音录像，并及时鉴定、估价。

执行查封、扣押时，应当为犯罪嫌疑人及其所扶养的亲属保留必需的生活费用和物品。能够保证侦查活动正常进行的，可以允许有关当事人继续合理使用有关涉案财物，但应当采取必要的保值、保管措施。

第二百三十一条 对作为犯罪证据但不便提取或者没有必要提取的财物、文件，经登记、拍照或者录音录像、估价

后，可以交财物、文件持有人保管或者封存，并且开具登记保存清单一式两份，由侦查人员、持有人和见证人签名，一份交给财物、文件持有人，另一份连同照片或者录音录像资料附卷备查。财物、文件持有人应当妥善保管，不得转移、变卖、毁损。

第一百四十三条　扣押邮件、电报的程序

侦查人员认为需要扣押犯罪嫌疑人的邮件、电报的时候，经公安机关或者人民检察院批准，即可通知邮电机关将有关的邮件、电报检交扣押。

不需要继续扣押的时候，应即通知邮电机关。

条文注解

我国宪法对公民的通信自由和通信秘密予以保护。追查刑事犯罪，属于例外情形，侦查人员可以扣押邮件、电报，但需要严格履行法律程序。

扣押对象。对象只能是犯罪嫌疑人，对于尚未被确定为犯罪嫌疑人以及犯罪嫌疑人的近亲属等与案件无关的人员，不得扣押邮件、电报。

扣押依据。侦查人员"认为"需要扣押，此处的"认为"指的是按照证据关联性规则，犯罪嫌疑人的邮件、电报与案件事实存在关联，能够成为证据使用。

审判程序。应当依法经公安机关或者检察院批准。批准主体是县级以上公安机关负责人或者检察长。

执行程序。办案机关应当通知邮电机关将有关的邮件、电报检交扣押，办案机关不能直接扣押。

解除程序。邮件、电报所涉及的情况

已经掌握,或者该邮件、电报不能作为证据使用、失去扣押意义等情况出现,应当及时解除扣押。

相关规定

《公安规定》

第二百三十二条 扣押犯罪嫌疑人的邮件、电子邮件、电报,应当经县级以上公安机关负责人批准,制作扣押邮件、电报通知书,通知邮电部门或者网络服务单位检交扣押。

不需要继续扣押的时候,应当经县级以上公安机关负责人批准,制作解除扣押邮件、电报通知书,立即通知邮电部门或者网络服务单位。

文书格式

```
×××公 安 局
扣押/解除扣押邮件/电报通知书

                  ×公( )扣通/解扣通字〔   〕  号
_____:
    根据《中华人民共和国刑事诉讼法》第一百四十三条之规定,决定从_____年
_____月_____日起,扣押/解除扣押犯罪嫌疑人_____的下列邮件、
电报:
_____
_____
_____
_____
    请将扣押/解除扣押情况及时告我局。
                                           公安局(印)
                                            年  月  日
```

```
××××人民检察院
扣押邮件、电报通知书

                            ××检××扣邮〔20××〕×号
_____:
    因_____,根据《中华人民共和国刑事诉讼法》第一百
四十三条的规定,请你单位从_____年___月___日起,对犯罪嫌疑人_____
(工作单位_____,住址_____)的邮件、电报检交本院扣押。
                                        20××年××月××日
                                            (院印)
```

第一百四十四条 查询、冻结财产程序

人民检察院、公安机关根据侦查犯罪的需要，可以依照规定查询、冻结犯罪嫌疑人的存款、汇款、债券、股票、基金份额等财产。有关单位和个人应当配合。

犯罪嫌疑人的存款、汇款、债券、股票、基金份额等财产已被冻结的，不得重复冻结。

条文注解

关于"侦查犯罪的需要"。查询、冻结犯罪嫌疑人的存款、汇款、债券、股票、基金份额等财产必须是为了侦查犯罪的需要。"侦查犯罪的需要"包含两层意思：其一，关联性。所要查询、冻结的存款、汇款、债券、股票、基金份额等财产必须与犯罪嫌疑人及犯罪有关，即属于犯罪嫌疑人或者与其涉嫌的犯罪有牵连的人的存款、汇款、债券、股票、基金份额。这些财产或被用于犯罪，或为犯罪所得。通过查询这些财产的情况，可以查明案情，查清犯罪嫌疑人有罪、罪重或者无罪、罪轻的事实。其二，必要性。通过查询、冻结存款、汇款、债券、股票、基金份额等财产，防止赃款转移，挽回和减少损失。同时，通过查询冻结可以发现新的犯罪线索，扩大侦查战果。

关于查询、冻结财产的主体及要求。由于查询、冻结措施涉及公民个人隐私，涉及企业的正常经营，为防止滥用查询、冻结权力，本条明确规定，在侦查中，只有具有侦查权的人民检察院或者公安机关依照规定才能进行查询、冻结。"依照规定"是指依照有关法律、司法解释及司法机关与有关部门的联合通知。查询、冻结存款、汇款、债券、股票、基金份额等财产是侦查犯罪的重要措施，是打击犯罪，特别是打击经济领域犯罪的有效手段。因此，本条还规定，有关单位和个人应当配合。这是法律对有关单位和个人设定的义务，当有侦查权的人民检察院或者公安机关依照规定采取查询、冻结措施时，有关单位和个人应当予以配合。

关于"禁止重复冻结"。一是不得重复冻结已经被冻结的财产。包括本办案机关冻结的，也包括其他办案机关冻结的。二是继续冻结应当履行法定手续。有特殊原因需要延长期限的，办案机关应当在冻结期限届满前办理继续冻结手续；逾期不办理继续冻结手续，视为自动解除冻结。

相关规定

《高检规则》

第二百一十二条 人民检察院根据侦查犯罪的需要，可以依照规定查询、冻结犯罪嫌疑人的存款、汇款、债券、股票、基金份额等财产，并可以要求有关单位和个人配合。

查询、冻结前款规定的财产，应当制作查询、冻结财产通知书，通知银行或者其他金融机构、邮政部门执行。冻结财产的，应当经检察长批准。

第二百一十三条 犯罪嫌疑人的存款、汇款、债券、股票、基金份额等财产已冻结的，人民检察院不得重复冻结，可以轮候冻结。人民检察院应当要求有关银行或者其他金融机构、邮政部门在解除冻结或者作出处理前通知人民检察院。

第二百一十四条 扣押、冻结债券、股票、基金份额等财产，应当书面告知当事人或者其法定代理人、委托代理人有权申请出售。

对于被扣押、冻结的债券、股票、基金份额等财产，在扣押、冻结期间权利人

申请出售,经审查认为不损害国家利益、被害人利益,不影响诉讼正常进行的,以及扣押、冻结的汇票、本票、支票的有效期即将届满的,经检察长批准,可以在案件办结前依法出售或者变现,所得价款由人民检察院指定的银行账户保管,并及时告知当事人或者其近亲属。

《公安规定》

第二百三十七条 公安机关根据侦查犯罪的需要,可以依照规定查询、冻结犯罪嫌疑人的存款、汇款、证券交易结算资金、期货保证金等资金,债券、股票、基金份额和其他证券,以及股权、保单权益和其他投资权益等财产,并可以要求有关单位和个人配合。

对于前款规定的财产,不得划转、转账或者以其他方式变相扣押。

第二百三十八条 向金融机构等单位查询犯罪嫌疑人的存款、汇款、证券交易结算资金、期货保证金等资金,债券、股票、基金份额和其他证券,以及股权、保单权益和其他投资权益等财产,应当经县级以上公安机关负责人批准,制作协助查询财产通知书,通知金融机构等单位协助办理。

第二百三十九条 需要冻结犯罪嫌疑人财产的,应当经县级以上公安机关负责人批准,制作协助冻结财产通知书,明确冻结财产的账户名称、账户号码、冻结数额、冻结期限、冻结范围以及是否及于孳息等事项,通知金融机构等单位协助办理。

冻结股权、保单权益的,应当经设区的市一级以上公安机关负责人批准。

冻结上市公司股权的,应当经省级以上公安机关负责人批准。

第二百四十条 需要延长冻结期限的,应当按照原批准权限和程序,在冻结期限届满前办理继续冻结手续。逾期不办理继续冻结手续的,视为自动解除冻结。

第二百四十一条 不需要继续冻结犯罪嫌疑人财产时,应当经原批准冻结的公安机关负责人批准,制作协助解除冻结财产通知书,通知金融机构等单位协助办理。

第二百四十二条 犯罪嫌疑人的财产已被冻结的,不得重复冻结,但可以轮候冻结。

第二百四十三条 冻结存款、汇款、证券交易结算资金、期货保证金等财产的期限为六个月。每次续冻期限最长不得超过六个月。

对于重大、复杂案件,经设区的市一级以上公安机关负责人批准,冻结存款、汇款、证券交易结算资金、期货保证金等财产的期限可以为一年。每次续冻期限最长不得超过一年。

第二百四十四条 冻结债券、股票、基金份额等证券的期限为二年。每次续冻期限最长不得超过二年。

第二百四十五条 冻结股权、保单权益或者投资权益的期限为六个月。每次续冻期限最长不得超过六个月。

第二百四十六条 对冻结的债券、股票、基金份额等财产,应当告知当事人或者其法定代理人、委托代理人有权申请出售。

权利人书面申请出售被冻结的债券、股票、基金份额等财产,不损害国家利益、被害人、其他权利人利益,不影响诉讼正常进行的,以及冻结的汇票、本票、支票的有效期即将届满的,经县级以上公安机关负责人批准,可以依法出售或者变现,所得价款应当继续冻结在其对应的银行账户中;没有对应的银行账户的,所得价款由公安机关在银行指定专门账户保管,并及时告知当事人或者其近亲属。

文书格式

```
            ×××公安局
         协助查询财产通知书
                    ×公（ ） 查财字〔    〕    号
_____：
    因侦查犯罪需要，根据《中华人民共和国刑事诉讼法》第一百四十四条之规定，
我局派员前往你处查询犯罪嫌疑人_____（性别____，出生日期_____
_____）的财产，请予协助！
    财产种类：_____
    查询线索：_____
_____
                                        公安局（印）
                                          年  月  日
```

```
            ××××人民检察院
         查询犯罪嫌疑人金融财产通知书
_____
                                ××检××查询〔20××〕×号
_____：
    因_____，根据《中华人民共和国刑事诉讼法》第一百四十四条的规定，
需向你单位查询_____的存款/汇款/股票/债券/基金份额等财产，特派本
院工作人员_____前往你处查询，请予协助。
    附件：查询金融财产线索
                                      20××年××月××日
                                              （院印）
```

```
            ××××人民检察院
         冻结犯罪嫌疑人金融财产通知书
_____
                                ××检××冻〔20××〕×号
_____：
    因_____，根据《中华人民共和国刑事诉讼法》第一百四十四条的规定，
```

续表

```
对_____在你单位的_____
予以冻结，冻结期限自____年____月____日至____年____月____日止。
    附件：需要冻结的金融财产清单

                                    20××年××月××日
                                            （院印）
```

```
              ××××人民检察院
         扣押/冻结债券/股票/基金份额等财产告知书

_____
                              ××检××扣/冻告〔20××〕×号
_____：
    本院以_____号扣押/冻结通知书将犯罪嫌疑人_____涉嫌_____一案的下列财产：_____（债券/股票/基金份额/本票/汇票/支票等逐项列明，并使用汉字大写填写数额）予以扣押/冻结。根据《人民检察院刑事诉讼规则》第二百一十四条的规定，现告知你有权在不损害国家利益、被害人利益，不影响诉讼正常进行的前提下，对于有效期即将届满的被扣押/冻结的债券/股票/基金份额等财产，可以在案件办结前申请依法出售或者变现，所得价款将由本院指定的专门银行账户保管。
                                    20××年××月××日
                                            （院印）
```

第一百四十五条　查封、扣押、冻结的解除

对查封、扣押的财物、文件、邮件、电报或者冻结的存款、汇款、债券、股票、基金份额等财产，经查明确实与案件无关的，应当在三日以内解除查封、扣押、冻结，予以退还。

条文注解

查封、扣押、冻结犯罪嫌疑人财产的目的是查明犯罪、证实犯罪，及时、准确地惩罚犯罪，保护国家、集体和公民的合法权益。在惩罚犯罪的同时，也要切实保障公民、组织的合法权利，防止执法部门在这一问题上出现偏差或权利滥用。所以，本条明确规定了在查明"确实与案件无关"后，解除扣押、冻结的期限。

"查明确实与案件无关"是指经过侦查，询问证人，讯问犯罪嫌疑人，调查核实证据，并对查封、扣押的财物进行认真分析，认定该查封、扣押的财物或冻结的款项、债券、股票、基金份额等并非违法所得，也不具有证明犯罪嫌疑人是否犯罪、罪轻、罪重的作用，不能作为证据使用，与犯罪行为无任何牵连。

"三日以内解除查封、扣押、冻结，

予以退还"是指自确定该查封、扣押物、冻结款项、债券、股票、基金份额等与犯罪行为无关之日起三日以内应当解除查封、扣押、冻结。这里规定的"予以退还"是指将被查封、扣押的财物、文件交还包括犯罪嫌疑人在内的财物、文件所有人，将邮件退还原邮电企业，由邮电企业按照邮件投寄要求办理。查封、扣押、冻结财产涉及公民的财产权利，一旦查明与犯罪无关，应当及时解除冻结，有利于保障公民的合法权利，减少公民的损失。

> **相关规定**

《公安规定》

第二百三十三条 对查封、扣押的财物、文件、邮件、电子邮件、电报，经查明确实与案件无关的，应当在三日以内解除查封、扣押，退还原主或者原邮电部门、网络服务单位；原主不明确的，应当采取公告方式告知原主认领。在通知原主或者公告后六个月以内，无人认领的，按照无主财物处理，登记后上缴国库。

第二百三十四条 有关犯罪事实查证属实后，对于有证据证明权属明确且无争议的被害人合法财产及其孳息，且返还不损害其他被害人或者利害关系人的利益，不影响案件正常办理的，应当在登记、拍照或者录音录像和估价后，报经县级以上公安机关负责人批准，开具发还清单返还，并在案卷材料中注明返还的理由，将原物照片、发还清单和被害人的领取手续存卷备查。

领取人应当是涉案财物的合法权利人或者其委托的人；委托他人领取的，应当出具委托书。侦查人员或者公安机关其他工作人员不得代为领取。

查找不到被害人，或者通知被害人后，无人领取的，应当将有关财产及其孳息随案移送。

第二百三十五条 对查封、扣押的财物及其孳息、文件，公安机关应当妥善保管，以供核查。任何单位和个人不得违规使用、调换、损毁或者自行处理。

县级以上公安机关应当指定一个内设部门作为涉案财物管理部门，负责对涉案财物实行统一管理，并设立或者指定专门保管场所，对涉案财物进行集中保管。

对价值较低、易于保管，或者需要作为证据继续使用，以及需要先行返还被害人的涉案财物，可以由办案部门设置专门的场所进行保管。办案部门应当指定不承担办案工作的民警负责本部门涉案财物的接收、保管、移交等管理工作；严禁由侦查人员自行保管涉案财物。

第二百三十六条 在侦查期间，对于易损毁、灭失、腐烂、变质而不宜长期保存，或者难以保管的物品，经县级以上公安机关主要负责人批准，可以在拍照或者录音录像后委托有关部门变卖、拍卖，变卖、拍卖的价款暂予保存，待诉讼终结后一并处理。

对于违禁品，应当依照国家有关规定处理；需要作为证据使用的，应当在诉讼终结后处理。

第二百四十七条 对冻结的财产，经查明确实与案件无关的，应当在三日以内通知金融机构等单位解除冻结，并通知被冻结财产的所有人。

《高检规则》

第二百一十五条 对于冻结的存款、汇款、债券、股票、基金份额等财产，经查明确实与案件无关的，应当在三日以内解除冻结，并通知财产所有人。

第二百一十七条 对于扣押的款项和物品，应当在三日以内将款项存入唯一合规账户，将物品送负责案件管理的部门保管。法律或者有关规定另有规定的除外。

对于查封、扣押在人民检察院的物品、文件、邮件、电报，人民检察院应当妥善保管。经查明确实与案件无关的，应当在三日以内作出解除或者退还决定，并通知有关单位、当事人办理相关手续。

第七节 鉴定

第一百四十六条 鉴定对象和主体

为了查明案情，需要解决案件中某些专门性问题的时候，应当指派、聘请有专门知识的人进行鉴定。

条文注解

鉴定对象。主要包括三类：1. 法医类鉴定，包括法医病理鉴定、法医临床鉴定、法医精神病鉴定（对人的精神状态、责任能力进行鉴别判断的活动）、法医物证鉴定（对与案件有关的尸体、人身、分泌物、排泄物、胃内物、毛发等进行鉴别判断的活动）和法医毒物鉴定。2. 物证类鉴定，包括文书鉴定、痕迹鉴定（对指纹、脚印、字迹、弹痕等进行的鉴别判断活动）和微量鉴定。3. 声像资料鉴定，包括对录音带、录像带、磁盘、光盘、图片等载体上记录的声音、图像信息的真实性、完整性及其所反映的情况过程进行的鉴定和对记录的声音、图像中的语言、人体、物体作出种类或者同一认定。此外，根据办理案件的需要，有的案件还需进行会计鉴定（对账目、表册、单据、发票、支票等书面材料进行的鉴别判断活动）、技术问题鉴定（对涉及工业、交通、建筑等方面的科学技术进行鉴别判断活动）等。

鉴定主体。鉴定主体是具有专门知识、经侦查机关指派或聘请就案件的专门性问题进行鉴定的人，包括但不限于鉴定人。"专门知识"是指某一专门研究领域的理论和实践经验，如法医学、弹道研究、指纹研究等。"某些专门性问题"是指需要由具有专门知识的人进行鉴定才能解决的问题。对于纳入登记管理范围的鉴定事项，应当指派、聘请具有鉴定资质的鉴定机构中的适格鉴定人。对于未纳入登记管理范围的新型专业事项，也可以指派、聘请具有相应领域专业技能，能够解决有关专门性问题的专业人员进行鉴定或者检验。

相关规定

《公安规定》

第二百四十八条 为了查明案情，解决案件中某些专门性问题，应当指派、聘请有专门知识的人进行鉴定。

需要聘请有专门知识的人进行鉴定，应当经县级以上公安机关负责人批准后，制作鉴定聘请书。

《高检规则》

第二百一十八条 ……

鉴定由人民检察院有鉴定资格的人员进行。必要时，也可以聘请其他有鉴定资格的人员进行，但是应当征得鉴定人所在单位同意。

典型案例

李某故意伤害案（刑事审判参考案例第1391号）

裁判要旨：侦查机关可以依职权就医疗过错问题委托鉴定机构进行鉴定，医疗过错鉴定意见可以作为判断被告人刑事责任的依据之一。人民法院审查鉴定意见，既要注重实体审查，又要注重程序审查，医疗过错鉴定的委托程序合法，鉴定过程虽无被害方参与，但并不影响鉴定结论的客观公正，被害方当庭也无异议的，对该鉴定意见可予采信。

文书格式

```
                    ×××公 安 局
                     鉴 定 聘 请 书

                        ×公（  ）鉴聘字〔     〕    号

_____：
   为了查明_____案，根据《中华人民
共和国刑事诉讼法》第一百四十六条之规定，特聘请你对_____
_____进行鉴定。请于_____年___月___日前将鉴定
情况和意见书面送交我局。

                                          公安局（印）
                                              年  月  日
```

第一百四十七条 鉴定要求和法律责任

鉴定人进行鉴定后，应当写出鉴定意见，并且签名。

鉴定人故意作虚假鉴定的，应当承担法律责任。

条文注解

鉴定是为了获取证据，查明案件情况。因此，鉴定人应运用科学技术或专门知识对办案人员不能解决的问题进行鉴别，判断后形成鉴定意见。鉴定意见是刑事诉讼证据之一，经审查核实后，即可作为定案依据。形成的鉴定意见应当由鉴定人签名，以确定相应的责任。鉴定人只能是公民个人，而不能是单位。如果是多名鉴定人，应当分别签名。对有多名鉴定人的，如果意见一致应当写出共同的鉴定意见；如果意见不一致，可以分别提出不同的鉴定意见。

第二款是对鉴定人作虚假鉴定应负法律责任的规定。"故意作虚假鉴定"，是指故意出示不符合事实的鉴定意见。因技术上的原因而错误鉴定的，不属于"故意作虚假鉴定"。"承担法律责任"是指对于故意作虚假鉴定，构成伪证罪、受贿罪等犯罪的，依法追究刑事责任；尚不够刑事处罚的，依法予以行政处分。

相关规定

《公安规定》

第二百四十九条 公安机关应当为鉴定人进行鉴定提供必要的条件，及时向鉴定人送交有关检材和对比样本等原始材料，介绍与鉴定有关的情况，并且明确提出要求鉴定解决的问题。

禁止暗示或者强迫鉴定人作出某种鉴定意见。

第二百五十条 侦查人员应当做好检材的保管和送检工作，并注明检材送检环节的责任人，确保检材在流转环节中的同一性和不被污染。

第二百五十一条 鉴定人应当按照鉴定规则，运用科学方法独立进行鉴定。鉴定后，应当出具鉴定意见，并在鉴定意见书上签名，同时附上鉴定机构和鉴定人的资质证明或者其他证明文件。

多人参加鉴定，鉴定人有不同意见的，应当注明。

第二百五十六条 公诉人、当事人或者辩护人、诉讼代理人对鉴定意见有异议,经人民法院依法通知的,公安机关鉴定人应当出庭作证。

鉴定人故意作虚假鉴定的,应当依法追究其法律责任。

《高检规则》

第二百一十九条 人民检察院应当为鉴定人提供必要条件,及时向鉴定人送交有关检材和对比样本等原始材料,介绍与鉴定有关的情况,并明确提出要求鉴定解决的问题,但是不得暗示或者强迫鉴定人作出某种鉴定意见。

典型案例

杨某成受贿案(刑事审判参考案例第1400号)

裁判要旨:价格认定机构不具有书画真伪鉴定的资质;职务犯罪案件中涉案书画鉴定可以参照文物犯罪刑事案件的鉴定流程;鉴定人未签字的书画鉴定意见不应采信。

第一百四十八条 鉴定意见的告知及异议权

侦查机关应当将用作证据的鉴定意见告知犯罪嫌疑人、被害人。如果犯罪嫌疑人、被害人提出申请,可以补充鉴定或者重新鉴定。

条文注解

侦查机关的告知义务。"用作证据的鉴定意见",是指接受指派、聘请的鉴定人,经过鉴定后形成书面鉴定意见,经侦查机关审查核实后,决定作为证据使用。为确保当事人的知情权和异议权,侦查机关应当履行告知义务。告知的对象是犯罪嫌疑人、被害人,因为犯罪嫌疑人、被告人与案件处理结果有着直接利害关系。

当事人的异议权。当事人可以申请补充鉴定或者重新鉴定。

相关规定

《公安规定》

第二百五十二条 对鉴定意见,侦查人员应当进行审查。

对经审查作为证据使用的鉴定意见,公安机关应当及时告知犯罪嫌疑人、被害人或者其法定代理人。

第二百五十三条 犯罪嫌疑人、被害人对鉴定意见有异议提出申请,以及办案部门或者侦查人员对鉴定意见有疑义的,可以将鉴定意见送交其他有专门知识的人员提出意见。必要时,询问鉴定人并制作笔录附卷。

第二百五十四条 经审查,发现有下列情形之一的,经县级以上公安机关负责人批准,应当补充鉴定:

(一)鉴定内容有明显遗漏的;

(二)发现新的有鉴定意义的证物的;

(三)对鉴定证物有新的鉴定要求的;

(四)鉴定意见不完整,委托事项无法确定的;

(五)其他需要补充鉴定的情形。

经审查,不符合上述情形的,经县级以上公安机关负责人批准,作出不准予补充鉴定的决定,并在作出决定后三日以内书面通知申请人。

第二百五十五条 经审查,发现有下列情形之一的,经县级以上公安机关负责人批准,应当重新鉴定:

(一)鉴定程序违法或者违反相关专业技术要求的;

(二)鉴定机构、鉴定人不具备鉴定资质和条件的;

(三)鉴定人故意作虚假鉴定或者违反回避规定的;

（四）鉴定意见依据明显不足的；
（五）检材虚假或者被损坏的；
（六）其他应当重新鉴定的情形。

重新鉴定，应当另行指派或者聘请鉴定人。

经审查，不符合上述情形的，经县级以上公安机关负责人批准，作出不准予重新鉴定的决定，并在作出决定后三日以内书面通知申请人。

《高检规则》

第二百二十条 对于鉴定意见，检察人员应当进行审查，必要时可以进行补充鉴定或者重新鉴定。重新鉴定的，应当另行指派或者聘请鉴定人。

第二百二十一条 用作证据的鉴定意见，人民检察院办案部门应当告知犯罪嫌疑人、被害人；被害人死亡或者没有诉讼行为能力的，应当告知其法定代理人、近亲属或诉讼代理人。

犯罪嫌疑人、被害人或被害人的法定代理人、近亲属、诉讼代理人提出申请，可以补充鉴定或者重新鉴定，鉴定费用由请求方承担。但原鉴定违反法定程序的，由人民检察院承担。

犯罪嫌疑人的辩护人或者近亲属以犯罪嫌疑人有患精神病可能而申请对犯罪嫌疑人进行鉴定的，鉴定费用由申请方承担。

文书格式

```
                ×××公 安 局
                 鉴定意见通知书

                          ×公（ ）鉴通字〔    〕   号
_____：
    我局指派/聘请有关人员，对_____进行了_____
_____鉴定。鉴定意见是_____
_____。根据《中华人民共和国刑事诉讼法》第一百四十八条之规定，如
果你对该鉴定意见有异议，可以提出补充鉴定或者重新鉴定的申请。
                                      公安局（印）
                                       年  月  日
```

```
               ××××人民检察院
                 鉴定意见通知书

                          ××检××鉴通〔20××〕××号
_____：
    本院指派/聘请有关人员，对_____进行了____
                                  鉴定。鉴定
意见是_____。根据《中华人民共和国刑事
```

续表

诉讼法》第一百四十八条的规定,如果你对该鉴定意见有异议,可以提出补充鉴定或者重新鉴定的申请。

20××年××月××日
(院印)

第一百四十九条 精神病鉴定期间的扣除

对犯罪嫌疑人作精神病鉴定的期间不计入办案期限。

条文注解

精神病鉴定对案件处理结果有着直接影响。我国刑法规定,精神病人在不能辨认或者控制自己行为的时候造成危害后果的,不负刑事责任;间歇性的精神病人在精神正常的时候犯罪和,应当负刑事责任。尚未完全丧失辨认或者控制自己行为能力的精神病人犯罪,应当负刑事责任,但是可以从轻或者减轻处罚。

司法实践中,由于对犯罪嫌疑人作精神病鉴定的情况比较复杂,往往需要经过一段时间的鉴定工作才能得出结论,在法定的办案期限内有可能难以作出正确的判断。所以本条明确规定,对犯罪嫌疑人作精神病鉴定的期间不计入办案期限。但需注意,除了精神病鉴定之外,其他鉴定事项都要计入办案期限。

相关规定

《公安规定》

第二百五十七条 对犯罪嫌疑人作精神病鉴定的时间不计入办案期限,其他鉴定时间都应当计入办案期限。

《高检规则》

第二百二十二条 对犯罪嫌疑人作精神病鉴定的期间不计入羁押期限和办案期限。

典型案例

1. 马某法医精神病鉴定案(司法部关于司法鉴定指导案例第09号)

裁判要旨:1. 目前法医精神病鉴定的启动权主要由侦查机关、检察机关和人民法院等办案机关掌握,当事人或其委托的律师认为有必要的,可以提出鉴定申请。

2. 从事法医精神病鉴定的鉴定机构,应当具备法律规定的设立条件。

3. 对被鉴定人进行法医精神病鉴定的,应当通知委托人或者被鉴定人的近亲属到场见证。

4. 接受委托的鉴定机构应当指定本机构二名以上鉴定人进行鉴定。对于疑难复杂的鉴定,可以指定多名鉴定人进行。重新鉴定,则应当至少有一名鉴定人具有高级技术职称。

2. 李某盗窃案(刑事审判参考案例第950号)

裁判要旨:对实施了不同性质犯罪的智力障碍者的刑事责任能力需要区分对待。通常认为,只要智力障碍行为人具备了基本的认识能力,就能判断自己的行为是否违背社会道德,从而不会去实施杀人、放火、强奸等自然犯。例如,在司法鉴定中,对轻度智力障碍者实施拨打虚假恐怖信息报警电话,通常可以认定为无责任能力或者限制责任能力,而对他们实施的预谋杀人犯罪,一般认为具有完全责任能力。也就是说,智力障碍行为人的智力水平达到一定程度后,可以认为他们对基本的社会伦理道德有充分的认识,只是对更为复杂的社会规则认识程度可能不足。

> **相关规定**

《公安规定》

第二百五十八条 为了查明案情,在必要的时候,侦查人员可以让被害人、证人或者犯罪嫌疑人对与犯罪有关的物品、文件、尸体、场所或者犯罪嫌疑人进行辨认。

第二百五十九条 辨认应当在侦查人员的主持下进行。主持辨认的侦查人员不得少于二人。

几名辨认人对同一辨认对象进行辨认时,应当由辨认人个别进行。

第二百六十条 辨认时,应当将辨认对象混杂在特征相类似的其他对象中,不得在辨认前向辨认人展示辨认对象及其影像资料,不得给辨认人任何暗示。

辨认犯罪嫌疑人时,被辨认的人数不得少于七人;对犯罪嫌疑人照片进行辨认的,不得少于十人的照片。

辨认物品时,混杂的同类物品不得少于五件;对物品的照片进行辨认的,不得少于十个物品的照片。

对场所、尸体等特定辨认对象进行辨认,或者辨认人能够准确描述物品独有特征的,陪衬物不受数量的限制。

第二百六十一条 对犯罪嫌疑人的辨认,辨认人不愿意公开进行时,可以在不暴露辨认人的情况下进行,并应当为其保守秘密。

第二百六十二条 对辨认经过和结果,应当制作辨认笔录,由侦查人员、辨认人、见证人签名。必要时,应当对辨认过程进行录音录像。

《高检规则》

第二百二十三条 为了查明案情,必要时,检察人员可以让被害人、证人和犯罪嫌疑人对与犯罪有关的物品、文件、尸体或场所进行辨认;也可以让被害人、证人对犯罪嫌疑人进行辨认,或者让犯罪嫌疑人对其他犯罪嫌疑人进行辨认。

第二百二十四条 辨认应当在检察人员的主持下进行,执行辨认的人员不得少于二人。在辨认前,应当向辨认人详细询问被辨认对象的具体特征,避免辨认人见到被辨认对象,并应当告知辨认人有意作虚假辨认应负的法律责任。

第二百二十五条 几名辨认人对同一被辨认对象进行辨认时,应当由每名辨认人单独进行。必要时,可以有见证人在场。

第二百二十六条 辨认时,应当将辨认对象混杂在其他对象中。不得在辨认前向辨认人展示辨认对象及其影像资料,不得给辨认人任何暗示。

辨认犯罪嫌疑人时,被辨认的人数不得少于七人,照片不得少于十张。

辨认物品时,同类物品不得少于五件,照片不得少于五张。

对犯罪嫌疑人的辨认,辨认人不愿公开进行时,可以在不暴露辨认人的情况下进行,并应当为其保守秘密。

第八节 技术侦查措施

> **第一百五十条 技术侦查措施的适用范围**
>
> 公安机关在立案后,对于危害国家安全犯罪、恐怖活动犯罪、黑社会性质的组织犯罪、重大毒品犯罪或者其他严重危害社会的犯罪案件,根据侦查犯罪的需要,经过严格的批准手续,可以采取技术侦查措施。

> 人民检察院在立案后，对于利用职权实施的严重侵犯公民人身权利的重大犯罪案件，根据侦查犯罪的需要，经过严格的批准手续，可以采取技术侦查措施，按照规定交有关机关执行。
>
> 追捕被通缉或者批准、决定逮捕的在逃的犯罪嫌疑人、被告人，经过批准，可以采取追捕所必需的技术侦查措施。

条文注解

技术侦查作为一种效率较高的取证方式，使用不当极易侵犯公民隐私权。具体来说，应当注意以下几点：

适用阶段的限定。公安机关在刑事诉讼中采取技术侦查措施必须是在立案以后。这里的"立案"，是指办案机关发现犯罪事实或者犯罪嫌疑人，按照管辖范围依法决定立案侦查。

适用范围的限定。公安机关可以采取技术侦查措施的案件范围是危害国家安全犯罪、恐怖活动犯罪、黑社会性质的组织犯罪、重大毒品犯罪或者其他严重危害社会的犯罪案件。"其他严重危害社会的犯罪"参见《公安规定》第二百六十三条第一款以及《高检规则》第二百一十七条规定。

必要程度的限定。公安机关是否采取技术侦查措施，要"根据侦查犯罪的需要"，虽然公安机关对上述犯罪案件可以采取技术侦查措施，但并不意味着处理这些类型案件一律采取技术侦查措施。采取技术侦查措施一定是在使用常规的侦查手段无法达到侦查目的时所采取的手段。

严格报批的限定。办案机关应当严格履行相应的报批手续，不能随意采取技术侦查措施。通过审批手续来严格标准，防止技术侦查措施的滥用。

相关规定

《公安规定》

第二百六十三条 公安机关在立案后，根据侦查犯罪的需要，可以对下列严重危害社会的犯罪案件采取技术侦查措施：

（一）危害国家安全犯罪、恐怖活动犯罪、黑社会性质的组织犯罪、重大毒品犯罪案件；

（二）故意杀人、故意伤害致人重伤或者死亡、强奸、抢劫、绑架、放火、爆炸、投放危险物质等严重暴力犯罪案件；

（三）集团性、系列性、跨区域性重大犯罪案件；

（四）利用电信、计算机网络、寄递渠道等实施的重大犯罪案件，以及针对计算机网络实施的重大犯罪案件；

（五）其他严重危害社会的犯罪案件，依法可能判处七年以上有期徒刑的。

公安机关追捕被通缉或者批准、决定逮捕的在逃的犯罪嫌疑人、被告人，可以采取追捕所必需的技术侦查措施。

第二百六十四条 技术侦查措施是指由设区的市一级以上公安机关负责技术侦查的部门实施的记录监控、行踪监控、通信监控、场所监控等措施。

技术侦查措施的适用对象是犯罪嫌疑人、被告人以及与犯罪活动直接关联的人员。

第二百六十五条 需要采取技术侦查措施的，应当制作呈请采取技术侦查措施报告书，报设区的市一级以上公安机关负责人批准，制作采取技术侦查措施决定书。

人民检察院等部门决定采取技术侦查措施，交公安机关执行的，由设区的市一级以上公安机关按照规定办理相关手续后，交负责技术侦查的部门执行，并将执行情况通知人民检察院等部门。

《高检规则》

第二百二十七条 人民检察院在立案后，对于利用职权实施的严重侵犯公民人身权利的重大犯罪案件，经过严格的批准手续，可以采取技术侦查措施，交有关机关执行。

第二百二十八条 人民检察院办理直接受理侦查的案件，需要追捕被通缉或者决定逮捕的在逃犯罪嫌疑人、被告人的，经过批准，可以采取追捕所必需的技术侦查措施，不受本规则第二百二十七条规定的案件范围的限制。

文书格式

```
                ×××公安局
            采取技术侦查措施决定书

                          ×公（  ）决技字〔   〕号

    因侦查犯罪需要，根据《中华人民共和国刑事诉讼法》第一百五十条、第一百五十一条之规定，现决定自____年____月____日至____年____月____日，对_____案于_____采取记录监控/行踪监控/通信监控/场所监控技术侦查措施。

                                      公安局（印）
                                        年  月  日
```

第一百五十一条　技术侦查适用规范

批准决定应当根据侦查犯罪的需要，确定采取技术侦查措施的种类和适用对象。批准决定自签发之日起三个月以内有效。对于不需要继续采取技术侦查措施的，应当及时解除；对于复杂、疑难案件，期限届满仍有必要继续采取技术侦查措施的，经过批准，有效期可以延长，每次不得超过三个月。

条文注解

技术侦查种类与对象。确定采取技术侦查措施的种类，是根据侦查犯罪的需要，明确采取哪一种或哪几种具体的侦查手段，而不是笼统地批准可以采取技术侦查措施。技术侦查措施的适用对象，是指针对案件中特定的犯罪嫌疑人采取技术侦查措施，而不是对案件采取措施。

技术侦查适用期限。采取技术侦查措施的期限为三个月，自批准决定签发之日起算。对于复杂、疑难案件，期满后，经过批准，可以延长，但每次延长不得超过三个月。"经过批准"是指报经原批准决定人或批准决定机关。如果采取新类型技术侦查措施或者调整、增加对象的，应当重新审查批准。

技术侦查措施解除。执行机关应尽可能缩短采取技术侦查的期间，虽然采取技术侦查措施的批准决定是三个月内有效，但在三个月有效期内，如果不需要继续采取技术侦查措施的，执行机关应当及时解除技术侦查措施。

相关规定

《公安规定》

第二百六十六条 批准采取技术侦查措施的决定自签发之日起三个月以内有效。

在有效期限内，对不需要继续采取技术侦查措施的，办案部门应当立即书面通知负责技术侦查的部门解除技术侦查措施；负责技术侦查的部门认为需要解除技术侦查措施的，报批准机关负责人批准，制作解除技术侦查措施决定书，并及时通知办案部门。

对复杂、疑难案件，采取技术侦查措施的有效期限届满仍需继续采取技术侦查措施的，经负责技术侦查的部门审核后，报批准机关负责人批准，制作延长技术侦查措施期限决定书。批准延长期限，每次不得超过三个月。

有效期限届满，负责技术侦查的部门应当立即解除技术侦查措施。

《高检规则》

第二百二十九条 人民检察院采取技术侦查措施应当根据侦查犯罪的需要，确定采取技术侦查措施的种类和适用对象，按照有关规定报请批准。批准决定自签发之日起三个月以内有效。对于不需要继续采取技术侦查措施的，应当及时解除；对于复杂、疑难案件，期限届满仍有必要继续采取技术侦查措施的，应当在期限届满前十日以内制作呈请延长技术侦查措施期限报告书，写明延长的期限及理由，经过原批准机关批准，有效期可以延长，每次不得超过三个月。

采取技术侦查措施收集的材料作为证据使用的，批准采取技术侦查措施的法律文书应当附卷，辩护律师可以依法查阅、摘抄、复制。

文书格式

```
               ×××公 安 局
           解除技术侦查措施决定书
                    ×公（ ）解技字〔    〕    号
_____于____年___月___日决定对_____案的____
_____采取技术侦查措施。现因不需要继续采取技术侦
查措施，根据《中华人民共和国刑事诉讼法》第一百五十一之规定，决定于_____年
___月___日予以解除。
                                    公安局（印）
                                      年 月 日
```

```
┌─────────────────────────────────────────────────────────────┐
│                    ×××公 安 局                              │
│              延长技术侦查措施期限决定书                      │
│                         ×公（  ）延技字〔    〕    号        │
│   因侦查犯罪需要，_____于___年___月___日决定对_____  │
│ _____案的_____ │
│ 采取技术侦查措施。现因案情复杂、疑难，需要继续采取技术侦查措 │
│ 施，根据《中华人民共和国刑事诉讼法》第一百五十一条之规定，决 │
│ 定延长技术侦查措施期限，自___年___月___日至___年___月___日。 │
│                                         公安局（印）         │
│                                           年  月  日         │
└─────────────────────────────────────────────────────────────┘
```

第一百五十二条　技术侦查措施实施规范

采取技术侦查措施，必须严格按照批准的措施种类、适用对象和期限执行。

侦查人员对采取技术侦查措施过程中知悉的国家秘密、商业秘密和个人隐私，应当保密；对采取技术侦查措施获取的与案件无关的材料，必须及时销毁。

采取技术侦查措施获取的材料，只能用于对犯罪的侦查、起诉和审判，不得用于其他用途。

公安机关依法采取技术侦查措施，有关单位和个人应当配合，并对有关情况予以保密。

条文注解

本条规定了技术侦查措施的具体实施规范，主要有以下四点：

1. 严格按照批准要求实施。违反批准决定中的措施种类、适用对象和适用期限，将影响技术侦查措施以及所获取证据的合法性，所获证据有可能成为非法证据而被排除。

2. 严格履行保密义务。使用技侦手段过程中，侦查人员在获取与案件有关证据和线索的同时，极有可能知悉一些国家秘密、商业秘密、公民个人隐私，为维护国家安全，保护公民、企业的合法利益，本款规定对这些信息，侦查人员应当保密。同时还规定，对获取的与案件无关的材料，应当及时销毁。

3. 所获取材料使用限制。采取技术侦查措施获取的材料，只能用于对犯罪的侦查、起诉和审判，不得用于其他用途。这里规定的"其他用途"包括行政管理、民事纠纷的调处解决、商业用途等。

4. 单位和个人配合及保密义务。技术侦查措施都是在秘密情况下进行，一旦被公开将妨碍技侦工作继续进行，因此单位和个人一方面要积极配合，提供便利、防止泄密，另一方面也要保守秘密，不得向外透露有关信息。

相关规定

《公安规定》

第二百六十七条　采取技术侦查措施，必须严格按照批准的措施种类、适用对象和期限执行。

在有效期限内,需要变更技术侦查措施种类或者适用对象的,应当按照本规定第二百六十五条规定重新办理批准手续。

第二百六十八条 采取技术侦查措施收集的材料在刑事诉讼中可以作为证据使用。使用技术侦查措施收集的材料作为证据时,可能危及有关人员的人身安全,或者可能产生其他严重后果的,应当采取不暴露有关人员身份和使用的技术设备、侦查方法等保护措施。

采取技术侦查措施收集的材料作为证据使用的,采取技术侦查措施决定书应当附卷。

第二百六十九条 采取技术侦查措施收集的材料,应当严格依照有关规定存放,只能用于对犯罪的侦查、起诉和审判,不得用于其他用途。

采取技术侦查措施收集的与案件无关的材料,必须及时销毁,并制作销毁记录。

第二百七十条 侦查人员对采取技术侦查措施过程中知悉的国家秘密、商业秘密和个人隐私,应当保密。

公安机关依法采取技术侦查措施,有关单位和个人应当配合,并对有关情况予以保密。

《高检规则》

第二百三十一条 检察人员对采取技术侦查措施过程中知悉的国家秘密、商业秘密和个人隐私,应当保密;对采取技术侦查措施获取的与案件无关的材料,应当及时销毁,并对销毁情况制作记录。

采取技术侦查措施获取的证据、线索及其他有关材料,只能用于对犯罪的侦查、起诉和审判,不得用于其他用途。

第一百五十三条 秘密侦查适用程序

为了查明案情,在必要的时候,经公安机关负责人决定,可以由有关人员隐匿其身份实施侦查。但是,不得诱使他人犯罪,不得采用可能危害公共安全或者发生重大人身危险的方法。

对涉及给付毒品等违禁品或者财物的犯罪活动,公安机关根据侦查犯罪的需要,可以依照规定实施控制下交付。

条文注解

秘密侦查包括两种情形:隐匿身份侦查和控制下交付。

1. 隐匿身份侦查。其一,实施条件:"为了查明案情,在必要的时候"可以隐匿身份实施侦查。"为了查明案情"是目的性条件;"在必要的时候"是指在采取其他侦查手段难以获取犯罪证据的情况下,是必要性条件。其二,批准程序:实施隐匿身份侦查要"经公安机关负责人决定",批准权由县级以上公安机关负责人行使。有两层含义:一是公安机关负责人审批有利于保密,二是除公安机关外,其他机关无权审批。其三,侦查主体:实施隐匿身份侦查的主体是有关人员。"有关人员"既包括公安机关侦查人员,也包括侦查机关指派的适宜进行隐匿身份实施侦查的其他人员。其四,禁止性规定:在实施隐匿身份侦查过程中,不得诱使他人犯罪,不得采用可能危害公共安全或者发生重大人身危险的方法。

2. 控制下交付。《联合国禁止非法贩运麻醉品和精神药物公约》《联合国打击跨国有组织犯罪公约》《联合国反腐败公约》均对控制下交付作了规定。根据这些规定，"控制下交付"主要是指侦查机关在发现非法或可疑交易的物品后，在对物品进行秘密监控的情况下，允许非法或可疑物品继续流转，从而查明参与该项犯罪的人员，彻底查明该案件。根据本款规定，实施控制下交付主要是针对涉及给付毒品等违禁品或者财物的犯罪活动。实践中主要是在侦破诸如毒品、走私、假币等犯罪中使用。是否实施控制下交付，应当由侦查机关根据侦查犯罪的需要决定。

相关规定

《公安规定》

第二百七十一条　为了查明案情，在必要的时候，经县级以上公安机关负责人决定，可以由侦查人员或者公安机关指定的其他人员隐匿身份实施侦查。

隐匿身份实施侦查时，不得使用促使他人产生犯罪意图的方法诱使他人犯罪，不得采用可能危害公共安全或者发生重大人身危险的方法。

第二百七十二条　对涉及给付毒品等违禁品或者财物的犯罪活动，为查明参与该项犯罪的人员和犯罪事实，根据侦查需要，经县级以上公安机关负责人决定，可以实施控制下交付。

第一百五十四条　技术侦查证据使用

依照本节规定采取侦查措施收集的材料在刑事诉讼中可以作为证据使用。如果使用该证据可能危及有关人员的人身安全，或者可能产生其他严重后果的，应当采取不暴露有关人员身份、技术方法等保护措施，必要的时候，可以由审判人员在庭外对证据进行核实。

条文注解

关于技术侦查证据的使用，要注意以下两点：

第一，证据范围与资格。依法采取侦查措施所收集的材料在刑事诉讼中可以作为证据作用。根据这一规定，有些材料，如窃听获取的录音带，密拍获取的照片、录像带等都可以作为证据向法庭提供。这些材料作为证据使用，同样要经过法庭查证属实，才能作为定案的根据。

第二，证据使用的方法。其一，保护措施。为了保护相关侦查人员、线人的人身安全，保守国家秘密、企业商业秘密、公民个人隐私，防止技术侦查过程、方法被泄露，本条规定，如果使用该证据可能危及有关人员的人身安全，或者可能产生其他严重后果的，应当采取不暴露有关人员身份、技术方法等保护措施。这里规定的"其他严重后果"主要是指使用该证据会造成泄密、提高罪犯的反侦查能力、妨碍对其他案件的侦破等。其二，庭外核实证据。必要的时候，可以由审判人员在庭外对证据进行核实。"必要的时候"，主要指两种情况，一是采取不暴露有关人员身份、技术方法不足以使法官确信这些证据材料的真实性、可靠性，无法作出判决；二是采取不暴露有关人员身份、技术方法等保护措施还是无法防止严重后果的发生。在这两种情况下，可以由审判人员在庭外，对侦查的方法、过程等进行核实，向侦查人员了解有关情况，查看相关的物证、书证及其他证据材料。

相关规定

《高检规则》

第二百三十条　采取技术侦查措施收集的物证、书证及其他证据材料，检察人员应当制作相应的说明材料，写明获取证据的时间、地点、数量、特征以及采取技术侦查措施的批准机关、种类等,并签名和盖章。

对于使用技术侦查措施获取的证据材料,如果可能危及特定人员的人身安全、涉及国家秘密或者公开后可能暴露侦查秘密或者严重损害商业秘密、个人隐私的,应当采取不暴露有关人员身份、技术方法等保护措施。必要时,可以建议不在法庭上质证,由审判人员在庭外对证据进行核实。

《公安规定》

第二百七十三条 公安机关依照本节规定实施隐匿身份侦查和控制下交付收集的材料在刑事诉讼中可以作为证据使用。

使用隐匿身份侦查和控制下交付收集的材料作为证据时,可能危及隐匿身份人员的人身安全,或者可能产生其他严重后果的,应当采取不暴露有关人员身份等保护措施。

第九节 通 缉

第一百五十五条 通缉条件和程序

应当逮捕的犯罪嫌疑人如果在逃,公安机关可以发布通缉令,采取有效措施,追捕归案。

各级公安机关在自己管辖的地区以内,可以直接发布通缉令;超出自己管辖的地区,应当报请有权决定的上级机关发布。

条文注解

本条主要规定了通缉的条件、程序和范围。

通缉的条件。有两项:"应当逮捕"和"在逃"。"应当逮捕的犯罪嫌疑人"是指符合逮捕条件,应当予以逮捕的犯罪嫌疑人,或者办案机关已经决定采取逮捕措施,正在执行抓捕的犯罪嫌疑人。"在逃"是指立案侦查后,犯罪嫌疑人一直处于逃匿状态或者被抓捕后逃脱。

通缉的程序。有权发布通缉令的主体是公安机关。检察院决定通缉的,应当由公安机关发布。通缉令一般应当写明被通缉人的姓名、性别、年龄、籍贯及衣着、语音、体貌等特征和所犯罪名等,并且附照片,加盖发布机关的公章。缉捕归案后,发布通缉令的机关应当通知撤销通缉令。

通缉的范围。公安机关在自己管辖的地区内可以直接发布通缉令;如果超出自己管辖的地区,应当报请有决定权的上级公安机关发布。各级公安机关接到通缉令后,应当及时部署、组织力量,积极进行查缉工作,其他一切国家机关、企业、事业单位和公民应当积极协助公安机关查获被通缉人,发现被通缉的人或其他线索,应当及时将情况报告给公安机关,或者直接将犯罪嫌疑人扭送公安机关。

相关规定

《公安规定》

第二百七十四条 应当逮捕的犯罪嫌疑人在逃的,经县级以上公安机关负责人批准,可以发布通缉令,采取有效措施,追捕归案。

县级以上公安机关在自己管辖的地区内,可以直接发布通缉令;超出自己管辖的地区,应当报请有权决定的上级公安机关发布。

通缉令的发送范围,由签发通缉令的公安机关负责人决定。

第二百七十五条 通缉令中应当尽可能写明被通缉人的姓名、别名、曾用名、绰号、性别、年龄、民族、籍贯、出生地、户籍所在地、居住地、职业、身份证号码、衣着和体貌特征、口音、行为习惯,并附被通缉人近期照片,可以附指纹及其他物证的照片。除了必须保密的事项以外,应当写明发案的时间、地点和简要案情。

第二百七十六条 通缉令发出后,如果发现新的重要情况可以补发通报。通报必须注明原通缉令的编号和日期。

第二百七十七条 公安机关接到通缉令后,应当及时布置查缉。抓获犯罪嫌疑人后,报经县级以上公安机关负责人批准,凭通缉令或者相关法律文书羁押,并通知通缉令发布机关进行核实,办理交接手续。

第二百七十八条 需要对犯罪嫌疑人在口岸采取边控措施的,应当按照有关规定制作边控对象通知书,并附有关法律文书,经县级以上公安机关负责人审核后,层报省级公安机关批准,办理全国范围内的边控措施。需要限制犯罪嫌疑人人身自由的,应当附有关限制人身自由的法律文书。

紧急情况下,需要采取边控措施的,县级以上公安机关可以出具公函,先向有关口岸所在地出入境边防检查机关交控,但应当在七日以内按照规定程序办理全国范围内的边控措施。

第二百七十九条 为发现重大犯罪线索,追缴涉案财物、证据,查获犯罪嫌疑人,必要时,经县级以上公安机关负责人批准,可以发布悬赏通告。

悬赏通告应当写明悬赏对象的基本情况和赏金的具体数额。

第二百八十条 通缉令、悬赏通告应当广泛张贴,并可以通过广播、电视、报刊、计算机网络等方式发布。

第二百八十一条 经核实,犯罪嫌疑人已经自动投案、被击毙或者被抓获,以及发现有其他不需要采取通缉、边控、悬赏通告的情形的,发布机关应当在原通缉、通知、通告范围内,撤销通缉令、边控通知、悬赏通告。

第二百八十二条 通缉越狱逃跑的犯罪嫌疑人、被告人或者罪犯,适用本节的有关规定。

《高检规则》

第二百三十二条 人民检察院办理直接受理侦查的案件,应当逮捕的犯罪嫌疑人在逃,或者已被逮捕的犯罪嫌疑人脱逃的,经检察长批准,可以通缉。

第二百三十三条 各级人民检察院需要在本辖区内通缉犯罪嫌疑人的,可以直接决定通缉;需要在本辖区外通缉犯罪嫌疑人的,由有决定权的上级人民检察院决定。

第二百三十四条 人民检察院应当将通缉通知书和通缉对象的照片、身份、特征、案情简况送达公安机关,由公安机关发布通缉令,追捕归案。

第二百三十五条 为防止犯罪嫌疑人等涉案人员逃往境外,需要在边防口岸采取边控措施的,人民检察院应当按照有关规定制作边控对象通知书,商请公安机关办理边控手续。

第二百三十六条 应当逮捕的犯罪嫌疑人潜逃出境的,可以按照有关规定层报最高人民检察院商请国际刑警组织中国国家中心局,请求有关方面协助,或者通过其他法律规定的途径进行追捕。

文书格式

通　缉　令

×公（　）缉字〔　　〕　　号

犯罪嫌疑人的基本情况、身份证号码、体貌特征、行为特征、口音、携带物品、特长：_____

_____

_____

_____

发布范围：_____

简要案情：_____

_____

_____

_____

注意事项：_____

_____

联系人、联系方式：_____

附：犯罪嫌疑人照片。

公安局（印）

年　月　日

××××人民检察院
通缉通知书

××检××缉〔20××〕×号

　　人民检察院正在侦查犯罪嫌疑人_____涉嫌_____一案，该犯罪嫌疑人应当逮捕但现在逃。根据《中华人民共和国刑事诉讼法》第一百五十五条和第一百六十四条的规定，决定予以通缉。接到本通知后，请在_____范围内发布《通缉令》予以逮捕。

　　此致

20××年××月××日

（院印）

附件：《在逃人员登记表》《立案决定书》和《逮捕证》复印件及犯罪嫌疑人近期照片、公民身份号码、指纹、体貌特征、携带物品和注意事项等。

第十节 侦查终结

第一百五十六条 侦查羁押期限

对犯罪嫌疑人逮捕后的侦查羁押期限不得超过二个月。案情复杂、期限届满不能终结的案件,可以经上一级人民检察院批准延长一个月。

条文注解

案情复杂、期限届满不能终结的案件是指:

1. 影响定罪量刑的重要证据无法在侦查羁押期限内调取到的;

2. 共同犯罪案件,犯罪事实需要进一步查清的;

3. 犯罪嫌疑人涉嫌多起犯罪或者多个罪名,犯罪事实需要进一步查清的;

4. 涉外案件,需要境外取证的;

5. 与其他重大案件有关联,重大案件尚未侦查终结,影响本案或者其他重大案件处理的。

相关规定

《公安规定》

第一百四十八条 对犯罪嫌疑人逮捕后的侦查羁押期限不得超过二个月。案情复杂、期限届满不能侦查终结的案件,应当制作提请批准延长侦查羁押期限意见书,经县级以上公安机关负责人批准后,在期限届满七日前送请同级人民检察院转报上一级人民检察院批准延长一个月。

《高检规则》

第三百零五条 人民检察院办理直接受理侦查的案件,对犯罪嫌疑人逮捕后的侦查羁押期限不得超过二个月。案情复杂、期限届满不能终结的案件,可以经上一级人民检察院批准延长一个月。

第三百零九条 公安机关需要延长侦查羁押期限的,人民检察院应当要求其在侦查羁押期限届满七日前提请批准延长侦查羁押期限。

人民检察院办理直接受理侦查的案件,负责侦查的部门认为需要延长侦查羁押期限的,应当按照前款规定向本院负责捕诉的部门移送延长侦查羁押期限意见书及有关材料。

对于超过法定羁押期限提请延长侦查羁押期限的,不予受理。

第三百一十条 人民检察院审查批准或者决定延长侦查羁押期限,由负责捕诉的部门办理。

受理案件的人民检察院对延长侦查羁押期限的意见审查后,应当提出是否同意延长侦查羁押期限的意见,将公安机关延长侦查羁押期限的意见和本院的审查意见层报有决定权的人民检察院审查决定。

第三百一十一条 对于同时具备下列条件的案件,人民检察院应当作出批准延长侦查羁押期限一个月的决定:

(一) 符合刑事诉讼法第一百五十六条的规定;

(二) 符合逮捕条件;

(三) 犯罪嫌疑人有继续羁押的必要。

第三百一十二条 犯罪嫌疑人虽然符合逮捕条件,但经审查,公安机关在对犯罪嫌疑人执行逮捕后二个月以内未有效开展侦查工作或者侦查取证工作没有实质进展的,人民检察院可以作出不批准延长侦查羁押期限的决定。

犯罪嫌疑人不符合逮捕条件,需要撤销下级人民检察院逮捕决定的,上级人民检察院在作出不批准延长侦查羁押期限决定的同时,应当作出撤销逮捕的决定,或者通知下级人民检察院撤销逮捕决定。

第三百一十三条 有决定权的人民检察院作出批准延长侦查羁押期限或者不批准延长侦查羁押期限的决定后,应当将决定书交由最初受理案件的人民检察院送达公安机关。

最初受理案件的人民检察院负责捕诉的部门收到批准延长侦查羁押期限决定书或者不批准延长侦查羁押期限决定书,应当书面告知本院负责刑事执行检察的部门。

文书格式

```
                ×××公 安 局
              提请批准延长侦查
              羁押期限意见书

                       ×公（  ）提延字〔   〕   号
_____人民检察院：
    你院于___年___月___日以_____〔     〕_____号决定书批准逮捕的犯罪嫌
疑人_____已于___年___月___日被执行逮捕,
因_____
_____
_____,羁押期限届满不能侦查终结,根据《中华人民共和国刑
事诉讼法》第_____条之规定,特提请批准对其延长羁押期限_____个月。
                                              公安局（印）
                                                年  月  日
```

第一百五十七条　特殊情形延期审理

因为特殊原因,在较长时间内不宜交付审判的特别重大复杂的案件,由最高人民检察院报请全国人民代表大会常务委员会批准延期审理。

条文注解

本条规定的"特殊原因",主要是指涉及政治、外交等原因,案件特别重大复杂,较长时间内不宜交付审判的。

《高检规则》

第三百一十四条　因为特殊原因,在较长时间内不宜交付审判的特别重大复杂的案件,由最高人民检察院报请全国人民代表大会常务委员会批准延期审理。

第一百五十八条　重大复杂案件侦查羁押期限

下列案件在本法第一百五十六条规定的期限届满不能侦查终结的,经省、自治区、直辖市人民检察院批准或者决定,可以延长二个月：

（一）交通十分不便的边远地区的重大复杂案件；

（二）重大的犯罪集团案件；

（三）流窜作案的重大复杂案件；

（四）犯罪涉及面广，取证困难的重大复杂案件。

【条文注解】

本条规定的四类案件，两个月侦查期限届满不能侦查终结，经上一级检察院批准延长一个月仍不能侦查终结的，才能再申请延长。

重大复杂案件的四种情形：

一是"交通十分不便的边远地区的重大复杂案件"。主要是指新疆、西藏、青海等省区的边远地区，取证难度较大。

二是"重大的犯罪集团案件"。主要是指引涉及犯罪集团，需要调查核实人员构成、犯罪事实等，相比一般案件要复杂的多。

三是"流窜作案的重大复杂案件"。主要是指涉及不同地域的犯罪事实，往往需要赴异地取证。

四是"犯罪涉及面广，取证困难的重大复杂案件"。主要是指犯罪涉及多个辖区、多个领域、多个犯罪类型或者众多被害人等。

【相关规定】

《公安规定》

第一百四十九条 下列案件在本规定第一百四十八条规定的期限届满不能侦查终结的，应当制作提请批准延长侦查羁押期限意见书，经县级以上公安机关负责人批准，在期限届满七日前送请同级人民检察院层报省、自治区、直辖市人民检察院批准，延长二个月：

（一）交通十分不便的边远地区的重大复杂案件；

（二）重大的犯罪集团案件；

（三）流窜作案的重大复杂案件；

（四）犯罪涉及面广，取证困难的重大复杂案件。

《高检规则》

第三百零六条 设区的市级人民检察院和基层人民检察院办理直接受理侦查的案件，符合刑事诉讼法第一百五十八条规定，在本规则第三百零五条规定的期限届满前不能侦查终结的，经省级人民检察院批准，可以延长二个月。

省级人民检察院直接受理侦查的案件，有前款情形的，可以直接决定延长二个月。

第一百五十九条 重罪案件侦查羁押期限

对犯罪嫌疑人可能判处十年有期徒刑以上刑罚，依照本法第一百五十八条规定延长期限届满，仍不能侦查终结的，经省、自治区、直辖市人民检察院批准或者决定，可以再延长二个月。

【条文注解】

并非所有可能判处十年有期徒刑以上刑罚的案件都可以继续申请延长。只有依照本法第一百五十八条规定，四种类型的重大复杂案件申请延长二个月后，才可以再次申请延长二个月。

【相关规定】

《公安规定》

第一百五十条 对犯罪嫌疑人可能判处十年有期徒刑以上刑罚，依照本规定第一百四十九条规定的延长期限届满，仍不能侦查终结的，应当制作提请批准延长侦查羁押期限意见书，经县级以上公安机关负责人批准，在期限届满七日前送请同级人民检察院层报省、自治区、直辖市人民检察院批准，再延长二个月。

《高检规则》

第三百零七条 设区的市级人民检察院和基层人民检察院办理直接受理侦查的案件,对犯罪嫌疑人可能判处十年有期徒刑以上刑罚,依照本规则第三百零六条的规定依法延长羁押期限届满,仍不能侦查终结的,经省级人民检察院批准,可以再延长二个月。

省级人民检察院办理直接受理侦查的案件,有前款情形的,可以直接决定再延长二个月。

第三百零八条 最高人民检察院办理直接受理侦查的案件,依照刑事诉讼法的规定需要延长侦查羁押期限的,直接决定延长侦查羁押期限。

第一百六十条 特殊情形侦查羁押期限

在侦查期间,发现犯罪嫌疑人另有重要罪行的,自发现之日起依照本法第一百五十六条的规定重新计算侦查羁押期限。

犯罪嫌疑人不讲真实姓名、住址,身份不明的,应当对其身份进行调查,侦查羁押期限自查清其身份之日起计算,但是不得停止对其犯罪行为的侦查取证。对于犯罪事实清楚,证据确实、充分,确实无法查明其身份的,也可以按其自报的姓名起诉、审判。

▎条文注解

本条规定了犯罪嫌疑人另有重要罪行或者身份不明情形下侦查羁押期限的特殊计算规则。

其一,关于另有重要罪行的情形。"另有重要罪行"是指与逮捕时的罪行不同种的重大犯罪或者同种的影响罪名认定、量刑档次的重大犯罪。公安机关对于此种情形重新计算侦查羁押期限的,虽不需要经检察院批准,但应当备案。

其二,犯罪嫌疑人身份不明的情形。主要是指犯罪嫌疑人谎报或者故意不报姓名、住址等,导致难以核查其真实身份。侦查机关在核查其真实身份的同时,应当继续调查其所涉犯罪事实,收集有关证据。

▎相关规定

《公安规定》

第一百五十一条 在侦查期间,发现犯罪嫌疑人另有重要罪行的,应当自发现之日起五日以内报县级以上公安机关负责人批准后,重新计算侦查羁押期限,制作变更羁押期限通知书,送达看守所,并报批准逮捕的人民检察院备案。

前款规定的"另有重要罪行",是指与逮捕时的罪行不同种的重大犯罪以及同种犯罪并将影响罪名认定、量刑档次的重大犯罪。

《高检规则》

第一百五十二条 人民检察院在侦查、审查起诉期间,对犯罪嫌疑人拘留、逮捕后发生依法延长侦查羁押期限、审查起诉期限,重新计算侦查羁押期限、审查起诉期限等期限改变的情形的,应当及时将变更后的期限书面通知看守所。

第二百五十三条 人民检察院直接受理侦查的案件,对犯罪嫌疑人没有采取取保候审、监视居住、拘留或者逮捕措施的,负责侦查的部门应当在立案后二年以内提出移送起诉、移送不起诉或者撤销案件的意见;对犯罪嫌疑人采取取保候审、监视居住、拘留或者逮捕措施的,负责侦查的部门应当在解除或者撤销强制措施后一年以内提出移送起诉、移送不起诉或者撤销案件的意见。

第二编 立案、侦查和提起公诉 | 第二章 侦 查　269

第三百一十五条 人民检察院在侦查期间发现犯罪嫌疑人另有重要罪行的，自发现之日起依照本规则第三百零五条的规定重新计算侦查羁押期限。

另有重要罪行是指与逮捕时的罪行不同种的重大犯罪或者同种的影响罪名认定、量刑档次的重大犯罪。

第三百一十六条 人民检察院重新计算侦查羁押期限，应当由负责侦查的部门提出重新计算侦查羁押期限的意见，移送本院负责捕诉的部门审查。负责捕诉的部门审查后应当提出是否同意重新计算侦查羁押期限的意见，报检察长决定。

第三百一十七条 对公安机关重新计算侦查羁押期限的备案，由负责捕诉的部门审查。负责捕诉的部门认为公安机关重新计算侦查羁押期限不当的，应当提出纠正意见。

典型案例

户某抢劫案（刑事审判参考案例第1064号）

裁判要旨： 在刑事审判中，按被告人自报身份审判，必须符合以下两个条件：

第一，犯罪事实清楚，证据确实、充分。按自报认定被告人身份的前提条件是认定被告人犯罪的事实清楚，证据确实、充分，也就意味着对被告人犯罪的事实或行为已有充分的证据证实，且该事实或行为在现有证据下，能够完全证实是被告人实施。如果犯罪事实本身的证据并不充分，则不适用按被告人自报身份审判的规定。

第二，确实无法查明身份。按自报认定被告人身份的必要条件是被告人身份确实无法查明，即司法机关使用所有手段得到的证据都确实无法查实被告人的真实身份。确实无法查明身份，包括两个方面的内容：1.侦查机关经过大量工作，穷尽了可以利用的手段，包括专门机关的技术工作和群众调查工作。2.无法查实，即依据侦查机关搜集到的证据确实无法证实被告人身份情况，同时没有相反证据证明被告人自报身份的真伪。

文书格式

```
×××公 安 局
计算/重新计算侦查羁押期限通知书
                    ×公（　　）计押/重计押字〔　　〕　号
_____看守所：
_____于____年____月____日以_____〔　　〕____
号决定书决定拘留/批准逮捕的犯罪嫌疑人_____，于____
年____月____日被执行拘留/逮捕，因_____，根据《中
华人民共和国刑事诉讼法》第一百六十条第_____款之规定，自_____年_____月
_____日起计算/重新计算侦查羁押期限。
                                       公安局（印）
                                        年　月　日
```

> **第一百六十一条　听取辩护律师意见**
>
> 在案件侦查终结前，辩护律师提出要求的，侦查机关应当听取辩护律师的意见，并记录在案。辩护律师提出书面意见的，应当附卷。

条文注解

侦查机关听取律师意见的时间是在案件侦查终结以前。在案件侦查终结前的任何时间，可以是一次，也可以是随时。

听取意见是应辩护律师的要求。但并不排除律师没有提出，侦查机关认为有必要就某一问题听取辩护律师的意见。如果律师提出要求，侦查机关必须听取律师的意见。

侦查机关要将辩护律师提出的意见记录在案；辩护律师提出书面意见的，应当将书面意见附卷。

相关规定

《高检规则》

第二百三十九条　在案件侦查过程中，犯罪嫌疑人委托辩护律师的，检察人员可以听取辩护律师的意见。

辩护律师要求当面提出意见的，检察人员应当听取意见，并制作笔录附卷。辩护律师提出书面意见的，应当附卷。

侦查终结前，犯罪嫌疑人提出无罪或者罪轻的辩解，辩护律师提出犯罪嫌疑人无罪或者依法不应当追究刑事责任意见的，人民检察院应当依法予以核实。

案件侦查终结移送起诉时，人民检察院应当同时将案件移送情况告知犯罪嫌疑人及其辩护律师。

文书格式

要求听取律师意见的函

＿＿＿＿＿＿＿＿＿：

　　贵单位办理的犯罪嫌疑人（被告人）＿＿＿＿＿＿涉嫌＿＿＿＿＿＿一案中，本人作为（犯罪嫌疑人、被告人或被害人）＿＿＿＿＿＿的＿＿＿＿（辩护律师或诉讼代理人），根据《中华人民共和国刑事诉讼法》的相关规定，向贵单位提出，要求办案人员听取律师意见，请予以安排。

　　单位名称：
　　律师姓名：
　　执业证号：
　　联系方式：

律师（签名）：
年　月　日

第一百六十二条　侦查终结

公安机关侦查终结的案件，应当做到犯罪事实清楚，证据确实、充分，并且写出起诉意见书，连同案卷材料、证据一并移送同级人民检察院审查决定；同时将案件移送情况告知犯罪嫌疑人及其辩护律师。

犯罪嫌疑人自愿认罪的，应当记录在案，随案移送，并在起诉意见书中写明有关情况。

条文注解

侦查终结的证明标准。犯罪事实清楚，证据确实、充分，即参照审判定罪的标准。但侦查总结认为达到定罪标准并不一定代表能达到审判定罪标准。

侦查终结的交接程序。对公安机关侦查终结的案件，公安机关在将案件移送同级人民检察院审查起诉的同时，应当将案件移送情况告知犯罪嫌疑人及其辩护律师。

犯罪嫌疑人自愿认罪的情形。犯罪嫌疑人自愿认罪的，应当记录在案，随案移送，并在起诉意见书中写明有关情况；认为案件符合速裁程序适用条件的，可以向人民检察院提出适用速裁程序的建议。

相关规定

《公安规定》

第二百八十三条　侦查终结的案件，应当同时符合以下条件：

（一）案件事实清楚；
（二）证据确实、充分；
（三）犯罪性质和罪名认定正确；
（四）法律手续完备；
（五）依法应当追究刑事责任。

第二百八十四条　对侦查终结的案件，公安机关应当全面审查证明证据收集合法性的证据材料，依法排除非法证据。排除非法证据后证据不足的，不得移送审查起诉。

公安机关发现侦查人员非法取证的，应当依法作出处理，并可另行指派侦查人员重新调查取证。

第二百八十五条　侦查终结的案件，侦查人员应当制作结案报告。

结案报告应当包括以下内容：

（一）犯罪嫌疑人的基本情况；
（二）是否采取了强制措施及其理由；
（三）案件的事实和证据；
（四）法律依据和处理意见。

第二百八十六条　侦查终结案件的处理，由县级以上公安机关负责人批准；重大、复杂、疑难的案件应当经过集体讨论。

第二百八十七条　侦查终结后，应当将全部案卷材料按照要求装订立卷。

向人民检察院移送案件时，只移送诉讼卷，侦查卷由公安机关存档备查。

第二百八十八条　对查封、扣押的犯罪嫌疑人的财物及其孳息、文件或者冻结的财产，作为证据使用的，应当随案移送，并制作随案移送清单一式两份，一份留存，一份交人民检察院。制作清单时，应当根据已经查明的案情，写明对涉案财物的处理建议。

对于实物不宜移送的，应当将其清单、照片或者其他证明文件随案移送。待人民法院作出生效判决后，按照人民法院送达的生效判决书、裁定书依法作出处理，并向人民法院送交回执。人民法院在判决、裁定中未对涉案财物作出处理的，公安机关应当征求人民法院意见，并根据人民法院的决定依法作出处理。

第二百八十九条　对侦查终结的案件，应当制作起诉意见书，经县级以上公安机关负责人批准后，连同全部案卷材料、证据，以及辩护律师提出的意见，一并移送同级人民检察院审查决定；同时将案件移送情况告知犯罪嫌疑人及其辩护律师。

犯罪嫌疑人自愿认罪的，应当记录在案，随案移送，并在起诉意见书中写明有关情况；认为案件符合速裁程序适用条件的，可以向人民检察院提出适用速裁程序的建议。

第二百九十条 对于犯罪嫌疑人在境外，需要及时进行审判的严重危害国家安全犯罪、恐怖活动犯罪案件，应当在侦查终结后层报公安部批准，移送同级人民检察院审查起诉。

在审查起诉或者缺席审理过程中，犯罪嫌疑人、被告人向公安机关自动投案或者被公安机关抓获的，公安机关应当立即通知人民检察院、人民法院。

第二百九十一条 共同犯罪案件的起诉意见书，应当写明每个犯罪嫌疑人在共同犯罪中的地位、作用、具体罪责和认罪态度，并分别提出处理意见。

《高检规则》

第二百四十条 人民检察院侦查终结的案件，需要在异地起诉、审判的，应当在移送起诉前与人民法院协商指定管辖的相关事宜。

第二百四十一条 上级人民检察院侦查终结的案件，依照刑事诉讼法的规定应当由下级人民检察院提起公诉或者不起诉的，应当将有关决定、侦查终结报告连同案卷材料交由下级人民检察院审查。

下级人民检察院认为上级人民检察院的决定有错误的，可以向上级人民检察院报告。上级人民检察院维持原决定的，下级人民检察院应当执行。

文书格式

×××公安局

起诉意见书

×公（　　）诉字〔　　〕　　号

犯罪嫌疑人×××……；[犯罪嫌疑人姓名（别名、曾用名、绰号等），性别，出生日期，出生地，身份证件种类及号码，民族，文化程度，职业或工作单位及职务，居住地（包括户籍所；在地、经常居住地、暂住地），政治面貌（如是人大代表、政协；委员，一并写明具体级、届代表、委员），违法犯罪经历以及因本案被采取强制措施的情况（时间、种类及执行场所）。案件有多名犯罪嫌疑人的，应逐一写明。]

辩护律师×××……[如有辩护律师，写明其姓名，所在律师事务所或者法律援助机构名称，律师执业证编号。]

犯罪嫌疑人涉嫌×××（罪名）一案，由×××举报（控；告、移送）至我局（写明案由和案件来源，具体为单位或者公；民举报、控告、上级交办、有关部门移送或工作中发现等）。简；要写明案件侦查过程中的各个法律程序开始的时间，如接受案；件、立案的时间。具体写明犯罪嫌疑人归案情况。最后写明犯罪嫌疑人×××涉嫌×××案，现已侦查终结。

续表

　　经依法侦查查明：……（详细叙述经侦查认定的犯罪事实，；包括犯罪时间、地点、经过、手段、目的、动机、危害后果等；与定罪有关的事实要素。应当根据具体案件情况，围绕刑法规定的该罪构成要件，进行叙述。）

　　（对于只有一个犯罪嫌疑人的案件，犯罪嫌疑人实施多次犯罪的犯罪事实应逐一列举；同时触犯数个罪名的犯罪嫌疑人的犯罪事实应该按照主次顺序分别列举；

　　对于共同犯罪的案件，写明犯罪嫌疑人的共同犯罪事实及各自在共同犯罪中的地位和作用后，按照犯罪嫌疑人的主次顺序，分别叙述各个犯罪嫌疑人的单独犯罪事实。）

　　认定上述事实的证据如下：

　　……（分列相关证据，并说明证据与案件事实的关系）

　　上述犯罪事实清楚，证据确实、充分，足以认定。

　　犯罪嫌疑人×××……（具体写明是否有累犯、立功、自首、和解等影响量刑的从重、从轻、减轻等犯罪情节）；犯罪嫌疑人自愿认罪认罚的，简要写明相关情况。

　　综上所述，犯罪嫌疑人×××……（根据犯罪构成简要说；明罪状），其行为已触犯《中华人民共和国刑法》第××条之规定，涉嫌×××罪。依照《中华人民共和国刑事诉讼法》第一百六十二条之规定，现将此案移送审查起诉。（当事人和解的公诉案件，应当写明双方当事人已自愿达成和解协议以及履行情况，同时可以提出从宽处理的建议。犯罪嫌疑人自愿认罪认罚的，如果认为案件符合速裁程序适用条件，可以在起诉意见书中建议人民检察院适用速裁程序办理，并简要说明理由）。

　　此致
×××人民检察院

公安局（印）

年　月　日

附：
1. 本案卷宗　　卷　　页。
2. 随案移交物品　　件。

××××人民检察院
案件侦查终结移送起诉告知书

_____：

　　本院对你涉嫌的_____一案已侦查终结，拟移送_____人民检察院/本院起诉。根据《中华人民共和国刑事诉讼法》第一百六十二条；《人民检察院刑事诉讼规则》第二百三十九条、第二百五十三条的规定，现将移送起诉情况向你告知。

20××年××月××日

（院印）

续表

本告知书已收到。	
	犯罪嫌疑人： 年　月　日

第一百六十三条　撤销案件

在侦查过程中，发现不应对犯罪嫌疑人追究刑事责任的，应当撤销案件；犯罪嫌疑人已被逮捕的，应当立即释放，发给释放证明，并且通知原批准逮捕的人民检察院。

条文注解

撤销案件的期限。"侦查过程中"是指在侦查阶段的整个过程，而非单指侦查终结时，即侦查期间发现不应对犯罪嫌疑人追究刑事责任，就应当及时撤销案件。

撤销案件的依据。主要参见《公安规定》第一百八十六条规定。

撤销案件的要求。除解除强制措施外，还应对查封、扣押的财务及其孳息、文件，或者冻结的财产，解除查封、扣押、冻结（按照法律规定另行处理的除外）。

相关规定

《公安规定》

第一百八十六条　经过侦查，发现具有下列情形之一的，应当撤销案件：

（一）没有犯罪事实的；

（二）情节显著轻微、危害不大，不认为是犯罪的；

（三）犯罪已过追诉时效期限的；

（四）经特赦令免除刑罚的；

（五）犯罪嫌疑人死亡的；

（六）其他依法不追究刑事责任的。

对于经过侦查，发现有犯罪事实需要追究刑事责任，但不是被立案侦查的犯罪嫌疑人实施的，或者共同犯罪案件中部分犯罪嫌疑人不够刑事处罚的，应当对有关犯罪嫌疑人终止侦查，并对该案件继续侦查。

第一百八十七条　需要撤销案件或者对犯罪嫌疑人终止侦查的，办案部门应当制作撤销案件或者终止侦查报告书，报县级以上公安机关负责人批准。

公安机关决定撤销案件或者对犯罪嫌疑人终止侦查时，原犯罪嫌疑人在押的，应当立即释放，发给释放证明书。原犯罪嫌疑人被逮捕的，应当通知原批准逮捕的人民检察院。对原犯罪嫌疑人采取其他强制措施的，应当立即解除强制措施；需要行政处理的，依法予以处理或者移交有关部门。

对查封、扣押的财物及其孳息、文件，或者冻结的财产，除按照法律和有关规定另行处理的以外，应当解除查封、扣押、冻结，并及时返还或者通知当事人。

第一百八十九条　公安机关作出撤销案件决定后，应当在三日以内告知原犯罪嫌疑人、被害人或者其近亲属、法定代理人以及案件移送机关。

公安机关作出终止侦查决定后，应当在三日以内告知原犯罪嫌疑人。

第一百九十条　公安机关撤销案件以后又发现新的事实或者证据，或者发现原认定事实错误，认为有犯罪事实需要追究刑事责任的，应当重新立案侦查。

对犯罪嫌疑人终止侦查后又发现新的

事实或者证据，或者发现原认定事实错误，需要对其追究刑事责任的，应当继续侦查。

《高检规则》

第二百四十二条 人民检察院在侦查过程中或者侦查终结后，发现具有下列情形之一的，负责侦查的部门应当制作拟撤销案件意见书，报请检察长决定：

（一）具有刑事诉讼法第十六条规定情形之一的；

（二）没有犯罪事实的，或者依照刑法规定不负刑事责任或者不是犯罪的；

（三）虽有犯罪事实，但不是犯罪嫌疑人所为的。

对于共同犯罪的案件，如有符合本条规定情形的犯罪嫌疑人，应当撤销对该犯罪嫌疑人的立案。

第二百四十三条 地方各级人民检察院决定撤销案件的，负责侦查的部门应当将撤销案件意见书连同本案全部案卷材料，在法定期限届满七日前报上一级人民检察院审查；重大、复杂案件在法定期限届满十日前报上一级人民检察院审查。

对于共同犯罪案件，应当将处理同案犯罪嫌疑人的有关法律文书以及案件事实、证据材料复印件等，一并报送上一级人民检察院。

上一级人民检察院负责侦查的部门应当对案件事实、证据和适用法律进行全面审查。必要时，可以讯问犯罪嫌疑人。

上一级人民检察院负责侦查的部门审查后，应当提出是否同意撤销案件的意见，报请检察长决定。

人民检察院决定撤销案件的，应当告知控告人、举报人，听取其意见并记明笔录。

第二百四十四条 上一级人民检察院审查下级人民检察院报送的拟撤销案件，应当在收到案件后七日以内批复；重大、复杂案件，应当在收到案件后十日以内批复。情况紧急或者因其他特殊原因不能按时送达的，可以先行通知下级人民检察院执行。

第二百四十五条 上一级人民检察院同意撤销案件的，下级人民检察院应当作出撤销案件决定，并制作撤销案件决定书。上一级人民检察院不同意撤销案件的，下级人民检察院应当执行上一级人民检察院的决定。

报请上一级人民检察院审查期间，犯罪嫌疑人羁押期限届满的，应当依法释放犯罪嫌疑人或者变更强制措施。

第二百四十六条 撤销案件的决定，应当分别送达犯罪嫌疑人所在单位和犯罪嫌疑人。犯罪嫌疑人死亡的，应当送达犯罪嫌疑人原所在单位。如果犯罪嫌疑人在押，应当制作决定释放通知书，通知公安机关依法释放。

第二百四十七条 人民检察院作出撤销案件决定的，应当在三十日以内报经检察长批准，对犯罪嫌疑人的违法所得作出处理。情况特殊的，可以延长三十日。

第二百四十八条 人民检察院撤销案件时，对犯罪嫌疑人的违法所得及其他涉案财产应当区分不同情形，作出相应处理：

（一）因犯罪嫌疑人死亡而撤销案件，依照刑法规定应当追缴其违法所得及其他涉案财产的，按照本规则第十二章第四节的规定办理。

（二）因其他原因撤销案件，对于查封、扣押、冻结的犯罪嫌疑人违法所得及其他涉案财产需要没收的，应当提出检察意见，移送有关主管机关处理。

（三）对于冻结的犯罪嫌疑人存款、汇款、债券、股票、基金份额等财产需要返还被害人的，可以通知金融机构、邮政部门返还被害人；对于查封、扣押的犯罪嫌疑人的违法所得及其他涉案财产需要返还被害人的，直接决定返还被害人。

人民检察院申请人民法院裁定处理犯罪嫌疑人涉案财产的，应当向人民法院移送有关案卷材料。

第二百四十九条 人民检察院撤销案件时，对查封、扣押、冻结的犯罪嫌疑人的涉案财物需要返还犯罪嫌疑人的，应当解除查封、扣押或者书面通知有关金融机构、邮政部门解除冻结，返还犯罪嫌疑人或者其合法继承人。

第二百五十条 查封、扣押、冻结的财物，除依法应当返还被害人或者经查明确实与案件无关的以外，不得在诉讼程序终结之前处理。法律或者有关规定另有规定的除外。

第二百五十一条 处理查封、扣押、冻结的涉案财物，应当由检察长决定。

第二百五十二条 人民检察院直接受理侦查的共同犯罪案件，如果同案犯罪嫌疑人在逃，但在案犯罪嫌疑人犯罪事实清楚，证据确实、充分的，对在案犯罪嫌疑人应当根据本规则第二百三十七条的规定分别移送起诉或者移送不起诉。

由于同案犯罪嫌疑人在逃，在案犯罪嫌疑人的犯罪事实无法查清的，对在案犯罪嫌疑人应当根据案件的不同情况分别报请延长侦查羁押期限、变更强制措施或者解除强制措施。

第二百五十四条 人民检察院直接受理侦查的案件，撤销案件以后，又发现新的事实或者证据，认为有犯罪事实需要追究刑事责任的，可以重新立案侦查。

文书格式

×××公 安 局
撤销案件决定书

×公（ ）撤案字〔 〕 号

我局办理的＿＿＿＿＿＿＿＿＿＿＿＿＿＿＿＿＿＿＿案，因＿＿＿＿＿＿＿＿
＿＿＿＿＿＿＿，根据《中华人民共和国刑事诉讼法》第＿＿＿＿＿＿条之规定，决定撤销此案。

公安局（印）
年 月 日

第十一节 人民检察院对直接受理的案件的侦查

第一百六十四条 自侦案件侦查

人民检察院对直接受理的案件的侦查适用本章规定。

条文注解

检察院直接受理的案件范围：一是自行侦查案件，即司法工作人员利用职权实施的非法拘禁、刑讯逼供、非法搜查等侵犯公民权利、损害司法公正的犯罪（"司法工作人员"是指具有侦查、检察、审判、监管职责的工作人员"）；二是机动侦查案件，即对于公安机关管辖的国家机关工作人员利用职权实施的重大犯罪案件，需要由人民检察院直接受理的时候，经省级以上人民检察院决定，可以由人民检察院立案侦查。

相关规定

《高检规则》

第一百二十七条 公民将正在实行犯罪或者在犯罪后即被发觉的、通缉在案的、越狱逃跑的、正在被追捕的犯罪嫌疑人或者犯罪人扭送到人民检察院的，人民检察院应当予以接受，并且根据具体情况决定是否采取相应的紧急措施。不属于自己管辖的，应当移送主管机关处理。

第一百七十六条 人民检察院办理直接受理侦查的案件，应当全面、客观地收集、调取犯罪嫌疑人有罪或者无罪、罪轻或者罪重的证据材料，并依法进行审查、核实。办案过程中必须重证据，重调查研究，不轻信口供。严禁刑讯逼供和以威胁、引诱、欺骗以及其他非法方法收集证据，不得强迫任何人证实自己有罪。

第一百七十七条 人民检察院办理直接受理侦查的案件，应当保障犯罪嫌疑人和其他诉讼参与人依法享有的辩护权和其他各项诉讼权利。

第一百七十八条 人民检察院办理直接受理侦查的案件，应当严格依照刑事诉讼法规定的程序，严格遵守刑事案件办案期限的规定，依法提请批准逮捕、移送起诉、不起诉或者撤销案件。

对犯罪嫌疑人采取强制措施，应当经检察长批准。

第一百七十九条 人民检察院办理直接受理侦查的案件，应当对侦查过程中知悉的国家秘密、商业秘密及个人隐私予以保密。

第一百八十条 办理案件的人民检察院需要派员到本辖区以外进行搜查，调取物证、书证等证据材料，或者查封、扣押财物和文件的，应当持相关法律文书和证明文件等与当地人民检察院联系，当地人民检察院应当予以协助。

需要到本辖区以外调取证据材料的，必要时，可以向证据所在地的人民检察院发函调取证据。调取证据的函件应当注明具体的取证对象、地址和内容。证据所在地的人民检察院应当在收到函件后一个月以内将取证结果送达办理案件的人民检察院。

被请求协助的人民检察院有异议的，可以与办理案件的人民检察院进行协商。必要时，报请共同的上级人民检察院决定。

第一百八十一条 人民检察院对于直接受理案件的侦查，可以适用刑事诉讼法第二编第二章规定的各项侦查措施。

刑事诉讼法规定进行侦查活动需要制作笔录的，应当制作笔录。必要时，可以对相关活动进行录音、录像。

第一百六十五条　自侦案件的逮捕、拘留

人民检察院直接受理的案件中符合本法第八十一条、第八十二条第四项、第五项规定情形，需要逮捕、拘留犯罪嫌疑人的，由人民检察院作出决定，由公安机关执行。

条文注解

本法第八十一条是逮捕的适用条件，第八十二条第四项（犯罪后企图自杀、逃跑或者在逃的）、第五项（有毁灭、伪造证据或者串供可能的），检察院决定拘留、逮捕，公安机关负责执行。

相关规定

《高检规则》

第一百二十一条 人民检察院对于具

有下列情形之一的犯罪嫌疑人,可以决定拘留:

(一)犯罪后企图自杀、逃跑或者在逃的;

(二)有毁灭、伪造证据或者串供可能的。

第一百二十二条 人民检察院作出拘留决定后,应当将有关法律文书和案由、犯罪嫌疑人基本情况的材料送交同级公安机关执行。必要时,人民检察院可以协助公安机关执行。

拘留后,应当立即将被拘留人送看守所羁押,至迟不得超过二十四小时。

第一百六十六条 自侦案件拘留后讯问

人民检察院对直接受理的案件中被拘留的人,应当在拘留后的二十四小时以内进行讯问。在发现不应当拘留的时候,必须立即释放,发给释放证明。

▍条文注解

检察院对自侦案件中被拘留的人,应当在二十四小时以内进行讯问,甄别其是否符合拘留条件,发现不当拘留应立即释放,发给释放证明。

"不应当拘留"是拘留不符合法定条件,主要有两种情况:一是由于案件来源、信息、判断等错误原因,没有犯罪事实、拘留对象错误,或者是被拘留的人所实施行为,情节显著轻微、危害不大,不认为是犯罪等。二是不应对犯罪嫌疑人采取强制措施却拘留,或者应该采取取保候审、监视居住而采取了拘留。

▍相关规定

《高检规则》

第一百二十三条 对犯罪嫌疑人拘留后,除无法通知的以外,人民检察院应当在二十四小时以内,通知被拘留人的家属。

无法通知的,应当将原因写明附卷。无法通知的情形消除后,应当立即通知其家属。

第一百二十四条 对被拘留的犯罪嫌疑人,应当在拘留后二十四小时以内进行讯问。

第一百二十五条 对被拘留的犯罪嫌疑人,发现不应当拘留的,应当立即释放;依法可以取保候审或者监视居住的,按照本规则的有关规定办理取保候审或者监视居住手续。

对被拘留的犯罪嫌疑人,需要逮捕的,按照本规则的有关规定办理逮捕手续;决定不予逮捕的,应当及时变更强制措施。

第一百六十七条 自侦案件逮捕时限与变更强制措施

人民检察院对直接受理的案件中被拘留的人,认为需要逮捕的,应当在十四日以内作出决定。在特殊情况下,决定逮捕的时间可以延长一日至三日。对不需要逮捕的,应当立即释放;对需要继续侦查,并且符合取保候审、监视居住条件的,依法取保候审或者监视居住。

▍条文注解

"作出决定"的时间包括检察院侦查部门对被拘留人进行审查,提请批准逮捕的期间和检察院批捕部门作出决定的时间。对一般案件应当在规定的十四日以内作出决定。考虑到人民检察院提请批捕和决定逮捕是人民检察院两个职能部门的内部分工,所以法律并未规定这两个阶段的时间分界,可由人民检察院通过内部规定来界定。

相关规定

《高检规则》

第一百二十六条 人民检察院直接受理侦查的案件,拘留犯罪嫌疑人的羁押期限为十四日,特殊情况下可以延长一日至三日。

第二百九十六条 人民检察院办理直接受理侦查的案件,需要逮捕犯罪嫌疑人的,由负责侦查的部门制作逮捕犯罪嫌疑人意见书,连同案卷材料、讯问犯罪嫌疑人录音、录像一并移送本院负责捕诉的部门审查。犯罪嫌疑人已被拘留的,负责侦查的部门应当在拘留后七日以内将案件移送本院负责捕诉的部门审查。

第二百九十七条 对本院负责侦查的部门移送审查逮捕的案件,犯罪嫌疑人已被拘留的,负责捕诉的部门应当在收到逮捕犯罪嫌疑人意见书后七日以内,报请检察长决定是否逮捕,特殊情况下,决定逮捕的时间可以延长一日至三日;犯罪嫌疑人未被拘留的,负责捕诉的部门应当在收到逮捕犯罪嫌疑人意见书后十五日以内,报请检察长决定是否逮捕,重大、复杂案件,不得超过二十日。

第二百九十八条 对犯罪嫌疑人决定逮捕的,负责捕诉的部门应当将逮捕决定书连同案卷材料、讯问犯罪嫌疑人录音、录像移交负责侦查的部门,并可以对收集证据、适用法律提出意见。由负责侦查的部门通知公安机关执行,必要时可以协助执行。

第二百九十九条 对犯罪嫌疑人决定不予逮捕的,负责捕诉的部门应当将不予逮捕的决定连同案卷材料、讯问犯罪嫌疑人录音、录像移交负责侦查的部门,并说明理由。需要补充侦查的,应当制作补充侦查提纲。犯罪嫌疑人已被拘留的,负责侦查的部门应当通知公安机关立即释放。

第三百条 对应当逮捕而本院负责侦查的部门未移送审查逮捕的犯罪嫌疑人,负责捕诉的部门应当向负责侦查的部门提出移送审查逮捕犯罪嫌疑人的建议。建议不被采纳的,应当报请检察长决定。

第一百六十八条 自侦案件侦查终结

人民检察院侦查终结的案件,应当作出提起公诉、不起诉或者撤销案件的决定。

条文注解

人民检察院侦查终结的案件,根据案件情况可以作出三种决定:

第一,提起公诉的决定。对于犯罪事实清楚,证据确实、充分,依法应当判处刑罚的,应当制作起诉书,作出提起公诉的决定。

第二,不起诉的决定。如果在审查中发现犯罪嫌疑人没有犯罪事实,或者有如下情形:情节显著轻微、危害不大,不认为是犯罪的;已过追诉时效期限的;经特赦令免除刑罚的;犯罪嫌疑人死亡的;其他法律规定免予追究刑事责任的,以及犯罪情节轻微,依照刑法规定不需要判处刑罚或者免除刑罚的等,应当作出不起诉的决定。

第三,撤销案件的决定。自侦部门在侦查中发现犯罪嫌疑人没有犯罪事实或者具有本法规定的不追究刑事责任情形之一的,检察院应当作出撤销案件的决定。

相关规定

《高检规则》

第二百三十七条 人民检察院经过侦查，认为犯罪事实清楚，证据确实、充分，依法应当追究刑事责任的，应当写出侦查终结报告，并且制作起诉意见书。

犯罪嫌疑人自愿认罪的，应当记录在案，随案移送，并在起诉意见书中写明有关情况。

对于犯罪情节轻微，依照刑法规定不需要判处刑罚或者免除刑罚的案件，应当写出侦查终结报告，并且制作不起诉意见书。

侦查终结报告和起诉意见书或者不起诉意见书应当报请检察长批准。

第二百三十八条 负责侦查的部门应当将起诉意见书或者不起诉意见书，查封、扣押、冻结的犯罪嫌疑人的财物及其孳息、文件清单以及对查封、扣押、冻结的涉案财物的处理意见和其他案卷材料，一并移送本院负责捕诉的部门审查。国家或者集体财产遭受损失的，在提出提起公诉意见的同时，可以提出提起附带民事诉讼的意见。

第二百五十二条 人民检察院直接受理侦查的共同犯罪案件，如果同案犯罪嫌疑人在逃，但在案犯罪嫌疑人犯罪事实清楚，证据确实、充分的，对在案犯罪嫌疑人应当根据本规则第二百三十七条的规定分别移送起诉或者移送不起诉。

由于同案犯罪嫌疑人在逃，在案犯罪嫌疑人的犯罪事实无法查清的，对在案犯罪嫌疑人应当根据案件的不同情况分别报请延长侦查羁押期限、变更强制措施或者解除强制措施。

第三章 提起公诉

第一百六十九条 审查起诉职能

凡需要提起公诉的案件，一律由人民检察院审查决定。

条文注解

"提起公诉"是指人民检察院对公安机关移送起诉或者人民检察院自行侦查终结认为应当起诉的案件，经全面审查，对事实清楚，证据确实、充分，依法应当处以刑罚的，提交人民法院进行审判的刑事诉讼活动。

根据本条规定，只有人民检察院有审查决定提起公诉的权力。本条中"凡需要提起公诉的案件"是指公安机关、人民检察院立案侦查，经侦查终结后认为应当提起公诉追究犯罪嫌疑人刑事责任的案件。凡是公诉案件，非经人民检察院审查决定，任何单位都无权将案件交付人民法院审判。

相关规定

《高检规则》

第三百二十八条 各级人民检察院提起公诉，应当与人民法院审判管辖相适应。负责捕诉的部门收到移送起诉的案件后，经审查认为不属于本院管辖的，应当在发现之日起五日以内经由负责案件管理的部门移送有管辖权的人民检察院。

属于上级人民法院管辖的第一审案件，应当报送上级人民检察院，同时通知移送起诉的公安机关；属于同级其他人民法院管辖的第一审案件,应当移送有管辖权的人民检察院或者报送共同的上级人民检察院指定管辖,同时通知移送起诉的公安机关。

上级人民检察院受理同级公安机关移送起诉的案件,认为属于下级人民法院管辖的,可以交下级人民检察院审查,由下级人民检察院向同级人民法院提起公诉,同时通知移送起诉的公安机关。

一人犯数罪、共同犯罪和其他需要并案审理的案件,只要其中一人或者一罪属于上级人民检察院管辖的,全案由上级人民检察院审查起诉。

公安机关移送起诉的案件,需要依照刑事诉讼法的规定指定审判管辖的,人民检察院应当在公安机关移送起诉前协商同级人民法院办理指定管辖有关事宜。

第三百三十九条 人民检察院对案件进行审查后,应当依法作出起诉或者不起诉以及是否提起附带民事诉讼、附带民事公益诉讼的决定。

文书格式

××××人民检察院
起 诉 意 见 书

××检××移诉〔20××〕×号

犯罪嫌疑人××〔犯罪嫌疑人姓名(别名、曾用名、绰号等),性别、出生年月日、公民身份号码、民族、文化程度、职业或工作单位及职务、住址、政治面貌(如是人大代表、政协委员,一并写明具体级、届代表、委员及代表、委员号),犯罪嫌疑人简历及前科情况。案件有多名犯罪嫌疑人的,逐一写明。单位犯罪案件中,应当写明单位的名称、地址、组织机构代码、法定代表人姓名、性别、公民身份号码、联系方式。〕

犯罪嫌疑人××(姓名)涉嫌××(罪名)一案,(写明案由和案件来源,具体为单位或者公民举报、控告、上级交办、有关部门移送、本院其他部门移交以及办案中发现等。简要写明案件侦查过程中的各个法律程序开始的时间,如立案、侦查终结的时间。具体写明采取强制措施的种类、采取的时间、强制措施变更情况及延长侦查羁押期限的情况等)。

犯罪嫌疑人××涉嫌××案,现已侦查终结。

经依法侦查查明:

……(概括叙写经检察机关侦查认定的犯罪事实,包括犯罪时间、地点、经过、手段、目的、动机、危害后果等与定罪有关的事实要素。应当根据具体案件情况,围绕刑法规定的该罪构成要件,简明扼要叙述。)

(对于只有一个犯罪嫌疑人的案件,犯罪嫌疑人实施多次犯罪的犯罪事实应该一一列举;同时触犯数个罪名的犯罪嫌疑人的犯罪事实应该按照主次顺序分别列举;对于共同犯罪的案件,写明犯罪嫌疑人的共同犯罪事实及各自在共同犯罪中的地位和作用后,按照犯罪嫌疑人的主次顺序,分别叙述各个犯罪嫌疑人的单独犯罪事实。)

认定上述事实的证据如下:

……(针对上述犯罪事实,分列相关证据)

续表

上述犯罪事实清楚,证据确实、充分,足以认定。

犯罪嫌疑人……(具体写明是否有累犯、立功、自首、和解等影响量刑的从重、从轻、减轻等犯罪情节,以及自愿认罪的情况。)

综上所述,犯罪嫌疑人……(根据犯罪构成简要说明罪状),其行为已触犯《中华人民共和国刑法》第××条之规定,涉嫌××罪。依照《中华人民共和国刑事诉讼法》第××条之规定,现将此案移送起诉。查封、扣押、冻结物品、文件清单随案移送。

此致
负责捕诉的部门

负责侦查的部门
20××年××月××日
(部门印)

附件:1. 随案移送案件材料、证据;
   2. 犯罪嫌疑人现在处所;
   3. 查封、扣押、冻结物品、文件清单　份附后。
  (所附项目根据需要填写)

××××人民检察院
不 起 诉 意 见 书

××检××移不诉〔20××〕×号

犯罪嫌疑人××[犯罪嫌疑人姓名(别名、曾用名、绰号等),性别,出生年月日,公民身份号码,民族,文化程度,职业或工作单位及职务(作案时在何单位任何职务),住址,政治面貌,如是人大代表、政协委员,一并写明具体级、届代表、委员及代表、委员号),犯罪嫌疑人简历及前科情况。案件有多名犯罪嫌疑人的,逐一写明。单位犯罪案件中,应当写明单位的名称、地址、组织机构代码、法定代表人姓名、性别、公民身份号码、联系方式。]

犯罪嫌疑人××(姓名)涉嫌××(罪名)一案,本院于×年×月×日立案侦查,……(采取强制措施、变更强制措施及延长侦查羁押期限的情况),现已侦查终结。

犯罪嫌疑人××涉嫌××案,现已侦查终结。

经依法侦查查明:

……(概括叙写经检察机关侦查认定的犯罪事实,包括犯罪时间、地点、经过、手段、目的、动机、危害后果等与定罪有关的事实要素。应当根据具体案件情况,围绕刑法规定的该罪构成要件,特别是犯罪特征,简明扼要叙述。叙述犯罪嫌疑人的犯罪事实时,先按照其触犯罪名的犯罪构成作概括性的叙述,然后再逐一列举,最后列举相关证据。证据包括经侦查获取的能够证明犯罪嫌疑人的行为构成犯罪且需要追究刑事责任的证据。)

续表

　　综上所述，犯罪嫌疑人××（姓名）的行为触犯了《中华人民共和国刑法》第××条之规定，涉嫌××罪（不要写构成罪），但是，……（具体写明犯罪情节轻微，不需要判处刑罚或免除刑罚的具体情形。）根据《中华人民共和国刑事诉讼法》第×条之规定，不需要判处刑罚（或免除刑罚），根据《中华人民共和国刑事诉讼法》第一百六十八条和第一百七十七条第二款之规定，移送审查不起诉。……（对查封、扣押、冻结物品、文件提出处理建议。）

　　此致
负责捕诉的部门

负责侦查的部门
20××年××月××日
（部门印）

　　附件：1. 随案移送案件材料、证据；
　　　　2. 犯罪嫌疑人现在处所；
　　　　3. 查封、扣押、冻结物品、文件清单　份附后。
　　　　（所附项目根据需要填写）

第一百七十条　监察机关移送起诉案件的审查

人民检察院对于监察机关移送起诉的案件，依照本法和监察法的有关规定进行审查。人民检察院经审查，认为需要补充核实的，应当退回监察机关补充调查，必要时可以自行补充侦查。

对于监察机关移送起诉的已采取留置措施的案件，人民检察院应当对犯罪嫌疑人先行拘留，留置措施自动解除。人民检察院应当在拘留后的十日以内作出是否逮捕、取保候审或者监视居住的决定。在特殊情况下，决定的时间可以延长一日至四日。人民检察院决定采取强制措施的期间不计入审查起诉期限。

【条文注解】

本条规定涉及监察与司法程序的衔接，这是2018年刑事诉讼法修改增加的内容。

监察法与刑事诉讼法的衔接，起始于审查起诉程序，而不是检察机关的立案程序。

审查起诉的标准。根据监察法的规定，对涉嫌职务犯罪的，监察机关经调查认为犯罪事实清楚，证据确实、充分的，移送审查起诉。

补充侦查的顺序。一般是先退回监察机关补充侦查，必要时才由检察机关自行补充侦查。

强制措施的衔接。监察机关移送审查起诉案件已采取强制措施的，检察机关应当先采取拘留措施，留置措施自动解除。先行拘留后是否采取逮捕、取保候审、监视居住等措施有十日至十四日的决定期限。这期间并未进行实质审查起诉，故不计入审查起诉期限。

相关规定

《监察法》

第四十五条 监察机关根据监督、调查结果,依法作出如下处置:

(一)对有职务违法行为但情节较轻的公职人员,按照管理权限,直接或者委托有关机关、人员,进行谈话提醒、批评教育、责令检查,或者予以诫勉;

(二)对违法的公职人员依照法定程序作出警告、记过、记大过、降级、撤职、开除等政务处分决定;

(三)对不履行或者不正确履行职责负有责任的领导人员,按照管理权限对其直接作出问责决定,或者向有权作出问责决定的机关提出问责建议;

(四)对涉嫌职务犯罪的,监察机关经调查认为犯罪事实清楚,证据确实、充分的,制作起诉意见书,连同案卷材料、证据一并移送人民检察院依法审查、提起公诉;

(五)对监察对象所在单位廉政建设和履行职责存在的问题等提出监察建议。

监察机关经调查,对没有证据证明被调查人存在违法犯罪行为的,应当撤销案件,并通知被调查人所在单位。

《高检规则》

第一百四十二条 对于监察机关移送起诉的已采取留置措施的案件,人民检察院应当在受理案件后,及时对犯罪嫌疑人作出拘留决定,交公安机关执行。执行拘留后,留置措施自动解除。

第一百四十三条 人民检察院应当在执行拘留后十日以内,作出是否逮捕、取保候审或者监视居住的决定。特殊情况下,决定的时间可以延长一日至四日。

人民检察院决定采取强制措施的期间不计入审查起诉期限。

第一百四十四条 除无法通知的以外,人民检察院应当在公安机关执行拘留、逮捕后二十四小时以内,通知犯罪嫌疑人的家属。

第一百四十五条 人民检察院应当自收到移送起诉的案卷材料之日起三日以内告知犯罪嫌疑人有权委托辩护人。对已经采取留置措施的,应当在执行拘留时告知。

第一百四十六条 对于监察机关移送起诉的未采取留置措施的案件,人民检察院受理后,在审查起诉过程中根据案件情况,可以依照本规则相关规定决定是否采取逮捕、取保候审或者监视居住措施。

第三百二十九条 监察机关移送起诉的案件,需要依照刑事诉讼法的规定指定审判管辖的,人民检察院应当在监察机关移送起诉二十日前协商同级人民法院办理指定管辖有关事宜。

第三百四十三条 人民检察院对于监察机关移送起诉的案件,认为需要补充调查的,应当退回监察机关补充调查。必要时,可以自行补充侦查。

需要退回补充调查的案件,人民检察院应当出具补充调查决定书、补充调查提纲,写明补充调查的事项、理由、调查方向、需补充收集的证据及其证明作用等,连同案卷材料一并送交监察机关。

人民检察院决定退回补充调查的案件,犯罪嫌疑人已被采取强制措施的,应当将退回补充调查情况书面通知强制措施执行机关。监察机关需要讯问的,人民检察院应当予以配合。

第三百四十四条 对于监察机关移送起诉的案件,具有下列情形之一的,人民检察院可以自行补充侦查:

(一)证人证言、犯罪嫌疑人供述和辩解、被害人陈述的内容主要情节不一致,个别情节不一致的；

（二）物证、书证等证据材料需要补充鉴定的；

（三）其他由人民检察院查证更为便利、更有效率、更有利于查清案件事实的情形。

自行补充侦查完毕后，应当将相关证据材料入卷，同时抄送监察机关。人民检察院自行补充侦查的，可以商请监察机关提供协助。

第一百七十一条　审查起诉查明事项

人民检察院审查案件的时候，必须查明：

（一）犯罪事实、情节是否清楚，证据是否确实、充分，犯罪性质和罪名的认定是否正确；

（二）有无遗漏罪行和其他应当追究刑事责任的人；

（三）是否属于不应追究刑事责任的；

（四）有无附带民事诉讼；

（五）侦查活动是否合法。

▶ **条文注解**

本条规定了检察院审查案件的五项查明内容：

第一，"犯罪事实、情节"，是指犯罪嫌疑人实施犯罪行为的过程、情形和后果。必须查明犯罪的时间、地点、手段、后果、因果关系及犯罪的动机、目的等。"证据是否确实、充分"是指用以证明案件事实的证据是否真实可靠，能否反映案件的真实情况，取得的证据是否足以证实侦查终结认定的犯罪事实和情节。"犯罪性质和罪名的认定"是指根据犯罪事实对犯罪性质的认定和依据刑法对罪名的认定，它直接反映适用法律的准确性。

第二，"有无遗漏罪行"，是指有没有应当发现而没有发现，或者应当认定而没有认定的犯罪嫌疑人的罪行，即有无漏罪。"其他应当追究刑事责任的人"是指除了已被移送审查起诉的犯罪嫌疑人以外，其他应当追究刑事责任的同案犯。审查起诉中，如果发现有遗漏罪行或者发现有其他应当追究刑事责任的人时，应当要求侦查机关补充侦查，必要时也可以自行侦查。

第三，"不应追究刑事责任的"，是指没有犯罪事实，以及具有刑法规定的不负刑事责任情形的，如未达到刑事责任年龄，无刑事责任能力的，或者有本法规定不应追究刑事责任的情形之一的。人民检察院审查案件中发现有此情形，应当依法作出不起诉的决定。

第四，"附带民事诉讼"，主要是审查对由于犯罪行为使被害人遭受物质损失的，被害人是否提起附带民事诉讼。对应当提起附带民事诉讼而没有提起，可以告知被害人有权提起，被害人死亡或者丧失行为能力的，可以告知其法定代理人、近亲属有权提起；对国家财产、集体财产遭受损失应当提起附带民事诉讼而没有提起的，人民检察院在提起公诉的时候，可以提起附带民事诉讼。

第五，"侦查活动是否合法"，是指人民检察院通过审查案卷材料、提审犯罪嫌疑人、询问证人、被害人等诉讼活动，了解侦查活动是否合法。该事项的审查关乎是否存在非法证据，是否需要变更强制措施等。

▶ **相关规定**

《高检规则》

第三百三十条　人民检察院审查移送起诉的案件，应当查明：

（一）犯罪嫌疑人身份状况是否清楚，包括姓名、性别、国籍、出生年月日、职业和单位等；单位犯罪的，单位的相关情况是否清楚；

（二）犯罪事实、情节是否清楚；实施犯罪的时间、地点、手段、危害后果是否明确；

（三）认定犯罪性质和罪名的意见是否正确；有无法定的从重、从轻、减轻或者免除处罚情节及酌定从重、从轻情节；共同犯罪案件的犯罪嫌疑人在犯罪活动中的责任认定是否恰当；

（四）犯罪嫌疑人是否认罪认罚；

（五）证明犯罪事实的证据材料是否随案移送；证明相关财产系违法所得的证据材料是否随案移送；不宜移送的证据的清单、复制件、照片或者其他证明文件是否随案移送；

（六）证据是否确实、充分，是否依法收集，有无应当排除非法证据的情形；

（七）采取侦查措施包括技术侦查措施的法律手续和诉讼文书是否完备；

（八）有无遗漏罪行和其他应当追究刑事责任的人；

（九）是否属于不应当追究刑事责任的；

（十）有无附带民事诉讼；对于国家财产、集体财产遭受损失的，是否需要由人民检察院提起附带民事诉讼；对于破坏生态环境和资源保护，食品药品安全领域侵害众多消费者合法权益，侵害英雄烈士的姓名、肖像、名誉、荣誉等损害社会公共利益的行为，是否需要由人民检察院提起附带民事公益诉讼；

（十一）采取的强制措施是否适当，对于已经逮捕的犯罪嫌疑人，有无继续羁押的必要；

（十二）侦查活动是否合法；

（十三）涉案财物是否查封、扣押、冻结并妥善保管，清单是否齐备；对被害人合法财产的返还和对违禁品或者不宜长期保存的物品的处理是否妥当，移送的证明文件是否完备。

文书格式

××××人民检察院
补充移送起诉通知书

××检××补诉〔20××〕×号

_____（侦查机关）：

你_____于_____（受理日期）以_____号起诉意见书移送本院审查起诉的犯罪嫌疑人_____一案，经审查，本院认为该案还有……（其他犯罪嫌疑人或犯罪事实）需移送本院审查起诉。

……（需要补充移送起诉的犯罪嫌疑人姓名或犯罪事实，触犯的刑法条款，需要审查起诉的理由）。

根据《中华人民共和国刑事诉讼法》第一百七十一条第二项之规定，要求你_____（及时或者在一定期限内）补充移送起诉，并提供必需的证据材料。

20××年××月××日
（院印）

第一百七十二条 审查起诉期限

人民检察院对于监察机关、公安机关移送起诉的案件，应当在一个月以内作出决定，重大、复杂的案件，可以延长十五日；犯罪嫌疑人认罪认罚，符合速裁程序适用条件的，应当在十日以内作出决定，对可能判处的有期徒刑超过一年的，可以延长至十五日。

人民检察院审查起诉的案件，改变管辖的，从改变后的人民检察院收到案件之日起计算审查起诉期限。

条文注解

2018年刑事诉讼法修改增加了监察机关移送起诉案件以及犯罪嫌疑人认罪认罚案件、可适用速裁程序的审查起诉期限。

人民检察院自收到移送起诉案件之日起开始计算审查起诉期限。一般案件为一个月内，重大复杂案件可延长十五日。认罪认罚案件区分两种情形：一是适用速裁程序的，十日以内决定；二是可能判处有期徒刑超过一年的，可以延长至十五日。

改变管辖情况下审查起诉期限的计算。改变管辖的，从改变后的检察院收到案件之日起计算。"改变管辖"是指根据审判管辖规定，检察院发现不属于本院管辖，进而移送有管辖权的检察院。

相关规定

《高检规则》

第二百七十三条 犯罪嫌疑人认罪认罚，人民检察院经审查，认为符合速裁程序适用条件的，应当在十日以内作出是否提起公诉的决定，对可能判处的有期徒刑超过一年的，可以延长至十五日；认为不符合速裁程序适用条件的，应当在本规则第三百五十一条规定的期限以内作出是否提起公诉的决定。

对于公安机关建议适用速裁程序办理的案件，人民检察院负责案件管理的部门应当在受理案件的当日将案件移送负责捕诉的部门。

第三百五十一条 人民检察院对于移送起诉的案件，应当在一个月以内作出决定；重大、复杂的案件，一个月以内不能作出决定的，可以延长十五日。

人民检察院审查起诉的案件，改变管辖的，从改变后的人民检察院收到案件之日起计算审查起诉期限。

文书格式

报送（移送）案件意见书

××检××报（移）诉〔20××〕×号

××××人民检察院

_____人民检察院：

（监察/侦查机关）于（受理日期）以_____号起诉意见书向本院移送起诉的犯罪嫌疑人_____涉嫌_____一案，经本院审查：

一、犯罪嫌疑人基本情况

犯罪嫌疑人……（写明姓名、性别、出生年月日、公民身份号码、民族、文化程

续表

度、职业或者工作单位及职务、户籍地、住址、曾受到刑事处罚以及与本案定罪量刑相关的行政处罚的情况和因本案采取强制措施的情况等）
　　二、本院审查认定的犯罪事实及证据
　　……
　　三、改变管辖的理由
　　根据《中华人民共和国刑事诉讼法》第一百七十二条及《人民检察院刑事诉讼规则》第_____条的规定，现将案件报送（或者移送）你院，请予审查。

20××年××月××日
（院印）

××××人民检察院
交办案件通知书

××检××交诉〔20××〕×号

_____人民检察院（下级院）：
_____（监察/侦查机关名称）于____年____月____日以____号起诉意见书向本院移送起诉的犯罪嫌疑人_____涉嫌_____一案，（对于负责侦查的部门，写为本院于____年____月____日侦查终结的犯罪嫌疑人_____涉嫌_____一案，）经审查：
　　……（以下写明查明的案件情况，本院审查认定的该案犯罪事实及其证据、适用法律的意见，以及交由下级检察机关办理的理由。）根据《中华人民共和国刑事诉讼法》第一百七十二条及《人民检察院刑事诉讼规则》第三百二十八条的规定，现将案件移交你院审查办理。

20××年××月××日
（院印）

××××人民检察院
延长审查起诉期限通知书

××检××诉延期〔20××〕×号

_____：
　　_____移送起诉的_____涉嫌_____一案，因_____，根据《中华人民共和国刑事诉讼法》第一百七十二条第一款之规定，决定延长审查起诉期限半个月，自____年____月____日至____年____月____日。

20××年××月××日
（院印）

第一百七十三条 审查起诉程序

人民检察院审查案件,应当讯问犯罪嫌疑人,听取辩护人或者值班律师、被害人及其诉讼代理人的意见,并记录在案。辩护人或者值班律师、被害人及其诉讼代理人提出书面意见的,应当附卷。

犯罪嫌疑人认罪认罚的,人民检察院应当告知其享有的诉讼权利和认罪认罚的法律规定,听取犯罪嫌疑人、辩护人或者值班律师、被害人及其诉讼代理人对下列事项的意见,并记录在案:

(一)涉嫌的犯罪事实、罪名及适用的法律规定;

(二)从轻、减轻或者免除处罚等从宽处罚的建议;

(三)认罪认罚后案件审理适用的程序;

(四)其他需要听取意见的事项。

人民检察院依照前两款规定听取值班律师意见的,应当提前为值班律师了解案件有关情况提供必要的便利。

条文注解

审查起诉的程序要求。"讯问犯罪嫌疑人"应当参照侦查中讯问犯罪嫌疑人的规定,讯问犯罪嫌疑人是否有犯罪行为,使其陈述有罪情节或无罪辩解,讯问时,检察人员不得少于二人,讯问应当按法定程序制成笔录。"听取辩护人或者值班律师、被害人及其诉讼代理人的意见"主要包括:辩护人、值班律师对犯罪嫌疑人是否犯罪及罪行轻重,对侦查活动是否合法等提出的意见,以及被害人、诉讼代理人对定罪量刑、是否谅解和附带民事赔偿请求等意见。

认罪认罚情形的处理。首先是权利告知,检察院应当告知认罪认罚的犯罪嫌疑人享有的诉讼权利和法律规定;其次是听取意见,检察院应当听取犯罪嫌疑人、辩护人或者值班律师、被害人及其诉讼代理人对有关事项的意见。主要包括所涉罪名及法律适用,从轻减轻或免除处罚等建议,案件审理适用程序等。

为值班律师提供必要便利。"提前为值班律师了解案件有关情况提供必要的便利",是指允许值班律师阅卷、会见犯罪嫌疑人,向值班律师介绍案件有关情况及证据材料等。

相关规定

《高检规则》

第二百七十一条 审查起诉阶段,对于在侦查阶段认罪认罚的案件,人民检察院应当重点审查以下内容:

(一)犯罪嫌疑人是否自愿认罪认罚,有无因受到暴力、威胁、引诱而违背意愿认罪认罚;

(二)犯罪嫌疑人认罪认罚时的认知能力和精神状态是否正常;

(三)犯罪嫌疑人是否理解认罪认罚的性质和可能导致的法律后果;

(四)公安机关是否告知犯罪嫌疑人享有的诉讼权利,如实供述自己罪行可以从宽处理和认罪认罚的法律规定,并听取意见;

(五)起诉意见书中是否写明犯罪嫌疑人认罪认罚情况;

(六)犯罪嫌疑人是否真诚悔罪,是否向被害人赔礼道歉。

经审查,犯罪嫌疑人违背意愿认罪认

罚的,人民检察院可以重新开展认罪认罚工作。存在刑讯逼供等非法取证行为的,依照法律规定处理。

文书格式

犯罪嫌疑人诉讼权利义务告知书
(审查逮捕阶段)

××××人民检察院

犯罪嫌疑人权利:

根据《中华人民共和国刑事诉讼法》《人民检察院刑事诉讼规则》等有关规定,在检察机关审查逮捕期间,犯罪嫌疑人有以下诉讼权利:

1. 认罪认罚获得从宽处理的权利。在接受讯问时,你自愿如实供述自己的罪行,承认指控的犯罪事实,愿意接受处罚的,可以依法从宽处理。

2. 约见值班律师的权利。犯罪嫌疑人有权约见值班律师,值班律师为犯罪嫌疑人提供法律咨询、程序选择建议、申请变更强制措施等法律帮助。

3. 获得律师辩护的权利。犯罪嫌疑人在被侦查机关第一次讯问或者被采取强制措施之日起,可以聘请律师为辩护人,为犯罪嫌疑人代理申诉、控告;申请变更强制措施;了解犯罪嫌疑人涉嫌的罪名和案件有关情况,同在押的犯罪嫌疑人会见和通信。但危害国家安全犯罪、恐怖活动犯罪案件的犯罪嫌疑人会见应当经侦查机关许可。

4. 辩护权利。犯罪嫌疑人在接受侦查机关讯问时有权为自己辩护。

5. 申请回避的权利。检察人员有下列情形之一的,犯罪嫌疑人有权要求他们回避:(1) 是本案的当事人或者是当事人的近亲属的;(2) 本人或者他的近亲属和本案有利害关系的;(3) 担任过本案的证人、鉴定人、辩护人、诉讼代理人的;(4) 与本案当事人有其他关系,可能影响公正处理案件的;(5) 接受当事人及其委托的人的请客送礼或者违反规定会见当事人及其委托的人。

6. 使用本民族语言文字进行诉讼的权利。

7. 对与本案无关问题的讯问,有拒绝回答的权利。

8. 认为采取的强制措施不当或者不适宜继续羁押的,有申请变更强制措施和羁押必要性审查的权利。

9. 对超过法定期限的强制措施有要求解除的权利。

10. 鉴定意见知悉权和申请补充或者重新鉴定的权利。

11. 核对讯问笔录、对记载有遗漏或者差错提出补充或改正的权利,也可以自行书写供述。

12. 对办案人员侵犯其诉讼权利和人身侮辱的行为提出控告的权利。

13. 对错误逮捕获得刑事赔偿的权利。

犯罪嫌疑人义务:

续表

1. 对办案人员的提问应当如实回答的义务。 2. 接受人民检察院依法采取的人身检查、搜查、扣押物证、书证、冻结存款、汇款等措施的义务。

××××人民检察院
被害人诉讼权利义务告知书
（审查逮捕阶段）

根据《中华人民共和国刑事诉讼法》的规定，你作为本案的被害人，在审查逮捕阶段依法享有的诉讼权利和承担的诉讼义务如下：

一、诉讼权利

1. 要求提供作证条件和保密的权利

检察机关应当保证你有客观充分地提供证据的条件，并为你保守秘密。如果你的作证内容涉及国家秘密、商业秘密、个人隐私，你有权要求保密。

2. 委托诉讼代理人和发表诉讼意见的权利

你及你的法定代理人或者近亲属有权委托一名至二名律师、人民团体或你所在单位推荐的人作为诉讼代理人，你的监护人、亲友也可以作为你的诉讼代理人。

检察机关审查案件可以听取你及你的诉讼代理人的意见。你及你的诉讼代理人有权向检察机关就犯罪嫌疑人认罪认罚等问题提出书面意见。

3. 使用本民族语言文字进行诉讼及获得翻译的权利

你有权使用本民族语言文字进行诉讼。

如果你是聋、哑人或者不通晓当地通用语言文字，检察机关应当为你聘请通晓聋、哑手势或者当地通用语言文字且与本案无利害关系的人员为你提供翻译。

4. 申请回避的权利

你及你的法定代理人或者诉讼代理人认为检察人员具有法定回避事由的，有权要求他们回避。

你及你的法定代理人或者诉讼代理人对检察机关驳回申请回避的决定，有权申请复议一次。

5. 知悉用作证据的鉴定意见及申请补充鉴定或者重新鉴定的权利

检察机关应当向你或者你的法定代理人、近亲属或诉讼代理人告知用作证据的鉴定意见。

对于用作证据的鉴定意见，你或者你的法定代理人、近亲属、诉讼代理人有权申请补充鉴定或者重新鉴定，但除原鉴定违反法定程序外，你应当承担补充鉴定或者重新鉴定的费用。

续表

6. 控告权

如果办案人员有侵犯你诉讼权利和人身侮辱的行为，或者采用羁押、暴力、威胁、引诱、欺骗等非法方法收集证据的行为，你有权提出控告。

7. 获得保护的权利

如果你因在诉讼中作证，你或者近亲属的人身安全面临危险，你有权请求检察机关予以保护。

如果你因在危害国家安全犯罪、恐怖活动犯罪、黑社会性质组织犯罪、毒品犯罪等案件中作证，你或者近亲属的人身安全面临危险，检察机关应当依法为你采取保护措施。

8. 知悉证明文件、核对笔录和亲笔书写陈述的权利

你有权要求对你进行询问的检察人员向你出示证明文件。

询问笔录应当交你核对。如果你没有阅读能力，检察人员应当向你宣读。如果记载有遗漏或者差错，你有权要求补充或改正。

你有权请求自行书写陈述，检察人员应当准许。

9. 请求赔偿的权利

如果由于犯罪嫌疑人的犯罪行为而遭受物质损失，符合法定条件的，有权请求赔偿。

10. 未成年被害人的特殊权利

你若未满十八周岁，询问时将通知你的法定代理人到场，法定代理人可以代为行使你的诉讼权利。无法通知，法定代理人不能到场或是共犯的，可以要求通知你的其他成年亲属，所在学校、单位或者居住地的村民委员会、居民委员会、未成年人保护组织的代表到场。

你若是未满十八周岁的女性，询问时应当有女工作人员在场。

二、诉讼义务

1. 作证的义务

凡是知道案件情况的人，都有作证的义务。

2. 如实提供证据、陈述的义务

你应当如实地提供证据、陈述，诬告陷害、有意作虚假陈述或者隐匿罪证，将承担相应的法律责任。

3. 在询问笔录上签字和按要求书写陈述的义务

经核对无误后，你应当在询问笔录上逐页签名、盖章或者捺指印。

必要的时候，经检察人员要求，你应当亲笔书写陈述。

4. 接受检查的义务

你应当接受为确定你的某些特征或者生理状态而进行的人身检查、提取指纹信息，采集血迹、尿液等生物样本。

如果你是女性，检查你的身体应当由女工作人员或者医师进行。

第一百七十四条　签署认罪认罚具结书

犯罪嫌疑人自愿认罪，同意量刑建议和程序适用的，应当在辩护人或者值班律师在场的情况下签署认罪认罚具结书。

犯罪嫌疑人认罪认罚，有下列情形之一的，不需要签署认罪认罚具结书：

（一）犯罪嫌疑人是盲、聋、哑人，或者是尚未完全丧失辨认或者控制自己行为能力的精神病人的；

（二）未成年犯罪嫌疑人的法定代理人、辩护人对未成年人认罪认罚有异议的；

（三）其他不需要签署认罪认罚具结书的情形。

条文注解

认罪认罚具结书的内容。 认罪认罚具结书主要包括四个部分：一是犯罪嫌疑人的身份信息情况；二是权利知悉部分，主要以《认罪认罚从宽制度告知书》的形式告知犯罪嫌疑人认罪认罚的内容；三是认罪认罚的内容，主要包括指控的犯罪事实、罪名，量刑建议和适用程序等三个部分；四是自愿签署的声明，包括本人签字和值班律师或辩护人的签名。

签署认罪认罚具结书的前提。 一是犯罪嫌疑人自愿认罪，需要其作出自愿认罪的意思表示，不得强迫。二是同意量刑建议和程序适用。量刑建议一般是基于犯罪嫌疑人认罪认罚意愿和表现，基于法定、酌定量刑情节向法庭提出的包含从轻减轻或者免除处罚内容的量刑意见。程序适用主要是简化审理过程，但犯罪嫌疑人、被告人可以选择不适用简化程序，并不影响认罪认罚的认定。

不需要签署认罪认罚具结书的情形。 主要是为了切实维护此类特殊的犯罪嫌疑人的合法权益，不宜使用简化审理程序，此类犯罪嫌疑人、被告人不签署具结书也不影响认罪认罚的认定。

相关规定

《高检规则》

第二百七十二条　犯罪嫌疑人自愿认罪认罚，同意量刑建议和程序适用的，应当在辩护人或者值班律师在场的情况下签署认罪认罚具结书。具结书应当包括犯罪嫌疑人如实供述罪行、同意量刑建议和程序适用等内容，由犯罪嫌疑人及其辩护人、值班律师签名。

犯罪嫌疑人具有下列情形之一的，不需要签署认罪认罚具结书：

（一）犯罪嫌疑人是盲、聋、哑人，或者是尚未完全丧失辨认或者控制自己行为能力的精神病人的；

（二）未成年犯罪嫌疑人的法定代理人、辩护人对未成年人认罪认罚有异议的；

（三）其他不需要签署认罪认罚具结书的情形。

有前款情形，犯罪嫌疑人未签署认罪认罚具结书的，不影响认罪认罚从宽制度的适用。

典型案例

1. 王某受贿案（刑事审判参考案例第1414号）

裁判要旨： 认罪认罚从宽制度中的"认罚"在不同诉讼阶段有不同的表现形式：在侦查阶段表现为犯罪嫌疑人真诚悔罪愿意接受处罚；在审查起诉阶段表现为犯罪嫌疑人自愿签署认罪认罚具结书，认可检察机关的量刑建议；在审判阶段表现为被告人当庭确认签署具结书系出于自愿，或者当庭表示认罪，愿意接受处罚。犯罪嫌疑人认罪认罚，但确无退赃退赔能力的，不能以此否定"认罚"情节；犯罪嫌疑人、被告人表面上接受量刑建议，背后隐匿、转移财产，拒不退赃退赔、赔偿损失、履行财产刑，明显无真诚悔罪表现的，不应当认定为"认罚"。人民法院对于"认罚"情节的否定，应当进行必要的法庭调查、法庭辩论，充分听取控辩双方的意见，并向被告人释明相应的法律后果。

2. 金某某受贿案（检例第75号）

裁判要旨：对于犯罪嫌疑人自愿认罪认罚的职务犯罪案件，应当依法适用认罪认罚从宽制度办理。在适用认罪认罚从宽制度办理职务犯罪案件过程中，检察机关应切实履行主导责任，与监察机关、审判机关互相配合，互相制约，充分保障犯罪嫌疑人、被告人的程序选择权。要坚持罪刑法定和罪责刑相适应原则，对符合有关规定条件的，一般应当就主刑、附加刑、是否适用缓刑等提出确定刑量刑建议。

3. 钱某故意伤害案（检例第82号）

裁判要旨：检察机关应当健全量刑协商机制，规范认罪认罚案件量刑建议的形成过程。依法听取犯罪嫌疑人、辩护人或者值班律师的意见，通过出示有关证据、释法说理等方式，结合案件事实和情节开展量刑协商，促进协商一致。注重运用司法救助等制度措施化解矛盾，提升办案质效。

4. 苏某花开设赌场案（刑事审判参考案例第1409号）

裁判要旨：根据刑事诉讼法第二百零一条第一款的规定，量刑建议的采纳是附条件的，因此，人民法院在查清事实，正确适用法律的基础上，应对量刑建议进行实质审查，具体包括以下几个方面：一要审查量刑建议适用的刑种是否适当。刑期相同，但刑种适用不当的，属于量刑建议明显不当。二要对拟宣告刑与量刑建议的刑期进行比较。既要考虑二者相差的绝对值，又要考虑差值所占的比例。对于较长的刑期来说，虽然所占比例不高但差值绝对值较大的，属于明显不当。反过来，对刑期较短的案件来说，虽然差值的绝对值不大但所占比例较高的，仍然属于量刑建议明显不当。三要注重类案检索，确保类案量刑平衡和法律适用的统一。类案检索后发现量刑建议与类案量刑明显不平衡的，量刑建议亦属明显不当。四要对认罪认罚案件与一般案件的量刑进行比较。认罪认罚案件量刑重于一般案件影响司法公正的，量刑建议亦属明显不当。

文书格式

认罪认罚具结书
（自然人）

一、犯罪嫌疑人身份信息

本人姓名____，性别__，____年__月__日出生，公民身份号码：____，民族__，文化程度____，职业____，户籍所在地：_____。

续表

二、权利知悉

本人已阅读《认罪认罚从宽制度告知书》,且理解并接受其全部内容,本人自愿适用认罪认罚从宽制度。

三、认罪认罚内容

本人知悉并认可如下内容:

1. _____人民检察院指控本人犯罪事实:_____
_____
2. _____人民检察院指控本人构成_____罪。
3. _____人民检察院提出的量刑建议:_____
(如在审理阶段具有赔偿被害人、取得谅解等情节的,将调整量刑建议或者给出具体预期刑期;如相对不起诉,可写鉴于×××情况,我院对你拟决定不起诉。)
4. **本人同意适用**速裁程序/简易程序/普通程序。

四、自愿签署声明

本人就本具结书内容已经听取**辩护人/值班律师**的法律意见,知悉认罪认罚可能导致的法律后果。

本《认罪认罚具结书》是本人在知情和自愿的情况下签署,未受任何暴力、威胁或任何其他形式的非法影响,亦未受任何可能损害本人理解力和判断力的毒品、药物或酒精物质的影响,除了本《认罪认罚具结书》载明的内容,本人没有获得其他任何关于案件处理的承诺。

本人已阅读、理解并认可本《认罪认罚具结书》的每一项内容,上述内容真实、准确、完整。

　　　　　本人签名:　　　　　　　　　　　　年　　月　　日

本人系_____(单位)的律师,担任犯罪嫌疑人/被告人_____的辩护人/值班律师。本人证明,该犯罪嫌疑人/被告人已经阅读了《认罪认罚从宽制度告知书》及《认罪认罚具结书》,自愿签署了上述《认罪认罚具结书》。

辩护人/值班律师签名:
年　月　日

本文书一式二份,一份留存附卷,一份送人民法院。

认罪认罚具结书
（单位）

一、犯罪嫌疑人身份信息

被告单位×××（写明单位名称、组织机构代码、住所地、法定代表人姓名、职务等）

诉讼代表人×××（写明姓名、性别、出生日期、工作单位、职务）

二、权利知悉

本人已阅读《认罪认罚从宽制度告知书》，且理解并接受其全部内容，本人代表单位自愿适用认罪认罚从宽制度。

三、认罪认罚内容

本人知悉并认可如下内容：

1. _____人民检察院指控本单位犯罪事实：_____
_____
2. _____人民检察院指控本单位构成_____罪。
3. _____人民检察院提出的量刑建议：_____
_____

（如相对不起诉，可写鉴于×××，我院拟对××单位决定不起诉）

4. **本人代表单位同意适用**速裁程序/简易程序/普通程序。

四、自愿签署声明

本人就本具结书内容已经听取**辩护人/值班律师**的法律意见，知悉认罪认罚可能导致的法律后果。

本《认罪认罚具结书》是本人在知情和自愿的情况下签署，未受任何暴力、威胁或任何其他形式的非法影响，亦未受任何可能损害本人理解力和判断力的毒品、药物或酒精物质的影响，除了本《认罪认罚具结书》载明的内容，本人没有获得其他任何关于案件处理的承诺。

本人已阅读、理解并认可本《认罪认罚具结书》的每一项内容，上述内容真实、准确、完整。

诉讼代表人签名： 　　　　　　　　　　　　年 　月 　日

本人系_____（单位）的律师，担任犯罪嫌疑单位/被告单位_____的辩护人/值班律师。本人证明，该诉讼代表人已经阅读了《认罪认罚从宽制度告知书》及《认罪认罚具结书》，自愿签署了上述《认罪认罚具结书》。

续表

辩护人／值班律师签名：
年　月　日

本文书一式二份，一份留存附卷，一份送人民法院

第一百七十五条　审查起诉阶段补充侦查

人民检察院审查案件，可以要求公安机关提供法庭审判所必需的证据材料；认为可能存在本法第五十六条规定的以非法方法收集证据情形的，可以要求其对证据收集的合法性作出说明。

人民检察院审查案件，对于需要补充侦查的，可以退回公安机关补充侦查，也可以自行侦查。

对于补充侦查的案件，应当在一个月以内补充侦查完毕。补充侦查以二次为限。补充侦查完毕移送人民检察院后，人民检察院重新计算审查起诉期限。

对于二次补充侦查的案件，人民检察院仍然认为证据不足，不符合起诉条件的，应当作出不起诉的决定。

条文注解

第一，"提供法庭审判所必需的证据材料"并不是补充侦查，此处是对案件事实已经查清，但尚有个别证据需要补充，而又不必要补充侦查的案件，检察院可以要求公安机关提供个别证据材料。基于非法证据排除规则的要求，检察院认为公安机关可能存在以非法方法收集证据情形的，可以要求其对证据收集合法性作出说明。

第二，"退回公安机关补充侦查"是指对于犯罪事实不清、证据不足，或者有遗漏罪行和其他需要追究刑事责任的人，可能影响对犯罪嫌疑人定罪量刑的案件，可以将案件退回公安机关，由公安机关进行补充性侦查；"可以自行侦查"是指案件只有部分证据需要查证，检察机关有能力侦查或者自行侦查更有利于案件正确处理的，由人民检察院自己补充侦查。

第三，补充侦查应当在一个月以内完成。补充侦查的期间从侦查机关接到补充侦查案件第二日起计算。补充侦查以二次为限，补充侦查完毕移送人民检察院后，重新计算审查起诉期限。检察人员不得滥用补充侦查，随意延长办案期限。

第四，案件经二次补充侦查后，人民检察院仍然认为证据不足，不符合起诉条件的，应当作出不起诉的决定。在处理上包含两种情况：一是经过一次退回补充侦查，认为该案证明犯罪证据不足，不符合起诉条件，且没有必要再补充侦查的，可以作出不起诉的决定；二是经过二次退回补充侦查后，证据仍然不足，不符合起诉条件的，应当作出不起诉的决定。要注意，同等条件下，一次回退是"可以"，二次回退是"应当"。

相关规定

《公安规定》

第二百九十五条　侦查终结，移送人

民检察院审查起诉的案件，人民检察院退回公安机关补充侦查的，公安机关接到人民检察院退回补充侦查的法律文书后，应当按照补充侦查提纲在一个月以内补充侦查完毕。

补充侦查以二次为限。

第二百九十六条 对人民检察院退回补充侦查的案件，根据不同情况，报县级以上公安机关负责人批准，分别作如下处理：

（一）原认定犯罪事实不清或者证据不够充分的，应当在查清事实、补充证据后，制作补充侦查报告书，移送人民检察院审查；对确实无法查明的事项或者无法补充的证据，应当书面向人民检察院说明情况；

（二）在补充侦查过程中，发现新的同案犯或者新的罪行，需要追究刑事责任的，应当重新制作起诉意见书，移送人民检察院审查；

（三）发现原认定的犯罪事实有重大变化，不应当追究刑事责任的，应当撤销案件或者对犯罪嫌疑人终止侦查，并将有关情况通知退查的人民检察院；

（四）原认定犯罪事实清楚，证据确实、充分，人民检察院退回补充侦查不当的，应当说明理由，移送人民检察院审查。

第二百九十七条 对于人民检察院在审查起诉过程中以及在人民法院作出生效判决前，要求公安机关提供法庭审判所必需的证据材料的，应当及时收集和提供。

《高检规则》

第三百三十二条 人民检察院认为需要对案件中某些专门性问题进行鉴定而监察机关或者公安机关没有鉴定的，应当要求监察机关或者公安机关进行鉴定。必要时，也可以由人民检察院进行鉴定，或者由人民检察院聘请有鉴定资格的人进行鉴定。

人民检察院自行进行鉴定的，可以商请监察机关或者公安机关派员参加，必要时可以聘请有鉴定资格或者有专门知识的人参加。

第三百三十三条 在审查起诉中，发现犯罪嫌疑人可能患有精神病的，人民检察院应当依照本规则的有关规定对犯罪嫌疑人进行鉴定。

犯罪嫌疑人的辩护人或者近亲属以犯罪嫌疑人可能患有精神病而申请对犯罪嫌疑人进行鉴定的，人民检察院也可以依照本规则的有关规定对犯罪嫌疑人进行鉴定。鉴定费用由申请方承担。

第三百三十四条 人民检察院对鉴定意见有疑问的，可以询问鉴定人或者有专门知识的人并制作笔录附卷，也可以指派有鉴定资格的检察技术人员或者聘请其他有鉴定资格的人进行补充鉴定或者重新鉴定。

人民检察院对鉴定意见等技术性证据材料需要进行专门审查的，按照有关规定交检察技术人员或者其他有专门知识的人进行审查并出具审查意见。

第三百三十五条 人民检察院审查案件时，对监察机关或者公安机关的勘验、检查，认为需要复验、复查的，应当要求其复验、复查，人民检察院可以派员参加；也可以自行复验、复查，商请监察机关或者公安机关派员参加，必要时也可以指派检察技术人员或者聘请其他有专门知识的人参加。

第三百三十六条 人民检察院对物证、书证、视听资料、电子数据及勘验、检查、辨认、侦查实验等笔录存在疑问的，可以要求调查人员或者侦查人员提供获取、制作的有关情况，必要时也可以询问提供相关证据材料的人员和见证人并制作笔录附卷，对物证、书证、视听资料、电子数据进行鉴定。

第三百四十条 人民检察院对监察机关或者公安机关移送的案件进行审查后，在人民法院作出生效判决之前，认为需要补充提供证据材料的，可以书面要求监察机关或者公安机关提供。

第三百四十一条 人民检察院在审查起诉中发现有应当排除的非法证据，应当依法排除，同时可以要求监察机关或者公安机关另行指派调查人员或者侦查人员重新取证。必要时，人民检察院也可以自行调查取证。

第三百四十二条 人民检察院认为犯罪事实不清、证据不足或者存在遗漏罪行、遗漏同案犯罪嫌疑人等情形需要补充侦查的，应当制作补充侦查提纲，连同案卷材料一并退回公安机关补充侦查。人民检察院也可以自行侦查，必要时可以要求公安机关提供协助。

第三百四十五条 人民检察院负责捕诉的部门对本院负责侦查的部门移送起诉的案件进行审查后，认为犯罪事实不清、证据不足或者存在遗漏罪行、遗漏同案犯罪嫌疑人等情形需要补充侦查的，应当制作补充侦查提纲，连同案卷材料一并退回负责侦查的部门补充侦查。必要时，也可以自行侦查，可以要求负责侦查的部门予以协助。

第三百四十六条 退回监察机关补充调查、退回公安机关补充侦查的案件，均应当在一个月以内补充调查、补充侦查完毕。

补充调查、补充侦查以二次为限。

补充调查、补充侦查完毕移送起诉后，人民检察院重新计算审查起诉期限。

人民检察院负责捕诉的部门退回本院负责侦查的部门补充侦查的期限、次数按照本条第一款至第三款的规定执行。

第三百四十七条 补充侦查期限届满，公安机关未将案件重新移送起诉的，人民检察院应当要求公安机关说明理由。

人民检察院发现公安机关违反法律规定撤销案件的，应当提出纠正意见。

第三百四十八条 人民检察院在审查起诉中决定自行侦查的，应当在审查起诉期限内侦查完毕。

第三百四十九条 人民检察院对已经退回监察机关二次补充调查或者退回公安机关二次补充侦查的案件，在审查起诉中又发现新的犯罪事实，应当将线索移送监察机关或者公安机关。对已经查清的犯罪事实，应当依法提起公诉。

第三百五十条 对于在审查起诉期间改变管辖的案件，改变后的人民检察院对于符合刑事诉讼法第一百七十五条第二款规定的案件，可以经原受理案件的人民检察院协助，直接退回原侦查案件的公安机关补充侦查，也可以自行侦查。改变管辖前后退回补充侦查的次数总共不得超过二次。

第三百五十四条 人民检察院在审查起诉阶段，可以适用本规则规定的侦查措施和程序。

第三百五十六条 人民检察院在办理公安机关移送起诉的案件中，发现遗漏罪行或者有依法应当移送起诉的同案犯罪嫌疑人未移送起诉的，应当要求公安机关补充侦查或者补充移送起诉。对于犯罪事实清楚，证据确实、充分的，也可以直接提起公诉。

第三百五十七条 人民检察院立案侦查时认为属于直接受理侦查的案件，在审查起诉阶段发现属于监察机关管辖的，应当及时商监察机关办理。属于公安机关管辖，案件事实清楚，证据确实、充分，符合起诉条件的，可以直接起诉；事实不清、证据不足的，应当及时移送有管辖权的机关办理。

在审查起诉阶段，发现公安机关移送起诉的案件属于监察机关管辖，或者监察机关移送起诉的案件属于公安机关管辖，但案件事实清楚，证据确实、充分，符合起诉条件的，经征求监察机关、公安机关意见后，没有不同意见的，可以直接起诉；提出不同意见，或者事实不清、证据不足的，应当将案件退回移送案件的机关并说明理由，建议其移送有管辖权的机关办理。

第三百六十七条 人民检察院对于二次退回补充调查或者补充侦查的案件，仍然认为证据不足，不符合起诉条件的，经检察长批准，依法作出不起诉决定。

人民检察院对于经过一次退回补充调查或者补充侦查的案件，认为证据不足，不符合起诉条件，且没有再次退回补充调查或者补充侦查必要的，经检察长批准，可以作出不起诉决定。

第三百六十八条 具有下列情形之一，不能确定犯罪嫌疑人构成犯罪和需要追究刑事责任的，属于证据不足，不符合起诉条件：

（一）犯罪构成要件事实缺乏必要的证据予以证明的；

（二）据以定罪的证据存在疑问，无法查证属实的；

（三）据以定罪的证据之间、证据与案件事实之间的矛盾不能合理排除的；

（四）根据证据得出的结论具有其他可能性，不能排除合理怀疑的；

（五）根据证据认定案件事实不符合逻辑和经验法则，得出的结论明显不符合常理的。

第三百六十九条 人民检察院根据刑事诉讼法第一百七十五条第四款规定决定不起诉的，在发现新的证据，符合起诉条件时，可以提起公诉。

典型案例

宋某某等人重大责任事故案（检例第95号）

裁判要旨：安全生产事故调查报告在刑事诉讼中可以作为证据使用，应结合全案证据进行审查。安全生产事故发生后，相关部门作出的事故调查报告，与收集调取的物证、书证、视听资料、电子数据等相关证据材料一并移送给司法机关后，调查报告和这些证据材料在刑事诉讼中可以作为证据使用。调查报告对事故原因、事故性质、责任认定、责任者处理等提出的具体意见和建议，是检察机关办案中是否追究相关人员刑事责任的重要参考，但不应直接作为定案的依据，检察机关应结合全案证据进行审查，准确认定案件事实和涉案人员责任。

文书格式

××××人民检察院
补充侦查决定书

××检××补侦〔20××〕×号

你＿＿＿＿于＿＿＿＿年＿＿月＿＿日以＿＿＿＿号文书移送起诉的＿＿＿＿

续表

_____一案，经本院审查认为：_____ _____。根据《中华人民共和国刑事诉讼法》第一百七十五条第二款的规定，现决定将此案退回你_____补充侦查。请在收到本决定书后一个月内将补充侦查材料移送本院。

此致

_____

20××年××月××日
（院印）

附件：补充侦查提纲

附件：

关于××一案的退回补充侦查提纲

_____（侦查机关名称）：

你_____（侦查机关简称）以_____号起诉意见书移送起诉的犯罪嫌疑人_____涉嫌_____一案，为有效地指控犯罪，根据《中华人民共和国刑事诉讼法》第____条第____款的规定，决定将案件退回你____（侦查机关简称）补充侦查。

一、补充侦查的方向

本院审查认为⋯⋯

二、补充侦查的主要事项和工作

根据上述情况，请你　　（侦查机关简称）查明以下事项，并重点做好相关工作：

1. 为查明⋯⋯，调取（核查、询问、讯问、梳理）⋯⋯
2. 为查明⋯⋯，调取（核查、询问、讯问、梳理）⋯⋯
3. 为核实⋯⋯，调取（核查、询问、讯问、梳理）⋯⋯
4. 为核实⋯⋯，调取（核查、询问、讯问、梳理）⋯⋯

　⋯⋯

三、相关工作要求

补充侦查过程中，注意以下问题：

1. ⋯⋯
2. ⋯⋯

联系人：
联系电话：
备注：本提纲供开展补充侦查工作参考，不得装入侦查案卷。

20××年××月××日
（院印）

```
┌─────────────────────────────────────────────────────────┐
│              ××××人民检察院                              │
│         提供法庭审判所需证据材料通知书                    │
│                          ××检××诉提证〔20××〕×号        │
│   _____（监察/侦查机关名称）：                       │
│     你_____（监察/侦查机关简称）以_____号起诉意见书移送起诉（或者│
│   侦查）的犯罪嫌疑人_____涉嫌_____一案，为有效地指控犯罪，根据《中│
│   华人民共和国刑事诉讼法》第一百七十五条第一款的规定，请提供下列证据材料：│
│     ……（列出证据材料要求）。                            │
│                              20××年××月××日           │
│                                        （院印）         │
└─────────────────────────────────────────────────────────┘

┌─────────────────────────────────────────────────────────┐
│                    ×××公安局                            │
│                  补充侦查报告书                          │
│                        ×公（ ）补侦字〔   〕  号         │
│   _____人民检察院：                                 │
│     你院于____年__月__日以_____〔 〕_____号补充侦查决│
│   定书退回的_____案，已经补充侦查完毕。结果如下：│
│   _____│
│   _____│
│   _____│
│     现将该案卷宗___卷___页及补充查证材料___卷___页附后，请审查。│
│                                      公安局（印）       │
│                                        年  月  日       │
└─────────────────────────────────────────────────────────┘
```

第一百七十六条 提起公诉

人民检察院认为犯罪嫌疑人的犯罪事实已经查清，证据确实、充分，依法应当追究刑事责任的，应当作出起诉决定，按照审判管辖的规定，向人民法院提起公诉，并将案卷材料、证据移送人民法院。

犯罪嫌疑人认罪认罚的，人民检察院应当就主刑、附加刑、是否适用缓刑等提出量刑建议，并随案移送认罪认罚具结书等材料。

条文注解

提起公诉的条件。一是"犯罪嫌疑人的犯罪事实已经查清"，犯罪主要事实已经查清，但有个别细节无法查清或没有必要查清，不影响定罪量刑的，也应当视为犯罪事实已经查清。二是"证据确实、充分",现有证据已经达到定罪标准,即使部分证据可能存在问题或者瑕疵,并不影响案件事实认定的,也可以认为达到证明标准。三是"依法应当追究刑事责任",即排除不应当追究刑事责任的情形。

案卷材料、证据的移送。检察院提起公诉,将案卷材料、证据移送人民法院,基于两点考虑:一是便于辩护人查阅案卷材料、证据,方便展开辩护;二是便于审判人员提前阅卷,归纳争议问题,通过庭前会议等程序解决相关争议,提高庭审效率。

认罪认罚从宽情形的处理。量刑建议一般应当为确定刑。对新类型、不常见犯罪案件,量刑情节复杂的重罪案件等,也可以提出幅度刑量刑建议。量刑建议可以另行制作文书,也可以在起诉书中写明。

相关规定

《高检规则》

第二百七十四条 认罪认罚案件,人民检察院向人民法院提起公诉的,应当提出量刑建议,在起诉书中写明被告人认罪认罚情况,并移送认罪认罚具结书等材料。量刑建议可以另行制作文书,也可以在起诉书中写明。

第二百七十五条 犯罪嫌疑人认罪认罚的,人民检察院应当就主刑、附加刑、是否适用缓刑等提出量刑建议。量刑建议一般应当为确定刑。对新类型、不常见犯罪案件,量刑情节复杂的重罪案件等,也可以提出幅度刑量刑建议。

第二百七十六条 办理认罪认罚案件,人民检察院应当将犯罪嫌疑人是否与被害方达成和解或者调解协议,或者赔偿被害方损失,取得被害方谅解,或者自愿承担公益损害修复、赔偿责任,作为提出量刑建议的重要考虑因素。

犯罪嫌疑人自愿认罪并且愿意积极赔偿损失,但由于被害方赔偿请求明显不合理,未能达成和解或者调解协议的,一般不影响对犯罪嫌疑人从宽处理。

对于符合当事人和解程序适用条件的公诉案件,犯罪嫌疑人认罪认罚的,人民检察院应当积极促使当事人自愿达成和解。和解协议书和被害方出具的谅解意见应当随案移送。被害方符合司法救助条件的,人民检察院应当积极协调办理。

第二百七十七条 犯罪嫌疑人认罪认罚,人民检察院拟提出适用缓刑或者判处管制的量刑建议,可以委托犯罪嫌疑人居住地的社区矫正机构进行调查评估,也可以自行调查评估。

第三百五十五条 人民检察院认为犯罪嫌疑人的犯罪事实已经查清,证据确实、充分,依法应当追究刑事责任的,应当作出起诉决定。

具有下列情形之一的,可以认为犯罪事实已经查清:

(一)属于单一罪行的案件,查清的事实足以定罪量刑或者与定罪量刑有关的事实已经查清,不影响定罪量刑的事实无法查清的;

(二)属于数个罪行的案件,部分罪行已经查清并符合起诉条件,其他罪行无法查清的;

(三)无法查清作案工具、赃物去向,但有其他证据足以对被告人定罪量刑的;

(四)证人证言、犯罪嫌疑人供述和辩解、被害人陈述的内容主要情节一致,个别情节不一致,但不影响定罪的。

对于符合前款第二项情形的,应当以已经查清的罪行起诉。

第三百五十八条 人民检察院决定起诉的,应当制作起诉书。

起诉书的主要内容包括:

（一）被告人的基本情况，包括姓名、性别、出生年月日、出生地和户籍地、公民身份号码、民族、文化程度、职业、工作单位及职务、住址，是否受过刑事处分及处分的种类和时间，采取强制措施的情况等；如果是单位犯罪，应当写明犯罪单位的名称和组织机构代码、所在地址、联系方式，法定代表人和诉讼代表人的姓名、职务、联系方式；如果还有应当负刑事责任的直接负责的主管人员或其他直接责任人员，应当按上述被告人基本情况的内容叙写；

（二）案由和案件来源；

（三）案件事实，包括犯罪的时间、地点、经过、手段、动机、目的、危害后果等与定罪量刑有关的事实要素。起诉书叙述的指控犯罪事实的必备要素应当明晰、准确。被告人被控有多项犯罪事实的，应当逐一列举，对于犯罪手段相同的同一犯罪可以概括叙写；

（四）起诉的根据和理由，包括被告人触犯的刑法条款、犯罪的性质及认定的罪名、处罚条款、法定从轻、减轻或者从重处罚的情节，共同犯罪各被告人应负的罪责等；

（五）被告人认罪认罚情况，包括认罪认罚的内容、具结书签署情况等。

被告人真实姓名、住址无法查清的，可以按其绰号或者自报的姓名、住址制作起诉书，并在起诉书中注明。被告人自报的姓名可能造成损害他人名誉、败坏道德风俗等不良影响的，可以对被告人编号并按编号制作起诉书，附具被告人的照片，记明足以确定被告人面貌、体格、指纹以及其他反映被告人特征的事项。

起诉书应当附有被告人现在处所，证人、鉴定人、需要出庭的有专门知识的人的名单，需要保护的被害人、证人、鉴定人的化名名单，查封、扣押、冻结的财物及孳息的清单，附带民事诉讼、附带民事公益诉讼情况以及其他需要附注的情况。

证人、鉴定人、有专门知识的人的名单应当列明姓名、性别、年龄、职业、住址、联系方式，并注明证人、鉴定人是否出庭。

第三百五十九条 人民检察院提起公诉的案件，应当向人民法院移送起诉书、案卷材料、证据和认罪认罚具结书等材料。

起诉书应当一式八份，每增加一名被告人增加起诉书五份。

关于被害人姓名、住址、联系方式、被告人被采取强制措施的种类、是否在案及羁押处所等问题，人民检察院应当在起诉书中列明，不再单独移送材料；对于涉及被害人隐私或者为保护证人、鉴定人、被害人人身安全，而不宜公开证人、鉴定人、被害人姓名、住址、工作单位和联系方式等个人信息的，可以在起诉书中使用化名。但是应当另行书面说明使用化名的情况并标明密级，单独成卷。

第三百六十条 人民检察院对于犯罪嫌疑人、被告人或者证人等翻供、翻证的材料以及对犯罪嫌疑人、被告人有利的其他证据材料，应当移送人民法院。

第三百六十一条 人民法院向人民检察院提出书面意见要求补充移送材料，人民检察院认为有必要移送的，应当自收到通知之日起三日以内补送。

第三百六十二条 对提起公诉后，在人民法院宣告判决前补充收集的证据材料，人民检察院应当及时移送人民法院。

第三百六十三条 在审查起诉期间，人民检察院可以根据辩护人的申请，向监察机关、公安机关调取在调查、侦查期间收集的证明犯罪嫌疑人、被告人无罪或者罪轻的证据材料。

第三百六十四条 人民检察院提起公诉的案件，可以向人民法院提出量刑建议。除有减轻处罚或者免除处罚情节外，量刑建议应当在法定量刑幅度内提出。建议判处有期徒刑、管制、拘役的，可以具有一定的幅度，也可以提出具体确定的建议。

提出量刑建议的，可以制作量刑建议书，与起诉书一并移送人民法院。量刑建议书的主要内容应当包括被告人所犯罪行的法定刑、量刑情节、建议人民法院对被告人判处刑罚的种类、刑罚幅度，可以适用的刑罚执行方式以及提出量刑建议的依据和理由等。

认罪认罚案件的量刑建议，按照本章第二节的规定办理。

典型案例

1. 马某龙抢劫核准追诉案（检例第20号）

裁判要旨：故意杀人、抢劫、强奸、绑架、爆炸等严重危害社会治安的犯罪，经过二十年追诉期限，仍然严重影响人民群众安全感，被害方、案发地群众、基层组织等强烈要求追究犯罪嫌疑人刑事责任，不追诉可能影响社会稳定或者产生其他严重后果的，对犯罪嫌疑人应当追诉。

2. 丁某山等故意伤害核准追诉案（检例第21号）

裁判要旨：涉嫌犯罪情节恶劣、后果严重，并且犯罪后积极逃避侦查，经过二十年追诉期限，犯罪嫌疑人没有明显悔罪表现，也未通过赔礼道歉、赔偿损失等获得被害方谅解，犯罪造成的社会影响没有消失，不追诉可能影响社会稳定或者产生其他严重后果的，对犯罪嫌疑人应当追诉。

3. 邱某某盗窃案（最高检认罪认罚案件适用速裁程序典型案例）

裁判要旨：确定刑量刑建议有利于明确被告人对判罚的预期，促使其更好认罪认罚，避免判后反悔上诉等现象。对于盗窃等常见、多发、简单的轻微刑事案件，有着明确的量刑指导规范和成熟的当地司法实践标准，应当依法提出确定刑量刑建议。同时，应当加强量刑建议说理，详细阐释量刑建议的依据、确定过程和理由，提升被告人、辩护人或者值班律师以及法官对量刑建议的认可度。

文书格式

起诉书格式（样本）一：自然人犯罪案件普通程序适用

×××× 人民检察院
起诉书

××检××刑诉〔20××〕×号

被告人……（写明姓名、性别、出生年月日、公民身份号码、民族、文化程度、职业或者工作单位及职务、是否系人大代表或政协委员、户籍地、住址、曾受到刑事处罚以及与本案定罪量刑相关的行政处罚的情况和因本案采取强制措施的情况等）

本案由（监察/侦查机关）调查/侦查终结，以被告人×××涉嫌×××罪，于（受理日期）向本院移送起诉。本院受理后，于××××年××月××日已告知被告人有权委托辩护人，

续表

××××年××月××日已告知被害人及其法定代理人（近亲属）、附带民事诉讼的当事人及其法定代理人有权委托诉讼代理人，依法讯问了被告人，听取了辩护人、被害人及其诉讼代理人的意见，审查了全部案件材料。本院于（一次退查日期、二次退查日期）退回侦查机关补充侦查，侦查机关于（一次重报日期、二次重报日期）补充侦查完毕移送起诉。本院于（一次延长日期、二次延长日期、三次延长日期）延长审查起诉期限15日。

经依法审查查明：

……（写明经检察机关审查认定的犯罪事实包括犯罪时间、地点、经过、手段、目的、动机、危害后果等与定罪、量刑有关的事实要素。应当根据具体案件情况，围绕刑法规定的该罪的构成要件叙写。）

认定上述事实的证据如下：

1. 物证：……；2. 书证：……；3. 证人证言：证人×××的证言；4. 被害人陈述：被害人×××的陈述；5. 被告人供述和辩解：被告人×××的供述和辩解；6. 鉴定意见：……；7. 勘验、检查、辨认、侦查实验等笔录：……；8. 视听资料、电子数据：……。

本院认为，被告人……（概述被告人行为的性质、危害程度、情节轻重），其行为触犯了《中华人民共和国刑法》第××条（引用罪状、法定刑条款），犯罪事实清楚，证据确实、充分，应当以××罪追究其刑事责任。根据《中华人民共和国刑事诉讼法》第一百七十六条的规定，提起公诉，请依法判处。

此致

××××人民法院

检察官 ×××
检察官助理 ×××
20××年××月××日
（院印）

附件：1. 被告人现在处所：具体包括在押被告人的羁押场所或监视居住、取保候审的处所

2. 案卷材料和证据××册

3. 证人、鉴定人、需要出庭的专门知识的人的名单，需要保护的被害人、证人、鉴定人的名单

4. 有关涉案款物情况

5. 被害人（单位）附带民事诉讼情况

6. 其他需要附注的事项

起诉书格式（样本）二：自然人犯罪案件认罪认罚适用

××××人民检察院
起 诉 书

××检××刑诉〔20××〕×号

被告人……（写明姓名、性别、出生年月日、公民身份号码、民族、文化程度、职业或者工作单位及职务、户籍地、住址、曾受到刑事处罚以及与本案定罪量刑相关的行政处罚的情况和因本案采取强制措施的情况等）

本案由×××（监察/侦查机关）调查/侦查终结，以被告人×××涉嫌××罪，于××××年××月××日向本院移送起诉。本院受理后，于××××年××月××日已告知被告人有权委托辩护人和认罪认罚可能导致的法律后果，××××年××月××日已告知被害人及其法定代理人（近亲属）、附带民事诉讼的当事人及其法定代理人有权委托诉讼代理人，依法讯问了被告人，听取了被告人及其辩护人（值班律师）、被害人及其诉讼代理人的意见，审查了全部案件材料……（写明退回补充调查/侦查、延长审查起诉期限等情况）。被告人同意本案适用速裁/简易/普通程序审理。

经依法审查查明：
……（写明经检察机关审查认定的犯罪事实包括犯罪时间、地点、经过、手段、目的、动机、危害后果，以及被告人到案后自愿如实供述自己的罪行，与被害人达成和解协议或者赔偿被害人损失，取得被害人谅解等与定罪、量刑有关的事实要素。应当根据具体案件情况，围绕刑法规定的该罪的构成要件叙写。）

（对于只有一个犯罪嫌疑人的案件，犯罪嫌疑人实施多次犯罪的，犯罪事实应逐一列举；同时触犯数个罪名的犯罪嫌疑人的犯罪事实应该按照主次顺序分类列举。对于共同犯罪的案件，写明犯罪嫌疑人的共同犯罪事实及各自在共同犯罪中的地位和作用后，按照犯罪嫌疑人的主次顺序，分别叙明各个犯罪嫌疑人的单独犯罪事实。）

认定上述事实的证据如下：
……（针对上述犯罪事实，列举证据，包括犯罪事实证据和量刑情节证据）
上述证据收集程序合法，内容客观真实，足以认定指控事实。被告人×××对指控的犯罪事实和证据没有异议，并自愿认罪认罚。

本院认为，……（概述被告人行为的性质、危害程度、情节轻重），其行为触犯了《中华人民共和国刑法》第××条（引用罪状、法定刑条款），犯罪事实清楚，证据确实、充分，应当以××罪追究其刑事责任。被告人××认罪认罚，依据《中华人民共和国刑事诉讼法》第十五条的规定，可以从宽处理。……（阐述认定的法定、酌定量刑情节，并引用相关法律条款），建议判处被告人×××……（阐述具体量刑建议，包括主刑、附加刑的刑种、刑期，以及刑罚执行方式；建议判处财产刑的，写明确定的数额。也可以单独附量刑建议书，量刑建议不在起诉书中表述）根据《中华人民共和国刑事诉讼法》第一百七十六条的规定，提起公诉，请依法判处。

续表

此致
××××人民法院
检　察　官×××
检察官助理×××

20××年××月××日
（院印）

附件：1. 被告人现在处所：具体包括在押被告人的羁押场所或监视居住、取保候审的处所
2. 案卷材料和证据××册
3. 《认罪认罚具结书》一份
4. 《量刑建议书》一份（单独制作量刑建议书时移送）
5. 有关涉案款物情况
6. 被害人（单位）附带民事诉讼情况
7. 其他需要附注的事项

起诉书格式（样本）三：单位犯罪案件普通程序适用

××××人民检察院
起　诉　书

××检××刑诉〔20××〕×号

被告单位……（写明单位名称、组织机构代码、住所地、法定代表人姓名、职务等）

诉讼代表人……（写明姓名、性别、出生日期、工作单位、职务）

被告人……（写明直接负责的主管人员、其他直接责任人员的姓名、性别、出生年月日、公民身份号码、民族、文化程度、职业或者工作单位及职务、户籍地、住址、曾受到刑事处罚以及与本案定罪量刑相关的行政处罚的情况和因本案采取强制措施的情况等）

本案由××××调查/侦查终结，以被告单位×××涉嫌××罪、被告人×××涉嫌××罪，于××××年××月××日向本院移送起诉。本院受理后，于××××年××月××日已告知被告单位和被告人有权委托辩护人，××××年××月××日已告知被害人及其法定代理人（近亲属）（被害单位及其诉讼代表人）、附带民事诉讼的当事人及其法定代理人有权委托诉讼代理人，依法讯问了被告人，听取了被告单位的辩护人、被告人的辩护人、被害人及其诉讼代理人的意见，审查了全部案件材料。……（写明退回补充侦查、延长审查起诉期限等情况）。

经依法审查查明：

续表

> ……（写明经检察机关审查认定的犯罪事实包括犯罪时间、地点、经过、手段、目的、动机、危害后果等与定罪、量刑有关的事实要素。应当根据具体案件情况，围绕刑法规定的该罪的构成要件叙写。）
> 认定上述事实的证据如下：
> 1. 物证：……；2. 书证：……；3. 证人证言：证人×××、×××的证言；4. 被害人陈述：被害人×××的陈述；5. 被告人供述和辩解：被告人×××（如多个被告人，则分别提取各被告人的姓名自动生成）的供述与辩解；6. 鉴定意见：……；7. 勘验、检查、辨认、侦查实验等笔录：现场勘验笔录，×××的辨认笔录等；8. 视听资料、电子数据：……。
> 本院认为，……（分别概述被告单位、被告人行为的性质、危害程度、情节轻重），其行为触犯了《中华人民共和国刑法》第××条，犯罪事实清楚，证据确实、充分，应当以××罪追究其刑事责任。根据《中华人民共和国刑事诉讼法》第一百七十六条的规定，提起公诉，请依法判处。
> 此致
> ××××人民法院
> 检　察　官 ×××
> 检察官助理 ×××
>
> 　　　　　　　　　　　　　　　　　　　　　20××年××月××日
> 　　　　　　　　　　　　　　　　　　　　　　　　（院印）
>
> 　　附件：1. 被告人现在处所：具体包括在押被告人的羁押场所或监视居住、取保候审的处所
> 　　2. 案卷材料和证据
> 　　3. 证人、鉴定人、需要出庭的有专门知识的人的名单，需要保护的被害人、证人、鉴定人的名单
> 　　4. 有关涉案款物情况
> 　　5. 被害人（单位）附带民事诉讼情况
> 　　6. 其他需要附注的事项

起诉书格式（样本）四：单位犯罪案件认罪认罚适用

> ××××人民检察院
> **起 诉 书**
>
> 　　　　　　　　　　　　　　　　　　　　××检××刑诉〔20××〕×号
> 　　被告单位……（写明单位名称、组织机构代码、住所地、法定代表人姓名、职务等）

续表

　　　　诉讼代表人……（写明姓名、性别、出生日期、工作单位、职务）
　　　　被告人……（写明直接负责的主管人员、其他直接责任人员的姓名、性别、出生年月日、公民身份号码、民族、文化程度、职业或者工作单位及职务、户籍地、住址、曾受到刑事处罚以及与本案定罪量刑相关的行政处罚的情况和因本案采取强制措施的情况等）
　　　　本案由×××（监察/侦查机关）调查/侦查终结，以被告单位×××涉嫌××罪，被告人×××涉嫌××罪，于××××年××月××日向本院移送起诉。本院受理后，于××××年××月××日已告知被告单位、被告人有权委托辩护人和认罪认罚可能导致的法律后果，××××年××月××日已告知被害人及其法定代理人（近亲属）（被害单位及其诉讼代表人）、附带民事诉讼的当事人及其法定代理人有权委托诉讼代理人，依法讯问了被告人，听取了被告单位的辩护人（值班律师）、被告人的辩护人（值班律师）、被害人及其诉讼代理人的意见，审查了全部案件材料。……（写明退回补充调查/侦查、延长审查起诉期限等情况）。被告单位、被告人同意本案适用速裁/简易/普通程序审理。
　　　　经依法审查查明：……（写明经检察机关审查认定的犯罪事实包括犯罪时间、地点、经过、手段、目的、动机、危害后果，以及被告人到案后自愿如实供述自己的罪行，与被害人达成和解协议或者赔偿被害人损失，取得被害人谅解等与定罪、量刑有关的事实要素。应当根据具体案件情况，围绕刑法规定的该罪的构成要件叙写。）
　　　　认定上述事实的证据如下：
　　　　……（针对上述犯罪事实，分别列举证据，包括犯罪事实证据和量刑情节证据）
　　　　上述证据收集程序合法，内容客观真实，足以认定指控事实。被告人×××对指控的犯罪事实和证据没有异议，并自愿认罪认罚。
　　　　本院认为，……（分别概述被告单位、被告人行为的性质、危害程度、情节轻重），其行为触犯了《中华人民共和国刑法》第××条（引用罪状、法定刑条款），犯罪事实清楚，证据确实、充分，应当以××罪追究其刑事责任。被告单位×××、被告人×××认罪认罚，依据《中华人民共和国刑事诉讼法》第十五条的规定，可以从宽处理。……（阐述认定的法定、酌定量刑情节，并引用相关法律条款），建议判处被告单位、被告人……（阐述具体量刑建议）。根据《中华人民共和国刑事诉讼法》第一百七十六条的规定，提起公诉，请依法判处。
　　　　此致
　　××××人民法院
　　检　察　官×××
　　检察官助理×××

　　　　　　　　　　　　　　　　　　　　　　　　　　　20××年××月××日
　　　　　　　　　　　　　　　　　　　　　　　　　　　　　　（院印）

　　　　附件：1. 被告人现在处所：具体包括在押被告人的羁押场所或监视居住、取保候审的处所
　　　　　　　2. 案卷材料和证据××册××页

续表

3. 有关涉案款物情况 4. 被害人（单位）附带民事诉讼情况 5.《认罪认罚具结书》一份 6. 其他需要附注的事项

××××人民检察院
量刑建议书

××检××量建〔20××〕×号

被告人_____涉嫌_____犯罪一案，经本院审查认为，被告人_____的行为已触犯《中华人民共和国刑法》第_____条第_____款第_____项之规定，犯罪事实清楚，证据确实、充分，应当以_____罪追究其刑事责任，其法定刑为_____。

因其具有以下量刑情节：
1. 法定从重处罚情节：_____
2. 法定从轻、减轻或者免除处罚情节：_____
3. 酌定从重处罚情节：_____
4. 酌定从轻处罚情节：_____
5. 其他_____

故根据_____（法律依据）的规定，建议判处被告人_____（主刑种类及幅度或单处附加刑或者免予刑事处罚），_____（执行方式），并处_____（附加刑）。

此致
_____人民法院

检察官 ×××
20××年××月××日
（院印）

××××人民检察院
量刑建议书
（认罪认罚案件适用）

××检××量建〔20××〕×号

本院以_____号起诉书提起公诉的_____一案，经审查认为，被告人_____

续表

的行为已触犯《中华人民共和国刑法》_____之规定,犯罪事实清楚,证据确实、充分,应当以_____罪追究其刑事责任。

1. 被告人_____自愿如实供述涉嫌的犯罪事实,对指控的犯罪没有异议,接受刑事处罚,建议判处被告人_____。

2. 被告人_____自愿如实供述涉嫌的犯罪事实,对指控的犯罪没有异议,接受刑事处罚,建议判处被告人_____。

……

此致

_____人民法院

检察官 ×××

20××年××月××日

(院印)

××××人民检察院
补充起诉决定书

××检××刑补诉〔20××〕×号

被告人_____一案,本院以_____号起诉书向你院提起公诉。在审理过程中,发现被告人_____有遗漏的罪行应当一并起诉和审理。现根据查明的事实对_____号起诉书作如下补充:

案件事实及证据:(同起诉书格式要求)

本院认为,被告人_____(姓名、罪状),其行为触犯了《中华人民共和国刑法》第_____条,犯罪事实清楚,证据确实、充分,应当以_____罪追究其刑事责任。根据《中华人民共和国刑事诉讼法》第一百七十六条及《人民检察院刑事诉讼规则》第四百二十三条的规定,补充起诉,请依法判处。

_____号起诉书仍然具有法律效力。

此致
人民法院

检察官 ×××

检察官助理 ×××

20××年××月××日

(院印)

```
┌─────────────────────────────────────────────────────────────┐
│                    ××××人民检察院                            │
│                    变更起诉决定书                            │
│                              ××检××刑变诉〔20××〕×号        │
│     被告人_____一案，本院以_____号起诉书向你院提起公诉。在法庭审理
│ 过程中，发现案件事实与起诉书指控的事实不符（被告人_____的真实身份与起
│ 诉书中叙述的身份不符）。现根据查明的事实对_____号起诉书作如下变更：
│     被告人的身份变更为：
│     认定的事实变更为：
│     适用的法律变更为：被告人_____（姓名、罪状），其行为触犯了《中华人民
│ 共和国刑法》第_____条，犯罪事实清楚，证据确实、充分，应当以_____罪
│ 追究其刑事责任。根据《中华人民共和国刑事诉讼法》第一百七十六条及《人民检察
│ 院刑事诉讼规则》第四百二十三条的规定，变更起诉，请依法判处。
│     _____号起诉书未被变更部分仍然具有法律效力。
│     此致
│ _____人民法院
│                                              检察官×××
│                                              检察官助理×××
│                                              20××年××月××日
│                                                      （院印）
└─────────────────────────────────────────────────────────────┘
```

第一百七十七条 不起诉决定及处理

犯罪嫌疑人没有犯罪事实，或者有本法第十六条规定的情形之一的，人民检察院应当作出不起诉决定。

对于犯罪情节轻微，依照刑法规定不需要判处刑罚或者免除刑罚的，人民检察院可以作出不起诉决定。

人民检察院决定不起诉的案件，应当同时对侦查中查封、扣押、冻结的财物解除查封、扣押、冻结。对被不起诉人需要给予行政处罚、处分或者需要没收其违法所得的，人民检察院应当提出检察意见，移送有关主管机关处理。有关主管机关应当将处理结果及时通知人民检察院。

条文注解

刑事诉讼法确立了三种不起诉类型：

法定不起诉。主要有两种：一是犯罪嫌疑人没有犯罪事实，包括犯罪行为并非本犯罪嫌疑人所为，以及该案所涉行为依法不构成犯罪。二是犯罪嫌疑人有本法第十六条规定的情形之一，即情节显著轻微、危害不大，不认为是犯罪的；犯罪已过追诉时效期限的；经特赦令免除刑罚的；属于刑法规定的告诉才处理的案件没有告诉或者撤回告诉的；犯罪嫌疑人、被告人死亡的及其他法律规定免予追究刑事

责任的情形。

酌定不起诉。主要有两种：一是犯罪情节轻微，依照刑法规定不需要判处刑罚的。二是免除刑罚的，包括自首、重大立功、犯罪预备、犯罪中止、防卫过当、从犯等，还包括针对未成年犯罪嫌疑人部分犯罪不起诉的情形。

存疑不起诉。主要是基于本法第一百七十五条规定的二次补充侦查后存疑不起诉。检察院对于二次退回补充侦查的案件，仍然认为证据不足，不符合起诉条件的，经检察长或者检委会讨论决定，应当作出不起诉决定。

相关规定

《公安规定》

第二百九十三条　人民检察院作出不起诉决定的，如果被不起诉人在押，公安机关应当立即办理释放手续。除依法转为行政案件办理外，应当根据人民检察院解除查封、扣押、冻结财物的书面通知，及时解除查封、扣押、冻结。

人民检察院提出对被不起诉人给予行政处罚、处分或者没收其违法所得的检察意见，移送公安机关处理的，公安机关应当将处理结果及时通知人民检察院。

《高检规则》

第二百七十八条　犯罪嫌疑人认罪认罚，人民检察院依照刑事诉讼法第一百七十七条第二款作出不起诉决定后，犯罪嫌疑人反悔的，人民检察院应当进行审查，并区分下列情形依法作出处理：

（一）发现犯罪嫌疑人没有犯罪事实，或者符合刑事诉讼法第十六条规定的情形之一的，应当撤销原不起诉决定，依照刑事诉讼法第一百七十七条第一款的规定重新作出不起诉决定；

（二）犯罪嫌疑人犯罪情节轻微，依照刑法不需要判处刑罚或者免除刑罚的，可以维持原不起诉决定；

（三）排除认罪认罚因素后，符合起诉条件的，应当根据案件具体情况撤销原不起诉决定，依法提起公诉。

第三百六十五条　人民检察院对于监察机关或者公安机关移送起诉的案件，发现犯罪嫌疑人没有犯罪事实，或者符合刑事诉讼法第十六条规定的情形之一的，经检察长批准，应当作出不起诉决定。

对于犯罪事实并非犯罪嫌疑人所为，需要重新调查或者侦查的，应当在作出不起诉决定后书面说明理由，将案卷材料退回监察机关或者公安机关并建议重新调查或者侦查。

第三百六十六条　负责捕诉的部门对于本院负责侦查的部门移送起诉的案件，发现具有本规则第三百六十五条第一款规定情形的，应当退回本院负责侦查的部门，建议撤销案件。

第三百七十条　人民检察院对于犯罪情节轻微，依照刑法规定不需要判处刑罚或者免除刑罚的，经检察长批准，可以作出不起诉决定。

第三百七十一条　人民检察院直接受理侦查的案件，以及监察机关移送起诉的案件，拟作不起诉决定的，应当报请上一级人民检察院批准。

第三百七十二条　人民检察院决定不起诉的，应当制作不起诉决定书。

不起诉决定书的主要内容包括：

（一）被不起诉人的基本情况，包括姓名、性别、出生年月日、出生地和户籍地、公民身份号码、民族、文化程度、职业、工作单位及职务、住址、是否受过刑事处分，采取强制措施的情况以及羁押处所等；如果是单位犯罪，应当写明犯罪单位的名称和组织机构代码、所在地址、联系方式，法定代表人和诉讼代表人的姓

名、职务、联系方式;

(二) 案由和案件来源;

(三) 案件事实,包括否定或者指控被不起诉人构成犯罪的事实以及作为不起诉决定根据的事实;

(四) 不起诉的法律根据和理由,写明作出不起诉决定适用的法律条款;

(五) 查封、扣押、冻结的涉案财物的处理情况;

(六) 有关告知事项。

第三百七十三条 人民检察院决定不起诉的案件,可以根据案件的不同情况,对被不起诉人予以训诫或者责令具结悔过、赔礼道歉、赔偿损失。

对被不起诉人需要给予行政处罚、政务处分或者其他处分的,经检察长批准,人民检察院应当提出检察意见,连同不起诉决定书一并移送有关主管机关处理,并要求有关主管机关及时通报处理情况。

第三百七十四条 人民检察院决定不起诉的案件,应当同时书面通知作出查封、扣押、冻结决定的机关或者执行查封、扣押、冻结决定的机关解除查封、扣押、冻结。

第三百七十五条 人民检察院决定不起诉的案件,需要没收违法所得的,经检察长批准,应当提出检察意见,移送有关主管机关处理,并要求有关主管机关及时通报处理情况。具体程序可以参照本规则

第二百四十八条的规定办理。

第五百四十三条 在审查起诉中,犯罪嫌疑人经鉴定系依法不负刑事责任的精神病人的,人民检察院应当作出不起诉决定。认为符合刑事诉讼法第三百零二条规定条件的,应当向人民法院提出强制医疗的申请。

> **典型案例**

1. 宋某某等人重大责任事故案(检例第95号)

裁判要旨:对相关部门出具的安全生产事故调查报告,要综合全案证据进行审查,准确认定案件事实和相关人员责任。要正确区分相关涉案人员的责任和追责方式,发现漏犯及时追诉,对不符合起诉条件的,依法作出不起诉处理。

2. 无锡某警用器材公司虚开增值税专用发票案(检例第81号)

裁判要旨:民营企业违规经营触犯刑法情节较轻,认罪认罚的,对单位和直接责任人员依法能不捕的不捕,能不诉的不诉。检察机关应当督促认罪认罚的民营企业合法规范经营。拟对企业作出不起诉处理的,可以通过公开听证听取意见。对被不起诉人(单位)需要给予行政处罚、处分或者需要没收其违法所得的,应当依法提出检察意见,移送有关主管机关处理。

文书格式

不起诉决定书格式（法定不起诉样本） 根据《中华人民共和国刑事诉讼法》第一百七十七条第一款规定决定不起诉时适用

××××人民检察院
不起诉决定书

××检××刑不诉〔20××〕×号

被不起诉人……［写明姓名、性别、出生年月日、公民身份号码、民族、文化程度、职业或工作单位及职务（国家机关工作人员利用职权实施的犯罪，应当写明犯罪期间在何单位任何职）、户籍地、住址（被不起诉人住址写居住地，如果户籍所在地与暂住地不一致的，应当写明户籍所在地和暂住地），是否受过刑事处罚，采取强制措施的种类、时间、决定机关等。］

（如系被不起诉单位，则应写明名称、住所地等）

辩护人……（写姓名、单位）。

本案由×××（监察/侦查机关名称）调查/侦查终结，以被不起诉人×××涉嫌××罪，于×年×月×日向本院移送起诉。

（如果是自侦案件，此处写"被不起诉人×××涉嫌××一案，由本院侦查终结，于×年×月×日移送起诉或不起诉。"如果案件是其他人民检察院移送的，此处应当将指定管辖、移送单位以及移送时间等写清楚。）

（如果案件曾经退回补充调查/侦查，应当写明退回补充调查/侦查的日期、次数以及再次移送起诉时间。）

经本院依法审查查明：

[如果是根据刑事诉讼法第十六条第（一）项即监察/侦查机关移送起诉认为行为构成犯罪，经检察机关审查后认定行为情节显著轻微、危害不大，不认为是犯罪而决定不起诉的，则不起诉决定书应当先概述监察/侦查机关移送起诉意见书认定的犯罪事实（如果是检察机关的自侦案件，则这部分不写），然后叙写检察机关审查认定的事实及证据，重点反映显著轻微的情节和危害程度较小的结果。如果是行为已构成犯罪，本应当追究刑事责任，但审查过程中有刑事诉讼法第十六条第（二）至（六）项法定不追究刑事责任的情形，因而决定不起诉的，应当重点叙明符合法定不追究刑事责任的事实和证据，充分反映出法律规定的内容。如果是根据刑事诉讼法第一百七十七条第一款中的没有犯罪事实而决定不起诉的，应当重点叙明不存在犯罪事实或者犯罪事实并非被不起诉人所为。]

本院认为，×××（被不起诉人的姓名）的上述行为，情节显著轻微、危害不大，不构成犯罪。依照《中华人民共和国刑事诉讼法》第十六条第（一）项和第一百七十七条第一款的规定，决定对×××（被不起诉人的姓名）不起诉。

续表

（如果是根据刑事诉讼法第十六条（二）至（六）项法定不追究刑事责任的情形而决定的不起诉，重点阐明不追究被不起诉人刑事责任的理由及法律依据，最后写不起诉的法律依据。如果是根据刑事诉讼法第一百七十七条第一款中的没有犯罪事实而决定不起诉的，指出被不起诉人没有犯罪事实，再写不起诉的法律依据。）

查封、扣押、冻结的涉案款物的处理情况。

被害人如果不服本决定，可以自收到本决定书后七日以内向×××人民检察院申诉，请求提起公诉；也可以不经申诉，直接向×××人民法院提起自诉。

××××人民检察院
20××年××月××日
（院印）

不起诉决定书格式（相对不起诉样本）根据《中华人民共和国刑事诉讼法》第一百七十七条第二款规定决定不起诉时适用

××××人民检察院
不起诉决定书

××检××刑不诉〔20××〕×号

被不起诉人……[写明姓名、性别、出生年月日、公民身份号码、民族、文化程度、职业或工作单位及职务（国家机关工作人员利用职权实施的犯罪，应当写明犯罪期间在何单位任何职）和户籍地、住址（被不起诉人住址写居住地，如果户籍所在地与暂住地不一致的，应当写明户籍所在地和暂住地），是否受过刑事处罚，采取强制措施的种类、时间、决定机关等。]

（如系被不起诉单位，则应写明名称、住所地等）

辩护人……（写姓名、单位）。

本案由×××（监察/侦查机关名称）调查/侦查终结，以被不起诉人×××涉嫌××罪，于×年×月×日向本院移送起诉。

（如果是自侦案件，此处写"被不起诉人×××涉嫌××一案，由本院调查/侦查终结，于×年×月×日移送起诉或不起诉。"如果案件是其他人民检察院移送的，此处应当将指定管辖、移送单位以及移送时间等写清楚。）

（如果案件曾经退回补充侦查，应当写明退回补充侦查的日期、次数以及再次移送起诉时间。）

经本院依法审查查明：
……

续表

（概括叙写案件事实，其重点内容是有关被不起诉人具有的法定情节和检察机关酌情作出不起诉决定的具体理由的事实。要将检察机关审查后认定的事实和证据写清楚，不必叙写调查/侦查机关移送审查时认定的事实和证据。对于证据不足的事实，不能写入不起诉决定书中。在事实部分中表述犯罪情节时应当以犯罪构成要件为标准，还要将体现其情节轻微的事实及符合不起诉条件的特征叙述清楚。叙述事实之后，应当将证明"犯罪情节"的各项证据一一列举，以阐明犯罪情节如何轻微。）

本院认为，×××实施了《中华人民共和国刑法》第××条规定的行为，但犯罪情节轻微，具有×××情节（此处写明认罪认罚、从轻、减轻或者免除刑事处罚具体情节的表现），根据《中华人民共和国刑法》第××条的规定，不需要判处刑罚（或者免除刑罚）。依据《中华人民共和国刑事诉讼法》第一百七十七条第二款的规定，决定对×××（被不起诉人的姓名）不起诉。

查封、扣押、冻结的涉案款物的处理情况。

被不起诉人如不服本决定，可以自收到本决定书后七日内向本院申诉。

被害人如不服本决定，可以自收到本决定书后七日以内向×××人民检察院申诉，请求提起公诉；也可以不经申诉，直接向×××人民法院提起自诉。

××××人民检察院
20××年××月××日
（院印）

不起诉决定书格式（最高人民检察院核准不起诉样本）根据《中华人民共和国刑事诉讼法》第一百八十二条规定决定不起诉时适用

×××××人民检察院
不起诉决定书

××检××刑不诉〔20××〕×号

被不起诉人［写明姓名、性别、出生年月日、公民身份号码、民族、文化程度、职业或工作单位及职务（国家机关工作人员利用职权实施的犯罪，应当写明犯罪期间在何单位任何职）和户籍地、住址（被不起诉人住址写居住地，如果户籍所在地与暂住地不一致的，应当写明户籍所在地和暂住地），是否受过刑事处罚，采取强制措施的种类、时间、决定机关等］。

（如系被不起诉单位，则应写明名称、住所地等）

辩护人……（写姓名、单位）。

续表

> 本案由（侦查机关名称）侦查终结，以被不起诉人×××涉嫌××罪，于×年×月×日向本院移送起诉。
> （如果案件曾经退回补充侦查，应当写明退回补充侦查的日期、次数以及再次移送起诉时间。）
> 经本院依法审查查明：
> ……
> （概括叙写案件事实，并写明被不起诉人自愿如实供述涉嫌的犯罪事实，并具有重大立功等，有必要作不起诉处理的事实。要将检察机关审查后认定的事实和证据写清楚，不必叙写侦查机关移送审查时认定的事实和证据。对于证据不足的事实，不能写入不起诉决定书中。在事实部分中表述犯罪情节时应当以犯罪构成要件为标准，还要将体现其有必要作不起诉处理的因素叙述清楚。叙述事实之后，应当将证据一一列举。）
> 本院认为，×××实施了《中华人民共和国刑法》第××条规定的行为，因自愿如实供述涉嫌犯罪的事实，并有重大立功（或案件涉及国家重大利益），经最高人民检察院核准，决定对（被不起诉人的姓名）不起诉。
> 查封、扣押、冻结的涉案款物的处理情况。
>
> ××××人民检察院
20××年××月××日
（院印）

不起诉决定书格式（存疑不起诉样本）根据《中华人民共和国刑事诉讼法》第一百七十五条第四款规定决定不起诉时适用

> ××××人民检察院
不起诉决定书
>
> ××检××刑不诉〔20××〕×号
>
> 被不起诉人……［写明姓名、性别、出生年月日、公民身份证号码、民族、文化程度、职业或工作单位及职务（国家机关工作人员利用职权实施的犯罪，应当写明犯罪期间在何单位任何职）和户籍地、住址（被不起诉人住址写基住地，如果户籍所在地与暂住地不一致的，应当写明户籍所在地和暂住地），是否受过刑事处罚，采取强制措施的种类、时间、决定机关等］。
> （如系被不起诉单位，则应写明名称、住所地等）
> 辩护人……（写姓名、单位）。

续表

　　本案由×××（监察/侦查机关名称）调查/侦查终结，以被不起诉人×××涉嫌××罪，于×年×月×日移送本院审查起诉。

　　（如果是自侦案件，此处写"被不起诉人×××涉嫌××一案，由本院侦查终结，于×年×月×日移送起诉或不起诉。"如果案件是其他人民检察院移送的，此处应当将指定管辖、移送单位以及移送时间等写清楚。）

　　（如果案件曾经退回补充调查/侦查，应当写明退回补充调查/侦查的日期、次数以及再次移送起诉时间。）

　　×××（侦查机关名称）移送起诉认定……（概括叙述监察/侦查机关认定的事实），经本院审查并退回补充调查/侦查，本院仍然认为×××（监察/侦查机关名称）认定的犯罪事实不清、证据不足（或本案证据不足）（应当概括写明事实不清、证据不足的具体情况），不符合起诉条件。依照《中华人民共和国刑事诉讼法》第一百七十五条第四款的规定，决定对×××（被不起诉人的姓名）不起诉。

　　（如系检察机关直接受理案件，则写为：本案经本院侦查终结后，在审查起诉期间，经两次补充侦查，本院仍认为本案证据不足，不符合起诉条件。依照《中华人民共和国刑事诉讼法》第一百七十五条第四款的规定，决定对×××不起诉。）

　　查封、扣押、冻结的涉案款物的处理情况。

　　被害人如不服本决定，可以自收到本决定书后七日以内向××人民检察院申诉，请求提起公诉；也可以不经申诉，直接向××人民法院提起自诉。

××××人民检察院
20××年××月××日
（院印）

第一百七十八条　不起诉决定的宣布及送达

不起诉的决定，应当公开宣布，并且将不起诉决定书送达被不起诉人和他的所在单位。如果被不起诉人在押，应当立即释放。

条文注解

"公开宣布"是指在一定的场合公开宣布对被不起诉人的不起诉决定，不能以送达代替向被不起诉人宣布不起诉的决定。公开宣布的地点、范围，可以根据实际情况的需要确定，但是必须有被不起诉人在场，当面向其宣布。

"将不起诉决定书送达被不起诉人和他的所在单位"。不起诉决定书，应当分别送达被不起诉人和他的所在单位。这样规定，是为了保障被不起诉人的利益，如果被不起诉人不服，可以在收到不起诉决定书后法定期限内向检察院申诉。

相关规定

《高检规则》

第三百七十六条　不起诉的决定，由人民检察院公开宣布。公开宣布不起诉决定的活动应当记录在案。

不起诉决定书自公开宣布之日起生效。

被不起诉人在押的,应当立即释放;被采取其他强制措施的,应当通知执行机关解除。

> **第一百七十九条 对不起诉决定的复议、复核**
>
> 对于公安机关移送起诉的案件,人民检察院决定不起诉的,应当将不起诉决定书送达公安机关。公安机关认为不起诉的决定有错误的时候,可以要求复议,如果意见不被接受,可以向上一级人民检察院提请复核。

条文注解

第一,对于公安机关移送起诉的案件,人民检察院决定不起诉的,应当将不起诉决定书送达公安机关。"公安机关移送起诉的案件"是指公安机关经过侦查取证,认为应当对犯罪嫌疑人追究刑事责任而移送人民检察院审查提起公诉的案件,检察机关自己侦办的案件不包括在内。人民检察院经过审查后,认为不应当提起公诉而决定不起诉的,应当同时将不起诉决定书送达公安机关,不起诉决定书中应当写明不起诉的理由和根据。

第二,公安机关认为不起诉的决定有错误的,可以要求复议。这是指公安机关接到不起诉决定书后,认为自己移送的案件,事实清楚,证据确实、充分,不符合本法关于不起诉条件的规定,应当追究犯罪嫌疑人刑事责任,而人民检察院作出了不起诉的决定。作为一种制约措施,公安机关可以要求作出不起诉决定的人民检察院复议。

第三,公安机关的复议意见如果不被作出不起诉的人民检察院接受,公安机关可以向上一级人民检察院提请复核。其中"意见不被接受"是指公安机关关于应当对犯罪嫌疑人提起公诉的意见没有被接受,"向上一级人民检察院提请复核"是指向作出不起诉决定的人民检察院的上一级人民检察院提请对本案不起诉决定进行复核。上一级人民检察院应当及时复核并作出复核决定,制作复核决定书,送交提请复核的公安机关和下级人民检察院。

第四,监察机关对不起诉决定的复议权。监察法第四十七条第四款规定:"人民检察院对于有《中华人民共和国刑事诉讼法》规定的不起诉的情形的,经上一级人民检察院批准,依法作出不起诉的决定。监察机关认为不起诉的决定有错误的,可以向上一级人民检察院提请复议。"与公安机关复议、复核程序不同,监察机关可以直接向上一级检察院提起复议。

相关规定

《公安规定》

第二百九十四条 认为人民检察院作出的不起诉决定有错误的,应当在收到不起诉决定书后七日以内制作要求复议意见书,经县级以上公安机关负责人批准后,移送人民检察院复议。

要求复议的意见不被接受的,可以在收到人民检察院的复议决定书后七日以内制作提请复核意见书,经县级以上公安机关负责人批准后,连同人民检察院的复议决定书,一并提请上一级人民检察院复核。

《高检规则》

第三百七十八条 对于监察机关或者公安机关移送起诉的案件,人民检察院决定不起诉的,应当将不起诉决定书送达监察机关或者公安机关。

第三百七十九条 监察机关认为不起

诉的决定有错误，向上一级人民检察院提请复议的，上一级人民检察院应当在收到提请复议意见书后三十日以内，经检察长批准，作出复议决定，通知监察机关。

公安机关认为不起诉决定有错误要求复议的，人民检察院负责捕诉的部门应当另行指派检察官或者检察官办案组进行审查，并在收到要求复议意见书后三十日以内，经检察长批准，作出复议决定，通知公安机关。

第三百八十条 公安机关对不起诉决定提请复核的，上一级人民检察院应当在收到提请复核意见书后三十日以内，经检察长批准，作出复核决定，通知提请复核的公安机关和下级人民检察院。经复核认为下级人民检察院不起诉决定错误的，应当指令下级人民检察院纠正，或者撤销、变更下级人民检察院作出的不起诉决定。

第一百八十条 被害人对不起诉决定的申诉、救济

对于有被害人的案件，决定不起诉的，人民检察院应当将不起诉决定书送达被害人。被害人如果不服，可以自收到决定书后七日以内向上一级人民检察院申诉，请求提起公诉。人民检察院应当将复查决定告知被害人。对人民检察院维持不起诉决定的，被害人可以向人民法院起诉。被害人也可以不经申诉，直接向人民法院起诉。人民法院受理案件后，人民检察院应当将有关案件材料移送人民法院。

条文注解

"被害人"既包括自然人，也包括法人。对于有被害人的案件，人民检察院应当将不起诉决定书送达被害人，告知被害人案件的处理结果，这有利于被害人保护自己的合法权益。

"被害人如果不服"，这是指被害人认为被不起诉人的行为应当被追究刑事责任，人民检察院不起诉决定有错误。被害人可以在收到不起诉决定书后七日以内向作出不起诉决定的人民检察院的上一级人民检察院申诉，请求提起公诉。上一级人民检察院应当及时复查，并将复查结果告知被害人。

经过上一级人民检察院复查后维持不起诉决定的，被害人仍认为应当追究被不起诉人刑事责任的，可以向人民法院提起自诉。对有证据证明对被不起诉人侵犯自己人身、财产权利的行为应当追究刑事责任，而人民检察院作出不起诉决定的，被害人也可以选择不向上一级人民检察院申诉，直接向人民法院起诉。

公诉转自诉案件，检察院应当将有关案件材料移送法院，这是因为已有的案件材料有助于法院查清案件事实，减轻被害人举证负担，提高诉讼效率。

相关规定

《高检规则》

第三百七十七条 不起诉决定书应当送达被害人或者其近亲属及其诉讼代理人、被不起诉人及其辩护人以及被不起诉人所在单位。送达时，应当告知被害人或者其近亲属及其诉讼代理人，如果对不起诉决定不服，可以自收到不起诉决定书后七日以内向上一级人民检察院申诉；也可以不经申诉，直接向人民法院起诉。依照刑事诉讼法第一百七十七条第二款作出不起诉决定的，应当告知被不起诉人，如果对不起诉决定不服，可以自收到不起诉决定书后七日以内向人民检察院申诉。

第三百八十一条 被害人不服不起诉

决定，在收到不起诉决定书后七日以内提出申诉的，由作出不起诉决定的人民检察院的上一级人民检察院负责捕诉的部门进行复查。

被害人向作出不起诉决定的人民检察院提出申诉的，作出决定的人民检察院应当将申诉材料连同案卷一并报送上一级人民检察院。

第三百八十二条　被害人不服不起诉决定，在收到不起诉决定书七日以后提出申诉的，由作出不起诉决定的人民检察院负责控告申诉检察的部门进行审查。经审查，认为不起诉决定正确的，出具审查结论直接答复申诉人，并做好释法说理工作；认为不起诉决定可能存在错误的，移送负责捕诉的部门进行复查。

第三百八十四条　人民检察院收到人民法院受理被害人对被不起诉人起诉的通知后，应当终止复查，将作出不起诉决定所依据的有关案卷材料移送人民法院。

文书格式

××××人民检察院
移送不起诉案件材料通知书

××检××移不诉〔20××〕×号

_____人民法院：

接你院_____号_____书，被不起诉人_____涉嫌_____一案，被害人直接向你院起诉。依据《中华人民共和国刑事诉讼法》第一百八十条的规定，现将有关案件材料移送你院，请查收。

附件：1. 卷宗　　册　　页
　　　2. 证据材料

20××年××月××日
（院印）

××××人民检察院
刑事申诉复查决定书

××检××复决〔20××〕×号

申诉人……（写明姓名、性别、出生日期、民族、文化程度、工作单位及职务、住址）（如由其他人代为申诉的，应写明代申诉人和被代申诉人的基本情况、代申诉人与被代申诉人的关系。）

申诉人……因……（写明案由）一案，不服……人民检察院作出的……（写明原处理决定，如不起诉、不批捕、撤案等）决定，以……申诉理由和请求（申诉理由可概括叙述，分项表述），向本院提出申诉。

本院复查查明：……（写明复查认定的事实）。

本院复查认为，……（概括论述当事人的行为性质，是否构成犯罪及相应的法律依据，原处理决定是否适当）。

本院决定：……（写明决定事项）。

20××年××月××日

（院印）

第一百八十一条 被不起诉人申诉权

对于人民检察院依照本法第一百七十七条第二款规定作出的不起诉决定，被不起诉人如果不服，可以自收到决定书后七日以内向人民检察院申诉。人民检察院应当作出复查决定，通知被不起诉的人，同时抄送公安机关。

条文注解

本法第一百七十七条第二款规定作出的不起诉决定即酌定不起诉情形，指检察院认为犯罪情节轻微，依照刑法规定不需要判处刑罚或者免除刑罚，据此作出不起诉决定，依然确认了犯罪行为的存在。被不起诉人可能主张自身行为并不构成犯罪，为维护其合法权益，法律赋予其申诉权。

相关规定

《高检规则》

第三百八十三条 人民检察院应当将复查决定书送达被害人、被不起诉人和作出不起诉决定的人民检察院。

上级人民检察院经复查作出起诉决定的，应当撤销下级人民检察院的不起诉决定，交由下级人民检察院提起公诉，并将复查决定抄送移送起诉的监察机关或者公安机关。

第三百八十五条 对于人民检察院依照刑事诉讼法第一百七十七条第二款规定作出的不起诉决定，被不起诉人不服，在收到不起诉决定书后七日以内提出申诉的，应当由作出决定的人民检察院负责捕诉的部门进行复查；被不起诉人在收到不起诉决定书七日以后提出申诉的，由负责控告申诉检察的部门进行审查。经审查，认为不起诉决定正确的，出具审查结论直接答复申诉人，并做好释法说理工作；认为不起诉决定可能存在错误的，移送负责捕诉的部门复查。

人民检察院应当将复查决定书送达被不起诉人、被害人。复查后，撤销不起诉决定，变更不起诉的事实或者法律依据的，应当同时将复查决定书抄送移送起诉的监察机关或者公安机关。

第三百八十六条 人民检察院复查不服不起诉决定的申诉，应当在立案后三个月以内报经检察长批准作出复查决定。案情复杂的，不得超过六个月。

第三百八十七条 被害人、被不起诉人对不起诉决定不服提出申诉的，应当递交申诉书，写明申诉理由。没有书写能力的，也可以口头提出申诉。人民检察院应当根据其口头提出的申诉制作笔录。

第三百八十八条 人民检察院发现不起诉决定确有错误，符合起诉条件的，应当撤销不起诉决定，提起公诉。

第三百八十九条 最高人民检察院对地方各级人民检察院的起诉、不起诉决定，上级人民检察院对下级人民检察院的起诉、不起诉决定，发现确有错误的，应当予以撤销或者指令下级人民检察院纠正。

第一百八十二条 特殊情形下撤销案件、不起诉

犯罪嫌疑人自愿如实供述涉嫌犯罪的事实，有重大立功或者案件涉及国家重大利益的，经最高人民检察院核准，公安机关可以撤销案件，人民检察院可以作出不起诉决定，也可以对涉嫌数罪中的一项或者多项不起诉。

根据前款规定不起诉或者撤销案件的，人民检察院、公安机关应当及时对查封、扣押、冻结的财物及其孳息作出处理。

条文注解

第一，犯罪嫌疑人自愿如实供述涉嫌的犯罪事实。应当理解为在侦查、审查起诉阶段，被认为涉嫌犯罪，并被公安机关以及人民检察院立案侦查和审查起诉的人，主动坦白实施犯罪行为的主观动机，交代犯罪行为，说明犯罪事实、过程、结果等，所坦白的内容真实、完整，且基本能经证属实。犯罪嫌疑人供述的事实，应是其涉嫌犯罪的全部事实，包括司法机关尚未掌握或者尚未完全掌握的犯罪事实。

第二，犯罪嫌疑人有重大立功或者案件涉及国家重大利益的情形。"重大立功"，是指犯罪嫌疑人有检举、揭发司法机关尚未掌握的其他犯罪嫌疑人的重大犯罪行为；提供侦破其他重大案件的重要线索；阻止他人重大犯罪活动等。"案件涉及国家重大利益"，是指人民法院对案件的审理以及对犯罪嫌疑人的宣判和惩处，将会直接或间接地影响国家政治、外交、国防、科技、经济等领域重大的利益。

第三，经最高人民检察院批准。该规定既体现了法律的严肃性，即人民检察院是国家的法律监督机关，对于在特殊情况下，对本应追究刑事责任的案件不作为犯罪处理，是对法律一般规定的突破，明确只有最高检才有权力核准，既体现了对待该类案件极为慎重的态度。又体现了严格控制适用范围，即明确需要经最高检批准，实质上起到了严格控制能够适用该程序的案件范围的作用。

相关规定

《高检规则》

第二百七十九条 犯罪嫌疑人自愿如实供述涉嫌犯罪的事实，有重大立功或者案件涉及国家重大利益的，经最高人民检察院核准，公安机关可以撤销案件，人民检察院可以作出不起诉决定，也可以对涉嫌数罪中的一项或者多项不起诉。

前款规定的不起诉，应当由检察长决定。决定不起诉的，人民检察院应当及时对查封、扣押、冻结的财物及其孳息作出处理。

《公安规定》

第一百八十八条 犯罪嫌疑人自愿如实供述涉嫌犯罪的事实，有重大立功或者案件涉及国家重大利益，需要撤销案件的，应当层报公安部，由公安部商请最高人民检察院核准后撤销案件。报请撤销案件的公安机关应当同时将相关情况通报同级人民检察院。

公安机关根据前款规定撤销案件的，应当对查封、扣押、冻结的财物及其孳息作出处理。

文书格式

**最高人民检察院
核准不起诉决定书**

高检××核准不诉字〔20××〕×号

_____人民检察院：

你院以_____号文书报请不起诉的犯罪嫌疑人_____涉嫌_____一案，本院经审查认为，……（概括论述犯罪嫌疑人涉嫌犯罪的行为），其行为触犯了《中华人民共和国刑法》第____条的规定，涉嫌_____罪。犯罪嫌疑人_____自愿如实供述涉嫌的犯罪事实，……（概括论述犯罪嫌疑人的重大立功表现或者涉及国家重大利益的事实），有重大立功（案件涉及国家重大利益），依据《中华人民共和国刑事诉讼法》第一百八十二条的规定，决定核准对犯罪嫌疑人不起诉。

20××年××月××日

（院印）

第三编 审　　判

第一章　审判组织

第一百八十三条　合议庭组成规则

基层人民法院、中级人民法院审判第一审案件，应当由审判员三人或者由审判员和人民陪审员共三人或者七人组成合议庭进行，但是基层人民法院适用简易程序、速裁程序的案件可以由审判员一人独任审判。

高级人民法院审判第一审案件，应当由审判员三人至七人或者由审判员和人民陪审员共三人或者七人组成合议庭进行。

最高人民法院审判第一审案件，应当由审判员三人至七人组成合议庭进行。

人民法院审判上诉和抗诉案件，由审判员三人或者五人组成合议庭进行。

合议庭的成员人数应当是单数。

条文注解

第一审刑事案件的合议庭，主要有四种模式：一是基层人民法院、中级人民法院审判第一审刑事案件的普通模式。应当由审判员三人，或者由审判员和人民陪审员共三人或者七人组成合议庭进行。二是基层人民法院适用简易程序、速裁程序审判第一审刑事案件，可以由审判员一人独任审判也可以合议庭审判。三是高级人民法院审判第一审刑事案件，应当由审判员三人至七人或者由审判员和人民陪审员共三人或者七人组成合议庭进行。四是最高人民法院审判第一审刑事案件，应当由审判员三人至七人组成合议庭进行。需要注意的是，上诉和抗诉案件由审判员三人或者五人组成合议庭进行。

人民陪审员参加三人合议庭审判案件，对事实认定、法律适用，独立发表意见，行使表决权；人民陪审员参加七人合议庭审判案件，对事实认定，独立发表意见，并与法官共同表决；对法律适用，可以发表意见，但不参加表决。

相关规定

《人民陪审员法》

第二十条　审判长应当履行与案件审判相关的指引、提示义务，但不得妨碍人民陪审员对案件的独立判断。

合议庭评议案件，审判长应当对本案中涉及的事实认定、证据规则、法律规定等事项及应当注意的问题，向人民陪审员进行必要的解释和说明。

第二十一条　人民陪审员参加三人合议庭审判案件，对事实认定、法律适用，独立发表意见，行使表决权。

第二十二条　人民陪审员参加七人合议庭审判案件，对事实认定，独立发表意见，并与法官共同表决；对法律适用，可以发表意见，但不参加表决。

《高法解释》

第二百一十二条　合议庭由审判员担任审判长。院长或者庭长参加审理案件时，由其本人担任审判长。

审判员依法独任审判时，行使与审判长相同的职权。

第二百一十三条　基层人民法院、中级人民法院、高级人民法院审判下列第一审刑事案件，由审判员和人民陪审员组成合议庭进行：

（一）涉及群体利益、公共利益的；

（二）人民群众广泛关注或者其他社会影响较大的；

（三）案情复杂或者有其他情形，需要由人民陪审员参加审判的。

基层人民法院、中级人民法院、高级人民法院审判下列第一审刑事案件，由审判员和人民陪审员组成七人合议庭进行：

（一）可能判处十年以上有期徒刑、无期徒刑、死刑，且社会影响重大的；

（二）涉及征地拆迁、生态环境保护、食品药品安全，且社会影响重大的；

（三）其他社会影响重大的。

第一百八十四条　合议庭评议规则

合议庭进行评议的时候，如果意见分歧，应当按多数人的意见作出决定，但少数人的意见应当写入笔录。评议笔录由合议庭的组成人员签名。

条文注解

本条确立了合议庭评议的规则：

少数服从多数规则。评议出现分歧时，按照民主集中制原则，以超过半数的意见作出评判。特殊情况下，也可提请院长决定是否提交审委会讨论决定。

少数意见也写入笔录规则。"少数人的意见应当写入笔录"是指合议庭组成人员中不超过半数的人对案件的评议结果存在

异议或持有不同意见，应将其提出的异议或不同意见记入评议笔录，但是异议不写入裁判文书。

评议笔录签名确认规则。为确保评议笔录客观记录评议过程，正确体现合议庭每位成员的意见，评议结束后合议庭成员应当在笔录上签名。

相关规定

《高法解释》

第二百一十四条　开庭审理和评议案件，应当由同一合议庭进行。合议庭成员在评议案件时，应当独立发表意见并说明理由。意见分歧的，应当按多数意见作出决定，但少数意见应当记入笔录。评议笔录由合议庭的组成人员在审阅确认无误后签名。评议情况应当保密。

第二百一十五条　人民陪审员参加三人合议庭审判案件，应当对事实认定、法律适用独立发表意见，行使表决权。

人民陪审员参加七人合议庭审判案件，应当对事实认定独立发表意见，并与审判员共同表决；对法律适用可以发表意见，但不参加表决。

第三百零一条　庭审结束后、评议前，部分合议庭成员不能继续履行审判职责的，人民法院应当依法更换合议庭组成人员，重新开庭审理。

评议后、宣判前，部分合议庭成员因调动、退休等正常原因不能参加宣判，在不改变原评议结论的情况下，可以由审判本案的其他审判员宣判，裁判文书上仍署审判本案的合议庭成员的姓名。

第一百八十五条　审委会讨论决定案件

合议庭开庭审理并且评议后，应当作出判决。对于疑难、复杂、

重大的案件,合议庭认为难以作出决定的,由合议庭提请院长决定提交审判委员会讨论决定。审判委员会的决定,合议庭应当执行。

条文注解

第一,"疑难、复杂、重大"的案件主要是指以下情况:1. 案情特殊,难以划清罪与非罪、此罪与彼罪界限及难以准确适用刑罚的案件;2. 案件情况复杂,犯罪种类、次数众多,证据繁杂的案件;3. 犯罪情节恶劣、性质严重,社会影响很大的案件。

第二,"合议庭认为难以作出决定"是指合议庭意见存在重大分歧,难以形成多数意见,或者合议庭认为法律规定不明确,案件处理结果可能产生重大社会影响等情形。

第三,合议庭提交给审委会讨论决定的案件,并非直接提交给审委会,而是提请院长决定。院长可以对合议庭提交的案件进行必要性审查。提交审委会讨论决定的案件,其最终决定合议庭应当执行。

相关规定

《高法解释》

第二百一十六条 合议庭审理、评议后,应当及时作出判决、裁定。

对下列案件,合议庭应当提请院长决定提交审判委员会讨论决定:

(一)高级人民法院、中级人民法院拟判处死刑立即执行的案件,以及中级人民法院拟判处死刑缓期执行的案件;

(二)本院已经发生法律效力的判决、裁定确有错误需要再审的案件;

(三)人民检察院依照审判监督程序提出抗诉的案件。

对合议庭成员意见有重大分歧的案件、新类型案件、社会影响重大的案件以及其他疑难、复杂、重大的案件,合议庭认为难以作出决定的,可以提请院长决定提交审判委员会讨论决定。

人民陪审员可以要求合议庭将案件提请院长决定是否提交审判委员会讨论决定。

对提请院长决定提交审判委员会讨论决定的案件,院长认为不必要的,可以建议合议庭复议一次。

独任审判的案件,审判员认为有必要的,也可以提请院长决定提交审判委员会讨论决定。

第二百一十七条 审判委员会的决定,合议庭、独任审判员应当执行;有不同意见的,可以建议院长提交审判委员会复议。

第二章 第一审程序

第一节 公诉案件

第一百八十六条 公诉案件审查

人民法院对提起公诉的案件进行审查后,对于起诉书中有明确的指控犯罪事实的,应当决定开庭审判。

条文注解

第一,人民法院对提起公诉的案件决定是否开庭审判,应当审查起诉书中是否有明确的指控犯罪事实,以作为是否开庭审理的依据。

第二,"有明确的指控犯罪事实"是指人民检察院的起诉书中必须载明被告人的犯罪事实和提起公诉的具体罪名,这种犯罪事实必须是依据刑法规定应予刑事处罚的。

第三，人民检察院向人民法院提起公诉的时候，应当将全部案卷材料和证据移送人民法院。如果检察院移送的材料缺少，人民法院可以通知人民检察院补充材料。

> [!NOTE] 相关规定

《高法解释》

第二百一十八条 对提起公诉的案件，人民法院应当在收到起诉书（一式八份，每增加一名被告人，增加起诉书五份）和案卷、证据后，审查以下内容：

（一）是否属于本院管辖；

（二）起诉书是否写明被告人的身份，是否受过或者正在接受刑事处罚、行政处罚、处分，被采取留置措施的情况，被采取强制措施的时间、种类、羁押地点，犯罪的时间、地点、手段、后果以及其他可能影响定罪量刑的情节；有多起犯罪事实的，是否在起诉书中将事实分别列明；

（三）是否移送证明指控犯罪事实及影响量刑的证据材料，包括采取技术调查、侦查措施的法律文书和所收集的证据材料；

（四）是否查封、扣押、冻结被告人的违法所得或者其他涉案财物，查封、扣押、冻结是否逾期；是否随案移送涉案财物、附涉案财物清单；是否列明涉案财物权属情况；是否就涉案财物处理提供相关证据材料；

（五）是否列明被害人的姓名、住址、联系方式；是否附有证人、鉴定人名单；是否申请法庭通知证人、鉴定人、有专门知识的人出庭，并列明有关人员的姓名、性别、年龄、职业、住址、联系方式；是否附有需要保护的证人、鉴定人、被害人名单；

（六）当事人已委托辩护人、诉讼代理人或者已接受法律援助的，是否列明辩护人、诉讼代理人的姓名、住址、联系方式；

（七）是否提起附带民事诉讼；提起附带民事诉讼的，是否列明附带民事诉讼当事人的姓名、住址、联系方式等，是否附有相关证据材料；

（八）监察调查、侦查、审查起诉程序的各种法律手续和诉讼文书是否齐全；

（九）被告人认罪认罚的，是否提出量刑建议、移送认罪认罚具结书等材料；

（十）有无刑事诉讼法第十六条第二项至第六项规定的不追究刑事责任的情形。

第二百一十九条 人民法院对提起公诉的案件审查后，应当按照下列情形分别处理：

（一）不属于本院管辖的，应当退回人民检察院；

（二）属于刑事诉讼法第十六条第二项至第六项规定情形的，应当退回人民检察院；属于告诉才处理的案件，应当同时告知被害人有权提起自诉；

（三）被告人不在案的，应当退回人民检察院；但是，对人民检察院按照缺席审判程序提起公诉的，应当依照本解释第二十四章的规定作出处理；

（四）不符合前条第二项至第九项规定之一，需要补充材料的，应当通知人民检察院在三日以内补送；

（五）依照刑事诉讼法第二百条第三项规定宣告被告人无罪后，人民检察院根据新的事实、证据重新起诉的，应当依法受理；

（六）依照本解释第二百九十六条规定裁定准许撤诉的案件，没有新的影响定罪量刑的事实、证据，重新起诉的，应当退回人民检察院；

（七）被告人真实身份不明，但符合刑事诉讼法第一百六十条第二款规定的，应当依法受理。

对公诉案件是否受理，应当在七日以内审查完毕。

第二百二十条 对一案起诉的共同犯罪或者关联犯罪案件，被告人人数众多、案情复杂，人民法院经审查认为，分案审理更有利于保障庭审质量和效率的，可以分案审理。分案审理不得影响当事人质证权等诉讼权利的行使。

对分案起诉的共同犯罪或者关联犯罪案件，人民法院经审查认为，合并审理更有利于查明案件事实、保障诉讼权利、准确定罪量刑的，可以并案审理。

第三百三十五条 人民法院受理单位犯罪案件，除依照本解释第二百一十八条的有关规定进行审查外，还应当审查起诉书是否列明被告单位的名称、住所地、联系方式，法定代表人、实际控制人、主要负责人以及代表被告单位出庭的诉讼代表人的姓名、职务、联系方式。需要人民检察院补充材料的，应当通知人民检察院在三日以内补送。

第三百三十六条 被告单位的诉讼代表人，应当是法定代表人、实际控制人或者主要负责人；法定代表人、实际控制人或者主要负责人被指控为单位犯罪直接责任人员或者因客观原因无法出庭的，应当由被告单位委托其他负责人或者职工作为诉讼代表人。但是，有关人员被指控为单位犯罪直接责任人员或者知道案件情况、负有作证义务的除外。

依据前款规定难以确定诉讼代表人的，可以由被告单位委托律师等单位以外的人员作为诉讼代表人。

诉讼代表人不得同时担任被告单位或者被指控为单位犯罪直接责任人员的有关人员的辩护人。

第三百三十七条 开庭审理单位犯罪案件，应当通知被告单位的诉讼代表人出庭；诉讼代表人不符合前条规定的，应当要求人民检察院另行确定。

被告单位的诉讼代表人不出庭的，应当按照下列情形分别处理：

（一）诉讼代表人系被告单位的法定代表人、实际控制人或者主要负责人，无正当理由拒不出庭的，可以拘传其到庭；因客观原因无法出庭，或者下落不明的，应当要求人民检察院另行确定诉讼代表人；

（二）诉讼代表人系其他人员的，应当要求人民检察院另行确定诉讼代表人。

第三百三十八条 被告单位的诉讼代表人享有刑事诉讼法规定的有关被告人的诉讼权利。开庭时，诉讼代表人席位置于审判台前左侧，与辩护人席并列。

第三百三十九条 被告单位委托辩护人的，参照适用本解释的有关规定。

第三百四十条 对应当认定为单位犯罪的案件，人民检察院只作为自然人犯罪起诉的，人民法院应当建议人民检察院对犯罪单位追加起诉。人民检察院仍以自然人犯罪起诉的，人民法院应当依法审理，按照单位犯罪直接负责的主管人员或者其他直接责任人员追究刑事责任，并援引刑法分则关于追究单位犯罪中直接负责的主管人员和其他直接责任人员刑事责任的条款。

第三百四十一条 被告单位的违法所得及其他涉案财物，尚未被依法追缴或者查封、扣押、冻结的，人民法院应当决定追缴或者查封、扣押、冻结。

第三百四十二条 为保证判决的执行，人民法院可以先行查封、扣押、冻结被告单位的财产,或者由被告单位提出担保。

第三百四十三条 采取查封、扣押、冻结等措施,应当严格依照法定程序进行,最大限度降低对被告单位正常生产经营活动的影响。

第三百四十四条 审判期间,被告单位被吊销营业执照、宣告破产但尚未完成清算、注销登记的,应当继续审理;被告单位被撤销、注销的,对单位犯罪直接负责的主管人员和其他直接责任人员应当继续审理。

第三百四十五条 审判期间,被告单位合并、分立的,应当将原单位列为被告单位,并注明合并、分立情况。对被告单位所判处的罚金以其在新单位的财产及收益为限。

第三百四十六条 审理单位犯罪案件,本章没有规定的,参照适用本解释的有关规定。

第一百八十七条 庭前准备程序

人民法院决定开庭审判后,应当确定合议庭的组成人员,将人民检察院的起诉书副本至迟在开庭十日以前送达被告人及其辩护人。

在开庭以前,审判人员可以召集公诉人、当事人和辩护人、诉讼代理人,对回避、出庭证人名单、非法证据排除等与审判相关的问题,了解情况,听取意见。

人民法院确定开庭日期后,应当将开庭的时间、地点通知人民检察院,传唤当事人,通知辩护人、诉讼代理人、证人、鉴定人和翻译人员,传票和通知书至迟在开庭三日以前送达。公开审判的案件,应当在开庭三日以前先期公布案由、被告人姓名、开庭时间和地点。

上述活动情形应当写入笔录,由审判人员和书记员签名。

▎条文注解

本条主要规定了庭前准备程序。

第一,人民法院决定开庭审判后,应当确定合议庭的组成人员,以及将人民检察院的起诉书副本送达被告人及其辩护人。2012年刑事诉讼法修改增加了起诉书副本送达辩护人的规定。

第二,关于开庭前听取有关程序问题的意见。审判人员可以召集公诉人、当事人和辩护人、诉讼代理人,对回避、出庭证人名单、非法证据排除等与审判相关的问题,了解情况,听取意见。审判人员可以是合议庭组成人员,听取意见的问题包括回避、出庭证人名单、非法证据排除等与审判相关的问题。

第三,确定开庭日期后的送达和公开审判的准备。一是送达的对象及期限要求。应当将开庭时间、地点在开庭三日以前通知人民检察院,便于人民检察院做好出庭支持公诉的准备工作。二是传唤当事人,通知辩护人、诉讼代理人、证人、鉴定人和翻译人员。三是对公开审判的案件,应当在开庭三日以前先期公布案由、被告人姓名、开庭时间和地点。根据公开审判原则的要求,对于公开审判的案件,先期公布有关事项,有利于与案件相关的人和其他公民及时了解案件审理情况,旁听案件的审理。

相关规定

《高法解释》

第二百二十一条 开庭审理前，人民法院应当进行下列工作：

（一）确定审判长及合议庭组成人员；

（二）开庭十日以前将起诉书副本送达被告人、辩护人；

（三）通知当事人、法定代理人、辩护人、诉讼代理人在开庭五日以前提供证人、鉴定人名单，以及拟当庭出示的证据；申请证人、鉴定人、有专门知识的人出庭的，应当列明有关人员的姓名、性别、年龄、职业、住址、联系方式；

（四）开庭三日以前将开庭的时间、地点通知人民检察院；

（五）开庭三日以前将传唤当事人的传票和通知辩护人、诉讼代理人、法定代理人、证人、鉴定人等出庭的通知书送达；通知有关人员出庭，也可以采取电话、短信、传真、电子邮件、即时通讯等能够确认对方收悉的方式；对被害人人数众多的涉众型犯罪案件，可以通过互联网公布相关文书，通知有关人员出庭；

（六）公开审理的案件，在开庭三日以前公布案由、被告人姓名、开庭时间和地点。

上述工作情况应当记录在案。

第二百二十六条 案件具有下列情形之一的，人民法院可以决定召开庭前会议：

（一）证据材料较多、案情重大复杂的；

（二）控辩双方对事实、证据存在较大争议的；

（三）社会影响重大的；

（四）需要召开庭前会议的其他情形。

第二百二十七条 控辩双方可以申请人民法院召开庭前会议，提出申请应当说明理由。人民法院经审查认为有必要的，应当召开庭前会议；决定不召开的，应当告知申请人。

第二百二十八条 庭前会议可以就下列事项向控辩双方了解情况，听取意见：

（一）是否对案件管辖有异议；

（二）是否申请有关人员回避；

（三）是否申请不公开审理；

（四）是否申请排除非法证据；

（五）是否提供新的证据材料；

（六）是否申请重新鉴定或者勘验；

（七）是否申请收集、调取证明被告人无罪或者罪轻的证据材料；

（八）是否申请证人、鉴定人、有专门知识的人、调查人员、侦查人员或者其他人员出庭，是否对出庭人员名单有异议；

（九）是否对涉案财物的权属情况和人民检察院的处理建议有异议；

（十）与审判相关的其他问题。

庭前会议中，人民法院可以开展附带民事调解。

对第一款规定中可能导致庭审中断的程序性事项，人民法院可以在庭前会议后依法作出处理，并在庭审中说明处理决定和理由。控辩双方没有新的理由，在庭审中再次提出有关申请或者异议的，法庭可以在说明庭前会议情况和处理决定理由后，依法予以驳回。

庭前会议情况应当制作笔录，由参会人员核对后签名。

第二百二十九条 庭前会议中，审判人员可以询问控辩双方对证据材料有无异议，对有异议的证据，应当在庭审时重点调查；无异议的，庭审时举证、质证可以简化。

第二百三十条 庭前会议由审判长主持，合议庭其他审判员也可以主持庭前会议。

召开庭前会议应当通知公诉人、辩护人到场。

庭前会议准备就非法证据排除了解情况、听取意见，或者准备询问控辩双方对证据材料的意见的，应当通知被告人到场。有多名被告人的案件，可以根据情况确定参加庭前会议的被告人。

第二百三十一条 庭前会议一般不公开进行。

根据案件情况，庭前会议可以采用视频等方式进行。

第二百三十二条 人民法院在庭前会议中听取控辩双方对案件事实、证据材料的意见后，对明显事实不清、证据不足的案件，可以建议人民检察院补充材料或者撤回起诉。建议撤回起诉的案件，人民检察院不同意的，开庭审理后，没有新的事实和理由，一般不准许撤回起诉。

第二百三十三条 对召开庭前会议的案件，可以在开庭时告知庭前会议情况。对庭前会议中达成一致意见的事项，法庭在向控辩双方核实后，可以当庭予以确认；未达成一致意见的事项，法庭可以归纳控辩双方争议焦点，听取控辩双方意见，依法作出处理。

控辩双方在庭前会议中就有关事项达成一致意见，在庭审中反悔的，除有正当理由外，法庭一般不再进行处理。

《高检规则》

第三百九十三条 人民检察院在开庭审理前收到人民法院或者被告人及其辩护人、被害人、证人等送交的反映证据系非法取得的书面材料的，应当进行审查。对于审查逮捕、审查起诉期间已经提出并经查证不存在非法取证行为的，应当通知人民法院、有关当事人和辩护人，并按照查证的情况做好庭审准备。对于新的材料或者线索，可以要求监察机关、公安机关对证据收集的合法性进行说明或者提供相关证明材料。

第三百九十四条 人民法院通知人民检察院派员参加庭前会议的，由出席法庭的公诉人参加。检察官助理可以协助。根据需要可以配备书记员担任记录。

人民检察院认为有必要召开庭前会议的，可以建议人民法院召开庭前会议。

第三百九十五条 在庭前会议中，公诉人可以对案件管辖、回避、出庭证人、鉴定人、有专门知识的人的名单、辩护人提供的无罪证据、非法证据排除、不公开审理、延期审理、适用简易程序或者速裁程序、庭审方案等与审判相关的问题提出和交换意见，了解辩护人收集的证据等情况。

对辩护人收集的证据有异议的，应当提出，并简要说明理由。

公诉人通过参加庭前会议，了解案件事实、证据和法律适用的争议和不同意见，解决有关程序问题，为参加法庭审理做好准备。

第三百九十六条 当事人、辩护人、诉讼代理人在庭前会议中提出证据系非法取得，人民法院认为可能存在以非法方法收集证据情形的，人民检察院应当对证据收集的合法性进行说明。需要调查核实的，在开庭审理前进行。

文书格式

```
              ××××人民检察院
              召开庭前会议建议书

                            ××检××庭前建〔20××〕×号
  本院以_____号起诉书提起公诉的_____一案，经本院审查，符合《中
华人民共和国刑事诉讼法》第一百八十七条第二款的规定，建议你院召开庭前会议。
  此致
_____人民法院
                                      20××年××月××日
                                              （院印）
```

第一百八十八条　公开审判及例外

人民法院审判第一审案件应当公开进行。但是有关国家秘密或者个人隐私的案件，不公开审理；涉及商业秘密的案件，当事人申请不公开审理的，可以不公开审理。

不公开审理的案件，应当当庭宣布不公开审理的理由。

条文注解

公开审判的原则。人民法院审理案件，除法律规定的特别情况外，一律公开进行，公开审判主要体现为允许群众旁听人民法院对刑事案件的审理以及允许记者报道。

公开审判的例外。有关国家秘密或个人隐私的案件不公开审理。涉及商业秘密的案件，可以依当事人的申请不公开审理。"商业秘密"是指不为公众所知悉，能为权利人带来经济利益，具有实用性并经权利人采取保密措施的技术信息和经营信息。

相关规定

《高法解释》

第八十一条　公开审理案件时，公诉人、诉讼参与人提出涉及国家秘密、商业秘密或者个人隐私的证据的，法庭应当制止；确与本案有关的，可以根据具体情况，决定将案件转为不公开审理，或者对相关证据的法庭调查不公开进行。

第二百二十二条　审判案件应当公开进行。

案件涉及国家秘密或者个人隐私的，不公开审理；涉及商业秘密，当事人提出申请的，法庭可以决定不公开审理。

不公开审理的案件，任何人不得旁听，但具有刑事诉讼法第二百八十五条规定情形的除外。

第二百二十三条　精神病人、醉酒的人、未经人民法院批准的未成年人以及其他不宜旁听的人不得旁听案件审理。

第二百二十四条　被害人人数众多，且案件不属于附带民事诉讼范围的，被害人可以推选若干代表人参加庭审。

第二百二十五条　被害人、诉讼代理人经传唤或者通知未到庭，不影响开庭审

理的，人民法院可以开庭审理。

辩护人经通知未到庭，被告人同意的，人民法院可以开庭审理，但被告人属于应当提供法律援助情形的除外。

第一百八十九条 出庭支持公诉

人民法院审判公诉案件，人民检察院应当派员出席法庭支持公诉。

条文注解

对公诉案件，无论是否适用简易程序审理，人民检察院都应当派员出席法庭支持公诉。"支持公诉"是指人民法院开庭审判时，人民检察院派员出席法庭支持和维护人民检察院代表国家提起的公诉。

相关规定

《高检规则》

第三百九十条 提起公诉的案件，人民检察院应当派员以国家公诉人的身份出席第一审法庭，支持公诉。

公诉人应当由检察官担任。检察官助理可以协助检察官出庭。根据需要可以配备书记员担任记录。

第三百九十一条 对于提起公诉后人民法院改变管辖的案件，提起公诉的人民检察院参照本规则第三百二十八条的规定将案件移送与审判管辖相对应的人民检察院。

接受移送的人民检察院重新对案件进行审查的，根据刑事诉讼法第一百七十二条第二款的规定自收到案件之日起计算审查起诉期限。

第三百九十二条 人民法院决定开庭审判的，公诉人应当做好以下准备工作：

（一）进一步熟悉案情，掌握证据情况；

（二）深入研究与本案有关的法律政策问题；

（三）充实审判中可能涉及的专业知识；

（四）拟定讯问被告人、询问证人、鉴定人、有专门知识的人和宣读、出示、播放证据的计划并制定质证方案；

（五）对可能出现证据合法性争议的，拟定证明证据合法性的提纲并准备相关材料；

（六）拟定公诉意见，准备辩论提纲；

（七）需要对出庭证人等的保护向人民法院提出建议或者配合工作的，做好相关准备。

第三百九十八条 公诉人在法庭上应当依法进行下列活动：

（一）宣读起诉书，代表国家指控犯罪，提请人民法院对被告人依法审判；

（二）讯问被告人；

（三）询问证人、被害人、鉴定人；

（四）申请法庭出示物证，宣读书证、未到庭证人的证言笔录、鉴定人的鉴定意见、勘验、检查、辨认、侦查实验等笔录和其他作为证据的文书，播放作为证据的视听资料、电子数据等；

（五）对证据采信、法律适用和案件情况发表意见，提出量刑建议及理由，针对被告人、辩护人的辩护意见进行答辩，全面阐述公诉意见；

（六）维护诉讼参与人的合法权利；

（七）对法庭审理案件有无违反法律规定诉讼程序的情况记明笔录；

（八）依法从事其他诉讼活动。

第三编 审 判｜第二章 第一审程序　337

文书格式

```
              ××××人民检察院
              派员出席法庭通知书
_____
                                        ××检××派〔20××〕×号

    你院定于____年__月__日开庭审理的_____案，根据《中华人民共和
国刑事诉讼法》第____条的规定，本院决定指派_____代表本院出席法庭
依法执行职务。
    此致
    _____

                                        20××年××月××日
                                              （院印）
```

第一百九十条　开庭

开庭的时候，审判长查明当事人是否到庭，宣布案由；宣布合议庭的组成人员、书记员、公诉人、辩护人、诉讼代理人、鉴定人和翻译人员的名单；告知当事人有权对合议庭组成人员、书记员、公诉人、鉴定人和翻译人员申请回避；告知被告人享有辩护权利。

被告人认罪认罚的，审判长应当告知被告人享有的诉讼权利和认罪认罚的法律规定，审查认罪认罚的自愿性和认罪认罚具结书内容的真实性、合法性。

条文注解

本条规定了开庭程序，主要是查明基本情况，宣布相关名单以及告知基本权利。需要注意的是，对于认罪认罚案件，审判长在开庭时应告知被告人的诉讼权利，并审查相关事项，避免被告人被迫认罪认罚导致冤假错案。

相关规定

《高法解释》

第二百三十四条　开庭审理前，书记员应当依次进行下列工作：

（一）受审判长委托，查明公诉人、当事人、辩护人、诉讼代理人、证人及其他诉讼参与人是否到庭；

（二）核实旁听人员中是否有证人、鉴定人、有专门知识的人；

（三）请公诉人、辩护人、诉讼代理人及其他诉讼参与人入庭；

（四）宣读法庭规则；

（五）请审判长、审判员、人民陪审员入庭；

（六）审判人员就座后，向审判长报告开庭前的准备工作已经就绪。

第二百三十五条　审判长宣布开庭，传被告人到庭后，应当查明被告人的下列情况：

（一）姓名、出生日期、民族、出生地、文化程度、职业、住址，或者被告单位的名称、住所地、法定代表人、实际控制人以及诉讼代表人的姓名、职务；

（二）是否受过刑事处罚、行政处罚、处分及其种类、时间；

（三）是否被采取留置措施及留置的时间，是否被采取强制措施及强制措施的种类、时间；

（四）收到起诉书副本的日期；有附带民事诉讼的，附带民事诉讼被告人收到附带民事起诉状的日期。

被告人较多的，可以在开庭前查明上述情况，但开庭时审判长应当作出说明。

第二百三十六条 审判长宣布案件的来源、起诉的案由、附带民事诉讼当事人的姓名及是否公开审理；不公开审理的，应当宣布理由。

第二百三十七条 审判长宣布合议庭组成人员、法官助理、书记员、公诉人的名单，以及辩护人、诉讼代理人、鉴定人、翻译人员等诉讼参与人的名单。

第二百三十八条 审判长应当告知当事人及其法定代理人、辩护人、诉讼代理人在法庭审理过程中依法享有下列诉讼权利：

（一）可以申请合议庭组成人员、法官助理、书记员、公诉人、鉴定人和翻译人员回避；

（二）可以提出证据，申请通知新的证人到庭，调取新的证据，申请重新鉴定或者勘验；

（三）被告人可以自行辩护；

（四）被告人可以在法庭辩论终结后作最后陈述。

第二百三十九条 审判长应当询问当事人及其法定代理人、辩护人、诉讼代理人是否申请回避、申请何人回避和申请回避的理由。

当事人及其法定代理人、辩护人、诉讼代理人申请回避的，依照刑事诉讼法及本解释的有关规定处理。

同意或者驳回回避申请的决定及复议决定，由审判长宣布，并说明理由。必要时，也可以由院长到庭宣布。

第一百九十一条　开庭讯问及发问

公诉人在法庭上宣读起诉书后，被告人、被害人可以就起诉书指控的犯罪进行陈述，公诉人可以讯问被告人。

被害人、附带民事诉讼的原告人和辩护人、诉讼代理人，经审判长许可，可以向被告人发问。

审判人员可以讯问被告人。

条文注解

第一，公诉人在审判庭上宣读起诉书后，被告人和被害人可以分别就起诉书指控的犯罪进行陈述。被告人如果承认公诉人的指控，则应当对自己的犯罪行为进行陈述；被告人如果不承认公诉人的指控，则应允许被告人提出自己无罪、罪轻的意见。同时，被害人也可以针对起诉书中指控的犯罪，陈述自己受害过程以及有关诉讼请求。讯问的主要目的是让审判人员当庭听取被告人的供述或者辩解，弄清案件事实。

第二，被害人是犯罪行为的直接受害者，可以并有权揭露、控诉犯罪；附带民事诉讼原告人有权要求赔偿由于被告人犯罪行为而遭受到的物质损失；辩护人要为被告人作无罪、罪轻或者减轻处罚的辩护；诉讼代理人向被告人发问是受被害人及其法定代理人或者近亲属、附带民事诉讼的当事人及其法定代理人的委托代行诉讼权利，为了保证庭审秩序，发问应当经审判长许可，经许可方可发问。

第三，审判人员掌握和指挥庭审进行。对审理过程中有疑问的地方，以及被告人在陈述时有表述不清的地方，审判人员可以直接讯问被告人。

相关规定

《高法解释》

第二百四十条 审判长宣布法庭调查开始后，应当先由公诉人宣读起诉书；公诉人宣读起诉书后，审判长应当询问被告人对起诉书指控的犯罪事实和罪名有无异议。

有附带民事诉讼的，公诉人宣读起诉书后，由附带民事诉讼原告人或者其法定代理人、诉讼代理人宣读附带民事起诉状。

第二百四十一条 在审判长主持下，被告人、被害人可以就起诉书指控的犯罪事实分别陈述。

第二百四十二条 在审判长主持下，公诉人可以就起诉书指控的犯罪事实讯问被告人。

经审判长准许，被害人及其法定代理人、诉讼代理人可以就公诉人讯问的犯罪事实补充发问；附带民事诉讼原告人及其法定代理人、诉讼代理人可以就附带民事部分的事实向被告人发问；被告人的法定代理人、辩护人，附带民事诉讼被告人及其法定代理人、诉讼代理人可以在控诉方、附带民事诉讼原告方就某一问题讯问、发问完毕后向被告人发问。

根据案件情况，就证据问题对被告人的讯问、发问可以在举证、质证环节进行。

第二百四十三条 讯问同案审理的被告人，应当分别进行。

第二百四十四条 经审判长准许，控辩双方可以向被害人、附带民事诉讼原告人发问。

第二百四十五条 必要时，审判人员可以讯问被告人，也可以向被害人、附带民事诉讼当事人发问。

《高检规则》

第四百条 公诉人讯问被告人，询问证人、被害人、鉴定人，出示物证，宣读书证、未出庭证人的证言笔录等应当围绕下列事实进行：

（一）被告人的身份；

（二）指控的犯罪事实是否存在，是否为被告人所实施；

（三）实施犯罪行为的时间、地点、方法、手段、结果，被告人犯罪后的表现等；

（四）犯罪集团或者其他共同犯罪案件中参与犯罪人员的各自地位和应负的责任；

（五）被告人有无刑事责任能力，有无故意或者过失，行为的动机、目的；

（六）有无依法不应当追究刑事责任的情况，有无法定的从重或者从轻、减轻以及免除处罚的情节；

（七）犯罪对象、作案工具的主要特征，与犯罪有关的财物的来源、数量以及去向；

（八）被告人全部或者部分否认起诉书指控的犯罪事实的，否认的根据和理由能否成立；

（九）与定罪、量刑有关的其他事实。

第四百零一条 在法庭审理中，下列事实不必提出证据进行证明：

（一）为一般人共同知晓的常识性事实；

（二）人民法院生效裁判所确认并且未依审判监督程序重新审理的事实；

（三）法律、法规的内容以及适用等属于审判人员履行职务所应当知晓的事实；

（四）在法庭审理中不存在异议的程序事实；
（五）法律规定的推定事实；
（六）自然规律或者定律。

第四百零三条 被告人在庭审中的陈述与在侦查、审查起诉中的供述一致或者不一致的内容不影响定罪量刑的，可以不宣读被告人供述笔录。

被告人在庭审中的陈述与在侦查、审查起诉中的供述不一致，足以影响定罪量刑的，可以宣读被告人供述笔录，并针对笔录中被告人的供述内容对被告人进行讯问，或者提出其他证据进行证明。

文书格式

××××人民检察院
公诉意见书

被 告 人　×××
案　　 由　×××
起诉书号　×××

审判长、审判员（人民陪审员）：

根据《中华人民共和国刑事诉讼法》第一百八十九条、第一百九十八条和第二百零九条等规定，我（们）受××××人民检察院的指派，代表本院，以国家公诉人的身份，出席法庭支持公诉，并依法对刑事诉讼实行法律监督。现对本案证据和案件情况发表如下意见，请法庭注意。

……（结合案情重点阐述以下问题：

一、根据法庭调查的情况，概述法庭质证的情况、各证据的证明作用，并运用各证据之间的逻辑关系证明被告人的犯罪事实清楚，证据确实充分。

二、根据被告人的犯罪事实，论证应适用的法律条款并提出定罪及从重、从轻、减轻处罚等意见。

三、根据庭审情况，在揭露被告人犯罪行为的社会危害性的基础上，作必要的法制宣传和教育工作。）

综上所述，起诉书认定本案被告人×××的犯罪事实清楚，证据确实、充分，依法应当认定被告人有罪，并建议_____（根据是否认罪认罚等情况提出量刑建议或从重、从轻、减轻处罚等意见）。

公诉人：
20××年××月××日当庭发表

第一百九十二条 出庭作证

公诉人、当事人或者辩护人、诉讼代理人对证人证言有异议，且该证人证言对案件定罪量刑有重大影响，人民法院认为证人有必要出庭作证的，证人应当出庭作证。

人民警察就其执行职务时目击的犯罪情况作为证人出庭作证，适用前款规定。

公诉人、当事人或者辩护人、诉讼代理人对鉴定意见有异议，人民法院认为鉴定人有必要出庭的，鉴定人应当出庭作证。经人民法院通知，鉴定人拒不出庭作证的，鉴定意见不得作为定案的根据。

条文注解

本条对证人、鉴定人出庭作证的条件和效力作出了规定。

第一，证人证言必须在法庭上经过公诉人、被害人和被告人、辩护人双方质证并且查实以后，才能作为定案的根据，而出庭作证是对证人证言进行甄别的重要方式。证人证言在同时符合三个条件的情况下，证人应当以出庭的方式作证：一是公诉人、当事人或者辩护人、诉讼代理人对证人证言有异议，包括公诉人、当事人等认为证人证言不符合实际情况，与其掌握的其他证据之间存在矛盾之处等。二是该证人证言对案件定罪量刑有重大影响，主要包括证人直接目击案件的发生，是案件主要甚至唯一证人，对于印证其他可能定案的证据具有重要意义等，既包括单独影响定罪、量刑，也包括既影响定罪，也影响量刑。三是人民法院认为证人有必要出庭作证的。证人是否应当出庭应由人民法院综合全案情况予以考虑，包括提出异议的情况以及对定罪量刑的影响等。

第二，人民警察就其执行职务时目击的犯罪情况作为证人出庭作证，适用前款规定，即公诉人、当事人或者辩护人、诉讼代理人对该证人证言有异议，该证人证言对案件定罪量刑有重大影响，人民法院认为证人有必要出庭作证时，警察证人也应当出庭作证。"执行职务"目击犯罪的情况既包括作为侦查人员执行职务时目击犯罪情况，也包括执行其他职务如巡逻时目击犯罪的情况，这种情况下，警察证人就是普通证人角色。侦查人员出庭作证要区分两种情形，一是作为目击证人出庭作证；二是作为证明取证合法性的侦查人员出庭作证。

第三，关于鉴定人出庭的规定。主要包括两个方面的内容：鉴定人出庭的条件和对鉴定人不出庭鉴定意见的处理。鉴定人应当出庭的情况：一是公诉人、当事人或者辩护人、诉讼代理人对鉴定意见有异议；二是人民法院认为鉴定人有必要出庭的。经人民法院通知，鉴定人拒不出庭作证的，鉴定意见不得作为定案的根据，即经人民法院通知鉴定人出庭，鉴定人不出庭的，其鉴定意见将失去证据作用。

相关规定

《高法解释》

第二百四十六条　公诉人可以提请法庭通知证人、鉴定人、有专门知识的人、调查人员、侦查人员或者其他人员出庭，或者出示证据。被害人及其法定代理人、诉讼代理人，附带民事诉讼原告人及其诉讼代理人也可以提出申请。

在控诉方举证后，被告人及其法定代理人、辩护人可以提请法庭通知证人、鉴定人、有专门知识的人、调查人员、侦查人员或者其他人员出庭，或者出示证据。

第二百四十七条　控辩双方申请证人

出庭作证，出示证据，应当说明证据的名称、来源和拟证明的事实。法庭认为有必要的，应当准许；对方提出异议，认为有关证据与案件无关或者明显重复、不必要，法庭经审查异议成立的，可以不予准许。

第二百四十九条　公诉人、当事人或者辩护人、诉讼代理人对证人证言有异议，且该证人证言对定罪量刑有重大影响，或者对鉴定意见有异议，人民法院认为证人、鉴定人有必要出庭作证的，应当通知证人、鉴定人出庭。

控辩双方对侦破经过、证据来源、证据真实性或者合法性等有异议，申请调查人员、侦查人员或者有关人员出庭，人民法院认为有必要的，应当通知调查人员、侦查人员或者有关人员出庭。

第二百五十条　公诉人、当事人及其辩护人、诉讼代理人申请法庭通知有专门知识的人出庭，就鉴定意见提出意见的，应当说明理由。法庭认为有必要的，应当通知有专门知识的人出庭。

申请有专门知识的人出庭，不得超过二人。有多种类鉴定意见的，可以相应增加人数。

第二百五十一条　为查明案件事实、调查核实证据，人民法院可以依职权通知证人、鉴定人、有专门知识的人、调查人员、侦查人员或者其他人员出庭。

第二百五十二条　人民法院通知有关人员出庭的，可以要求控辩双方予以协助。

《高检规则》

第四百零四条　公诉人对证人证言有异议，且该证人证言对案件定罪量刑有重大影响的，可以申请人民法院通知证人出庭作证。

人民警察就其执行职务时目击的犯罪情况作为证人出庭作证，适用前款规定。

公诉人对鉴定意见有异议的，可以申请人民法院通知鉴定人出庭作证。经人民法院通知，鉴定人拒不出庭作证的，公诉人可以建议法庭不予采纳该鉴定意见作为定案的根据，也可以申请法庭重新通知鉴定人出庭作证或者申请重新鉴定。

必要时，公诉人可以申请法庭通知有专门知识的人出庭，就鉴定人作出的鉴定意见提出意见。

当事人或者辩护人、诉讼代理人对证人证言、鉴定意见有异议的，公诉人认为必要时，可以申请人民法院通知证人、鉴定人出庭作证。

第四百零五条　证人应当由人民法院通知并负责安排出庭作证。

对于经人民法院通知而未到庭的证人或者出庭后拒绝作证的证人的证言笔录，公诉人应当当庭宣读。

对于经人民法院通知而未到庭的证人的证言笔录存在疑问，确实需要证人出庭作证，且可以强制其到庭的，公诉人应当建议人民法院强制证人到庭作证和接受质证。

文书格式

××××人民检察院
提请有关人员出庭意见书

××检××出庭〔20××〕×号

　　本院以_____号_____书向你院提起_____的被告人_____一案,根据《中华人民共和国刑事诉讼法》第五十九条的规定,提请你院通知_____(侦查人员/其他人员所在单位)的_____(姓名、性别、出生日期、公民身份号码)出庭,说明收集证据的有关情况。
　　此致
_____人民法院

20××年××月××日
(院印)

附件：本院对证据收集的合法性情况说明及相关材料

通知证人出庭申请书

[　　　　]第　　号

　　申请人：_____律师,_____律师事务所。
　　联系方式：_____
　　申请事项：通知证人_____出庭作证。
　　申请理由：_____系被告人_____被控_____一案的证人。
　　申请人认为需要证人出庭作证。具体申请理由如下：_____
_____
　　根据《中华人民共和国刑事诉讼法》的相关规定,特提出申请。
　　此致
_____人民法院

申请人(签名)：
年　月　日

附：证人联系方式

> **第一百九十三条　强制证人出庭作证**
>
> 经人民法院通知，证人没有正当理由不出庭作证的，人民法院可以强制其到庭，但是被告人的配偶、父母、子女除外。
>
> 证人没有正当理由拒绝出庭或者出庭后拒绝作证的，予以训诫，情节严重的，经院长批准，处以十日以下的拘留。被处罚人对拘留决定不服的，可以向上一级人民法院申请复议。复议期间不停止执行。

条文注解

在两种情况下不能采取强制到庭的措施：一是证人有正当理由，如重大疾病、交通极为不便、身处国外或者由于不可抗力无法到庭等。此处正当理由应由法官判断是否成立，法官认为不成立的，也可强制其到庭。二是证人是被告人的配偶、父母、子女。这些是由于其身份，不宜对其强制到庭，主要是考虑到强制配偶、父母、子女在法庭上对被告人进行指证，不利于家庭关系的维系。本款规定并没有免除其作证的义务，只是规定在庭审阶段可以免予强制到庭。

相关规定

《高法解释》

第二百五十三条　证人具有下列情形之一，无法出庭作证的，人民法院可以准许其不出庭：

（一）庭审期间身患严重疾病或者行动极为不便的；

（二）居所远离开庭地点且交通极为不便的；

（三）身处国外短期无法回国的；

（四）有其他客观原因，确实无法出庭的。

具有前款规定情形的，可以通过视频等方式作证。

第二百五十五条　强制证人出庭的，应当由院长签发强制证人出庭令，由法警执行。必要时，可以商请公安机关协助。

> **第一百九十四条　询问证人、鉴定人**
>
> 证人作证，审判人员应当告知他要如实地提供证言和有意作伪证或者隐匿罪证要负的法律责任。公诉人、当事人和辩护人、诉讼代理人经审判长许可，可以对证人、鉴定人发问。审判长认为发问的内容与案件无关的时候，应当制止。
>
> 审判人员可以询问证人、鉴定人。

条文注解

"有意作伪证或者隐匿罪证要负的法律责任"，主要是指对于有意作伪证或者隐匿罪证的人，构成犯罪的，依照刑法伪证罪的规定，追究其刑事责任。对于出庭后拒绝作证的证人，可依照本法第一百九十三条的规定予以训诫、处罚。

控辩双方在证人提供证言、鉴定人提供鉴定意见后，认为需要询问证人、鉴定人的，经审判长许可，可以对证人、鉴定人进行发问。询问证人、鉴定人，不能采用威胁、利诱、暗示、提示等方法；多个证人作证的，应当个别进行，其他证人不能在场。对于证人的陈述不清或者矛盾之处，应当要求证人作进一步陈述和说明；对于证人之间的证言相互矛盾的，控辩双方可以进一步核实，互相质证。审判长认为发问的内容与案件无关的时候，应当制止。

对证人、鉴定人进行询问,主要是由控辩双方进行,但审判人员在必要的时候,也有权询问证人、鉴定人。这有助于保证法庭核实相关证据和案件事实。审判人员对证人、鉴定人的询问,通常应当在控辩双方发问后进行,不宜先行询问,更不能包办代替,只是在必要时才进行询问。

相关规定

《高法解释》

第二百五十八条 证人出庭的,法庭应当核实其身份,与当事人以及本案的关系,并告知其有关权利义务和法律责任。证人应当保证向法庭如实提供证言,并在保证书上签名。

第二百五十九条 证人出庭后,一般先向法庭陈述证言;其后,经审判长许可,由申请通知证人出庭的一方发问,发问完毕后,对方也可以发问。

法庭依职权通知证人出庭的,发问顺序由审判长根据案件情况确定。

第二百六十条 鉴定人、有专门知识的人、调查人员、侦查人员或者其他人员出庭的,参照适用前两条规定。

第二百六十一条 向证人发问应当遵循以下规则:

(一)发问的内容应当与本案事实有关;

(二)不得以诱导方式发问;

(三)不得威胁证人;

(四)不得损害证人的人格尊严。

对被告人、被害人、附带民事诉讼当事人、鉴定人、有专门知识的人、调查人员、侦查人员或者其他人员的讯问、发问,适用前款规定。

第二百六十二条 控辩双方的讯问、发问方式不当或者内容与本案无关,对方可以提出异议,申请审判长制止,审判长应当判明情况予以支持或者驳回;对方未提出异议的,审判长也可以根据情况予以制止。

第二百六十三条 审判人员认为必要时,可以询问证人、鉴定人、有专门知识的人、调查人员、侦查人员或者其他人员。

第二百六十四条 向证人、调查人员、侦查人员发问应当分别进行。

第二百六十五条 证人、鉴定人、有专门知识的人、调查人员、侦查人员或者其他人员不得旁听对本案的审理。有关人员作证或者发表意见后,审判长应当告知其退庭。

第二百六十六条 审理涉及未成年人的刑事案件,询问未成年被害人、证人,通知未成年被害人、证人出庭作证,适用本解释第二十二章的有关规定。

《高检规则》

第四百零二条 讯问被告人、询问证人不得采取可能影响陈述或者证言客观真实的诱导性发问以及其他不当发问方式。

辩护人向被告人或者证人进行诱导性发问以及其他不当发问可能影响陈述或者证言的客观真实的,公诉人可以要求审判长制止或者要求对该项陈述或者证言不予采纳。

讯问共同犯罪案件的被告人、询问证人应当个别进行。

被告人、证人、被害人对同一事实的陈述存在矛盾的,公诉人可以建议法庭传唤有关被告人、通知有关证人同时到庭对质,必要时可以建议法庭询问被害人。

第四百零六条 证人在法庭上提供证言,公诉人应当按照审判长确定的顺序向证人发问。可以要求证人就其所了解的与案件有关的事实进行陈述,也可以直接发问。

证人不能连贯陈述的，公诉人可以直接发问。

向证人发问，应当针对证言中有遗漏、矛盾、模糊不清和有争议的内容，并着重围绕与定罪量刑紧密相关的事实进行。

发问采取一问一答形式，提问应当简洁、清楚。

证人进行虚假陈述的，应当通过发问澄清事实，必要时可以宣读在侦查、审查起诉阶段制作的该证人的证言笔录或者出示、宣读其他证据。

当事人和辩护人、诉讼代理人向证人发问后，公诉人可以根据证人回答的情况，经审判长许可，再次向证人发问。

询问鉴定人、有专门知识的人参照上述规定进行。

第一百九十五条　证据出示与质证

公诉人、辩护人应当向法庭出示物证，让当事人辨认，对未到庭的证人的证言笔录、鉴定人的鉴定意见、勘验笔录和其他作为证据的文书，应当当庭宣读。审判人员应当听取公诉人、当事人和辩护人、诉讼代理人的意见。

条文注解

第一，公诉人、辩护人向法庭出示物证，让当事人辨认。公诉人向法庭出示证明被告人罪行以及其他客观反映案情的物证，辩护人则出示证明被告人无罪或者罪轻的物证。在出示物证前，公诉人、辩护人应当先向当事人问明该物证的特征，然后向法庭出示，让当事人辨认核实，并问清辨认意见。当事人在法庭上辨认物证时要如实回答。不便或者不能拿到法庭上出示的物证，应当出示原物的照片或者投影。

第二，对未到庭的证人的证言笔录、鉴定人的鉴定意见、勘验笔录和其他作为证据的文书，当庭宣读。证人身患疾病住院治疗或者行走不便、远居外地或者外出，以及有其他正当理由不能到庭作证的，公诉人、辩护人应将其证言笔录当庭宣读，对未到庭的鉴定人的鉴定意见、勘验笔录和其他作为证据的文书，也应当当庭宣读。

第三，审判人员应当听取公诉人、当事人和辩护人、诉讼代理人的意见。对于在法庭上出示的物证和宣读的其他证据，审判人员应当听取公诉人、当事人和辩护人、诉讼代理人的意见，认真进行核对。只有经过当事人辨认，证人证言相互印证，核对属实后，才能作为定案的根据。

相关规定

《高法解释》

第二百四十八条　已经移送人民法院的案卷和证据材料，控辩双方需要出示的，可以向法庭提出申请，法庭可以准许。案卷和证据材料应当在质证后当庭归还。

需要播放录音录像或者需要将证据材料交由法庭、公诉人或者诉讼参与人查看的，法庭可以指令值庭法警或者相关人员予以协助。

第二百六十七条　举证方当庭出示证据后，由对方发表质证意见。

第二百六十八条　对可能影响定罪量刑的关键证据和控辩双方存在争议的证据，一般应当单独举证、质证，充分听取质证意见。

对控辩双方无异议的非关键证据，举

证方可以仅就证据的名称及拟证明的事实作出说明。

召开庭前会议的案件，举证、质证可以按照庭前会议确定的方式进行。

根据案件和庭审情况，法庭可以对控辩双方的举证、质证方式进行必要的指引。

第二百六十九条 审理过程中，法庭认为有必要的，可以传唤同案被告人、分案审理的共同犯罪或者关联犯罪案件的被告人等到庭对质。

第二百七十条 当庭出示的证据，尚未移送人民法院的，应当在质证后当庭移交。

《高检规则》

第三百九十七条 人民检察院向人民法院移送全部案卷材料后，在法庭审理过程中，公诉人需要出示、宣读、播放有关证据的，可以申请法庭出示、宣读、播放。

人民检察院基于出庭准备和庭审举证工作的需要，可以取回有关案卷材料和证据。

取回案卷材料和证据后，辩护律师要求查阅案卷材料的，应当允许辩护律师在人民检察院查阅、摘抄、复制案卷材料。

第三百九十九条 在法庭审理中，公诉人应当客观、全面、公正地向法庭出示与定罪、量刑有关的证明被告人有罪、罪重或者罪轻的证据。

按照审判长要求，或者经审判长同意，公诉人可以按照以下方式举证、质证：

（一）对于可能影响定罪量刑的关键证据和控辩双方存在争议的证据，一般应当单独举证、质证；

（二）对于不影响定罪量刑且控辩双方无异议的证据，可以仅就证据的名称及其证明的事项、内容作出说明；

（三）对于证明方向一致、证明内容相近或者证据种类相同，存在内在逻辑关系的证据，可以归纳、分组示证、质证。

公诉人出示证据时，可以借助多媒体设备等方式出示、播放或者演示证据内容。

定罪证据与量刑证据需要分开的，应当分别出示。

第四百零七条 必要时，公诉人可以建议法庭采取不暴露证人、鉴定人、被害人外貌、真实声音等出庭作证保护措施，或者建议法庭根据刑事诉讼法第一百五十四条的规定在庭外对证据进行核实。

第四百零八条 对于鉴定意见、勘验、检查、辨认、侦查实验等笔录和其他作为证据的文书以及经人民法院通知而未到庭的被害人的陈述笔录，公诉人应当当庭宣读。

第四百零九条 公诉人向法庭出示物证，一般应当出示原物，原物不易搬运、不易保存或者已返还被害人的，可以出示反映原物外形和特征的照片、录像、复制品，并向法庭说明情况及与原物的同一性。

公诉人向法庭出示书证，一般应当出示原件。获取书证原件确有困难的，可以出示书证副本或者复制件，并向法庭说明情况及与原件的同一性。

公诉人向法庭出示物证、书证，应当对该物证、书证所要证明的内容、获取情况作出说明，并向当事人、证人等问明物证的主要特征，让其辨认。对该物证、书证进行鉴定的，应当宣读鉴定意见。

> **第一百九十六条 法庭调查核实证据**
>
> 法庭审理过程中,合议庭对证据有疑问的,可以宣布休庭,对证据进行调查核实。
>
> 人民法院调查核实证据,可以进行勘验、检查、查封、扣押、鉴定和查询、冻结。

条文注解

第一,"合议庭对证据有疑问的",主要是指合议庭在法庭审理过程中,认为公诉人、辩护人提出的主要证据是清楚、充分的,但某个证据或者证据的某一方面存在不足或者相互矛盾,如对同一法律事实,公诉人、辩护人各有不同的物证、书证、证人证言或者鉴定意见等证据。在这种情况下,不排除疑问就会影响定罪或者判刑,但是控辩双方各执一词,法庭无法及时判定真伪,因此有时需要先宣布休庭,对证据进行调查核实。

第二,人民法院调查核实证据,有时需要对有关证据重新进行调查,有时需要及时地将有关财物固定,防止书证、物证的灭失,可以采取勘验、检查、查封、扣押、鉴定和查询、冻结等措施。人民法院在采取上述措施时,应当遵守本法关于侦查中相关措施的规定。需要注意的是,合议庭在庭外调查核实的证据必须经过庭审辨认、质证才能作为定案的根据,不能以调查核实代替控辩双方的举证、质证。

相关规定

《高法解释》

第二百七十一条 法庭对证据有疑问的,可以告知公诉人、当事人及其法定代理人、辩护人、诉讼代理人补充证据或者作出说明;必要时,可以宣布休庭,对证据进行调查核实。

对公诉人、当事人及其法定代理人、辩护人、诉讼代理人补充的和审判人员庭外调查核实取得的证据,应当经过当庭质证才能作为定案的根据。但是,对不影响定罪量刑的非关键证据、有利于被告人的量刑证据以及认定被告人有犯罪前科的裁判文书等证据,经庭外征求意见,控辩双方没有异议的除外。

有关情况,应当记录在案。

第二百七十二条 公诉人申请出示开庭前未移送或者提交人民法院的证据,辩护方提出异议的,审判长应当要求公诉人说明理由;理由成立并确有出示必要的,应当准许。

辩护方提出需要对新的证据作辩护准备的,法庭可以宣布休庭,并确定准备辩护的时间。

辩护方申请出示开庭前未提交的证据,参照适用前两款规定。

《高检规则》

第四百一十条 在法庭审理过程中,被告人及其辩护人提出被告人庭前供述系非法取得,审判人员认为需要进行法庭调查的,公诉人可以通过出示讯问笔录、提讯登记、体检记录、采取强制措施或者侦查措施的法律文书、侦查终结前对讯问合法性进行核查的材料等证据材料,有针对性地播放讯问录音、录像,提请法庭通知调查人员、侦查人员或者其他人员出庭说明情况等方式,对证据收集的合法性加以证明。

审判人员认为可能存在刑事诉讼法第五十六条规定的以非法方法收集其他证据的情形,需要进行法庭调查的,公诉人可以参照前款规定对证据收集的合法性进行证明。

公诉人不能当庭证明证据收集的合法

性，需要调查核实的，可以建议法庭休庭或者延期审理。

在法庭审理期间，人民检察院可以要求监察机关或者公安机关对证据收集的合法性进行说明或者提供相关证明材料。必要时，可以自行调查核实。

第四百一十一条 公诉人对证据收集的合法性进行证明后，法庭仍有疑问的，可以建议法庭休庭，由人民法院对相关证据进行调查核实。人民法院调查核实证据，通知人民检察院派员到场的，人民检察院可以派员到场。

第四百一十二条 在法庭审理过程中，对证据合法性以外的其他程序事实存在争议的，公诉人应当出示、宣读有关诉讼文书、侦查或者审查起诉活动笔录。

第四百一十三条 对于搜查、查封、扣押、冻结、勘验、检查、辨认、侦查实验等活动中形成的笔录存在争议，需要调查人员、侦查人员以及上述活动的见证人出庭陈述有关情况的，公诉人可以建议合议庭通知其出庭。

第四百一十四条 在法庭审理过程中，合议庭对证据有疑问或者人民法院根据辩护人、被告人的申请，向人民检察院调取在侦查、审查起诉中收集的有关被告人无罪或者罪轻的证据材料的，人民检察院应当自收到人民法院要求调取证据材料决定书后三日以内移交。没有上述材料的，应当向人民法院说明情况。

第四百一十五条 在法庭审理过程中，合议庭对证据有疑问并在休庭后进行勘验、检查、查封、扣押、鉴定和查询、冻结的，人民检察院应当依法进行监督，发现上述活动有违法情况的，应当提出纠正意见。

第四百一十六条 人民法院根据申请收集、调取的证据或者在合议庭休庭后自

行调查取得的证据，应当经过庭审出示、质证才能决定是否作为判决的依据。未经庭审出示、质证直接采纳为判决依据的，人民检察院应当提出纠正意见。

第一百九十七条　证据申请

法庭审理过程中，当事人和辩护人、诉讼代理人有权申请通知新的证人到庭，调取新的物证，申请重新鉴定或者勘验。

公诉人、当事人和辩护人、诉讼代理人可以申请法庭通知有专门知识的人出庭，就鉴定人作出的鉴定意见提出意见。

法庭对于上述申请，应当作出是否同意的决定。

第二款规定的有专门知识的人出庭，适用鉴定人的有关规定。

■ **条文注解**

在法庭审理过程中，如果当事人和辩护人、诉讼代理人发现了新的证据或者对原有证据产生疑问，认为有必要重新取证或者进行补充的，有权以口头或者书面形式随时向法庭提出申请，请求新的证人到庭，调取新的物证，进行重新鉴定或者勘验。

通知有专门知识的人出庭这一制度设计，有助于加强鉴定人的责任意识，一定程度上可以减少重复鉴定。有专门知识的人根据其专业知识，发现鉴定中存在的问题，如鉴定方法是否科学，检材的选取是否合适等，从而为法官甄别鉴定意见、作出科学判断、提高内心确信提供参考。

法官可以决定是否通知新的证人到庭，通知有专门知识的人出庭，调取新的物证，重新鉴定或者勘验。当庭不能解决

的问题，应当宣布休庭，决定案件延期审理。

相关规定

《高法解释》

第二百七十三条　法庭审理过程中，控辩双方申请通知新的证人到庭，调取新的证据，申请重新鉴定或者勘验的，应当提供证人的基本信息、证据的存放地点，说明拟证明的事项，申请重新鉴定或者勘验的理由。法庭认为有必要的，应当同意，并宣布休庭；根据案件情况，可以决定延期审理。

人民法院决定重新鉴定的，应当及时委托鉴定，并将鉴定意见告知人民检察院、当事人及其辩护人、诉讼代理人。

第二百七十五条　人民法院向人民检察院调取需要调查核实的证据材料，或者根据被告人、辩护人的申请，向人民检察院调取在调查、侦查、审查起诉期间收集的有关被告人无罪或者罪轻的证据材料，应当通知人民检察院在收到调取证据材料决定书后三日以内移交。

第一百九十八条　法庭调查、法庭辩论和最后陈述

法庭审理过程中，对与定罪、量刑有关的事实、证据都应当进行调查、辩论。

经审判长许可，公诉人、当事人和辩护人、诉讼代理人可以对证据和案件情况发表意见并且可以互相辩论。

审判长在宣布辩论终结后，被告人有最后陈述的权利。

条文注解

考虑到定罪量刑本身是庭审的重要内容，实践中情况比较复杂，很多犯罪情节既是定罪情节，也是量刑情节，难以截然分开；刻意分开会影响诉讼效率，增加当事人、辩护人的诉讼负担。因此，本款规定仅强调了"对与定罪、量刑有关的事实、证据都应当进行调查、辩论"，并没有将定罪、量刑完全分开。

法庭辩论是在法庭审理中，控辩双方围绕犯罪事实能否认定，被告人是否实施了犯罪行为，是否应负刑事责任，应负怎样的刑事责任等，对证据和案件情况发表各自意见和进行互相辩论。控辩双方在要求发言时，应当提出申请，经审判长许可后发言。在庭审中，发表意见和互相辩论的机会是均等的。审判长在宣布法庭辩论结束前，要征求双方是否还有新的意见，在各方表示没有新的意见后，审判长应当宣布辩论结束。如果在辩论中发现证据有疑问的，合议庭可以再对证据进一步进行调查核实。

被告人最后陈述是法庭审判的一个独立阶段，是刑事诉讼法赋予被告人的一项十分重要的诉讼权利。审判长应当告知并保证被告人有这项权利。被告人可以根据事实和法律，申请法庭调查核对证据，提出自己无罪、有罪以及罪轻、罪重及对定罪量刑的意见、要求，分析自己的犯罪原因，请求法庭给予自己改过自新的机会等。

相关规定

《高法解释》

第二百七十六条　法庭审理过程中，对与量刑有关的事实、证据，应当进行调查。

人民法院除应当审查被告人是否具有法定量刑情节外，还应当根据案件情况审查以下影响量刑的情节：

（一）案件起因；

（二）被害人有无过错及过错程度，是否对矛盾激化负有责任及责任大小；

（三）被告人的近亲属是否协助抓获被告人；

（四）被告人平时表现，有无悔罪态度；

（五）退赃、退赔及赔偿情况；

（六）被告人是否取得被害人或者其近亲属谅解；

（七）影响量刑的其他情节。

第二百七十八条 对被告人认罪的案件，在确认被告人了解起诉书指控的犯罪事实和罪名，自愿认罪且知悉认罪的法律后果后，法庭调查可以主要围绕量刑和其他有争议的问题进行。

对被告人不认罪或者辩护人作无罪辩护的案件，法庭调查应当在查明定罪事实的基础上，查明有关量刑事实。

第二百七十九条 法庭审理过程中，应当对查封、扣押、冻结财物及其孳息的权属、来源等情况，是否属于违法所得或者依法应当追缴的其他涉案财物进行调查，由公诉人说明情况、出示证据、提出处理建议，并听取被告人、辩护人等诉讼参与人的意见。

案外人对查封、扣押、冻结的财物及其孳息提出权属异议的，人民法院应当听取案外人的意见；必要时，可以通知案外人出庭。

经审查，不能确认查封、扣押、冻结的财物及其孳息属于违法所得或者依法应当追缴的其他涉案财物的，不得没收。

第二百八十条 合议庭认为案件事实已经调查清楚的，应当由审判长宣布法庭调查结束，开始就定罪、量刑、涉案财物处理的事实、证据、适用法律等问题进行法庭辩论。

第二百八十一条 法庭辩论应当在审判长的主持下，按照下列顺序进行：

（一）公诉人发言；

（二）被害人及其诉讼代理人发言；

（三）被告人自行辩护；

（四）辩护人辩护；

（五）控辩双方进行辩论。

第二百八十二条 人民检察院可以提出量刑建议并说明理由；建议判处管制、宣告缓刑的，一般应当附有调查评估报告，或者附有委托调查函。

当事人及其辩护人、诉讼代理人可以对量刑提出意见并说明理由。

第二百八十三条 对被告人认罪的案件，法庭辩论时，应当指引控辩双方主要围绕量刑和其他有争议的问题进行。

对被告人不认罪或者辩护人作无罪辩护的案件，法庭辩论时，可以指引控辩双方先辩论定罪问题，后辩论量刑和其他问题。

第二百八十四条 附带民事部分的辩论应当在刑事部分的辩论结束后进行，先由附带民事诉讼原告人及其诉讼代理人发言，后由附带民事诉讼被告人及其诉讼代理人答辩。

第二百八十五条 法庭辩论过程中，审判长应当充分听取控辩双方的意见，对控辩双方与案件无关、重复或者指责对方的发言应当提醒、制止。

第二百八十六条 法庭辩论过程中，合议庭发现与定罪、量刑有关的新的事实，有必要调查的，审判长可以宣布恢复法庭调查，在对新的事实调查后，继续法庭辩论。

第二百八十七条 审判长宣布法庭辩论终结后，合议庭应当保证被告人充分行使最后陈述的权利。

被告人在最后陈述中多次重复自己的意见，法庭可以制止；陈述内容蔑视法庭、公诉人，损害他人及社会公共利益，或者与本案无关的，应当制止。

在公开审理的案件中，被告人最后陈述的内容涉及国家秘密、个人隐私或者商业秘密的，应当制止。

第二百八十八条 被告人在最后陈述中提出新的事实、证据，合议庭认为可能影响正确裁判的，应当恢复法庭调查；被告人提出新的辩解理由，合议庭认为可能影响正确裁判的，应当恢复法庭辩论。

第二百八十九条 公诉人当庭发表与起诉书不同的意见，属于变更、追加、补充或者撤回起诉的，人民法院应当要求人民检察院在指定时间内以书面方式提出；必要时，可以宣布休庭。人民检察院在指定时间内未提出的，人民法院应当根据法庭审理情况，就起诉书指控的犯罪事实依法作出判决、裁定。

人民检察院变更、追加、补充起诉的，人民法院应当给予被告人及其辩护人必要的准备时间。

第二百九十条 辩护人应当及时将书面辩护意见提交人民法院。

《高检规则》

第四百一十七条 在法庭审理过程中，经审判长许可，公诉人可以逐一对正在调查的证据和案件情况发表意见，并同被告人、辩护人进行辩论。证据调查结束时，公诉人应当发表总结性意见。

在法庭辩论中，公诉人与被害人、诉讼代理人意见不一致的，公诉人应当认真听取被害人、诉讼代理人的意见，阐明自己的意见和理由。

典型案例

1. 范某红、韩某飞等抢劫、盗窃枪支案
（刑事审判参考案例第 816 号）

裁判要旨： 对于庭审后或者复核审阶段发现经庭审质证的证据存在问题，经补查纠正后对问题予以纠正的，需要根据该证据证明的对象以及问题的性质作出相应的处理：第一，如果该证据并非关键定罪量刑的证据，仅仅是作为其他证据佐证，且缺乏该证据不影响相关事实认定的，可以基于其他证据认定相关事实，对于该证据存在的问题无须恢复法庭调查或者发回重审。第二，如果该证据系关键定罪量刑证据，但证据存在的问题并非实质性的，仅属技术性的，如记载错误或者笔误，经补正后，可以征求对方当事人的意见，无须恢复法庭调查或者发回重审。第三，如果该证据系关键定罪证据或者系不利于被告人的量刑证据，且证据存在的问题是实质性的，并足以影响到该证据的证明价值，则需要区分两种情况进行处理：如果证据存在的错误无法进行补正或者作出合理解释的，如目击证人的辨认结论存在错误，则应当恢复法庭调查或者发回重审，对该证据的证据价值重新作出判断。如果在案其他证据能够证实该证据存在的错误，但该错误可以进行补正或者作出合理解释的，如扣押物品清单记载的现场物证情况，与送交鉴定的物证情况不符，但现场勘查照片能够证实现场物证的情况，且明确表明扣押物品清单记载的情况有误，此种情况下，对扣押物品清单的错误，经补正或者作出合理解释后，可以征求双方当事人（部分案件中还要征求法定代理人、诉讼代理人）的意见。如果双方对此表示认可，就无须恢复法庭调查或者发回重审；如果有一方对此有异议，要求开庭进行调查的，人民法院应当开庭或者发回重审。第四，如果该证据系有利于被告人的量刑证据，且证据存在的问题是实质性的，经补正或者作出合理解释后，因为案件处理结果对被告人有利，所以，可以告知对方当事人（部分案件中法定代理人、诉讼代理人）补正结果，直接采信相关证据，无须恢复法庭调查或者发回重审。

2. 谢某抢劫案（刑事审判参考案例第845号）

裁判要旨：法律和司法解释对辩护人何时参加诉讼，并无限制性规定。考虑到被告人辩护权的充分行使等因素，有必要对被告人在庭审结束后委托辩护人的情形规定截止期限，即以案件审结时间为标准。（1）当庭宣判的案件，以宣判时间为临界点。（2）开庭后定期宣判的案件，不需要审判委员会讨论的，以法律文书签发的时间为临界点。（3）开庭后定期宣判的案件，需要经审判委员会讨论的，以审判委员会研究作出决定的时间为临界点。被告人在庭审结束后才提出委托辩护人的，人民法院可以区分不同情形确定案件审结时间，以决定是否同意被告人委托的辩护人参与诉讼。为了更好地保障被告人辩护权的行使，一审法院可以采取以下方式处理，（1）对于没有委托辩护人的被告人，一审开庭审理时可以再次提醒，询问其是否委托辩护人。如果其当庭表示需要委托辩护人的，法庭应当宣布休庭，延期审理。待其委托辩护人参与诉达后，再决定重新开庭日期。（2）如果被告人在一审开庭审理结束后、审结前委托辩护人的，法庭可以根据开庭审理的具体情况，区分以下几种情况处理：一是如果经合议庭评议认为，公诉机关指控的事实可能不构成犯罪或者指控事实不清、证据不足的，应当准许被告人委托的辩护人在此阶段参与诉讼。如果辩护人只是提出无罪或者罪轻辩护意见，没有提交新证据的，可以将辩护意见写入裁判文书，不必重新开庭；如果辩护人提交了证明被告人无罪或者罪轻的新证据，合议庭认为这些证据不影响认定被告人无罪的，可以征求公诉机关的意见，记录在案，不必重新开庭质证。如果提交的证据可能推翻公诉机关的指控，或者可能证明被告人无罪或者罪轻的，应当重新开庭质证认证。二是如果经合议庭评议认为，指控证据中存在疑点，可能影响到指控犯罪事实是否成立的，应当准许被告人委托辩护人并要求辩护人尽快参与一审诉讼，给辩护人一定的调查、收集证据的时间。如果辩护人在法庭指定时间内提交了可能影响被告人定罪量刑的新证据，或者辩护人提出申请人民法院调取的证据，足以影响定罪量刑的，法庭应当重新开庭对新证据进行质证。如果没有新证据，则无须重新开庭审理，但应当将辩护人的辩护意见写入裁判文书。三是如果经合议庭评议认为，指控证据确实、充分，指控事实成立，辩护人在庭审结束后才参与诉讼对案件实体认定的意义不大，法庭可告知被告人到二审程序再委托辩护人，以保护其辩护权不受损害。如果其仍坚持要委托辩护人的，应当准许。辩护人的辩护意见写入裁判文书，其提交的证据如果不影响被告人的定罪量刑的，无须重新开庭审理。

3. 陈某申诉案（检例第26号）

裁判要旨：证据是刑事诉讼的基石，认定案件事实，必须以证据为根据。证据未经当庭出示、辨认、质证等法庭调查程序查证属实，不能作为定案的根据。对于在案发现场提取的物证等实物证据，未经鉴定，且在诉讼过程中丢失或者毁灭，无法在庭审中出示、质证，有罪供述的主要情节又得不到其他证据印证，而原审裁判认定被告人有罪的，应当依法进行监督。

第一百九十九条 违反法庭秩序的处理

在法庭审判过程中，如果诉讼参与人或者旁听人员违反法庭秩序，审判长应当警告制止。对不听制止的，可以强行带出法庭；情节严重的，处以一千元以下的罚款或者十五日以下的拘留。罚款、拘留必须经院长批准。被处罚人对罚款、拘留的决定不服的，可以向上一级人民法院申请复议。复议期间不停止执行。

对聚众哄闹、冲击法庭或者侮辱、诽谤、威胁、殴打司法工作人员或者诉讼参与人，严重扰乱法庭秩序，构成犯罪的，依法追究刑事责任。

条文注解

"诉讼参与人"是指当事人、法定代理人、诉讼代理人、辩护人、证人、鉴定人和翻译人员。"旁听人员"是指依法进行公开审判的案件，在法庭里旁听的群众以及在场采访的记者等人员。"法庭秩序"是指为保证法庭审理的正常进行，诉讼参与人、旁听人员应当遵守的有关纪律和规定。"不听制止"是指经审判长警告制止后，不听警告，仍然继续违反法庭秩序。"情节严重"是指违反法庭秩序者的态度比较恶劣，造成的后果、影响较坏等，损害法庭尊严，影响审判活动正常进行。

扰乱法庭秩序的行为有聚众哄闹、冲击法庭或者侮辱、诽谤、威胁、殴打司法工作人员或者诉讼参与人。"聚众哄闹"法庭，是指纠集众人在法庭上以乱嚷、乱叫等方式起哄捣乱的行为；"冲击法庭"是指在未得到许可的情况下，强行进入法庭，导致法庭秩序混乱的行为；"司法工作人员"主要包括审判人员、公诉人以及司法警察等人员；"严重扰乱法庭秩序"主要是指扰乱法庭秩序，经制止而不听从或者扰乱法庭秩序，情节恶劣，造成很坏影响，严重影响审判正常进行等情形；"依法追究刑事责任"，是指依照刑事诉讼法和刑法规定，移送侦查、起诉和审判等。

相关规定

《高法解释》

第三百零五条 在押被告人出庭受审时，不着监管机构的识别服。

庭审期间不得对被告人使用戒具，但法庭认为其人身危险性大，可能危害法庭安全的除外。

第三百零六条 庭审期间，全体人员应当服从法庭指挥，遵守法庭纪律，尊重司法礼仪，不得实施下列行为：

（一）鼓掌、喧哗、随意走动；

（二）吸烟、进食；

（三）拨打、接听电话，或者使用即时通讯工具；

（四）对庭审活动进行录音、录像、拍照或者使用即时通讯工具等传播庭审活动；

（五）其他危害法庭安全或者扰乱法庭秩序的行为。

旁听人员不得进入审判活动区，不得随意站立、走动，不得发言和提问。

记者经许可实施第一款第四项规定的行为，应当在指定的时间及区域进行，不得干扰庭审活动。

第三百零七条 有关人员危害法庭安全或者扰乱法庭秩序的，审判长应当按照下列情形分别处理：

（一）情节较轻的，应当警告制止；根据具体情况，也可以进行训诫；

（二）训诫无效的，责令退出法庭；拒不退出的，指令法警强行带出法庭；

（三）情节严重的，报经院长批准后，可以对行为人处一千元以下的罚款或者十五日以下的拘留。

未经许可对庭审活动进行录音、录像、拍照或者使用即时通讯工具等传播庭审活动的，可以暂扣相关设备及存储介质，删除相关内容。

有关人员对罚款、拘留的决定不服的，可以直接向上一级人民法院申请复议，也可以通过决定罚款、拘留的人民法院向上一级人民法院申请复议。通过决定罚款、拘留的人民法院申请复议的，该人民法院应当自收到复议申请之日起三日以内，将复议申请、罚款或者拘留决定书和有关事实、证据材料一并报上一级人民法院复议。复议期间，不停止决定的执行。

第三百零八条 担任辩护人、诉讼代理人的律师严重扰乱法庭秩序，被强行带出法庭或者被处以罚款、拘留的，人民法院应当通报司法行政机关，并可以建议依法给予相应处罚。

第三百零九条 实施下列行为之一，危害法庭安全或者扰乱法庭秩序，构成犯罪的，依法追究刑事责任：

（一）非法携带枪支、弹药、管制刀具或者爆炸性、易燃性、毒害性、放射性以及传染病病原体等危险物质进入法庭；

（二）哄闹、冲击法庭；

（三）侮辱、诽谤、威胁、殴打司法工作人员或者诉讼参与人；

（四）毁坏法庭设施，抢夺、损毁诉讼文书、证据；

（五）其他危害法庭安全或者扰乱法庭秩序的行为。

第三百一十条 辩护人严重扰乱法庭秩序，被责令退出法庭、强行带出法庭或者被处以罚款、拘留，被告人自行辩护的，庭审继续进行；被告人要求另行委托辩护人，或者被告人属于应当提供法律援助情形的，应当宣布休庭。

辩护人、诉讼代理人被责令退出法庭、强行带出法庭或者被处以罚款后，具结保证书，保证服从法庭指挥、不再扰乱法庭秩序的，经法庭许可，可以继续担任辩护人、诉讼代理人。

辩护人、诉讼代理人具有下列情形之一的，不得继续担任同一案件的辩护人、诉讼代理人：

（一）擅自退庭的；

（二）无正当理由不出庭或者不按时出庭，严重影响审判顺利进行的；

（三）被拘留或者具结保证书后再次被责令退出法庭、强行带出法庭的。

第二百条 评议、判决

在被告人最后陈述后，审判长宣布休庭，合议庭进行评议，根据已经查明的事实、证据和有关的法律规定，分别作出以下判决：

（一）案件事实清楚，证据确实、充分，依据法律认定被告人有罪的，应当作出有罪判决；

（二）依据法律认定被告人无罪的，应当作出无罪判决；

（三）证据不足，不能认定被告人有罪的，应当作出证据不足、指控的犯罪不能成立的无罪判决。

▌**条文注解**

"评议"是指合议庭在案件事实认定和法律适用上，进行集体研究，交换意见，最后对案件的处理形成决议的过程。在评议中，审判人员应坚持以事实为依据,以法律为准绳的原则,根据已经查明的事实、证据和有关的法律规定,对被告人作出判决。评议由审判长主持,其他合议庭组成人员与审判长享有同等的权利。如果意见不一致,应当按多数人的意见作出决定,但是少数人的意见应当由书记员记入笔录。参加评议的合议庭组成人员应当在评议笔录上签名。

需要注意的是,本条第三项"证据不足,不能认定被告人有罪,应当作出证据不足、指控的犯罪不能成立的无罪判决"是疑罪从无原则的真实体现。

相关规定

《高法解释》

第二百九十一条 被告人最后陈述后,审判长应当宣布休庭,由合议庭进行评议。

第二百九十二条 开庭审理的全部活动,应当由书记员制作笔录;笔录经审判长审阅后,分别由审判长和书记员签名。

第二百九十四条 合议庭评议案件,应当根据已经查明的事实、证据和有关法律规定,在充分考虑控辩双方意见的基础上,确定被告人是否有罪、构成何罪,有无从重、从轻、减轻或者免除处罚情节,应否处以刑罚、判处何种刑罚,附带民事诉讼如何解决,查封、扣押、冻结的财物及其孳息如何处理等,并依法作出判决、裁定。

第二百九十五条 对第一审公诉案件,人民法院审理后,应当按照下列情形分别作出判决、裁定:

(一)起诉指控的事实清楚,证据确实、充分,依据法律认定指控被告人的罪名成立的,应当作出有罪判决;

(二)起诉指控的事实清楚,证据确实、充分,但指控的罪名不当的,应当依据法律和审理认定的事实作出有罪判决;

(三)案件事实清楚,证据确实、充分,依据法律认定被告人无罪的,应当判决宣告被告人无罪;

(四)证据不足,不能认定被告人有罪的,应当以证据不足、指控的犯罪不能成立,判决宣告被告人无罪;

(五)案件部分事实清楚,证据确实、充分的,应当作出有罪或者无罪的判决;对事实不清、证据不足部分,不予认定;

(六)被告人因未达到刑事责任年龄,不予刑事处罚的,应当判决宣告被告人不负刑事责任;

(七)被告人是精神病人,在不能辨认或者不能控制自己行为时造成危害结果,不予刑事处罚的,应当判决宣告被告人不负刑事责任;被告人符合强制医疗条件的,应当依照本解释第二十六章的规定进行审理并作出判决;

(八)犯罪已过追诉时效期限且不是必须追诉,或者经特赦令免除刑罚的,应当裁定终止审理;

(九)属于告诉才处理的案件,应当裁定终止审理,并告知被害人有权提起自诉;

(十)被告人死亡的,应当裁定终止审理;但有证据证明被告人无罪,经缺席审理确认无罪的,应当判决宣告被告人无罪。

对涉案财物,人民法院应当根据审理查明的情况,依照本解释第十八章的规定作出处理。

具有第一款第二项规定情形的,人民法院应当在判决前听取控辩双方的意见,保障被告人、辩护人充分行使辩护权。必要时,可以再次开庭,组织控辩双方围绕被告人的行为构成何罪及如何量刑进行辩论。

第二百九十六条 在开庭后、宣告判决前，人民检察院要求撤回起诉的，人民法院应当审查撤回起诉的理由，作出是否准许的裁定。

第二百九十七条　审判期间，人民法院发现新的事实，可能影响定罪量刑的，或者需要补查补证的，应当通知人民检察院，由其决定是否补充、变更、追加起诉或者补充侦查。

人民检察院不同意或者在指定时间内未回复书面意见的，人民法院应当就起诉指控的事实，依照本解释第二百九十五条的规定作出判决、裁定。

第二百九十八条　对依照本解释第二百一十九条第一款第五项规定受理的案件，人民法院应当在判决中写明被告人曾被人民检察院提起公诉，因证据不足，指控的犯罪不能成立，被人民法院依法判决宣告无罪的情况；前案依照刑事诉讼法第二百条第三项规定作出的判决不予撤销。

第四百一十四条　报请最高人民法院核准在法定刑以下判处刑罚的案件，应当按照下列情形分别处理：

（一）被告人未上诉、人民检察院未抗诉的，在上诉、抗诉期满后三日以内报请上一级人民法院复核。上级人民法院同意原判的，应当书面层报最高人民法院核准；不同意的，应当裁定发回重新审判，或者按照第二审程序提审；

（二）被告人上诉或者人民检察院抗诉的，上一级人民法院维持原判，或者改判后仍在法定刑以下判处刑罚的，应依照前项规定层报最高人民法院核准。

第四百一十五条　对符合刑法第六十三条第二款规定的案件，第一审人民法院未在法定刑以下判处刑罚的，第二审人民法院可以在法定刑以下判处刑罚，并层报最高人民法院核准。

第四百一十六条　报请最高人民法院核准在法定刑以下判处刑罚的案件，应当报送判决书、报请核准的报告各五份，以及全部案卷、证据。

第四百一十七条　对在法定刑以下判处刑罚的案件，最高人民法院予以核准的，应当作出核准裁定书；不予核准的，应当作出不核准裁定书，并撤销原判决、裁定，发回原审人民法院重新审判或者指定其他下级人民法院重新审判。

第四百一十八条　依照本解释第四百一十四条、第四百一十七条规定发回第二审人民法院重新审判的案件，第二审人民法院可以直接改判；必须通过开庭查清事实、核实证据或者纠正原审程序违法的，应当开庭审理。

《高检规则》

第四百二十八条　人民检察院应当当庭向人民法院移交取回的案卷材料和证据。在审判长宣布休庭后，公诉人应当与审判人员办理交接手续。无法当庭移交的，应当在休庭后三日以内移交。

第四百二十九条　人民检察院对查封、扣押、冻结的被告人财物及其孳息，应当根据不同情况作以下处理：

（一）对作为证据使用的实物，应当依法随案移送；对不宜移送的，应当将其清单、照片或者其他证明文件随案移送。

（二）冻结在金融机构、邮政部门的违法所得及其他涉案财产，应当向人民法院随案移送该金融机构、邮政部门出具的证明文件。待人民法院作出生效判决、裁定后，由人民法院通知该金融机构上缴国库。

（三）查封、扣押的涉案财物，对依法不移送的，应当随案移送清单、照片或者其他证明文件。待人民法院作出生效判决、裁定后，由人民检察院根据人民法院的通知上缴国库，并向人民法院送交执行

（四）对于被扣押、冻结的债券、股票、基金份额等财产，在扣押、冻结期间权利人申请出售的，参照本规则第二百一十四条的规定办理。

典型案例

1. 赵某忠工程重大安全事故案（刑事审判参考案例第39号）

裁判要旨：人民法院在审查公诉机关指控犯罪嫌疑人的犯罪是否成立时，应当以事实为依据，以法律为准绳，确定犯罪行为是否存在，犯罪事实是否成立。在查清事实、证据的基础上，根据刑法规定的罪刑法定原则和罪刑相适应原则，确定相应的罪名和刑罚。对被告人的犯罪行为，根据刑法分则规定构成哪一种罪，就应当定哪种罪名。公诉机关指控的罪名与人民法院经审理案件后认定的罪名不一致，这在审判实践中常有发生。对此，只要公诉机关指控的犯罪事实存在，证据确凿，且刑法分则又明确规定该行为构成犯罪，则应当定罪处罚。也就是说，对起诉指控的事实清楚，证据确实、充分，指控罪名与人民法院经审理认定的罪名不一致的，人民法院可以而且应当改变罪名，作出有罪判决。

2. 李某寻衅滋事案（刑事审判参考案例第798号）

裁判要旨：对于需要变更公诉机关指控罪名的，无论是将指控的轻罪改为重罪，还是将重罪改为轻罪，法院都必须履行告知义务，听取控辩双方的意见，给予被告方充分的提前准备辩护的时间；在被告人明确提出请求的情况下，法院可以暂时中断法庭审判，以便被告人、辩护人为辩护做好充分准备；已经结束庭审，在宣判前出现上述情形的，必要时应当重新开庭审理。

文书格式

　　　　　　　××××人民法院
　　　　　　　　刑事判决书
　　　　　　　（一审公诉案件用）

（××××）×刑初字第××号

公诉机关××××人民检察院。

被告人……（写明姓名、性别、出生年月日、民族、籍贯、职业或工作单位和职务、住址和因本案所受强制措施情况等，现在何处）。

辩护人……（写明姓名、性别、工作单位和职务）。

××××人民检察院于××××年××月××日以被告人×××犯××罪，向本院提起公诉。本院受理后，依法组成合议庭（或依法由审判员×××独任审判），公开（或不公开）开庭审理了本案。××××人民检察院检察长（或员）×××出庭支持公诉，被告人×××及其辩护人×××、证人×××等到庭参加诉讼。本案现已审理终结。

……（首先概述检察院指控的基本内容，其次写明被告人的供述、辩解和辩护人辩护的要点）。

经审理查明，……（详写法院认定的事实、情节和证据。如果控、辩双方对事实、

续表

情节、证据有异议,应予分析否定。在这里,不仅要列举证据,而且要通过对主要证据的分析论证,来说明本判决认定的事实是正确无误的。必须坚决改变用空洞的"证据确凿"几个字来代替认定犯罪事实的具体证据的公式化的写法)。

本院认为,……〔根据查证属实的事实、情节和法律规定,论证被告人是否犯罪,犯什么罪(一案多人的还应分清各被告人的地位、作用和刑事责任),应否从宽或从严处理。对于控、辩双方关于适用法律方面的意见和理由,应当有分析地表示采纳或予以批驳)。依照……(写明判决所依据的法律条款项)的规定,判决如下:

……〔写明判决结果。分三种情况:

第一、定罪判刑的,表述为:

"一、被告人×××犯××罪,判处……(写明主刑、附加刑);

二、被告人×××……(写明追缴、退赔或没收财物的决定,以及这些财物的种类和数额。没有的不写此项)。"

第二、定罪免刑的表述为:

"被告人×××犯××罪,免予刑事处分(如有追缴、退赔或没收财物的,续写为第二项)。"

第三、宣告无罪的,表述为:

"被告人×××无罪。"〕

如不服本判决,可在接到判决书的第二日起××日内,通过本院或者直接向××××人民法院提出上诉。书面上诉的,应交上诉状正本一份,副本×份。

审判长×××

审判员×××

审判员×××

××××年××月××日

(院印)

本件与原本核对无异

书记员　×××

第二百零一条　认罪认罚案件量刑建议的采纳与调整

对于认罪认罚案件,人民法院依法作出判决时,一般应当采纳人民检察院指控的罪名和量刑建议,但有下列情形的除外:

(一)被告人的行为不构成犯罪或者不应当追究其刑事责任的;

(二)被告人违背意愿认罪认罚的;

(三)被告人否认指控的犯罪事实的;

(四)起诉指控的罪名与审理认定的罪名不一致的;

(五)其他可能影响公正审判的情形。

人民法院经审理认为量刑建议明显不当,或者被告人、辩护人对量刑建议提出异议的,人民检察院可以调整量刑建议。人民检察院不调整量刑建议或者调整量刑建议后仍然明显不当的,人民法院应当依法作出判决。

条文注解

关于"一般应当采纳人民检察院指控的罪名和量刑建议"的理解。控辩协商是认罪认罚从宽制度中一个很重要的内容,它是合作型司法在刑事诉讼程序中的一种表现形式,有利于犯罪嫌疑人对认罪认罚后的"从宽"看得见摸得着,从而下决心走认罪认罚从宽之路;有利于体现犯罪嫌疑人的诉讼主体地位和控辩平等;有利于使检察机关兼听则明,把量刑建议提得精准、公正;有利于被告人顺畅接受法院判决的刑罚(因为该刑罚是其事先同意的),改过自新,回归社会。刑事诉讼法既然要求控辩双方就案件的处理意见进行协商,并在律师在场见证的情况下签署具结书,自然要求协商的成果只要在法律规定的范围之内,不影响司法公正,就应得到法院的认可。

第二,关于特殊情形下法院不采纳量刑建议的理解。实践中,对于具有本条第一项、第二项、第三项所列的情形的案件,由于已经不属于认罪认罚案件,应当转为普通程序进行审理;对于检察院起诉指控的事实清楚,量刑建议适当,但指控的罪名与审理认定的罪名不一致的,法院可以听取检察院、被告人及其辩护人对审理认定罪名的意见,依法作出裁判。

第三,量刑建议的"精准刑"与"幅度刑"及其调整。量刑建议应当追求精准化,对于主刑、附加刑以及是否适用缓刑都要提出具体明确的意见,所以《高检规则》要求量刑建议一般应当为确定刑,对新类型、不常见的案件和量刑情节复杂的重罪案件等,也可以提出幅度刑量刑建议。量刑建议"明显不当"是指刑罚的主刑选择错误,刑罚的档次、量刑幅度畸重或者畸轻,适用附加刑、缓刑错误等。

相关规定

《高法解释》

第三百四十九条 对人民检察院提起公诉的认罪认罚案件,人民法院应当重点审查以下内容:

(一)人民检察院讯问犯罪嫌疑人时,是否告知其诉讼权利和认罪认罚的法律规定;

(二)是否随案移送听取犯罪嫌疑人、辩护人或者值班律师、被害人及其诉讼代理人意见的笔录;

(三)被告人与被害人达成调解、和解协议或者取得被害人谅解的,是否随案移送调解、和解协议、被害人谅解书等相关材料;

(四)需要签署认罪认罚具结书的,是否随案移送具结书。

未随案移送前款规定的材料的,应当要求人民检察院补充。

第三百五十条 人民法院应当将被告人认罪认罚作为其是否具有社会危险性的重要考虑因素。被告人罪行较轻,采用非羁押性强制措施足以防止发生社会危险性的,应当依法适用非羁押性强制措施。

第三百五十一条 对认罪认罚案件,法庭审理时应当告知被告人享有的诉讼权利和认罪认罚的法律规定,审查认罪认罚的自愿性和认罪认罚具结书内容的真实性、合法性。

第三百五十二条 对认罪认罚案件，人民检察院起诉指控的事实清楚，但指控的罪名与审理认定的罪名不一致的，人民法院应当听取人民检察院、被告人及其辩护人对审理认定罪名的意见，依法作出判决。

第三百五十三条 对认罪认罚案件，人民法院经审理认为量刑建议明显不当，或者被告人、辩护人对量刑建议提出异议的，人民检察院可以调整量刑建议。人民检察院不调整或者调整后仍然明显不当的，人民法院应当依法作出判决。

适用速裁程序审理认罪认罚案件，需要调整量刑建议的，应当在庭前或者当庭作出调整；调整量刑建议后，仍然符合速裁程序适用条件的，继续适用速裁程序审理。

第三百五十四条 对量刑建议是否明显不当，应当根据审理认定的犯罪事实、认罪认罚的具体情况，结合相关犯罪的法定刑、类似案件的刑罚适用等作出审查判断。

第三百五十五条 对认罪认罚案件，人民法院一般应当对被告人从轻处罚；符合非监禁刑适用条件的，应当适用非监禁刑；具有法定减轻处罚情节的，可以减轻处罚。

对认罪认罚案件，应当根据被告人认罪认罚的阶段早晚以及认罪认罚的主动性、稳定性、彻底性等，在从宽幅度上体现差异。

共同犯罪案件，部分被告人认罪认罚的，可以依法对该部分被告人从宽处罚，但应当注意全案的量刑平衡。

第三百五十六条 被告人在人民检察院提起公诉前未认罪认罚，在审判阶段认罪认罚的，人民法院可以不再通知人民检察院提出或者调整量刑建议。

对前款规定的案件，人民法院应当就定罪量刑听取控辩双方意见，根据刑事诉讼法第十五条和本解释第三百五十五条的规定作出判决。

第三百五十七条 对被告人在第一审程序中未认罪认罚，在第二审程序中认罪认罚的案件，应当根据其认罪认罚的具体情况决定是否从宽，并依法作出判决。确定从宽幅度时应当与第一审程序认罪认罚有所区别。

第三百五十八条 案件审理过程中，被告人不再认罪认罚的，人民法院应当根据审理查明的事实，依法作出裁判。需要转换程序的，依照本解释的相关规定处理。

《高检规则》

第四百一十八条 人民检察院向人民法院提出量刑建议的，公诉人应当在发表公诉意见时提出。

对认罪认罚案件，人民法院经审理认为人民检察院的量刑建议明显不当向人民检察院提出的，或者被告人、辩护人对量刑建议提出异议的，人民检察院可以调整量刑建议。

典型案例

1. 琚某忠盗窃案（检例第83号）

裁判要旨：对于犯罪事实清楚，证据确实、充分，被告人自愿认罪认罚，一审法院采纳从宽量刑建议判决的案件，因被告人无正当理由上诉而不再具有认罪认罚从宽的条件，检察机关可以依法提出抗诉，建议法院取消因认罪认罚给予被告人的从宽量刑。

2. 刘某民、马某凯故意毁坏财物案（刑事审判参考案例第1407号）

裁判要旨：人民法院审理发现检察机关量刑建议明显不当，检察机关不予调整的，人民法院应当依法及时作出判决，确保案件及时审结，被告人能够获得迅速及时的审判，被破坏的社会秩序能够及时得到恢复。检察机关调整量刑建议应严格限制为以下两种情形：一是人民法院认为量刑建议明显不当的；二是被告人或者辩护人对量刑建议提出异议的。检察机关调整量刑建议，形式要灵活简便，避免因量刑建议调整造成速裁不速度、简易不简，进而影响认罪认罚从宽制度功能的发挥，影响庭审实质化。

文书格式

××××人民检察院
量刑建议调整书
（认罪认罚案件适用）

××检××量建调〔20××〕×号

被告人_____涉嫌_____一案，本院以_____号起诉书向你院提起公诉，并建议判处被告人_____（写明原量刑建议）。因_____（写明原因）现对量刑建议作如下调整：

建议判处被告人_____。

（指控多个犯罪中仅对部分犯罪的量刑建议变更或指控多个被告人仅对部分被告人量刑建议变更时，写明："_____号起诉书/量刑建议书中的量刑建议未被变更内容仍然具有法律效力。"）

此致

_____人民法院

检察官　×××
20××年××月××日
（院印）

第二百零二条　宣告判决

宣告判决，一律公开进行。

当庭宣告判决的，应当在五日以内将判决书送达当事人和提起公诉的人民检察院；定期宣告判决的，应当在宣告后立即将判决书送达当事人和提起公诉的人民检察院。判决书应当同时送达辩护人、诉讼代理人。

条文注解

区别"公开宣判"与"公开审理"。"宣告判决"是指人民法院对案件的判决予以宣布。人民法院宣告判决，无论是公开审理的案件，还是不公开审理的案件，一律公开进行。不公开审理的案件，审理过程不对外公开，宣告判决应公开进行，但对于不宜公开的内容，不写入判决书。

宣判的两种类型及判决书送达。宣告判决分为两种：一种是当庭宣告。当庭宣告一般适用于案件相对简单，处刑罚较轻的案件。对这类案件,合议庭经过评议,可以当庭作出判决。对于当庭宣告判决的,人民法院应当在五日以内将判决书送达当事人和提起公诉的人民检察院,并应同时送达辩护人、诉讼代理人。另一种是定期宣告。定期宣告一般适用于比较重大、复杂的案件。对于这类案件,合议庭、审判委员会往往要经过反复研究,可以另定日期宣告判决。对于定期宣告判决的,人民法院应当在宣告判决后立即将判决书送达当事人和提起公诉的人民检察院,也应同时送达辩护人、诉讼代理人。

■ 相关规定

《高法解释》

第三百零二条 当庭宣告判决的,应当在五日以内送达判决书。定期宣告判决的,应当在宣判前,先期公告宣判的时间和地点,传唤当事人并通知公诉人、法定代理人、辩护人和诉讼代理人;判决宣告后,应当立即送达判决书。

第三百零三条 判决书应当送达人民检察院、当事人、法定代理人、辩护人、诉讼代理人,并可以送达被告人的近亲属。被害人死亡,其近亲属申请领取判决书的,人民法院应当及时提供。

判决生效后,还应当送达被告人的所在单位或者户籍地的公安派出所,或者被告单位的注册登记机关。被告人系外国人,且在境内有居住地的,应当送达居住地的公安派出所。

第三百零四条 宣告判决,一律公开进行。宣告判决结果时,法庭内全体人员应当起立。

公诉人、辩护人、诉讼代理人、被害人、自诉人或者附带民事诉讼原告人未到庭的,不影响宣判的进行。

第二百零三条 判决书制作

判决书应当由审判人员和书记员署名,并且写明上诉的期限和上诉的法院。

■ 条文注解

在判决书上,全体审判人员和书记员都要签署姓名。对于由审判员一人独任审理的案件,由审理该案件的审判员和书记员签署姓名;对于组成合议庭进行审理的案件,应当由该合议庭审判长、审判员和人民陪审员及书记员签署姓名。没有上述人员签署姓名的判决书不具有法律效力。"写明上诉的期限和上诉的法院",是指在判决书中必须明确写出被告人如对判决不服,可在多长的时间内向哪个法院提出上诉。

■ 相关规定

《高法解释》

第二百九十九条 合议庭成员、法官助理、书记员应当在评议笔录上签名,在判决书、裁定书等法律文书上署名。

第三百条 裁判文书应当写明裁判依据,阐释裁判理由,反映控辩双方的意见并说明采纳或者不予采纳的理由。

适用普通程序审理的被告人认罪的案件,裁判文书可以适当简化。

第二百零四条 延期审理

在法庭审判过程中,遇有下列情形之一,影响审判进行的,可以延期审理:

(一)需要通知新的证人到庭,调取新的物证,重新鉴定或者勘验的;

> （二）检察人员发现提起公诉的案件需要补充侦查，提出建议的；
> （三）由于申请回避而不能进行审判的。

条文注解

本条主要规定了延期审理的三种情形。

第一，公诉人、当事人和辩护人、诉讼代理人申请新的证人到庭，调取新的物证，重新鉴定或者勘验的。如果审判人员同意上述申请，而当庭又无法解决的，可以决定延期审理。

第二，在审判过程中，检察人员发现提起公诉的案件中有些犯罪事实还不清楚，证据还不确实、充分，提出需要补充侦查的建议，被审判人员接受的，可以决定延期审理。

第三，由于申请回避而不能进行审判的。包括两种情况：一种是审判人员对当事人、辩护人、诉讼代理人的申请不能当庭作出决定；另一种是申请回避的人员应当回避，需要更换人员的。对这两种情况，审判人员可以决定延期审理。

相关规定

《高法解释》

第二百七十四条 审判期间，公诉人发现案件需要补充侦查，建议延期审理的，合议庭可以同意，但建议延期审理不得超过两次。

人民检察院将补充收集的证据移送人民法院的，人民法院应当通知辩护人、诉讼代理人查阅、摘抄、复制。

补充侦查期限届满后，人民检察院未将补充的证据材料移送人民法院的，人民法院可以根据在案证据作出判决、裁定。

第二百七十七条 审判期间，合议庭发现被告人可能有自首、坦白、立功等法定量刑情节，而人民检察院移送的案卷中没有相关证据材料的，应当通知人民检察院在指定时间内移送。

审判期间，被告人提出新的立功线索的，人民法院可以建议人民检察院补充侦查。

《高检规则》

第四百二十条 在法庭审判过程中，遇有下列情形之一的，公诉人可以建议法庭延期审理：

（一）发现事实不清、证据不足，或者遗漏罪行、遗漏同案犯罪嫌疑人，需要补充侦查或者补充提供证据的；

（二）被告人揭发他人犯罪行为或者提供重要线索，需要补充侦查进行查证的；

（三）发现遗漏罪行或者遗漏同案犯罪嫌疑人，虽不需要补充侦查和补充提供证据，但需要补充、追加起诉的；

（四）申请人民法院通知证人、鉴定人出庭作证或者有专门知识的人出庭提出意见的；

（五）需要调取新的证据，重新鉴定或者勘验的；

（六）公诉人出示、宣读开庭前移送人民法院的证据以外的证据，或者补充、追加、变更起诉，需要给予被告人、辩护人必要时间进行辩护准备的；

（七）被告人、辩护人向法庭出示公诉人不掌握的与定罪量刑有关的证据，需要调查核实的；

（八）公诉人对证据收集的合法性进行证明，需要调查核实的。

在人民法院开庭审理前发现具有前款情形之一的，人民检察院可以建议人民法院延期审理。

第四百二十一条 法庭宣布延期审理后,人民检察院应当在补充侦查期限内提请人民法院恢复法庭审理或者撤回起诉。

公诉人在法庭审理过程中建议延期审理的次数不得超过两次,每次不得超过一个月。

第四百二十三条 人民法院宣告判决前,人民检察院发现被告人的真实身份或者犯罪事实与起诉书中叙述的身份或者指控犯罪事实不符的,或者事实、证据没有变化,但罪名、适用法律与起诉书不一致的,可以变更起诉。发现遗漏同案犯罪嫌疑人或者罪行的,应当要求公安机关补充移送起诉或者补充侦查;对于犯罪事实清楚、证据确实、充分的,可以直接追加、补充起诉。

第四百二十四条 人民法院宣告判决前,人民检察院发现具有下列情形之一的,经检察长批准,可以撤回起诉:

(一)不存在犯罪事实的;

(二)犯罪事实并非被告人所为的;

(三)情节显著轻微、危害不大,不认为是犯罪的;

(四)证据不足或证据发生变化,不符合起诉条件的;

(五)被告人因未达到刑事责任年龄,不负刑事责任的;

(六)法律、司法解释发生变化导致不应当追究被告人刑事责任的;

(七)其他不应当追究被告人刑事责任的。

对于撤回起诉的案件,人民检察院应当在撤回起诉后三十日以内作出不起诉决定。需要重新调查或者侦查的,应当在作出不起诉决定后将案卷材料退回监察机关或者公安机关,建议监察机关或者公安机关重新调查或者侦查,并书面说明理由。

对于撤回起诉的案件,没有新的事实或者新的证据,人民检察院不得再行起诉。

新的事实是指原起诉书中未指控的犯罪事实。该犯罪事实触犯的罪名既可以是原指控罪名的同一罪名,也可以是其他罪名。

新的证据是指撤回起诉后收集、调取的足以证明原指控犯罪事实的证据。

第四百二十五条 在法庭审理过程中,人民法院建议人民检察院补充侦查、补充起诉、追加起诉或者变更起诉的,人民检察院应当审查有关理由,并作出是否补充侦查、补充起诉、追加起诉或者变更起诉的决定。人民检察院不同意的,可以要求人民法院就起诉指控的犯罪事实依法作出裁判。

第四百二十六条 变更、追加、补充或者撤回起诉应当以书面方式在判决宣告前向人民法院提出。

文书格式

××××人民检察院
延期审理建议书

××检××延〔20××〕×号

对于_____一案,根据《中华人民共和国刑事诉讼法》第二百零四条的规定,建议你院对该案延期审理。

续表

```
          此致
    _____ 人民法院

                                      20××年××月××日
                                              （院印）
```

```
                ××××人民检察院
                  恢复庭审建议书

                                     ××检××恢审〔20××〕×号
    _____ 人民法院：
      本院于____年____月____日以____号延期审理建议书，建议你院对_____
    案延期审理。现该案已经_____完毕，建议你院对该案恢复庭审。
                                      20××年××月××日
                                              （院印）
```

第二百零五条 审判阶段补充侦查期限

依照本法第二百零四条第二项的规定延期审理的案件，人民检察院应当在一个月以内补充侦查完毕。

条文注解

本条规定的人民检察院补充侦查需要注意以下三点：一是必须处于法庭审判过程中；二是必须由检察人员发现案件需要补充侦查，自己向法庭提出建议；三是人民检察院对申请补充侦查的案件，应当在一个月以内补充侦查完毕。

相关规定

《高检规则》

第四百二十二条 在审判过程中，对于需要补充提供法庭审判所必需的证据或者补充侦查的，人民检察院应当自行收集证据和进行侦查，必要时可以要求监察机关或者公安机关提供协助；也可以书面要求监察机关或者公安机关补充提供证据。

人民检察院补充侦查，适用本规则第六章、第九章、第十章的规定。

补充侦查不得超过一个月。

第二百零六条 中止审理

在审判过程中，有下列情形之一，致使案件在较长时间内无法继续审理的，可以中止审理：

（一）被告人患有严重疾病，无法出庭的；

（二）被告人脱逃的；

（三）自诉人患有严重疾病，无法出庭，未委托诉讼代理人出庭的；

（四）由于不能抗拒的原因。

中止审理的原因消失后，应当恢复审理。中止审理的期间不计入审理期限。

> **条文注解**

中止审理主要包括如下四种情形：

被告人患有严重疾病，无法出庭的。"患有严重疾病"应当狭义解读，主要是因患严重疾病无法辨认、控制自己的行为，无法表达自己的真实意思，一旦出庭可能影响其生命安全等，并非只要患重病即中止审理。

被告人脱逃的。这里的脱逃不限于刑法规定的脱逃罪，自诉案件的被告人及部分公诉案件未被关押的被告人都有可能因为脱逃导致诉讼无法正常进行。

自诉人患有严重疾病，无法出庭，未委托诉讼代理人出庭的。自诉人患有严重疾病，无法出庭的，可以由其诉讼代理人出庭。如果未委托诉讼代理人的，可依法决定中止审理。

由于不能抗拒的原因。主要是非因自身原因的情况，如自然灾害、突发事件等。

> **相关规定**

《高法解释》

第三百一十四条 有多名被告人的案件，部分被告人具有刑事诉讼法第二百零六条第一款规定情形的，人民法院可以对全案中止审理；根据案件情况，也可以对该部分被告人中止审理，对其他被告人继续审理。

对中止审理的部分被告人，可以根据案件情况另案处理。

第二百零七条　法庭笔录

法庭审判的全部活动，应当由书记员写成笔录，经审判长审阅后，由审判长和书记员签名。

法庭笔录中的证人证言部分，应当当庭宣读或者交给证人阅读。证人在承认没有错误后，应当签名或者盖章。

法庭笔录应当交给当事人阅读或者向他宣读。当事人认为记载有遗漏或者差错的，可以请求补充或者改正。当事人承认没有错误后，应当签名或者盖章。

> **条文注解**

第一，法庭笔录是记载全部审判活动的文字材料，是重要的诉讼文书，既是合议庭分析研究案情的重要依据，也是审查审判活动是否合法的主要依据。制作法庭笔录，必须将审判中的全部活动以及全部过程按照时间顺序如实记载，不能遗漏，不能增减，不能自行涂改，做到客观、真实、准确、全面。书记员在记录时，要注意做到字迹清楚。根据本款规定，书记员写成法庭笔录，经审判长审阅后，审判长和书记员应在笔录上签字。

第二，法庭笔录中的证人证言部分，合议庭应当当庭宣读或者交给证人阅读，宣读通常由书记员进行。宣读或者交给证人阅读的证人证言部分，应当限于该证人本人的证人证言部分。证人在听完宣读或者阅读完笔录后，认为记录与自己陈述一致，没有出入的，应当签名或者盖章。如果证人不会写字，也没有图章，可以按手印。证人提出证言笔录记录有误的，书记员应当及时修改、补充，证人承认没有错误后，再签名或者盖章。

第三，法庭笔录应当交给当事人阅读或者向他宣读。当事人认为笔录记载有遗漏或者差错的，可以请求补充或者改正，法庭认为当事人请求有理由的，应当进行补充或者改正。当事人承认笔录记载没有错误后，应当签名或者盖章，也可以按手印代替签名、盖章。

相关规定

《高法解释》

第二百九十三条 法庭笔录应当在庭审后交由当事人、法定代理人、辩护人、诉讼代理人阅读或者向其宣读。

法庭笔录中的出庭证人、鉴定人、有专门知识的人、调查人员、侦查人员或者其他人员的证言、意见部分，应当在庭审后分别交由有关人员阅读或者向其宣读。

前两款所列人员认为记录有遗漏或者差错的，可以请求补充或者改正；确认无误后，应当签名；拒绝签名的，应当记录在案；要求改变庭审中陈述的，不予准许。

《高检规则》

第四百二十七条 出庭的书记员应当制作出庭笔录，详细记载庭审的时间、地点、参加人员、公诉人出庭执行任务情况和法庭调查、法庭辩论的主要内容以及法庭判决结果，由公诉人和书记员签名。

第二百零八条 公诉案件审理期限

人民法院审理公诉案件，应当在受理后二个月以内宣判，至迟不得超过三个月。对于可能判处死刑的案件或者附带民事诉讼的案件，以及有本法第一百五十八条规定情形之一的，经上一级人民法院批准，可以延长三个月；因特殊情况还需要延长的，报请最高人民法院批准。

人民法院改变管辖的案件，从改变后的人民法院收到案件之日起计算审理期限。

人民检察院补充侦查的案件，补充侦查完毕移送人民法院后，人民法院重新计算审理期限。

条文注解

第一，审理期限是指被告人被羁押的刑事案件的办案期限，从人民法院收到同级人民检察院移送案件的第二日开始计算。一般情况下，应当在受理后二个月以内宣判，至迟不得超过三个月。

第二，特殊情况还需要延长的，报请最高人民法院批准。"特殊情况"是指案情特别重大、复杂或者有其他重要原因影响案件及时审理完毕的情况。对于这类案件，本款规定，报请最高人民法院批准。对具体延长的期限没有作出规定，主要是考虑这种案件的数量极少，实践中的情况比较复杂，交最高人民法院依具体情况予以处理更为妥当。

相关规定

《高法解释》

第二百一十条 对可能判处死刑的案件或者附带民事诉讼的案件，以及有刑事诉讼法第一百五十八条规定情形之一的案件，上一级人民法院可以批准延长审理期限一次，期限为三个月。因特殊情况还需要延长的，应当报请最高人民法院批准。

申请批准延长审理期限的，应当在期限届满十五日以前层报。有权决定的人民法院不同意的，应当在审理期限届满五日以前作出决定。

因特殊情况报请最高人民法院批准延长审理期限,最高人民法院经审查,予以批准的,可以延长审理期限一至三个月。期限届满案件仍然不能审结的,可以再次提出申请。

第二百零九条　审判监督
人民检察院发现人民法院审理案件违反法律规定的诉讼程序,有权向人民法院提出纠正意见。

条义注解

人民检察院对人民法院审判进行法律监督,是指人民检察院作为一个法律监督机关的整体职能,有权对人民法院的审判活动进行监督。公诉人在履行提起公诉的职能时,发现法庭有违反法律规定的诉讼程序的情况,应当把情况向检察院有关领导汇报后,以人民检察院的名义,向人民法院提出纠正意见。

相关规定

《高法解释》
第三百一十五条　人民检察院认为人民法院审理案件违反法定程序,在庭审后提出书面纠正意见,人民法院认为正确的,应当采纳。

《高检规则》
第五百七十条　人民检察院应当对审判活动中是否存在以下违法行为进行监督:
(一)人民法院对刑事案件的受理违反管辖规定的;
(二)人民法院审理案件违反法定审理和送达期限的;
(三)法庭组成人员不符合法律规定,或者依照规定应当回避而不回避的;
(四)法庭审理案件违反法定程序的;
(五)侵犯当事人、其他诉讼参与人的诉讼权利和其他合法权利的;
(六)法庭审理时对有关程序问题所作的决定违反法律规定的;
(七)违反法律规定裁定发回重审的;
(八)故意毁弃、篡改、隐匿、伪造、偷换证据或者其他诉讼材料,或者依据未经法定程序调查、质证的证据定案的;
(九)依法应当调查收集相关证据而不收集的;
(十)徇私枉法,故意违背事实和法律作枉法裁判的;
(十一)收受、索取当事人及其近亲属或者其委托的律师等人财物或者其他利益的;
(十二)违反法律规定采取强制措施或者采取强制措施法定期限届满,不予释放、解除或者变更的;
(十三)应当退还取保候审保证金不退还的;
(十四)对与案件无关的财物采取查封、扣押、冻结措施,或者应当解除查封、扣押、冻结而不解除的;
(十五)贪污、挪用、私分、调换、违反规定使用查封、扣押、冻结的财物及其孳息的;
(十六)其他违反法律规定的行为。

第五百七十一条　人民检察院检察长或者检察长委托的副检察长,可以列席同级人民法院审判委员会会议,依法履行法律监督职责。

第五百七十二条　人民检察院在审判活动监督中,发现人民法院或者审判人员审理案件违反法律规定的诉讼程序,应当向人民法院提出纠正意见。

人民检察院对违反程序的庭审活动提出纠正意见,应当由人民检察院在庭审后提出。出席法庭的检察人员发现法庭审判违反法律规定的诉讼程序,应当在休庭后

第六百一十七条　人民检察院发现人民法院的审理期限执行情况具有下列情形之一的，应当依法提出纠正意见：

（一）在一审、二审和死刑复核阶段未按规定办理换押手续的；

（二）违反刑事诉讼法的规定重新计算审理期限、批准延长审理期限、改变管辖、延期审理、中止审理或者发回重审的；

（三）决定重新计算审理期限、批准延长审理期限、改变管辖、延期审理、中止审理、对被告人进行精神病鉴定，没有书面通知人民检察院和看守所的；

（四）其他违法情形。

第六百一十八条　人民检察院发现同级或者下级公安机关、人民法院超期羁押的，应当向该办案机关发出纠正违法通知书。

发现上级公安机关、人民法院超期羁押的，应当及时层报该办案机关的同级人民检察院，由同级人民检察院向该办案机关发出纠正违法通知书。

对异地羁押的案件，发现办案机关超期羁押的，应当通报该办案机关的同级人民检察院，由其依法向办案机关发出纠正违法通知书。

第六百一十九条　人民检察院发出纠正违法通知书后，有关办案机关未回复意见或者继续超期羁押的，应当及时报告上一级人民检察院。

对于造成超期羁押的直接责任人员，可以书面建议其所在单位或者有关主管机关依照法律或者有关规定予以处分；对于造成超期羁押情节严重，涉嫌犯罪的，应当依法追究其刑事责任。

文书格式

××××人民检察院
纠正审理违法意见书

××检××纠审〔20××〕×号

_____（发往单位）：

本院……，发现……（写明在审理中发现的违法情况。包括违法人员的姓名、单位、职务、违法事实等，如果是单位违法，要写明违法单位的名称。违法事实，要写明违法时间、地点、经过、手段、目的和后果等。）

本院认为……（写明认定审理违法的理由和法律依据。包括违法行为触犯的法律、法规和规范性文件的具体条款，违法行为的性质等。）

（写明具体的纠正意见）根据……（法律依据）的规定，特建议你院予以纠正，请将纠正结果书面告知本院。

附：1. 证明违法事实存在的证据材料
　　2. 联系方式
　　3. 相关法律法规

20××年××月××日
（院印）

第二节 自诉案件

第二百一十条 自诉案件范围

自诉案件包括下列案件：

（一）告诉才处理的案件；

（二）被害人有证据证明的轻微刑事案件；

（三）被害人有证据证明对被告人侵犯自己人身、财产权利的行为应当依法追究刑事责任，而公安机关或者人民检察院不予追究被告人刑事责任的案件。

条文注解

本条规定的"自诉案件"，是指被害人或者他的法定代理人以书面或者口头形式直接向人民法院提起刑事诉讼，由人民法院直接受理的刑事案件。自诉案件包括以下三种：

告诉才处理的案件。根据刑法的规定，告诉才处理的案件包括侮辱、诽谤案件；暴力干涉婚姻自由案件；虐待案件；侵占案件。

被害人有证据证明的轻微刑事案件。"有证据证明"，主要是指被害人能够明确提供被告人的身份，有确实、充分的证据证明该被告人对自己实施了犯罪行为。被害人的证据不足以证明被告人犯罪的案件，应当向侦查机关报案，由侦查机关进行立案侦查。"轻微刑事案件"主要包括以下几类：故意伤害案件（轻伤）；重婚案件；遗弃案件；妨害通信自由案件；非法侵入他人住宅案件；生产、销售伪劣商品案件（严重危害社会秩序和国家利益的除外）；侵犯知识产权案件（严重危害社会秩序和国家利益的除外）以及可以判处三年有期徒刑以下刑罚的其他轻微刑事案件。

被害人有证据证明对被告人侵犯自己人身、财产权利的行为应当依法追究刑事责任，而公安机关或者人民检察院不予追究被告人刑事责任的案件。这类自诉案件必须同时具备以下三个条件：其一，被告人实施了犯罪行为，应当依法追究刑事责任；其二，被害人有证据证明；其三，公安机关或者人民检察院对被告人的犯罪行为不予追究。"公安机关或者人民检察院不予追究被告人的刑事责任"，是指经向公安机关、人民检察院报案、控告、检举，公安机关、人民检察院未立案侦查，或者撤销案件，或者不起诉的。

相关规定

《高法解释》

第三百一十六条 人民法院受理自诉案件必须符合下列条件：

（一）符合刑事诉讼法第二百一十条、本解释第一条的规定；

（二）属于本院管辖；

（三）被害人告诉；

（四）有明确的被告人、具体的诉讼请求和证明被告人犯罪事实的证据。

典型案例

1. 潘某岭故意伤害案（刑事审判参考案例第317号）

裁判要旨： 在对自诉案件的庭前审查中，证据审查至为关键，证据并非仅作为一种文书形式的存在来决定案件的受理或者是否开庭审理，而取决于其是否可以在指控犯罪问题上产生决定性影响，即能否充分证明指控犯罪事实成立。人民法院应当对公诉转自诉案件进行严格审查，不仅要对证据形式上的充分性进行审查，还要对证据对指控犯罪事实的证明作用进行审查；不仅要对证据进行实质审查，还要对被告人的行为是否构成犯罪，依法是否应当追究刑事责任进行实质审查。

2. 陈某权故意杀人案（刑事审判参考案例第 523 号）

裁判要旨：故意杀人案件如果符合自诉案件的受理条件，可以由人民法院直接受理。法律并未对"公诉转自诉"案件的严重程度作出限制性规定，未明确要求是重大刑事案件还是轻微刑事案件。只要符合上述条件，即便属于故意杀人等重大刑事案件，也可以作为自诉案件由人民法院直接受理。自诉人所举证据虽系公安机关收集，但并不影响采信。法律并无关于自诉案件的证据必须由自诉人自行依法收集的限制性规定，收集证据的主体既可以是自诉人本人也可以是侦查机关、公诉机关，只要符合"合法性、客观性、关联性"标准即可作为证据使用。

第二百一十一条　自诉案件审查后处理

人民法院对于自诉案件进行审查后，按照下列情形分别处理：

（一）犯罪事实清楚，有足够证据的案件，应当开庭审判；

（二）缺乏罪证的自诉案件，如果自诉人提不出补充证据，应当说服自诉人撤回自诉，或者裁定驳回。

自诉人经两次依法传唤，无正当理由拒不到庭的，或者未经法庭许可中途退庭的，按撤诉处理。

法庭审理过程中，审判人员对证据有疑问，需要调查核实的，适用本法第一百九十六条的规定。

条文注解

人民法院对自诉案件进行审查后，有以下两种处理办法：

第一，犯罪事实清楚，有足够证据的案件，应当开庭审判。这里所说的"事实清楚"，是指有明确的犯罪人、犯罪的时间、地点以及整个犯罪事件的经过。"足够证据"是指能够证明案件事实的证据，如证人、证言、物证、书证等证据，且这些证据足以证明犯罪事实的存在。

第二，缺乏罪证的自诉案件，如果自诉人提不出补充证据，应当说服自诉人撤回自诉，或者裁定驳回。"缺乏罪证"，是指没有证明犯罪的证据和犯罪的证据不足或不充分等情况。除此之外，对于犯罪已过追诉时效期限的；被告人死亡的；被告人下落不明的；自诉人撤诉后，就同一事实又告诉的；经人民法院调解结案后，自诉人反悔，就同一事实再行告诉等情况，也应当说服自诉人撤回自诉，或者裁定驳回。自诉人是两人以上，其中部分人撤诉的，不影响案件的继续审理。

相关规定

《高法解释》

第三百一十七条　本解释第一条规定的案件，如果被害人死亡、丧失行为能力或者因受强制、威吓等无法告诉，或者是限制行为能力人以及因年老、患病、盲、聋、哑等不能亲自告诉，其法定代理人、近亲属告诉或者代为告诉的，人民法院应当依法受理。

被害人的法定代理人、近亲属告诉或者代为告诉的，应当提供与被害人关系的证明和被害人不能亲自告诉的原因的证明。

第三百一十八条　提起自诉应当提交刑事自诉状；同时提起附带民事诉讼的，应当提交刑事附带民事自诉状。

第三百一十九条　自诉状一般应当包括以下内容：

（一）自诉人（代为告诉人）、被告人的姓名、性别、年龄、民族、出生地、文化程度、职业、工作单位、住址、联系方式；

（二）被告人实施犯罪的时间、地点、手段、情节和危害后果等；

（三）具体的诉讼请求；

（四）致送的人民法院和具状时间；

（五）证据的名称、来源等；

（六）证人的姓名、住址、联系方式等。

对两名以上被告人提出告诉的，应当按照被告人的人数提供自诉状副本。

第三百二十条 对自诉案件，人民法院应当在十五日以内审查完毕。经审查，符合受理条件的，应当决定立案，并书面通知自诉人或者代为告诉人。

具有下列情形之一的，应当说服自诉人撤回起诉；自诉人不撤回起诉的，裁定不予受理：

（一）不属于本解释第一条规定的案件的；

（二）缺乏罪证的；

（三）犯罪已过追诉时效期限的；

（四）被告人死亡的；

（五）被告人下落不明的；

（六）除因证据不足而撤诉的以外，自诉人撤诉后，就同一事实又告诉的；

（七）经人民法院调解结案后，自诉人反悔，就同一事实再行告诉的；

（八）属于本解释第一条第二项规定的案件，公安机关正在立案侦查或者人民检察院正在审查起诉的；

（九）不服人民检察院对未成年犯罪嫌疑人作出的附条件不起诉决定或者附条件不起诉考验期满后作出的不起诉决定，向人民法院起诉的。

第三百二十一条 对已经立案、经审查缺乏罪证的自诉案件，自诉人提不出补充证据的，人民法院应当说服其撤回起诉或者裁定驳回起诉；自诉人撤回起诉或者被驳回起诉后，又提出了新的足以证明被告人有罪的证据，再次提起自诉的，人民法院应当受理。

第三百二十二条 自诉人对不予受理或者驳回起诉的裁定不服的，可以提起上诉。

第二审人民法院查明第一审人民法院作出的不予受理裁定有错误的，应当在撤销原裁定的同时，指令第一审人民法院立案受理；查明第一审人民法院驳回起诉裁定有错误的，应当在撤销原裁定的同时，指令第一审人民法院进行审理。

第三百二十三条 自诉人明知有其他共同侵害人，但只对部分侵害人提起自诉的，人民法院应当受理，并告知其放弃告诉的法律后果；自诉人放弃告诉，判决宣告后又对其他共同侵害人就同一事实提起自诉的，人民法院不予受理。

共同被害人中只有部分人告诉的，人民法院应当通知其他被害人参加诉讼，并告知其不参加诉讼的法律后果。被通知人接到通知后表示不参加诉讼或者不出庭的，视为放弃告诉。第一审宣判后，被通知人就同一事实又提起自诉的，人民法院不予受理。但是，当事人另行提起民事诉讼的，不受本解释限制。

第三百二十四条 被告人实施两个以上犯罪行为，分别属于公诉案件和自诉案件，人民法院可以一并审理。对自诉部分的审理，适用本章的规定。

第三百二十五条 自诉案件当事人因客观原因不能取得的证据，申请人民法院调取的，应当说明理由，并提供相关线索或者材料。人民法院认为有必要的，应当及时调取。

对通过信息网络实施的侮辱、诽谤行为，被害人向人民法院告诉，但提供证据确有困难的，人民法院可以要求公安机关提供协助。

第三百二十六条　对犯罪事实清楚，有足够证据的自诉案件，应当开庭审理。

第三百二十七条　自诉案件符合简易程序适用条件的，可以适用简易程序审理。

不适用简易程序审理的自诉案件，参照适用公诉案件第一审普通程序的有关规定。

第三百三十一条　自诉人经两次传唤，无正当理由拒不到庭，或者未经法庭准许中途退庭的，人民法院应当裁定按撤诉处理。

部分自诉人撤诉或者被裁定按撤诉处理的，不影响案件的继续审理。

第三百三十二条　被告人在自诉案件审判期间下落不明的，人民法院可以裁定中止审理；符合条件的，可以对被告人依法决定逮捕。

· 典型案例

1. 刘某水侵占案（刑事审判参考案例第573号）

裁判要旨： 多名刑事自诉人以同一罪名起诉同一被告人的，人民法院应以一案合并审理。对于存在多个被害人的案件，如果各被害人均提起告诉，人民法院应当并案进行审理；如果共同被害人中只有部分人告诉，人民法院应当通知其他被害人提起告诉，被通知人接到通知后表示不提起告诉的，视为放弃告诉权利。

2. 嘉某双赢轴承厂诉单某强虚假诉讼案（刑事审判参考案例第1378号）

裁判要旨： 虚假诉讼犯罪案件中被害人提起刑事自诉，应当同时满足以下三个方面的条件：

第一，自己的人身、财产权利遭到虚假诉讼犯罪行为侵害，这是提起刑事自诉的主体条件。

第二，有证据证明对被告人通过虚假诉讼侵犯自己人身、财产权利的行为应当依法追究刑事责任，这是提起刑事自诉的证据条件。

第三，有证据证明被害人曾向公安机关或者人民检察院控告被告人实施虚假诉讼犯罪行为，而公安机关或者人民检察院不予追究被告人刑事责任，这是提起刑事自诉的程序条件。

> **第二百一十二条　自诉案件调解及审理期限**
>
> 人民法院对自诉案件，可以进行调解；自诉人在宣告判决前，可以同被告人自行和解或者撤回自诉。本法第二百一十条第三项规定的案件不适用调解。
>
> 人民法院审理自诉案件的期限，被告人被羁押的，适用本法第二百零八条第一款、第二款的规定；未被羁押的，应当在受理后六个月以内宣判。

· 条文注解

第一，人民法院对自诉案件，可以进行调解。调解应当出于被告人和自诉人双方的真实意愿，法院不得强迫其调解。通过审判人员与当事人协商最终达成的调解协议对双方当事人都具有约束力。人民法院应当制作调解书，调解书送达当事人即发生法律效力。如果在调解书送达当事人以前，当事人中有一方反悔的，人民法院可以再行调解，调解不成的，也可以开庭审理，由人民法院作出判决。

第二，自诉人在宣告判决前，可以同

被告人自行和解或者撤回自诉。"自行和解",是在法庭宣判以前,自诉人和被告人在法庭外自愿达成谅解协议。当事人双方和解,自诉人应该以书面或者口头形式向人民法院撤回自诉。"撤回自诉",是指自诉人向法院控诉以后,由于某种原因,自动放弃自诉权利,向人民法院申请撤销控诉。自行撤诉的案件,除有正当理由外,不得就同一案件再行起诉。

第三,不适用调解的例外情况。这类案件是指"被害人有证据证明对被告人侵犯自己人身、财产权利的行为应当依法追究刑事责任,而公安机关或者人民检察院不予追究被告人刑事责任的案件"。此类案件可能属于严重侵害公民人身、财产权利的犯罪案件,因此不适用调解,但自诉人在宣判前可以同被告人自行和解或者撤回自诉。

第四,关于审理自诉案件的期限有两种情况:一是被告人被羁押的审理期限。对于自诉案件的被告人正在有关场所羁押的,人民法院审理时,应当按照审理公诉案件的期限进行;二是被告人未被羁押的,人民法院应当在受理后六个月以内宣判。这一期限与民事诉讼法审理普通民事案件的期限相同。

■相关规定

《高法解释》

第三百二十八条 人民法院审理自诉案件,可以在查明事实、分清是非的基础上,根据自愿、合法的原则进行调解。调解达成协议的,应当制作刑事调解书,由审判人员、法官助理、书记员署名,并加盖人民法院印章。调解书经双方当事人签收后,即具有法律效力。调解没有达成协议,或者调解书签收前当事人反悔的,应当及时作出判决。

刑事诉讼法第二百一十条第三项规定的案件不适用调解。

第三百二十九条 判决宣告前,自诉案件的当事人可以自行和解,自诉人可以撤回自诉。

人民法院经审查,认为和解、撤回自诉确属自愿的,应当裁定准许;认为系被强迫、威吓等,并非自愿的,不予准许。

第三百三十条 裁定准许撤诉的自诉案件,被告人被采取强制措施的,人民法院应当立即解除。

第三百三十三条 对自诉案件,应当参照刑事诉讼法第二百条和本解释第二百九十五条的有关规定作出判决。对依法宣告无罪的案件,有附带民事诉讼的,其附带民事部分可以依法进行调解或者一并作出判决,也可以告知附带民事诉讼原告人另行提起民事诉讼。

第二百一十三条 反诉

自诉案件的被告人在诉讼过程中,可以对自诉人提起反诉。反诉适用自诉的规定。

■条文注解

"反诉"是指在诉讼过程中,被告人就自诉人控告的案件,向人民法院对自诉人提起刑事诉讼。反诉应当具备以下几个条件:其一,反诉的对象必须是同一案件的自诉人;其二,被告人反诉所指控自诉人的犯罪行为必须与自诉案件的案情有直接关系;其三,反诉案件必须是人民法院依法可以直接受理的自诉案件。反诉案件应当同原来已经提起的自诉案件进行合并审理。对于自诉人撤诉的案件,不影响反诉案件的审理。

■相关规定

《高法解释》

第三百三十四条 告诉才处理和被害

人有证据证明的轻微刑事案件的被告人或者其法定代理人在诉讼过程中,可以对自诉人提起反诉。反诉必须符合下列条件:

(一)反诉的对象必须是本案自诉人;

(二)反诉的内容必须是与本案有关的行为;

(三)反诉的案件必须符合本解释第一条第一项、第二项的规定。

反诉案件适用自诉案件的规定,应当与自诉案件一并审理。自诉人撤诉的,不影响反诉案件的继续审理。

文书格式

××××人民法院
刑事判决书
(一审自诉、反诉并案审理用)

(××××)×刑初字第××号

自诉人(被反诉人)……(写明姓名、性别、出生年月日、民族、籍贯、职业或工作单位和职务、住址等)。

委托代理人(辩护人)……(写明姓名、性别、工作单位和职务)。

被告人(反诉人)……(写明姓名、性别、出生年月日、民族、籍贯、职业或工作单位和职务、住址等)。

辩护人(委托代理人)……(写明姓名、性别、工作单位和职务)。

自诉人×××以被告人×××犯××罪向本院提起控诉;本院受理后,被告人×××又以自诉人×××犯××罪提起反诉,经审查能够成立。本院受理后,依法组成合议庭(或由审判员×××独任审判),对本案公开(或不公开)开庭进行了合并审理。自诉人(被反诉人)×××及其委托代理人(辩护人)×××、被告人(反诉人)×××及其辩护人(委托代理人)×××、证人×××等到庭参加诉讼。本案现已审理终结。

……(首先概述自诉人控告和请求的基本内容,其次写明被告人的辩护意见和反诉要点以及被反诉人的答辩,最后概述双方争执的主要问题)。

经审理查明,……(写明法院认定的事实、情节及其证据,对于互诉、互辩中关于事实方面的争执,应当通过对主要证据的分析,澄清是非,说明本判决认定的事实的正确性)。

本院认为,……(根据查证属实的事实、情节和法律规定,论证被告人或被反诉人一方,或者他们双方分别构成何种犯罪,应否从宽或从严处理。对于互诉、互辩中关于适用法律方面的意见和理由,应当有分析地表示采纳或者予以批驳)。依照……(写明判决所依据的法律条款项)的规定,判决如下:

……[写明判决结果。分三种情况:

第一、被告人构成犯罪,被反诉人无罪的,表述为:

"一、被告人×××犯××罪,……(写明判处内容);

续表

二、被反诉人×××无罪。"
第二、被告人无罪,被反诉人构成犯罪的,表述为:
"一、被告人×××无罪;
二、被反诉人×××犯××罪,……(写明判处内容)。"
第三、双方都构成犯罪的,表述为:
"一、被告人×××犯××罪,……(写明判处内容);
二、被反诉人×××犯××罪,……(写明判处内容)。"]
如不服本判决,可在接到判决书的第二日起××日内,通过本院或者直接向××××人民法院提出上诉。书面上的,应交上诉状正本一份,副本×份。

审判长　×××
审判员　×××
审判员　×××
××××年××月××日
(院印)

本件与原本核对无异

书记员　×××

第三节　简易程序

第二百一十四条　简易程序适用范围

基层人民法院管辖的案件,符合下列条件的,可以适用简易程序审判:

(一)案件事实清楚、证据充分的;

(二)被告人承认自己所犯罪行,对指控的犯罪事实没有异议的;

(三)被告人对适用简易程序没有异议的。

人民检察院在提起公诉的时候,可以建议人民法院适用简易程序。

条文注解

第一,适用简易程序的案件,只能是由基层人民法院管辖的同时符合以下三项条件的案件:一是案件事实清楚,证据充分的。即人民法院根据起诉书指控的事实,认为案件事实简单明确,定罪量刑的证据客观全面,足以认定被告人有罪。二是被告人承认自己所犯罪行,对起诉书中指控的犯罪事实没有异议的。这里"承认自己所犯罪行",是指被告人对起诉书中对其指控的罪名和犯罪行为供认不讳。"对犯罪事实没有异议",即指被告人对起诉书中所指控的犯罪行为和犯罪证据都没有异议。三是被告人对适用简易程序审理没有异议的。适用简易程序审理的,可以组成合议庭进行审判,也可以由审判员一人独任审判。对可能判处三年以上有期徒刑的,应当组成合议庭进行审判。

第二,人民检察院建议权和被告人、

辩护人申请权。人民检察院在提起公诉时,可以建议人民法院对提起公诉的案件适用简易程序进行审理。对于最终是否适用简易程序审理,由人民法院根据案件的情况和被告人的意见作出决定。被告人、辩护人有权申请适用简易程序,这是被告人程序选择权的重要体现。

护人申请适用简易程序审理的案件,依照前款规定处理;不符合简易程序适用条件的,应当通知人民检察院或者被告人及其辩护人。

《高检规则》

第四百三十条　人民检察院对于基层人民法院管辖的案件,符合下列条件的,可以建议人民法院适用简易程序审理:

（一）案件事实清楚、证据充分的;

（二）被告人承认自己所犯罪行,对指控的犯罪事实没有异议的;

（三）被告人对适用简易程序没有异议的。

相关规定

《高法解释》

第三百五十九条　基层人民法院受理公诉案件后,经审查认为案件事实清楚、证据充分的,在将起诉书副本送达被告人时,应当询问被告人对指控的犯罪事实的意见,告知其适用简易程序的法律规定。被告人对指控的犯罪事实没有异议并同意适用简易程序的,可以决定适用简易程序,并在开庭前通知人民检察院和辩护人。

对人民检察院建议或者被告人及其辩

第四百三十二条　基层人民检察院审查案件,认为案件事实清楚、证据充分的,应当在讯问犯罪嫌疑人时,了解其是否承认自己所犯罪行,对指控的犯罪事实有无异议,告知其适用简易程序的法律规定,确认其是否同意适用简易程序。

文书格式

××××人民检察院
适用简易程序建议书

　　　　　　　　　　　　　　　××检××简建〔20××〕×号

　　本院以_____号起诉书提起公诉的_____一案,经本院审查,符合《中华人民共和国刑事诉讼法》第二百一十四条的规定,建议你院对此案适用简易程序审理。

　　此致

_____人民法院

　　　　　　　　　　　　　　　　　　　　20××年××月××日

　　　　　　　　　　　　　　　　　　　　　　（院印）

> **第二百一十五条　简易程序的除外情形**
>
> 有下列情形之一的，不适用简易程序：
>
> （一）被告人是盲、聋、哑人，或者是尚未完全丧失辨认或者控制自己行为能力的精神病人的；
>
> （二）有重大社会影响的；
>
> （三）共同犯罪案件中部分被告人不认罪或者对适用简易程序有异议的；
>
> （四）其他不宜适用简易程序审理的。

条文注解

本条规定了不适用简易程序审理的四种情形。

第一种情形，被告人是盲人、聋人、哑人或者是尚未完全丧失辨认或者控制自己行为能力的精神病人。这几类人或是生理上有缺陷，或是精神上有障碍，属于弱势群体，应当加强程序上的保障，充分保障他们的诉讼权利。

第二种情形，有重大社会影响的案件。这里的"重大社会影响"一般是指社会关注度高、反映强烈的案件。按照普通程序审理有助于确保案件取得良好的社会效果和法律效果。

第三种情形，共同犯罪案件中部分被告人不认罪或者对适用简易程序有异议的。"不认罪"是指被告人不承认有犯罪事实或者不认为其行为构成犯罪。"有异议"是指被告人不同意适用简易程序审理的。此项规定主要是考虑多个被告人共同犯罪的案件往往案情复杂，证据相互关联，被告人之间口供也需相互印证、调查核实，只要其中一个被告人对案件提出异

议或不认罪，就不符合适用简易程序的条件。

第四种情形，其他不宜适用简易程序审理的。这项规定是一个兜底条款，主要考虑司法实践中各类案件情况复杂，有些确实不宜适用简易程序，如涉及重大国家利益的敏感案件等，难以一一列举，在此作原则性规定。

相关规定

《高法解释》

第三百六十条　具有下列情形之一的，不适用简易程序：

（一）被告人是盲、聋、哑人的；

（二）被告人是尚未完全丧失辨认或者控制自己行为能力的精神病人的；

（三）案件有重大社会影响的；

（四）共同犯罪案件中部分被告人不认罪或者对适用简易程序有异议的；

（五）辩护人作无罪辩护的；

（六）被告人认罪但经审查认为可能不构成犯罪的；

（七）不宜适用简易程序审理的其他情形。

《高检规则》

第四百三十一条　具有下列情形之一的，人民检察院不得建议人民法院适用简易程序：

（一）被告人是盲、聋、哑人，或者是尚未完全丧失辨认或者控制自己行为能力的精神病人的；

（二）有重大社会影响的；

（三）共同犯罪案件中部分被告人不认罪或者对适用简易程序有异议的；

（四）比较复杂的共同犯罪案件；

（五）辩护人作无罪辩护或者对主要犯罪事实有异议的；

（六）其他不宜适用简易程序的。

人民法院决定适用简易程序审理的案

件,人民检察院认为具有刑事诉讼法第二百一十五条规定情形之一的,应当向人民法院提出纠正意见;具有其他不宜适用简易程序情形的,人民检察院可以建议人民法院不适用简易程序。

第二百一十六条 简易程序案件审判组织

适用简易程序审理案件,对可能判处三年有期徒刑以下刑罚的,可以组成合议庭进行审判,也可以由审判员一人独任审判;对可能判处的有期徒刑超过三年的,应当组成合议庭进行审判。

适用简易程序审理公诉案件,人民检察院应当派员出席法庭。

条文注解

一人犯罪,案情较为简单清楚的案件,可以适用独任审判;对于共同犯罪,案情相对复杂的案件,可以组成合议庭审判。"三年有期徒刑以下刑罚"是指刑法规定的三年以下有期徒刑、拘役、管制、单处罚金、单处剥夺政治权利等刑罚。

可能判处有期徒刑超过三年的案件,应当组成合议庭进行审判。对于刑罚较重的案件,适用合议庭审判更能体现程序公正,也能减少误判风险。"有期徒刑超过三年"是指最低刑为三年以上有期徒刑(不包括三年),最高刑为二十五年有期徒刑。

相关规定

《高法解释》

第三百六十六条 适用简易程序独任审判过程中,发现对被告人可能判处的有期徒刑超过三年的,应当转由合议庭审判。

《高检规则》

第四百三十三条 适用简易程序审理的公诉案件,人民检察院应当派员出席法庭。

第二百一十七条 简易程序对被告人的核实询问

适用简易程序审理案件,审判人员应当询问被告人对指控的犯罪事实的意见,告知被告人适用简易程序审理的法律规定,确认被告人是否同意适用简易程序审理。

条文注解

一是听取被告人对指控的犯罪事实的意见。人民法院适用简易程序审理案件,开庭后,检察人员或自诉人应当向被告人宣读起诉书,宣读完起诉书,审判人员询问被告人对起诉书中指控犯罪事实的意见。

二是告知被告人有关法律规定。审判人员应根据案件的具体情况,将关于适用简易程序审理的有关规定告知被告人,确保被告人了解简易程序对庭审的简化要求,简易程序与普通程序存在的差异,以及被告人在简易程序中享有的诉讼权利。

三是确认被告人是否同意适用简易程序审理自己的案件。在审判人员告知了被告人关于简易程序的规定和其依法应当享有的诉讼权利的基础上,被告人应当明确表示同意或者不同意适用简易程序审理。被告人不同意适用简易程序的,人民法院应当决定改为适用普通程序进行审理。

相关规定

《高法解释》

第三百六十二条 适用简易程序审理案件,人民法院应当在开庭前将开庭的时间、地点通知人民检察院、自诉人、被告人、辩护人，也可以通知其他诉讼参与人。

通知可以采用简便方式，但应当记录在案。

第三百六十三条 适用简易程序审理案件，被告人有辩护人的，应当通知其出庭。

第三百六十四条 适用简易程序审理案件，审判长或者独任审判员应当当庭询问被告人对指控的犯罪事实的意见，告知被告人适用简易程序审理的法律规定，确认被告人是否同意适用简易程序。

第二百一十八条 简易程序案件法庭辩论

适用简易程序审理案件，经审判人员许可，被告人及其辩护人可以同公诉人、自诉人及其诉讼代理人互相辩论。

▎条文注解

简易程序中，法庭调查大幅简化，法庭辩论程序不能忽略。适用简易程序审理案件，尽管被告人承认自己所犯罪行，对指控犯罪事实没有异议，但不代表对案件事实证据没有争议。因此，对于存在争议的事实证据、罪名以及量刑可以展开辩论。

▎相关规定

《高检规则》

第四百三十四条 公诉人出席简易程序法庭时，应当主要围绕量刑以及其他有争议的问题进行法庭调查和法庭辩论。在确认被告人庭前收到起诉书并对起诉书指控的犯罪事实没有异议后，可以简化宣读起诉书，根据案件情况决定是否讯问被告人、询问证人、鉴定人和出示证据。

根据案件情况，公诉人可以建议法庭简化法庭调查和法庭辩论程序。

第二百一十九条 简易程序简化标准

适用简易程序审理案件，不受本章第一节关于送达期限、讯问被告人、询问证人、鉴定人、出示证据、法庭辩论程序规定的限制。但在判决宣告前应当听取被告人的最后陈述意见。

▎条文注解

不受限制是指人民法院可以根据审理案件实际需要，进行某一程序，也可以不进行某一程序。具体简化办法参见《高法解释》第三百六十五条。

需要注意的是，有些程序不能简化。控辩双方有异议或者法庭认为有必要进行调查核实的证据，应当出示并进行质证。对于罪名和量刑问题以及其他存在争议的问题，不能简化。同时，被告人最后陈述的环节不能简化。

▎相关规定

《高法解释》

第三百六十五条 适用简易程序审理案件，可以对庭审作如下简化：

（一）公诉人可以摘要宣读起诉书；

（二）公诉人、辩护人、审判人员对被告人的讯问、发问可以简化或者省略；

（三）对控辩双方无异议的证据，可以仅就证据的名称及所证明的事项作出说明；对控辩双方有异议或者法庭认为有必要调查核实的证据，应当出示，并进行质证；

（四）控辩双方对与定罪量刑有关的事实、证据没有异议的，法庭审理可以直接围绕罪名确定和量刑问题进行。

适用简易程序审理案件，判决宣告前应当听取被告人的最后陈述。

第三百六十七条 适用简易程序审理案件，裁判文书可以简化。

适用简易程序审理案件，一般应当当庭宣判。

> **第二百二十条 简易程序案件审理期限**
>
> 适用简易程序审理案件，人民法院应当在受理后二十日以内审结；对可能判处的有期徒刑超过三年的，可以延长至一个半月。

▎条文注解

"在受理后二十日以内"，是指从人民法院立案之日起二十日以内。"审结"是指人民法院通过对案件的开庭审理，依法作出处理并结案，如可作出有罪或无罪判决、对自诉案件可以依法调解、自诉人也可以依法与被告人和解或者撤回自诉。对于明显在规定期限内无法结案的，可以决定改为普通程序审理。

> **第二百二十一条 简易程序转换为普通程序**
>
> 人民法院在审理过程中，发现不宜适用简易程序的，应当按照本章第一节或者第二节的规定重新审理。

▎条文注解

"不宜适用简易程序的"，是指人民法院在适用简易程序审理案件时，发现案件不属于同时符合本法关于简易程序适用的三个条件，或者发现案件属于不适用简易

程序的情形之一：1. 被告人是盲、聋、哑人，或者尚未完全丧失辨认或者控制自己行为能力的精神病人的；2. 有重大社会影响的；3. 共同犯罪案件中部分被告人不认罪或者对适用简易程序有异议的；4. 其他不宜适用简易程序审理的情况，人民法院不应再适用简易程序审理。

▎相关规定

《高法解释》

第三百六十八条 适用简易程序审理案件，在法庭审理过程中，具有下列情形之一的，应当转为普通程序审理：

（一）被告人的行为可能不构成犯罪的；

（二）被告人可能不负刑事责任的；

（三）被告人当庭对起诉指控的犯罪事实予以否认的；

（四）案件事实不清、证据不足的；

（五）不应当或者不宜适用简易程序的其他情形。

决定转为普通程序审理的案件，审理期限应当从作出决定之日起计算。

《高检规则》

第四百三十五条 适用简易程序审理的公诉案件，公诉人发现不宜适用简易程序审理的，应当建议法庭按照第一审普通程序重新审理。

第四百三十六条 转为普通程序审理的案件，公诉人需要为出席法庭进行准备的，可以建议人民法院延期审理。

第四节　速裁程序

> **第二百二十二条 速裁程序适用条件**
>
> 基层人民法院管辖的可能判处三年有期徒刑以下刑罚的案件，案件事实清楚，证据确实、充分，被

告人认罪认罚并同意适用速裁程序的，可以适用速裁程序，由审判员一人独任审判。

人民检察院在提起公诉的时候，可以建议人民法院适用速裁程序。

▎条文注解

速裁程序是在简易程序基础上，对认罪认罚案件的轻罪审判程序进一步简化。其适用条件主要有四项：一是基层人民法院管辖；二是可能判处二年有期徒刑以下刑罚；三是案件事实清楚，证据确实、充分；四是被告人认罪认罚并同意适用速裁程序。

关于第四项"被告人认罪认罚并同意适用速裁程序"，要分开解读。"被告人认罪认罚"是指被告人自愿如实供述自己罪行，承认所指控的犯罪事实，愿意接受处罚，同意检察院提出的量刑建议，签署认罪认罚具结书。"同意适用速裁程序"是指被告人对法院适用速裁程序没有异议。

检察院建议适用速裁程序的案件，法院在将起诉书副本送达被告人时，应当告知被告人适用速裁程序的法律规定，询问其是否同意适用速裁程序。被告人同意适用速裁程序的，可以决定适用速裁程序，并在开庭前通知人民检察院和辩护人。对人民检察院未建议适用速裁程序的案件，人民法院经审查认为符合速裁程序适用条件的，可以决定适用速裁程序，并在开庭前通知人民检察院和辩护人。

▎相关规定

《高法解释》

第三百六十九条 对人民检察院在提起公诉时建议适用速裁程序的案件，基层人民法院经审查认为案件事实清楚，证据确实、充分，可能判处三年有期徒刑以下刑罚的，在将起诉书副本送达被告人时，应当告知被告人适用速裁程序的法律规定，询问其是否同意适用速裁程序。被告人同意适用速裁程序的，可以决定适用速裁程序，并在开庭前通知人民检察院和辩护人。

对人民检察院未建议适用速裁程序的案件，人民法院经审查认为符合速裁程序适用条件的，可以决定适用速裁程序，并在开庭前通知人民检察院和辩护人。

被告人及其辩护人可以向人民法院提出适用速裁程序的申请。

《高检规则》

第四百三十七条 人民检察院对基层人民法院管辖的案件，符合下列条件的，在提起公诉时，可以建议人民法院适用速裁程序审理：

（一）可能判处三年有期徒刑以下刑罚；

（二）案件事实清楚，证据确实、充分；

（三）被告人认罪认罚、同意适用速裁程序。

第四百三十九条 公安机关、犯罪嫌疑人及其辩护人建议适用速裁程序，人民检察院经审查认为符合条件的，可以建议人民法院适用速裁程序审理。

公安机关、辩护人未建议适用速裁程序，人民检察院经审查认为符合速裁程序适用条件，且犯罪嫌疑人同意适用的，可以建议人民法院适用速裁程序审理。

第四百四十条 人民检察院建议人民法院适用速裁程序的案件，起诉书内容可以适当简化，重点写明指控的事实和适用的法律。

第四百四十一条 人民法院适用速裁程序审理的案件，人民检察院应当派员出席法庭。

典型案例

1. 肖某某危险驾驶案（最高检认罪认罚案件适用速裁程序典型案例，最高检 10 月 13 日发布）

裁判要旨：一是依托公安执法办案管理中心"联接平台"，探索速裁案件"先行机制"。莆田市秀屿区人民检察院会同区法院、区公安局、区司法局出台《关于使用执法办案中心进行危险驾驶案件 48 小时速裁办理的机制实施细则（试行）》，以公安执法办案管理中心平台为联接点，挂牌设置派驻检察室、速裁办公室，建立危险驾驶案件 48 小时速裁办理机制。二是构建轻微刑事案件办理"快车道"，依法保障被告人诉讼权利，案件办理全程提速不降质。对事实简单、清楚，证据类型化、易收集，定性无争议的案件，如危险驾驶案件，应当密切侦、诉、审衔接配合，构建案件快速流转办理机制，有效提升办案效率。莆田市适用 48 小时速裁办理机制处理危险驾驶案件，平均用时仅 42 小时，极大地节约了诉讼资源，减少了诉讼参与人的诉累。同时，坚持提速不降低质量，在公安执法办案管理中心设立值班律师工作站，依法保障犯罪嫌疑人在被抓获后 24 小时内获得法律帮助，值班律师可以就案件处理依法向司法机关提出意见，确保犯罪嫌疑人、被告人认罪认罚的自愿性、合法性和真实性，确保速裁案件兼顾实体公正和程序公正。

2. 成都某印务有限责任公司、黄某某非法经营案（最高检认罪认罚案件适用速裁程序典型案例，最高检 10 月 13 日发布）

裁判要旨：一是对符合条件的单位犯罪依法适用认罪认罚从宽制度和速裁程序。犯罪单位作为独立的刑事诉讼主体，依法享有相应的诉讼权利。认罪认罚从宽制度可以适用于所有刑事案件，对犯罪单位与自然人一样应当平等适用。在适用过程中，应坚持打击和保护并重、实体公正和程序公正并重，对犯罪情节较轻的民营企业经营者慎用人身强制措施，主动听取被告方意见，充分开展量刑协商，并通过建议适用速裁程序，从快从简从宽处理案件，最大限度减小对企业正常经营的影响。二是坚持法定证明标准，依法查明案件事实，准确定性求刑，为审判阶段适用速裁程序奠定良好基础。实践中，一些轻罪案件的事实认定、定性求刑也会遇到诸多难题。检察机关是指控和证明犯罪的主体，应当履行好诉前主导责任，密切与侦查机关相互制约与协作配合，在诉前有效解决事实认定、案件定性等争议问题。同时加强诉审衔接，为提起公诉后人民法院适用速裁程序快速审理案件创造条件。本案虽然罪行较轻，但公安机关移送起诉时尚有诸多定案疑点，审查起诉期间侦诉有效配合，解决了相关疑点，提起公诉后建议法院适用速裁程序审理，庭审历时仅十多分钟，有效减轻了庭审负担，节约了诉讼资源。

3. 魏某某职务侵占案（最高检认罪认罚案件适用速裁程序典型案例，最高检 10 月 13 日发布）

裁判要旨：适用速裁程序审查起诉，依法追诉漏犯，实现案件全面快速处理。一是依法适用速裁程序。鉴于魏某某在审查逮捕阶段主动认罪认罚，作出不批捕决定后，检察机关建议侦查机关从快移送，并在受理案件后依法对魏某某适用认罪认罚从宽制度和速裁程序，在十日内对本案提起公诉。法院受理后经开庭审理，于十日内作出判决，采纳检察机关指控和量刑建议，以职务侵占罪判处被告人魏某某拘役五个月，缓刑五个月。二是强化监督意识，依法追诉漏犯。审查起诉阶段，检察机关依法向公安机关制发《补充移送起诉通知书》，要求补充移送伙同魏某某共同实施犯罪行为的同案犯潘某某。潘某某到案后，如实供述犯罪事实，自愿认罪认罚，赔偿被害单位损失，检察机关依法对其适用认罪认罚从宽制度和速裁程序，十日内对本案被告人魏某某另行提起公诉。法院适用速裁程序审理本案，采纳检察机关指控和量刑建议，判处被告人潘某某拘役四个月，缓刑四个月。魏某某、潘某某均服判，不上诉。

4. 程某发危险驾驶案（刑事审判参考案例第 1404 号）

裁判要旨：刑事诉讼法规定认罪认罚制度，增设速裁程序，旨在为轻罪案件处理提供一条"快车道"，实践中醉驾案件处理要用足用好速裁程序，通过繁简分流，全流程提速，节约出司法资源向重大、疑难复杂案件倾斜。醉驾案件，事实清楚，犯罪嫌疑人、被告人认罪认罚，符合速裁程序适用条件的，应依法适用速裁程序，此类案件的处理要发挥速裁程序的功能。

5. 段某安妨害公务案（刑事审判参考案例第 1408 号）

裁判要旨：适用速裁程序审理的一审案件，被告人以事实不清、证据不足为由提出上诉的，实际上是反悔不再认罪。此时，由二审发回重审，目的是通过完整的一审庭审质证及法庭辩论程序，查清被告人是否构成犯罪这一关键事实。发回重审一方面有利于保障被告人的质证权，另一方面有利于保障被告人对重新审理后法院所作判决享有的上诉权。

文书格式

```
                ××××人民检察院
                适用速裁程序建议书

                              ××检××速建〔20××〕×号

    本院以_____号起诉书提起公诉的_____一案，经本院审查，符合《中华人民共和国刑事诉讼法》第二百二十二条的规定，建议你院对此案适用速裁程序审理。
    此致
_____人民法院

                                    20××年××月××日
                                         （院印）
```

第二百二十三条　不适用速裁程序情形

有下列情形之一的，不适用速裁程序：

（一）被告人是盲、聋、哑人，或者是尚未完全丧失辨认或者控制自己行为能力的精神病人的；

（二）被告人是未成年人的；

（三）案件有重大社会影响的；

（四）共同犯罪案件中部分被告人对指控的犯罪事实、罪名、量刑建议或适用速裁程序有异议的；

（五）被告人与被害人或者其法定代理人没有就附带民事诉讼赔偿等事项达成调解或者和解协议的；

（六）其他不宜适用速裁程序审理的。

条文注解

本条规定了不能适用速裁程序的三种情形。

特殊主体。身体残缺（盲、聋、哑）、智力障碍（尚未完全丧失辨认或者控制自己行为能力的精神病人）的人或者未成年人。

社会影响。"重大社会影响"是指案件社会关注度高、反映强烈。

程序标准。共同犯罪案件中部分被告人对指控的犯罪事实、罪名、量刑建议或者适用速裁程序有异议的；被告人与被害人或者其法定代理人没有就附带民事诉讼赔偿等事项达成调解或者和解协议的。

相关规定

《高法解释》

第三百七十条　具有下列情形之一的，不适用速裁程序：

（一）被告人是盲、聋、哑的；

（二）被告人是尚未完全丧失辨认或者控制自己行为能力的精神病人的；

（三）被告人是未成年人的；

（四）案件有重大社会影响的；

（五）共同犯罪案件中部分被告人对指控的犯罪事实、罪名、量刑建议或者适用速裁程序有异议的；

（六）被告人与被害人或者其法定代理人没有就附带民事诉讼赔偿等事项达成调解、和解协议的；

（七）辩护人作无罪辩护的；

（八）其他不宜适用速裁程序的情形。

《高检规则》

第四百三十八条　具有下列情形之一的，人民检察院不得建议人民法院适用速裁程序：

（一）被告人是盲、聋、哑人，或者是尚未完全丧失辨认或者控制自己行为能力的精神病人的；

（二）被告人是未成年人的；

（三）案件有重大社会影响的；

（四）共同犯罪案件中部分被告人对指控的犯罪事实、罪名、量刑建议或者适用速裁程序有异议的；

（五）被告人与被害人或者其法定代理人没有就附带民事诉讼赔偿等事项达成调解或者和解协议的；

（六）其他不宜适用速裁程序审理的。

第二百二十四条　速裁程序简化标准

适用速裁程序审理案件，不受本章第一节规定的送达期限的限制，一般不进行法庭调查、法庭辩论，但在判决宣告前应当听取辩护人的意见和被告人的最后陈述意见。

适用速裁程序审理案件，应当当庭宣判。

条文注解

与简易程序相比,速裁程序的审理流程进一步简化。适用速裁程序审理案件,不受送达期限限制,一般不进行法庭调查和法庭辩论。公诉人一般不再讯问被告人,法院审理后一般当庭宣判。但有些事项不能省略:一是开庭时权利告知和审查核实;二是判决宣告前的听取意见(被告人最后陈述和辩护人意见)。

相关规定

《高法解释》

第三百七十一条 适用速裁程序审理案件,人民法院应当在开庭前将开庭的时间、地点通知人民检察院、被告人、辩护人,也可以通知其他诉讼参与人。

通知可以采用简便方式,但应当记录在案。

第三百七十二条 适用速裁程序审理案件,可以集中开庭,逐案审理。公诉人简要宣读起诉书后,审判人员应当当庭询问被告人对指控事实、证据、量刑建议以及适用速裁程序的意见,核实具结书签署的自愿性、真实性、合法性,并核实附带民事诉讼赔偿等情况。

第三百七十三条 适用速裁程序审理案件,一般不进行法庭调查、法庭辩论,但在判决宣告前应当听取辩护人的意见和被告人的最后陈述。

第三百七十四条 适用速裁程序审理案件,裁判文书可以简化。

适用速裁程序审理案件,应当当庭宣判。

《高检规则》

第四百四十二条 公诉人出席速裁程序法庭时,可以简要宣读起诉书指控的犯罪事实、证据、适用法律及量刑建议,一般不再讯问被告人。

第二百二十五条 速裁程序案件审理期限

适用速裁程序审理案件,人民法院应当在受理后十日以内审结;对可能判处的有期徒刑超过一年的,可以延长至十五日。

条文注解

与简易程序相比,速裁程序的审理期限进一步缩短。主要是根据可能判处的刑罚严重程度,对于可能判处有期徒刑超过一年的,可延长至十五日,不超过一年的,十日以内审结。

第二百二十六条 速裁程序换为简易程序或者普通程序

人民法院在审理过程中,发现有被告人的行为不构成犯罪或者不应当追究其刑事责任、被告人违背意愿认罪认罚、被告人否认指控的犯罪事实或者其他不宜适用速裁程序审理的情形的,应当按照本章第一节或者第三节的规定重新审理。

条文注解

本条规定了速裁程序换为简易程序或者普通程序的情形。参照《高法解释》第三百七十五条的规定,出现下列情形可以转换:一是被告人的行为可能不构成犯罪或者不应当追究刑事责任的;二是被告人违背意愿认罪认罚的;三是被告人否认指控的犯罪事实的;四是案件疑难、复杂或者对适用法律有重大争议的;五是其他不宜适用速裁程序的情形。

相关规定

《高法解释》

第三百七十五条 适用速裁程序审理案件,在法庭审理过程中,具有下列情形之一的,应当转为普通程序或者简易程序审理:

(一)被告人的行为可能不构成犯罪或者不应当追究刑事责任的;

(二)被告人违背意愿认罪认罚的;

(三)被告人否认指控的犯罪事实的;

(四)案件疑难、复杂或者对适用法律有重大争议的;

(五)其他不宜适用速裁程序的情形。

第三百七十六条 决定转为普通程序或者简易程序审理的案件,审理期限应当从作出决定之日起计算。

第三百七十七条 适用速裁程序审理的案件,第二审人民法院依照刑事诉讼法第二百三十六条第一款第三项的规定发回原审人民法院重新审判的,原审人民法院应当适用第一审普通程序重新审判。

《高检规则》

第四百四十三条 适用速裁程序审理的案件,人民检察院发现有不宜适用速裁程序审理情形的,应当建议人民法院转为普通程序或者简易程序重新审理。

第四百四十四条 转为普通程序审理的案件,公诉人需要为出席法庭进行准备的,可以建议人民法院延期审理。

第三章 第二审程序

第二百二十七条 上诉权

被告人、自诉人和他们的法定代理人,不服地方各级人民法院第一审的判决、裁定,有权用书状或者口头向上一级人民法院上诉。被告人的辩护人和近亲属,经被告人同意,可以提出上诉。

附带民事诉讼的当事人和他们的法定代理人,可以对地方各级人民法院第一审的判决、裁定中的附带民事诉讼部分,提出上诉。

对被告人的上诉权,不得以任何借口加以剥夺。

条文注解

上诉的权利主体。对刑事判决、裁定提出上诉的主体是被告人、自诉人及其法定代理人。如果被告人、自诉人在案件发生时是未成年人或者精神上有缺陷而不能正常进行诉讼活动的人,其法定代理人应当有独立的上诉权。被告人的近亲属、辩护人不享有独立的上诉权。

上诉的理由和形式。上诉的理由是对地方各级人民法院的第一审判决、裁定不服。对最高人民法院作出的第一审判决、裁定,或者对中级人民法院以上各级人民法院作出的第二审判决、裁定,不得上诉。上诉可以是书面形式,向法院递交上诉状,也可以是口头形式。对口头上诉,人民法院应当接受,并且应当制作笔录。

"附带民事诉讼的当事人"是指附带民事诉讼原告人、被告人。附带民事诉讼当事人和法定代理人上诉的内容,只限于对地方各级人民法院第一审的判决、裁定中附带民事诉讼部分,提出上诉,对刑事判决、裁定部分无权提出上诉。

被告人只要"不服地方各级人民法院

第一审的判决、裁定",就可以在法定的时限内提出上诉,不需要提出上诉理由。剥夺了上诉权就等于破坏了两审终审制度。另外,认罪认罚案件中,被告人依然享有上诉权。

相关规定

《高法解释》

第三百七十八条 地方各级人民法院在宣告第一审判决、裁定时,应当告知被告人、自诉人及其法定代理人不服判决和准许撤回起诉、终止审理等裁定的,有权在法定期限内以书面或者口头形式,通过本院或者直接向上一级人民法院提出上诉;被告人的辩护人、近亲属经被告人同意,也可以提出上诉;附带民事诉讼当事人及其法定代理人,可以对判决、裁定中的附带民事部分提出上诉。

被告人、自诉人、附带民事诉讼当事人及其法定代理人是否提出上诉,以其在上诉期满前最后一次的意思表示为准。

第三百七十九条 人民法院受理的上诉案件,一般应当有上诉状正本及副本。上诉状内容一般包括:第一审判决书、裁定书的文号和上诉人收到的时间,第一审人民法院的名称,上诉的请求和理由,提出上诉的时间。被告人的辩护人、近亲属经被告人同意提出上诉的,还应当写明其与被告人的关系,并应当以被告人作为上诉人。

第二百二十八条 抗诉权

地方各级人民检察院认为本级人民法院第一审的判决、裁定确有错误的时候,应当向上一级人民法院提出抗诉。

条文注解

"抗诉"是指人民检察院发现或者认为判决、裁定确有错误,提请审判机关重新审理并予以纠正的诉讼行为。抗诉通常分为对一审未生效裁判的抗诉和对生效裁判的抗诉,本条规定的抗诉是指对一审未生效裁判的抗诉。

"地方各级人民检察院认为本级人民法院的第一审判决、裁定确有错误",主要是指人民检察院认为本级人民法院第一审的判决、裁定存在以下情况之一的:1.认定事实不清或者有错误;2.定案证据不确实、充分;3.适用法律不当,定罪有误;4.处刑不当,量刑过轻或者过重;5.审判程序严重违法;6.原判决、裁定是审判人员徇私舞弊、枉法裁判的结果。这种"确有错误"无论是减轻了被告人的罪责,还是加重了被告人的罪责,人民检察院都有权利也有责任向上一级人民法院提出抗诉。

相关规定

《高检规则》

第七十八条 人民检察院认为第一审人民法院有关证据收集合法性的审查、调查结论导致第一审判决、裁定错误的,可以依照刑事诉讼法第二百二十八条的规定向人民法院提出抗诉。

第五百八十三条 人民检察院依法对人民法院的判决、裁定是否正确实行法律监督,对人民法院确有错误的判决、裁定,应当依法提出抗诉。

第五百八十四条 人民检察院认为同级人民法院第一审判决、裁定具有下列情形之一的,应当提出抗诉:

(一)认定的事实确有错误或者据以定罪量刑的证据不确实、不充分的;

(二)有确实、充分证据证明有罪判无罪,或者无罪判有罪的;

(三)重罪轻判,轻罪重判,适用刑罚明显不当的;

（四）认定罪名不正确，一罪判数罪、数罪判一罪，影响量刑或者造成严重社会影响的；

（五）免除刑事处罚或者适用缓刑、禁止令、限制减刑等错误的；

（六）人民法院在审理过程中严重违反法律规定的诉讼程序的。

第五百八十五条 人民检察院在收到人民法院第一审判决书或者裁定书后，应当及时审查。对于需要提出抗诉的案件，应当报请检察长决定。

第五百九十条 第二审人民法院发回原审人民法院按照第一审程序重新审判的案件，如果人民检察院认为重新审判的判决、裁定确有错误的，可以按照第二审程序提出抗诉。

典型案例

1. 忏某龙绑架案（检例第 2 号）

裁判要旨： 对于死刑案件的抗诉，要正确把握适用死刑的条件，严格证明标准，依法履行刑事审判法律监督职责。

浙江省人民检察院经审查认为，浙江省高级人民法院二审判决改判忏某龙死刑缓期二年执行确有错误，于 2007 年 8 月 10 日提请最高人民检察院按照审判监督程序提出抗诉。最高人民检察院派员到浙江专门核查了案件相关情况。最高人民检察院检察委员会两次审议了该案，认为被告人忏某龙绑架犯罪事实清楚，证据确实、充分，依法应当判处死刑立即执行，浙江省高级人民法院以"鉴于本案具体情况"为由改判忏某龙死刑缓期二年执行确有错误，依法应予纠正。

2. 郭某先参加黑社会性质组织、故意杀人、故意伤害案（检例第 18 号）

裁判要旨： 死刑依法只适用于罪行极其严重的犯罪分子。对故意杀人、故意伤害、绑架、爆炸等涉黑、涉恐、涉暴刑事案件中罪行极其严重，严重危害国家安全和公共安全、严重危害公民生命权，或者严重危害社会秩序的被告人，依法应当判处死刑，人民法院未判处死刑的，人民检察院应当依法提出抗诉。

四川省高级人民法院二审认为，本案事实清楚，证据确实、充分，原审被告人郭某先犯参加黑社会性质组织罪、故意杀人罪、故意伤害罪，系累犯，主观恶性极深，依法应当从重处罚。检察机关认为"原判对郭某先量刑畸轻"的抗诉理由成立。据此，依法撤销一审判决关于原审被告人郭某先量刑部分，改判郭某先犯参加黑社会性质组织罪，处有期徒刑两年；犯故意杀人罪，处死刑；犯故意伤害罪，处有期徒刑五年；数罪并罚，决定执行死刑，并剥夺政治权利终身。经报最高人民法院核准，已被执行死刑。

3. 于某生申诉案（检例第 25 号）

裁判要旨： 坚持全面收集证据，严格把握纠错标准。在复查刑事申诉案件过程中，除全面审查原有证据外，还应当注意补充收集、调取能够证实被告人有罪或者无罪、犯罪情节轻重的新证据，通过正向肯定与反向否定，检验原审裁判是否做到案件事实清楚，证据确实、充分。要坚持疑罪从无原则，严格把握纠错标准，对于被告人有罪供述出现反复且前后矛盾，关键情节与其他在案证据存在无法排除的重大矛盾，不能排除有其他人作案可能的，应当认为认定主要案件事实的结论不具有唯一性。人民法院据此判决被告人有罪的，人民检察院应当按照审判监督程序向人民法院提出抗诉，或者向同级人民法院提出再审检察建议。

文书格式

××××人民检察院
刑事抗诉书
（二审程序适用）

××检××诉刑抗〔20××〕×号

×××人民法院以××号刑事判决（裁定）书对被告人×××（姓名）××（案由）一案判决（裁定）……（判决、裁定结果）。本院依法审查后认为（如果是被害人及其法定代理人不服地方各级人民法院第一审的判决而请求人民检察院提出抗诉的，应当写明这一程序，然后再写"本院依法审查后认为"），该判决（裁定）确有错误（包括认定事实有误、适用法律不当、审判程序严重违法），理由如下：

……（根据不同情况，理由从认定事实错误、适用法律不当和审判程序严重违法等几个方面阐述。）

综上所述……（概括上述理由），为维护司法公正，准确惩治犯罪，依照《中华人民共和国刑事诉讼法》第二百二十八条的规定，特提出抗诉，请依法判处。

此致
_____人民法院

××××人民检察院
20××年××月××日
（院印）

附件：1. 被告人×××现羁押于×××（或者现住×××）；
　　　2. 其他有关材料。

第二百二十九条　被害人请求抗诉权

被害人及其法定代理人不服地方各级人民法院第一审的判决的，自收到判决书后五日以内，有权请求人民检察院提出抗诉。人民检察院自收到被害人及其法定代理人的请求后五日以内，应当作出是否抗诉的决定并且答复请求人。

条文注解

第一，提出抗诉请求的主体，是被害人及其法定代理人。提出请求的原因是不服地方各级人民法院第一审判决。这里的"判决"，不包括裁定。主要是考虑刑事诉讼中裁定一般是就程序方面的问题作出，通常不涉及认定事实、适用法律的问题。这里所说的"人民检察院"是指与一审人民法院同级的人民检察院。

第二，被害人提出请求的时间，是自收到判决书第二日起五日以内。人民检察院对一审判决提起抗诉的期限是十日，规定被害人自收到判决书五日内请求人民检察院提起抗诉，既在抗诉期限内，又有助于检察院审查是否符合抗诉标准。

第三，人民检察院主要是对犯罪事实的认定和适用法律是否正确，定罪量刑是否适当进行审查。人民检察院自收到被害人及其法定代理人的请求第二日起五日以内，作出是否抗诉的决定并答复请求人。

相关规定

《高法解释》

第三百八十条 上诉、抗诉必须在法定期限内提出。不服判决的上诉、抗诉的期限为十日；不服裁定的上诉、抗诉的期限为五日。上诉、抗诉的期限，从接到判决书、裁定书的第二日起计算。

对附带民事判决、裁定的上诉、抗诉期限，应当按照刑事部分的上诉、抗诉期限确定。附带民事部分另行审判的，上诉期限也应当按照刑事诉讼法规定的期限确定。

《高检规则》

第五百八十八条 被害人及其法定代理人不服地方各级人民法院第一审的判决，在收到判决书后五日以内请求人民检察院提出抗诉的，人民检察院应当立即进行审查，在收到被害人及其法定代理人的请求后五日以内作出是否抗诉的决定，并且答复请求人。经审查认为应当抗诉的，适用本规则第五百八十四条至第五百八十七条的规定办理。

被害人及其法定代理人在收到判决书五日以后请求人民检察院提出抗诉的，由人民检察院决定是否受理。

文书格式

```
              ××××人民检察院
               抗诉请求答复书
_____
                        ××检××抗答〔20××〕×号
_____：
    你于____年__月__日请求本院对_____
一案一审判决提出抗诉。根据《中华人民共和国刑事诉讼法》第二百二十九条的规定，
经审查，本院认为_____（理由），一审判决_____，决定_____。
    特此答复
                              20××年××月××日
                                     （院印）
```

第二百三十条　上诉、抗诉的期限

不服判决的上诉和抗诉的期限为十日，不服裁定的上诉和抗诉的期限为五日，从接到判决书、裁定书的第二日起算。

条文注解

不服判决的上诉和抗诉的期限为十日：被告人、自诉人及其法定代理人、被告人的辩护人和近亲属、附带民事诉讼的当事人及其法定代理人，不服地方各级人民法院的第一审判决的上诉期限为十日；地方各级人民检察院对第一审判决的抗诉期限为十日。不服裁定的上诉和抗诉的期限为五日：上诉人不服地方各级人民法院一审裁定，上诉的期限为五日；地方各级人民检察院对一审裁定提出抗诉的期限为五日。

上诉和抗诉的期限从接到判决书或裁定书的第二日起计算。当事人因不能抗拒的原因或者有其他正当理由而耽误期限的，在障碍消除后五日以内，可以申请继续进行应当在期满以前完成的诉讼活动。这种申请是否准许，由人民法院裁定。如果没有正当理由的，人民法院即予裁定驳回申请。当事人仍坚持上诉的，按审判监督程序处理。

相关规定

《高检规则》

第五百八十六条　人民检察院对同级人民法院第一审判决的抗诉，应当在接到判决书后第二日起十日以内提出；对第一审裁定的抗诉，应当在接到裁定书后第二日起五日以内提出。

第二百三十一条　上诉程序

被告人、自诉人、附带民事诉讼的原告人和被告人通过原审人民法院提出上诉的，原审人民法院应当在三日以内将上诉状连同案卷、证据移送上一级人民法院，同时将上诉状副本送交同级人民检察院和对方当事人。

被告人、自诉人、附带民事诉讼的原告人和被告人直接向第二审人民法院提出上诉的，第二审人民法院应当在三日以内将上诉状交原审人民法院送交同级人民检察院和对方当事人。

条文注解

第一，上诉人对地方各级人民法院的第一审判决、裁定不服，可以向作出第一审判决的人民法院口头表示上诉的要求或者递交上诉状。上诉人通过原审人民法院提出上诉的，原审人民法院应当审查上诉是否符合法律规定。符合法律规定的，原审人民法院应当在三日以内将上诉状连同案卷、证据移送上一级人民法院，同时将上诉状副本送交同级人民检察院和对方当事人。

第二，当事人"直接向第二审人民法院提出上诉"，是指上诉人不经过第一审人民法院，直接向第二审人民法院表示上诉的要求或者递交上诉状。被告人、自诉人、附带民事诉讼的原告人和被告人直接向第二审人民法院提出上诉的，第二审人民法院应当在收到上诉状后三日以内将上诉状交第一审（原审）人民法院。第一审人民法院应当审查上诉是否符合法律规定。符合法律规定的，应当在接到上诉状后三日以内将上诉状连同案卷、证据移送上一级人民法院，同时将上诉状副本送交同级人民检察院和对方当事人。

相关规定

《高法解释》

第三百八十一条　上诉人通过第一审人民法院提出上诉的，第一审人民法院应当审查。上诉符合法律规定的，应当在上诉期满后三日以内将上诉状连同案卷、证据移送上一级人民法院，并将上诉状副本送交同级人民检察院和对方当事人。

第三百八十二条　上诉人直接向第二审人民法院提出上诉的，第二审人民法院应当在收到上诉状后三日以内将上诉状交第一审人民法院。第一审人民法院应当审查上诉是否符合法律规定。符合法律规定的，应当在接到上诉状后三日以内将上诉状连同案卷、证据移送上一级人民法院，并将上诉状副本送交同级人民检察院和对方当事人。

第三百八十三条　上诉人在上诉期限内要求撤回上诉的，人民法院应当准许。

上诉人在上诉期满后要求撤回上诉的，第二审人民法院经审查，认为原判认定事实和适用法律正确，量刑适当的，应当裁定准许；认为原判确有错误的，应当不予准许，继续按照上诉案件审理。

被判处死刑立即执行的被告人提出上诉，在第二审开庭后宣告裁判前申请撤回上诉的，应当不予准许，继续按照上诉案件审理。

第二百三十二条　抗诉程序

地方各级人民检察院对同级人民法院第一审判决、裁定的抗诉，应当通过原审人民法院提出抗诉书，并且将抗诉书抄送上一级人民检察院。原审人民法院应当将抗诉书连同案卷、证据移送上一级人民法院，并且将抗诉书副本送交当事人。

上级人民检察院如果认为抗诉不当，可以向同级人民法院撤回抗诉，并且通知下级人民检察院。

条文注解

第一，人民检察院应当制作抗诉书，通过原审人民法院向上一级人民法院提出抗诉。上诉可以通过原审人民法院提出，也可以直接向第二审人民法院提出，但抗诉不能直接向第二审人民法院提出。在向原审人民法院递交抗诉书的同时，将抗诉书抄送上一级人民检察院。原审人民法院接到同级人民检察院的抗诉书后，应当将抗诉书连同案卷、证据一并移送上一级人民法院，并将抗诉书副本送交当事人。

第二，"抗诉不当"主要是指第一审的判决、裁定没有错误，而人民检察院对同级人民法院第一审的判决、裁定提出抗诉的理由不正确、不充分，缺乏法律依据。上级人民检察院接到下级人民检察院抄送的抗诉书后，一般应当在第二审人民法院审判以前，对抗诉的案件进行认真审查，如果认为抗诉不当，可以向同级人民法院撤回抗诉，并且通知下级人民检察院。认为抗诉正确的，应当支持抗诉。

相关规定

《高法解释》

第三百八十四条　地方各级人民检察院对同级人民法院第一审判决、裁定的抗诉，应当通过第一审人民法院提交抗诉书。第一审人民法院应当在抗诉期满后三日以内将抗诉书连同案卷、证据移送上一级人民法院，并将抗诉书副本送交当事人。

第三百八十五条 人民检察院在抗诉期限内要求撤回抗诉的,人民法院应当准许。

人民检察院在抗诉期满后要求撤回抗诉的,第二审人民法院可以裁定准许,但是认为原判存在将无罪判为有罪、轻罪重判等情形的,应当不予准许,继续审理。

上级人民检察院认为下级人民检察院抗诉不当,向第二审人民法院要求撤回抗诉的,适用前两款规定。

第三百八十六条 在上诉、抗诉期满前撤回上诉、抗诉的,第一审判决、裁定在上诉、抗诉期满之日起生效。在上诉、抗诉期满后要求撤回上诉、抗诉,第二审人民法院裁定准许的,第一审判决、裁定应当自第二审裁定书送达上诉人或者抗诉机关之日起生效。

《高检规则》

第五百八十七条 人民检察院对同级人民法院第一审判决、裁定的抗诉,应当制作抗诉书,通过原审人民法院向上一级人民法院提出,并将抗诉书副本连同案卷材料报送上一级人民检察院。

第五百八十九条 上一级人民检察院对下级人民检察院按照第二审程序提出抗诉的案件,认为抗诉正确的,应当支持抗诉。

上一级人民检察院认为抗诉不当的,应当听取下级人民检察院的意见。听取意见后,仍然认为抗诉不当的,应当向同级人民法院撤回抗诉,并且通知下级人民检察院。

上一级人民检察院在上诉、抗诉期限内,发现下级人民检察院应当提出抗诉而没有提出抗诉的案件,可以指令下级人民检察院依法提出抗诉。

上一级人民检察院支持或者部分支持抗诉意见的,可以变更、补充抗诉理由,及时制作支持抗诉意见书,并通知提出抗诉的人民检察院。

文书格式

××××人民检察院
支持刑事抗诉意见书

××检××支刑抗〔20××〕×号

_____人民法院:

人民检察院以____号刑事抗诉书对____人民法院_____号(写明被告人姓名、案由)一案的刑事判决(裁定)提出抗诉。本院审查后认为,抗诉正确,应予支持。……(简要说明支持的理由,可以在原刑事抗诉书基础上改变或补充新的抗诉理由,也可以变更原抗诉请求)。

综上所述,为维护司法公正,准确惩治犯罪,依照《中华人民共和国刑事诉讼法》第二百三十二条的规定,请你院依法纠正。

××××人民检察院
20××年××月××日
(院印)

第二百三十三条 二审程序全面审查原则

第二审人民法院应当就第一审判决认定的事实和适用法律进行全面审查，不受上诉或者抗诉范围的限制。

共同犯罪的案件只有部分被告人上诉的，应当对全案进行审查，一并处理。

条文注解

第一，"全面审查"是指对一审判决认定事实、适用法律和诉讼程序进行全面的审查。全面审查的内容参见《高法解释》第三百九十一条规定。"不受上诉或者抗诉范围的限制"，是指第二审人民法院在对上诉和抗诉案件认定的事实和适用的法律进行全面审查时，既要对提出上诉或者抗诉的部分进行审查，也要对没有提出上诉或者抗诉的部分进行审查，在审查的范围上，不受上诉人上诉和人民检察院抗诉范围的限制。本款所说的"上诉""抗诉"案件，包括人民检察院提起公诉的案件、自诉案件和刑事附带民事诉讼的案件。

第二，"共同犯罪案件""对全案进行审查，一并处理"，是指不仅要对提出上诉的被告人的判决部分进行全面审查，其他被告人未提出上诉或者被人民检察院提出抗诉的，对未提出上诉的被告人的判决部分也要进行全面审查。如果提出上诉的被告人在二审程序中死亡，二审人民法院仍应对全案进行审查。死亡的被告人不构成犯罪的，应当宣告无罪；构成犯罪的，应对其宣告终止审理。对其他同案的被告人，应当根据事实和法律作出二审判决或者裁定。

第三，审理附带民事诉讼的上诉、抗诉案件，应当对全案进行审查。如果第一审判决的刑事部分并无不当，第二审人民法院只需就附带民事诉讼部分作出处理。如果第一审判决附带民事部分事实清楚，适用法律正确的，应当以刑事附带民事裁定维持原判，驳回上诉、抗诉。

相关规定

《高法解释》

第三百八十七条 第二审人民法院对第一审人民法院移送的上诉、抗诉案卷、证据，应当审查是否包括下列内容：

（一）移送上诉、抗诉案件函；

（二）上诉状或者抗诉书；

（三）第一审判决书、裁定书八份（每增加一名被告人增加一份）及其电子文本；

（四）全部案卷、证据，包括案件审理报告和其他应当移送的材料。

前款所列材料齐全的，第二审人民法院应当收案；材料不全的，应当通知第一审人民法院及时补送。

第三百八十八条 第二审人民法院审理上诉、抗诉案件，应当就第一审判决、裁定认定的事实和适用法律进行全面审查，不受上诉、抗诉范围的限制。

第三百八十九条 共同犯罪案件，只有部分被告人提出上诉，或者自诉人只对部分被告人的判决提出上诉，或者人民检察院只对部分被告人的判决提出抗诉的，第二审人民法院应当对全案进行审查，一并处理。

第三百九十条 共同犯罪案件，上诉的被告人死亡，其他被告人未上诉的，第二审人民法院应当对死亡的被告人终止审理；但有证据证明被告人无罪，经缺席审理确认无罪的，应当判决宣告被告人无罪。

具有前款规定的情形，第二审人民法院仍应对全案进行审查，对其他同案被告人作出判决、裁定。

第三百九十一条 对上诉、抗诉案件，应当着重审查下列内容：

（一）第一审判决认定的事实是否清楚，证据是否确实、充分；

（二）第一审判决适用法律是否正确，量刑是否适当；

（三）在调查、侦查、审查起诉、第一审程序中，有无违反法定程序的情形；

（四）上诉、抗诉是否提出新的事实、证据；

（五）被告人的供述和辩解情况；

（六）辩护人的辩护意见及采纳情况；

（七）附带民事部分的判决、裁定是否合法、适当；

（八）对涉案财物的处理是否正确；

（九）第一审人民法院合议庭、审判委员会讨论的意见。

第四百零七条 第二审人民法院审理对刑事部分提出上诉、抗诉，附带民事部分已经发生法律效力的案件，发现第一审判决、裁定中的附带民事部分确有错误的，应当依照审判监督程序对附带民事部分予以纠正。

第四百零八条 刑事附带民事诉讼案件，只有附带民事诉讼当事人及其法定代理人上诉的，第一审刑事部分的判决在上诉期满后即发生法律效力。

应当送监执行的第一审刑事被告人是第二审附带民事诉讼被告人的，在第二审附带民事诉讼案件审结前，可以暂缓送监执行。

第四百零九条 第二审人民法院审理对附带民事部分提出上诉，刑事部分已经发生法律效力的案件，应当对全案进行审查，并按照下列情形分别处理：

（一）第一审判决的刑事部分并无不当的，只需就附带民事部分作出处理；

（二）第一审判决的刑事部分确有错误的，依照审判监督程序对刑事部分进行再审，并将附带民事部分与刑事部分一并审理。

第四百一十条 第二审期间，第一审附带民事诉讼原告人增加独立的诉讼请求或者第一审附带民事诉讼被告人提出反诉的，第二审人民法院可以根据自愿、合法的原则进行调解；调解不成的，告知当事人另行起诉。

第四百一十一条 对第二审自诉案件，必要时可以调解，当事人也可以自行和解。调解结案的，应当制作调解书，第一审判决、裁定视为自动撤销。当事人自行和解的，依照本解释第三百二十九条的规定处理；裁定准许撤回自诉的，应当撤销第一审判决、裁定。

第四百一十二条 第二审期间，自诉案件的当事人提出反诉的，应当告知其另行起诉。

《高检规则》

第四百四十八条 检察人员应当客观全面地审查原审卷材料，不受上诉或者抗诉范围的限制。应当审查原审判决认定案件事实、适用法律是否正确，证据是否确实、充分，量刑是否适当，审判活动是否合法，并应当审查下级人民检察院的抗诉书或者上诉人的上诉状，了解抗诉或者上诉的理由是否正确、充分，重点审查有争议的案件事实、证据和法律适用问题，有针对性地做好庭审准备工作。

第四百四十九条 检察人员在审查第一审案卷材料时，应当复核主要证据，可以讯问原审被告人。必要时，可以补充收集证据、重新鉴定或者补充鉴定。需要原侦查案件的公安机关补充收集证据的，可以要求其补充收集。

被告人、辩护人提出被告人自首、立功等可能影响定罪量刑的材料和线索的,可以移交公安机关调查核实,也可以自行调查核实。发现遗漏罪行或者同案犯罪嫌疑人的,应当建议公安机关侦查。

对于下列原审被告人,应当进行讯问:

(一) 提出上诉的;

(二) 人民检察院提出抗诉的;

(三) 被判处无期徒刑以上刑罚的。

第二百三十四条 二审审理方式

第二审人民法院对于下列案件,应当组成合议庭,开庭审理:

(一) 被告人、自诉人及其法定代理人对第一审认定的事实、证据提出异议,可能影响定罪量刑的上诉案件;

(二) 被告人被判处死刑的上诉案件;

(三) 人民检察院抗诉的案件;

(四) 其他应当开庭审理的案件。

第二审人民法院决定不开庭审理的,应当讯问被告人,听取其他当事人、辩护人、诉讼代理人的意见。

第二审人民法院开庭审理上诉、抗诉案件,可以到案件发生地或者原审人民法院所在地进行。

● 条文注解

二审程序应当坚持以开庭审理为原则,不开庭审理为例外。

开庭审理的情形。以下四种情况,第二审人民法院应当组成合议庭,开庭审理:其一,被告人、自诉人及其法定代理人对第一审认定的事实或者证据有异议并提出上诉,人民法院认为可能影响定罪量刑的案件。这里所说的"事实或者证据",二者是选择关系,是指对其中之一有异议。并不是说只要诉讼当事人有异议提出上诉,第二审人民法院就要开庭审理,人民法院要根据诉讼当事人提出上诉的理由,结合案件的事实、证据等具体情况,分析后认为可能会影响到本案定罪量刑,才决定应当开庭审理。其二,被告人被判处死刑的上诉案件。死刑案件人命关天,只要被告人提出上诉,就应开庭审理。这里的"死刑案件",既包括被判处死刑立即执行的案件,也包括被判处死刑缓期二年执行的案件。其三,人民检察院抗诉的案件。对人民检察院抗诉的案件,无论当事人是否同时提出上诉,第二审人民法院都应当开庭审理。其四,其他应当开庭审理的案件。可以由第二审人民法院结合上诉案件的重要程度、社会影响、裁量决定是否开庭审理。

不开庭审理的情形。除按本条第一款规定第二审人民法院应当开庭审理的情况外,对于犯罪事实清楚,定罪的证据充分,被告人、自诉人及其法定代理人对第一审判决认定的事实、证据没有异议的,人民法院可以不开庭审理。对于不开庭审理的案件,审判人员也应当阅卷,了解案件的基本情况,讯问被告人、听取其他当事人、辩护人、诉讼代理人对案件的意见。

第二审开庭审判地点。根据本款规定,第二审人民法院开庭审理上诉、抗诉案件,可以在第二审人民法院所在地进行,也可以到案件发生地或者原审人民法院所在地进行。这是为了方便诉讼,人民法院可以根据案件情况,从法律效率和社会效果的统一出发选择审判地点。在案发地、原审地点进行二审更便于了解案情,方便当事人应诉，节省人力、物力资源。

相关规定

《高法解释》

第三百九十三条 下列案件，根据刑事诉讼法第二百三十四条的规定，应当开庭审理：

（一）被告人、自诉人及其法定代理人对第一审认定的事实、证据提出异议，可能影响定罪量刑的上诉案件；

（二）被告人被判处死刑的上诉案件；

（三）人民检察院抗诉的案件；

（四）应当开庭审理的其他案件。

被判处死刑的被告人没有上诉，同案的其他被告人上诉的案件，第二审人民法院应当开庭审理。

第三百九十四条 对上诉、抗诉案件，第二审人民法院经审查，认为原判事实不清、证据不足，或者具有刑事诉讼法第二百三十八条规定的违反法定诉讼程序情形，需要发回重新审判的，可以不开庭审理。

第二百三十五条 检察院在二审中职责

人民检察院提出抗诉的案件或者第二审人民法院开庭审理的公诉案件，同级人民检察院都应当派员出席法庭。第二审人民法院应当在决定开庭审理后及时通知人民检察院查阅案卷。人民检察院应当在一个月以内查阅完毕。人民检察院查阅案卷的时间不计入审理期限。

条文注解

第一，人民检察院应当派员出庭的二审案件有两种：一是人民检察院提出抗诉的案件；二是第二审人民法院通过审阅卷宗材料决定开庭审理的公诉案件。上述两种案件，同级人民检察院都应派员出庭支持公诉。

第二，第二审人民法院决定开庭审理后需及时通知人民检察院查阅案卷。即人民检察院提出抗诉和人民法院通过审阅卷宗材料，决定需要开庭审理的案件，人民法院都应当在决定开庭审理后及时通知人民检察院对全部案卷进行查阅，对第一审判决认定的事实和适用法律，认真加以审查，便于人民检察院做好派员出庭支持公诉的准备。人民检察院查阅案卷的时间是一个月，从人民法院通知人民检察院查阅案卷之日起计算。

第三，人民检察院查阅案卷的时间不计入人民法院二审的审理期限。人民法院审理一般的二审案件，应当在两个月以内审结；对于可能判死刑或者附带民事诉讼等法律规定情形的案件，需要延长的，经省、自治区、直辖市高级人民法院批准或者决定，可以延长两个月；因案件的特殊情况还需要延长的，报请最高人民法院批准。这些审理期限都不包括人民检察院的阅卷时间。

相关规定

《高法解释》

第三百九十五条 第二审期间，人民检察院或者被告人及其辩护人提交新证据的，人民法院应当及时通知对方查阅、摘抄或者复制。

第三百九十六条 开庭审理第二审公诉案件，应当在决定开庭审理后及时通知人民检察院查阅案卷。自通知后的第二日起，人民检察院查阅案卷的时间不计入审理期限。

第三百九十七条 开庭审理上诉、抗诉的公诉案件，应当通知同级人民检察院派员出庭。

抗诉案件，人民检察院接到开庭通知后不派员出庭，且未说明原因的，人民法院可以裁定按人民检察院撤回抗诉处理。

第三百九十八条 开庭审理上诉、抗诉案件，除参照适用第一审程序的有关规定外，应当按照下列规定进行：

（一）法庭调查阶段，审判人员宣读第一审判决书、裁定书后，上诉案件由上诉人或者辩护人先宣读上诉状或者陈述上诉理由，抗诉案件由检察员先宣读抗诉书；既有上诉又有抗诉的案件，先由检察员宣读抗诉书，再由上诉人或者辩护人宣读上诉状或者陈述上诉理由；

（二）法庭辩论阶段，上诉案件，先由上诉人、辩护人发言，后由检察员、诉讼代理人发言；抗诉案件，先由检察员、诉讼代理人发言，后由被告人、辩护人发言；既有上诉又有抗诉的案件，先由检察员、诉讼代理人发言，后由上诉人、辩护人发言。

第三百九十九条 开庭审理上诉、抗诉案件，可以重点围绕对第一审判决、裁定有争议的问题或者有疑问的部分进行。根据案件情况，可以按照下列方式审理：

（一）宣读第一审判决书，可以只宣读案由、主要事实、证据名称和判决主文等；

（二）法庭调查应当重点围绕对第一审判决提出异议的事实、证据以及新的证据等进行；对没有异议的事实、证据和情节，可以直接确认；

（三）对同案审理案件中未上诉的被告人，未被申请出庭或者人民法院认为没有必要到庭的，可以不再传唤到庭；

（四）被告人犯有数罪的案件，对其中事实清楚且无异议的犯罪，可以不在庭审时审理。

同案审理的案件，未提出上诉、人民检察院也未对其判决提出抗诉的被告人要求出庭的，应当准许。出庭的被告人可以参加法庭调查和辩论。

第四百条 第二审案件依法不开庭审理的，应当讯问被告人，听取其他当事人、辩护人、诉讼代理人的意见。合议庭全体成员应当阅卷，必要时应当提交书面阅卷意见。

《高检规则》

第四百四十五条 对提出抗诉的案件或者公诉案件中人民法院决定开庭审理的上诉案件，同级人民检察院应当指派检察官出席第二审法庭。检察官助理可以协助检察官出庭。根据需要可以配备书记员担任记录。

第四百四十六条 检察官出席第二审法庭的任务是：

（一）支持抗诉或者听取上诉意见，对原审人民法院作出的错误判决或者裁定提出纠正意见；

（二）维护原审人民法院正确的判决或者裁定，建议法庭维持原判；

（三）维护诉讼参与人的合法权利；

（四）对法庭审理案件有无违反法律规定诉讼程序的情况记明笔录；

（五）依法从事其他诉讼活动。

第四百四十七条 对抗诉和上诉案件，第二审人民法院的同级人民检察院可以调取下级人民检察院与案件有关的材料。

人民检察院在接到第二审人民法院决定开庭、查阅案卷通知后，可以查阅或者调阅案卷材料。查阅或者调阅案卷材料应当在接到人民法院的通知之日起一个月以内完成。在一个月以内无法完成的，可以商请人民法院延期审理。

第四百五十条 人民检察院办理死刑上诉、抗诉案件，应当进行下列工作：

（一）讯问原审被告人，听取原审被告人的上诉理由或者辩解；

（二）听取辩护人的意见；

（三）复核主要证据，必要时询问

证人；

（四）必要时补充收集证据；

（五）对鉴定意见有疑问的，可以重新鉴定或者补充鉴定；

（六）根据案件情况，可以听取被害人的意见。

第四百五十一条 出席第二审法庭前，检察人员应当制作讯问原审被告人、询问被害人、证人、鉴定人和出示、宣读、播放证据计划，拟写答辩提纲，并制作出庭意见。

第四百五十二条 在法庭审理中，检察官应当针对原审判决或者裁定认定事实或适用法律、量刑等方面的问题，围绕抗诉或者上诉理由以及辩护人的辩护意见，讯问原审被告人，询问被害人、证人、鉴定人，出示和宣读证据，并提出意见和进行辩论。

第四百五十三条 需要出示、宣读、播放第一审期间已移交人民法院的证据的，出庭的检察官可以申请法庭出示、宣读、播放。

在第二审法庭宣布休庭后需要移交证据材料的，参照本规则第四百二十八条的规定办理。

文书格式

××××人民检察院
抗诉（上诉）案件出庭意见书

提起公诉机关：×××
起诉书号：×××
一审法院：×××
判决书号：×××
提起抗诉机关：×××
抗诉书号：×××
上诉人及原审被告人：（原审被告人姓名，多人的分别列明）

审判长、审判员：

根据《中华人民共和国刑事诉讼法》第二百三十五条的规定，我（们）受×××人民检察院指派，代表本院，出席本法庭，依法执行职务。现对本案事实、证据、程序和原审人民法院判决（裁定）发表如下意见，请法庭注意。

一、论证本案犯罪事实清楚，证据确实、充分，或者一审法院认定事实、证据疏漏、有误之处；

二、案件诉讼程序是否合法；

三、揭露被告人犯罪行为性质、严重程度，评析抗诉（上诉）理由；

四、论证原审判决书适用法律、定罪量刑是否正确，有误的，应提出改判的建议。

检察官×××
20××年××月××日当庭发表

> **第二百三十六条　二审案件裁判方式**
>
> 第二审人民法院对不服第一审判决的上诉、抗诉案件，经过审理后，应当按照下列情形分别处理：
>
> （一）原判决认定事实和适用法律正确、量刑适当的，应当裁定驳回上诉或者抗诉，维持原判；
>
> （二）原判决认定事实没有错误，但适用法律有错误，或者量刑不当的，应当改判；
>
> （三）原判决事实不清楚或者证据不足的，可以在查清事实后改判；也可以裁定撤销原判，发回原审人民法院重新审判。
>
> 原审人民法院对于依照前款第三项规定发回重新审判的案件作出判决后，被告人提出上诉或者人民检察院提出抗诉的，第二审人民法院应当依法作出判决或者裁定，不得再发回原审人民法院重新审判。

条文注解

第二审人民法院对上诉、抗诉案件，经过审理后，应当按照以下情况分别处理：

第一，原判决认定事实和适用法律正确、量刑适当的，应当裁定驳回上诉或者抗诉，维持原判。"原判决认定事实和适用法律正确"，是指原判决对是否有犯罪事实、被告人的行为是否构成犯罪等认定没有错误，适用的法律符合刑法总则和分则以及有关单行刑法的有关规定。"量刑适当"，是指根据犯罪事实和法律规定，对犯罪分子决定的刑罚得当，不畸轻畸重。

第二，原判决认定事实没有错误，但适用法律有错误或者量刑不当的，应当改判。"适用法律有错误"，是指根据被告人的情况和犯罪事实，一审判决中适用的有关法律规定不正确、不恰当，主要是对案件的定性错误。"量刑不当"，是指根据犯罪情节、被告人的情况和法律规定，对被告人判刑过重或者过轻。

第三，原判决事实不清楚或者证据不足的，可以在查清事实后改判；也可以裁定撤销原判，发回原审人民法院重新审判。"原判决认定事实不清楚或者证据不足"，主要是指犯罪时间、地点、手段、危害后果等事实没有全部查清，证据不够充分或者遗漏犯罪事实，原审收集的证据未经调查核实等。在上述情况下，第二审人民法院既可以依职权，通过审理或者调查核实证据等方式查清事实，直接依法改判，也可以裁定撤销原判，发回原审人民法院重新审判。发回重审的案件，原审人民法院应当另行组成合议庭审理，按第一审程序进行审理。

根据第二款规定，原审人民法院对于第二审人民法院因原判决事实不清楚或者证据不足裁定撤销原判，发回其重新审判的案件，应当按照本法规定的一审程序进行审判后，作出判决或裁定。被告人对此判决或者裁定仍不服的，可以再提出上诉，人民检察院也可以提出抗诉。第二审人民法院对被告人的再次上诉或人民检察院的抗诉必须受理，并依法作出判决。此判决或者裁定是终审的判决或者裁定，第二审人民法院不得再发回原审人民法院重新审判，也即二审案件发回重审仅限一次。

相关规定

《高法解释》

第四百零四条　第二审人民法院认为第一审判决事实不清、证据不足的，可以在查清事实后改判，也可以裁定撤销原判，发回原审人民法院重新审判。

有多名被告人的案件，部分被告人的犯罪事实不清、证据不足或者有新的犯罪事实需要追诉，且有关犯罪与其他同案被告人没有关联的，第二审人民法院根据案件情况，可以对该部分被告人分案处理，将该部分被告人发回原审人民法院重新审判。原审人民法院重作出判决后，被告人上诉或者人民检察院抗诉，其他被告人的案件尚未作出第二审判决、裁定的，第二审人民法院可以并案审理。

第四百零五条 原判事实不清、证据不足，第二审人民法院发回重新审判的案件，原审人民法院重新作出判决后，被告人上诉或者人民检察院抗诉的，第二审人民法院应当依法作出判决、裁定，不得再发回重新审判。

典型案例

1. 何某平抢劫案（刑事审判参考案例第686号）

裁判要旨： 案件发回重审后，原审判决中认定的事实和证据均没有得到确认，仍属公诉机关指控的事实和证据。重新审判的内容应包括公诉机关指控的所有事实和证据，无论该事实或证据是否曾经被举证、质证。一审法院重审开庭时，仅就补充起诉的事实进行举证、质证，未就曾经原审认定的事实进行举证、质证，该做法不属于对全案重新审判，而是对补充起诉的一起事实进行"补充审理"，违背了重审制度设置的初衷。

2. 邱某江强奸案（刑事审判参考案例第833号）

裁判要旨： 一审宣告无罪后，检察机关提出抗诉并提供对定罪具有重大影响的新证据，涉及无罪改有罪的，应当发回重审，以保障被告人的辩护权、上诉权等合法权益。如果检察机关在二审期间提出的新证据有利于被告人且被告人及辩护人没有异议并经查属实的，可以直接改判。

文书格式

××××人民法院
刑事裁定书
（二审维持原判决用）

（××××）×刑终字第××号

原公诉机关××××人民检察院。

上诉人（原审被告人）……（写明姓名、性别、出生年月日、民族、籍贯、职业或工作单位和职务、住址和因本案所受强制措施情况等，现在何处）。

辩护人……（写明姓名、性别、工作单位和职务）。

××××人民法院审理被告人……（写明姓名和案由）一案，于××××年××月××日作出（××××）×刑初字第××号刑事判决。被告人×××不服，提出上诉。本院依法组成合议庭，公开（或不公开）开庭审理了本案。××××人民检察院检察长（或员）×××出庭支持公诉，上诉人（原审被告人）×××及其辩护人×××、证人×××等到庭参加诉讼。本案现已审理终结（未开庭的改为："本院依法组成合议庭审理了本案，现已审理终结"）。

……（首先概述原判决的基本内容，其次写明上诉、辩护的主要意见，最后写明检察院在二审提出的新意见）。

续表

　　经审理查明，……（肯定原判决认定的事实、情节是正确的，证据确凿、充分。如果上诉、辩护等对事实、情节提出异议，应予重点分析否定）。
　　本院认为，……（根据二审确认的事实、情节和有关法律规定，分析、批驳上诉、辩护等对原判决定罪量刑方面的主要意见和理由，论证原审判决结果的正确性）。依照……（写明裁定所依据的法律条款项）的规定，裁定如下：
　　驳回上诉，维持原判。
　　本裁定为终审裁定。

审判长　×××
审判员　×××
审判员　×××
××××年××月××日
（院印）

本件与原本核对无异

书记员　×××

××××人民法院
刑事判决书
（二审改判用）

（××××）×刑终字第××号

　　原公诉机关××××人民检察院。
　　上诉人（原审被告人）……（写明姓名、性别、出生年月日、民族、籍贯、职业或工作单位和职务、住址和因本案所受强制措施情况等，现在何处）。
　　辩护人……（写明姓名、性别、工作单位和职务）。
　　××××人民法院审理被告人……（写明姓名和案由）一案，于××××年××月××日作出（××××）×刑初字第××号刑事判决。被告人×××不服，提出上诉。本院依法组成合议庭，公开（或不公开）开庭审理了本案。××××人民检察院检察长（或员）×××出庭支持公诉，上诉人（原审被告人）×××及其辩护人×××、证人×××等到庭参加诉讼。本案现已审理终结（未开庭的改为："本院依法组成合议庭审理了本案，现已审理终结"）。
　　……（首先概述原判决的基本内容，其次写明上诉、辩护的主要意见，最后写明检察院在二审中提出的新意见）。
　　经审理查明，……（写明原判决认定的事实、情节，哪些是正确的或者全部是正确的，通过分析主要证据加以确认；哪些是错误的或全部是错误的，否定的理由有哪些。如果上诉、辩护等对事实、情节提出异议，应予重点分析答复）。

续表

　　本院认为，……［根据二审确认的事实、情节和有关法律规定，论证原审被告人是否犯罪，犯什么罪（一案多人的还应分清各被告人的地位、作用和刑事责任），应否从宽或从严处理。指出原判决的定罪量刑哪些正确、哪些错误，或者全部错误。对于上诉、辩护等关于适用法律、定罪量刑方面的意见和理由，应当有分析地表示采纳或者予以批驳］。依照……（写明判决所依据的法律条款项）的规定，判决如下：
　　……［写明判决结果。分两种情况：
　　第一、全部改判的，表述为：
　　"一、撤销××××人民法院（××××）×刑初字第××号刑事判决；
　　二、上诉人（原审被告人）×××……（写明改判的内容）。"
　　第二、部分改判的，表述为：
　　"一、维持××××人民法院（××××）×刑初字第××号刑事判决的第×项，即……（写明维持的具体内容）；
　　二、撤销××××人民法院（××××）×刑初字第××号刑事判决的第×项，即……（写明撤销的具体内容）；
　　三、上诉人（原审被告人）×××……（写明部分改判的内容）。"］
　　本判决为终审判决。

　　　　　　　　　　　　　　　　　　　　　　　审判长　×××
　　　　　　　　　　　　　　　　　　　　　　　审判员　×××
　　　　　　　　　　　　　　　　　　　　　　　审判员　×××
　　　　　　　　　　　　　　　　　　　　　××××年××月××日
　　　　　　　　　　　　　　　　　　　　　　　　　　（院印）

本件与原本核对无异
　　　　　　　　　　　　　　　　　　　　　　　书记员　×××

××××人民法院
刑事附带民事判决书
（二审改判用）

　　　　　　　　　　　　　　　　　　（××××）×刑终字第××号

　　上诉人（原审被告人）……（写明姓名、性别、出生年月日、民族、籍贯、职业或工作单位和职务、住址等）。
　　辩护人………（写明姓名、性别、工作单位和职务）。
　　原审自诉人兼附带民事诉讼原告人……（写明姓名、性别、出生年月日、民族、籍贯、职业或工作单位和职务、住址等）。

续表

　　　　委托代理人……（写明姓名、性别、工作单位和职务）。
　　　　××××人民法院审理自诉人兼附带民事诉讼原告人×××控诉被告人×××……（写明案由）一案，于××××年××月××日作出（××××）×刑初字第××号刑事附带民事判决。被告人×××对判决的刑事部分和附带民事部分均不服，提出上诉。本院依法组成合议庭，公开（或不公开）开庭审理了本案。上诉人（原审被告人）×××及其辩护人×××、原审自诉人兼附带民事诉讼原告人×××及其委托代理人×××、证人×××等到庭参加诉讼。本案现已审理终结（未开庭的改为："本院依法组成合议庭审理了本案，现已审理终结"）。
　　　　……（第一，概述原判决的基本内容，第二，写明上诉、辩护的主要意见）。
　　　　经审理查明，……（写明原判决认定的犯罪事实和造成被害人经济损失的情况，哪些是正确的或全部是正确的，有哪些证据足以证明；哪些是错误的或全部是错误的，否定的理由有哪些。如果上诉、辩护对事实、情况提出异议，应予重点分析答复）。
　　　　本院认为，……［根据二审确认的事实、情节和有关法律规定，论证被告人是否犯罪，犯什么罪，对被害人的经济损失应否负责赔偿（一案多人的还应分清各被告人的地位、作用及其刑事和民事责任），应否从宽或者从严处理。指出原判决的定罪量刑和赔偿经济损失哪些正确，哪些错误或者全部错误。对于上诉、辩护中关于适用法律、定罪量刑和赔偿经济损失方面的意见和理由，应当有分析地表示采纳或者予以批驳］。依照……（写明判决所依据的法律条款项）的规定，判决如下：
　　　　……［写明判决结果。分两种情况：
　　　　第一，全部改判的，表述为：
　　　　"一、撤销××××人民法院（××××）×刑初字第××号刑事附带民事判决；
　　　　二、上诉人（原审被告人）×××……（写明改判的刑事和附带民事的内容）。"
　　　　第二，部分改判的，表述为：
　　　　"一、维持××××人民法院（××××）×刑初字第××号刑事附带民事判决的第×项，即……（写明维持的具体内容）；
　　　　二、撤销××××人民法院（××××）×刑初字第××号刑事附带民事判决的第×项，即……（写明撤销的具体内容）；
　　　　三、上诉人（原审被告人）×××……（写明部分改判的刑事和附带民事的内容）。"］
　　　　本判决为终审判决。

审判长　×××
审判员　×××
审判员　×××
××××年××月××日
（院印）

本件与原本核对无异

书记员×××

第二百三十七条　上诉不加刑原则及例外

第二审人民法院审理被告人或者他的法定代理人、辩护人、近亲属上诉的案件，不得加重被告人的刑罚。第二审人民法院发回原审人民法院重新审判的案件，除有新的犯罪事实，人民检察院补充起诉的以外，原审人民法院也不得加重被告人的刑罚。

人民检察院提出抗诉或者自诉人提出上诉的，不受前款规定的限制。

条文注解

本条规定确立了上诉不加刑原则，同时规定了例外情形。

上诉不加刑原则。第二审人民法院经过审理决定改判的，对被告人只能适用比原判决轻的刑罚，不能加重被告人的刑罚，即不得判处比原判决重的刑种，不得加长原判同一刑种的刑期或者增加原判罚金刑的金额，对被告人判处拘役或者有期徒刑宣告缓刑的，不得撤销原判决宣告的缓刑或者延长缓刑考验期。此外，在司法实践中还应当注意，对于共同犯罪案件，只有部分被告人上诉的，既不得加重提出上诉的被告人的刑罚，也不得加重其他未上诉的同案被告人的刑罚；对于数罪并罚的案件，既不得加重决定执行的刑罚，也不能在保持决定执行的刑罚不变的情况下，加重数罪中部分罪的刑罚；对应当适用附加刑而没有适用的案件，不得直接判决适用附加刑。

二审法院发回原审法院重审的案件，原审法院不得加重被告人的刑罚。但对于有新的犯罪事实，人民检察院补充起诉的情况除外。原审法院对于发回重新审判的案件，应当另行组成合议庭，依照第一审程序进行审判。合议庭的人员应当重新确定，不能由原来的合议庭成员重新审理此案。这样规定主要考虑发回重审的案件，一般都是二审法院认为原判决事实不清、证据不足的案件，原审法院要重新查明犯罪事实和收集犯罪证据。为防止先入为主，应当由原审合议庭以外的人重新审理该案。"新的犯罪事实"是指原审法院在重新审判过程中，或者检察院发现了被告人除一审被起诉的犯罪外新的犯罪事实，检察院需要对新犯罪补充起诉的情况。对于属于上述情况的，法院对被告人进行判决时，不受上诉不加刑的限制，即根据案件的情况依法判处。法院所作的判决，被告人可以提出上诉，人民检察院也可以抗诉。

不受上诉不加刑原则限制的两种情况。对于人民检察院提出抗诉的案件或者自诉人及其法定代理人提出上诉的案件，无论被告人或者其法定代理人、辩护人、近亲属是否同时提出上诉，均不受前款规定的上诉不加刑原则的限制。二审法院经过审理，对案件进行全面审查，如果认为原判决确属过轻，需要改判的，则可以作出比原判决重的刑罚。但检察院认为第一审判决确有错误，处刑过重而提出抗诉的，二审法院经过审理也不应当加重被告人的刑罚。

相关规定

《高法解释》

第四百零一条　审理被告人或者其法定代理人、辩护人、近亲属提出上诉的案件，不得对被告人的刑罚作出实质不利的改判，并应当执行下列规定：

（一）同案审理的案件，只有部分被告人上诉的，既不得加重上诉人的刑罚，也不得加重其他同案被告人的刑罚；

（二）原判认定的罪名不当的，可以改变罪名，但不得加重刑罚或者对刑罚执行产生不利影响；

（三）原判认定的罪数不当的，可以改变罪数，并调整刑罚，但不得加重决定执行的刑罚或者对刑罚执行产生不利影响；

（四）原判对被告人宣告缓刑的，不得撤销缓刑或者延长缓刑考验期；

（五）原判没有宣告职业禁止、禁止令的，不得增加宣告；原判宣告职业禁止、禁止令的，不得增加内容、延长期限；

（六）原判对被告人判处死刑缓期执行没有限制减刑、决定终身监禁的，不得限制减刑、决定终身监禁；

（七）原判判处的刑罚不当、应当适用附加刑而没有适用的，不得直接加重刑罚、适用附加刑。原判判处的刑罚畸轻，必须依法改判的，应当在第二审判决、裁定生效后，依照审判监督程序重新审判。

人民检察院抗诉或者自诉人上诉的案件，不受前款规定的限制。

第四百零二条 人民检察院只对部分被告人的判决提出抗诉，或者自诉人只对部分被告人的判决提出上诉的，第二审人民法院不得对其他同案被告人加重刑罚。

第四百零三条 被告人或者其法定代理人、辩护人、近亲属提出上诉，人民检察院未提出抗诉的案件，第二审人民法院发回重新审判后，除有新的犯罪事实且人民检察院补充起诉的以外，原审人民法院不得加重被告人的刑罚。

对前款规定的案件，原审人民法院对上诉发回重新审判的案件依法作出判决后，人民检察院抗诉的，第二审人民法院不得改判为重于原审人民法院第一次判处的刑罚。

> **典型案例**
>
> **1. 赵某贪污、挪用公款案**（刑事审判参考案例第1088号）
>
> **裁判要旨**：对数罪并罚的案件，在不超过一审判决决定执行刑罚，且对刑罚执行也无不利影响的情况下，将多个罪名改判为一罪并加重该罪判处刑罚，不违背上诉不加刑原则。
>
> **2. 陈某豪、陈某娟、赵某海开设赌场案**（最高人民法院指导性案例第146号）
>
> **裁判要旨**：原判认定陈某娟、赵某海的罪名不当，二审依法改变其罪名，但根据上诉不加刑原则，维持一审对其的量刑。

> **第二百三十八条 一审违反法定程序的处理**
>
> 第二审人民法院发现第一审人民法院的审理有下列违反法律规定的诉讼程序的情形之一的，应当裁定撤销原判，发回原审人民法院重新审判：
>
> （一）违反本法有关公开审判的规定的；
>
> （二）违反回避制度的；
>
> （三）剥夺或者限制了当事人的法定诉讼权利，可能影响公正审判的；
>
> （四）审判组织的组成不合法的；
>
> （五）其他违反法律规定的诉讼程序，可能影响公正审判的。

条文注解

二审法院在审理上诉或者抗诉案件过程中，合议庭经过开庭审理或经过阅卷、讯问被告人、听取其他当事人、公诉人、辩护人、诉讼代理人的意见等,发现一审法院的审理具有违反法律规定诉讼程序的情形,并经查证属实时,应当作出裁定,撤销原判决,发回原审人民法院按照第一审程序重新审判。"违反法律规定的诉讼程序"是指违反本法规定的影响公正审判的诉讼程序,导致被告人的公正审判权受到不当影响。

新审判后的判决,依照本法第二百二十七条、第二百二十八条、第二百二十九条的规定可以上诉、抗诉。

条文注解

"发回重新审判的案件"包括两种案件:一是指本法第二百三十六条规定的第二审人民法院对上诉、抗诉案件,经过审理后,认为原判决事实不清楚或者证据不足的,裁定撤销原判,发回原审人民法院重新审判的案件;二是指本法第二百三十八条规定的第二审人民法院发现第一审人民法院的审理有违反法律规定诉讼程序的情形,裁定撤销原判,发回原审人民法院重新审判的案件。

原审人民法院对于上述两类案件,无论原来第一审是适用简易程序还是普通程序,都应当另行组成合议庭按照第一审程序进行审判。

相关规定

《高法解释》

第四百零六条 第二审人民法院发现原审人民法院在重新审判过程中,有刑事诉讼法第二百三十八条规定的情形之一,或者违反第二百三十九条规定的,应当裁定撤销原判,发回重新审判。

第二百三十九条 发回重审案件审理程序

原审人民法院对于发回重新审判的案件,应当另行组成合议庭,依照第一审程序进行审判。对于重

文书格式

××××人民法院
刑事裁定书
(二审发回重审用)

(××××)×刑终字第××号

原公诉机关××××人民检察院。

上诉人(原审被告人)……(写明姓名、性别、出生年月日、民族、籍贯、职业或工作单位和职务、住址和因本案所受强制措施情况等,现在何处)。

辩护人……(写明姓名、性别、工作单位和职务)。

××××人民法院审理被告人×××……(写明姓名和案由)一案,于××××年××月××日作出(××××)×刑初字第××号刑事判决,认定被告人×××犯××罪,判处……(简写

> 续表
>
> 判处结果)。被告人×××不服,以……(简写上诉的主要理由)为由,提出上诉。本院依法组成合议庭审理了本案(经过开庭审理的,还应写明庭审形式和到庭参加诉讼的人员)。
>
> 本院认为,……(简述原判事实不清,证据不足,或者严重违反法律程序的情况)。依照……(写明裁定所依据的法律条款项)的规定,裁定如下:
>
> 一、撤销××××人民法院(××××)×刑初字第××号刑事判决;
>
> 二、发回××××人民法院重新审判。
>
>
> 审判长　×××
> 审判员　×××
> 审判员　×××
> ××××年××月××日
> (院印)
>
>
> 本件与原本核对无异
>
> 书记员　×××

第二百四十条　对裁定的二审

第二审人民法院对不服第一审裁定的上诉或者抗诉,经过审查后,应当参照本法第二百三十六条、第二百三十八条和第二百三十九条的规定,分别情形用裁定驳回上诉、抗诉,或者撤销、变更原裁定。

条文注解

第二审人民法院对不服第一审裁定的上诉或者抗诉案件,组成合议庭进行审查后,应当参照本章关于审理不服第一审判决的上诉或者抗诉案件的有关规定,根据不同情形分别处理:

第一,参照本法第二百三十六条的规定,原裁定认定事实和适用法律正确的,应当裁定驳回上诉或者抗诉,维持原裁定;原裁定认定事实没有错误,但适用法律有错误的,应当以裁定形式变更原裁定;原裁定事实不清楚或者证据不足的,可以在查清事实后以裁定形式变更原裁定,也可以裁定撤销原裁定,发回原审人民法院重新审判。

第二,参照本法第二百三十八条的规定,第二审人民法院发现第一审人民法院的审理有违反本法有关公开审判的规定、违反回避制度、剥夺或者限制了当事人的法定诉讼权利,可能影响公正审判、审判组织的组成不合法或者其他违反法律规定的诉讼程序,可能影响公正审判的情形的,应当裁定撤销原裁定,发回原审人民法院重新审判。

第三,参照本法第二百三十九条的规定,原审人民法院对于发回重新审判的案件,应当另行组成合议庭,依照第一审程序进行审判,重新作出裁定。对于重新审判后的裁定,被告人、自诉人和他们的法定代理人、附带民事诉讼的当事人和他们的法定代理人可以提出上诉;同级人民检察院也可以提出抗诉,被害人及其法定代理人也有权提出抗诉。

第二百四十一条 发回重审案件审理期限

第二审人民法院发回原审人民法院重新审判的案件，原审人民法院从收到发回的案件之日起，重新计算审理期限。

条文注解

原审人民法院对于第二审人民法院撤销原判决、裁定，发回重新审判的案件，应当另行组成合议庭，依照第一审程序进行审判。对原审人民法院来说，可以视为新的案件，应当从收到发回重新审判的案件之日起计算办案期限。

第二百四十二条 二审审理程序

第二审人民法院审判上诉或者抗诉案件的程序，除本章已有规定的以外，参照第一审程序的规定进行。

条文注解

除不能适用简易程序、不能独任审判等不符合本章规定的，第二审程序的开庭审理规则，以及对上诉人的权利保障，与第一审程序基本相同。

相关规定

《高法解释》

第四百一十三条 第二审人民法院可以委托第一审人民法院代为宣判，并向当事人送达第二审判决书、裁定书。第一审人民法院应当在代为宣判后五日以内将宣判笔录送交第二审人民法院，并在送达完毕后及时将送达回证送交第二审人民法院。

委托宣判的，第二审人民法院应当直接向同级人民检察院送达第二审判决书、裁定书。

第二审判决、裁定是终审的判决、裁定的，自宣告之日起发生法律效力。

第二百四十三条 二审审理期限

第二审人民法院受理上诉、抗诉案件，应当在二个月以内审结。对于可能判处死刑的案件或者附带民事诉讼的案件，以及有本法第一百五十八条规定情形之一的，经省、自治区、直辖市高级人民法院批准或者决定，可以延长二个月；因特殊情况还需要延长的，报请最高人民法院批准。

最高人民法院受理上诉、抗诉案件的审理期限，由最高人民法院决定。

条文注解

第一，关于第二审人民法院审理上诉、抗诉案件期限的规定。一是对于一般案件，第二审人民法院审理被告人被羁押的上诉、抗诉案件，应当在二个月内审结，这是一般规定。二是对于可能判处死刑的案件或者附带民事诉讼的案件，以及有本法第一百五十八条规定情形之一的，经省、自治区、直辖市高级人民法院批准或者决定，可以延长二个月。三是如果案件因为特殊情况经延长两个月仍不能审结，可以报请最高人民法院批准，继续延长审理期限。"因特殊情况"是指案情特别重大、复杂或者涉及国家安全、重大利益需格外慎重等情况，对于这类案件，法律并未对最高人民法院批准延长的期限作出规定，主要是考虑这种案件的数量极少，实践中的情况比较复杂，由最高人民法院依案件具体情况处理更为妥当。

第二，关于最高人民法院受理上诉、抗诉案件的审理期限，由最高人民法院决定。最高人民法院受理的上诉、抗诉案件，都是重大复杂的案件，一般都是由高级人民法院审理的，在本辖区内有重大影响的刑事案件，为慎重、公正审理，通常需要较长的审理期限，因此法律未作强制性规定，而由最高人民法院决定。

■ 相关规定

《高法解释》

第四百一十九条 最高人民法院和上级人民法院复核在法定刑以下判处刑罚案件的审理期限，参照适用刑事诉讼法第二百四十三条的规定。

■ **第二百四十四条 终审裁判**

第二审的判决、裁定和最高人民法院的判决、裁定，都是终审的判决、裁定。

■ 条文注解

两审终审制下，第二审的判决、裁定，即为终审的判决、裁定。需要注意的是，死刑复核程序比较特殊，二审判处死刑立即执行和死刑缓期执行的案件，对其判决或者裁定虽然也不能再次提出上诉、抗诉，但在宣告后并不立即发生法律效力，而是必须依照死刑复核程序的规定报最高人民法院或者高级人民法院核准后才能发生法律效力，依法交付执行。

■ **第二百四十五条 查封、扣押、冻结财物的处理程序**

公安机关、人民检察院和人民法院对查封、扣押、冻结的犯罪嫌疑人、被告人的财物及其孳息，应当妥善保管，以供核查，并制作清单，随案移送。任何单位和个人不得挪用或者自行处理。对被害人的合法财产，应当及时返还。对违禁品或者不宜长期保存的物品，应当依照国家有关规定处理。

对作为证据使用的实物应当随案移送，对不宜移送的，应当将其清单、照片或者其他证明文件随案移送。

人民法院作出的判决，应当对查封、扣押、冻结的财物及其孳息作出处理。

人民法院作出的判决生效以后，有关机关应当根据判决对查封、扣押、冻结的财物及其孳息进行处理。对查封、扣押、冻结的赃款赃物及其孳息，除依法返还被害人的以外，一律上缴国库。

司法工作人员贪污、挪用或者私自处理查封、扣押、冻结的财物及其孳息的，依法追究刑事责任；不构成犯罪的，给予处分。

■ 条文注解

第一，对查封、扣押、冻结的财物及其孳息保管、返还和处理。主要包含四点：一是公安机关、人民检察院和人民法院对查封、扣押、冻结的犯罪嫌疑人、被告人的财物及其孳息，应当妥善保管，以供核查，并制作清单，随案移送。这里所说的"查封、扣押、冻结的犯罪嫌疑人、被告人的财物"，主要是指公安机关、人民检察院和人民法院根据本法第二编第二章第六节"查封、扣押物证、书证"的规定以及本法第一百九十六条的规定,查封、扣押的与案件有关的,可用来证明犯罪嫌疑人、被告人有罪或者无罪的各种财物和文件以及根据侦查犯罪的需要冻结的犯罪嫌疑人、被告人的存款、汇款债券、股票、基金份额等财产。这里所说的"孳息",是指由物或者权利而产生的收益,包括天然孳息和法定孳息。公安机关、人民检察院和人民法院对查封、扣押、冻结的犯罪嫌疑人、被告人的财物及其孳息,应当妥善保管或者封存,不能随便存放,要采取有效措施保证查封、扣押、冻结的财物不会丢失或者损毁,以便案件办理过程中随时核查,同时还应当制作清单明细,随案移送。二是对于查封、扣押、冻结的财物及其孳息,任何单位和个人不得挪用或者自行处理。查封、扣押、冻结的财物及其孳息,既不能挪作公用,也不能挪作私用,更不能自行处理。三是对被害人的合法财产,应当及时返还。对于查封、扣押、冻结的财物及其孳息,如果有证据证明是被害人的合法财产,且不是必须在法庭上作为证据出示的,应当及时返还给被害人,以保证被害人的生产、生活需要。四是对违禁品或者不宜长期保存的物品,应当依照国家有关规定处理。对于国家禁止持有、经营、流通的违禁品,如枪支弹药、易燃易爆物品、毒品、淫秽物品等,应当依照国家有关规定处理;对于易腐烂变质及其他不宜长期保存的物品,应当依照国家有关规定予以变卖处理。

第二,对查封、扣押、冻结的财物作为证据使用的处理。查封、扣押、冻结的财物及其孳息中,对于其中与案件定罪量刑有直接关系,应当作为证据在法庭上使用的实物,主要是物证、书证等,原则上应当随案移送,考虑到有些实物由于其性质、体积、重量等原因不宜移送的,如不动产、生产设备、珍贵文物、珍贵动物、珍稀植物、秘密文件等,应当由查封、扣押、冻结的机关查点清楚,对原物进行拍照,开列清单,并将其清单、照片或者其他证明文件随案移送。

第三,人民法院对查封、扣押、冻结的财物及其孳息应当在判决中作出处理。在办理刑事案件过程中,对与案件有关的犯罪嫌疑人、被告人的财物进行查封、扣押、冻结的情况很复杂,有的财物是被害人的,有的是犯罪工具,有的是赃款赃物,有的是属于善意第三人,有的财物所有权存在争议。人民法院在对被告人作出定罪量刑判决的同时,应当在查明案情的基础上,对该案中查封、扣押、冻结的财物一并作出处理决定。

第四,有关机关根据判决对查封、扣押、冻结的财物及其孳息进行处理。人民法院作出的判决生效以后,有关机关应当根据判决对查封、扣押、冻结的财物及其孳息进行处理。这里的"有关机关"既包括办理查封、扣押、冻结财物的办案机关,也包括金融机构和特定非金融机构等。对于查封、扣押、冻结的财物中的赃款赃物及其孳息,属于被害人合法财产的,应当及时返还被害人,其他的赃款赃物及其孳息,应当一律予以没收,上缴国库。

第五,司法工作人员违法处理涉案财物及孳息的法律责任。司法工作人员贪污、挪用或者私自处理查封、扣押、冻结的财物及其孳息的,依法追究刑事责任;不构成犯罪的,给予处分。这里的"司法工作人员"是指有侦查、检察、审判、监管职责的工作人员。司法工作人员在办理案件过程中,如果贪污、挪用或者私自处理查封、扣押、冻结的财物及其孳息,构成犯罪的,应当依照刑法关于贪污罪、挪用公款罪等规定依法追究刑事责任；对于不构成犯罪的，应当依照公务员法等有关法律法规给予处分。

相关规定

《高法解释》

第四百三十七条 人民法院对查封、扣押、冻结的涉案财物及其孳息，应当妥善保管，并制作清单，附卷备查；对人民检察院随案移送的实物，应当根据清单核查后妥善保管。任何单位和个人不得挪用或者自行处理。

查封不动产、车辆、船舶、航空器等财物，应当扣押其权利证书，经拍照或者录像后原地封存，或者交持有人、被告人的近亲属保管，登记并写明财物的名称、型号、权属、地址等详细信息，并通知有关财物的登记、管理部门办理查封登记手续。

扣押物品，应当登记并写明物品名称、型号、规格、数量、重量、质量、成色、纯度、颜色、新旧程度、缺损特征和来源等。扣押货币、有价证券，应当登记并写明货币、有价证券的名称、数额、面额等，货币应当存入银行专门账户，并登记银行存款凭证的名称、内容。扣押文物、金银、珠宝、名贵字画等贵重物品以及违禁品，应当拍照，需要鉴定的，应当及时鉴定。对扣押的物品应当根据有关规定及时估价。

冻结存款、汇款、债券、股票、基金份额等财产，应当登记并写明编号、种类、面值、张数、金额等。

第四百三十八条 对被害人的合法财产，权属明确的，应当依法及时返还，但须经拍照、鉴定、估价，并在案卷中注明返还的理由，将原物照片、清单和被害人的领取手续附卷备查；权属不明的，应当在人民法院判决、裁定生效后，按比例返还被害人，但已获退赔的部分应予扣除。

第四百三十九条 审判期间，对不宜长期保存、易贬值或者市场价格波动大的财产，或者有效期即将届满的票据等，经权利人申请或者同意，并经院长批准，可以依法先行处置，所得款项由人民法院保管。

涉案财物先行处置应当依法、公开、公平。

第四百四十条 对作为证据使用的实物，应当随案移送。第一审判决、裁定宣告后，被告人上诉或者人民检察院抗诉的，第一审人民法院应当将上述证据移送第二审人民法院。

第四百四十一条 对实物未随案移送的，应当根据情况，分别审查以下内容：

（一）大宗的、不便搬运的物品，是否随案移送查封、扣押清单，并附原物照片和封存手续，注明存放地点等；

（二）易腐烂、霉变和不易保管的物品，查封、扣押机关变卖处理后，是否随案移送原物照片、清单、变价处理的凭证（复印件）等；

（三）枪支弹药、剧毒物品、易燃易爆物品以及其他违禁品、危险物品，查封、扣押机关根据有关规定处理后，是否随案移送原物照片和清单等。

上述未随案移送的实物，应当依法鉴定、估价，还应当审查是否附有鉴定、估价意见。

对查封、扣押的货币、有价证券等，未移送实物的，应当审查是否附有原物照片、清单或者其他证明文件。

第四百四十二条 法庭审理过程中，应当依照本解释第二百七十九条的规定，依法对查封、扣押、冻结的财物及其孳息进行审查。

第四百四十三条 被告人将依法应当追缴的涉案财物用于投资或者置业的，对因此形成的财产及其收益，应当追缴。

被告人将依法应当追缴的涉案财物与其他合法财产共同用于投资或者置业的，对因此形成的财产中与涉案财物对应的份额及其收益，应当追缴。

第四百四十四条 对查封、扣押、冻结的财物及其孳息，应当在判决书中写明名称、金额、数量、存放地点及其处理方式等。涉案财物较多，不宜在判决主文中详细列明的，可以附清单。

判决追缴违法所得或者责令退赔的，应当写明追缴、退赔的金额或者财物的名称、数量等情况；已经发还的，应当在判决书中写明。

第四百四十五条 查封、扣押、冻结的财物及其孳息，经审查，确属违法所得或者依法应当追缴的其他涉案财物的，应当判决返还被害人，或者没收上缴国库，但法律另有规定的除外。

对判决时尚未追缴到案或者尚未足额退赔的违法所得，应当判决继续追缴或者责令退赔。

判决返还被害人的涉案财物，应当通知被害人认领；无人认领的，应当公告通知；公告满一年无人认领的，应当上缴国库；上缴国库后有人认领，经查证属实的，应当申请退库予以返还；原物已经拍卖、变卖的，应当返还价款。

对侵犯国有财产的案件，被害单位已经终止且没有权利义务继受人，或者损失已经被核销的，查封、扣押、冻结的财物及其孳息应当上缴国库。

第四百四十六条 第二审期间，发现第一审判决未对随案移送的涉案财物及其孳息作出处理的，可以裁定撤销原判，发回原审人民法院重新审判，或由原人民法院依法对涉案财物及其孳息一并作出处理。

判决生效后，发现原判未对随案移送的涉案财物及其孳息作出处理的，由原审人民法院依法对涉案财物及其孳息另行作出处理。

第四百四十七条 随案移送的或者人民法院查封、扣押的财物及其孳息，由第一审人民法院在判决生效后负责处理。

实物未随案移送、由扣押机关保管的，人民法院应当在判决生效后十日以内，将判决书、裁定书送达扣押机关，并告知其在一个月以内将执行回单送回，确因客观原因无法按时完成的，应当说明原因。

第四百四十八条 对冻结的存款、汇款、债券、股票、基金份额等财产判决没收的，第一审人民法院应当在判决生效后，将判决书、裁定书送达相关金融机构和财政部门，通知相关金融机构依法上缴国库并在接到执行通知书后十五日以内，将上缴国库的凭证、执行回单送回。

第四百四十九条 查封、扣押、冻结的财物与本案无关但已列入清单的，应当由查封、扣押、冻结机关依法处理。

查封、扣押、冻结的财物属于被告人合法所有的，应当在赔偿被害人损失、执行财产刑后及时返还被告人。

第四百五十条 查封、扣押、冻结财物及其处理，本解释没有规定的，参照适用其他司法解释的有关规定。

典型案例

1. 卜某光申请刑事违法追缴赔偿案（最高人民法院指导性案例第 44 号）

裁判要旨：公安机关根据人民法院生效刑事判决将判令追缴的赃物发还被害单位，并未侵犯赔偿请求人的合法权益，不属于《中华人民共和国国家赔偿法》第十八条第一项规定的情形，不应承担国家赔偿责任。

2. 许某伟、张某英合同诈骗案（刑事审判参考案例第 827 号）

裁判要旨：刑事涉案财物包括以下三

种类型：一是刑事违法所得，它包括财物及其孳息，是基于犯罪行为所产生、由犯罪行为人所占有和控制、没有合法根据的利益，体现为违法性、价值性、占有性。二是供犯罪所用之物，它是指实施犯罪时所使用的财物，包括已经供犯罪所用或者将要供犯罪所用的物。三是犯罪行为人所持有的违禁物品。刑事诉讼法对法院在判决书中对查封、扣押、冻结的财物及其孳息如何处理进行了明确规定，对于不管是哪个案件阶段、哪个办案机关扣押的涉案财物，均应当在判决中作出相关处理，有关机关应当按照判决执行。同时规定了犯罪嫌疑人、被告人逃匿、死亡案件违法所得没收的程序。但法律对由哪个机关以及依照何种程序来执行对涉案财物的追缴，目前尚未有明确规定。对于刑事诉讼中的继续追缴，应当本着合法、合理、经济的原则，根据案件所处的不同诉讼阶段，确定相应的执行主体。对于法院生效判决确定需要继续追缴的，如果人民法院能够独立完成则独立完成；如果不能独立完成则应当由其牵头，公安、检察、金融等管理部门配合。采取多元化模式的追缴，既符合立法对人民法院的定位，又能使有限的司法资源得到合理整合。

文书格式

```
                    ××××人民检察院
              退还、返还查封/扣押/调取
                   财物、文件决定书
_____
                              ××检××退返〔20××〕号
_____  ：
    根据《中华人民共和国刑事诉讼法》第一百四十五条/第二百四十五条的规定，本
院决定将查封/扣押/调取的有关财物、文件予以退还（返还）。
    附件：退还、返还查封/扣押/调取财物、文件清单
                                           20××年××月××日
                                                    （院印）
```

```
                    ××××人民检察院
           移送查封/扣押、冻结财物、文件决定书
                              ××检××移决〔20××〕×号
_____  ：
    根据《中华人民共和国刑事诉讼法》第二百四十五条的规定，本院决定将查封/扣
押、冻结的有关财物、文件移送_____。
    你（单位）如不服本决定，可在收到本决定后向_____人民检察院申诉。
```

附件：移送查封/扣押、冻结财物、文件清单	续表 20××年××月××日 （院印）

第四章　死刑复核程序

第二百四十六条　死刑核准权

死刑由最高人民法院核准。

条文详解

死刑除依法由最高人民法院判决的以外，各高级人民法院和解放军军事法院依法判处和裁定的，均应当报请最高人民法院核准。

相关规定

《最高人民法院关于统一行使死刑案件核准权有关问题的决定》（法释〔2006〕12号　2006年12月28日）

（一）自2007年1月1日起，最高人民法院根据全国人民代表大会常务委员会有关决定和人民法院组织法原第十三条的规定发布的关于授权高级人民法院和解放军军事法院核准部分死刑案件的通知（见附件），一律予以废止。

（二）自2007年1月1日起，死刑除依法由最高人民法院判决的以外，各高级人民法院和解放军军事法院依法判决和裁定的，应当报请最高人民法院核准。

（三）2006年12月31日以前，各高级人民法院和解放军军事法院已经核准的死刑立即执行的判决、裁定，依法仍由各高级人民法院、解放军军事法院院长签发执行死刑的命令。

文书格式

中华人民共和国最高人民法院
刑事裁定书
（核准死刑用）

（××××）最刑核字第××号

被告人……（写明姓名、性别、出生年月日、民族、籍贯、职业或工作单位和职务、住址等，现在何处）。

××××中级人民法院于××××年××月××日以（××××）×刑初字第××号刑事判决，认定被告人×××犯××罪，判处死刑，剥夺政治权利终身。……（此处简写上诉、抗诉后经二审维持原判，或者没有上诉、抗诉经高级法院复核同意原判的情况）。××××高级人民法院依法报送本院核准。本院依法组成合议庭进行了复核。合议庭评议后，审判委员会第××次会议进行了讨论并作出决定。本案现已复核终结。

续表

本院确认……（写明经复核肯定原判认定的犯罪事实、情节及其具体证据的内容）。

被告人×××……（阐明同意判处死刑的理由）。依照……（写明裁定所依据的法律条款项）的规定，裁定如下：

核准××××中级人民法院（××××）×刑初字第××号以××罪判处被告人×××死刑，剥夺政治权利终身的刑事判决。

本裁定送达后即发生法律效力。

审判长　×××
审判员　×××
审判员　×××
××××年××月××日
（院印）

本件与原本核对无异

书记员　×××

第二百四十七条　死刑案件报请核准程序

中级人民法院判处死刑的第一审案件，被告人不上诉的，应当由高级人民法院复核后，报请最高人民法院核准。高级人民法院不同意判处死刑的，可以提审或者发回重新审判。

高级人民法院判处死刑的第一审案件被告人不上诉的，和判处死刑的第二审案件，都应当报请最高人民法院核准。

条文注解

报送死刑复核案件，必须做到犯罪事实清楚，证据确实、充分，适用法律正确，诉讼文件齐备。高级人民法院向最高人民法院报送死刑复核案件时，必须报送死刑案件综合报告和判决书，一案一报，并报送全部诉讼案卷和证据。对于共同犯罪的案件，应当报送全案、全部的诉讼卷宗和证据，对共同犯罪而判处其他刑罚的罪犯的案卷也要报送。死刑案件综合报告，应当写明被告人的姓名、性别、年龄、民族、籍贯、住址、职业、简历，拘留、逮捕、起诉的时间，现在羁押的处所，被告人的犯罪事实和情节，认定犯罪的证据，定罪量刑的法律依据及其他需要说明的问题。报送的案卷材料是指依法进行诉讼所形成的一切与定罪量刑有关的材料。

相关规定

《高法解释》

第四百二十三条　报请最高人民法院核准死刑的案件，应当按照下列情形分别处理：

（一）中级人民法院判处死刑的第一审案件，被告人未上诉、人民检察院未抗诉的，在上诉、抗诉期满后十日以内报请高级人民法院复核。高级人民法院同意判处死刑的，应当在作出裁定后十日以内报请最高人民法院核准；认为原判认定的某一具体事实或者引用的法律条款等存在瑕疵，但判处被告人死刑并无不当的，可以在纠正后作出核准的判决、裁定；不同意判处死刑的，应当依照第二审程序提审或者发回重新审判；

（二）中级人民法院判处死刑的第一审案件，被告人上诉或者人民检察院抗诉，高级人民法院裁定维持的，应当在作出裁定后十日以内报请最高人民法院核准；

（三）高级人民法院判处死刑的第一审案件，被告人未上诉、人民检察院未抗诉的，应当在上诉、抗诉期满后十日以内报请最高人民法院核准。

高级人民法院复核死刑案件，应当讯问被告人。

第二百四十八条　死缓核准权

中级人民法院判处死刑缓期二年执行的案件，由高级人民法院核准。

条文注解

对于中级人民法院判处死刑缓期二年执行的案件，在法定期限内被告人、自诉人和他们的法定代理人、被告人的辩护人和近亲属没有提出上诉，同级人民检察院没有提出抗诉的，高级人民法院应当组成合议庭进行复核，经复核认为原判决正确的，应当核准中级人民法院判决，通知中级人民法院执行；如果认为原判决有错误而不同意判处死刑缓期执行的，应当撤销原判，发回原审中级人民法院重新审判，或者由高级人民法院提审，予以改判。

对于中级人民法院判处死刑缓期二年执行的案件，在法定期限内被告人、自诉人和他们的法定代理人、被告人的辩护人和近亲属提出上诉或者同级人民检察院提出抗诉的，高级人民法院应当按照第二审程序对案件进行审理。高级人民法院按照第二审程序进行审理后维持原死刑缓期二年执行判决案件，应当另行组成合议庭进行复核。

相关规定

《高法解释》

第四百二十四条　中级人民法院判处死刑缓期执行的第一审案件，被告人未上诉、人民检察院未抗诉的，应当报请高级人民法院核准。

高级人民法院复核死刑缓期执行案件，应当讯问被告人。

第四百二十五条　报请复核的死刑、死刑缓期执行案件，应当一案一报。报送的材料包括报请复核的报告，第一、二审裁判文书，案件综合报告各五份以及全部案卷、证据。案件综合报告，第一、二审裁判文书和审理报告应当附送电子文本。

同案审理的案件应当报送全案案卷、证据。

曾经发回重新审判的案件，原第一、二审案卷应当一并报送。

第四百二十六条　报请复核死刑、死刑缓期执行的报告，应当写明案由、简要案情、审理过程和判决结果。

案件综合报告应当包括以下内容：

（一）被告人、被害人的基本情况。被告人有前科或者曾受过行政处罚、处分的，应当写明；

（二）案件的由来和审理经过。案件曾经发回重新审判的，应当写明发回重新审判的原因、时间、案号等；

（三）案件侦破情况。通过技术调查、侦查措施抓获被告人、侦破案件，以及与自首、立功认定有关的情况，应当写明；

（四）第一审审理情况。包括控辩双方意见，第一审认定的犯罪事实，合议庭和审判委员会意见；

(五)第二审审理或者高级人民法院复核情况。包括上诉理由、人民检察院的意见,第二审审理或者高级人民法院复核认定的事实,证据采信情况及理由,控辩双方意见及采纳情况;

(六)需要说明的问题。包括共同犯罪案件中另案处理的同案犯的处理情况,案件有无重大社会影响,以及当事人的反应等情况;

(七)处理意见。写明合议庭和审判委员会的意见。

第四百二十八条 高级人民法院复核死刑缓期执行案件,应当按照下列情形分别处理:

(一)原判认定事实和适用法律正确、量刑适当、诉讼程序合法的,应当裁定核准;

(二)原判认定的某一具体事实或者引用的法律条款等存在瑕疵,但判处被告人死刑缓期执行并无不当的,可以在纠正后作出核准的判决、裁定;

(三)原判认定事实正确,但适用法律有错误,或者量刑过重的,应当改判;

(四)原判事实不清、证据不足的,可以裁定不予核准,并撤销原判,发回重新审判,或者依法改判;

(五)复核期间出现新的影响定罪量刑的事实、证据的,可以裁定不予核准,并撤销原判,发回重新审判,或者依照本解释第二百七十一条的规定审理后依法改判;

(六)原审违反法定诉讼程序,可能影响公正审判的,应当裁定不予核准,并撤销原判,发回重新审判。

复核死刑缓期执行案件,不得加重被告人的刑罚。

典型案例

刘某、李某才抢劫、诈骗案(刑事审判参考案例第289号)

裁判要旨:适用死缓不以具有法定从轻、减轻情节为条件,但具有法定从轻、减轻情节的,一般不适用死刑立即执行。

文书格式

××××高级人民法院
刑事裁定书
(核准死刑缓期执行用)

(××××)×刑核字第××号

被告人……(写明姓名、性别、出生年月日、民族、籍贯、职业或工作单位和职务、住址等,现在何处)。

××××中级人民法院于××××年××月××日以(××××)×刑初字第××号刑事判决,认定被告人××犯××罪,判处死刑,缓期二年执行,劳动改造,以观后效,剥夺政治权利终身。在法定期限内没有上诉、抗诉。××××中级人民法院依法报送本院核准。本院依法组成合议庭进行了复核。经合议庭评议后,审判委员会进行了讨论并作出决定。本案现已复核终结。

本院确认……(写明经复核肯定原判认定的犯罪事实、情节及其具体证据的内容)。

续表

> 被告人×××……（阐明同意判处死刑缓期执行的理由）。依照……（写明裁定所依据的法律条款项）的规定，裁定如下：
> 核准××××中级人民法院（××××）×刑初字第××号以××罪判处被告人×××死刑，缓期二年执行，剥夺政治权利终身的刑事判决。
> 本裁定送达后即发生法律效力。
>
> 　　　　　　　　　　　　　　　审判长　×××
> 　　　　　　　　　　　　　　　审判员　×××
> 　　　　　　　　　　　　　　　审判员　×××
> 　　　　　　　　　　　　　　××××年××月××日
> 　　　　　　　　　　　　　　　　（院印）
>
> 本件与原核对无异
>
> 　　　　　　　　　　　　　　　书记员　×××

第二百四十九条　死刑和死缓复核的审判组织

最高人民法院复核死刑案件，高级人民法院复核死刑缓期执行的案件，应当由审判员三人组成合议庭进行。

条文注解

最高人民法院复核死刑立即执行案件和高级人民法院复核死刑缓期二年执行案件，对审判组织有明确的要求：第一，应当组成合议庭审理，不能由审判员独任审理；第二，应当由审判员组成合议庭，不能有人民陪审员参加合议庭；第三，组成合议庭的审判员人数应当是三人。最高人民法院和高级人民法院复核死刑立即执行或死刑缓期二年执行案件，必须全面认真地审查全部案卷材料，复核证据。合议庭应就案件事实是否清楚，证据是否确实、充分，适用法律是否正确，定罪量刑是否适当等问题进行评议，作出结论，如出现意见分歧，应当按多数人的意见作出决定，但是少数人的意见应当写入合议庭笔录。对于疑难、复杂、重大的案件，合议庭认为难以作出决定的，由合议庭提请院长决定提交审判委员会讨论决定。审判委员会的决定，合议庭应当执行。

相关规定

《高法解释》

第四百二十七条　复核死刑、死刑缓期执行案件，应当全面审查以下内容：

（一）被告人的年龄，被告人有无刑事责任能力、是否系怀孕的妇女；

（二）原判认定的事实是否清楚，证据是否确实、充分；

（三）犯罪情节、后果及危害程度；

（四）原判适用法律是否正确，是否必须判处死刑，是否必须立即执行；

（五）有无法定、酌定从重、从轻或者减轻处罚情节；

（六）诉讼程序是否合法；

（七）应当审查的其他情况。

复核死刑、死刑缓期执行案件，应当重视审查被告人及其辩护人的辩解、辩护意见。

第二百五十条 死刑复核裁判方式

最高人民法院复核死刑案件，应当作出核准或者不核准死刑的裁定。对于不核准死刑的，最高人民法院可以发回重新审判或者予以改判。

条文注解

"发回重新审判"是指最高人民法院对于不核准死刑的案件，可以根据案件具体情形发回第二审人民法院或者第一审人民法院重新审判。下级人民法院依照第一审或者第二审程序重新审理，可以改变原来的死刑判决，也可以维持原来的死刑判决，依法报请最高人民法院核准。"改判"是指通过死刑复核程序对案件进行改判，对于死刑复核的案件，最高人民法院认为原判事实清楚、证据确实充分，但是依法不应当判处死刑的，可以直接改判，对于原判认定的某一事实或者适用的法律条款等不完全准确、规范的，最高人民法院也可以不发回重新审判，直接在查清事实的基础上改判。

相关规定

《高法解释》

第四百二十九条 最高人民法院复核死刑案件，应当按照下列情形分别处理：

（一）原判认定事实和适用法律正确、量刑适当、诉讼程序合法的，应当裁定核准；

（二）原判认定的某一具体事实或者引用的法律条款等存在瑕疵，但判处被告人死刑并无不当的，可以在纠正后作出核准的判决、裁定；

（三）原判事实不清、证据不足的，应当裁定不予核准，并撤销原判，发回重新审判；

（四）复核期间出现新的影响定罪量刑的事实、证据的，应当裁定不予核准，并撤销原判，发回重新审判；

（五）原判认定事实正确、证据充分，但依法不应当判处死刑的，应当裁定不予核准，并撤销原判，发回重新审判；根据案件情况，必要时，也可以依法改判；

（六）原审违反法定诉讼程序，可能影响公正审判的，应当裁定不予核准，并撤销原判，发回重新审判。

第四百三十条 最高人民法院裁定不予核准死刑的，根据案件情况，可以发回第二审人民法院或者第一审人民法院重新审判。

对最高人民法院发回第二审人民法院重新审判的案件，第二审人民法院一般不得发回第一审人民法院重新审判。

第一审人民法院重新审判的，应当开庭审理。第二审人民法院重新审判的，可以直接改判；必须通过开庭查清事实、核实证据或者纠正原审程序违法的，应当开庭审理。

第四百三十一条 高级人民法院依照复核程序审理后报请最高人民法院核准死刑，最高人民法院裁定不予核准，发回高级人民法院重新审判的，高级人民法院可以依照第二审程序提审或者发回重新审判。

第四百三十二条 最高人民法院裁定不予核准死刑，发回重新审判的案件，原审人民法院应当另行组成合议庭审理，但本解释第四百二十九条第四项、第五项规定的案件除外。

第四百三十三条 依照本解释第四百三十条、第四百三十一条发回重新审判的案件，第一审人民法院判处死刑、死刑缓期执行的，上一级人民法院依照第二审程序或者复核程序审理后,应当依法作出判决或者裁定,不得再发回重新审判。但是,第一审人民法院有刑事诉讼法第二百三十八条规定的情形或者违反刑事诉讼法第二百三十九条规定的除外。

典型案例

柔某耶姆·麦麦提故意杀人案〔(2018)最高法刑核36871335号〕

裁判要旨：柔某耶姆·麦麦提致四名无辜未成年人死亡,犯罪后果特别严重,论罪应当判处死刑。但鉴于本案起因系被告人柔某耶姆·麦麦提的丈夫重婚犯罪并利用宗教方式迫使被告人离婚引发,柔某耶姆·麦麦提系其丈夫重婚犯罪行为和宗教极端行为的受害者。其因心生绝望,意图自杀,怜悯自己的未成年女儿无人照顾,遂在实施自杀行为时同时杀害四名女儿。其犯罪动机并非特别恶劣,且认罪态度好,有悔罪表现,尚不属罪行极其严重必须适用死刑立即执行的犯罪分子。

第二百五十一条 死刑复核程序规范

最高人民法院复核死刑案件,应当讯问被告人,辩护律师提出要求的,应当听取辩护律师的意见。

在复核死刑案件过程中,最高人民检察院可以向最高人民法院提出意见。最高人民法院应当将死刑复核结果通报最高人民检察院。

条文注解

对于所有的死刑复核案件,死刑复核办案人员都必须对被告人进行讯问。至于讯问形式,实践中可以采用当面讯问或者远程视频讯问等方式进行,法律没有作出强制要求,可由办案人员根据案件具体情况确定采用何种方式讯问被告人。之所以规定讯问被告人,主要是为了准确查明案情,保证死刑复核案件质量。

辩护律师提出要求的,应当听取辩护律师的意见。"辩护律师提出要求的",是指辩护律师在死刑复核期间向办理死刑复核案件的人员提出要求,要求听取自己对案件事实、证据、审判程序以及是否应当判处死刑、核准死刑等的意见,在这种情况下,办案人员应当听取。辩护律师提出要求的方式可以是来电、来函等方式,办案人员听取辩护律师的意见之后,应当在决定是否核准死刑时综合考虑。

在死刑复核程序中最高人民检察院可以向最高人民法院提出意见。这是人民检察院依法对刑事诉讼实行法律监督的体现。同时,最高人民法院作出核准死刑或者不核准死刑的裁定之后,都要通报最高人民检察院。

相关规定

《高法解释》

第四百三十四条 死刑复核期间,辩护律师要求当面反映意见的,最高人民法院有关合议庭应当在办公场所听取其意见,并制作笔录;辩护律师提出书面意见的,应当附卷。

第四百三十五条 死刑复核期间,最高人民检察院提出意见的,最高人民法院应当审查,并将采纳情况及理由反馈最高人民检察院。

第四百三十六条 最高人民法院应当根据有关规定向最高人民检察院通报死刑案件复核结果。

《高检规则》

第六百零二条 最高人民检察院依法对最高人民法院的死刑复核活动实行法律监督。

省级人民检察院依法对高级人民法院

复核未上诉且未抗诉死刑立即执行案件和死刑缓期二年执行案件的活动实行法律监督。

第六百零三条 最高人民检察院、省级人民检察院通过办理下列案件对死刑复核活动实行法律监督：

（一）人民法院向人民检察院通报的死刑复核案件；

（二）下级人民检察院提请监督或者报告重大情况的死刑复核案件；

（三）当事人及其近亲属或者受委托的律师向人民检察院申请监督的死刑复核案件；

（四）认为应当监督的其他死刑复核案件。

第六百零四条 省级人民检察院对于进入最高人民法院死刑复核程序的案件，发现具有下列情形之一的，应当及时向最高人民检察院提请监督：

（一）案件事实不清、证据不足，依法应当发回重新审判或者改判的；

（二）被告人具有从宽处罚情节，依法不应当判处死刑的；

（三）适用法律错误的；

（四）违反法律规定的诉讼程序，可能影响公正审判的；

（五）其他应当提请监督的情形。

第六百零五条 省级人民检察院发现死刑复核案件被告人有自首、立功、怀孕或者被告人家属与被害人家属达成赔偿谅解协议等新的重大情况，影响死刑适用的，应当及时向最高人民检察院报告。

第六百零六条 当事人及其近亲属或者受委托的律师向人民检察院提出不服死刑裁判的申诉，由负责死刑复核监督的部门审查。

第六百零七条 对于适用死刑存在较大分歧或者在全国有重大影响的死刑第二审案件，省级人民检察院应当及时报最高人民检察院备案。

第六百零八条 高级人民法院死刑复核期间，设区的市级人民检察院向省级人民检察院报告重大情况、备案等程序，参照本规则第六百零五条、第六百零七条规定办理。

第六百零九条 对死刑复核监督案件的审查可以采取下列方式：

（一）审查人民法院移送的材料、下级人民检察院报送的相关案卷材料、当事人及其近亲属或者受委托的律师提交的材料；

（二）向下级人民检察院调取案件审查报告、公诉意见书、出庭意见书等，了解案件相关情况；

（三）向人民法院调阅或者查阅案卷材料；

（四）核实或者委托核实主要证据；

（五）讯问被告人、听取受委托的律师的意见；

（六）就有关技术性问题向专门机构或者有专门知识的人咨询，或者委托进行证据审查；

（七）需要采取的其他方式。

第六百一十条 审查死刑复核监督案件，具有下列情形之一的，应当听取下级人民检察院的意见：

（一）对案件主要事实、证据有疑问的；

（二）对适用死刑存在较大争议的；

（三）可能引起司法办案重大风险的；

（四）其他应当听取意见的情形。

第六百一十一条 最高人民检察院经审查发现死刑复核案件具有下列情形之一的，应当经检察长决定，依法向最高人民法院提出检察意见：

（一）认为适用死刑不当，或者案件

事实不清、证据不足，依法不应当核准死刑的；

（二）认为不予核准死刑的理由不成立，依法应当核准死刑的；

（三）发现新的事实和证据，可能影响被告人定罪量刑的；

（四）严重违反法律规定的诉讼程序，可能影响公正审判的；

（五）司法工作人员在办理案件时，有贪污受贿、徇私舞弊、枉法裁判等行为的；

（六）其他需要提出检察意见的情形。

同意最高人民法院核准或者不核准意见的，应当经检察长批准，书面回复最高人民法院。

对于省级人民检察院提请监督、报告重大情况的案件，最高人民检察院认为具有影响死刑适用情形的，应当及时将有关材料转送最高人民法院。

第五章　审判监督程序

第二百五十二条　申诉及其审查处理

当事人及其法定代理人、近亲属，对已经发生法律效力的判决、裁定，可以向人民法院或者人民检察院提出申诉，但是不能停止判决、裁定的执行。

条文注解

申诉是当事人及其法定代理人、近亲属认为人民法院已经生效的判决、裁定有错误，要求人民法院或者人民检察院进行审查处理的一种请求。有权提出申诉的是刑事诉讼中的当事人及其法定代理人、近亲属。申诉的对象是已经发生法律效力的判决和裁定。接受申诉的机关是人民法院或者人民检察院。这里所说的"当事人"，是指被害人、自诉人、犯罪嫌疑人、被告人、附带民事诉讼的原告人和被告人。"法定代理人"是指当事人的父母、养父母、监护人和负有保护责任的机关、团体的代表。"近亲属"是指夫、妻、父、母、子、女、同胞兄弟姊妹。

当事人及其法定代理人、近亲属提出申诉，不能停止判决、裁定的执行。只有当申诉引起人民法院按照审判监督程序对案件重新进行审理，并作出不同于原判决、裁定的新判决、裁定，或者人民法院按照审判监督程序审判案件，作出中止执行原判决、裁定的决定时，才能停止原判决、裁定的执行。

相关规定

《高法解释》

第四百五十一条　当事人及其法定代理人、近亲属对已经发生法律效力的判决、裁定提出申诉的，人民法院应当审查处理。

案外人认为已经发生法律效力的判决、裁定侵害其合法权益，提出申诉的，人民法院应当审查处理。

申诉可以委托律师代为进行。

第四百五十二条　向人民法院申诉，应当提交以下材料：

（一）申诉状。应当写明当事人的基本情况、联系方式以及申诉的事实与理由；

（二）原一、二审判决书、裁定书等法律文书。经过人民法院复查或者再审的，应当附有驳回申诉通知书、再审决定书、再审判决书、裁定书；

（三）其他相关材料。以有新的证据证明原判决、裁定认定的事实确有错误为由申诉的，应当同时附有相关证据材料；申请人民法院调查取证的，应当附有相关线索或者材料。

申诉符合前款规定的，人民法院应当出具收到申诉材料的回执。申诉不符合前款规定的，人民法院应当告知申诉人补充材料；申诉人拒绝补充必要材料且无正当理由的，不予审查。

第四百五十三条 申诉由终审人民法院审查处理。但是，第二审人民法院裁定准许撤回上诉的案件，申诉人对第一审判决提出申诉的，可以由第一审人民法院审查处理。

上一级人民法院对未经终审人民法院审查处理的申诉，可以告知申诉人向终审人民法院提出申诉，或者直接交终审人民法院审查处理，并告知申诉人；案件疑难、复杂、重大的，也可以直接审查处理。

对未经终审人民法院及其上一级人民法院审查处理，直接向上级人民法院申诉的，上级人民法院应当告知申诉人向下级人民法院提出。

第四百五十四条 最高人民法院或者上级人民法院可以指定终审人民法院以外的人民法院对申诉进行审查。被指定的人民法院审查后，应当制作审查报告，提出处理意见，层报最高人民法院或者上级人民法院审查处理。

第四百五十五条 对死刑案件的申诉，可以由原核准的人民法院直接审查处理，也可以交由原审人民法院审查。原审人民法院应当制作审查报告，提出处理意见，层报原核准的人民法院审查处理。

第四百五十六条 对立案审查的申诉案件，人民法院可以听取当事人和原办案单位的意见，也可以对原判据以定罪量刑的证据和新的证据进行核实。必要时，可以进行听证。

第四百五十七条 对立案审查的申诉案件，应当在三个月以内作出决定，至迟不得超过六个月。因案件疑难、复杂、重大或者其他特殊原因需要延长审查期限的，参照本解释第二百一十条的规定处理。

经审查，具有下列情形之一的，应当根据刑事诉讼法第二百五十三条的规定，决定重新审判：

（一）有新的证据证明原判决、裁定认定的事实确有错误，可能影响定罪量刑的；

（二）据以定罪量刑的证据不确实、不充分、依法应当排除的；

（三）证明案件事实的主要证据之间存在矛盾的；

（四）主要事实依据被依法变更或者撤销的；

（五）认定罪名错误的；

（六）量刑明显不当的；

（七）对违法所得或者其他涉案财物的处理确有明显错误的；

（八）违反法律关于溯及力规定的；

（九）违反法定诉讼程序，可能影响公正裁判的；

（十）审判人员在审理该案件时有贪污受贿、徇私舞弊、枉法裁判行为的。

申诉不具有上述情形的，应当说服申诉人撤回申诉；对仍然坚持申诉的，应当书面通知驳回。

第四百五十九条 申诉人对驳回申诉不服的，可以向上一级人民法院申诉。上一级人民法院经审查认为申诉不符合刑事诉讼法第二百五十三条和本解释第四百五十七条第二款规定的，应当说服申诉人撤回申诉；对仍然坚持申诉的，应当驳回或者通知不予重新审判。

《高检规则》

第五百九十三条 当事人及其法定代理人、近亲属认为人民法院已经发生法律效力的判决、裁定确有错误，向人民检察院申诉的，由作出生效判决、裁定的人民法院的同级人民检察院依法办理。

当事人及其法定代理人、近亲属直接向上级人民检察院申诉的，上级人民检察院可以交由作出生效判决、裁定的人民法院的同级人民检察院受理；案情重大、疑难、复杂的，上级人民检察院可以直接受理。

当事人及其法定代理人、近亲属对人民法院已经发生法律效力的判决、裁定提出申诉，经人民检察院复查决定不予抗诉后继续提出申诉的，上一级人民检察院应当受理。

第五百九十四条 对不服人民法院已经发生法律效力的判决、裁定的申诉，经两级人民检察院办理且省级人民检察院已经复查的，如果没有新的证据，人民检察院不再复查，但原审被告人可能被宣告无罪或者判决、裁定有其他重大错误可能的除外。

第五百九十五条 人民检察院对已经发生法律效力的判决、裁定的申诉复查后，认为需要提请或者提出抗诉的，报请检察长决定。

地方各级人民检察院对不服同级人民法院已经发生法律效力的判决、裁定的申诉复查后，认为需要提出抗诉的，应当提请上一级人民检察院抗诉。

上级人民检察院对下一级人民检察院提请抗诉的申诉案件进行审查后，认为需要提出抗诉的，应当向同级人民法院提出抗诉。

人民法院开庭审理时，同级人民检察院应当派员出席法庭。

第五百九十六条 人民检察院对不服人民法院已经发生法律效力的判决、裁定的申诉案件复查终结后，应当制作刑事申诉复查通知书，在十日以内通知申诉人。

经复查向上一级人民检察院提请抗诉的，应当在上一级人民检察院作出是否抗诉的决定后制作刑事申诉复查通知书。

文书格式

××××人民检察院
刑事申诉复查通知书

××检××复通〔20××〕×号

申诉人……（写明姓名、性别、出生日期、公民身份证号码、民族、文化程度、工作单位及职务、住址）

（申诉人为被害人的应写明原审被告人的基本情况）

申诉人×××不服×××人民法院……（写明案由），向本院提出申诉。

申诉人×××的申诉理由及依据（可概括性叙述）。人民法院判决（裁定）认定……（写明一审法院和二审法院的审判情况）。

续表

本院经复查认为……（写明复查认定的事实，复查结论及法律依据，如决定抗诉，应表述为：本院决定向×××人民法院提出抗诉；如决定不予抗诉，应表述为：根据法律规定不符合抗诉条件，本院决定不予抗诉/不提请抗诉）。 20××年××月××日 （院印）

律师事务所函
（担任申诉代理人适用）

〔　　〕第　　号

_____：

　　根据《中华人民共和国刑事诉讼法》第二百五十二条、《中华人民共和国律师法》第二十八条之规定，本所接受_____的委托，指派_____律师担任_____案的申诉代理人。

　　特此函告。

（律师事务所章）
年　月　日

附：
1. 委托书一份
2. 诉讼代理人身份信息

姓　名：_____　执业证号：_____
电　话：_____　通信地址：_____

律师会见在押服刑人员专用介绍信

〔　　〕第　　号

_____：

　　根据《中华人民共和国刑事诉讼法》第二百五十二条、《中华人民共和国律师法》第二十八条、《律师会见监狱在押罪犯规定》第四条之规定，现指派本所_____律师前往你处会见_____案在押服刑人员_____，请予以安排。

（律师事务所章）
年　月　日

续表

附:
1. 律师执业证复印件一份、委托书一份
2. 会见律师身份信息
姓　名:＿＿＿＿＿＿＿　执业证号:＿＿＿＿＿＿＿＿＿
电　话:＿＿＿＿＿＿＿　身份证号码:＿＿＿＿＿＿＿＿
通信地址:＿＿＿＿＿＿＿＿＿＿＿＿＿＿＿＿＿＿＿＿＿

第二百五十三条　启动再审

当事人及其法定代理人、近亲属的申诉符合下列情形之一的，人民法院应当重新审判：

（一）有新的证据证明原判决、裁定认定的事实确有错误，可能影响定罪量刑的；

（二）据以定罪量刑的证据不确实、不充分、依法应当予以排除，或者证明案件事实的主要证据之间存在矛盾的；

（三）原判决、裁定适用法律确有错误的；

（四）违反法律规定的诉讼程序，可能影响公正审判的；

（五）审判人员在审理该案件的时候，有贪污受贿，徇私舞弊，枉法裁判行为的。

条文注解

2012年3月14日第十一届全国人民代表大会第五次会议通过的关于修改刑事诉讼法的决定对刑事诉讼法原第二百零四条作了三处修改：一是在（一）中增加"可能影响定罪量刑"的限制条件；二是在（二）中增加据以定罪量刑的证据"依法应当予以排除"的情形；三是增加

"（四）违反法律规定的诉讼程序，可能影响公正审判的"情形。

相关规定

《高法解释》

第四百五十八条　具有下列情形之一，可能改变原判决、裁定据以定罪量刑的事实的证据，应当认定为刑事诉讼法第二百五十三条第一项规定的"新的证据"：

（一）原判决、裁定生效后新发现的证据；

（二）原判决、裁定生效前已经发现，但未予收集的证据；

（三）原判决、裁定生效前已经收集，但未经质证的证据；

（四）原判决、裁定所依据的鉴定意见，勘验、检查等笔录被改变或者否定的；

（五）原判决、裁定所依据的被告人供述、证人证言等证据发生变化，影响定罪量刑，且有合理理由的。

第二百五十四条　提起再审程序

各级人民法院院长对本院已经发生法律效力的判决和裁定，如果发现在认定事实上或者在适用法律上确有错误，必须提交审判委员会处理。

最高人民法院对各级人民法院已经发生法律效力的判决和裁定，上级人民法院对下级人民法院已经发生法律效力的判决和裁定，如果发现确有错误，有权提审或者指令下级人民法院再审。

最高人民检察院对各级人民法院已经发生法律效力的判决和裁定，上级人民检察院对下级人民法院已经发生法律效力的判决和裁定，如果发现确有错误，有权按照审判监督程序向同级人民法院提出抗诉。

人民检察院抗诉的案件，接受抗诉的人民法院应当组成合议庭重新审理，对于原判决事实不清楚或者证据不足的，可以指令下级人民法院再审。

条文注解

各级人民法院院长对本院已经发生法律效力的判决和裁定，如果发现在认定事实上或者在适用法律上确有错误，必须提交审判委员会讨论是否再审，审判委员会讨论决定再审的，应当另行组成合议庭对案件重新审理。"在认定事实上或者适用法律上确有错误"，是指对于是否有犯罪行为，犯罪情节轻重，是否属于应追究刑事责任的以及适用刑法条款定罪量刑上确实存在错误。

最高人民法院对各级人民法院已经发生法律效力的判决和裁定，上级人民法院对下级人民法院已经发生法律效力的判决和裁定，如果发现原判决认定事实或者适用法律确有错误的，有权提审，由本院对案件进行审理或者指令下级人民法院对案件重新审理。

最高人民检察院对各级人民法院已经发生法律效力的判决和裁定，上级人民检察院对下级人民法院已经发生法律效力的判决和裁定，如果发现确有错误，有权按照审判监督程序向同级人民法院提出抗诉，也可以指令作出判决、裁定的人民法院的上级人民检察院向同级人民法院提出抗诉。有权按照审判监督程序提出抗诉的人民检察院，只能是最高人民检察院和作出判决、裁定的人民法院的上级人民检察院，地方各级人民检察院发现同级人民法院已经发生法律效力的判决、裁定确有错误的，应提请上级人民检察院按照法律监督程序提出抗诉。

对于人民检察院按照本条第三款的规定提出抗诉的案件，接受抗诉的同级人民法院应当组成合议庭对案件进行审理。合议庭经过审理后，可以作出判决或者裁定，对于其中认为原判决事实不清楚或者证据不足的，可以指令下级人民法院重新审理。

相关规定

《高法解释》

第四百六十条　各级人民法院院长发现本院已经发生法律效力的判决、裁定确有错误的，应当提交审判委员会讨论决定是否再审。

第四百六十一条　上级人民法院发现下级人民法院已经发生法律效力的判决、裁定确有错误的，可以指令下级人民法院再审；原判决、裁定认定事实正确但适用法律错误，或者案件疑难、复杂、重大，或者有不宜由原审人民法院审理情形的，也可以提审。

上级人民法院指令下级人民法院再审的，一般应当指令原审人民法院以外的下级人民法院审理；由原审人民法院审理更有利于查明案件事实、纠正裁判错误的，可以指令原审人民法院审理。

第四百六十二条 对人民检察院依照审判监督程序提出抗诉的案件，人民法院应当在收到抗诉书后一个月以内立案。但是，有下列情形之一的，应当区别情况予以处理：

（一）不属于本院管辖的，应当将案件退回人民检察院；

（二）按照抗诉书提供的住址无法向被抗诉的原审被告人送达抗诉书的，应当通知人民检察院在三日以内重新提供原审被告人的住址；逾期未提供的，将案件退回人民检察院；

（三）以有新的证据为由提出抗诉，但未附相关证据材料或者有关证据不是指向原起诉事实的，应当通知人民检察院在三日以内补送相关材料；逾期未补送的，将案件退回人民检察院。

决定退回的抗诉案件，人民检察院经补充相关材料后再次抗诉，经审查符合受理条件的，人民法院应当受理。

第四百六十三条 对人民检察院依照审判监督程序提出抗诉的案件，接受抗诉的人民法院应当组成合议庭审理。对原判事实不清、证据不足，包括有新的证据证明原判可能有错误，需要指令下级人民法院再审的，应当在立案之日起一个月以内作出决定，并将指令再审决定书送达抗诉的人民检察院。

第四百六十四条 对决定依照审判监督程序重新审判的案件，人民法院应当制作再审决定书。再审期间不停止原判决、裁定的执行，但被告人可能经再审改判无罪，或者可能经再审减轻原判刑罚而致刑期届满的，可以决定中止原判决、裁定的执行，必要时，可以对被告人采取取保候审、监视居住措施。

《高检规则》

第五百九十一条 人民检察院认为人民法院已经发生法律效力的判决、裁定确有错误，具有下列情形之一的，应当按照审判监督程序向人民法院提出抗诉：

（一）有新的证据证明原判决、裁定认定的事实确有错误，可能影响定罪量刑的；

（二）据以定罪量刑的证据不确实、不充分的；

（三）据以定罪量刑的证据依法应当予以排除的；

（四）据以定罪量刑的主要证据之间存在矛盾的；

（五）原判决、裁定的主要事实依据被依法变更或者撤销的；

（六）认定罪名错误且明显影响量刑的；

（七）违反法律关于追诉时效期限的规定的；

（八）量刑明显不当的；

（九）违反法律规定的诉讼程序，可能影响公正审判的；

（十）审判人员在审理案件的时候有贪污受贿，徇私舞弊，枉法裁判行为的。

对于同级人民法院已经发生法律效力的判决、裁定，人民检察院认为可能有错误的，应当另行指派检察官或者检察官办案组进行审查。经查查，认为有前款规定情形之一的，应当提请上一级人民检察院提出抗诉。

对已经发生法律效力的判决、裁定的审查，参照本规则第五百八十五条的规定办理。

第五百九十二条 对于高级人民法院判处死刑缓期二年执行的案件，省级人民检察院认为确有错误提请抗诉的，一般应当在收到生效判决、裁定后三个月以内提出,至迟不得超过六个月。

第五百九十七条 最高人民检察院发现各级人民法院已经发生法律效力的判决或者裁定,上级人民检察院发现下级人民法院已经发生法律效力的判决或者裁定确有错误时,可以直接向同级人民法院提出抗诉,或者指令作出生效判决、裁定人民法院的上一级人民检察院向同级人民法院提出抗诉。

第五百九十八条 人民检察院按照审判监督程序向人民法院提出抗诉的,应当将抗诉书副本报送上一级人民检察院。

第六百零一条 人民检察院对自诉案件的判决、裁定的监督,适用本节的规定。

文书格式

××××人民检察院
提请抗诉报告书

××检××提抗〔20××〕××号

_____人民检察院:
   本院于____年__月__日收到_____人民法院__年__月__日对被告人____涉嫌____一案的____号刑事判决(裁定)书。经本院审查认为:该判决(裁定)确有错误。现将审查情况报告如下:
   一、原审被告人基本情况
   原审被告人(写明姓名、性别、出生年月日、户籍地、住址、公民身份证号码、民族、文化程度、职业或者工作单位及职务、住址、曾受到行政处罚、刑事处罚的情况、采取临时保护性约束措施的情况等)。
   ……(一人有多个强制措施的,按强制措施序号以上述格式添加)。
   多个原审被告人的,按上述要求分别列明。
   二、诉讼经过
   ……
   三、审查认定后的犯罪事实
   ……
   四、一审法院、二审法院的审判情况
   ……
   五、判决、裁定错误之处,提请抗诉的理由和法律根据
   ……
   六、本院检察委员会讨论情况
   ……
   为保证法律的统一正确实施,特提请你院通过审判监督程序对此案提出抗诉。现将本案案卷随文上报,请予审查。

续表

　　附件：1. 卷宗＿＿＿＿册
　　　　　2. 原审被告人现在处所

20××年××月××日
（院印）

××××人民检察院
刑事抗诉书
（审判监督程序适用）

　　　　　　　　　　　　　　　　　　　　××检××审刑抗〔20××〕×号

　　原审被告人……（依次写明姓名、性别、出生年月日、民族、职业、单位及职务、住址、服刑情况。有数名被告人的，依犯罪事实情节由重至轻的顺序分别列出）。

　　×××人民法院以×××号刑事判决书（裁定书）对被告人×××（姓名）×××（案由）一案判决（裁定）……（写明生效的一审判决、裁定或者一审及二审判决、裁定情况）。经依法审查（如果是被告人及其法定代理人不服地方各级人民法院的生效判决、裁定而请求人民检察院提出抗诉的，或者有关人民检察院提请抗诉的，应当写明这一程序，然后再写"经依法审查"），本案的事实如下：

　　……（概括叙述检察机关认定的事实、情节。应当根据具体案件事实、证据情况，围绕刑法规定该罪构成要件特别是争议问题，简明扼要地叙述案件事实、情节。一般应当具备时间、地点、动机、目的、关键行为情节、数额、危害结果、作案后表现等有关定罪量刑的事实、情节要素。一案有数罪、各罪有数次作案的，应当依由重至轻或者时间顺序叙述）。

　　本院认为，该判决（裁定）确有错误（包括认定事实有误、适用法律不当、审判程序严重违法），理由如下：

　　……（根据情况，理由可以从认定事实错误、适用法律不当和审判程序严重违法等几个方面分别论述）。

　　综上所述……（概括上述理由），为维护司法公正，准确惩治犯罪，依照《中华人民共和国刑事诉讼法》第二百五十四条第三款的规定，对×××法院×××号刑事判决（裁定）书，提出抗诉，请依法判处。

　　此致
××××人民法院

续表

××××人民检察院
20××年××月××日
（院印）

附件：1. 被告人×××现服刑于×××（或者现住×××）
3. 其他有关材料

××××人民检察院
审查提请抗诉通知书

××检申提通〔20××〕×号

_____人民检察院：

你院以……（文号）提请抗诉报告书提请抗诉的_____（申诉人姓名）不服_____人民法院对_____刑事判决（裁定）一案，本院审查认为，……（写明对下级人民检察院提请抗诉案是否抗诉的理由和法律依据）。

本院决定，对_____（原审被告人姓名）……（写明案由）按照审判监督程序向_____人民法院提出抗诉。或者决定不抗诉的，表述为"对_____（原审被告人姓名）……（写明案由）不予抗诉"。

20××年××月××日
（院印）

××××人民检察院
指令抗诉决定书

××检××刑指抗〔20××〕×号

_____人民检察院：

_____人民法院于_____年_____月_____日作出_____号刑事判决，以_____罪对_____判处_____刑罚。经审查，该判决……确有错误，应当提出抗诉。根据《人民检察院刑事诉讼规则》第五百九十七条之规定，指令你院提出抗诉。

20××年××月××日
（院印）

××××人民法院
刑事裁定书
(本院决定提起再审用)

(××××)×刑监字第××号

　　原审被告人……(写明姓名和案由)一案,本院于××××年××月××日以(××××)×刑×字第××号刑事判决(或裁定),认定被告人×××犯××罪,判处……(写明判处内容)。判决(或裁定)已经发生法律效力。……(此处简叙引起本院决定提起再审的来由和理由)。依照……(写明裁定所依据的法律条款项)的规定,经本院院长提交审判委员会(第××次会议)讨论决定,裁定如下:
　　本案由本院另行组成合议庭进行再审。

院长　×××
××××年××月××日
(院印)

本件与原本核对无异

书记员　×××

××××人民法院
刑事裁定书
(上级法院决定提审用)

(××××)×刑监字第××号

　　原审被告人……(写明姓名和案由)一案,××××人民法院于××××年××月××日以(××××)×刑×字第××号刑事判决(或裁定),认定被告人×××犯××罪,判处……(写明判处内容)。判决(或裁定)已经发生法律效力。
　　……(此处写明引起本院决定提审的来由和理由)。依照……(写明裁定所依据的法律条款项)的规定,裁定如下:
　　本案由本院进行提审。

院长　×××
××××年××月××日
(院印)

本件与原本核对无异

书记员　×××

第二百五十五条　指令再审的法院

上级人民法院指令下级人民法院再审的，应当指令原审人民法院以外的下级人民法院审理；由原审人民法院审理更为适宜的，也可以指令原审人民法院审理。

条文注解

指令再审涉及错判追责问题，需要谨慎选择再审法院。本条确立了异地法院再审为原则、原审法院再审为例外的规则。

"原审人民法院以外的下级人民法院"原则上应当是与原审人民法院同级的人民法院。

相关规定

《高法解释》
第四百六十一条
……
上级人民法院指令下级人民法院再审的，一般应当指令原审人民法院以外的下级人民法院审理；由原审人民法院审理更有利于查明案件事实、纠正裁判错误的，可以指令原审人民法院审理。

文书格式

××××人民法院
刑事裁定书
（上级法院指令再审用）

（××××）×刑监字第××号

原审被告人……（写明姓名和案由）一案，××××人民法院于××××年××月××日以（××××）×刑×字第××号刑事判决（或裁定），认定被告人×××犯××罪，判处……（写明判处内容）。判决（或裁定）已经发生法律效力。

……（此处写明引起本院指令再审的来由和理由）。依照……（写明裁定所依据的法律条款项）的规定，裁定如下：

指令××××人民法院另行组成合议庭对本案进行再审。

院长　×××
××××年××月××日
（院印）

本件与原本核对无异

书记员　×××

第二百五十六条 再审程序

人民法院按照审判监督程序重新审判的案件,由原审人民法院审理的,应当另行组成合议庭进行。如果原来是第一审案件,应当依照第一审程序进行审判,所作的判决、裁定,可以上诉、抗诉;如果原来是第二审案件,或者是上级人民法院提审的案件,应当依照第二审程序进行审判,所作的判决、裁定,是终审的判决、裁定。

人民法院开庭审理的再审案件,同级人民检察院应当派员出席法庭。

条文注解

再审应当组成合议庭进行审判,原来合议庭的审判人员不得作为另行组成的合议庭的成员。

审理程序应以原程序为基准,人民法院按照审判监督程序重新审判的案件,应对原判决、裁定认定的事实、证据和适用法律进行全面审查。

相关规定

《高法解释》

第四百六十五条 依照审判监督程序重新审判的案件,人民法院应当重点针对申诉、抗诉和决定再审的理由进行审理。必要时,应当对原判决、裁定认定的事实、证据和适用法律进行全面审查。

第四百六十六条 原审人民法院审理依照审判监督程序重新审判的案件,应当另行组成合议庭。

原来是第一审案件,应当依照第一审程序进行审判,所作的判决、裁定可以上诉、抗诉;原来是第二审案件,或者是上级人民法院提审的案件,应当依照第二审程序进行审判,所作的判决、裁定是终审的判决、裁定。

符合刑事诉讼法第二百九十六条、第二百九十七条规定的,可以缺席审判。

第四百六十七条 对依照审判监督程序重新审判的案件,人民法院在依照一审程序进行审判的过程中,发现原审被告人还有其他犯罪的,一般应当并案审理,但分案审理更为适宜的,可以分案审理。

第四百六十八条 开庭审理再审案件,再审决定书或者抗诉书只针对部分原审被告人,其他同案原审被告人不出庭不影响审理的,可以不出庭参加诉讼。

第四百六十九条 除人民检察院抗诉的以外,再审一般不得加重原审被告人的刑罚。再审决定书或者抗诉书只针对部分原审被告人的,不得加重其他同案原审被告人的刑罚。

第四百七十条 人民法院审理人民检察院抗诉的再审案件,人民检察院在开庭审理前撤回抗诉的,应当裁定准许;人民检察院接到出庭通知后不派员出庭,且未说明原因的,可以裁定按撤回抗诉处理,并通知诉讼参与人。

人民法院审理申诉人申诉的再审案件,申诉人在再审期间撤回申诉的,可以裁定准许;但认为原判决确有错误的,应当不予准许,继续按照再审案件审理。申诉人经依法通知无正当理由拒不到庭,或者未经法庭许可中途退庭的,可以裁定按撤回申诉处理,但申诉人不是原审当事人的除外。

第四百七十一条 开庭审理的再审案件,系人民法院决定再审的,由合议庭组成人员宣读再审决定书;系人民检察院抗诉的,由检察员宣读抗诉书;系申诉人申诉的,由申诉人或者其辩护人、诉讼代理人陈述申诉理由。

第四百七十二条 再审案件经过重新审理后,应当按照下列情形分别处理:

(一)原判决、裁定认定事实和适用法律正确、量刑适当的,应当裁定驳回申诉或者抗诉,维持原判决、裁定;

(二)原判决、裁定定罪准确、量刑适当,但在认定事实、适用法律等方面有瑕疵的,应当裁定纠正并维持原判决、裁定;

(三)原判决、裁定认定事实没有错误,但适用法律错误或者量刑不当的,应当撤销原判决、裁定,依法改判;

(四)依照第二审程序审理的案件,原判决、裁定事实不清、证据不足的,可以在查清事实后改判,也可以裁定撤销原判,发回原审人民法院重新审判。

原判决、裁定事实不清或者证据不足,经审理事实已经查清的,应当根据查清的事实依法裁判;事实仍无法查清,证据不足,不能认定被告人有罪的,应当撤销原判决、裁定,判决宣告被告人无罪。

第四百七十三条 原判决、裁定认定被告人姓名等身份信息有误,但认定事实和适用法律正确、量刑适当的,作出生效判决、裁定的人民法院可以通过裁定对有关信息予以更正。

第四百七十四条 对再审改判宣告无罪并依法享有申请国家赔偿权利的当事人,人民法院宣判时,应当告知其在判决发生法律效力后可以依法申请国家赔偿。

《高检规则》

第五百九十九条 对按照审判监督程序提出抗诉的案件,人民检察院认为人民法院再审作出的判决、裁定仍然确有错误的,如果案件是依照第一审程序审判的,同级人民检察院应当按照第二审程序向上一级人民法院提出抗诉;如果案件是依照第二审程序审判的,上一级人民检察院应当按照审判监督程序向同级人民法院提出抗诉。

文书格式

××××人民检察院
再审检察建议书

××检刑监〔20××〕×号

原审被告人×××(依次写明姓名、性别、出生年月日、民族、出生地、职业、单位及职务、住址、服刑情况。有数名被告人的,依犯罪事实情节由重至轻的顺序分别列出。)

××人民法院以××号刑事判决书(裁定书)对被告人××(姓名)××(案由)一案判决(裁定)×××(写明生效的判决、裁定情况)。原审被告人(原案被害人及其法定代理人)××(姓名)不服××人民法院的生效判决(裁定)向本院提出申诉。经依法立案复查,本案的事实如下:

……(概括叙述检察机关复查认定的事实、情节。应当根据具体案件事实、证据情况,围绕刑法规定该罪构成要件特别是争议问题,简明扼要地叙述案件事实、情节。一般应当具备时间、地点、动机、目的、关键行为情节、数额、危害结果、作案后表现

续表

等有关定罪量刑的事实、情节要素。一案有数罪、各罪有数次作案的,应当依由重至轻或者时间顺序叙述)。

本院认为,××人民法院××号刑事判决(裁定)确有错误(包括认定事实有误、适用法律不当、审判程序严重违法),理由如下:

……(根据情况,理由可以从认定事实错误、适用法律不当和审判程序严重违法等几个方面分别论述。说理要有针对性,引用法律、法规和司法解释时应当准确、全面、具体。)

综上所述,××人民法院×号刑事判决(裁定)……(概括列明生效刑事判决、裁定书存在哪些错误),经本院检察委员会讨论决定,根据《人民检察院复查刑事申诉案件规定》第五十三条的规定,特提出再审检察建议,请在收到后三个月内将审查结果书面回复本院。

此致
××人民法院

20××年××月××日
(院 印)

附: 1. 被告人××现服刑于××(或者现住××)
2. 新的证人名单或者证据目录

××××人民法院
刑事裁定书
(按一审程序再审维持原判用)

(××××)×刑再初字第××号

原公诉机关××××人民检察院。

原审被告人……(写明姓名、性别、出生年月日、民族、籍贯、职业或工作单位和职务、住址等,现在何处)。

辩护人……(写明姓名、性别、工作单位和职务)。

原审被告人……(写明姓名和案由)一案,本院于××××年××月××日作出(××××)×刑×字第××号刑事判决,已经发生法律效力。……(此外写明提起再审程序的经过)。本院依法另行组成合议庭,公开(或不公开)开庭审理了本案。××××人民检察院检察长(或员)×××出庭执行职务,原审被告人×××及其辩护人×××等到庭参加诉讼。本案现已审理终结(未开庭的改为"本院依法另行组成合议庭,审理了本案,现已审理终结")。

……(首先概述原审有效判决的基本内容,其次写明提起再审的主要根据和理由。如果检察院在再审中提出新的意见,应一并写明)。

续表

经再审查明，……（肯定原判认定的事实、情节是正确的，证据确凿、充分。在事实、情节方面如有异议，应当通过对有关证据的分析论证，予以否定）。

本院认为，……（根据再审查证属实的事实、情节和当时的法律、政策，分析批驳申诉人及有关各方对原判定罪量刑方面不服的主要意见和理由，论证原判的正确性）。依照……（写明裁定所依据的法律条款项）的规定，裁定如下：

维持本院（××××）×刑×字第××号刑事判决。

如不服本裁定，可在接到裁定书的第二日起×日内，通过本院或者直接向××××人民法院提出上诉。书面上诉的，应交上诉状正本一份，副本×份。

审判长　×××
审判员　×××
审判员　×××
××××年××月××日
（院印）

本件与原本核对无异

书记员　×××

××××人民法院
刑事判决书
（按一审程序再审改判用）

（××××）×刑再初字第××号

原公诉机关××××人民检察院。

原审被告人……（写明姓名、性别、出生年月日、民族、籍贯、职业或工作单位和职务、住址等，现在何处）。

辩护人……（写明姓名、性别、工作单位和职务）。

原审被告人……（写明姓名和案由）一案，本院于××××年××月××日作出（××××）×刑×字第××号刑事判决，已经发生法律效力。……（此处写明提起再审程序的经过）。本院依法另行组成合议庭，公开（或不公开）开庭审理了本案。××××人民检察院检察长（或员）×××出庭执行职务，原审被告人×××及其辩护人×××等到庭参加诉讼。本案现已审理终结（未开庭的改为"本院依法另行组成合议庭，审理了本案，现已审理终结"）。

……（首先概述原审有效判决的基本内容，其次写明提起再审的主要根据和理由。如果检察院在再审中提出新的意见，应一并写明）。

经再审查明，……（写明原判决认定的事实、情节，哪些是正确的或者全部是正确的，有哪些证据足认证明；哪些是错误的或者全部是错误的，否定的理由有哪些。如

续表

果对事实、情节方面有异议,应当抓住要点,予以分析答复)。

本院认为,……〔根据再审确认的事实、情节和当时的法律政策,论述被告人是否犯罪,犯什么罪(一案多人的还应分清各被告人的地位、作用和刑事责任),应否从宽或从严处理。指出原判的定罪量刑,哪些是正确的,哪些是错误的或者全部是错误的。对于申诉人及有关各方关于定罪量刑方面的主要意见和理由,应当有分析地表示采纳或予以批驳)。依照……(写明判决所依据的法律条款项)的规定,判决如下:

……〔写明判决结果。分两种情况:

第一,全部改判的,表述为:

"一、撤销本院(××××)×刑×字第××号刑事判决;

二、被告人×××……(写明改判的内容)。"

第二,部分改判的,表述为:

"一、维持本院(××××)×刑×字第××号刑事判决的第×项,即……(写明维持的具体内容);

二、撤销本院(××××)×刑×字第××号刑事判决的第×项,即……(写明撤销的具体内容);

三、被告人×××……(写明部分改判的内容)。"〕

如不服本判决,可在接到判决书的第二日起×日内,通过本院或者直接向××××人民法院提出上诉。书面上诉的,应交上诉状正本一份,副本×份。

审判长　×××
审判员　×××
审判员　×××
××××年××月××日
(院印)

本件与原本核对无异

书记员　×××

第二百五十七条　再审案件的强制措施和中止执行

人民法院决定再审的案件,需要对被告人采取强制措施的,由人民法院依法决定;人民检察院提出抗诉的再审案件,需要对被告人采取强制措施的,由人民检察院依法决定。

人民法院按照审判监督程序审判的案件,可以决定中止原判决、裁定的执行。

条文注解

第一,"需要对被告人采取强制措施"是指人民法院认为再审案件的被告人符合本法规定的适用逮捕、取保候审、监视居住等强制措施的条件,根据案件情况需要采取强制措施以保证再审正常进行的,可以决定采取强制措施，依照有关规定执行。人民检察院提出抗诉的再审案件，需要对被告人采取强制措施的，由人民检察院依法决定。对于人民检察院依照本法规定提起抗诉的再审案件，由人民检察院决定是否需要对被告人采取强制措施，依照有关规定执行。

第二，原则上，在再审作出新的判决之前，原来的判决、裁定在法律上依然有效，但是有些案件再审程序启动后，合议庭根据证据判断原来的判决、裁定确实存在错误，继续执行有损司法公正，有损被告人合法权益，合议庭可以根据本条规定决定中止原判决、裁定的执行。需要注意的是，本法还规定当事人及其法定代理人、近亲属对已经发生法律效力的判决、裁定提出申诉的，不能停止判决、裁定的执行，与本条的规定并不存在冲突，因为申诉只是当事人的一种申请权利，并不必然引起再审程序，如果当事人的再审申诉被接受，人民法院决定再审或者人民检察院提出抗诉之后人民法院再审，则可以适用本条的规定，由人民法院根据案件情况决定是否中止原判决、裁定的执行。

相关规定

《高检规则》

第六百条 人民检察院办理按照第二审程序、审判监督程序抗诉的案件，认为需要对被告人采取强制措施的，参照本规则相关规定。决定采取强制措施应当经检察长批准。

第二百五十八条 再审审理期限

人民法院按照审判监督程序重新审判的案件，应当在作出提审、再审决定之日起三个月以内审结，需要延长期限的，不得超过六个月。

接受抗诉的人民法院按照审判监督程序审判抗诉的案件，审理期限适用前款规定；对需要指令下级人民法院再审的，应当自接受抗诉之日起一个月以内作出决定，下级人民法院审理案件的期限适用前款规定。

条文注解

对于再审需要延长审理期限的情形，本条并未规定具体程序，可以参照二审程序延长审理期限的规定。

文书格式

××××人民法院
刑事判决书
（按二审程序再审改判用）

（××××）×刑再终字第××号

原公诉机关××××人民检察院。

原审被告人（原审经过上诉的应括注"原审上诉人"。下同……（写明姓名、性别、

续表

出生年月日、民族、籍贯、职业或工作单位和职务、住址等，现在何处)。

辩护人……(写明姓名、性别、工作单位和职务)。

原审被告人……(写明姓名和案由)一案，××××人民法院于××××年××月××日作出(××××)×刑初字第××号刑事判决，……(此处写明对原判的上诉、抗诉和本院二审作出的裁定或判决及其年月日和字号。按审判监督程序提审的原一审案件无此段)，已经发生法律效力。……(此处简写提起再审程序的经过)。本院依法(另行)组成合议庭，公开(或不公开)开庭审理了本案。××××人民检察院检察长(或员)×××出庭执行职务，原审被告人×××及其辩护人×××等到庭参加诉讼。本案现已审理终结〔未开庭的改为"本院依法(另行)组成合议庭审理了本案，现已审理终结"〕。

……(首先概述原审有效判决的基本内容，其次写明提起再审的主要根据和理由。如果检察院在再审中提出新的意见，应一并写明)。

经再审查明，……(写明原判决认定的事实、情节，哪些是正确的或者全部是正确的，有哪些证据足以证明；哪些是错误的或者全部是错误的，否定的理由有哪些。如果对事实、情节方面有异议，应当抓住要点，予以分析答复)。

本院认为，……〔根据再审确认的事实、情节和当时的法律政策，论述被告人是否犯罪，犯什么罪(一案多人的还应分清各被告人的地位、作用和刑事责任)，应否从宽或从严处理。指出原判的定罪量刑，哪些是正确的，哪些是错误的，或者全部是错误的。对于申诉人及有关各方关于定罪量刑方面的主要意见和理由，应当有分析地表示采纳或予以批驳〕。依照……(写明判决所依据的法律条款项)的规定，判决如下：

……〔写明判决结果。分六种情况：

第一，原系一审结案，提审后全部改判的，表述为：

"一撤销××××人民法院(××××)×刑初字第××号刑事判决；

二、被告人×××……(写明改判的内容)。"

第二，原系一审结案，提审后部分改判的，表述为：

"一、维持××××人民法院(××××)×刑初字第××号刑事判决的第×项，即……(写明维持的具体内容)；

二、撤销××××人民法院(××××)×刑初字第××号刑事判决的第×项，即……(写明撤销的具体内容)；

三、被告人×××……(写明部分改判的内容)。"

第三，原系二审维持原判结案，再审后全部改判的，表述为：

"一、撤销××××人民法院(××××)×刑初字第××号刑事判决和本院(××××)×刑终字第××号与刑事裁定；

二、被告人×××……(写明改判的内容)。"

第四，原系二审维持原判结案，再审后部分改判的，表述为：

"一、维持××××人民法院(××××)×刑初字第××号刑事判决的第×项和本院(××××)×刑终字第××号刑事裁定的第×项，即……(写明维持的具体内容)；

续表

　　二、撤销××××人民法院（××××）×刑初字第××号刑事判决的第×项和本院（××××）×刑终字第××号刑事裁定的第×项，即……（写明撤销的具体内容）；

　　三、被告人×××……（写明部分改判的内容）。"

　　第五，原系二审改判结案，再审后全部改判的，表述为：

　　"一、撤销本院（××××）×刑终字第××号刑事判决；

　　二、被告人×××……（写明改判的内容）。"

　　第六，原系二审改判结案，再审后部分改判的，表述为：

　　"一、维持本院（××××）×刑终字第××号刑事判决的第×项，即……（写明维持的具体内容）；

　　二、撤销本院（××××）×刑终字第××号刑事判决的第×项，即……（写明撤销的具体内容）；

　　三、被告人×××……（写明改判的内容）。"］

　　本判决为终审判决。

审判长　×××
审判员　×××
审判员　×××
××××年××月××日
（院印）

本件与原本核对无异

书记员　×××

第四编 执 行

第二百五十九条 执行法律依据

判决和裁定在发生法律效力后执行。

下列判决和裁定是发生法律效力的判决和裁定：

（一）已过法定期限没有上诉、抗诉的判决和裁定；

（二）终审的判决和裁定；

（三）最高人民法院核准的死刑的判决和高级人民法院核准的死刑缓期二年执行的判决。

条文注解

本条列举了发生法律效力的判决和裁定，主要有三种：

第一，上诉、抗诉期限届满而未上诉、抗诉的判决和裁定，即在法定期限内被告人、自诉人和他们的法定代理人、被告人的辩护人和近亲属没有提出上诉，同级人民检察院没有提出抗诉的地方各级人民法院第一审的判决和裁定。如果在法定期限内提出上诉、抗诉，但在上诉、抗诉期满前撤回上诉、抗诉的，第一审判决、裁定在上诉、抗诉期满之日起生效。

第二，终审的判决和裁定。终审的判决、裁定是指上级人民法院对上诉或抗诉的案件所作的第二审判决和裁定，包括中级人民法院、高级人民法院和最高人民法院审判的第二审案件的判决和裁定。此外，由于最高人民法院是我国最高审判机关，最高人民法院审判的第一审案件的判决和裁定，也是终审的判决和裁定。

第三，最高人民法院核准的死刑的判决和高级人民法院核准的死刑缓期二年执行的判决。我国刑事诉讼法规定了死刑复核程序，对于判处死刑立即执行、死刑缓期二年执行的案件，无论是一审程序还是二审程序的判决都不立即发生法律效力，必须经过死刑复核程序进行核准后才能最终确定生效。死刑的判决一经核准即发生法律效力。

第二百六十条 无罪、免除刑事处罚的执行

第一审人民法院判决被告人无罪、免除刑事处罚的，如果被告人在押，在宣判后应当立即释放。

条文注解

一般情况下，一审判决在宣判后并不立即发生法律效力，但无罪或者免除刑事处分的判决一经宣判，就要释放在押的被告人，无论被告人、自诉人和他们的法定代理人、附带民事诉讼的当事人及其法定代理人是否上诉，同级人民检察院是否抗诉，都应当立即释放。

相关规定

《高检规则》

第六百二十六条 人民法院判决被告人无罪、免予刑事处罚、判处管制、宣告缓刑、单处罚金或者剥夺政治权利，被告人被羁押的，人民检察院应当监督被告人是否被立即释放。发现被告人没有被立即释放的，应当立即向人民法院或者看守所提出纠正意见。

第二百六十一条 死刑与死缓的执行

最高人民法院判处和核准的死刑立即执行的判决，应当由最高人民法院院长签发执行死刑的命令。

被判处死刑缓期二年执行的罪犯，在死刑缓期执行期间，如果没有故意犯罪，死刑缓期执行期满，应当予以减刑的，由执行机关提出书面意见，报请高级人民法院裁定；如果故意犯罪，情节恶劣，查证属实，应当执行死刑的，由高级人民法院报请最高人民法院核准；对于故意犯罪未执行死刑的，死刑缓期执行的期间重新计算，并报最高人民法院备案。

条文注解

最高人民法院判处或者核准的死刑立即执行的判决，在交付执行前，应当由最高人民法院院长签发执行死刑的命令，经高级人民法院转交原审人民法院交付执行。原审人民法院执行死刑时，除依据死刑案件的判决外，还必须有最高人民法院院长签发的执行死刑的命令。

被判处死刑缓期二年执行的罪犯缓刑期满后的执行方式有两种：一是在考验期满被减为无期徒刑或者有期徒刑，二是因故意犯罪被执行死刑。在考验期内是否故意犯罪是决定被判处死缓的罪犯在缓刑期满后如何执行的法定条件。罪犯只要在死刑缓期执行期间没有故意犯罪，即使有抗拒改造的行为甚至过失犯罪，都应当予以减刑。

故意犯罪并不必然导致死刑执行。如果情节恶劣，查证属实，应当执行死刑的，由高级人民法院报请最高院核准死刑。对于虽有故意犯罪，但不属于情节恶劣，未执行死刑的，不再报请高级人民法院核准，死刑缓期执行的期间重新计算。

相关规定

《高法解释》

第四百九十七条　被判处死刑缓期执行的罪犯，在死刑缓期执行期间犯罪的，应当由罪犯服刑地的中级人民法院依法审判，所作的判决可以上诉、抗诉。

认定故意犯罪，情节恶劣，应当执行死刑的，在判决、裁定发生法律效力后，应当层报最高人民法院核准执行死刑。

对故意犯罪未执行死刑的，不再报高级人民法院核准，死刑缓期执行的期间重新计算，并层报最高人民法院备案。备案不影响判决、裁定的生效和执行。

最高人民法院经备案审查，认为原判不予执行死刑错误，确需改判的，应当依照审判监督程序予以纠正。

第四百九十八条　死刑缓期执行的期间，从判决或者裁定核准死刑缓期执行的法律文书宣告或者送达之日起计算。

死刑缓期执行期满，依法应当减刑的，人民法院应当及时减刑。死刑缓期执行期满减为无期徒刑、有期徒刑的，刑期自死刑缓期执行期满之日起计算。

第二百六十二条 死刑的交付与停止执行

下级人民法院接到最高人民法院执行死刑的命令后，应当在七日以内交付执行。但是发现有下列情形之一的，应当停止执行，并且立即报告最高人民法院，由最高人民法院作出裁定：

（一）在执行前发现判决可能有错误的；

（二）在执行前罪犯揭发重大犯罪事实或者有其他重大立功表现，可能需要改判的；

（三）罪犯正在怀孕。

前款第一项、第二项停止执行的原因消失后，必须报请最高人民法院院长再签发执行死刑的命令才能执行；由于前款第三项原因停止执行的，应当报请最高人民法院依法改判。

条文注解

第一，死刑执行前，人民法院应当提审被告人，查明其身份，核实犯罪事实及证据；在临场执行时，指挥执行的审判人员对罪犯应当验明正身，讯问有无遗言、信札。在死刑执行前，如果发现有本款规定的停止执行的情形之一的，应当停止执行，并立即向判处或者核准死刑的最高人民法院报告，由最高人民法院作出裁定。停止执行的情形有三种：一是在执行前发现判决可能有错误的，最高人民法院审查后，确认判决确实有错误的，应当依法予以改判。二是在执行前罪犯揭发重大犯罪事实或者有其他重大立功表现，可能需要改判的。"揭发重大犯罪事实"是指检举、揭发司法机关尚未掌握或者尚未完全掌握的重大犯罪的嫌疑人、重大线索或者主要证据等。"其他重大立功表现"是指除揭发重大犯罪事实以外的重大立功表现，包括在涉及国家安全、公共安全、经济、科技等各方面的重大立功表现。最高人民法院审查后，可以视具体情况，予以改判。三是罪犯正在怀孕的，应当停止执行死刑，报请人民法院依法予以改判。

第二，对恢复执行死刑和对罪犯正在怀孕的案件报请依法改判的规定。对于停止执行死刑的案件，前款规定第一项、第二项停止执行的原因消失后，必须报请原判决或者核准死刑的最高人民法院院长再签发执行死刑的命令才能恢复执行死刑。前款规定第一项、第二项"停止执行的原因消失"，是指最高人民法院审查后，确认原判决没有错误或者其错误已经纠正，并不影响判处死刑的和确认罪犯揭发重大犯罪事实或者有其他重大立功表现的情况不属实，仍应执行死刑的。对罪犯正在怀孕的案件报请依法改判的规定，对于执行前发现罪犯正在怀孕的，最高人民法院应当予以改判。

相关规定

《高法解释》

第四百九十九条 最高人民法院的执行死刑命令，由高级人民法院交付第一审人民法院执行。第一审人民法院接到执行死刑命令后，应当在七日以内执行。

在死刑缓期执行期间故意犯罪，最高人民法院核准执行死刑的，由罪犯服刑地的中级人民法院执行。

第五百条 下级人民法院在接到执行死刑命令后、执行前，发现有下列情形之一的，应当暂停执行，并立即将请求停止执行死刑的报告和相关材料层报最高人民法院：

（一）罪犯可能有其他犯罪的；

（二）共同犯罪的其他犯罪嫌疑人到案，可能影响罪犯量刑的；

（三）共同犯罪的其他罪犯被暂停或者停止执行死刑，可能影响罪犯量刑的；

（四）罪犯揭发重大犯罪事实或者有其他重大立功表现，可能需要改判的；

（五）罪犯怀孕的；

（六）判决、裁定可能有影响定罪量刑的其他错误的。

最高人民法院经审查，认为可能影响罪犯定罪量刑的，应当裁定停止执行死刑；认为不影响的，应当决定继续执行死刑。

第五百零一条 最高人民法院在执行死刑命令签发后、执行前，发现有前条第一款规定情形的，应当立即裁定停止执行死刑，并将有关材料移交下级人民法院。

第五百零二条 下级人民法院接到最高人民法院停止执行死刑的裁定后，应当会同有关部门调查核实停止执行死刑的事由，并及时将调查结果和意见层报最高人民法院审核。

第五百零三条 对下级人民法院报送的停止执行死刑的调查结果和意见，由最高人民法院原作出核准死刑判决、裁定的合议庭负责审查；必要时，另行组成合议庭进行审查。

第五百零四条 最高人民法院对停止执行死刑的案件，应当按照下列情形分别处理：

（一）确认罪犯怀孕的，应当改判；

（二）确认罪犯有其他犯罪，依法应当追诉的，应当裁定不予核准死刑，撤销原判，发回重新审判；

（三）确认原判决、裁定有错误或者罪犯有重大立功表现，需要改判的，应当裁定不予核准死刑，撤销原判，发回重新审判；

（四）确认原判决、裁定没有错误，罪犯没有重大立功表现，或者重大立功表现不影响原判决、裁定执行的，应当裁定继续执行死刑，并由院长重新签发执行死刑的命令。

文书格式

××××人民检察院
停止执行死刑建议书

××检停执建〔20××〕×号

_____人民法院：

你院执行死刑的罪犯_____ 因有下列情形：

……（写明应停止执行死刑的具体情形）

依据《中华人民共和国刑事诉讼法》第二百六十二条、第二百六十三条的规定，建议你院暂停对罪犯_____ 执行死刑。

20××年××月××日
（院印）

第二百六十三条　死刑执行程序

人民法院在交付执行死刑前，应当通知同级人民检察院派员临场监督。

死刑采用枪决或者注射等方法执行。

死刑可以在刑场或者指定的羁押场所内执行。

指挥执行的审判人员，对罪犯应当验明正身，讯问有无遗言、信札，然后交付执行人员执行死刑。在执行前，如果发现可能有错误，应当暂停执行，报请最高人民法院裁定。

执行死刑应当公布，不应示众。

执行死刑后，在场书记员应当写成笔录。交付执行的人民法院应当将执行死刑情况报告最高人民法院。

执行死刑后，交付执行的人民法院应当通知罪犯家属。

▍条文注解

死刑执行需要注意以下四点：

人民检察院应当临场监督。执行死刑临场监督，由检察长、检察员或助理检察员一至数人担任，并配备书记员担任记录。

采用枪决或者注射等方法执行。"注射"是指通过注射致命性药物使被执行人迅速并尽可能少痛苦地死亡的执行方法。应当注意的是，这里所说的"等方法"，是指其他文明、人道的方法，不能随便采用一些不文明或者不人道的死刑执行方法。

死刑可以在刑场或者指定的羁押场所内执行。执行死刑的刑场，不得设在繁华地区、交通要道和旅游区附近。执行死刑应当通过布告进行公布，布告一般应贴在专门的布告栏或在机关、团体、企事业单位的内部张贴。执行死刑不准示众。

对罪犯执行死刑后，交付执行的人民法院应当通知罪犯家属，罪犯家属可以在限期内领取罪犯的尸体或骨灰，对于罪犯家属不领的，由交付执行的人民法院通知有关单位处理。

▍相关规定

《高法解释》

第五百零五条　第一审人民法院在执行死刑前，应当告知罪犯有权会见其近亲属。罪犯申请会见并提供具体联系方式的，人民法院应当通知其近亲属。确实无法与罪犯近亲属取得联系，或者其近亲属拒绝会见的，应当告知罪犯。罪犯申请通过录音录像等方式留下遗言的，人民法院可以准许。

罪犯近亲属申请会见的，人民法院应当准许并及时安排，但罪犯拒绝会见的除外。罪犯拒绝会见的，应当记录在案并及时告知其近亲属；必要时，应当录音录像。

罪犯申请会见近亲属以外的亲友，经人民法院审查，确有正当理由的，在确保安全的情况下可以准许。

罪犯申请会见未成年子女的，应当经未成年子女的监护人同意；会见可能影响未成年人身心健康的，人民法院可以通过视频方式安排会见，会见时监护人应当在场。

会见一般在罪犯羁押场所进行。

会见情况应当记录在案，附卷存档。

第五百零六条　第一审人民法院在执行死刑三日以前，应当通知同级人民检察院派员临场监督。

第五百零七条 死刑采用枪决或者注射等方法执行。

采用注射方法执行死刑的，应当在指定的刑场或者羁押场所内执行。

采用枪决、注射以外的其他方法执行死刑的，应当事先层报最高人民法院批准。

第五百零八条 执行死刑前，指挥执行的审判人员应当对罪犯验明正身，讯问有无遗言、信札，并制作笔录，再交执行人员执行死刑。

执行死刑应当公布，禁止游街示众或者其他有辱罪犯人格的行为。

第五百零九条 执行死刑后，应当由法医验明罪犯确实死亡，在场书记员制作笔录。负责执行的人民法院应当在执行死刑后十五日以内将执行情况，包括罪犯被执行死刑前后的照片，上报最高人民法院。

第五百一十条 执行死刑后，负责执行的人民法院应当办理以下事项：

（一）对罪犯的遗书、遗言笔录，应当及时审查；涉及财产继承、债务清偿、家事嘱托等内容的，将遗书、遗言笔录交给家属，同时复制附卷备查；涉及案件线索等问题的，抄送有关机关；

（二）通知罪犯家属在限期内领取罪犯骨灰；没有火化条件或者因民族、宗教等原因不宜火化的，通知领取尸体；过期不领取的，由人民法院通知有关单位处理，并要求有关单位出具处理情况的说明；对罪犯骨灰或者尸体的处理情况，应当记录在案；

（三）对外国籍罪犯执行死刑后，通知外国驻华使领馆的程序和时限，根据有关规定办理。

《高检规则》

第六百四十七条 被判处死刑立即执行的罪犯在被执行死刑时，人民检察院应当指派检察官临场监督。

死刑执行临场监督由人民检察院负责刑事执行检察的部门承担。人民检察院派驻看守所、监狱的检察人员应当予以协助，负责捕诉的部门应当提供有关情况。

执行死刑过程中，人民检察院临场监督人员根据需要可以进行拍照、录像。执行死刑后，人民检察院临场监督人员应当检查罪犯是否确已死亡，并填写死刑执行临场监督笔录，签名后入卷归档。

第六百四十八条 省级人民检察院负责案件管理的部门收到高级人民法院报请最高人民法院复核的死刑判决书、裁定书副本后，应当在三日以内将判决书、裁定书副本移送本院负责刑事执行检察的部门。

判处死刑的案件一审是由中级人民法院审理的，省级人民检察院应当及时将死刑判决书、裁定书副本移送中级人民法院的同级人民检察院负责刑事执行检察的部门。

人民检察院收到同级人民法院执行死刑临场监督通知后，应当查明同级人民法院是否收到最高人民法院核准死刑的裁定或者作出的死刑判决、裁定和执行死刑的命令。

第六百四十九条 执行死刑前，人民检察院发现具有下列情形之一的，应当建议人民法院立即停止执行，并层报最高人民检察院负责死刑复核监督的部门：

（一）被执行人并非应当执行死刑的罪犯的；

（二）罪犯犯罪时不满十八周岁，或者审判的时候已满七十五周岁，依法不应当适用死刑的；

（三）罪犯正在怀孕的；

（四）共同犯罪的其他犯罪嫌疑人到案，共同犯罪的其他罪犯被暂停或者停止

执行死刑,可能影响罪犯量刑的;

(五)罪犯可能有其他犯罪的;

(六)罪犯揭发他人重大犯罪事实或者有其他重大立功表现,可能需要改判的;

(七)判决、裁定可能有影响定罪量刑的其他错误的。

在执行死刑活动中,发现人民法院有侵犯被执行死刑罪犯的人身权、财产权或者其近亲属、继承人合法权利等违法情形的,人民检察院应当依法提出纠正意见。

第二百六十四条 死缓、无期徒刑、有期徒刑和拘役的执行

罪犯被交付执行刑罚的时候,应当由交付执行的人民法院在判决生效后十日以内将有关的法律文书送达公安机关、监狱或者其他执行机关。

对被判处死刑缓期二年执行、无期徒刑、有期徒刑的罪犯,由公安机关依法将该罪犯送交监狱执行刑罚。对被判处有期徒刑的罪犯,在被交付执行刑罚前,剩余刑期在三个月以下的,由看守所代为执行。对被判处拘役的罪犯,由公安机关执行。

对未成年犯应当在未成年犯管教所执行刑罚。

执行机关应当将罪犯及时收押,并且通知罪犯家属。

判处有期徒刑、拘役的罪犯,执行期满,应当由执行机关发给释放证明书。

条文注解

2012年3月14日,第十一届全国人民代表大会第五次会议通过的关于修改刑事诉讼法的决定对本条作了三处修改:一是规定罪犯被交付执行刑罚的时候,应当由交付执行的人民法院"在判决生效后十日以内"将有关的法律文书送达执行机关;二是在交付执行的人民法院应当送达法律文书的机关中增加了"公安机关";三是将看守所代为执行的刑期由"一年以下"改为"三个月以下"。

相关规定

《高法解释》

第五百一十一条 被判处死刑缓期执行、无期徒刑、有期徒刑、拘役的罪犯,第一审人民法院应当在判决、裁定生效后十日以内,将判决书、裁定书、起诉书副本、自诉状复印件、执行通知书、结案登记表送达公安机关、监狱或者其他执行机关。

第五百一十二条 同案审理的案件中,部分被告人被判处死刑,对未被判处死刑的同案被告人需要羁押执行刑罚的,应当根据前条规定及时交付执行。但是,该同案被告人参与实施有关死刑之罪的,应当在复核讯问被判处死刑的被告人后交付执行。

第五百一十三条 执行通知书回执经看守所盖章后,应当附卷备查。

《高检规则》

第六百二十五条 人民检察院发现人民法院、公安机关、看守所等机关的交付执行活动具有下列情形之一的,应当依法提出纠正意见:

(一)交付执行的第一审人民法院没有在法定期间内将判决书、裁定书、人民检察院的起诉书副本、自诉状复印件、执行通知书、结案登记表等法律文书送达公安机关、监狱、社区矫正机构等执行机关的;

（二）对被判处死刑缓期二年执行、无期徒刑或者有期徒刑余刑在三个月以上的罪犯，公安机关、看守所自接到人民法院执行通知书等法律文书后三十日以内，没有将成年罪犯送交监狱执行刑罚，或者没有将未成年罪犯送交未成年犯管教所执行刑罚的；

（三）对需要收监执行刑罚而判决、裁定生效前未被羁押的罪犯，第一审人民法院没有及时将罪犯收监送交公安机关，并将判决书、裁定书、执行通知书等法律文书送达公安机关的；

（四）公安机关对需要收监执行刑罚但下落不明的罪犯，在收到人民法院的判决书、裁定书、执行通知书等法律文书后，没有及时抓捕、通缉的；

（五）对被判处管制、宣告缓刑或者人民法院决定暂予监外执行的罪犯，在判决、裁定生效后或者收到人民法院暂予监外执行决定后，未依法交付罪犯居住地社区矫正机构执行，或者对被单处剥夺政治权利的罪犯，在判决、裁定生效后，未依法交付罪犯居住地公安机关执行的，或者人民法院依法交付执行，社区矫正机构或者公安机关应当接收而拒绝接收的；

（六）其他违法情形。

第六百二十七条 人民检察院发现公安机关未依法执行拘役、剥夺政治权利，拘役执行期满未依法发给释放证明，或者剥夺政治权利执行期满未书面通知本人及其所在单位、居住地基层组织等违法情形的，应当依法提出纠正意见。

第六百二十八条 人民检察院发现监狱、看守所对服刑期满或者依法应当予以释放的人员没有按期释放，对被裁定假释的罪犯依法应当交付罪犯居住地社区矫正机构实行社区矫正而不交付，对主刑执行完毕仍然需要执行附加剥夺政治权利的罪犯依法应当交付罪犯居住地公安机关执行而不交付，或者对服刑期未满又无合法释放根据的罪犯予以释放等违法行为的，应当依法提出纠正意见。

第六百五十条 判处被告人死刑缓期二年执行的判决、裁定在执行过程中，人民检察院监督的内容主要包括：

（一）死刑缓期执行期满，符合法律规定应当减为无期徒刑、有期徒刑条件的，监狱是否及时提出减刑建议提请人民法院裁定，人民法院是否依法裁定；

（二）罪犯在缓期执行期间故意犯罪，监狱是否依法侦查和移送起诉；罪犯确系故意犯罪，情节恶劣，查证属实，应当执行死刑的，人民法院是否依法核准或者裁定执行死刑。

被判处死刑缓期二年执行的罪犯在死刑缓期执行期间故意犯罪，执行机关向人民检察院移送起诉的，由罪犯服刑所在地设区的市级人民检察院审查决定是否提起公诉。

人民检察院发现人民法院对被判处死刑缓期二年执行的罪犯减刑不当的，应当依照本规则第六百三十九条、第六百四十条的规定，向人民法院提出纠正意见。罪犯在死刑缓期执行期间又故意犯罪，经人民检察院起诉后，人民法院仍然予以减刑的，人民检察院应当依照本规则相关规定，向人民法院提出抗诉。

《公安规定》

第二百九十八条 对被依法判处刑罚的罪犯，如果罪犯已被采取强制措施的，公安机关应当依据人民法院生效的判决书、裁定书以及执行通知书，将罪犯交付执行。

对人民法院作出无罪或者免除刑事处罚的判决，如果被告人在押，公安机关在收到相应的法律文书后应当立即办理释放手续；对人民法院建议给予行政处理的，应当依照有关规定处理或者移送有关部门。

第二百九十九条 对被判处死刑的罪犯，公安机关应当依据人民法院执行死刑的命令，将罪犯交由人民法院执行。

第三百条 公安机关接到人民法院生效的判处死刑缓期二年执行、无期徒刑、有期徒刑的判决书、裁定书以及执行通知书后，应当在一个月以内将罪犯送交监狱执行。

对未成年犯应当送交未成年犯管教所执行刑罚。

第三百零一条 对被判处有期徒刑的罪犯，在被交付执行刑罚前，剩余刑期在三个月以下的，由看守所根据人民法院的判决代为执行。

对被判处拘役的罪犯，由看守所执行。

第三百零三条 对被判处有期徒刑由看守所代为执行和被判处拘役的罪犯，执行期间如果没有再犯新罪，执行期满，看守所应当发给刑满释放证明书。

典型案例

宋某平、平某卫抢劫、盗窃案（刑事审判参考案例第739号）

裁判要旨：对共同犯罪中判处死刑缓期执行的被告人，必要时可依法决定限制减刑。在有些案件中，数名主犯之间罪责差别不大，罪责相对略小的主犯被判处了死刑缓期执行。对这类主犯是否限制减刑，关键看其主观恶性和人身危险性的大小。如果被判处死刑缓期执行的被告人犯罪手段残忍，犯罪性质和情节恶劣，或者是累犯或者有前科，表现出较大的主观恶性和人身危险性的，在符合刑法第五十条第二款规定的前提下，可以决定对其限制减刑。这样把握，既体现出严格执行死刑政策，又充分体现了对此类主犯的严惩，实现与判处死刑立即执行主犯之间的量刑平衡。反之，如果判处死刑缓期执行的被告人犯罪手段和情节一般，也没有前科，不能认定其主观恶性深、人身危险性大的，则判处死刑缓期执行就已经体现严惩，并能实现与判处死刑立即执行主犯之间的量刑平衡，自然也就不应当再对其限制减刑。

文书格式

```
              ×××看 守 所
            刑 满 释 放 证 明 书
                              ×看释字〔    〕    号

  兹有_____（性别____，出生日期_____，住址_____
_____），因犯_____罪下____年____月
____日被_____法院判处_____，剥夺政治权利__
__年（自____年____月____日至____年____月____日）。在执行期间曾被依法
_____。现因执行期满，予以释放。特此证明。
                                        看守所（印）
                                           年 月 日
```

第二百六十五条 暂予监外执行

对被判处有期徒刑或者拘役的罪犯，有下列情形之一的，可以暂予监外执行：

（一）有严重疾病需要保外就医的；

（二）怀孕或者正在哺乳自己婴儿的妇女；

（三）生活不能自理，适用暂予监外执行不致危害社会的。

对被判处无期徒刑的罪犯，有前款第二项规定情形的，可以暂予监外执行。

对适用保外就医可能有社会危险性的罪犯，或者自伤自残的罪犯，不得保外就医。

对罪犯确有严重疾病，必须保外就医的，由省级人民政府指定的医院诊断并开具证明文件。

在交付执行前，暂予监外执行由交付执行的人民法院决定；在交付执行后，暂予监外执行由监狱或者看守所提出书面意见，报省级以上监狱管理机关或者设区的市一级以上公安机关批准。

条文注解

2012年3月14日，第十一届全国人民代表大会第五次会议通过的关于修改刑事诉讼法的决定对本条作了五处修改：一是调整暂予监外执行的对象范围，增加规定对于被判处无期徒刑的怀孕或者正在哺乳自己婴儿的妇女也可以暂予监外执行；二是规定保外就医须由省级人民政府指定的医院诊断；三是增加规定了暂予监外执行的批准主体及批准程序；四是将取消暂予监外执行、及时收监的规定移至第二百五十七条；五是取消了暂予监外执行由公安机关执行的规定。

暂予监外执行的适用范围。限于法定对象和情形，且应有证据予以证实，并且经过决定机关查证属实。

保外就医的特殊规定。对于适用保外就医可能有社会危险性的罪犯，或者自伤自残的罪犯，不得保外就医。被判处有期徒刑或者拘役的罪犯是否确有严重疾病，需要保外就医，应由指定的医疗机构予以诊断，并出具证明书。指定的医疗机构即本款规定的"由省级人民政府指定的医院"。

暂予监外执行批准主体及批准程序。在交付执行前，人民法院发现罪犯符合暂予监外执行的情形，可以对其暂予监外执行，由人民法院直接作出决定；在交付执行后，负责执行的监狱或者看守所发现罪犯符合暂予监外执行的情形，可以由监狱或看守所提出暂予监外执行的书面意见，报省级以上监狱管理机关或者设区的市一级以上公安机关批准后执行，监狱或看守所只能提出建议，不能直接作出决定。

相关规定

《高法解释》

第五百一十四条 罪犯在被交付执行前，因有严重疾病、怀孕或者正在哺乳自己婴儿的妇女、生活不能自理的原因，依法提出暂予监外执行的申请的，有关病情诊断、妊娠检查和生活不能自理的鉴别，由人民法院负责组织进行。

《公安规定》

第三百零七条 对依法留所执行刑罚的罪犯，有下列情形之一的，可以暂予监外执行：

（一）有严重疾病需要保外就医的；

（二）怀孕或者正在哺乳自己婴儿的妇女；

（三）生活不能自理，适用暂予监外执行不致危害社会的。

对罪犯暂予监外执行的，看守所应当提出书面意见，报设区的市一级以上公安机关批准，同时将书面意见抄送同级人民检察院。

对适用保外就医可能有社会危险性的罪犯，或者自伤自残的罪犯，不得保外就医。

对罪犯确有严重疾病，必须保外就医的，由省级人民政府指定的医院诊断并开具证明文件。

文书格式

```
                    ×××公 安 局
                   暂予监外执行决定书
                              ×公（　）暂外字〔　　〕号

罪犯_____，性别____，出生日期_____，住址_____
_____。因_____，根据《中华人民共和国刑事诉讼法》第二百六十五条之规定，现决定对罪犯_____
自____年____月____日至____年____月____日暂予监外执行，并由_____
_____执行。
                                          公安局（印）
                                            年 月 日
```

第二百六十六条　暂予监外执行的事先监督

监狱、看守所提出暂予监外执行的书面意见的，应当将书面意见的副本抄送人民检察院。人民检察院可以向决定或者批准机关提出书面意见。

条文注解

第一，监狱、看守所认为罪犯存在患有严重疾病需要保外就医的、怀孕或者正在哺乳自己婴儿的、生活不能自理适用暂予监外执行不致危害社会情形的，向省级以上监狱管理机关或者设区的市一级以上公安机关报送书面意见的正本，同时应当将副本抄送人民检察院。人民检察院设有监所检察部门，并在监狱、看守所派驻人员，监狱、看守所可将书面意见的副本交予监所检察部门的派驻人员。

第二，人民检察院收到监狱、看守所的书面意见后，应当及时开展监督，可以对罪犯的实际情况进行核实，认为罪犯不符合本法第二百六十五条规定的暂予监外执行的情形，暂予监外执行不当的，可以向决定或批准机关提出书面意见。决定或批准机关收到人民检察院的书面建议后，应当认真核查，作为决定或批准暂予监外执行的重要参考。

相关规定

《高法解释》

第五百一十五条　被判处无期徒刑、

有期徒刑或者拘役的罪犯，符合刑事诉讼法第二百六十五条第一款、第二款的规定，人民法院决定暂予监外执行的，应当制作暂予监外执行决定书，写明罪犯基本情况、判决确定的罪名和刑罚、决定暂予监外执行的原因、依据等。

人民法院在作出暂予监外执行决定前，应当征求人民检察院的意见。

人民检察院认为人民法院的暂予监外执行决定不当，在法定期限内提出书面意见的，人民法院应当立即对该决定重新核查，并在一个月以内作出决定。

对暂予监外执行的罪犯，适用本解释第五百一十九条的有关规定，依法实行社区矫正。

人民法院决定暂予监外执行的，由看守所或者执行取保候审、监视居住的公安机关自收到决定之日起十日以内将罪犯移送社区矫正机构。

典型案例

吴某龙等贩卖毒品案（刑事审判参考案例第799号）

裁判要旨： 对不符合刑事诉讼法及相关司法解释关于暂予监外执行条件的罪犯，法院不得决定暂予监外执行。看守所或者监狱拒绝执行法院依法作出收监决定的，法院应当协调检察机关，对看守所或者监狱违法拒绝收监的行为进行监督。

文书格式

××××人民检察院
提请暂予监外执行检察意见书

××检暂意〔20××〕××号

_____（决定单位名称）：

本院（提请暂予监外执行日期）收到（提请/办理机关）抄送的对罪犯（姓名）提请暂予监外执行的书面意见副本后，根据《中华人民共和国刑事诉讼法》第二百六十六条的规定，对该提请意见进行了审查。

经审查，本院认为罪犯（姓名）符合暂予监外执行条件（不符合暂予监外执行条件/提请暂予监外执行的程序违法，理由是：……上述事实有以下证据予以佐证：……）。依照《中华人民共和国刑事诉讼法》第二百七十六条的规定，建议你局（厅、处）（不予）批准对罪犯（姓名）暂予监外执行。

20××年××月××日
（院印）

第二百六十七条 暂予监外执行的监督程序

决定或者批准暂予监外执行的机关应当将暂予监外执行决定抄送人民检察院。人民检察院认为暂予监外执行不当的，应当自接到通知之日起一个月以内将书面意见送交决定或者批准暂予监外执行的机关，决定或者批准暂予监外执行的机关接到人民检察院的书面意见后，应当立即对该决定进行重新核查。

条文注解

本条适用于以下三种情况：一是人民法院在判决时发现未被羁押的罪犯符合法律规定的暂予监外执行条件的，在判处刑罚的同时，决定暂予监外执行；二是公安机关将罪犯送交监狱时，监狱在将罪犯收押前，应当对交付执行的罪犯进行身体检查，对于符合监外执行条件的罪犯可以暂不收监，由交付执行的人民法院决定暂予监外执行；三是在刑罚执行过程中发现罪犯符合暂予监外执行条件的，由执行机关提出书面材料和意见，报省、自治区、直辖市监狱管理机关或者看守所、拘役所的主管公安机关批准，暂予监外执行。

相关规定

《公安规定》

第三百零八条 公安机关决定对罪犯暂予监外执行的，应当将暂予监外执行决定书交被暂予监外执行的罪犯和负责监外执行的社区矫正机构，同时抄送同级人民检察院。

第三百零九条 批准暂予监外执行的公安机关接到人民检察院认为暂予监外执行不当的意见后，应当立即对暂予监外执行的决定进行重新核查。

《高检规则》

第六百二十九条 人民检察院发现人民法院、监狱、看守所、公安机关暂予监外执行的活动具有下列情形之一的，应当依法提出纠正意见：

（一）将不符合法定条件的罪犯提请、决定暂予监外执行的；

（二）提请、决定暂予监外执行的程序违反法律规定或者没有完备的合法手续，或者对于需要保外就医的罪犯没有省级人民政府指定医院的诊断证明和开具的证明文件的；

（三）监狱、看守所提出暂予监外执行书面意见，没有同时将书面意见副本抄送人民检察院的；

（四）罪犯被决定或者批准暂予监外执行后，未依法交付罪犯居住地社区矫正机构实行社区矫正的；

（五）对符合暂予监外执行条件的罪犯没有依法提请暂予监外执行的；

（六）人民法院在作出暂予监外执行决定前，没有依法征求人民检察院意见的；

（七）发现罪犯不符合暂予监外执行条件，在暂予监外执行期间严重违反暂予监外执行监督管理规定，或者暂予监外执行的条件消失且刑期未满，应当收监执行而未及时收监执行的；

（八）人民法院决定将暂予监外执行的罪犯收监执行，并将有关法律文书送达公安机关、监狱、看守所后，监狱、看守所未及时收监执行的；

（九）对不符合暂予监外执行条件的罪犯通过贿赂、欺骗等非法手段被暂予监外执行以及在暂予监外执行期间脱逃的罪犯，监狱、看守所未建议人民法院将其监外执行期间、脱逃期间不计入执行刑期或者对罪犯执行刑期计算的建议违法、不当的；

（十）暂予监外执行的罪犯刑期届满，未及时办理释放手续的；

（十一）其他违法情形。

第六百三十条 人民检察院收到监狱、看守所抄送的暂予监外执行书面意见副本后，应当逐案进行审查，发现罪犯不符合暂予监外执行法定条件或者提请暂予监外执行违反法定程序的，应当在十日以内报经检察长批准，向决定或者批准机关提出书面检察意见，同时抄送执行机关。

第六百三十一条 人民检察院接到决定或者批准机关抄送的暂予监外执行决定书后，应当及时审查下列内容：

（一）是否属于被判处有期徒刑或者拘役的罪犯；

（二）是否属于有严重疾病需要保外就医的罪犯；

（三）是否属于怀孕或者正在哺乳自己婴儿的妇女；

（四）是否属于生活不能自理，适用暂予监外执行不致危害社会的罪犯；

（五）是否属于适用保外就医可能有社会危险性的罪犯，或者自伤自残的罪犯；

（六）决定或者批准机关是否符合刑事诉讼法第二百六十五条第五款的规定；

（七）办理暂予监外执行是否符合法定程序。

第六百三十二条 人民检察院经审查认为暂予监外执行不当的，应当自接到通知之日起一个月以内，向决定或者批准暂予监外执行的机关提出纠正意见。下级人民检察院认为暂予监外执行不当的，应当立即层报决定或者批准暂予监外执行的机关的同级人民检察院，由其决定是否向决定或者批准暂予监外执行的机关提出纠正意见。

第六百三十三条 人民检察院向决定或者批准暂予监外执行的机关提出不同意暂予监外执行的书面意见后，应当监督其对决定或者批准暂予监外执行的结果进行重新核查，并监督重新核查的结果是否符合法律规定。对核查不符合法律规定的，应当依法提出纠正意见，并向上一级人民检察院报告。

第六百三十四条 对于暂予监外执行的罪犯，人民检察院发现罪犯不符合暂予监外执行条件、严重违反有关暂予监外执行的监督管理规定或者暂予监外执行的情形消失而罪犯刑期未满的，应当通知执行机关收监执行，或者建议决定或者批准暂予监外执行的机关作出收监执行决定。

【典型案例】

1. 罪犯王某某暂予监外执行监督案（检例第132号）

裁判要旨：人民检察院对违法暂予监外执行进行法律监督时，应当注意发现和查办背后的相关司法工作人员职务犯罪。对司法鉴定意见、病情诊断意见的审查，应当注重对其及所依据的原始资料进行重点审查。发现不符合暂予监外执行条件的罪犯通过非法手段暂予监外执行的，应当依法监督纠正。办理暂予监外执行案件时，应当加强对鉴定意见等技术性证据的联合审查。

2. 社区矫正对象崔某某暂予监外执行收监执行监督案（检例第132号）

裁判要旨：人民检察院开展社区矫正法律监督工作，应当加强对因患严重疾病被暂予监外执行以及变更执行地等社区矫正对象的监督管理活动的监督。人民检察院在监督工作中应当准确把握暂予监外执行适用条件，必要时聘请有专门知识的人辅助审查。发现社区矫正对象暂予监外执行情形消失且刑期未满的，应当依法提出收监执行的检察建议，维护刑罚执行公平公正。

文书格式

××××人民检察院
纠正不当暂予监外执行决定意见书

××检纠暂〔20××〕×号

一、发往单位。

二、罪犯基本情况。包括罪犯姓名、性别、出生日期、罪犯所在监管场所。

三、原判决、裁定情况和执行刑期情况。包括原判决、裁定认定的罪名、刑期，已执行刑期，剩余刑期。

四、决定或者批准暂予监外执行情况。包括决定或者批准暂予监外执行的理由和暂予监外执行的期限等。

五、认定暂予监外执行决定不当的理由和法律依据。可表述为：经审查，本院认为……

六、纠正意见。可表述为：依据《中华人民共和国刑事诉讼法》第二百六十七条的规定，特向你院（局、处）提出纠正意见，请依法对该决定进行重新核查，予以纠正，并将重新核查以及是否纠正情况反馈本院。

20××年××月××日
（院印）

第二百六十八条　暂予监外执行的终止

对暂予监外执行的罪犯，有下列情形之一的，应当及时收监：

（一）发现不符合暂予监外执行条件的；

（二）严重违反有关暂予监外执行监督管理规定的；

（三）暂予监外执行的情形消失后，罪犯刑期未满的。

对于人民法院决定暂予监外执行的罪犯应当予以收监的，由人民法院作出决定，将有关的法律文书送达公安机关、监狱或者其他执行机关。

不符合暂予监外执行条件的罪犯通过贿赂等非法手段被暂予监外执行的，在监外执行的期间不计入执行刑期。罪犯在暂予监外执行期间脱逃的，脱逃的期间不计入执行刑期。

罪犯在暂予监外执行期间死亡的,执行机关应当及时通知监狱或者看守所。

条文注解

2012年3月14日,第十一届全国人民代表大会第五次会议通过的关于修改刑事诉讼法的决定对本条作了如下补充修改:一是增加规定了对暂予监外执行的罪犯收监执行的具体情形及程序。二是增加规定了通过非法手段被暂予监外执行的,在监外执行的期间不计入执行刑期;在暂予监外执行期间脱逃,脱逃的期间不计入刑期。三是罪犯在暂予监外执行期间死亡,规定应由"执行机关"及时通知监狱,并在应当通知的机关中增加了"看守所"。罪犯"死亡",既包括因疾病等原因自然死亡,也包括因事故、脱逃等原因非正常死亡。

相关规定

《高法解释》

第五百一十六条 人民法院收到社区矫正机构的收监执行建议书后,经审查,确认暂予监外执行的罪犯具有下列情形之一的,应当作出收监执行的决定:

(一)不符合暂予监外执行条件的;

(二)未经批准离开所居住的市、县,经警告拒不改正,或者拒不报告行踪,脱离监管的;

(三)因违反监督管理规定受到治安管理处罚,仍不改正的;

(四)受到执行机关两次警告,仍不改正的;

(五)保外就医期间不按规定提交病情复查情况,经警告拒不改正的;

(六)暂予监外执行的情形消失后,刑期未满的;

(七)保证人丧失保证条件或者因不履行义务被取消保证人资格,不能在规定期限内提出新的保证人的;

(八)违反法律、行政法规和监督管理规定,情节严重的其他情形。

第五百一十七条 人民法院应当在收到社区矫正机构的收监执行建议书后三十日以内作出决定。收监执行决定书一经作出,立即生效。

人民法院应当将收监执行决定书送达社区矫正机构和公安机关,并抄送人民检察院,由公安机关将罪犯交付执行。

第五百一十八条 被收监执行的罪犯有不计入执行刑期情形的,人民法院应当在作出收监决定时,确定不计入执行刑期的具体时间。

《公安规定》

第三百一十条 对暂予监外执行的罪犯,有下列情形之一的,批准暂予监外执行的公安机关应当作出收监执行决定:

(一)发现不符合暂予监外执行条件的;

(二)严重违反有关暂予监外执行监督管理规定的;

(三)暂予监外执行的情形消失后,罪犯刑期未满的。

对暂予监外执行的罪犯决定收监执行的,由暂予监外执行地看守所将罪犯收监执行。

不符合暂予监外执行条件的罪犯通过贿赂等非法手段被暂予监外执行的,或者罪犯在暂予监外执行期间脱逃的,罪犯被收监执行后,所在看守所应当提出不计入执行刑期的建议,经设区的市一级以上公安机关审查同意后,报请所在地中级以上人民法院审核裁定。

典型案例

1. 田某兵敲诈勒索案（刑事审判参考案例第 797 号）

裁判要旨： 刑法第七十一条不仅要求罪犯又犯新罪，更重要的是要求罪犯又犯新罪的时间、发现罪犯又犯新罪的时间均在前罪的刑罚执行完毕之前。就本案而言，虽然田某兵在刑罚执行完毕之前又犯新罪，但在新罪判决时，前罪已经执行完毕，没有可以并罚的余刑。因此，对本案被告人实行并罚并不符合刑法第七十一条的立法本意。暂予监外执行期满应当视为刑罚已经执行完毕，无须进行数罪并罚，对被告人田某兵所犯敲诈勒索罪单独定罪处罚。

2. 沙某民容留他人吸毒案（刑事审判参考案例第 1085 号）

裁判要旨： 被告人在监外执行期间因犯新罪而被采取强制措施的，新罪强制措施采取之日，即为前罪监外执行中止之时。暂予监外执行期间的中止不等于刑期计算的中止，被告人在暂予监外执行期间因出现法定情形，如被保外就医的被告人疾病治愈，则有权机构应作出收监决定，被告人被收监后在监狱内继续服刑，即虽然暂予监外执行中止，但是刑期却是连续计算。如果被告人是因为犯新罪而被中止前罪的暂予监外执行期间，应以被告人犯新罪被抓获并被采取强制措施之日为界点，中断前罪刑期的计算。

文书格式

×××公安局
收监执行通知书

×公（ ）收监字〔 〕 号

＿＿＿＿＿＿＿＿：
　　因罪犯＿＿＿＿＿＿＿＿（性别＿＿＿＿＿，出生日期＿＿＿＿＿＿＿＿＿＿＿＿＿，住址＿＿＿＿＿＿＿＿＿＿＿＿＿＿＿＿＿＿＿＿＿）在暂予监外执行期间＿＿＿＿＿＿＿＿＿＿＿＿＿＿＿＿＿＿＿＿＿＿＿＿，根据《中华人民共和国刑事诉讼法》第二百六十八条之规定，决定将其收监执行刑罚。

公安局（印）
年 月 日

第二百六十九条 社区矫正

对被判处管制、宣告缓刑、假释或者暂予监外执行的罪犯，依法实行社区矫正，由社区矫正机构负责执行。

条文注解

"社区矫正"是指将符合法定条件的罪犯置于社区内，由专门的国家机关在相关社会团体、民间组织和社会志愿者的协助下，在判决、裁定或决定确定的期限内，矫正其犯罪心理和行为习惯，促进其顺利回归社会的非监禁刑罚执行活动。2019 年，社区矫正法出台，标志着监禁刑执行与非监禁刑执行统一协调的刑罚执行体系初步建立。

相关规定

《社区矫正法》（2019年12月28日颁布施行）

第八条 国务院司法行政部门主管全国的社区矫正工作。

县级以上地方人民政府司法行政部门主管本行政区域内的社区矫正工作。人民法院、人民检察院、公安机关和其他有关部门依照各自职责，依法做好社区矫正工作。人民检察院依法对社区矫正工作实行法律监督。

地方人民政府根据需要设立社区矫正委员会，负责统筹协调和指导本行政区域内的社区矫正工作。

第九条 县级以上地方人民政府根据需要设置社区矫正机构，负责社区矫正工作的具体实施。社区矫正机构的设置和撤销，由县级以上地方人民政府司法行政部门提出意见，按照规定的权限和程序审批。

司法所根据社区矫正机构的委托，承担社区矫正相关工作。

第十条 社区矫正机构应当配备具有法律等专业知识的专门国家工作人员（以下称社区矫正机构工作人员），履行监督管理、教育帮扶等执法职责。

第十一条 社区矫正机构根据需要，组织具有法律、教育、心理、社会工作等专业知识或者实践经验的社会工作者开展社区矫正相关工作。

第十二条 居民委员会、村民委员会依法协助社区矫正机构做好社区矫正工作。

社区矫正对象的监护人、家庭成员，所在单位或者就读学校应当协助社区矫正机构做好社区矫正工作。

第十三条 国家鼓励、支持企业事业单位、社会组织、志愿者等社会力量依法参与社区矫正工作。

第十四条 社区矫正机构工作人员应当严格遵守宪法和法律，忠于职守，严守纪律，清正廉洁。

第十五条 社区矫正机构工作人员和其他参与社区矫正工作的人员依法开展社区矫正工作，受法律保护。

第十六条 国家推进高素质的社区矫正工作队伍建设。社区矫正机构应当加强对社区矫正工作人员的管理、监督、培训和职业保障，不断提高社区矫正工作的规范化、专业化水平。

第十七条 社区矫正决定机关判处管制、宣告缓刑、裁定假释、决定或者批准暂予监外执行时应当确定社区矫正执行地。

社区矫正执行地为社区矫正对象的居住地。社区矫正对象在多个地方居住的，可以确定经常居住地为执行地。

社区矫正对象的居住地、经常居住地无法确定或者不适宜执行社区矫正的，社区矫正决定机关应当根据有利于社区矫正对象接受矫正、更好地融入社会的原则，确定执行地。

本法所称社区矫正决定机关，是指依法判处管制、宣告缓刑、裁定假释、决定暂予监外执行的人民法院和依法批准暂予监外执行的监狱管理机关、公安机关。

第十八条 社区矫正决定机关根据需要，可以委托社区矫正机构或者有关社会组织对被告人或者罪犯的社会危险性和对所居住社区的影响，进行调查评估，提出意见，供决定社区矫正时参考。居民委员会、村民委员会等组织应当提供必要的协助。

第十九条 社区矫正决定机关判处管

制、宣告缓刑、裁定假释、决定或者批准暂予监外执行，应当按照刑法、刑事诉讼法等法律规定的条件和程序进行。

社区矫正决定机关应当对社区矫正对象进行教育，告知其在社区矫正期间应当遵守的规定以及违反规定的法律后果，责令其按时报到。

第二十条 社区矫正决定机关应当自判决、裁定或者决定生效之日起五日内通知执行地社区矫正机构，并在十日内送达有关法律文书，同时抄送人民检察院和执行地公安机关。社区矫正决定地与执行地不在同一地方的，由执行地社区矫正机构将法律文书转送所在地的人民检察院、公安机关。

第二十一条 人民法院判处管制、宣告缓刑、裁定假释的社区矫正对象，应当自判决、裁定生效之日起十日内到执行地社区矫正机构报到。

人民法院决定暂予监外执行的社区矫正对象，由看守所或者执行取保候审、监视居住的公安机关自收到决定之日起十日内将社区矫正对象移送社区矫正机构。

监狱管理机关、公安机关批准暂予监外执行的社区矫正对象，由监狱或者看守所自收到批准决定之日起十日内将社区矫正对象移送社区矫正机构。

第二十二条 社区矫正机构应当依法接收社区矫正对象，核对法律文书、核实身份、办理接收登记、建立档案，并宣告社区矫正对象的犯罪事实、执行社区矫正的期限以及应当遵守的规定。

第二十三条 社区矫正对象在社区矫正期间应当遵守法律、行政法规，履行判决、裁定、暂予监外执行决定等法律文书确定的义务，遵守国务院司法行政部门关于报告、会客、外出、迁居、保外就医等监督管理规定，服从社区矫正机构管理。

第二十四条 社区矫正机构应当根据裁判内容和社区矫正对象的性别、年龄、心理特点、健康状况、犯罪原因、犯罪类型、犯罪情节、悔罪表现等情况，制定有针对性的矫正方案，实现分类管理、个别化矫正。矫正方案应当根据社区矫正对象的表现等情况相应调整。

第二十五条 社区矫正机构应当根据社区矫正对象的情况，为其确定矫正小组，负责落实相应的矫正方案。

根据需要，矫正小组可以由司法所、居民委员会、村民委员会的人员，社区矫正对象的监护人、家庭成员，所在单位或者就读学校的人员以及社会工作者、志愿者等组成。社区矫正对象为女性的，矫正小组中应有女性成员。

第二十六条 社区矫正机构应当了解掌握社区矫正对象的活动情况和行为表现。社区矫正机构可以通过通信联络、信息化核查、实地查访等方式核实有关情况，有关单位和个人应当予以配合。

社区矫正机构开展实地查访等工作时，应当保护社区矫正对象的身份信息和个人隐私。

第二十七条 社区矫正对象离开所居住的市、县或者迁居，应当报经社区矫正机构批准。社区矫正机构对于有正当理由的，应当批准；对于因正常工作和生活需要经常性跨市、县活动的，可以根据情况，简化批准程序和方式。

因社区矫正对象迁居等原因需要变更执行地的，社区矫正机构应当按照有关规定作出变更决定。社区矫正机构作出变更决定后，应当通知社区矫正决定机关和变更后的社区矫正机构，并将有关法律文书抄送变更后的社区矫正机构。变更后的社区矫正机构应当将法律文书转送所在地的人民检察院、公安机关。

第二十八条 社区矫正机构根据社区矫正对象的表现，依照有关规定对其实施考核奖惩。社区矫正对象认罪悔罪、遵守法律法规、服从监督管理、接受教育表现突出的，应当给予表扬。社区矫正对象违反法律法规或者监督管理规定的，应当视情节依法给予训诫、警告、提请公安机关予以治安管理处罚，或者依法提请撤销缓刑、撤销假释、对暂予监外执行的收监执行。

对社区矫正对象的考核结果，可以作为认定其是否确有悔改表现或者是否严重违反监督管理规定的依据。

第二十九条 社区矫正对象有下列情形之一的，经县级司法行政部门负责人批准，可以使用电子定位装置，加强监督管理：

（一）违反人民法院禁止令的；

（二）无正当理由，未经批准离开所居住的市、县的；

（三）拒不按照规定报告自己的活动情况，被给予警告的；

（四）违反监督管理规定，被给予治安管理处罚的；

（五）拟提请撤销缓刑、假释或者暂予监外执行收监执行的。

前款规定的使用电子定位装置的期限不得超过三个月。对于不需要继续使用的，应当及时解除；对于期限届满后，经评估仍有必要继续使用的，经过批准，期限可以延长，每次不得超过三个月。

社区矫正机构对通过电子定位装置获得的信息应当严格保密，有关信息只能用于社区矫正工作，不得用于其他用途。

第三十条 社区矫正对象失去联系的，社区矫正机构应当立即组织查找，公安机关等有关单位和人员应当予以配合协助。查找到社区矫正对象后，应当区别情形依法作出处理。

第三十一条 社区矫正机构发现社区矫正对象正在实施违反监督管理规定的行为或者违反人民法院禁止令等违法行为的，应当立即制止；制止无效的，应当立即通知公安机关到场处置。

第三十二条 社区矫正对象有被依法决定拘留、强制隔离戒毒、采取刑事强制措施等限制人身自由情形的，有关机关应当及时通知社区矫正机构。

第三十三条 社区矫正对象符合刑法规定的减刑条件的，社区矫正机构应当向社区矫正执行地的中级以上人民法院提出减刑建议，并将减刑建议书抄送同级人民检察院。

人民法院应当在收到社区矫正机构的减刑建议书后三十日内作出裁定，并将裁定书送达社区矫正机构，同时抄送人民检察院、公安机关。

第三十四条 开展社区矫正工作，应当保障社区矫正对象的合法权益。社区矫正的措施和方法应当避免对社区矫正对象的正常工作和生活造成不必要的影响；非依法律规定，不得限制或者变相限制社区矫正对象的人身自由。

社区矫正对象认为其合法权益受到侵害的，有权向人民检察院或者有关机关申诉、控告和检举。受理机关应当及时办理，并将办理结果告知申诉人、控告人和检举人。

《公安规定》

第三百零二条 对被判处管制、宣告缓刑、假释或者暂予监外执行的罪犯，已被羁押的，由看守所将其交付社区矫正机构执行。

对被判处剥夺政治权利的罪犯，由罪犯居住地的派出所负责执行。

《高法解释》

第五百一十九条 对被判处管制、宣告缓刑的罪犯，人民法院应当依法确定社区矫正执行地。社区矫正执行地为罪犯的居住地；罪犯在多个地方居住的，可以确定其经常居住地为执行地；罪犯的居住地、经常居住地无法确定或者不适宜执行社区矫正的，应当根据有利于罪犯接受矫正、更好地融入社会的原则，确定执行地。

宣判时，应当告知罪犯自判决、裁定生效之日起十日以内到执行地社区矫正机构报到，以及不按期报到的后果。

人民法院应当自判决、裁定生效之日起五日以内通知执行地社区矫正机构，并在十日以内将判决书、裁定书、执行通知书等法律文书送达执行地社区矫正机构，同时抄送人民检察院和执行地公安机关。人民法院与社区矫正执行地不在同一地方的，由执行地社区矫正机构将法律文书转送所在地的人民检察院和公安机关。

第五百四十二条 罪犯在缓刑、假释考验期限内犯新罪或者被发现在判决宣告前还有其他罪没有判决，应当撤销缓刑、假释的，由审判新罪的人民法院撤销原判决、裁定宣告的缓刑、假释，并书面通知原审人民法院和执行机关。

第五百四十三条 人民法院收到社区矫正机构的撤销缓刑建议书后，经审查，确认罪犯在缓刑考验期限内具有下列情形之一的，应当作出撤销缓刑的裁定：

（一）违反禁止令，情节严重的；

（二）无正当理由不按规定时间报到或者接受社区矫正期间脱离监管，超过一个月的；

（三）因违反监督管理规定受到治安管理处罚，仍不改正的；

（四）受到执行机关二次警告，仍不改正的；

（五）违反法律、行政法规和监督管理规定，情节严重的其他情形。

人民法院收到社区矫正机构的撤销假释建议书后，经审查，确认罪犯在假释考验期限内具有前款第二项、第四项规定情形之一，或者有其他违反监督管理规定的行为，尚未构成新的犯罪的，应当作出撤销假释的裁定。

第五百四十四条 被提请撤销缓刑、假释的罪犯可能逃跑或者可能发生社会危险，社区矫正机构在提出撤销缓刑、假释建议的同时，提请人民法院决定对其予以逮捕的，人民法院应当在四十八小时以内作出是否逮捕的决定。决定逮捕的，由公安机关执行。逮捕后的羁押期限不得超过三十日。

第五百四十五条 人民法院应当在收到社区矫正机构的撤销缓刑、假释建议书后三十日以内作出裁定。撤销缓刑、假释的裁定一经作出，立即生效。

人民法院应当将撤销缓刑、假释裁定书送达社区矫正机构和公安机关，并抄送人民检察院，由公安机关将罪犯送交执行。执行以前被逮捕的，羁押一日折抵刑期一日。

《高检规则》

第六百四十二条 人民检察院发现社区矫正决定机关、看守所、监狱、社区矫正机构在交付、接收社区矫正对象活动中违反有关规定的，应当依法提出纠正意见。

、**第六百四十三条** 人民检察院发现社区矫正执法活动具有下列情形之一的，应当依法提出纠正意见：

（一）社区矫正对象报到后，社区矫正机构未履行法定告知义务，致使其未按照有关规定接受监督管理的；

（二）违反法律规定批准社区矫正对象离开所居住的市、县，或者违反人民法院禁止令的内容批准社区矫正对象进入特定区域或者场所的；

（三）没有依法监督管理而导致社区矫正对象脱管的；

（四）社区矫正对象违反监督管理规定或者人民法院的禁止令，未依法予以警告、未提请公安机关给予治安管理处罚的；

（五）对社区矫正对象有殴打、体罚、虐待、侮辱人格、强迫其参加超时间或者超体力社区服务等侵犯其合法权利行为的；

（六）未依法办理解除、终止社区矫正的；

（七）其他违法情形。

第六百四十四条 人民检察院发现对社区矫正对象的刑罚变更执行活动具有下列情形之一的，应当依法提出纠正意见：

（一）社区矫正机构未依法向人民法院、公安机关、监狱管理机关提出撤销缓刑、撤销假释建议或者对暂予监外执行的收监执行建议，或者未依法向人民法院提出减刑建议的；

（二）人民法院、公安机关、监狱管理机关未依法作出裁定、决定，或者未依法送达的；

（三）公安机关未依法将罪犯送交看守所、监狱，或者看守所、监狱未依法收监执行的；

（四）公安机关未依法对在逃的罪犯实施追捕的；

（五）其他违法情形。

【典型案例】

1. 社区矫正对象孙某某撤销缓刑监督案（检例第131号）

裁判要旨： 人民检察院应当加强对社区矫正机构监督管理和教育帮扶社区矫正对象等社区矫正工作的法律监督，保证社区矫正活动依法进行。人民检察院开展社区矫正法律监督，应当综合运用查阅档案、调查询问、信息核查等多种方式，查明社区矫正中是否存在违法情形，精准提出监督意见。对宣告缓刑的社区矫正对象违反法律、行政法规和监督管理规定的，应当结合违法违规的客观事实和主观情节，准确认定是否属于"情节严重"应予撤销缓刑情形。对符合撤销缓刑情形但社区矫正机构未依法向人民法院提出撤销缓刑建议的，人民检察院应当向社区矫正机构提出纠正意见；对社区矫正工作中存在普遍性、倾向性违法问题或者有重大隐患的，人民检察院应当提出检察建议。

2. 社区矫正对象崔某某暂予监外执行收监执行监督案（检例第132号）

裁判要旨： 人民检察院开展社区矫正法律监督工作，应当加强对因患严重疾病被暂予监外执行以及变更执行地等社区矫正对象的监督管理活动的监督。人民检察院在监督工作中应当准确把握暂予监外执行适用条件，必要时聘请有专门知识的人辅助审查。发现社区矫正对象暂予监外执行情形消失且刑期未满的，应当依法提出收监执行的检察建议，维护刑罚执行公平公正。

3. 社区矫正对象王某减刑监督案（检例第133号）

裁判要旨： 人民检察院开展社区矫正法律监督工作，应当坚持客观公正立场，既监督纠正社区矫正中的违法行为，又依法维护社区矫正对象的合法权益。发现宣告缓刑的社区矫正对象有见义勇为、抢险救灾等突出表现的，应当监督相关部门审查确定是否属于重大立功情形，是否符合减刑条件。对有重大社会影响的减刑监督案件，人民检察院可以召开听证会，围绕社区矫正对象是否符合重大立功等重点内容进行听证，结合原判罪名情节、社区矫正期间表现等依法提出检察建议。

4. 社区矫正对象管某某申请外出监督案（检例第 134 号）

裁判要旨： 人民检察院开展社区矫正法律监督工作，应当监督社区矫正机构依法履行社区矫正对象申请外出的审批职责。社区矫正对象因生产经营需要等正当理由申请外出，社区矫正机构未予批准，申请人民检察院监督的，人民检察院应当在调查核实后依法监督社区矫正机构批准。社区矫正机构批准外出的，人民检察院应当监督社区矫正机构加强对社区矫正对象外出期间的动态监督管理，确保社区矫正对象"放得出""管得住"。

5. 社区矫正对象贾某某申请经常性跨市县活动监督案（检例第 135 号）

裁判要旨： 人民检察院开展社区矫正法律监督工作，应当切实加强社区矫正对象合法权益保障，着力解决人民群众"急难愁盼"问题。对于社区矫正对象因正常工作、生活需要申请经常性跨市县（包含跨不同省份之间的市、县）活动的，人民检察院应当监督社区矫正机构依法予以批准，并简化批准程序和方式。

第二百七十条　剥夺政治权利的执行

对被判处剥夺政治权利的罪犯，由公安机关执行。执行期满，应当由执行机关书面通知本人及其所在单位、居住地基层组织。

条文注解

被判处剥夺政治权利的罪犯，如果是并处剥夺政治权利的，剥夺政治权利的刑期，从徒刑、拘役执行完毕之日或者从假释之日起计算；剥夺政治权利的效力当然施用于主刑执行期间。如果是判处管制附加剥夺政治权利的，剥夺政治权利的期限与管制的期限相等，同时执行。执行剥夺政治权利时，执行机关应向罪犯所在单位或居住地的有关群众，宣布罪犯的犯罪事实、剥夺政治权利的内容及刑期。执行期满，执行机关应当书面通知本人及其所在单位、居住地基层组织。

相关规定

《高法解释》

第五百二十条　对单处剥夺政治权利的罪犯，人民法院应当在判决、裁定生效后十日以内，将判决书、裁定书、执行通知书等法律文书送达罪犯居住地的县级公安机关，并抄送罪犯居住地的县级人民检察院。

《公安规定》

第三百一十一条　负责执行剥夺政治权利的派出所应当按照人民法院的判决，向罪犯及其所在单位、居住地基层组织宣布其犯罪事实、被剥夺政治权利的期限，以及罪犯在执行期间应当遵守的规定。

第三百一十二条　被剥夺政治权利的罪犯在执行期间应当遵守下列规定：

（一）遵守国家法律、行政法规和公安部制定的有关规定，服从监督管理；

（二）不得享有选举权和被选举权；

（三）不得组织或者参加集会、游行、示威、结社活动；

（四）不得出版、制作、发行书籍、音像制品；

（五）不得接受采访，发表演说；

（六）不得在境内外发表有损国家荣誉、利益或者其他具有社会危害性的言论；

（七）不得担任国家机关职务；

（八）不得担任国有公司、企业、事业单位和人民团体的领导职务。

第三百一十三条 被剥夺政治权利的罪犯违反本规定第三百一十二条的规定，尚未构成新的犯罪的，公安机关依法可以给予治安管理处罚。

第三百一十四条 被剥夺政治权利的罪犯，执行期满，公安机关应当书面通知本人及其所在单位、居住地基层组织。

典型案例

焦某盗窃案（刑事审判参考案例第442号）

裁判要旨：剥夺政治权利的执行可以发生中止，在计算前罪尚未执行完毕的剥夺政治权利的刑期时，应以被告人重新犯罪的被羁押时间作为中止时间。

第二百七十一条 罚金执行

被判处罚金的罪犯，期满不缴纳的，人民法院应当强制缴纳；如果由于遭遇不能抗拒的灾祸等原因缴纳确实有困难的，经人民法院裁定，可以延期缴纳、酌情减少或者免除。

条文注解

强制缴纳的方式包括查封、拍卖其财产，冻结、扣划存款，扣留工资或者其他收入等。

被执行人遭遇不能抗拒的灾祸，缴纳罚金确实有困难的，可以向人民法院提出减少或者免除罚金的申请，人民法院可以以裁定的形式酌情减少或者免除原判的罚金。"遭遇不能抗拒的灾祸"，包括自然灾祸，如风暴、地震等，也包括人为灾祸，如因为事故发生的火灾等，这种灾祸的发生并非出于被执行人本人故意，而是人力不能避免、不能抗拒的。

相关规定

《高法解释》

第五百二十三条 罚金在判决规定的期限内一次或者分期缴纳。期满无故不缴纳或者未足额缴纳的，人民法院应当强制缴纳。经强制缴纳仍不能全部缴纳的，在任何时候，包括主刑执行完毕后，发现被执行人有可供执行的财产的，应当追缴。

行政机关对被告人就同一事实已经处以罚款的，人民法院判处罚金时应当折抵，扣除行政处罚已执行的部分。

第五百二十四条 因遭遇不能抗拒的灾祸等原因缴纳罚金确有困难，被执行人申请延期缴纳、酌情减少或者免除罚金的，应当提交相关证明材料。人民法院应当在收到申请后一个月以内作出裁定。符合法定条件的，应当准许；不符合条件的，驳回申请。

第二百七十二条 没收财产的执行

没收财产的判决，无论附加适用或者独立适用，都由人民法院执行；在必要的时候，可以会同公安机关执行。

条文注解

"在必要的时候"，是指人民法院执行没收财产可能遇到干涉、阻挠、妨碍判决的执行，需要采取强制措施的时候。人民法院可以会同公安机关执行，有利于保证没收财产判决的顺利进行。执行时应当注意，没收财产的范围只限于犯罪分子本人所有的财产的一部分或全部，不得没收其亲属所有的财产。对于共有财产，只能没收犯罪分子本人应占的份额。

相关规定

《高法解释》

第五百二十一条 刑事裁判涉财产部分的执行，是指发生法律效力的刑事裁判中下列判项的执行：

（一）罚金、没收财产；

（二）追缴、责令退赔违法所得；

（三）处置随案移送的赃款赃物；

（四）没收随案移送的供犯罪所用本人财物；

（五）其他应当由人民法院执行的相关涉财产的判项。

第五百二十二条 刑事裁判涉财产部分和附带民事裁判应当由人民法院执行的，由第一审人民法院负责裁判执行的机构执行。

第五百二十五条 判处没收财产的，判决生效后，应当立即执行。

第五百二十六条 执行财产刑，应当参照被扶养人住所地政府公布的上年度当地居民最低生活费标准，保留被执行人及其所扶养人的生活必需费用。

第五百二十七条 被判处财产刑，同时又承担附带民事赔偿责任的被执行人，应当先履行民事赔偿责任。

第五百二十八条 执行刑事裁判涉财产部分、附带民事裁判过程中，当事人、利害关系人认为执行行为违反法律规定，或者案外人对被执行标的书面提出异议的，人民法院应当参照民事诉讼法的有关规定处理。

第五百二十九条 执行刑事裁判涉财产部分、附带民事裁判过程中，具有下列情形之一的，人民法院应当裁定终结执行：

（一）据以执行的判决、裁定被撤销的；

（二）被执行人死亡或者被执行死刑，且无财产可供执行的；

（三）被判处罚金的单位终止，且无财产可供执行的；

（四）依照刑法第五十三条规定免除罚金的；

（五）应当终结执行的其他情形。

裁定终结执行后，发现被执行人的财产有被隐匿、转移等情形的，应当追缴。

第五百三十条 被执行财产在外地的，第一审人民法院可以委托财产所在地的同级人民法院执行。

第五百三十一条 刑事裁判涉财产部分、附带民事裁判全部或者部分被撤销的，已经执行的财产应当全部或者部分返还被执行人；无法返还的，应当依法赔偿。

第五百三十二条 刑事裁判涉财产部分、附带民事裁判的执行，刑事诉讼法及有关刑事司法解释没有规定的，参照适用民事执行的有关规定。

《高检规则》

第六百四十五条 人民检察院发现人民法院执行刑事裁判涉财产部分具有下列情形之一的，应当依法提出纠正意见：

（一）执行立案活动违法的；

（二）延期缴纳、酌情减少或者免除罚金违法的；

（三）中止执行或者终结执行违法的；

（四）被执行人有履行能力，应当执行而不执行的；

（五）损害被执行人、被害人、利害关系人或者案外人合法权益的；

（六）刑事裁判全部或者部分被撤销后未依法返还或者赔偿的；

（七）执行的财产未依法上缴国库的；

（八）其他违法情形。

人民检察院对人民法院执行刑事裁判涉财产部分进行监督，可以对公安机关查封、扣押、冻结涉案财物的情况，人民法院审判部门、立案部门、执行部门移送、立案、执行情况，被执行人的履行能力等情况向有关单位和个人进行调查核实。

第六百四十六条 人民检察院发现被执行人或者其他人员有隐匿、转移、变卖财产等妨碍执行情形的，可以建议人民法院及时查封、扣押、冻结。

公安机关不依法向人民法院移送涉案财物、相关清单、照片和其他证明文件，或者对涉案财物的查封、扣押、冻结、返还、处置等活动存在违法情形的，人民检察院应当依法提出纠正意见。

第二百七十三条 新罪、漏罪的追诉和减刑、假释

罪犯在服刑期间又犯罪的，或者发现了判决的时候所没有发现的罪行，由执行机关移送人民检察院处理。

被判处管制、拘役、有期徒刑或者无期徒刑的罪犯，在执行期间确有悔改或者立功表现，应当依法予以减刑、假释的时候，由执行机关提出建议书，报请人民法院审核裁定，并将建议书副本抄送人民检察院。人民检察院可以向人民法院提出书面意见。

条文注解

第一，关于新罪和漏罪的处理。其一，对于罪犯在服刑期间又犯罪的，依据监狱法第六十条规定，如果罪犯是在监狱内服刑的，应当由监狱进行侦查，侦查终结后，由监狱写出起诉意见书，连同案卷材料、证据一并移送人民检察院处理；如果罪犯不是在监狱内服刑的，由公安机关进行侦查，侦查终结后，由公安机关写出起诉意见书，连同案卷材料、证据一并移送人民检察院处理。其二，发现了判决时所没有发现的罪行的，应当按照本法第十八条规定的管辖范围，由人民检察院进行侦查、起诉或者由公安机关进行侦查，侦查终结后，再由公安机关写出起诉意见书，连同案卷材料、证据一并移送人民检察院处理。

第二，罪犯在服刑期间确有悔改、立功表现的处理。根据本款和监狱法第三十条、第三十二条的规定，被判处管制、拘役、有期徒刑或者无期徒刑的罪犯，在执行期间确有悔改或者立功表现，符合法律规定的减刑、假释条件，依法应当予以减刑、假释的，由执行机关根据考核结果，向人民法院提出减刑、假释建议。在向人民法院提出减刑、假释建议的同时，执行机关应当将建议书副本抄送人民检察院。人民检察院提出应当或不应当减刑、假释的依据或意见的，应当以书面的形式向人民法院提出。人民法院应当自收到减刑、假释建议书之日起一个月内予以审核裁定；案情复杂或者情况特殊的，可以延长一个月。人民法院减刑、假释裁定的副本应当抄送人民检察院。

相关规定

《**监狱法**》（2012年10月26日修正）

第二十九条 被判处无期徒刑、有期徒刑的罪犯，在服刑期间确有悔改或者立功表现的，根据监狱考核的结果，可以减刑。有下列重大立功表现之一的，应当减刑：

（一）阻止他人重大犯罪活动的；

（二）检举监狱内外重大犯罪活动，经查证属实的；

（三）有发明创造或者重大技术革新的；

（四）在日常生产、生活中舍己救人的；

（五）在抗御自然灾害或者排除重大事故中，有突出表现的；

（六）对国家和社会有其他重大贡献的。

第三十条 减刑建议由监狱向人民法院提出，人民法院应当自收到减刑建议书之日起一个月内予以审核裁定；案情复杂或者情况特殊的，可以延长一个月。减刑裁定的副本应当抄送人民检察院。

第三十一条 被判处死刑缓期二年执行的罪犯，在死刑缓期执行期间，符合法律规定的减为无期徒刑、有期徒刑条件的，二年期满时，所在监狱应当及时提出减刑建议，报经省、自治区、直辖市监狱管理机关审核后，提请高级人民法院裁定。

第三十二条 被判处无期徒刑、有期徒刑的罪犯，符合法律规定的假释条件的，由监狱根据考核结果向人民法院提出假释建议，人民法院应当自收到假释建议书之日起一个月内予以审核裁定；案情复杂或者情况特殊的，可以延长一个月。假释裁定的副本应当抄送人民检察院。

第三十三条 人民法院裁定假释的，监狱应当按期假释并发给假释证明书。

对被假释的罪犯，依法实行社区矫正，由社区矫正机构负责执行。被假释的罪犯，在假释考验期限内有违反法律、行政法规或者国务院有关部门关于假释的监督管理规定的行为，尚未构成新的犯罪的，社区矫正机构应当向人民法院提出撤销假释的建议，人民法院应当自收到撤销假释建议书之日起一个月内予以审核裁定。人民法院裁定撤销假释的，由公安机关将罪犯送交监狱收监。

第三十四条 对不符合法律规定的减刑、假释条件的罪犯，不得以任何理由将其减刑、假释。

人民检察院认为人民法院减刑、假释的裁定不当，应当依照刑事诉讼法规定的期间向人民法院提出书面纠正意见。对于人民检察院提出书面纠正意见的案件，人民法院应当重新审理。

第五十九条 罪犯在服刑期间故意犯罪的，依法从重处罚。

第六十条 对罪犯在监狱内犯罪的案件，由监狱进行侦查。侦查终结后，写出起诉意见书，连同案卷材料、证据一并移送人民检察院。

《高法解释》

第四百二十条 报请最高人民法院核准因罪犯具有特殊情况，不受执行刑期限制的假释案件，应当按照下列情形分别处理：

（一）中级人民法院依法作出假释裁定后，应当报请高级人民法院复核。高级人民法院同意的，应当书面报请最高人民法院核准；不同意的，应当裁定撤销中级人民法院的假释裁定；

（二）高级人民法院依法作出假释裁定的，应当报请最高人民法院核准。

第四百二十一条 报请最高人民法院核准因罪犯具有特殊情况，不受执行刑期限制的假释案件，应当报送报请核准的报告、罪犯具有特殊情况的报告、假释裁定书各五份，以及全部案卷。

第四百二十二条 对因罪犯具有特殊情况，不受执行刑期限制的假释案件，最高人民法院予以核准的，应当作出核准裁定书；不予核准的，应当作出不核准裁定书，并撤销原裁定。

第五百三十三条 被判处死刑缓期执行的罪犯，在死刑缓期执行期间，没有故意犯罪的，死刑缓期执行期满后，应当裁定减刑；死刑缓期执行期满后，尚未裁定减刑前又犯罪的，应当在依法减刑后，对其所犯新罪另行审判。

第五百三十四条 对减刑、假释案件，应当按照下列情形分别处理：

（一）对被判处死刑缓期执行的罪犯的减刑，由罪犯服刑地的高级人民法院在收到同级监狱管理机关审核同意的减刑建议书后一个月以内作出裁定；

（二）对被判处无期徒刑的罪犯的减刑、假释，由罪犯服刑地的高级人民法院在收到同级监狱管理机关审核同意的减刑、假释建议书后一个月以内作出裁定，案情复杂或者情况特殊的，可以延长一个月；

（三）对被判处有期徒刑和被减为有期徒刑的罪犯的减刑、假释，由罪犯服刑地的中级人民法院在收到执行机关提出的减刑、假释建议书后一个月以内作出裁定，案情复杂或者情况特殊的，可以延长一个月；

（四）对被判处管制、拘役的罪犯的减刑，由罪犯服刑地的中级人民法院在收到同级执行机关审核同意的减刑建议书后一个月以内作出裁定。

对社区矫正对象的减刑，由社区矫正执行地的中级以上人民法院在收到社区矫正机构减刑建议书后三十日以内作出裁定。

第五百三十五条　受理减刑、假释案件，应当审查执行机关移送的材料是否包括下列内容：

（一）减刑、假释建议书；

（二）原审法院的裁判文书、执行通知书、历次减刑裁定书的复制件；

（三）证明罪犯确有悔改、立功或者重大立功表现具体事实的书面材料；

（四）罪犯评审鉴定表、奖惩审批表等；

（五）罪犯假释后对所居住社区影响的调查评估报告；

（六）刑事裁判涉财产部分、附带民事裁判的执行、履行情况；

（七）根据案件情况需要移送的其他材料。

人民检察院对报请减刑、假释案件提出意见的，执行机关应当一并移送受理减刑、假释案件的人民法院。

经审查，材料不全的，应当通知提请减刑、假释的执行机关在三日以内补送；逾期未补送的，不予立案。

第五百三十六条　审理减刑、假释案件，对罪犯积极履行刑事裁判涉财产部分、附带民事裁判确定的义务的，可以认定有悔改表现，在减刑、假释时从宽掌握；对确有履行能力而不履行或者不全部履行的，在减刑、假释时从严掌握。

第五百三十七条　审理减刑、假释案件，应当在立案后五日以内对下列事项予以公示：

（一）罪犯的姓名、年龄等个人基本情况；

（二）原判认定的罪名和刑期；

（三）罪犯历次减刑情况；

（四）执行机关的减刑、假释建议和依据。

公示应当写明公示期限和提出意见的方式。

第五百三十八条　审理减刑、假释案件，应当组成合议庭，可以采用书面审理的方式，但下列案件应当开庭审理：

（一）因罪犯有重大立功表现提请减刑的；

（二）提请减刑的起始时间、间隔时间或者减刑幅度不符合一般规定的；

（三）被提请减刑、假释罪犯系职务犯罪罪犯，组织、领导、参加、包庇、纵容黑社会性质组织罪犯，破坏金融管理秩序罪犯或者金融诈骗罪犯的；

（四）社会影响重大或者社会关注度高的；

（五）公示期间收到不同意见的；

（六）人民检察院提出异议的；

（七）有必要开庭审理的其他案件。

第五百三十九条　人民法院作出减刑、假释裁定后，应当在七日以内送达提请减刑、假释的执行机关、同级人民检察院以及罪犯本人。人民检察院认为减刑、假释裁定不当,在法定期限内提出书面纠正意见的,人民法院应当在收到意见后另行组成合议庭审理,并在一个月以内作出裁定。

对假释的罪犯,适用本解释第五百一十九条的有关规定,依法实行社区矫正。

第五百四十条 减刑、假释裁定作出前,执行机关书面提请撤回减刑、假释建议的,人民法院可以决定是否准许。

第五百四十一条 人民法院发现本院已经生效的减刑、假释裁定确有错误的,应当另行组成合议庭审理;发现下级人民法院已经生效的减刑、假释裁定确有错误的,可以指令下级人民法院另行组成合议庭审理,也可以自行组成合议庭审理。

《高检规则》

第六百三十五条 人民检察院收到执行机关抄送的减刑、假释建议书副本后,应当逐案进行审查。发现减刑、假释建议不当或者提请减刑、假释违反法定程序的,应当在十日以内报经检察长批准,向审理减刑、假释案件的人民法院提出书面检察意见,同时也可以向执行机关提出书面纠正意见。案情复杂或者情况特殊的,可以延长十日。

《公安规定》

第三百零五条 对依法留看守所执行刑罚的罪犯,符合减刑条件的,由看守所制作减刑建议书,经设区的市一级以上公安机关审查同意后,报请所在地中级以上人民法院审核裁定。

第三百零六条 对依法留看守所执行刑罚的罪犯,符合假释条件的,由看守所制作假释建议书,经设区的市一级以上公安机关审查同意后,报请所在地中级以上人民法院审核裁定。

第三百一十五条 对留看守所执行刑罚的罪犯,在暂予监外执行期间又犯新罪的,由犯罪地公安机关立案侦查,并通知批准机关。批准机关作出收监执行决定后,应当根据侦查、审判需要,由犯罪地看守所或者暂予监外执行地看守所收监执行。

第三百一十六条 被剥夺政治权利、管制、宣告缓刑和假释的罪犯在执行期间又犯新罪的,由犯罪地公安机关立案侦查。

对留看守所执行刑罚的罪犯,因犯新罪被撤销假释的,应当根据侦查、审判需要,由犯罪地看守所或者原执行看守所收监执行。

典型案例

1. 王某被撤销缓刑案(刑事审判参考案例第238号)

裁判要旨: 被宣告缓刑的犯罪分子在缓刑考验期内因再犯新罪或者发现漏罪依法被撤销缓刑的,首先应按照刑法第七十七条第一款的规定,对新罪作出判决,再依照刑法第六十九条确定应当实际执行的刑期。然后再将因前罪被先行羁押的时间和因新罪被先行羁押的时间一并从最后宣告的刑罚中予以折抵扣除。被宣告缓刑的犯罪分子在缓刑考验期内因违反法律、行政法规或者国务院公安部门有关缓刑监督管理规定,情节严重被依法撤销缓刑的,一般只应将因前罪被先行羁押的时间从撤销缓刑执行原判刑期中予以折抵扣除。缓刑犯在缓刑考验期内因违反法律、行政法规或者国务院公安部门有关缓刑监督管理规定,情节严重而被依法采取行政强制措施或行政处罚而羁押的时间,由于针对的是另一个行为,因此,不能从撤销缓刑后实际执行的刑期中予以折抵。

2. 代某业盗窃案(刑事审判参考案例第648号)

裁判要旨: 缓刑考验期间不同于刑罚执行期间,羁押时间也不同于已执行刑期,对此情形,应当根据刑法第七十七条第一款的规定，将滥伐林木罪和盗窃罪直接依照刑法第六十九条的规定决定执行的刑罚。代某业因犯滥伐林木罪被先行羁押的时间，应当在数罪并罚决定执行的刑罚之后依照刑法第四十七条的规定予以折抵。

3. 吴某旭危险驾驶案（刑事审判参考案例第902号）

裁判要旨：数罪并罚时将拘役折抵为有期徒刑的做法缺乏法律根据。拘役与有期徒刑之间不宜相互折抵，有期徒刑不宜吸收拘役。拘役与有期徒刑之间应当按照先重后轻的顺序分别执行。不过，如犯罪分子前罪被判处有期徒刑，当其再犯被判处有期徒刑之罪时，刑法规定并罚时采取对犯罪分子有利的限制加重原则，而当其再犯被判处刑罚相对较轻的拘役之罪时，却要并科执行，逻辑上似有矛盾，客观上可能加重对犯罪分子的惩罚，对此有必要完善法律规定。

4. 朱某森等盗窃案（刑事审判参考案例第1011号）

裁判要旨：罪犯在假释期间又犯新罪数罪并罚时，原减刑裁定不计入已执行的刑期，罪犯只要是又犯新罪或者被发现还有漏罪尚未处理，需要进行数罪并罚时，先前裁定减去的刑期一律不计入已经执行的期限，也就是说先前的减刑裁定被"一笔勾销"，不管先前罪犯被减刑几次、减去的刑期有多长。

5. 沈某鼠、王某盗窃案（刑事审判参考案例第1027号）

裁判要旨：刑罚执行期间发现漏罪，判决作出时原判刑罚已执行完毕的应当适用漏罪数罪并罚。

6. 王某盗窃案（刑事审判参考案例第1028号）

裁判要旨：在判决宣告以后、刑罚执行完毕以前，发现漏罪，无论漏罪判决作出时前罪原判刑罚是否已执行完毕，均应依法实行数罪并罚。根据刑法第七十条的规定，发现漏罪的时间范围仅明确要求"判决宣告以后，刑罚执行完毕以前"，除此之外并没有其他任何适用时间上的限制，也没有其他限制性规定。因此，不能因诉讼过程的长短、宣判时间的不同而产生不同的适用结果。

7. 岳某分盗窃案（刑事审判参考案例第1370号）

裁判要旨：刑法第七十条关于数罪并罚规定中的"前后两个判决"，是指前罪判决和漏罪判决，不包括减刑裁定。经减刑裁定减去的刑期以及无期徒刑减为有期徒刑后已被执行的刑期，属于刑罚执行问题，虽然在漏罪并罚后的新判决中无法体现，但可在新判决执行过程中予以考虑。人民法院在将前罪与漏罪进行并罚作出新判决时无须撤销原减刑裁定。

8. 包某伟危险驾驶案（刑事审判参考案例第1073号）

裁判要旨：缓刑判决生效前又犯新罪时，不能启动刑事审判监督程序撤销缓刑判决。刑事审判监督程序的目的在于纠正生效裁判的错误，在生效裁判没有错误或者裁判尚未发生效力但被告人又犯新罪的情况下，不能适用审判监督程序予以撤销。

9. 余某某等人重大劳动安全事故重大责任事故案（检例第94号）

裁判要旨：办理危害生产安全刑事案件，要根据案发原因及涉案人员的职责和行为，准确适用重大责任事故罪和重大劳动安全事故罪。要全面审查案件事实证据，依法追诉漏罪漏犯，准确认定责任主体和相关人员责任，并及时移交职务违法犯罪线索。针对事故中暴露出的相关单位安全管理漏洞和监管问题，要及时制发检察建议，督促落实整改。

文书格式

减刑/假释建议书

×公减/假字〔　　〕　　号

　　罪犯_____（性别____，出生日期_____，民族____，住址_____），因_____罪，被_____人民法院于____年____月____日以_____字〔　　　〕_____号刑事判决书判处_____，于____年____月____日由我单位执行，现已执行_____。

　　该犯在服刑期间，确有悔改（立功）表现，具体事实如下：
_____
_____
_____

　　综上所述，根据《中华人民共和国刑事诉讼法》第二百六十二条第二款之规定，建议对罪犯_____予以_____，特提请审核裁定。
　　此致
人民法院

执行机关（印）
年　月　日

　　附：罪犯_____档案_____卷_____页。

×××看守所
假释证明书

×看假释字〔　　〕　　号

　　罪犯_____（性别____，出生日期_____，住址_____）因犯_____罪于____年____月____日被_____人民法院判处_____，剥夺政治权利自____年____月____日至____年____月____日，在执行期间由_____人民法院裁定假释，假释考验期自____年____月____日起至____年____月____日。现予以假释，特此证明。

　　被宣告假释的犯罪分子，应当遵守下列规定：
　　（一）遵守法律、行政法规，服从监督；（二）按照监督机关的规定报告自己的活动情况；（三）遵守监督机关关于会客的规定；（四）离开所居住的市、县或者迁居，

续表

应当报经监督机关批准;(五)附加剥夺政治权利的假释罪犯还必须遵守有关被剥夺政治权利的罪犯应当遵守的规定;(六)遵守社区矫正机构制定的具体监督管理措施。

看守所（印）
年　月　日

××××人民检察院
提请减刑检察意见书

××检减意〔20××〕×号

_____（法院名称）：

本院于（审查日期）收到（提请单位名称）抄送的对罪犯（姓名）提请减刑建议书副本后，根据《中华人民共和国刑事诉讼法》第二百七十三条的规定，对该减刑建议进行了审查。

罪犯（姓名），（证件类型）（证件号码），（性别），（民族），（出生日期）出生，户籍所在地为（户籍所在地），住（住所地）（住所地详细地址）。（生效判决日期）因（生效判决罪名）（生效判决其他罪名）被（生效判决法院）判处［生效宣告刑（主刑）］（生效宣告刑刑期），（财产刑种类）（财产刑其他种类）罚金金额（没收财产）万元。（执行日期）交付（执行机关）执行。

经审查，我院认为，罪犯（姓名）在本次考核评奖周期内能做到认罪悔罪，认真遵守监规纪律，积极参加思想、文化、职业技术教育，完成劳动任务，积极履行财产刑或履行附带民事赔偿义务，确有悔改表现（或立功表现、重大立功表现）。或者罪犯（姓名）不符合减刑条件/提请减刑的程序违法/减刑建议不当，理由是：……上述事实有以下证据予以证明：……

依据《中华人民共和国刑法》第七十八条及有关法律法规、司法解释之规定，建议人民法院裁定减刑。或者依据《中华人民共和国刑事诉讼法》第二百七十三条的规定，建议你院对罪犯（姓名）裁定不予减刑/减刑的幅度予以调整。

20××年××月××日
（院印）

××××人民检察院
提请假释检察意见书

××检假意〔20××〕×号

_____（法院名称）：

　　本院于（审查日期）收到（提请单位名称）抄送的对罪犯（姓名）提请假释建议书副本后，根据《中华人民共和国刑事诉讼法》第二百七十三条的规定，对该假释建议进行了审查。

　　罪犯（姓名），（证件类型）（证件号码），（性别），（民族），（出生日期）出生，户籍所在地为（户籍所在地），住（住所地）（住所地详细地址）。（生效判决日期）因（生效判决罪名）（生效判决其他罪名）被（生效判决法院）判处（生效宣告刑）（生效宣告刑刑期），（财产刑种类）（财产刑其他种类）罚金金额（没收财产）万元。（执行日期）交付（执行机关）执行。

　　经审查，我院认为，罪犯（姓名）在本次考核评奖周期内能做到认罪悔罪，认真遵守监规纪律，积极参加思想、文化、职业技术教育，完成劳动任务，积极履行财产刑或履行附带民事赔偿义务，确有悔改表现（或立功表现、重大立功表现）。/且执行原判刑期二分之一以上（无期徒刑罪犯已实际执行十三年以上），经执行机关综合评估没有再犯罪危险。或者罪犯（姓名）不符合假释条件/提请假释的程序违法，理由是：……上述事实有以下证据予以证明：……

　　依据《中华人民共和国刑法》第八十一条及有关法律法规、司法解释之规定，建议人民法院裁定假释。或者依据《中华人民共和国刑事诉讼法》第二百七十三条的规定，建议你院对罪犯（姓名）裁定不予假释。

20××年××月××日
（院印）

××××人民法院
刑事裁定书
（减刑、假释用）

（××××）×刑执字第××号

　　罪犯……（写明姓名、性别、出生年月日（或年龄）、民族、籍贯和服刑处所）。

　　××××年××月××日××××人民法院作出（××××）×刑初字第××号刑事判决，认定罪犯×××犯××罪，判处……（写明主刑的刑种、刑期和附加剥夺政治权利及其刑期）等。……（此处写明上诉、抗诉后二审法院的裁判结果。未经二审的写"判决发生法律效力后"）交付执行。……（此处续写执行中的刑种、刑期变更情况。没有就不写）。

续表

> 执行机关……（写明机关名称）于××××年××月××日以该犯在服刑期间确有悔改表现（或立功表现或有特殊情节），提出减刑（或假释）意见书，报送本院审理。本院依法组成合议庭，对该犯在服刑期间的表现进行了审核，现已审理终结。
>
> 本院认为，……（写明该犯在服刑期间的具体悔改、立功表现或其他特殊情节，以及减刑或假释的理由）。依据……（写明裁定所依据的法律条款项）的规定，裁定如下：
>
> ……（写明罪犯姓名和对其减刑的具体内容或宣告假释）。
>
> 本裁定送达后即发生法律效力。
>
> 审判长　×××
审判员　×××
审判员　×××
××××年××月××日
（院印）
>
> 本件与原本核对无异
>
> 书记员　×××

第二百七十四条　减刑、假释的法律监督

人民检察院认为人民法院减刑、假释的裁定不当，应当在收到裁定书副本后二十日以内，向人民法院提出书面纠正意见。人民法院应当在收到纠正意见后一个月以内重新组成合议庭进行审理，作出最终裁定。

条文注解

人民法院的减刑裁定和假释裁定的副本应当抄送人民检察院。人民检察院应当对人民法院减刑、假释的裁定进行监督，认为人民法院减刑、假释的裁定不当的，应当在收到减刑、假释裁定书副本后二十日以内，向人民法院提出书面的纠正意见。"减刑、假释的裁定不当"，是指减刑、假释的对象不符合减刑、假释的法定条件，减刑、假释的报请和裁定不符合法定的程序，或者减刑的幅度不当等。

人民检察院的纠正意见必然引起作出裁定的人民法院重新审理。人民法院收到纠正意见后应当重新组成合议庭，原来参加减刑、假释审核裁定的审判人员不能成为合议庭的成员。人民法院重新组成合议庭进行审理，应当对案件进行认真、全面的审查，并在收到人民检察院的纠正意见后一个月以内，作出最终裁定。

相关规定

《高检规则》

第六百三十六条　人民检察院发现监狱等执行机关提请人民法院裁定减刑、假释的活动具有下列情形之一的，应当依法提出纠正意见：

（一）将不符合减刑、假释法定条件的罪犯，提请人民法院裁定减刑、假释的；

（二）对依法应当减刑、假释的罪犯，

不提请人民法院裁定减刑、假释的;

(三)提请对罪犯减刑、假释违反法定程序,或者没有完备的合法手续的;

(四)提请对罪犯减刑的减刑幅度、起始时间、间隔时间或者减刑后又假释的间隔时间不符合有关规定的;

(五)被提请减刑、假释的罪犯被减刑后实际执行的刑期或者假释考验期不符合有关法律规定的;

(六)其他违法情形。

第六百三十七条 人民法院开庭审理减刑、假释案件,人民检察院应当指派检察人员出席法庭,发表意见。

第六百三十八条 人民检察院收到人民法院减刑、假释的裁定书副本后,应当及时审查下列内容:

(一)被减刑、假释的罪犯是否符合法定条件,对罪犯减刑的减刑幅度、起始时间、间隔时间或者减刑后又假释的间隔时间、罪犯被减刑后实际执行的刑期或者假释考验期是否符合有关规定;

(二)执行机关提请减刑、假释的程序是否合法;

(三)人民法院审理、裁定减刑、假释的程序是否合法;

(四)人民法院对罪犯裁定不予减刑、假释是否符合有关规定;

(五)人民法院减刑、假释裁定书是否依法送达执行并向社会公布。

第六百三十九条 人民检察院经审查认为人民法院减刑、假释的裁定不当,应当在收到裁定书副本后二十日以内,向作出减刑、假释裁定的人民法院提出纠正意见。

第六百四十条 对人民法院减刑、假释裁定的纠正意见,由作出减刑、假释裁定的人民法院的同级人民检察院书面提出。

下级人民检察院发现人民法院减刑、假释裁定不当的,应当向作出减刑、假释裁定的人民法院的同级人民检察院报告。

第六百四十一条 人民检察院对人民法院减刑、假释的裁定提出纠正意见后,应当监督人民法院是否在收到纠正意见后一个月以内重新组成合议庭进行审理,并监督重新作出的裁定是否符合法律规定。对最终裁定不符合法律规定的,应当向同级人民法院提出纠正意见。

典型案例

1. 宣告缓刑罪犯蔡某等12人减刑监督案(检例第70号)

裁判要旨: 对于判处拘役或者三年以下有期徒刑并宣告缓刑的罪犯,在缓刑考验期内确有悔改表现或者有一般立功表现,一般不适用减刑。在缓刑考验期内有重大立功表现的,可以参照刑法第七十八条的规定予以减刑。人民法院对宣告缓刑罪犯裁定减刑适用法律错误的,人民检察院应当依法提出纠正意见。人民法院裁定维持原减刑裁定的,人民检察院应当继续予以监督。

2. 罪犯康某假释监督案(检例第71号)

裁判要旨: 人民检察院办理未成年罪犯减刑、假释监督案件,应当比照成年罪犯依法适当从宽把握假释条件。对既符合法定减刑条件又符合法定假释条件的,可以建议刑罚执行机关优先适用假释。审查未成年罪犯是否符合假释条件时,应当结合犯罪的具体情节、原判刑罚情况、刑罚执行中的表现、家庭帮教能力和条件等因素综合认定。

文书格式

××××人民检察院
纠正不当减刑裁定意见书

××检纠减〔20××〕×号

一、发往单位。
二、罪犯基本情况，包括罪犯姓名、性别、出生日期、罪犯所在监管场所。
三、原判决、裁定情况和执行刑期情况，包括原判决、裁定认定的罪名、刑期，已执行刑期，剩余刑期。
四、裁定减刑情况，包括减刑理由，减刑时间。
五、认定裁定不当的理由和法律依据。可表述为：经审查，本院认为……。
六、纠正意见。可表述为：依据《中华人民共和国刑事诉讼法》第二百七十四条的规定，特向你院提出纠正意见。请你院在收到本纠正意见后一个月以内依法重新组成合议庭进行审理，并重新作出裁定。

20××年××月××日
（院印）

××××人民检察院
纠正不当假释裁定意见书

××检纠假〔20××〕×号

一、发往单位。
二、罪犯基本情况。包括罪犯姓名、性别、出生日期、罪犯所在的监管场所。
三、原判决、裁定情况和执行刑期情况。包括原判决、裁定认定的罪名、刑期，已执行刑期及减刑情况，剩余刑期。
四、裁定假释情况。包括假释理由，可表述为：你院以……为由，裁定假释。
五、认定裁定假释不当的理由及法律依据。可表述为：经审查，本院认为……。
六、纠正意见。可表述为：依据《中华人民共和国刑事诉讼法》第二百七十四条的规定，特向你院提出纠正意见。请你院在收到本纠正意见后一个月以内依法重新组成合议庭进行审理，并重新作出裁定。

20××年××月××日
（院印）

第二百七十五条 刑罚执行中错判和申诉的处理

监狱和其他执行机关在刑罚执行中，如果认为判决有错误或者罪犯提出申诉，应当转请人民检察院或者原判人民法院处理。

条文注解

第一，监狱在执行刑罚过程中，根据罪犯的申诉，认为判决可能有错误，提请人民检察院或者人民法院处理的，人民检察院或者人民法院应当自收到监狱提请处理意见书之日起六个月内将处理结果通知监狱。

第二，罪犯提出申诉的，监狱和其他执行机关应当及时转递人民检察院或者原判人民法院处理。人民检察院或者人民法院对监狱和其他执行机关转递的罪犯申诉案件，应当及时进行审查，对于符合审判监督情形的，人民检察院应当按照审判监督程序向人民法院提出抗诉，人民法院应当按照审判监督程序对案件重新审判。执行中应当注意，申诉权是宪法规定的公民的权利，申诉权不受侵犯，罪犯对已经发生法律效力的判决不服的，有权提出申诉。对于罪犯的申诉，执行机关应当及时转递，不得以任何形式阻拦或者扣压。

相关规定

《公安规定》

第三百零四条 公安机关在执行刑罚中，如果认为判决有错误或者罪犯提出申诉，应当转请人民检察院或者原判人民法院处理。

第二百七十六条 执行监督

人民检察院对执行机关执行刑罚的活动是否合法实行监督。如果发现有违法的情况，应当通知执行机关纠正。

条文注解

本条规定了人民检察院对执行机关执行刑罚活动进行法律监督的要求。执行机关执行刑罚的活动是否合法主要包括以下三个方面：

交付执行是否合法。如已交付执行的判决、裁定是否已经发生法律效力，交付执行的法律手续是否完备，应当收押的罪犯是否按时全部收押，已收押的罪犯有无依法应当监外执行的情况等。

变更执行是否合法。如依法应当减刑、假释的罪犯是否已被减刑、假释，已被减刑、假释的罪犯是否符合法律规定的减刑、假释条件，减刑、假释的法律手续是否完备，是否依法执行，暂予监外执行的罪犯是否符合法律规定的暂予监外执行条件，法律手续是否完备，暂予监外执行的条件已经消失或者被假释、监外执行的罪犯违反法律规定，依法应当收监执行的是否按时收监执行等。

执行机关具体的执行活动是否合法。如执行死刑的程序是否合法，监管罪犯时有无阻拦、扣压罪犯申诉的情况，有无对罪犯刑讯逼供、侮辱罪犯人格、体罚虐待罪犯的情况等。

人民检察院发现执行机关执行刑罚的活动有违法情况的，应当及时通知有关的执行机关纠正，并可以建议有关部门给予有关人员行政处分；对构成犯罪的，应当及时立案侦查，依法追究有关人员的刑事责任。有关执行机关应当接受人民检察院的监督，接到人民检察院纠正违法的通知后，应当及时纠正违法行为。

相关规定

《高检规则》

第六百二十一条 人民检察院依法对刑事判决、裁定和决定的执行工作以及监狱、看守所等的监管执法活动实行法律监督。

第六百二十二条 人民检察院根据工作需要，可以对监狱、看守所等场所采取巡回检察、派驻检察等方式进行监督。

第六百二十三条 人民检察院对监狱、看守所等场所进行监督，除可以采取本规则第五百五十一条规定的调查核实措施外，还可以采取实地查看禁闭室、会见室、监区、监舍等有关场所，列席监狱、看守所有关会议，与有关监管民警进行谈话，召开座谈会，开展问卷调查等方式。

第六百二十四条 人民检察院对刑罚执行和监管执法活动实行监督，可以根据下列情形分别处理：

（一）发现执法瑕疵、安全隐患，或者违法情节轻微的，口头提出纠正意见，并记录在案；

（二）发现严重违法，发生重大事故，或者口头提出纠正意见后七日以内未予纠正的，书面提出纠正意见；

（三）发现存在可能导致执法不公问题，或者存在重大监管漏洞、重大安全隐患、重大事故风险等问题的，提出检察建议。

对于在巡回检察中发现的前款规定的问题、线索的整改落实情况，通过巡回检察进行督导。

典型案例

林某斌徇私舞弊暂予监外执行案（检例第3号）

裁判要旨： 司法工作人员收受贿赂，对不符合减刑、假释、暂予监外执行条件的罪犯，予以减刑、假释或者暂予监外执行的，应根据案件的具体情况，依法追究刑事责任。

第五编　特别程序

第一章　未成年人刑事案件诉讼程序

第二百七十七条　未成年人案件办理原则及要求

对犯罪的未成年人实行教育、感化、挽救的方针，坚持教育为主、惩罚为辅的原则。

人民法院、人民检察院和公安机关办理未成年人刑事案件，应当保障未成年人行使其诉讼权利，保障未成年人得到法律帮助，并由熟悉未成年人身心特点的审判人员、检察人员、侦查人员承办。

条文注解

本条规定了未成年人案件办理的基本原则和要求。未成年人刑事案件诉讼程序是2012年刑事诉讼法修改新增的特别程序。

基本方针和原则。"教育、感化、挽救"的方针是指在依法追究未成年人刑事责任时，必须立足于教育、感化、挽救，使未成年人认识错误改过自新，重新回归社会。"教育为主、惩罚为辅的原则"，主要是指在处理教育与惩罚的关系时，要以教育为主要目的，不能以刑罚作为目的，刑罚也是对其教育的一种手段。

特殊权利保障。对于未成年犯罪嫌疑人、被告人来说，不仅享有与成年犯罪嫌疑人、被告人相同的诉讼权利，还享有一些特殊的权利，如对未成年人犯罪的案件，犯罪嫌疑人、被告人没有委托辩护人的，司法机关应当通知法律援助机构指派律师为其提供辩护；在讯问和审判时，应当通知未成年犯罪嫌疑人、被告人的法定代理人到场；审判时被告人不满十八周岁的案件不公开审理等。

法律帮助要求和特殊办案主体。如果未成年犯罪嫌疑人、被告人没有委托辩护人的，司法机关应当通知法律援助机构指派律师为其提供辩护，以使其获得法律帮助。由熟悉未成年人身心特点的审判人员、检察人员、侦查人员办理未成年人案件，是对人民法院、人民检察院和公安机关在办理未成年人刑事案件时人员安排上的特别要求。

相关规定

《高检规则》

第四百五十七条　人民检察院办理未成年人刑事案件，应当贯彻"教育、感化、挽救"方针和"教育为主、惩罚为辅"的原则，坚持优先保护、特殊保护、双向保护，以帮助教育和预防重新犯罪为目的。

人民检察院可以借助社会力量开展帮助教育未成年人的工作。

第四百五十八条　人民检察院应当指定熟悉未成年人身心特点的检察人员办理未成年人刑事案件。

第四百五十九条　人民检察院办理未成年人与成年人共同犯罪案件，一般应当对未成年人与成年人分案办理、分别起诉。不宜分案处理的，应当对未成年人采取隐私保护、快速办理等特殊保护措施。

第四百八十九条　本节所称未成年人刑事案件，是指犯罪嫌疑人实施涉嫌犯罪行为时已满十四周岁、未满十八周岁的刑事案件。

本节第四百六十条、第四百六十五条、第四百六十六条、第四百六十七条、第四百六十八条所称的未成年犯罪嫌疑人,是指在诉讼过程中未满十八周岁的人。犯罪嫌疑人实施涉嫌犯罪行为时未满十八周岁,在诉讼过程中已满十八周岁的,人民检察院可以根据案件的具体情况适用上述规定。

第四百九十条 人民检察院办理侵害未成年人犯罪案件,应当采取适合未成年被害人身心特点的方法,充分保护未成年被害人的合法权益。

第四百九十一条 办理未成年人刑事案件,除本节已有规定的以外,按照刑事诉讼法和其他有关规定进行。

《高法解释》

第五百四十六条 人民法院审理未成年人刑事案件,应当贯彻教育、感化、挽救的方针,坚持教育为主、惩罚为辅的原则,加强对未成年人的特殊保护。

第五百四十七条 人民法院应当加强同政府有关部门、人民团体、社会组织等的配合,推动未成年人刑事案件人民陪审、情况调查、安置帮教等工作的开展,充分保障未成年人的合法权益,积极参与社会治安综合治理。

第五百四十八条 人民法院应当加强同政府有关部门、人民团体、社会组织等的配合,对遭受性侵害或者暴力伤害的未成年被害人及其家庭实施必要的心理干预、经济救助、法律援助、转学安置等保护措施。

第五百四十九条 人民法院应当确定专门机构或者指定专门人员,负责审理未成年人刑事案件。审理未成年人刑事案件的人员应当经过专门培训,熟悉未成年人身心特点、善于做未成年人思想教育工作。

参加审理未成年人刑事案件的人民陪审员,可以从熟悉未成年人身心特点、关心未成年人保护工作的人民陪审员名单中随机抽取确定。

第五百五十条 被告人实施被指控的犯罪时不满十八周岁、人民法院立案时不满二十周岁的案件,由未成年人案件审判组织审理。

下列案件可以由未成年人案件审判组织审理:

(一)人民法院立案时不满二十二周岁的在校学生犯罪案件;

(二)强奸、猥亵、虐待、遗弃未成年人等侵害未成年人人身权利的犯罪案件;

(三)由未成年人案件审判组织审理更为适宜的其他案件。

共同犯罪案件有未成年被告人的或者其他涉及未成年人的刑事案件,是否由未成年人案件审判组织审理,由院长根据实际情况决定。

第五百五十一条 对分案起诉至同一人民法院的未成年人与成年人共同犯罪案件,可以由同一个审判组织审理;不宜由同一个审判组织审理的,可以分别审理。

未成年人与成年人共同犯罪案件,由不同人民法院或者不同审判组织分别审理的,有关人民法院或者审判组织应当互相了解共同犯罪被告人的审判情况,注意全案的量刑平衡。

第五百五十二条 对未成年人刑事案件,必要时,上级人民法院可以根据刑事诉讼法第二十七条的规定,指定下级人民法院将案件移送其他人民法院审判。

第五百六十条 人民法院发现有关单位未尽到未成年人教育、管理、救助、看护等保护职责的,应当向该单位提出司法建议。

第五百六十一条 人民法院应当结合

实际，根据涉及未成年人刑事案件的特点，开展未成年人法治宣传教育工作。

第五百六十二条 审理未成年人刑事案件，本章没有规定的，适用本解释的有关规定。

《公安规定》

第三百一十七条 公安机关办理未成年人刑事案件，实行教育、感化、挽救的方针，坚持教育为主、惩罚为辅的原则。

第三百一十八条 公安机关办理未成年人刑事案件，应当保障未成年人行使其诉讼权利并得到法律帮助，依法保护未成年人的名誉和隐私，尊重其人格尊严。

第三百一十九条 公安机关应当设置专门机构或者配备专职人员办理未成年人刑事案件。

未成年人刑事案件应当由熟悉未成年人身心特点，善于做未成年人思想教育工作，具有一定办案经验的人员办理。

典型案例

1. 扎某达娃等抢劫案（刑事审判参考案例第184号）

裁判要旨：对罪行极其严重的未成年被告人除另有从重情节外，一般可不判处无期徒刑。对于那些罪行极其严重，同时又具有一个或多个法定从重处罚情节的未成年犯罪人，法官可以根据案件的具体情况，酌情决定是否适用无期徒刑的刑罚。

2. 张某、沈某某等七人抢劫案（检例第19号）

（1）办理未成年人与成年人共同犯罪案件，一般应当将未成年人与成年人分案起诉，但对于未成年人系犯罪集团的组织者或者其他共同犯罪中的主犯，或者具有其他不宜分案起诉情形的，可以不分案起诉。

（2）办理未成年人与成年人共同犯罪案件，应当根据未成年人在共同犯罪中的地位、作用，综合考量未成年人实施犯罪行为的动机和目的、犯罪时的年龄、是否属于初犯、偶犯、犯罪后的悔罪表现、个人成长经历和一贯表现等因素，依法从轻或者减轻处罚。

（3）未成年人犯罪不构成累犯。

文书格式

××××人民检察院
未成年犯罪嫌疑人诉讼权利义务告知书
（审查逮捕阶段）

根据《中华人民共和国刑事诉讼法》和《未成年人刑事检察工作指引（试行）》的有关规定，你在审查逮捕阶段依法享有的诉讼权利和承担的诉讼义务如下：

一、诉讼权利

1. 认罪认罚如实供述获得从宽处理的权利

在接受讯问时，你自愿如实供述自己的罪行，承认指控的犯罪事实，愿意接受处罚的，可以依法从宽处理。

2. 辩护及获得法律援助的权利

你有权为自己辩护，自被侦查机关第一次讯问或者被采取强制措施之日起，有权委

续表

托辩护人，但在侦查期间只能委托律师作为辩护人。

如果你在押或者被监视居住，也可以由你的监护人、近亲属代为委托辩护人；在此期间你要求委托辩护人的，办案机关应当及时向你的监护人、近亲属或者指定的人员转达你的要求。

如果你没有委托辩护人，办案机关应当通知法律援助机构指派律师免费为你提供辩护。

3. 使用本民族语言文字进行诉讼及获得翻译的权利

你有权使用本民族语言文字进行诉讼。

如果你是聋、哑人或不通晓当地通用语言文字，检察机关应当为你聘请通晓聋、哑手势或者当地通用语言文字且与本案无利害关系的人员提供翻译。

4. 申请回避的权利

你及你的法定代理人认为办案人员具有下列情形之一的，有权要求其回避：

(1) 是本案的当事人或者是当事人的近亲属的；

(2) 本人或者他的近亲属和本案有利害关系的；

(3) 担任过本案的证人、鉴定人、辩护人、诉讼代理人的；

(4) 与本案当事人有其他关系，可能影响公正处理案件的；

(5) 接受当事人及其委托人的请客送礼，违反规定会见当事人及其委托人的。

对检察机关驳回申请回避的决定，有权申请复议一次。

5. 接受讯问时的权利

(1) 检察机关对你进行讯问时，应当通知你的法定代理人到场，法定代理人可以代为行使你的诉讼权利并维护你的合法权益。如果法定代理人具有下列情形之一，不能或不宜到场的，检察机关可以通知你的其他成年亲属，所在学校、单位或者居住地的村民委员会、居民委员会、未成年人保护组织的代表到场，维护你的合法权益。

①与你涉嫌共同犯罪的；

②已经死亡、宣告失踪或者无监护能力的；

③因身份、住址或联系方式不明无法通知的；

④因路途遥远或者其他原因无法及时到场的；

⑤经通知明确拒绝到场的；

⑥阻扰讯问或者询问活动正常进行，经劝阻不改的；

⑦你有正当理由拒绝法定代理人到场的；

⑧到场可能影响你真实陈述的；

⑨其他不能或者不宜到场的情形。

有正当理由时，你有权要求更换合适的成年人，原则上以两次为限。

(2) 如果你是女性，检察机关对你进行讯问时，应当有女性办案人员在场。

(3) 如果检察机关对讯问进行同步录音录像，办案人员应当向你告知。

(4) 对与本案无关的问题，你可以不回答。

续表

(5) 讯问笔录应当交给你核对。如果你没有阅读能力，办案人员应当向你宣读。如果记载有遗漏或差错，你有权要求补充或改正。

(6) 如果你请求自行书写供述的，办案人员应当准许。

(7) 你有权向检察机关申请与你的法定代理人、近亲属进行会见。

6. 知悉用作证据的鉴定意见及申请补充或重新鉴定的权利

侦查机关应当向你告知用作证据的鉴定意见。

对于用作证据的鉴定意见，你有权申请补充鉴定或者重新鉴定，但除原鉴定违反法定程序外，你应当承担补充鉴定或者重新鉴定的费用。

7. 申请审查逮捕不公开听证的权利

你认为自己不被羁押不致发生社会危险性且符合取保候审条件的，你及你的法定代理人或者辩护人有权申请检察机关进行审查逮捕不公开听证。

8. 申请变更及解除强制措施等权利

你及你的法定代理人、近亲属或者辩护人，有权向办案机关申请变更强制措施；对于办案机关采取强制措施法定期限届满的，有权要求解除强制措施。

如果你被逮捕，有权申请检察机关对羁押必要性进行审查。

9. 证明文件知悉权

如果你被传唤到指定地点或住处接受讯问，你有权要求办案人员出示证明文件。

10. 控告、申诉及获得国家赔偿的权利

对于办案人员侵犯你诉讼权利和人身侮辱的行为，或者办案机关及其工作人员的违法行为，你有权提出控告或者申诉。

对办案人员采用刑讯逼供等非法方法收集证据的行为，你有权提出控告。如果你能够提供涉嫌非法取证的人员、时间、地点、方式和内容等材料或者线索的，检察机关应当受理并审查。

对于司法机关及其工作人员对与案件无关的财物采取查封、扣押、冻结措施的，或者应当解除查封、扣押、冻结不解除的，或者贪污、挪用、私分、调换、违反规定使用查封、扣押、冻结的财物的，你及你的辩护人有权提出控告或申诉。

如果你的人身权利、财产权利因检察机关及其工作人员违法行使职权而受到侵犯，你有权要求国家赔偿。

11. 隐私获得保护的权利

检察机关在办案过程中应当依法保护你的名誉、隐私和个人信息，尊重你的人格尊严，不得公开或者传播能够单独或者与其他信息结合识别你个人身份的各种信息，包括姓名、出生日期、公民身份号码、个人生物识别信息、住址、电话号码、照片、图像等。

12. 犯罪记录封存及免除前科报告义务的权利

如果你犯罪的时候不满十八周岁，且被判处五年有期徒刑以下刑罚或被不起诉，司法机关应当对相关犯罪记录予以封存。同时，你在入伍、入学、就业的时候，可以免除如实向有关单位报告自己曾受过刑事处罚的义务。

续表

13. 申请和解的权利

你有权向检察机关申请促成双方当事人和解。申请可以口头提出，也可以书面提出。

14. 申请排除非法证据的权利

你及你的法定代理人、辩护律师有权对在侦查阶段因受到刑讯逼供等非法取证行为而作出的供述申请排除，但是应当提供涉嫌非法取证的人员、时间、地点、方式、内容等相关线索或证据。

15. 对社会调查知情的权利

你及你的法定代理人有权知悉对你开展社会调查人员的组成、调查程序、调查内容以及隐私保护等情况。

二、诉讼义务

1. 接受相关诉讼行为的义务

你应当遵守刑事诉讼法及有关规定，接受检察机关依法采取的强制措施及其他诉讼行为。

2. 不得干扰作证的义务

你在诉讼中不得隐匿、伪造、毁灭证据或者串供，不得威胁引诱证人作伪证以及进行其他干扰司法机关诉讼活动的行为；违反前述规定的，将被追究法律责任。

3. 接受讯问并在笔录上签名、按要求书写亲笔供词的义务

你对办案人员的讯问，应当如实回答。如果你认为讯问笔录没有错误，应当逐页签名、盖章或者捺指印。

必要的时候，经办案人员要求，你应当亲笔书写供述。

××××人民检察院
未成年犯罪嫌疑人法定代理人诉讼权利义务告知书
（审查逮捕阶段）

根据《中华人民共和国刑事诉讼法》和《未成年人刑事检察工作指引（试行）》的有关规定，你作为未成年犯罪嫌疑人的法定代理人在审查逮捕阶段依法享有的诉讼权利和承担的诉讼义务如下：

一、诉讼权利

1. 未成年犯罪嫌疑人在接受讯问时，自愿如实供述自己的罪行，承认指控的犯罪事实，愿意接受处罚的，可以依法从宽处理。

2. 未成年犯罪嫌疑人在被侦查机关第一次讯问或者采取强制措施之日起，有权委托辩护人；在侦查期间，只能委托律师作为辩护人。

3. 你有权为未成年犯罪嫌疑人委托辩护人；如果没有委托的，办案机关应当通知法律援助机构指派律师免费为未成年犯罪嫌疑人提供辩护。

续表

4. 你认为承办本案的办案人员具有下列情形之一的，有权要求他们回避：
（1）是本案的当事人或者是当事人的近亲属的；
（2）本人或者他的近亲属和本案有利害关系的；
（3）担任过本案的证人、鉴定人、辩护人、诉讼代理人的；
（4）与本案当事人有其他关系，可能影响公正处理案件的；
（5）接受当事人及其委托人的请客送礼，违反规定会见当事人及其委托人的。
对检察机关驳回申请回避的决定，可以申请复议一次。
5. 未成年犯罪嫌疑人如果被羁押，你有权申请变更强制措施。
6. 未成年犯罪嫌疑人被采取强制措施超过法定期限的，你有权要求解除强制措施。
7. 对办案人员侵犯未成年犯罪嫌疑人的诉讼权利和进行人身侮辱的行为，你有权提出控告。
8. 讯问未成年犯罪嫌疑人时你有权到场，并代为行使未成年犯罪嫌疑人的诉讼权利，同时享有以下权利：
（1）向办案机关提供未成年人的成长经历、家庭环境、个性特点、社会活动以及其他与案件有关的情况；
（2）讯问前，可以在办案人员陪同下会见未成年人，了解其健康状况、是否告知权利义务、合法权益是否被侵害等情况；
（3）向未成年人解释有关法律规定，并告知其行为可能导致的后果；
（4）对未成年人进行法治教育，有针对性地进行提醒教育；
（5）发现办案机关存在诱供、逼供或其他侵害未成年人合法权益的情形，可以当场提意见，也可以在笔录上载明自己的意见，并向办案机关主管部门反映情况；
（6）阅读讯问笔录或者要求向你宣读讯问笔录；
（7）法律法规规定的其他权利。
9. 你有权向承办案件的办案人员提供涉及案件或者未成年犯罪嫌疑人有关情况的证据。
10. 你有权向检察机关申请与未成年犯罪嫌疑人进行会见。
11. 你有权向检察机关提出促成双方当事人和解的申请。申请可以口头提出，也可以书面提出。

三、诉讼义务
1. 代为行使未成年犯罪嫌疑人的诉讼权利时，不得侵犯其合法权益。
2. 检察机关通知你在讯问时到场的，你应当携带能够证实自己身份的证件，准时到场。到场后，你应当随同办案人员进入讯问场所，并遵守讯问场所的相关规定，不得以任何方式妨碍办案人员正常的讯问活动或者诱导未成年犯罪嫌疑人作不实供述。违反前述规定的，你将被立即带离讯问场所，并可能被追究法律责任。
3. 你不得利用参与诉讼的机会，隐匿、伪造、毁灭证据或者串供，或者威胁、引诱证人作伪证以及进行其他干扰刑事诉讼活动的行为。违反前述规定的，你将可能被追究法律责任。

4. 你应当配合检察机关做好未成年犯罪嫌疑人的挽救帮教工作。
5. 你应当保守案件秘密,不得泄露案情或者涉案未成年人的个人信息。

××××人民检察院
未成年犯罪嫌疑人诉讼权利义务告知书
(审查起诉阶段)

根据《中华人民共和国刑事诉讼法》和《未成年人刑事检察工作指引(试行)》的有关规定,你在审查起诉阶段依法享有的诉讼权利和承担的诉讼义务如下:

一、诉讼权利

1. 认罪认罚如实供述获得从宽处理的权利

在接受讯问时,你自愿如实供述自己的罪行,承认指控的犯罪事实,愿意接受处罚的,可以依法从宽处理。

2. 辩护及获得法律援助的权利

你有权为自己辩护,也可以委托辩护人为你辩护。

如果你在押或者被监视居住,也可以由你的监护人、近亲属代为委托辩护人;在此期间你要求委托辩护人的,检察机关应当及时向你的监护人、近亲属或者指定的人员转达你的要求。

如果你没有委托辩护人,检察机关应当通知法律援助机构指派律师免费为你提供辩护。如你或者你的法定代理人拒绝法律援助机构指派的律师为你提供辩护的,办案机关应当查明拒绝的原因,有正当理由的,应当准许,同时告知你另行委托辩护人。如你及你的法定代理人未另行委托辩护人的,办案机关将及时通知法律援助机构另行指派律师为你辩护。

3. 使用本民族语言文字进行诉讼及获得翻译的权利

你有权使用本民族语言文字进行诉讼。

如果你是聋、哑人或者不通晓当地通用语言文字,检察机关应当聘请通晓聋、哑手势或者当地通用语言文字且与本案无利害关系的人为你提供翻译。

4. 申请回避的权利

你及你的法定代理人或者辩护人认为办案人员具有以下情形之一,有权要求他们回避:

(1) 是本案的当事人或者是当事人的近亲属的;

(2) 本人或者他的近亲属和本案有利害关系的;

(3) 担任过本案的证人、鉴定人、辩护人、诉讼代理人的;

(4) 与本案当事人有其他关系,可能影响公正处理案件的;

(5) 接受当事人及其委托的人的请客送礼,违反规定会见当事人及其委托的人。

续表

你及你的法定代理人或者辩护人对检察机关驳回申请回避的决定,有权申请复议一次。

5. 接受讯问时的权利

(1) 检察机关对你进行讯问时,应当通知你的法定代理人到场,法定代理人可以代为行使你的诉讼权利并维护你的合法权益。如果法定代理人具有下列情形之一,不能或不宜到场的,检察机关可以通知你的其他成年亲属,所在学校、单位或者居住地的村民委员会、居民委员会、未成年人保护组织的代表到场,维护你的合法权益。

①与你构成共同犯罪的;
②已经死亡、宣告失踪或者无监护能力的;
③因身份、住址或联系方式不明无法通知的;
④因路途遥远或者其他原因无法及时到场的;
⑤经通知明确拒绝到场的;
⑥阻扰讯问或者询问活动正常进行,经劝阻不改的;
⑦你有正当理由拒绝法定代理人到场的;
⑧到场可能影响你真实陈述的;
⑨其他不能或者不宜到场的情形。

有正当理由时,你有权要求更换合适成年人,原则上以两次为限。

(2) 如果你是女性,检察机关对你进行讯问时,应当有女性办案人员在场。

(3) 如果检察机关对讯问进行同步录音录像,办案人员应当向你告知。

(4) 如果检察机关对你进行远程视频讯问,应当征得你的同意。

(5) 对与本案无关的问题,你可以不回答。

(6) 讯问笔录应当交给你核对。如果你没有阅读能力,办案人员应当向你宣读。如果记载有遗漏或差错,你有权要求补充或改正。

(7) 如果你请求自行书写供述的,办案人员应当准许。

(8) 你有权向检察机关申请与你的法定代理人、近亲属进行会见。

6. 知悉用作证据的鉴定意见及申请补充或重新鉴定的权利

办案机关应当向你告知用作证据的鉴定意见。

对于用作证据的鉴定意见,你有权申请补充鉴定或者重新鉴定,但除原鉴定违反法定程序外,你应当承担补充鉴定或者重新鉴定的费用。

7. 同意适用简易程序的权利

对于可以适用简易程序审理的案件,检察机关在征得你的同意后,可以建议人民法院适用简易程序进行审理。

8. 申请羁押必要性审查不公开听证的权利

你认为自己不被羁押不致发生社会危险性且符合取保候审条件的,你及你的法定代理人或者辩护人有权申请检察机关进行羁押必要性审查不公开听证。

续表

9. 申请变更及解除强制措施等权利

你及你的法定代理人、近亲属或者辩护人,有权申请变更强制措施;对于检察机关采取强制措施法定期限届满的,有权要求解除强制措施。

如果你被羁押,有权申请检察机关对羁押必要性进行审查。

10. 证明文件知悉权

如果你被传唤到指定地点或住处接受讯问,你有权要求办案人员出示证明文件。

11. 控告、申诉及获得国家赔偿的权利

对于办案人员侵犯你诉讼权利和人身侮辱的行为,或者办案机关及其工作人员的违法行为,你有权提出控告或者申诉。

对办案人员采用刑讯逼供等非法方法收集证据的行为,你有权提出控告。如果你能够提供涉嫌非法取证的人员、时间、地点、方式和内容等材料或者线索的,检察机关应当受理并审查。

如果你的人身权利、财产权利因检察机关及其工作人员违法行使职权而受到侵犯,你有权要求国家赔偿。

12. 隐私获得保护的权利

检察机关在办案过程中应当依法保护你的名誉、隐私和个人信息,尊重你的人格尊严,不得公开或者传播能够单独或者与其他信息结合识别你个人身份的各种信息,包括姓名、出生日期、公民身份证号码、个人生物识别信息、住址、电话号码、照片、图像等。

13. 申请和解的权利

你有权向检察机关申请促成双方当事人和解。申请可以口头提出,也可以书面提出。

14. 犯罪记录封存及免除前科报告义务的权利

如果你犯罪的时候不满十八周岁,且被判处五年有期徒刑以下刑罚,司法机关应当对相关犯罪记录予以封存,同时你在入伍、入学、就业的时候,免除相应的报告义务。相关单位或个人违法泄露被封存的犯罪记录的,可以向检察机关反映情况。

15. 申请排除非法证据的权利

你及你的法定代理人、辩护律师有权对在侦查阶段因受到刑讯逼供等非法取证行为而作出的供述申请排除,但是应当提供涉嫌非法取证的人员、时间、地点、方式、内容等相关线索或证据。

16. 社会调查知情权

你及你的法定代理人有权知悉对你开展社会调查人员的组成、调查程序、调查内容以及隐私保护等情况。

二、诉讼义务

1. 接受相关诉讼行为的义务

你应当遵守刑事诉讼法及有关规定,接受检察机关依法采取的强制措施及其他诉讼行为。

续表

2. 不得干扰作证的义务

你在诉讼中不得隐匿、伪造、毁灭证据或者串供，不得威胁、引诱证人作伪证以及进行其他干扰司法机关诉讼活动的行为；违反前述规定的，将被追究法律责任。

3. 接受讯问并在笔录上签名、按要求书写亲笔供词的义务

你对办案人员的讯问，应当如实回答。如果你认为讯问笔录没有错误，应当逐页签名、盖章或者捺指印。

必要的时候，经办案人员要求，你应当亲笔书写供述。

4. 接受检查、搜查的义务

你应当接受为确定你的某些特征或生理状态而进行的人身检查、提取指纹信息，采集血迹、尿液等生物样本。

如果你拒绝，办案人员认为必要的时候，可以强制检查。

如果你是女性，检查你的身体应当由女工作人员或者医师进行。

你应当接受办案人员为收集犯罪证据而进行的搜查。

××××人民检察院
未成年犯罪嫌疑人法定代理人诉讼权利义务告知书
（审查起诉阶段）

因你作为未成年犯罪嫌疑人的法定代理人，根据《中华人民共和国刑事诉讼法》和《未成年人刑事检察工作指引（试行）》的有关规定，现将办理未成年人刑事案件有关规定和你在审查起诉阶段依法享有的诉讼权利和承担的诉讼义务告知如下：

一、诉讼权利

1. 未成年犯罪嫌疑人在接受讯问时，自愿如实供述自己的罪行，承认指控的犯罪事实，愿意接受处罚的，可以依法从宽处理。

2. 未成年犯罪嫌疑人自被侦查机关第一次讯问或者采取强制措施之日起，有权委托辩护人。律师、人民团体或者犯罪嫌疑人所在单位推荐的人、犯罪嫌疑人的监护人、亲友都可以被委托为辩护人。

3. 你有权为未成年犯罪嫌疑人委托辩护人；如果没有委托的，办案机关应当通知法律援助机构指派律师免费为未成年犯罪嫌疑人提供辩护。

4. 你认为办案人员具有以下情形之一，有权要求他们回避：

（1）是本案的当事人或者是当事人的近亲属的；

（2）本人或者他的近亲属和本案有利害关系的；

（3）担任过本案的证人、鉴定人、辩护人、诉讼代理人的；

（4）与本案当事人有其他关系，可能影响公正处理案件的；

（5）接受当事人及其委托的人的请客送礼，违反规定会见当事人及其委托的人。

对检察机关驳回申请回避的决定，可以申请复议一次。

续表

5. 未成年犯罪嫌疑人如果被羁押，你有权为其申请变更强制措施。

6. 未成年犯罪嫌疑人被采取强制措施超过法定期限的，你有权要求对其解除强制措施。

7. 对办案人员侵犯未成年犯罪嫌疑人诉讼权利和人身侮辱的行为，你有权提出控告。

8. 讯问未成年犯罪嫌疑人时你有权到场，并代为行使未成年犯罪嫌疑人的诉讼权利，同时你也享有以下权利：

（1）向办案机关提供未成年人的成长经历、家庭环境、个性特点、社会活动以及其他与案件有关的情况；

（2）讯问前，可以在办案人员陪同下会见未成年人，了解其健康状况、是否告知权利义务、合法权益是否被侵害等情况；

（3）向未成年人解释有关法律规定，并告知其行为可能导致的后果；

（4）对未成年人进行法治教育，有针对性地进行提醒教育；

（5）发现办案机关存在诱供、逼供或其他侵害未成年人合法权益的情形，可以当场提意见，也可以在笔录上载明自己的意见，并向办案机关主管部门反映情况；

（6）阅读讯问笔录或者要求向你宣读讯问笔录；

（7）法律法规规定的其他权利。

9. 如果有涉及案件或者未成年犯罪嫌疑人有关情况的证据，你有权及时向承办案件的办案人员提供。

10. 你有权向检察机关申请与未成年人犯罪嫌疑人进行会见。

11. 你有权向检察机关提出促成双方当事人和解的申请。申请可以口头提出，也可以书面提出。

二、诉讼义务

1. 代为行使未成年犯罪嫌疑人的诉讼权利时，不得侵犯其合法权益。

2. 检察机关通知你在讯问时到场的，你应当携带能够证实自己身份的证件，准时到场。到场后，你应当随同办案人员进入讯问场所，并遵守讯问场所的相关规定，不得以任何方式妨碍办案人员正常的讯问活动或者诱导未成年犯罪嫌疑人作不实供述。违反前述规定的，你将被立即带离讯问场所，并可能被追究法律责任。

3. 不得利用参与诉讼的机会，隐匿、伪造、毁灭证据或者串供，不得威胁、引诱证人作伪证以及进行其他干扰刑事诉讼活动的行为。违反前述规定的，你将可能被追究法律责任。

4. 你应当配合检察机关做好未成年犯罪嫌疑人的帮教工作。

5. 你应当保守案件秘密，不得泄露案情或者涉案未成年人的个人信息。

××××人民检察院
认罪认罚从宽制度告知书
（未检认罪认罚案件）

一、根据《中华人民共和国刑事诉讼法》第十五条的规定，犯罪嫌疑人、被告人自愿如实供述自己的罪行，承认指控的犯罪事实，愿意接受处罚的，可以依法从宽处理。

二、犯罪嫌疑人、被告人没有委托辩护人，法律援助机构没有指派律师为其提供辩护的，由值班律师为犯罪嫌疑人、被告人提供法律咨询、程序选择建议、申请变更强制措施、对案件处理提出意见等法律帮助，犯罪嫌疑人、被告人有权约见值班律师。

三、适用认罪认罚从宽制度，犯罪嫌疑人、被告人应当签署《认罪认罚从宽制度告知书》及《认罪认罚具结书》。《认罪认罚具结书》应由辩护人或值班律师签字确认。有下列情形之一的，不需要签署认罪认罚具结书：

（一）犯罪嫌疑人是盲、聋、哑人，或者是尚未完全丧失辨认或者控制自己行为能力的精神病人的；

（二）未成年犯罪嫌疑人的法定代理人、辩护人对未成年人认罪认罚有异议的；

（三）其他不需要签署认罪认罚具结书的情形。

四、《认罪认罚具结书》应写明：犯罪嫌疑人基本信息、认罪认罚情况、被指控的犯罪事实、罪名及适用的法律规定、检察机关对犯罪嫌疑人拟提出的从轻、减轻或者免除处罚等从宽处罚的建议；认罪认罚后案件审理适用的程序及其他需要听取意见的情形。

五、检察机关根据犯罪嫌疑人、被告人的犯罪事实、犯罪情节、认罪情形，就主刑、附加刑、是否适用缓刑等拟出量刑建议。犯罪嫌疑人、被告人或其辩护人/值班律师可以向检察机关提出从轻、减轻处罚等意见，检察机关根据案件情况，可以进行调整。

六、对于认罪认罚案件，除《中华人民共和国刑事诉讼法》第二百零一条规定的除外情形外，人民法院依法作出判决时，一般应当采纳人民检察院指控的罪名和量刑建议。

七、《认罪认罚具结书》签署后，犯罪嫌疑人、被告人提出异议或变更的，人民检察院将重新提出量刑建议。

八、经协商，犯罪嫌疑人、被告人如不同意检察机关的量刑建议，有权不签署《认罪认罚具结书》，不适用本制度。

九、被告人是未成年人的，不适用速裁程序。

本人已阅读并完全理解上述《认罪认罚从宽制度告知书》，并由本人签署后附卷留存。

签名：
年　月　日

第二百七十八条 未成年人案件法律援助

未成年犯罪嫌疑人、被告人没有委托辩护人的，人民法院、人民检察院、公安机关应当通知法律援助机构指派律师为其提供辩护。

条文注解

为未成年人提供律师法律援助的时间不限于审判阶段，而是提前到侦查和审查起诉阶段，只要办理案件的公安机关、人民检察院发现该未成年犯罪嫌疑人没有委托辩护人的，就应当及时通知有关部门为其提供法律援助，以保障其诉讼权利的充分行使。从保障机关来说，明确规定了公检法机关保障未成年人法律援助义务，一旦发现未成年人未委托辩护人，都应立即通知法律援助机构。

为未成年犯罪嫌疑人、被告人提供法律援助的工作机制。由公检法机关通知，由法律援助机构指派律师提供辩护。法律援助机构接到司法机关通知后，应当及时指派律师为未成年犯罪嫌疑人、被告人提供法律援助服务，并对律师的法律援助活动进行业务指导和监督，以确保法律援助案件的办理质量。接受指派的辩护律师应当根据事实和法律，提出未成年犯罪嫌疑人、被告人无罪、罪轻或者减轻、免除刑事责任的材料和意见，维护犯罪嫌疑人、被告人的诉讼权利和其他合法权益。

相关规定

《高法解释》

第五百六十四条 审判时不满十八周岁的未成年被告人没有委托辩护人的，人民法院应当通知法律援助机构指派熟悉未成年人身心特点的律师为其提供辩护。

第五百六十五条 未成年被害人及其法定代理人因经济困难或者其他原因没有委托诉讼代理人的，人民法院应当帮助其申请法律援助。

《高检规则》

第四百六十条 人民检察院受理案件后，应当向未成年犯罪嫌疑人及其法定代理人了解其委托辩护人的情况，并告知其有权委托辩护人。

未成年犯罪嫌疑人没有委托辩护人的，人民检察院应当书面通知法律援助机构指派律师为其提供辩护。

对于公安机关未通知法律援助机构指派律师为未成年犯罪嫌疑人提供辩护的，人民检察院应当提出纠正意见。

《公安规定》

第三百二十条 未成年犯罪嫌疑人没有委托辩护人的，公安机关应当通知法律援助机构指派律师为其提供辩护。

文书格式

××××人民检察院
委托辩护人/申请法律援助告知书

×× 检未委辩/申援〔20××〕×号

（未成年犯罪嫌疑人法定代理人姓名）：

　　本院已收到(移送案件的侦查机关)提请审查逮捕/移送起诉的犯罪嫌疑人_____涉嫌_____一案的案件材料。根据《中华人民共和国刑事诉讼法》第三十四条、第二百七十八条和《未成年人刑事检察工作指引（试行）》第二十五条、第一百四十五条/第一百六十儿条之规定，现告知你及你的法定代理人有权委托辩护人。在侦查阶段，只能委托律师担任辩护人。

　　没有委托辩护人的，人民检察院将依法通知法律援助机构指派律师提供辩护。

20××年××月××日
（院印）

××××人民检察院
委托诉讼代理人/申请法律援助告知书

×× 检未委代/申援〔20××〕×号

（被害人姓名）：

　　本院已经收到(移送案件的侦查机关)移送审查起诉的犯罪嫌疑人_____涉嫌_____一案的案件材料。根据《中华人民共和国刑事诉讼法》第四十六条、《未成年人刑事检察工作指引（试行）》第七十五条之规定，现告知你有权委托诉讼代理人。如果因经济困难或其他原因（未成年人适用）没有委托诉讼代理人的，可以申请法律援助。

20××年××月××日
（院印）

```
××××人民检察院
提供法律援助通知书
```

××检未援〔20××〕×号

（法律援助机构名称）：

　　犯罪嫌疑人_____涉嫌_____一案已由（侦查机关名称）提请本院审查逮捕/移送本院审查起诉。犯罪嫌疑人_____现羁押/居住于_____，因其属于未成年人，符合《中华人民共和国刑事诉讼法》第二百七十八条规定的情形，请依法指派律师为其提供辩护。

20××年××月××日
（院印）

未成年犯罪嫌疑人联系方式：
法定代理人（其他成年亲属）：　　　联系方式：
案件承办人：　　　　　　　　　　　联系方式：

第二百七十九条　社会调查

公安机关、人民检察院、人民法院办理未成年人刑事案件，根据情况可以对未成年犯罪嫌疑人、被告人的成长经历、犯罪原因、监护教育等情况进行调查。

条文注解

司法机关工作人员既可以在案件的侦查、起诉和审判过程中自行了解未成年犯罪嫌疑人、被告人的个人情况，也可以委托有关组织和机构了解未成年犯罪嫌疑人、被告人的相关情况。调查的内容包括未成年犯罪嫌疑人、被告人的性格特点、家庭情况、社会交往、成长经历、是否具备有效监护条件或者社会帮教条件，以及涉嫌犯罪前后表现等情况，以对未成年人的犯罪情况全面了解。根据所获取信息来判定该未成年人犯罪的主观恶性程度、是否有再犯罪的可能等，为确定是否采取强制措施，是否适用附条件不起诉，以及施以何种刑罚提供参考。

相关规定

《高法解释》

第五百六十八条　对人民检察院移送的关于未成年被告人性格特点、家庭情况、社会交往、成长经历、犯罪原因、犯罪前后的表现、监护教育等情况的调查报告，以及辩护人提交的反映未成年被告人上述情况的书面材料，法庭应当接受。

必要时，人民法院可以委托社区矫正机构、共青团、社会组织等对未成年被告人的上述情况进行调查，或者自行调查。

第五百六十九条　人民法院根据情况，可以对未成年被告人、被害人、证人进行心理疏导；根据实际需要并经未成年被告人及其法定代理人同意，可以对未成年被告人进行心理测评。

心理疏导、心理测评可以委托专门机构、专业人员进行。

心理测评报告可以作为办理案件和教育未成年人的参考。

《高检规则》

第四百六十一条 人民检察院根据情况可以对未成年犯罪嫌疑人的成长经历、犯罪原因、监护教育等情况进行调查，并制作社会调查报告，作为办案和教育的参考。

人民检察院开展社会调查，可以委托有关组织和机构进行。开展社会调查应当尊重和保护未成年人隐私，不得向不知情人员泄露未成年犯罪嫌疑人的涉案信息。

人民检察院应当对公安机关移送的社会调查报告进行审查。必要时，可以进行补充调查。

人民检察院制作的社会调查报告应当随案移送人民法院。

《公安规定》

第三百二十一条 公安机关办理未成年人刑事案件时，应当重点查清未成年犯罪嫌疑人实施犯罪行为时是否已满十四周岁、十六周岁、十八周岁的临界年龄。

第三百二十二条 公安机关办理未成年人刑事案件，根据情况可以对未成年犯罪嫌疑人的成长经历、犯罪原因、监护教育等情况进行调查并制作调查报告。

作出调查报告的，在提请批准逮捕、移送审查起诉时，应当结合案情综合考虑，并将调查报告与案卷材料一并移送人民检察院。

典型案例

牛某非法拘禁案（检例第 106 号）

裁判要旨： 检察机关对于公安机关移送的社会调查报告应当认真审查，报告内容不能全面反映未成年人成长经历、犯罪原因、监护教育等情况的，可以商公安机关补充调查，也可以自行或者委托其他有关组织、机构补充调查。对实施犯罪行为时系未成年人但诉讼过程中已满十八周岁的犯罪嫌疑人，符合条件的，可以适用附条件不起诉。对于外地户籍未成年犯罪嫌疑人，办案检察机关可以委托未成年人户籍所在地检察机关开展异地协作考察帮教，两地检察机关要各司其职，密切配合，确保帮教取得实效。

文书格式

```
                ××××人民检察院
                 社会调查委托函
_____

                        ××检未委调〔20××〕×号

（接受委托单位名称）：
    本院审查逮捕/审查起诉的_____涉嫌_____一案，需对未成年犯罪嫌疑人____
____进行社会调查，现委托贵单位指派两名以上调查员对该未成年犯罪嫌疑人的成长经
历、犯罪原因、监护教育等情况进行社会调查，请在收到该函____日后将调查报告函
复本院。
    社会调查时，请社会调查员出示社会调查委托函、介绍信和工作证，不得泄露未成
年犯罪嫌疑人的涉案信息、个人隐私等情况。
```

续表

20××年××月××日
（院印）

附：被调查人基本情况。

社会调查报告

未成年犯罪嫌疑人姓名（曾用名）：
性别：
出生年月：
公民身份证号码：
电话号码（家庭、手机、工作单位）：
户籍地：
户籍地所在街道和居（村）委会：
实际居住地：
实际居住地所在街道和居（村）委会：
涉嫌案由：
社会调查方式：
走访谈话（走访居委会、村委会、家庭、学校、工作单位、派出所等）、查询档案、电话联系等。
一、家庭背景
1. 父母的基本情况
2. 未成年犯罪嫌疑人的家庭情况
3. 父母对未成年犯罪嫌疑人的监护情况
4. 未成年犯罪嫌疑人对家人的态度
5. 未成年犯罪嫌疑人居住情况
6. 与未成年犯罪嫌疑人最有感情的人基本情况（姓名、关系、住址、联系电话等）
未成年犯罪嫌疑人家庭情况与其再犯可能性的联系程度评估：
二、个性特点
1. 未成年犯罪嫌疑人健康状况及有无不良行为、嗜好
2. 未成年犯罪嫌疑人心理情况
3. 未成年犯罪嫌疑人受教育情况
4. 未成年犯罪嫌疑人思维及行动情况
5. 未成年犯罪嫌疑人社会交往情况
6. 未成年犯罪嫌疑人个人爱好及是否受过表彰情况
未成年犯罪嫌疑人个性特点与其再犯可能性的联系程度评估：

续表

三、与案件有关情况 1. 未成年犯罪嫌疑人受处罚情况 2. 未成年犯罪嫌疑人此次涉案主观因素 3. 未成年犯罪嫌疑人此次涉案客观行为 未成年犯罪嫌疑人涉案情况与其再犯可能性的联系程度评估： 四、对涉案行为的认识 1. 未成年犯罪嫌疑人对涉案的消极认识情况 2. 未成年犯罪嫌疑人对涉案的积极认识情况 未成年犯罪嫌疑人涉案行为的认识与其再犯可能性的联系程度评估： 五、帮教条件 1. 未成年犯罪嫌疑人自身生活、学习、工作情况 2. 未成年犯罪嫌疑人家庭帮教条件情况 3. 未成年犯罪嫌疑人所处环境情况 4. 受害者的态度 未成年犯罪嫌疑人帮教条件与其再犯可能性的联系程度评估： 六、其他需要说明的情况 七、综合评价意见 请用文字对上述五个方面内容进行阐述，并提供结论性综合评价意见 调查员：××，××（两名调查人员签名） 20××年××月××日 （印章） 附：（走访座谈的相关调查笔录或谈话记录等）

第二百八十条　未成年人案件逮捕和羁押要求

对未成年犯罪嫌疑人、被告人应当严格限制适用逮捕措施。人民检察院审查批准逮捕和人民法院决定逮捕，应当讯问未成年犯罪嫌疑人、被告人，听取辩护律师的意见。

对被拘留、逮捕和执行刑罚的未成年人与成年人应当分别关押、分别管理、分别教育。

条文注解

与成年犯罪嫌疑人不同，未成年犯罪嫌疑人在适用逮捕和羁押方面有着特殊的要求。

严格限制适用逮捕措施。在批准或者决定逮捕未成年犯罪嫌疑人时，应当根据未成年犯罪嫌疑人涉嫌犯罪的性质、情节、主观恶性、有无监护与社会帮教条件、认罪认罚等，严格限制适用逮捕措施。在确定是否有逮捕必要时，可捕可不捕的不捕。对于罪行较轻，具备有效监护条件或者社会帮教措施，没有社会危险性，不会妨害诉讼正常进行的未成年犯罪嫌疑人，不应适用逮捕措施。

批捕决定程序更为严格。检察院、法院在批准或者决定逮捕前，应当讯问未成年犯罪嫌疑人、被告人，并听取辩护律师的意见，辩护律师可以就其被代理人是否应当适用逮捕措施提出意见。同时，讯问未成年犯罪嫌疑人、被告人，应当通知法定代理人到场，无法通知、法定代理人不能到场或者法定代理人是共犯的，也可以通知未成年犯罪嫌疑人、被告人的其他成年亲属，所在学校、单位、居住地基层组织或者未成年人保护组织的代表到场，到场的法定代理人可以代为行使未成年犯罪嫌疑人、被告人的诉讼权利。

被拘留、逮捕和执行刑罚的未成年人与成年人分别关押、分别管理、分别教育。这样规定可以让未成年人在羁押过程中免受成年人的不良影响和不法侵害，更有利于对未成年人教育、矫治工作的开展。根据监狱法的相关规定，未成年犯由未成年犯管教所执行刑罚。

相关规定

《高法解释》

第五百五十三条　对未成年被告人应当严格限制适用逮捕措施。

人民法院决定逮捕，应当讯问未成年被告人，听取辩护律师的意见。

对被逮捕且没有完成义务教育的未成年被告人，人民法院应当与教育行政部门互相配合，保证其接受义务教育。

第五百五十四条　人民法院对无固定住所、无法提供保证人的未成年被告人适用取保候审的，应当指定合适成年人作为保证人，必要时可以安排取保候审的被告人接受社会观护。

《高检规则》

第四百六十二条　人民检察院对未成年犯罪嫌疑人审查逮捕，应当根据未成年犯罪嫌疑人涉嫌犯罪的性质、情节、主观恶性、有无监护与社会帮教条件、认罪认罚等情况，综合衡量其社会危险性，严格限制适用逮捕措施。

第四百六十三条　对于罪行较轻，具备有效监护条件或者社会帮教措施，没有社会危险性或者社会危险性较小的未成年犯罪嫌疑人，应当不批准逮捕。

对于罪行比较严重，但主观恶性不大，有悔罪表现，具备有效监护条件或者社会帮教措施，具有下列情形之一，不逮捕不致发生社会危险性的未成年犯罪嫌疑人，可以不批准逮捕：

（一）初次犯罪、过失犯罪的；

（二）犯罪预备、中止、未遂的；

（三）防卫过当、避险过当的；

（四）有自首或者立功表现的；

（五）犯罪后认罪认罚，或者积极退赃、尽力减少和赔偿损失，被害人谅解的；

（六）不属于共同犯罪的主犯或者集团犯罪中的首要分子的；

（七）属于已满十四周岁不满十六周岁的未成年人或者系在校学生的；

（八）其他可以不批准逮捕的情形。

对于没有固定住所、无法提供保证人的未成年犯罪嫌疑人适用取保候审的，可以指定合适的成年人作为保证人。

第四百六十四条　审查逮捕未成年犯罪嫌疑人，应当重点查清其是否已满十四、十六、十八周岁。

对犯罪嫌疑人实际年龄难以判断，影响对该犯罪嫌疑人是否应当负刑事责任认定的，应当不批准逮捕。需要补充侦查的，同时通知公安机关。

《公安规定》

第三百二十七条　对未成年犯罪嫌疑人应当严格限制和尽量减少使用逮捕措施。

未成年犯罪嫌疑人被拘留、逮捕后服从管理、依法变更强制措施不致发生社会危险性，能够保证诉讼正常进行的，公安机关应当依法及时变更强制措施；人民检察院批准逮捕的案件，公安机关应当将变更强制措施情况及时通知人民检察院。

第三百二十八条 对被羁押的未成年人应当与成年人分别关押、分别管理、分别教育，并根据其生理和心理特点在生活和学习方面给予照顾。

第二百八十一条 未成年人案件讯问和审判

对于未成年人刑事案件，在讯问和审判的时候，应当通知未成年犯罪嫌疑人、被告人的法定代理人到场。无法通知、法定代理人不能到场或者法定代理人是共犯的，也可以通知未成年犯罪嫌疑人、被告人的其他成年亲属，所在学校、单位、居住地基层组织或者未成年人保护组织的代表到场，并将有关情况记录在案。到场的法定代理人可以代为行使未成年犯罪嫌疑人、被告人的诉讼权利。

到场的法定代理人或者其他人员认为办案人员在讯问、审判中侵犯未成年人合法权益的，可以提出意见。讯问笔录、法庭笔录应当交给到场的法定代理人或者其他人员阅读或者向他宣读。

讯问女性未成年犯罪嫌疑人，应当有女工作人员在场。

审判未成年人刑事案件，未成年被告人最后陈述后，其法定代理人可以进行补充陈述。

询问未成年被害人、证人，适用第一款、第二款、第三款的规定。

条文注解

本条规定明确了未成年犯罪嫌疑人、被告人进行讯问和审判的特殊程序。其"特殊"主要体现在以下几点：

第一，讯问、审判未成年人刑事案件，"应当"通知其法定代理人到场。在法定代理人无法通知，或者虽经通知但因故不能到场，或者法定代理人是同案犯，到场可能发生串供等妨碍讯问、审判活动的，司法机关可以选择通知未成年犯罪嫌疑人、被告人的其他成年亲属、所在学校、单位、居住地基层组织或者未成年人保护组织的代表到场。这一规定为法定代理人不能到场的未成年人提供了保护措施，进一步体现了对未成年人在讯问中权利的保护。通知法定代理人以外的其他人员到场的，司法机关工作人员应当将法定代理人不能到场的原因、相关人员到场的具体情况等信息在讯问笔录、庭审笔录等文件中予以记载、说明。

第二，到场的法定代理人或者其他人员有权对司法机关工作人员侵犯未成年人权益的行为提出意见，以及有权阅读讯问笔录、法庭笔录。所提意见应当被充分重视，如确实侵犯了未成年犯罪嫌疑人、被告人合法权益的，应当及时予以纠正。讯问笔录和法庭笔录必须交当事人核对无误，并签名盖章，确保其合法性和真实性。在办理未成年人案件时，由到场的法定代理人或者其他人员阅读或者向他宣读讯问笔录、法庭笔录，可以协助未成年犯罪嫌疑人、被告人对讯问笔录、法庭笔录的内容、制作过程是否真实进行核对，以保证讯问、审判的有效性。

第三，讯问女性未成年犯罪嫌疑人必须有女性工作人员在场。女性工作人员在场，可以充分照顾到女性未成年犯罪嫌疑人的生理、心理特点，缓解其紧张、畏惧的情绪，有利于保护女性未成年人的特殊权益，也有利于讯问工作的顺利进行。

第四，审理未成年人案件在被告人最后陈述阶段，其法定代理人可以进行补充陈述。未成年被告人在行使此项最后陈述权时，因其在智力和表达能力上的不足，可能难以充分表达意见，因此规定在其最后陈述后，到场的法定代理人可以进行补充陈述。这一规定，体现了对未成年被告人诉讼权利的充分保护。

第五，询问未成年被害人、证人适用本条相关规定。询问未成年被害人、证人应当遵守本条关于法定代理人或者相关人员到场，法定代理人可以代为行使未成年证人的诉讼权利，对询问过程中侵害未成年人权益的行为，法定代理人或到场的其他人有权提出意见，并有权阅读询问笔录；以及询问女性未成年人，须有女性工作人员在场等规定。

相关规定

《高法解释》

第五百五十五条 人民法院审理未成年人刑事案件，在讯问和开庭时，应当通知未成年被告人的法定代理人到场。法定代理人无法通知、不能到场或者是共犯的，也可以通知合适成年人到场，并将有关情况记录在案。

到场的法定代理人或者其他人员，除依法行使刑事诉讼法第二百八十一条第二款规定的权利外，经法庭同意，可以参与对未成年被告人的法庭教育等工作。

适用简易程序审理未成年人刑事案件，适用前两款规定。

第五百五十六条 询问未成年被害人、证人，适用前条规定。

审理未成年人遭受性侵害或者暴力伤害案件，在询问未成年被害人、证人时，应当采取同步录音录像等措施，尽量一次完成；未成年被害人、证人是女性的，应当由女性工作人员进行。

第五百六十三条 人民法院向未成年被告人送达起诉书副本时，应当向其讲明被指控的罪行和有关法律规定，并告知其审判程序和诉讼权利、义务。

第五百六十六条 对未成年人刑事案件，人民法院决定适用简易程序审理的，应当征求未成年被告人及其法定代理人、辩护人的意见。上述人员提出异议的，不适用简易程序。

第五百六十七条 被告人实施被指控的犯罪时不满十八周岁，开庭时已满十八周岁、不满二十周岁的，人民法院开庭时，一般应当通知其近亲属到庭。经法庭同意，近亲属可以发表意见。近亲属无法通知、不能到场或者是共犯的，应当记录在案。

第五百七十条 开庭前和休庭时，法庭根据情况，可以安排未成年被告人与其法定代理人或者合适成年人会见。

《高检规则》

第四百六十五条 在审查逮捕、审查起诉中，人民检察院应当讯问未成年犯罪嫌疑人，听取辩护人的意见，并制作笔录附卷。辩护人提出书面意见的，应当附卷。对于辩护人提出犯罪嫌疑人无罪、罪轻或者减轻、免除刑事责任、不适宜羁押或者侦查活动有违法情形等意见的，检察人员应当进行审查，并在相关工作文书中叙明辩护人提出的意见，说明是否采纳的情况和理由。

讯问未成年犯罪嫌疑人，应当通知其法定代理人到场，告知法定代理人依法享有的诉讼权利和应当履行的义务。到场的法定代理人可以代为行使未成年犯罪嫌疑人的诉讼权利,代为行使权利时不得损害未成年犯罪嫌疑人的合法权益。

无法通知、法定代理人不能到场或者法定代理人是共犯的,也可以通知未成年犯罪嫌疑人的其他成年亲属,所在学校、单位或者居住地的村民委员会、居民委员会、未成年人保护组织的代表到场,并将有关情况记录在案。未成年犯罪嫌疑人明确拒绝法定代理人以外的合适成年人到场,且有正当理由的,人民检察院可以准许,但应当在征求其意见后通知其他合适成年人到场。

到场的法定代理人或者其他人员认为检察人员在讯问中侵犯未成年犯罪嫌疑人合法权益提出意见的,人民检察院应当记录在案。对合理意见,应当接受并纠正。讯问笔录应当交由到场的法定代理人或者其他人员阅读或者向其宣读,并由其在笔录上签名或者盖章,并捺指印。

讯问女性未成年犯罪嫌疑人,应当有女性检察人员参加。

询问未成年被害人、证人,适用本条第二款至第五款的规定。询问应当以一次为原则,避免反复询问。

第四百六十六条 讯问未成年犯罪嫌疑人应当保护其人格尊严。

讯问未成年犯罪嫌疑人一般不得使用戒具。对于确有人身危险性必须使用戒具的,在现实危险消除后应当立即停止使用。

第四百六十七条 未成年犯罪嫌疑人认罪认罚的,人民检察院应当告知本人及其法定代理人享有的诉讼权利和认罪认罚的法律规定,并依照刑事诉讼法第一百七十三条的规定,听取、记录未成年犯罪嫌疑人及其法定代理人、辩护人、被害人及

其诉讼代理人的意见。

第四百六十八条 未成年犯罪嫌疑人认罪认罚的,应当在法定代理人、辩护人在场的情况下签署认罪认罚具结书。法定代理人、辩护人对认罪认罚有异议的,不需要签署具结书。

因未成年犯罪嫌疑人的法定代理人、辩护人对其认罪认罚有异议而不签署具结书的,人民检察院应当对未成年人认罪认罚情况,法定代理人、辩护人的异议情况如实记录。提起公诉的,应当将该材料与其他案卷材料一并移送人民法院。

未成年犯罪嫌疑人的法定代理人、辩护人对认罪认罚有异议而不签署具结书的,不影响从宽处理。

法定代理人无法到场的,合适成年人可以代为行使到场权、知情权、异议权等。法定代理人未到场的原因以及听取合适成年人意见等情况应当记录在案。

第四百九十条 人民检察院办理侵害未成年人犯罪案件,应当采取适合未成年被害人身心特点的方法,充分保护未成年被害人的合法权益。

《公安规定》

第三百二十三条 讯问未成年犯罪嫌疑人,应当通知未成年犯罪嫌疑人的法定代理人到场。无法通知、法定代理人不能到场或者法定代理人是共犯的,也可以通知未成年犯罪嫌疑人的其他成年亲属,所在学校、单位、居住地或者办案单位所在地基层组织或者未成年人保护组织的代表到场,并将有关情况记录在案。到场的法定代理人可以代为行使未成年犯罪嫌疑人的诉讼权利。

到场的法定代理人或者其他人员提出侦查人员在讯问中侵犯未成年人合法权益的,公安机关应当认真核查,依法处理。

第三百二十四条 讯问未成年犯罪嫌

疑人应当采取适合未成年人的方式，耐心细致地听取其供述或者辩解，认真审核、查证与案件有关的证据和线索，并针对其思想顾虑、恐惧心理、抵触情绪进行疏导和教育。

讯问女性未成年犯罪嫌疑人，应当有女工作人员在场。

第三百二十五条 讯问笔录应当交未成年犯罪嫌疑人、到场的法定代理人或者其他人员阅读或者向其宣读；对笔录内容有异议的，应当核实清楚，准予更正或者补充。

第三百二十六条 询问未成年被害人、证人，适用本规定第三百二十三条、第三百二十四条、第三百二十五条的规定。

询问未成年被害人、证人，应当以适当的方式进行，注意保护其隐私和名誉，尽可能减少询问频次，避免造成二次伤害。必要时，可以聘请熟悉未成年人身心特点的专业人员协助。

文书格式

```
×××公 安 局
未成年人法定代理人到场通知书
                    ×公（  ）法代通字〔    〕  号
_____：
   我局定于___年___月___日___时在_____对____
_____进行询问/讯问。因其系未成年人，根据《中华人民共和国刑事诉讼法》第二百八十一条之规定，通知你届时到场。

                                   公安局（印）
                                    年 月 日
```

```
××××人民检察院
未成年人法定代理人到场通知书
                         ××检未代到〔20××〕×号
（法定代理人姓名）：
   _____是本院办理的_____涉嫌_____案的犯罪嫌疑人/被害人/证人，现定于___年_月_日_时在_____对其进行讯问/询问。因其系未成年人，根据《中华人民共和国刑事诉讼法》第二百八十一条、《未成年人刑事检察工作指引（试行）》第四十六条、第一百零七条的规定，通知你届时到场。你到场后可以代为行使未成年人的诉讼权利。

                                  20××年××月××日
                                         （院印）
```

第二百八十二条 附条件不起诉

对于未成年人涉嫌刑法分则第四章、第五章、第六章规定的犯罪，可能判处一年有期徒刑以下刑罚，符合起诉条件，但有悔罪表现的，人民检察院可以作出附条件不起诉的决定。人民检察院在作出附条件不起诉的决定以前，应当听取公安机关、被害人的意见。

对附条件不起诉的决定，公安机关要求复议、提请复核或者被害人申诉的，适用本法第一百七十九条、第一百八十条的规定。

未成年犯罪嫌疑人及其法定代理人对人民检察院决定附条件不起诉有异议的，人民检察院应当作出起诉的决定。

条文注解

附条件不起诉是针对未成年犯罪嫌疑人规定的一项特殊制度，需要注意以下几点：

第一，附条件不起诉的适用条件。对涉嫌犯罪的未成年人适用附条件不起诉应当同时符合下列条件：其一，未成年人所犯罪名为刑法分则第四章侵犯公民人身权利、民主权利罪、第五章侵犯财产罪、第六章妨害社会管理秩序罪中规定的罪名，在此范围之外的其他罪名，不得适用附条件不起诉。其二，该未成年人可能会被判处一年有期徒刑以下刑罚，可能会被判处的刑罚超过一年有期徒刑的不得适用附条件不起诉。"一年有期徒刑以下刑罚"是指该未成年被告可能适用的刑罚，而不是指其所犯罪的法定刑。其三，犯罪事实已经查清，证据确实、充分，符合起诉条件的，如果其犯罪情节轻微，依照刑法规定不需要判处刑罚或者免除刑罚的，人民检察院则可以直接作出不起诉决定。对于事实不清，证据不确实、不充分的，应当通过补充侦查，查明犯罪事实，不得适用附条件不起诉。其四，未成年人具有悔罪表现。具体表现为认罪态度好，向被害人赔礼道歉，积极赔偿，取得被害人谅解等。人民检察院只有在上述条件都具备时，才能对涉案的未成年人作出附条件不起诉的决定。

第二，公安机关、被害人对检察机关附条件不起诉决定有异议时的处理。公安机关认为检察机关附条件不起诉的决定不符合法定条件，可以向检察机关提起复议、复核。被害人对附条件不起诉决定不服的，可以自收到决定书后七日以内向上一级人民检察院申诉，请求提起公诉。人民检察院应当将复查决定告知被害人。对人民检察院维持不起诉决定的，被害人可以向人民法院起诉，被害人也可以不经申诉，直接向人民法院起诉。

第三，未成年犯罪嫌疑人及其法定代理人对附条件不起诉的决定有异议时的处理。如果未成年犯罪嫌疑人或者其法定代理人认为，该未成年人行为不构成犯罪，或者犯罪情节轻微，依照刑法规定不需要判处刑罚或者免除刑罚，对检察机关附条件不起诉的决定提出异议的，检察机关应当作出起诉的决定，依法提起公诉，由人民法院作出判决。

相关规定

《公安规定》

第三百二十九条 人民检察院在对未成年人作出附条件不起诉的决定前，听取公安机关意见时，公安机关应当提出书面意见，经县级以上公安机关负责人批准，移送同级人民检察院。

《高检规则》

第四百六十九条 对于符合刑事诉讼法第二百八十二条第一款规定条件的未成年人刑事案件，人民检察院可以作出附条件不起诉的决定。

人民检察院在作出附条件不起诉的决定以前，应当听取公安机关、被害人、未成年犯罪嫌疑人及其法定代理人、辩护人的意见，并制作笔录附卷。

第四百七十条 未成年犯罪嫌疑人及其法定代理人对拟作出附条件不起诉决定提出异议的，人民检察院应当提起公诉。但是，未成年犯罪嫌疑人及其法定代理人提出无罪辩解，人民检察院经审查认为无罪辩解理由成立的，应当按照本规则第三百六十五条的规定作出不起诉决定。

未成年犯罪嫌疑人及其法定代理人对案件作附条件不起诉处理没有异议，仅对所附条件及考验期有异议的，人民检察院可以依法采纳其合理的意见，对考察的内容、方式、时间等进行调整；其意见不予对未成年犯罪嫌疑人帮教，人民检察院不采纳的，应当进行释法说理。

人民检察院作出起诉决定前，未成年犯罪嫌疑人及其法定代理人撤回异议的，人民检察院可以依法作出附条件不起诉决定。

第四百七十一条 人民检察院作出附条件不起诉的决定后，应当制作附条件不起诉决定书，并在三日以内送达公安机关、被害人或者其近亲属及其诉讼代理人、未成年犯罪嫌疑人及其法定代理人、辩护人。

人民检察院应当当面向未成年犯罪嫌疑人及其法定代理人宣布附条件不起诉决定，告知考验期限、在考验期内应当遵守的规定以及违反规定应负的法律责任，并制作笔录附卷。

第四百七十二条 对附条件不起诉的决定，公安机关要求复议、提请复核或者被害人提出申诉的，具体程序参照本规则第三百七十九条至第三百八十三条的规定。被害人不服附条件不起诉决定的，应当告知其不适用刑事诉讼法第一百八十条关于被害人可以向人民法院起诉的规定，并做好释法说理工作。

前款规定的复议、复核、申诉由相应人民检察院负责未成年人检察的部门进行审查。

第四百七十八条 考验期满作出不起诉决定，被害人提出申诉的，依照本规则第四百七十二条规定办理。

典型案例

1. 胡某某抢劫案（检例第103号）

裁判要旨： 办理附条件不起诉案件，应当准确把握其与不起诉的界限。对于涉罪未成年在校学生附条件不起诉，应当坚持最有利于未成年人健康成长原则，找准办案、帮教与保障学业的平衡点，灵活掌握办案节奏和考察帮教方式。要阶段性评估帮教成效，根据被附条件不起诉人角色转变和个性需求，动态调整考验期限和帮教内容。

2. 李某诈骗、传授犯罪方法牛某等人诈骗案（检例第105号）

裁判要旨： 对于一人犯数罪符合起诉条件，但根据其认罪认罚等情况，可能判处一年有期徒刑以下刑罚的，检察机关可以依法适用附条件不起诉。对于涉罪未成年人存在家庭教育缺位或者不当问题的，应当突出加强家庭教育指导，因案因人进行精准帮教。通过个案办理和法律监督，积极推进社会支持体系建设。

文书格式

××××人民检察院
附条件不起诉决定书

××检未附不诉〔20××〕×号

犯罪嫌疑人……（写明姓名、曾用名、与案情有关的别名、化名、绰号、性别、出生年月日、公民身份号码、民族、文化程度、职业或者工作单位及职务、出生地、户籍所在地、住址。）作为适用附条件不起诉依据的曾受刑事处罚、行政处罚的情况。因涉嫌××（案由）罪，经×××（决定机关）批准/决定，于×年×月×日由×××（执行机关）执行×××（强制措施名称），延长刑事拘留期限及延长、重新计算、中止侦查等羁押期限变化的情况……

法定代理人……（姓名、与犯罪嫌疑人的关系、住址。）

辩护人……（写明姓名、×律师事务所律师，如系法律援助律师的，应注明指派的法律援助中心；不是律师的写单位、职务或职业。）

本案由×××（侦查机关）侦查终结，以犯罪嫌疑人×××涉嫌××（案由）罪，于×年×月×日向本院移送审查起诉。（如果案件是其他人民检察院移送的，此处应将指定管辖、移送单位以及移送时间等写清楚。）本院受理后，于×年×月×日已告知犯罪嫌疑人及其法定代理人有权委托辩护人，×年×月×日已告知被害人及其法定代理人（近亲属）有权委托诉讼代理人；为犯罪嫌疑人×××落实了法律援助；对其进行了社会调查（或委托×××单位进行了社会调查）；依法讯问了犯罪嫌疑人，其法定代理人（合适成年人）到场；并就是否适用附条件不起诉听取了侦查机关、被害人及其法定代理人、未成年犯罪嫌疑人及其法定代理人、辩护人的意见，未成年犯罪嫌疑人及其法定代理人对适用附条件不起诉无异议。经审查，于×年×月×日（一次退查日期、二次退查日期）退回补充侦查，侦查机关于×年×月×日补充侦查完毕，移送本院审查起诉。本院于×年×月×日（一次延长日期、二次延长日期、三次延长日期）延长审查起诉期限（××次）（各）十五日。

[1. 对于侦查机关移送审查起诉后变更管辖权的，表述为："本案由×××（侦查机关）侦查终结，以犯罪嫌疑人×××涉嫌×罪，于×年×月×日移送×××人民检察院审查起诉。×××人民检察院经审查，于×年×月×日移送（或者报送、交由）本院审查起诉。本院受理后……（同前项内容）。"

2. 对于因上级检察机关指定而变更管辖权的，表述为："本案由×××（侦查机关）侦查终结，以犯罪嫌疑人×××涉嫌×罪，于×年×月×日移送×××人民检察院审查起诉，后经×××人民检察院指定，于×年×月×日移送（或者报送、交由）本院审查起诉。本院受理后，……（同前项内容）。"

3. 对于退回补充侦查的，在"审查了全部案件材料"后写明："经审查，于×年×月×日（和×年×月×日两次）退回补充侦查，侦查机关补充侦查完毕后，于×年×月×日（最终补充侦查完毕时间）移送本院审查起诉。"

续表

4. 对于审查起诉阶段进行精神病鉴定的,在"审查了全部案件材料"后写明:"其间,于×年×月×日至×年×月×日对犯罪嫌疑人×××作精神病鉴定。"

5. 对于进行不公开听证审查的,在上述内容后写明:"×年×月×日,本院对本案进行不公开听证审查,听取了侦查机关、犯罪嫌疑人×××及其法定代理人×××、辩护人×××以及×××(具体写明其他参加人员及诉讼身份)的意见。"]

经本院依法审查查明:

……(概括叙写案件事实,要将检察机关审查后认定的事实写清楚,不必叙写侦查机关移送审查起诉时认定的事实,重点叙写犯罪嫌疑人符合附条件不起诉法定条件的事实尤其是其悔罪表现及监管帮教条件)。

认定上述事实的证据如下:

……

(要将证明犯罪嫌疑人符合附条件不起诉法定条件的证据,按照证据种类写明具体名称并概述其证明内容,与认定的事实相对应,确保全部事实均有充分的证据证实。)

根据《中华人民共和国刑事诉讼法》第二百七十九条,本院(委托×××)对犯罪嫌疑人×××进行了社会调查,经调查查明:……(叙写经社会调查查明的事实)

本院认为,犯罪嫌疑人×××实施了《中华人民共和国刑法》第×条规定的行为,但具有……等情节(写明法定和酌定量刑情节),可能判处一年有期徒刑以下刑罚,符合起诉条件,并具有悔罪表现。根据《中华人民共和国刑事诉讼法》第二百八十二条第一款的规定,决定对×××(犯罪嫌疑人的姓名)附条件不起诉。考验期为×个月,从××年×月×日起至××年×月×日止。

考验期内,犯罪嫌疑人×××应当遵守《中华人民共和国刑事诉讼法》第二百八十三条第三款的规定:

(一)遵守法律法规,服从监督;

(二)按照考察机关的规定(报告的时间、方式)报告自己的活动情况;

(三)离开所居住的市、县或者迁居,应当报经考察机关批准;

(四)按照考察机关的要求接受矫治教育:(可以参考《人民检察院刑事诉讼规则》第四百七十六条,结合具体情况写明接受矫治教育的内容)。

……

在考验期内有《中华人民共和国刑事诉讼法》第二百八十四条第一款规定情形之一的,本院将撤销附条件不起诉的决定,提起公诉:

(一)实施新的犯罪或者发现决定附条件不起诉以前还有其他犯罪需要追诉的;

(二)违反治安管理规定或者考察机关有关附条件不起诉的监督管理规定,情节严重的。

在考验期内没有上述情形,考验期满的,本院将作出不起诉决定。

犯罪嫌疑人及其法定代理人如果对本决定有异议,可以向本院提出,本院将依法提起公诉。

续表

> 被害人如果不服本决定，可以自收到本决定书后七日以内向×××人民检察院（此处应写明上一级人民检察院名称）申诉，请求提起公诉。
>
> 20××年××月××日
>
> （院印）
>
> 附：相关法律条文
> 《中华人民共和国刑法》第×条×款……
> 《中华人民共和国刑事诉讼法》第×条×款……
> 相关司法解释……

第二百八十三条　附条件不起诉的监督考察

在附条件不起诉的考验期内，由人民检察院对被附条件不起诉的未成年犯罪嫌疑人进行监督考察。未成年犯罪嫌疑人的监护人，应当对未成年犯罪嫌疑人加强管教，配合人民检察院做好监督考察工作。

附条件不起诉的考验期为六个月以上一年以下，从人民检察院作出附条件不起诉的决定之日起计算。

被附条件不起诉的未成年犯罪嫌疑人，应当遵守下列规定：

（一）遵守法律法规，服从监督；

（二）按照考察机关的规定报告自己的活动情况；

（三）离开所居住的市、县或者迁居，应当报经考察机关批准；

（四）按照考察机关的要求接受矫治和教育。

条文注解

第一，监督考察的主体。对被决定附条件不起诉的未成年犯罪嫌疑人由人民检察院对其进行监督考察，其监护人予以协助。检察机关在决定对该未成年犯罪嫌疑人适用附条件不起诉前，已经充分了解案情和未成年人个人情况，由检察机关在考验期间对其进行监督考察，有利于监督考察工作的顺利进行，也有利于工作上的衔接，在考验期满后及时作出不起诉的决定，或者继续提起公诉。监护人本身就有抚养、教育未成年人的义务，在考验期间内，监护人应当加强对未成年犯罪嫌疑人的管教，协助、配合检察机关做好对成年人的监督考察工作。

第二，监督考察的期限。附条件不起诉的期限为六个月以上一年以下，从人民检察院作出决定之日起计算。实践中，检察机关应综合考虑未成年犯罪嫌疑人罪行的轻重、主观恶性的大小等因素，确定具体的考验期限。

第三，监督考察的内容。其一，遵守法律法规，服从监督。如果发现其在考验期内重新违法、犯罪的，则应当承担被公诉等相应法律后果。其二，按照考察机关的规定报告自己的活动情况。考验期内，被监管的未成年人应按照考察机关的要求报告自己的活动情况，为评估考验效果提供参考依据。其三，离开所居住的市、县或者迁居，应当报经考察机关批准。被决定附条件不起诉人如需离开或者迁居的，必须报经考察机关批准。其四，按照考察机关的要求接受矫治和教育。考察机关在决定附条件不起诉后，会针对被决定附条件不起诉人的特点和情况，决定采取一定的矫治和教育措施，以利于其认识错误、悔过自新。被决定附条件不起诉人必须按照考察机关的要求，参加考察机关安排的矫治、教育活动。

相关规定

《高检规则》

第四百七十三条 人民检察院作出附条件不起诉决定的，应当确定考验期。考验期为六个月以上一年以下，从人民检察院作出附条件不起诉的决定之日起计算。

第四百七十四条 在附条件不起诉的考验期内，由人民检察院对被附条件不起诉的未成年犯罪嫌疑人进行监督考察。人民检察院应当要求未成年犯罪嫌疑人的监护人对未成年犯罪嫌疑人加强管教，配合人民检察院做好监督考察工作。

人民检察院可以会同未成年犯罪嫌疑人的监护人、所在学校、单位、居住地的村民委员会、居民委员会、未成年人保护组织等的有关人员，定期对未成年犯罪嫌疑人进行考察、教育，实施跟踪帮教。

第四百七十五条 人民检察院对于被附条件不起诉的未成年犯罪嫌疑人，应当监督考察其是否遵守下列规定：

（一）遵守法律法规，服从监督；

（二）按照规定报告自己的活动情况；

（三）离开所居住的市、县或者迁居，应当报经批准；

（四）按照要求接受矫治和教育。

第四百七十六条 人民检察院可以要求被附条件不起诉的未成年犯罪嫌疑人接受下列矫治和教育：

（一）完成戒瘾治疗、心理辅导或者其他适当的处遇措施；

（二）向社区或者公益团体提供公益劳动；

（三）不得进入特定场所，与特定的人员会见或者通信，从事特定的活动；

（四）向被害人赔偿损失、赔礼道歉等；

（五）接受相关教育；

（六）遵守其他保护被害人安全以及预防再犯的禁止性规定。

典型案例

庄某等人敲诈勒索案（检例第104号）

裁判要旨： 检察机关对共同犯罪的未成年人适用附条件不起诉时，应当遵循精准帮教的要求对每名涉罪未成年人设置个性化附带条件。监督考察时，要根据涉罪未成年人回归社会的不同需求，督促制定所附条件执行的具体计划，分阶段评估帮教效果，发现问题及时调整帮教方案，提升精准帮教实效。

第二百八十四条 附条件不起诉的最终处理

被附条件不起诉的未成年犯罪嫌疑人，在考验期内有下列情形之一的，人民检察院应当撤销附条件不起诉的决定，提起公诉：

（一）实施新的犯罪或者发现决定附条件不起诉以前还有其他犯罪需要追诉的；

(二)违反治安管理规定或者考察机关有关附条件不起诉的监督管理规定,情节严重的。

被附条件不起诉的未成年犯罪嫌疑人,在考验期内没有上述情形,考验期满的,人民检察院应当作出不起诉的决定。

条文注解

根据被附条件不起诉的未成年犯罪嫌疑人在考验期内的表现情况,人民检察院应当依法作出相应的处理。需要注意以下事项:

第一,撤销附条件不起诉决定,提起公诉。对有以下两种情形的,检察机关应当撤销附条件不起诉的决定,提起公诉:其一,被附条件不起诉的未成年犯罪嫌疑人在考验期内实施新的犯罪,或者发现在决定附条件不起诉以前还有其他需要追诉的犯罪行为。在这种情况下,无论新实施的犯罪或者被发现的漏罪是否属于严重罪行,检察机关都应当依法撤销对该未成年犯罪嫌疑人的附条件不起诉决定,提起公诉。其二,有违反治安管理规定或者考察机关有关附条件不起诉的监督管理规定,情节严重的行为。违反治安管理规定"情节严重"的行为主要包括情节恶劣、多次违反或者屡教不改等。违反监管规定的应先以教育为主,只有在该未成年人的行为达到"情节严重"程度,才能撤销附条件不起诉的决定,提起公诉。

第二,作出不起诉决定。被附条件不起诉的未成年犯罪嫌疑人,在考验期内,如果没有实施新的犯罪、未发现决定之前有漏罪;没有实施违反治安管理规定、违反考察机关监管规定,情节严重的行为,考验期满后,检察机关应当依法作出不起诉的决定。

相关规定

《高检规则》

第四百七十七条 考验期届满,检察人员应当制作附条件不起诉考察意见书,提出起诉或者不起诉的意见,报请检察长决定。

考验期满作出不起诉的决定以前,应当听取被害人意见。

第四百七十九条 被附条件不起诉的未成年犯罪嫌疑人,在考验期内具有下列情形之一的,人民检察院应当撤销附条件不起诉的决定,提起公诉:

(一)实施新的犯罪的;

(二)发现决定附条件不起诉以前还有其他犯罪需要追诉的;

(三)违反治安管理规定,造成严重后果,或者多次违反治安管理规定的;

(四)违反有关附条件不起诉的监督管理规定,造成严重后果,或者多次违反有关附条件不起诉的监督管理规定的。

第四百八十条 被附条件不起诉的未成年犯罪嫌疑人,在考验期内没有本规则第四百七十九条规定的情形,考验期满的,人民检察院应当作出不起诉的决定。

《公安规定》

第三百三十条 认为人民检察院作出的附条件不起诉决定有错误的,应当在收到不起诉决定书后七日以内制作要求复议意见书,经县级以上公安机关负责人批准,移送同级人民检察院复议。

要求复议的意见不被接受,可以在收到人民检察院的复议决定书后七日以内制作提请复核意见书,经县级以上公安机关负责人批准后,连同人民检察院的复议决定书,一并提请上一级人民检察院复核。

典型案例

唐某等人聚众斗殴案(检例第107号)

裁判要旨:对于被附条件不起诉人在

考验期内多次违反监督管理规定,逃避或脱离矫治和教育,经强化帮教措施后仍无悔改表现,附条件不起诉的挽救功能无法实现,符合"违反考察机关监督管理规定,情节严重"的,应当依法撤销附条件不起诉决定,提起公诉。

第二百八十五条　未成年人案件不公开审理

审判的时候被告人不满十八周岁的案件,不公开审理。但是,经未成年被告人及其法定代理人同意,未成年被告人所在学校和未成年人保护组织可以派代表到场。

条文注解

为加强对未成年被告人的程序保护,也为了适应犯罪记录封存制度的要求,凡是审判时不满十八周岁的案件,一律不公开审理。不公开审理是指既不允许除诉讼参与人以外的其他人员旁听案件审理,也不允许媒体对案件的审理情况进行报道。但是,经未成年被告人及其法定代理人同意,未成年被告人所在学校和未成年人保护组织可以派代表到场。规定上述人员到场,主要是为了便于他们了解案件有关情况,在审判结束后对未成年罪犯进行法治教育。

相关规定

《高法解释》

第五百五十七条　开庭审理时被告人不满十八周岁的案件,一律不公开审理。经未成年被告人及其法定代理人同意,未成年被告人所在学校和未成年人保护组织可以派代表到场。到场代表的人数和范围,由法庭决定。经法庭同意,到场代表可以参与对未成年被告人的法庭教育工作。

对依法公开审理,但可能需要封存犯罪记录的案件,不得组织人员旁听;有旁听人员的,应当告知其不得传播案件信息。

第五百五十八条　开庭审理涉及未成年人的刑事案件,未成年被害人、证人一般不出庭作证;必须出庭的,应当采取保护其隐私的技术手段和心理干预等保护措施。

第五百五十九条　审理涉及未成年人的刑事案件,不得向外界披露未成年人的姓名、住所、照片以及可能推断出未成年人身份的其他资料。

查阅、摘抄、复制的案卷材料,涉及未成年人的,不得公开和传播。

第五百七十一条　人民法院应当在辩护台靠近旁听区一侧为未成年被告人的法定代理人或者合适成年人设置席位。

审理可能判处五年有期徒刑以下刑罚或者过失犯罪的未成年人刑事案件,可以采取适合未成年人特点的方式设置法庭席位。

第五百七十二条　未成年被告人或者其法定代理人当庭拒绝辩护人辩护的,适用本解释第三百一十一条第二款、第三款的规定。

重新开庭后,未成年被告人或者其法定代理人再次当庭拒绝辩护人辩护的,不予准许。重新开庭时被告人已满十八周岁的,可以准许,但不得再另行委托辩护人或者要求另行指派律师,由其自行辩护。

第五百七十三条　法庭审理过程中,审判人员应当根据未成年被告人的智力发育程度和心理状态,使用适合未成年人的语言表达方式。

发现有对未成年被告人威胁、训斥、诱供或者讽刺等情形的,审判长应当制止。

第五百七十四条 控辩双方提出对未成年被告人判处管制、宣告缓刑等量刑建议的，应当向法庭提供有关未成年被告人能够获得监护、帮教以及对所居住社区无重大不良影响的书面材料。

第五百七十五条 对未成年被告人情况的调查报告，以及辩护人提交的有关未成年被告人情况的书面材料，法庭应当审查并听取控辩双方意见。上述报告和材料可以作为办理案件和教育未成年人的参考。

人民法院可以通知作出调查报告的人员出庭说明情况，接受控辩双方和法庭的询问。

第五百七十六条 法庭辩论结束后，法庭可以根据未成年人的生理、心理特点和案件情况，对未成年被告人进行法治教育；判决未成年被告人有罪的，宣判后，应当对未成年被告人进行法治教育。

对未成年被告人进行教育，其法定代理人以外的成年亲属或者教师、辅导员等参与有利于感化、挽救未成年人的，人民法院应当邀请其参加有关活动。

适用简易程序审理的案件，对未成年被告人进行法庭教育，适用前两款规定。

第五百七十七条 未成年被告人最后陈述后，法庭应当询问其法定代理人是否补充陈述。

第五百七十八条 对未成年人刑事案件，宣告判决应当公开进行。

对依法应当封存犯罪记录的案件，宣判时，不得组织人员旁听；有旁听人员的，应当告知其不得传播案件信息。

第五百七十九条 定期宣告判决的未成年人刑事案件，未成年被告人的法定代理人无法通知、不能到场或者是共犯的，法庭可以通知合适成年人到庭，并在宣判后向未成年被告人的成年亲属送达判决书。

第二百八十六条 犯罪记录封存

犯罪的时候不满十八周岁，被判处五年有期徒刑以下刑罚的，应当对相关犯罪记录予以封存。

犯罪记录被封存的，不得向任何单位和个人提供，但司法机关为办案需要或者有关单位根据国家规定进行查询的除外。依法进行查询的单位，应当对被封存的犯罪记录的情况予以保密。

条文注解

第一，封存犯罪记录应当符合两个条件：一是年龄条件，犯罪时未满十八周岁；二是刑罚条件，五年有期徒刑以下刑罚。被封存的犯罪记录包括在侦查、审查起诉和审理过程中形成的与未成年人犯罪相关的各种材料。司法机关封存符合条件的未成年人犯罪记录，不仅要对未成年犯罪嫌疑人、被告人的材料采取保密措施，妥善保存，非因法定事由不得向外界提供。我国刑法规定，依法受过刑事处罚的人，在入伍、就业的时候，应当如实向有关单位报告自己曾受过刑事处罚，不得隐瞒，犯罪的时候不满十八周岁被判处五年有期徒刑以下刑罚的人，免除上述报告义务。

第二，不得向任何单位、个人提供犯罪记录及例外情形。被封存的犯罪记录，除法律规定的例外情形外，司法机关不得向任何单位和个人提供，不允许其他人员查阅、摘抄或者复制未成年犯罪材料。可以对未成年人犯罪记录进行查询的两种例外情形：其一，司法机关为办理案件需要，当司法机关办理具体案件需要从未成年犯罪嫌疑人、被告人的犯罪记录中获取线索、有关定罪量刑信息时，可查询其犯罪记录；其二，有关单位根据国家规定可进行查询，相关单位必须根据法律规定，限于法定事由方能查询。依法进行查询的单位，应当对被封存的犯罪记录的情况予以保密，其经查询获取的信息只能用于特定事项、特定范围。

相关规定

《高法解释》

第五百八十条　将未成年罪犯送监执行刑罚或者送交社区矫正时，人民法院应当将有关未成年罪犯的调查报告及其在案件审理中的表现材料，连同有关法律文书，一并送达执行机关。

第五百八十一条　犯罪时不满十八周岁，被判处五年有期徒刑以下刑罚以及免予刑事处罚的未成年人的犯罪记录，应当封存。

司法机关或者有关单位向人民法院申请查询封存的犯罪记录的，应当提供查询的理由和依据。对查询申请，人民法院应当及时作出是否同意的决定。

《高检规则》

第四百八十一条　人民检察院办理未成年人刑事案件过程中，应当对涉案未成年人的资料予以保密，不得公开或者传播涉案未成年人的姓名、住所、照片、图像及可能推断出该未成年人的其他资料。

第四百八十二条　犯罪的时候不满十八周岁，被判处五年有期徒刑以下刑罚的，人民检察院应当在收到人民法院生效判决、裁定后，对犯罪记录予以封存。

生效判决、裁定由第二审人民法院作出的，同级人民检察院依照前款规定封存犯罪记录时，应当通知下级人民检察院对相关犯罪记录予以封存。

第四百八十三条　人民检察院应当将拟封存的未成年人犯罪记录、案卷等相关材料装订成册，加密保存，不予公开，并

建立专门的未成年人犯罪档案库，执行严格的保管制度。

第四百八十四条　除司法机关为办案需要或者有关单位根据国家规定进行查询的以外，人民检察院不得向任何单位和个人提供封存的犯罪记录，并不得提供未成年人有犯罪记录的证明。

司法机关或者有关单位需要查询犯罪记录的，应当向封存犯罪记录的人民检察院提出书面申请。人民检察院应当在七日以内作出是否许可的决定。

第四百八十五条　未成年人犯罪记录封存后，没有法定事由、未经法定程序不得解封。

对被封存犯罪记录的未成年人，符合下列条件之一的，应当对其犯罪记录解除封存：

（一）实施新的犯罪，且新罪与封存记录之罪数罪并罚后被决定执行五年有期徒刑以上刑罚的；

（二）发现漏罪，且漏罪与封存记录之罪数罪并罚后被决定执行五年有期徒刑以上刑罚的。

第四百八十六条　人民检察院对未成年犯罪嫌疑人作出不起诉决定后，应当对相关记录予以封存。除司法机关为办案需要进行查询外，不得向任何单位和个人提供。封存的具体程序参照本规则第四百八十三条至第四百八十五条的规定。

第四百八十七条　被封存犯罪记录的未成年人或者其法定代理人申请出具无犯罪记录证明的，人民检察院应当出具。需要协调公安机关、人民法院为其出具无犯罪记录证明的，人民检察院应当予以协助。

《公安规定》

第三百三十一条　未成年人犯罪的时候不满十八周岁，被判处五年有期徒刑以下刑罚的，公安机关应当依据人民法院已

经生效的判决书,将该未成年人的犯罪记录予以封存。

犯罪记录被封存的,除司法机关为办案需要或者有关单位根据国家规定进行查询外,公安机关不得向其他任何单位和个人提供。

被封存犯罪记录的未成年人,如果发现漏罪,合并被判处五年有期徒刑以上刑罚的,应当对其犯罪记录解除封存。

典型案例

沈某故意杀人、抢劫案(刑事审判参考案例第 1300 号)

裁判要旨:不满十八周岁的人因毒品犯罪被判处五年有期徒刑以下刑罚,因犯罪记录被封存,不应被重复利用和评价,不得作为毒品犯罪再犯认定的依据。

文书格式

××××人民检察院
未成年人不起诉记录封存决定书

××检未不诉封〔20××〕×号

本院于×年×月×日以×号不起诉决定书,对×××(被不起诉未成年人姓名)作出不起诉决定。根据《未成年人刑事检察工作指引(试行)》第八十二条、第八十六条的规定,决定对×××的不起诉记录予以封存。不起诉记录封存后,除司法机关为办案需要或者有关单位根据国家规定进行查询以外,相关单位不得向任何单位和个人提供封存的不起诉记录,并不得提供未成年人有不起诉记录的证明。不起诉记录被封存的人,在入伍、就业、入学的时候,免除相应的报告义务。相关单位或个人违法泄露被封存的不起诉记录的,可以向检察机关反映情况。

20××年××月××日
(院印)

××××人民检察院
解除未成年人犯罪记录封存决定书

××检未解封〔20××〕×号

本院于×年×月×日(未成年人犯罪记录封存日期)对被告人×××犯××罪一案作出×号犯罪记录封存决定书,因发现漏罪/实施新的犯罪,且该漏罪/新罪与被告人被封存记录之罪数罪并罚后被决定执行……(写明具体判决情况),刑罚超过五年有期徒刑,依据《未成年人刑事检察工作指引(试行)》第九十二条之规定,决定解除封存该犯罪记录。

20××年××月××日
(院印)

无犯罪记录证明

××检未无证〔20××〕×号

查询单位/个人：

经查，本院辖区居民×××（性别×，公民身份号码×××，住址×××）在我辖区内无犯罪记录。

特此证明。

20××年××月××日

（院印）

第二百八十七条　未成年人案件准用规定

办理未成年人刑事案件，除本章已有规定的以外，按照本法的其他规定进行。

【条文注解】

办理未成年人案件，对本章有规定的，适用本章的规定办理，对本章没有规定的事项，应遵照刑事诉讼法关于案件办理的一般规定执行。

【相关规定】

《高法解释》

第五百八十二条　人民法院可以与未成年犯管教所等服刑场所建立联系，了解未成年罪犯的改造情况，协助做好帮教、改造工作，并可以对正在服刑的未成年罪犯进行回访考察。

第五百八十三条　人民法院认为必要时，可以督促被收监服刑的未成年罪犯的父母或者其他监护人及时探视。

第五百八十四条　对被判处管制、宣告缓刑、裁定假释、决定暂予监外执行的未成年罪犯，人民法院可以协助社区矫正机构制定帮教措施。

第五百八十五条　人民法院可以适时走访被判处管制、宣告缓刑、免予刑事处罚、裁定假释、决定暂予监外执行等的未成年罪犯及其家庭，了解未成年罪犯的管理和教育情况，引导未成年罪犯的家庭承担管教责任，为未成年罪犯改过自新创造良好环境。

第五百八十六条　被判处管制、宣告缓刑、免予刑事处罚、裁定假释、决定暂予监外执行等的未成年罪犯，具备就学、就业条件的，人民法院可以就其安置问题向有关部门提出建议，并附送必要的材料。

《高检规则》

第四百八十八条　负责未成年人检察的部门应当依法对看守所、未成年犯管教所监管未成年人的活动实行监督，配合做好对未成年人的教育。发现没有对未成年犯罪嫌疑人、被告人与成年犯罪嫌疑人、被告人分别关押、管理或者违反规定对未成年犯留所执行刑罚的，应当依法提出纠正意见。

负责未成年人检察的部门发现社区矫正机构违反未成年人社区矫正相关规定的，应当依法提出纠正意见。

第二章 当事人和解的公诉案件诉讼程序

第二百八十八条 和解的适用条件、范围及例外

下列公诉案件,犯罪嫌疑人、被告人真诚悔罪,通过向被害人赔偿损失、赔礼道歉等方式获得被害人谅解,被害人自愿和解的,双方当事人可以和解:

(一)因民间纠纷引起,涉嫌刑法分则第四章、第五章规定的犯罪案件,可能判处三年有期徒刑以下刑罚的;

(二)除渎职犯罪以外的可能判处七年有期徒刑以下刑罚的过失犯罪案件。

犯罪嫌疑人、被告人在五年以内曾经故意犯罪的,不适用本章规定的程序。

条文注解

2012年刑事诉讼法修改新增加了当事人和解的公诉案件程序规定。关于和解程序,应当注意以下几点:

当事人和解的适用条件。一是犯罪嫌疑人、被告人必须真诚悔罪。"真诚悔罪"是指犯罪嫌疑人、被告人出于自己的意愿,发自内心地意识到自己的行为给被害人带来的伤害,对自己的犯罪行为真诚悔过,诚恳地希望得到被害人的谅解。二是获得被害人的谅解。犯罪嫌疑人、被告人通过赔偿损失、赔礼道歉等方式弥补被害人因犯罪行为遭受到的物质损失和精神伤害,从而获得被害人的谅解。三是被害人自愿和解。将被害人自愿和解作为公诉案件当事人和解的条件之一,是为防止被害人在受到暴力、胁迫等情况下违背自己的意志同意和解,影响和解的公正性。

当事人和解的适用案件范围。一是因民间纠纷引起的,涉嫌刑法分则第四章、第五章规定的犯罪案件,可能判处三年有期徒刑以下刑罚的。"因民间纠纷引起"是指犯罪的起因,是公民之间因财产、人身等问题引发的纠纷,既包括因婚姻家庭、邻里纠纷等民间矛盾激化引发的案件,也包括因口角、泄愤等偶发性矛盾引发的案件。因民间纠纷引起的,涉嫌刑法分则第四章规定的侵犯公民人身权利、民主权利罪和第五章规定的侵犯财产罪,无论是故意犯罪还是过失犯罪,可能判处三年有期徒刑以下刑罚的,双方当事人都可以和解。二是除渎职犯罪以外的可能判处七年有期徒刑以下刑罚的过失犯罪案件,当事人可以和解。"过失犯罪案件"是指刑法分则中规定的除第九章渎职罪以外可能判处七年有期徒刑以下刑罚的过失犯罪案件。考虑到过失犯罪的行为人主观恶性比较小,可以给予其悔过自新、从宽处理的机会。

当事人和解的除外规定。犯罪嫌疑人、被告人在五年以内曾经故意犯罪的,不适用本章规定的当事人和解的公诉案件诉讼程序。前罪是故意犯罪的,无论后罪是故意犯罪还是过失犯罪,都不能适用本章关于当事人和解的规定。前罪是过失犯罪的,满足本条规定的其他条件的,当事人之间仍然可以和解。

自诉案件的和解与公诉案件的和解之间的区别。其一,和解主体在诉讼中的地位不同。自诉案件的和解是在起诉方与被诉方之间进行的,是诉讼的双方主体之间的协商；公诉案件的和解是在被诉方与作为诉讼参与人的被害人之间进行的，不是追诉主体与犯罪嫌疑人、被告人之间的协商。其二，和解协议的内容不同。自诉案件的和解协议不仅包括赔偿损失、赔礼道歉等内容，还可以涉及诉讼的进程，起诉方可以处置诉讼权利；公诉案件的和解协议针对赔偿损失、赔礼道歉等内容，不能涉及公权力的处置，无权决定诉讼的进程。其三，和解协议的法律效果不同。在自诉案件中，起诉方与被诉方达成和解后，起诉方可以据此决定撤回起诉，从而终止诉讼；在公诉案件中，和解协议只能作为在诉讼各个阶段从宽处理的依据，人民检察院也可以作出不起诉的决定，但前提是符合刑事诉讼法有关不起诉的规定，不能单独据此决定诉讼的进程。

相关规定

《公安规定》

第三百三十四条 有下列情形之一的，不属于因民间纠纷引起的犯罪案件：

（一）雇凶伤害他人的；

（二）涉及黑社会性质组织犯罪的；

（三）涉及寻衅滋事的；

（四）涉及聚众斗殴的；

（五）多次故意伤害他人身体的；

（六）其他不宜和解的。

《高检规则》

第四百九十二条 下列公诉案件，双方当事人可以和解：

（一）因民间纠纷引起，涉嫌刑法分则第四章、第五章规定的犯罪案件，可能判处三年有期徒刑以下刑罚的；

（二）除渎职犯罪以外的可能判处七年有期徒刑以下刑罚的过失犯罪案件。

当事人和解的公诉案件应当同时符合下列条件：

（一）犯罪嫌疑人真诚悔罪，向被害人赔偿损失、赔礼道歉等；

（二）被害人明确表示对犯罪嫌疑人予以谅解；

（三）双方当事人自愿和解，符合有关法律规定；

（四）属于侵害特定被害人的故意犯罪或者有直接被害人的过失犯罪；

（五）案件事实清楚，证据确实、充分。

犯罪嫌疑人在五年以内曾经故意犯罪的，不适用本节规定的程序。

犯罪嫌疑人在犯刑事诉讼法第二百八十八条第一款规定的犯罪前五年内曾经故意犯罪，无论该故意犯罪是否已经追究，均应当认定为前款规定的五年以内曾经故意犯罪。

第四百九十三条 被害人死亡的，其法定代理人、近亲属可以与犯罪嫌疑人和解。

被害人系无行为能力或者限制行为能力人的，其法定代理人可以代为和解。

第四百九十四条 犯罪嫌疑人系限制行为能力人的，其法定代理人可以代为和解。

犯罪嫌疑人在押的，经犯罪嫌疑人同意，其法定代理人、近亲属可以代为和解。

第四百九十五条 双方当事人可以就赔偿损失、赔礼道歉等民事责任事项进行和解，并且可以就被害人及其法定代理人或者近亲属是否要求或者同意公安机关、人民检察院、人民法院对犯罪嫌疑人依法从宽处理进行协商，但不得对案件的事实认定、证据采信、法律适用和定罪量刑等依法属于公安机关、人民检察院、人民法院职权范围的事宜进行协商。

第四百九十六条 双方当事人可以自行达成和解，也可以经人民调解委员会、村民委员会、居民委员会、当事人所在单位或者同事、亲友等组织或者个人调解后达成和解。

人民检察院对于本规则第四百九十二条规定的公诉案件，可以建议当事人进行和解，并告知相应的权利义务，必要时可以提供法律咨询。

典型案例

1. 黄某诈骗案（刑事审判参考案例第1176号）

"民间纠纷"应当包括婚姻、继承、赡养、抚养、家庭、房屋宅基地、债务、生产经营、邻里、赔偿等事务上的纠纷。具体案件是否适用刑事和解，需要在实务中采取开放的态度灵活掌握。

刑事和解需要遵循的原则，包括自愿原则、即时全面履行原则和禁止反悔原则。黄某的父亲虽然与被害人达成赔偿协议，并获得被害人谅解，但赔偿协议并未即时履行，不符合"当事人和解的公诉案件诉讼程序"的规定，不能适用司法解释的规定减轻处罚。

适用刑事和解的法律效果。对于刑事和解案件，人民法院可以直接判决减轻处罚乃至免刑，无须再按照法定刑以下量刑程序报最高人民法院核准。

2. 施某某等17人聚众斗殴案（检例第1号）

裁判要旨：检察机关办理群体性事件引发的犯罪案件，要从促进社会矛盾化解的角度出发，深入了解案件背后的各种复杂因素，依法慎重处理，积极参与调处矛盾纠纷，以促进社会和谐，实现法律效果与社会效果的有机统一。

施某某等17人的行为均已触犯了《中华人民共和国刑法》第二百九十二条第一款、第二十五条第一款之规定，涉嫌构成聚众斗殴罪，依法应当追究刑事责任。鉴于施某某等17人参与聚众斗殴的目的并非为了私仇或争霸一方，且造成的财产损失及人员伤害均属轻微，并未造成严重后果；两村村委会达成了和解协议，施某某等17人也出具了承诺书，从惩罚与教育相结合的原则出发以及有利于促进社会和谐的角度考虑，2010年4月28日，石狮市人民检察院决定对施某某等17人不起诉。

第二百八十九条　和解审查及和解协议书

双方当事人和解的，公安机关、人民检察院、人民法院应当听取当事人和其他有关人员的意见，对和解的自愿性、合法性进行审查，并主持制作和解协议书。

条文注解

本条对和解协议形成的程序进行了规定。

首先，双方当事人达成和解。公检法机关可以向犯罪嫌疑人、被告人或者被害人告知对方的和解意向、和解的相关规定以及双方当事人各自的权利、义务，由双方当事人自行协商，公检法机关也可以在各自诉讼阶段作为中立的第三方积极促成当事人之间的沟通、会面、交谈，组织和主持双方当事人协商以达成和解。在和解的过程中，主持者应保持客观、中立，不得偏袒或欺瞒任何一方。犯罪嫌疑人、被告人应承认自己的罪行并真诚悔罪，认识到自己的行为给被害人带来的伤害，通过赔偿损失、赔礼道歉等方式获得被害人的谅解，双方最终就上述问题形成一致的意见，被害人自愿和解的，即达成和解。

其次，双方当事人自行和解的，可以以书面形式交公检法机关审查，也可以以口头形式向公检法机关陈述。公检法机关应当听取双方当事人的意见，发现任何一方采取暴力、胁迫、欺骗等方式使另一方在违背真实意愿的基础上和解的，应当认定和解无效。和解过程有其他人参加的，还应当听取其他有关人员的意见，"其他有关人员"是指与该案有利害关系人的当事人以外的其他人员，如被害人的法定代理人、被告人的辩护律师等，也应当听取他们的意见。双方当事人如果是在公检法机关主持下达成和解的，应当对双方当事人的自愿性进行确认，并审查和解的内容是否违反法律的强制性规定，是否损害国家、社会利益和他人的合法权益。

最后，经审查认为和解是在双方自愿的前提下达成且内容合法，应当由公检法机关主持制作和解协议书，由双方签字，作为履行和解协议和依法从宽处理的依据。公诉案件双方当事人和解的，和解协议中应有被害人谅解的内容，但不应涉及刑事责任的处理。和解协议中包含被害人表示不追究犯罪嫌疑人、被告人刑事责任意愿内容的，对司法机关没有约束力，刑事责任认定最终取决于公检法机关。

相关规定

《公安规定》

第三百三十五条 双方当事人和解的，公安机关应当审查案件事实是否清楚，被害人是否自愿和解，是否符合规定的条件。

公安机关审查时，应当听取双方当事人的意见，并记录在案；必要时，可以听取双方当事人亲属、当地居民委员会或者村民委员会人员以及其他了解案件情况的相关人员的意见。

第三百三十六条 达成和解的，公安机关应当主持制作和解协议书，并由双方当事人及其他参加人员签名。

当事人中有未成年人的，未成年当事人的法定代理人或者其他成年亲属应当在场。

第三百三十七条 和解协议书应当包括以下内容：

（一）案件的基本事实和主要证据；

（二）犯罪嫌疑人承认自己所犯罪行，对指控的犯罪事实没有异议，真诚悔罪；

（三）犯罪嫌疑人通过向被害人赔礼道歉、赔偿损失等方式获得被害人谅解，涉及赔偿损失的，应当写明赔偿的数额、方式等；提起附带民事诉讼的，由附带民事诉讼原告人撤回附带民事诉讼；

（四）被害人自愿和解，请求或者同意对犯罪嫌疑人依法从宽处罚。

和解协议应当及时履行。

《高法解释》

第五百八十七条 对符合刑事诉讼法第二百八十八条规定的公诉案件，事实清楚、证据充分的，人民法院应当告知当事人可以自行和解；当事人提出申请的，人民法院可以主持双方当事人协商以达成和解。

根据案件情况，人民法院可以邀请人民调解员、辩护人、诉讼代理人、当事人亲友等参与促成双方当事人和解。

第五百八十八条 符合刑事诉讼法第二百八十八条规定的公诉案件，被害人死亡的，其近亲属可以与被告人和解。近亲属有多人的，达成和解协议，应当经处于最先继承顺序的所有近亲属同意。

被害人系无行为能力或者限制行为能力人的，其法定代理人、近亲属可以代为和解。

第五百八十九条 被告人的近亲属经被告人同意，可以代为和解。

被告人系限制行为能力人的，其法定代理人可以代为和解。

被告人的法定代理人、近亲属依照前

两款规定代为和解的，和解协议约定的赔礼道歉等事项，应当由被告人本人履行。

第五百九十条　对公安机关、人民检察院主持制作的和解协议书，当事人提出异议的，人民法院应当审查。经审查，和解自愿、合法的，予以确认，无需重新制作和解协议书；和解违反自愿、合法原则的，应当认定无效。和解协议被认定无效后，双方当事人重新达成和解的，人民法院应当主持制作新的和解协议书。

第五百九十一条　审判期间，双方当事人和解的，人民法院应当听取当事人及其法定代理人等有关人员的意见。双方当事人在庭外达成和解的，人民法院应当通知人民检察院，并听取其意见。经审查，和解自愿、合法的，应当主持制作和解协议书。

第五百九十二条　和解协议书应当包括以下内容：

（一）被告人承认自己所犯罪行，对犯罪事实没有异议，并真诚悔罪；

（二）被告人通过向被害人赔礼道歉、赔偿损失等方式获得被害人谅解；涉及赔偿损失的，应当写明赔偿的数额、方式等；提起附带民事诉讼的，由附带民事诉讼原告人撤回起诉；

（三）被害人自愿和解，请求或者同意对被告人依法从宽处罚。

和解协议书应当由双方当事人和审判人员签名，但不加盖人民法院印章。

和解协议书一式三份，双方当事人各持一份，另一份交人民法院附卷备查。

对和解协议中的赔偿损失内容，双方当事人要求保密的，人民法院应当准许，并采取相应的保密措施。

第五百九十三条　和解协议约定的赔偿损失内容，被告人应当在协议签署后即时履行。

和解协议已经全部履行，当事人反悔的，人民法院不予支持，但有证据证明和解违反自愿、合法原则的除外。

第五百九十四条　双方当事人在侦查、审查起诉期间已经达成和解协议并全部履行，被害人或者其法定代理人、近亲属又提起附带民事诉讼的，人民法院不予受理，但有证据证明和解违反自愿、合法原则的除外。

第五百九十五条　被害人或者其法定代理人、近亲属提起附带民事诉讼后，双方愿意和解，但被告人不能即时履行全部赔偿义务的，人民法院应当制作附带民事调解书。

《高检规则》

第四百九十七条　人民检察院应当对和解的自愿性、合法性进行审查，重点审查以下内容：

（一）双方当事人是否自愿和解；

（二）犯罪嫌疑人是否真诚悔罪，是否向被害人赔礼道歉，赔偿数额与其所造成的损害和赔偿能力是否相适应；

（三）被害人及其法定代理人或者近亲属是否明确表示对犯罪嫌疑人予以谅解；

（四）是否符合法律规定；

（五）是否损害国家、集体和社会公共利益或者他人的合法权益；

（六）是否符合社会公德。

审查时，应当听取双方当事人和其他有关人员对和解的意见，告知刑事案件可能从宽处理的法律后果和双方的权利义务，并制作笔录附卷。

第四百九十八条　经审查认为双方自愿和解，内容合法，且符合本规则第四百九十二条规定的范围和条件的，人民检察院应当主持制作和解协议书。

和解协议书的主要内容包括：

（一）双方当事人的基本情况；

（二）案件的主要事实；

（三）犯罪嫌疑人真诚悔罪，承认自己所犯罪行，对指控的犯罪没有异议，向被害人赔偿损失、赔礼道歉。赔偿损失的，应当写明赔偿的数额、履行的方式、期限等；

（四）被害人及其法定代理人或者近亲属对犯罪嫌疑人予以谅解，并要求或者同意公安机关、人民检察院、人民法院对犯罪嫌疑人依法从宽处理。

和解协议书应当由双方当事人签字，可以写明和解协议书系在人民检察院主持下制作。检察人员不在当事人和解协议书上签字，也不加盖人民检察院印章。

和解协议书一式三份，双方当事人各持一份，另一份交人民检察院附卷备查。

第四百九十九条 和解协议书约定的赔偿损失内容，应当在双方签署协议后立即履行，至迟在人民检察院作出从宽处理决定前履行。确实难以一次性履行的，在提供有效担保并且被害人同意的情况下，也可以分期履行。

文书格式

和解协议书

甲方：

（被害人方）×××（写明姓名、性别、出生年月日、公民身份证号码、住址等）。

法定代理人（近亲属）×××（写明姓名、性别、出生年月日、公民身份证号码、住址、与被害人的关系等。）

诉讼代理人×××（写明姓名、工作单位等，是法律援助的应注明指派的法律援助机构）。

乙方：

（犯罪嫌疑人方）×××（写明姓名、性别、出生年月日、公民身份号码、住址等）。

法定代理人（近亲属）×××（写明姓名、性别、出生年月日、公民身份号码、住址、与犯罪嫌疑人的关系等）。

辩护人×××（写明姓名、工作单位等，是法律援助的应注明指派的法律援助机构）。

调解人：×××

（根据实际情况决定是否书写此项内容，调解人可以包括人民调解委员会、村民委员会、居民委员会、当事人所在单位或者同事、亲友等，但人民检察院不应作为调解主体）。

案件主要事实及和解协议情况：

（案件主要事实）……（概述案件的主要事实，应当着重说明该案件符合《中华人民共和国刑事诉讼法》第二百八十八条规定的条件）。

（和解协议情况）犯罪嫌疑人×××到案后，对犯罪事实进行了如实供述，并真诚悔罪。经双方当事人自行和解，于×年×月×日，达成如下协议：

（经调解的，写明："×年×月×日，由×××主持调解，甲方×××、法定代理人×××、诉讼代理人×××、乙方×××、法定代理人×××、辩护人×××参加了调解。经调解，双方当事人自愿达成如下协议："）

续表

一、乙方一次性赔偿甲方损失共计人民币×元整,于签订协议当日现场付清。(乙方赔偿损失时适用,如乙方系提供了有效担保后分期履行的,写明具体情况。如乙方有多名犯罪嫌疑人共同实施了加害行为的,应写明各犯罪嫌疑人的责任分担情况)。

乙方向甲方赔礼道歉。(乙方赔礼道歉时适用)

乙方同意……(乙方以其他方式获得谅解时适用)

二、甲方对乙方予以谅解,并请求(或同意)司法机关对乙方依法从宽处理。

经×××人民检察院审查,上述协议系在双方自愿的前提下达成,内容真实合法,符合《中华人民共和国刑事诉讼法》第二百八十八条规定的条件,由×××人民检察院主持制作和解协议书。

本协议书一式三份,甲乙双方当事人各持一份、×××人民检察院附卷备查一份。

甲方:(被害人签名)　　　　　乙方:(犯罪嫌疑人签名)
　××年××月××日　　　　　　　××年××月××日
(甲方法定代理人/近亲属签名)　(乙方法定代理人/近亲属签名)
　××年××月××日　　　　　　　××年××月××日
(甲方诉讼代理人签名)　　　　　(乙方辩护人签名)
　××年××月××日　　　　　　　××年××月××日
(如系经第三方调解达成协议的,此处应由调解方签字或盖章)

　　　　　　　　　　　　　　　调解人:(调解人签名或者盖章)
　　　　　　　　　　　　　　　　　××年××月××日

第二百九十条　和解协议法律效力

对于达成和解协议的案件,公安机关可以向人民检察院提出从宽处理的建议。人民检察院可以向人民法院提出从宽处罚的建议;对于犯罪情节轻微,不需要判处刑罚的,可以作出不起诉的决定。人民法院可以依法对被告人从宽处罚。

条文注解

和解程序能够为犯罪嫌疑人、被告人带来从宽处罚的有利结果,关于和解协议的效力,要从以下几方面解读:

第一,公安机关应当根据和解情况写出从宽处理的建议,同时仍应当查清案件事实,对于犯罪事实清楚,证据确实、充分的,应当写出起诉意见书,连同案卷材料、证据、和解协议书、从宽处理的建议一并移送人民检察院审查起诉。

第二,双方当事人在审查起诉阶段达成和解协议的,人民检察院应当对和解协议的自愿性和合法性进行审查,将和解协议的内容及履行情况记录在案,认为犯罪嫌疑人的犯罪事实已经查清,证据确实、充分,依法应当追究刑事责任的,应当提起公诉,并根据案件情况写出从宽处罚的建议，连同案卷材料、证据、和解协议书一并移送人民法院；对于犯罪情节轻微，不需要判处刑罚的，可以依法作出不起诉的决定。

第三，双方当事人在审判阶段达成和解协议的，人民法院应当对和解协议的自愿性和合法性进行审查，将和解协议的内容及履行情况记录在案，对于案件事实清楚，证据确实、充分，依据法律认定被告人有罪的，应当作出有罪判决，但是可以根据案件情况在量刑上对被告人从轻或者减轻处罚；对于犯罪情节轻微不需要判处刑罚的，可以免予刑事处罚。

相关规定

《高法解释》

第五百九十六条 对达成和解协议的案件，人民法院应当对被告人从轻处罚；符合非监禁刑适用条件的，应当适用非监禁刑；判处法定最低刑仍然过重的，可以减轻处罚；综合全案认为犯罪情节轻微不需要判处刑罚的，可以免予刑事处罚。

共同犯罪案件，部分被告人与被害人达成和解协议的，可以依法对该部分被告人从宽处罚，但应当注意全案的量刑平衡。

第五百九十七条 达成和解协议的，裁判文书应当叙明，并援引刑事诉讼法的相关条文。

《高检规则》

第五百条 双方当事人在侦查阶段达成和解协议，公安机关向人民检察院提出从宽处理建议的，人民检察院在审查逮捕和审查起诉时应当充分考虑公安机关的建议。

第五百零一条 人民检察院对于公安机关提请批准逮捕的案件，双方当事人达成和解协议的，可以作为有无社会危险性或者社会危险性大小的因素予以考虑。经审查认为不需要逮捕的，可以作出不批准逮捕的决定；在审查起诉阶段可以依法变更强制措施。

第五百零二条 人民检察院对于公安机关移送起诉的案件，双方当事人达成和解协议的，可以作为是否需要判处刑罚或者免除刑罚的因素予以考虑。符合法律规定的不起诉条件的，可以决定不起诉。

对于依法应当提起公诉的，人民检察院可以向人民法院提出从宽处罚的量刑建议。

第五百零三条 人民检察院拟对当事人达成和解的公诉案件作出不起诉决定的，应当听取双方当事人对和解的意见，并且查明犯罪嫌疑人是否已经切实履行和解协议、不能即时履行的是否已经提供有效担保，将其作为是否决定不起诉的因素予以考虑。

当事人在不起诉决定作出之前反悔的，可以另行达成和解。不能另行达成和解的，人民检察院应当依法作出起诉或者不起诉决定。

当事人在不起诉决定作出之后反悔的，人民检察院不撤销原决定，但有证据证明和解违反自愿、合法原则的除外。

第五百零四条 犯罪嫌疑人或者其亲友等以暴力、威胁、欺骗或者其他非法方法强迫、引诱被害人和解，或者在协议履行完毕之后威胁、报复被害人的，应当认定和解协议无效。已经作出不批准逮捕或者不起诉决定的，人民检察院根据案件情况可以撤销原决定，对犯罪嫌疑人批准逮捕或者提起公诉。

第三章　缺席审判程序

第二百九十一条　缺席审判的适用条件

对于贪污贿赂犯罪案件，以及需要及时进行审判，经最高人民检察院核准的严重危害国家安全犯罪、恐怖活动犯罪案件，犯罪嫌疑人、被告人在境外，监察机关、公安机关移送起诉，人民检察院认为犯罪事实已经查清，证据确实、充分，依法应当追究刑事责任的，可以向人民法院提起公诉。人民法院进行审查后，对于起诉书中有明确的指控犯罪事实，符合缺席审判程序适用条件的，应当决定开庭审判。

前款案件，由犯罪地、被告人离境前居住地或者最高人民法院指定的中级人民法院组成合议庭进行审理。

条文注解

缺席审判是 2018 年刑事诉讼法修改新增的特别程序，主要内容有以下几点：

案件类型的限定。一是贪污贿赂案件，二是需要及时进行审判，经最高人民检察院核准的严重危害国家安全犯罪、恐怖活动犯罪案件。

追诉条件的要求。一是犯罪嫌疑人、被告人在境外，即不以其被缉捕归案为前提。二是经最高人民检察院核准符合追诉条件，即犯罪事实已经查清，证据确实、充分，依法应当追究刑事责任。

人民法院的审查。具体参见《高法解释》第五百九十八条规定。

管辖法院的确定。由犯罪地、被告人离境前居住地或者最高人民法院指定的中级人民法院组成合议庭进行审理，由中级人民法院管辖体现出程序适用的慎重。

与违法所得没收程序的衔接。缺席审判制度除了对"人"作出定罪量刑，也涉及对"物"的处理，就存在与违法所得没收程序的重合，可以部分涵盖违法所得没收程序。实践中如果适用缺席审判制度对"人"和"物"均作出了处理，就无须再适用违法所得没收程序。另外，无论没收违法所得程序还是缺席审判程序中，侦查机关或者调查机关均有适用程序的建议权。

相关规定

《高法解释》

第五百九十八条　对人民检察院依照刑事诉讼法第二百九十一条第一款的规定提起公诉的案件，人民法院应当重点审查以下内容：

（一）是否属于可以适用缺席审判程序的案件范围；

（二）是否属于本院管辖；

（三）是否写明被告人的基本情况，包括明确的境外居住地、联系方式等；

（四）是否写明被告人涉嫌有关犯罪的主要事实，并附证据材料；

（五）是否写明被告人有无近亲属以及近亲属的姓名、身份、住址、联系方式等情况；

（六）是否列明违法所得及其他涉案财产的种类、数量、价值、所在地等，并附证据材料；

（七）是否附有查封、扣押、冻结违法所得及其他涉案财产的清单和相关法律手续。

前款规定的材料需要翻译件的，人民法院应当要求人民检察院一并移送。

第五百九十九条 对人民检察院依照刑事诉讼法第二百九十一条第一款的规定提起公诉的案件，人民法院审查后，应当按照下列情形分别处理：

（一）符合缺席审判程序适用条件，属于本院管辖，且材料齐全的，应当受理；

（二）不属于可以适用缺席审判程序的案件范围、不属于本院管辖或者不符合缺席审判程序的其他适用条件的，应当退回人民检察院；

（三）材料不全的，应当通知人民检察院在三十日以内补送；三十日以内不能补送的，应当退回人民检察院。

第六百零二条 人民法院审理人民检察院依照刑事诉讼法第二百九十一条第一款的规定提起公诉的案件，被告人的近亲属申请参加诉讼的，应当在收到起诉书副本后、第一审开庭前提出，并提供与被告人关系的证明材料。有多名近亲属的，应当推选一至二人参加诉讼。

对被告人的近亲属提出申请的，人民法院应当及时审查决定。

第六百零三条 人民法院审理人民检察院依照刑事诉讼法第二百九十一条第一款的规定提起公诉的案件，参照适用公诉案件第一审普通程序的有关规定。被告人的近亲属参加诉讼的，可以发表意见，出示证据，申请法庭通知证人、鉴定人等出庭，进行辩论。

第六百零四条 对人民检察院依照刑事诉讼法第二百九十一条第一款的规定提起公诉的案件，人民法院审理后应当参照本解释第二百九十五条的规定作出判决、裁定。

作出有罪判决的，应当达到证据确实、充分的证明标准。

经审理认定的罪名不属于刑事诉讼法第二百九十一条第一款规定的罪名的，应当终止审理。

适用缺席审判程序审理案件，可以对违法所得及其他涉案财产一并作出处理。

《高检规则》

第五百零五条 对于监察机关移送起诉的贪污贿赂犯罪案件，犯罪嫌疑人、被告人在境外，人民检察院认为犯罪事实已经查清，证据确实、充分，依法应当追究刑事责任的，可以向人民法院提起公诉。

对于公安机关移送起诉的需要及时进行审判的严重危害国家安全犯罪、恐怖活动犯罪案件，犯罪嫌疑人、被告人在境外，人民检察院认为犯罪事实已经查清，证据确实、充分，依法应当追究刑事责任的，经最高人民检察院核准，可以向人民法院提起公诉。

前两款规定的案件，由有管辖权的中级人民法院的同级人民检察院提起公诉。

人民检察院提起公诉的，应当向人民法院提交被告人已出境的证据。

第五百零六条 人民检察院对公安机关移送起诉的需要报请最高人民检察院核准的案件，经检察委员会讨论提出提起公诉意见的，应当层报最高人民检察院核准。报送材料包括起诉意见书、案件审查报告、报请核准的报告及案件证据材料。

第五百零七条 最高人民检察院收到下级人民检察院报请核准提起公诉的案卷材料后，应当及时指派检察官对案卷材料进行审查，提出核准或者不予核准的意见，报检察长决定。

第五百零八条 报请核准的人民检察院收到最高人民检察院核准决定书后，应当提起公诉，起诉书中应当载明经最高人民检察院核准的内容。

文书格式

最高人民检察院
核准提起公诉决定书

高检××核准诉〔20××〕×号

_____人民检察院：

你院报请核准提起公诉的由____人民检察院审查起诉的犯罪嫌疑人____涉嫌____罪一案，本院审查认为，……（概括论述犯罪嫌疑人涉嫌犯罪的行为），其行为已触犯了《中华人民共和国刑法》第____条的规定，涉嫌____罪，犯罪事实已经查清，证据确实、充分，依法应当追究刑事责任，需要及时进行审判。根据《中华人民共和国刑事诉讼法》第二百九十一条的规定，决定核准对犯罪嫌疑人____提起公诉。

20××年××月××日
（院印）

第二百九十一条　缺席审判案件的送达与审理

人民法院应当通过有关国际条约规定的或者外交途径提出的司法协助方式，或者被告人所在地法律允许的其他方式，将传票和人民检察院的起诉书副本送达被告人。传票和起诉书副本送达后，被告人未按要求到案的，人民法院应当开庭审理，依法作出判决，并对违法所得及其他涉案财产作出处理。

条文注解

送达方式。由于被告人身处境外，国内司法机关无法直接将传票等文书送达被告人。人民法院应当通过有关国际条约规定的或者外交途径提出司法协助方式，或者被告人所在地法律允许的其他方式送达。

审理和裁决方式。缺席审判实行开庭审理，参照适用第一审普通程序流程。与违法所得没收程序不同，缺席审判程序对被告人的刑事责任和违法所得及其他涉案财产一并作出处理。

相关规定

《高法解释》

第六百条　对人民检察院依照刑事诉讼法第二百九十一条第一款的规定提起公诉的案件，人民法院立案后，应当将传票和起诉书副本送达被告人，传票应当载明被告人到案期限以及不按要求到案的法律后果等事项；应当将起诉书副本送达被告人近亲属，告知其有权代为委托辩护人，并通知其敦促被告人归案。

第二百九十三条　缺席审判的辩护权保障

人民法院缺席审判案件，被告人有权委托辩护人，被告人的近亲属可以代为委托辩护人。被告人及其近亲属没有委托辩护人的，人民法院应当通知法律援助机构指派律师为其提供辩护。

条文注解

缺席审判适用强制辩护。但在审查起诉阶段，人民检察院不必通知法律援助机构，但要告知其有权委托辩护人。

相关规定

《高法解释》

第六百零一条 人民法院审理人民检察院依照刑事诉讼法第二百九十一条第一款的规定提起公诉的案件，被告人有权委托或者由近亲属代为委托一至二名辩护人。委托律师担任辩护人的，应当委托具有中华人民共和国律师资格并依法取得执业证书的律师；在境外委托的，应当依照本解释第四百八十六条的规定对授权委托进行公证、认证。

被告人及其近亲属没有委托辩护人的，人民法院应当通知法律援助机构指派律师为被告人提供辩护。

被告人及其近亲属拒绝法律援助机构指派的律师辩护的，依照本解释第五十条第二款的规定处理。

第二百九十四条 判决书的送达及上诉、抗诉

人民法院应当将判决书送达被告人及其近亲属、辩护人。被告人或者其近亲属不服判决的，有权向上一级人民法院上诉。辩护人经被告人或者其近亲属同意，可以提出上诉。

人民检察院认为人民法院的判决确有错误的，应当向上一级人民法院提出抗诉。

条文注解

判决书的送达，参照传票送达程序。

缺席审判程序中，近亲属有独立的上诉权。除此之外，上诉、抗诉程序与普通案件相同。

第二百九十五条 重新审理及纠错机制

在审理过程中，被告人自动投案或者被抓获的，人民法院应当重新审理。

罪犯在判决、裁定发生法律效力后到案的，人民法院应当将罪犯交付执行刑罚。交付执行刑罚前，人民法院应当告知罪犯有权对判决、裁定提出异议。罪犯对判决、裁定提出异议的，人民法院应当重新审理。

依照生效判决、裁定对罪犯的财产进行的处理确有错误的，应当予以返还、赔偿。

条文注解

第一，人民检察院重新审查程序。人民检察院启动缺席审判程序的案件，因犯罪嫌疑人、被告人到案，不再适用缺席审判程序的，应当对案件进行重新审查，转为普通程序。分为两种情况：审查起诉期间，犯罪嫌疑人投案或者被抓获的，报请核准的人民检察院审查后应当及时撤回报请，重新审查案件；提起公诉后被告人到案，人民检察院应当商人民法院将案件撤回并重新审查。

第二，人民法院重新审理程序。审理过程中自动投案或者被抓获的，应当重新审理。罪犯在判决、裁定发生法律效力后到案，交付执行刑罚前，罪犯提出异议的，人民法院应当重新审理。

相关规定

《高检规则》

第五百零九条 审查起诉期间，犯罪嫌疑人自动投案或者被抓获的，人民检察院应当重新审查。

对严重危害国家安全犯罪、恐怖活动犯罪案件报请核准期间，犯罪嫌疑人自动投案或者被抓获的，报请核准的人民检察院应当及时撤回报请，重新审查案件。

第五百一十条 提起公诉后被告人到案，人民法院拟重新审理的，人民检察院应当商人民法院将案件撤回并重新审查。

第二百九十六条 被告人患有严重疾病情形的缺席审理

因被告人患有严重疾病无法出庭，中止审理超过六个月，被告人仍无法出庭，被告人及其法定代理人、近亲属申请或者同意恢复审理的，人民法院可以在被告人不出庭的情况下缺席审理，依法作出判决。

条文注解

对于被告人患有严重疾病，且符合本条规定情形的，人民检察院可以建议人民法院适用缺席审判程序审理，人民法院也可以在被告人不出庭的情况下缺席审理，依法作出判决。被告人无法表达意愿的，其法定代理人、近亲属可以代为申请或者同意恢复审理。被告人因身体状况好转而申请出庭的，人民法院应当准许其出庭。

相关规定

《高法解释》

第六百零五条 因被告人患有严重疾病导致缺乏受审能力，无法出庭受审，中止审理超过六个月，被告人仍无法出庭，被告人及其法定代理人、近亲属申请或者同意恢复审理的，人民法院可以根据刑事诉讼法第二百九十六条的规定缺席审判。

符合前款规定的情形，被告人无法表达意愿的，其法定代理人、近亲属可以代为申请或者同意恢复审理。

《高检规则》

第五百一十一条 因被告人患有严重疾病无法出庭，中止审理超过六个月，被告人仍无法出庭，被告人及其法定代理人、近亲属申请或者同意恢复审理的，人民检察院可以建议人民法院适用缺席审判程序审理。

第二百九十七条 被告人死亡的缺席审理

被告人死亡的，人民法院应当裁定终止审理，但有证据证明被告人无罪，人民法院经缺席审理确认无罪的，应当依法作出判决。

人民法院按照审判监督程序重新审判的案件，被告人死亡的，人民法院可以缺席审理，依法作出判决。

条文注解

"有证据证明被告人无罪，人民法院经缺席审理确认无罪"，包括案件事实清楚，证据确实、充分，依据法律认定被告人无罪的情形，以及证据不足，不能认定被告人有罪的情形。即依法应当判决无罪的被告人，包括疑罪情形，不能因被告人死亡而对案件终止审理。

人民法院按照审判监督程序重新审判的案件，有证据证明被告人无罪，经缺席审理确认被告人无罪的，应当判决宣告被告人无罪；虽然构成犯罪，但原判量刑畸重的，应当依法作出判决。

相关规定

《高法解释》

第六百零六条 人民法院受理案件后被告人死亡的,应当裁定终止审理;但有证据证明被告人无罪,经缺席审理确认无罪的,应当判决宣告被告人无罪。

前款所称"有证据证明被告人无罪,经缺席审理确认无罪",包括案件事实清楚,证据确实、充分,依据法律认定被告人无罪的情形,以及证据不足,不能认定被告人有罪的情形。

第六百零七条 人民法院按照审判监督程序重新审判的案件,被告人死亡的,可以缺席审理。有证据证明被告人无罪,经缺席审理确认被告人无罪的,应当判决宣告被告人无罪;虽然构成犯罪,但原判量刑畸重的,应当依法作出判决。

第六百零八条 人民法院缺席审理案件,本章没有规定的,参照适用本解释的有关规定。

第四章 犯罪嫌疑人、被告人逃匿、死亡案件违法所得的没收程序

第二百九十八条 违法所得没收程序的启动

对于贪污贿赂犯罪、恐怖活动犯罪等重大犯罪案件,犯罪嫌疑人、被告人逃匿,在通缉一年后不能到案,或者犯罪嫌疑人、被告人死亡,依照刑法规定应当追缴其违法所得及其他涉案财产的,人民检察院可以向人民法院提出没收违法所得的申请。

公安机关认为有前款规定情形的,应当写出没收违法所得意见书,移送人民检察院。

没收违法所得的申请应当提供与犯罪事实、违法所得相关的证据材料,并列明财产的种类、数量、所在地及查封、扣押、冻结的情况。

人民法院在必要的时候,可以查封、扣押、冻结申请没收的财产。

条文注解

违法所得没收程序,可被视为刑事诉讼程序中特殊的"对物之诉"。主要从适用条件、程序流程、强制措施三个方面把握:

第一,违法所得没收程序的适用应当具备以下几个条件:

1. 必须适用于贪污贿赂犯罪、恐怖活动犯罪等重大犯罪案件。"贪污贿赂犯罪、恐怖活动犯罪等"是指(1)贪污贿赂、失职渎职等职务犯罪案件;(2)刑法分则第二章规定的相关恐怖活动犯罪案件,以及恐怖活动组织、恐怖活动人员实施的杀人、爆炸、绑架等犯罪案件;(3)危害国家安全、走私、洗钱、金融诈骗、黑社会性质组织、毒品犯罪案件;(4)电信诈骗、网络诈骗犯罪案件。"重大犯罪案件"是在省、自治区、直辖市或者全国范围内具有较大影响的犯罪案件,或者犯罪嫌疑人、被告人逃匿境外的犯罪案件。

2. 犯罪嫌疑人、被告人必须是逃匿后在通缉一年后不能到案,或者犯罪嫌疑人、被告人死亡。一般情况下,如果犯

罪嫌疑人、被告人死亡，依照刑事诉讼法第十五条的规定，就应当撤销案件，或不起诉，或终止审理。但是违法所得的没收程序属于特别程序，在犯罪嫌疑人、被告人不能到案的情况下，可以对其违法所得及其他涉案财产进行审理并作出裁定。对于犯罪嫌疑人、被告人逃匿的，司法机关应当尽力通缉、抓捕，以使之尽快到案并依照法定程序追诉，只有对确实在通缉一年后仍无法抓捕到案的，才可以适用这一特别程序。

3. 依照刑法规定应当追缴其违法所得及其他涉案财产的。根据刑法第六十四条的规定，犯罪分子违法所得的一切财物，应当予以追缴。适用本章规定的没收程序，应当符合刑法规定的属于犯罪嫌疑人、被告人违法所得及其他涉案财产。其中"追缴"是指将违法所得的财产强制收归国有。"违法所得"是指因实施犯罪活动，而取得的全部财物，包括金钱或者物品。"其他涉案财产"，一般是指除违法所得以外的与犯罪有关的款物、作案工具和非法持有的违禁品等。

第二，违法所得没收要遵循以下程序流程：

1. 公安机关认为有前款规定情形的，应当写出没收违法所得意见书，移送人民检察院。监察机关在调查贪污贿赂、失职渎职等职务犯罪案件过程中，遇到前款规定情形的，提请人民检察院依照法定程序，向人民法院提出没收违法所得申请。监察机关、公安机关移送的没收违法所得意见书，人民检察院应当根据规定进行审查，并在三十日内作出是否提出没收违法所得申请的决定；三十日以内不能作出决定的，可以延长十五日。经审查认为不符合违法所得没收程序要求的，应当作出不提出没收违法所得申请的决定，并向监察机关、公安机关书面说明理由，也可以要求监察机关、公安机关补充证据。

2. 没收违法所得的申请应当提供与犯罪事实、违法所得相关的证据材料，并列明财产的种类、数量、所在地及查封、扣押、冻结的情况。人民检察院在向人民法院提出违法所得没收程序申请时，必须提供犯罪嫌疑人、被告人有关犯罪事实的证据材料，以及能够证明属于犯罪嫌疑人、被告人违法所得及其他涉案财产的相关证据材料。同时在案卷中还应当载明违法所得及其他涉案财产的种类、数量、存放地点以及查封、扣押、冻结有关财产的情况。

第三，没收违法所得的强制措施。在侦查阶段，侦查机关根据侦查犯罪的需要，有权查封、扣押与犯罪有关的财物，有权冻结犯罪嫌疑人的存款、汇款、债券、股票、基金份额等财产。如果侦查机关没有对犯罪嫌疑人的财产采取查封、扣押、冻结措施，人民法院在审理没收违法所得申请时，有权根据案件情况和审判的需要对犯罪嫌疑人、被告人的财产采取查封、扣押和冻结措施。

相关规定

《公安规定》

第三百三十九条 有下列情形之一，依照刑法规定应当追缴其违法所得及其他涉案财产的，经县级以上公安机关负责人批准，公安机关应当写出没收违法所得意见书，连同相关证据材料一并移送同级人民检察院：

（一）恐怖活动犯罪等重大犯罪案件，犯罪嫌疑人逃匿，在通缉一年后不能到案的；

（二）犯罪嫌疑人死亡的。

犯罪嫌疑人死亡，现有证据证明其存在违法所得及其他涉案财产应当予以没收的,公安机关可以进行调查。公安机关进行调查,可以依法进行查封、扣押、查询、冻结。

第三百四十条 没收违法所得意见书应当包括以下内容:
(一)犯罪嫌疑人的基本情况;
(二)犯罪事实和相关的证据材料;
(三)犯罪嫌疑人逃匿、被通缉或者死亡的情况;
(四)犯罪嫌疑人的违法所得及其他涉案财产的种类、数量、所在地;
(五)查封、扣押、冻结的情况等。

第三百四十一条 公安机关将没收违法所得意见书移送人民检察院后,在逃的犯罪嫌疑人自动投案或者被抓获的,公安机关应当及时通知同级人民检察院。

《高法解释》
第六百零九条 刑事诉讼法第二百九十八条规定的"贪污贿赂犯罪、恐怖活动犯罪等"犯罪案件,是指下列案件:
(一)贪污贿赂、失职渎职等职务犯罪案件;
(二)刑法分则第二章规定的相关恐怖活动犯罪案件,以及恐怖活动组织、恐怖活动人员实施的杀人、爆炸、绑架等犯罪案件;
(三)危害国家安全、走私、洗钱、金融诈骗、黑社会性质组织、毒品犯罪案件;
(四)电信诈骗、网络诈骗犯罪案件。

第六百一十条 在省、自治区、直辖市或者全国范围内具有较大影响的犯罪案件,或者犯罪嫌疑人、被告人逃匿境外的犯罪案件,应当认定为刑事诉讼法第二百九十八条第一款规定的"重大犯罪案件"。

第六百一十一条 犯罪嫌疑人、被告人死亡,依照刑法规定应当追缴其违法所得及其他涉案财产,人民检察院提出没收违法所得申请的,人民法院应当依法受理。

第六百二十六条 在审理案件过程中,被告人脱逃或者死亡,符合刑事诉讼法第二百九十八条第一款规定的,人民检察院可以向人民法院提出没收违法所得的申请;符合刑事诉讼法第二百九十一条第一款规定的,人民检察院可以按照缺席审判程序向人民法院提起公诉。
人民检察院向原受理案件的人民法院提出没收违法所得申请的,可以由同一审判组织审理。

《高检规则》
第五百一十二条 对于贪污贿赂犯罪、恐怖活动犯罪等重大犯罪案件,犯罪嫌疑人、被告人逃匿,在通缉一年后不能到案,依照刑法规定应当追缴其违法所得及其他涉案财产的,人民检察院可以向人民法院提出没收违法所得的申请。
对于犯罪嫌疑人、被告人死亡,依照刑法规定应当追缴其违法所得及其他涉案财产的,人民检察院也可以向人民法院提出没收违法所得的申请。

第五百一十三条 犯罪嫌疑人、被告人为逃避侦查和刑事追究潜逃、隐匿,或者在刑事诉讼过程中脱逃的,应当认定为"逃匿"。
犯罪嫌疑人、被告人因意外事故下落不明满二年,或者因意外事故下落不明,经有关机关证明其不可能生存的,按照前款规定处理。

第五百一十四条 公安机关发布通缉令或者公安部通过国际刑警组织发布红色国际通报,应当认定为"通缉"。

第五百一十五条 犯罪嫌疑人、被告人通过实施犯罪直接或者间接产生、获得的任何财产,应当认定为"违法所得"。
违法所得已经部分或者全部转变、转

化为其他财产的，转变、转化后的财产应当视为前款规定的"违法所得"。

来自违法所得转变、转化后的财产收益，或者来自已经与违法所得相混合财产中违法所得相应部分的收益，也应当视为第一款规定的违法所得。

第五百一十六条 犯罪嫌疑人、被告人非法持有的违禁品、供犯罪所用的本人财物，应当认定为"其他涉案财产"。

第五百一十七条 刑事诉讼法第二百九十九条第三款规定的"利害关系人"包括犯罪嫌疑人、被告人的近亲属和其他对申请没收的财产主张权利的自然人和单位。

刑事诉讼法第二百九十九条第二款、第三百条第二款规定的"其他利害关系人"是指前款规定的"其他对申请没收的财产主张权利的自然人和单位"。

第五百一十八条 人民检察院审查监察机关或者公安机关移送的没收违法所得意见书，向人民法院提出没收违法所得的申请以及对违法所得没收程序中调查活动、审判活动的监督，由负责捕诉的部门办理。

第五百二十一条 监察机关或者公安机关向人民检察院移送没收违法所得意见书，应当由有管辖权的人民检察院的同级监察机关或者公安机关移送。

第五百二十二条 人民检察院审查监察机关或者公安机关移送的没收违法所得意见书，应当审查下列内容：

（一）是否属于本院管辖；

（二）是否符合刑事诉讼法第二百九十八条第一款规定的条件；

（三）犯罪嫌疑人基本情况，包括姓名、性别、国籍、出生年月日、职业和单位等；

（四）犯罪嫌疑人涉嫌犯罪的事实和相关证据材料；

（五）犯罪嫌疑人逃匿、下落不明、被通缉或者死亡的情况，通缉令或者死亡证明是否随案移送；

（六）违法所得及其他涉案财产的种类、数量、所在地以及查封、扣押、冻结的情况，查封、扣押、冻结的财产清单和相关法律手续是否随案移送；

（七）违法所得及其他涉案财产的相关事实和证据材料；

（八）有无近亲属和其他利害关系人以及利害关系人的姓名、身份、住址、联系方式。

对于与犯罪事实、违法所得及其他涉案财产相关的证据材料，不宜移送的，应当审查证据的清单、复制件、照片或者其他证明文件是否随案移送。

第五百二十三条 人民检察院应当在接到监察机关或者公安机关移送的没收违法所得意见书后三十日以内作出是否提出没收违法所得申请的决定。三十日以内不能作出决定的，可以延长十五日。

对于监察机关或者公安机关移送的没收违法所得案件，经审查认为不符合刑事诉讼法第二百九十八条第一款规定条件的，应当作出不提出没收违法所得申请的决定，并向监察机关或者公安机关书面说明理由；认为需要补充证据的，应当书面要求监察机关或者公安机关补充证据，必要时也可以自行调查。

监察机关或者公安机关补充证据的时间不计入人民检察院办案期限。

第五百二十四条 人民检察院发现公安机关应当启动违法所得没收程序而不启动的，可以要求公安机关在七日以内书面说明不启动的理由。

经审查，认为公安机关不启动理由不能成立的，应当通知公安机关启动程序。

第五百二十五条 人民检察院发现公安机关在违法所得没收程序的调查活动中

有违法情形的，应当向公安机关提出纠正意见。

第五百二十六条 在审查监察机关或者公安机关移送的没收违法所得意见书的过程中，在逃的犯罪嫌疑人、被告人自动投案或者被抓获的，人民检察院应当终止审查，并将案卷退回监察机关或者公安机关处理。

第五百二十七条 人民检察院直接受理侦查的案件，犯罪嫌疑人死亡而撤销案件，符合刑事诉讼法第二百九十八条第一款规定条件的，负责侦查的部门应当启动违法所得没收程序进行调查。

负责侦查的部门进行调查应当查明犯罪嫌疑人涉嫌的犯罪事实，犯罪嫌疑人死亡的情况，以及犯罪嫌疑人的违法所得及其他涉案财产的情况，并可以对违法所得及其他涉案财产依法进行查封、扣押、查询、冻结。

负责侦查的部门认为符合刑事诉讼法第二百九十八条第一款规定条件的，应当写出没收违法所得意见书，连同案卷材料一并移送有管辖权的人民检察院负责侦查的部门，并由有管辖权的人民检察院负责侦查的部门移送本院负责捕诉的部门。

负责捕诉的部门对没收违法所得意见书进行审查，作出是否提出没收违法所得申请的决定，具体程序按照本规则第五百二十二条、第五百二十三条的规定办理。

第五百二十八条 在人民检察院审查起诉过程中，犯罪嫌疑人死亡，或者贪污贿赂犯罪、恐怖活动犯罪等重大犯罪案件的犯罪嫌疑人逃匿，在通缉一年后不能到案，依照刑法规定应当追缴其违法所得及其他涉案财产的，人民检察院可以直接提出没收违法所得的申请。

在人民法院审理案件过程中，被告人死亡而裁定终止审理，或者被告人脱逃而裁定中止审理，人民检察院可以依法另行向人民法院提出没收违法所得的申请。

> **典型案例**

1. 李某波贪污案（检例第74号）

裁判要旨：对于贪污贿赂等重大职务犯罪案件，犯罪嫌疑人、被告人逃匿，在通缉一年后不能到案，如果有证据证明有犯罪事实，依照刑法规定应当追缴其违法所得及其他涉案财产的，应当依法适用违法所得没收程序办理。违法所得没收裁定生效后，在逃的职务犯罪嫌疑人自动投案或者被抓获，监察机关调查终结移送起诉的，检察机关应当依照普通刑事诉讼程序办理，并与原没收裁定程序做好衔接。

2. 白某贪污违法所得没收案（检例第127号）

裁判要旨：检察机关提出没收违法所得申请，应有证据证明申请没收的财产直接或者间接来源于犯罪所得，或者能够排除财产合法来源的可能性。人民检察院出席申请没收违法所得案件庭审，应当重点对于申请没收的财产属于违法所得进行举证。对于专业性较强的案件，可以申请鉴定人出庭。

3. 彭某峰受贿，贾某语受贿、洗钱违法所得没收案（检例第128号）

裁判要旨：对于跨境转移贪污贿赂所得的洗钱犯罪案件，检察机关应当依法适用特别程序追缴贪污贿赂违法所得。对于犯罪嫌疑人、被告人转移至境外的财产，如果有证据证明具有高度可能属于违法所得及其他涉案财产的，可以依法申请予以没收。对于共同犯罪的主犯逃匿境外，其他共同犯罪人已经在境内依照普通刑事诉讼程序处理的案件，应当充分考虑主犯应对全案事实负责以及国际刑事司法协助等因素，依法审慎适用特别程序追缴违法所得。

文书格式

××××人民检察院
补充证据通知书
（犯罪嫌疑人、被告人逃匿、死亡案件违法所得的没收程序适用）

××检××没补证〔20××〕×号

_____（监察/侦查机关名称）：

你____（监察/侦查机关简称）移送的没收犯罪嫌疑人____（姓名）违法所得一案，本院审查认为……请补充提供下列证据材料：

……（列出需要的证据材料要求、补充理由）。

20××年××月××日
（院印）

××××人民检察院
要求启动违法所得没收程序通知书

××检××没启通〔20××〕×号

_____（公安机关名称）：

本院于____年____月____日向你局发出《要求说明不启动违法所得没收程序理由通知书》，你局于____年____月____日以____号____文书回复本院。

经审查，本院认为：……（写明公安机关不启动违法所得没收程序理由不能成立的原因和应当启动程序的事实根据和法律依据。）

请你局启动对×××（犯罪嫌疑人姓名）的违法所得没收程序，并将启动程序决定书副本送达本院。

20××年××月××日
（院印）

××××人民检察院
启动违法所得没收程序决定书

××检××没启〔20××〕×号

根据《中华人民共和国刑事诉讼法》第二百九十八条的规定，本院决定对_____ _____启动违法所得没收调查程序。

检察长（印）

20××年××月××日
（院印）

××××人民检察院
没收违法所得申请书

××检××没申〔20××〕×号

犯罪嫌疑人（被告人）……（写明姓名、性别、出生年月日、公民身份号码、民族、文化程度、职业或者工作单位及职务、户籍地、住址、曾受到行政处罚、刑事处罚的情况）

犯罪嫌疑人（被告人）×××因涉嫌××罪，被×××（监察/侦查机关）立案侦查，并于××××年×月×日逃匿。×××（侦查机关）于××××年×月×日发布通缉令，至今不能到案。（如果死亡的，写明于××××年×月×日死亡。）×××（移送没收违法所得意见书的机关）于××××年×月×日向本院移送没收违法所得意见书。本院受理后，审查了全部案件材料……（写明要求监察/侦查机关补充证据、延长审查期限等情况）。

[如果是自侦案件，此处写："犯罪嫌疑人（被告人）×××因涉嫌××罪，由本院立案侦查，并于××××年×月×日逃匿。于××××年×月×日发布通缉令，至今不能到案。（如果死亡的，写明于××××年×月×日死亡。）本院于××××年×月×日移送没收违法所得意见书。"

如果案件是其他人民检察院移送的，此处应当将移送单位以及移送时间等写清楚。]

[如果犯罪嫌疑人是在审查起诉时逃匿、死亡的，此处写："本案由×××（监察/侦查机关）调查/侦查终结，以×××涉嫌××罪，于××××年×月×日向本院移送审查起诉。犯罪嫌疑人×××于××××年×月×日逃匿。于××××年×月×日发布通缉令，至今不能到案。（如果死亡的，写明于××××年×月×日死亡。）本院对全部案件材料进行了审查……（写明要求监察/侦查机关补充证据的情况）"]

[如果被告人是在审理时逃匿、死亡的，此处写："本案由×××（监察/侦查机关）调查/侦查终结，以×××涉嫌××罪，于××××年×月×日向本院移送审查起诉。本院受理后，于××××年×月×日向×××人民法院提起公诉。被告人×××于××××年×月×日逃匿。于××××年×月×日发布通缉令，至今不能到案。（如果死亡的，写明于××××年×月×日死亡。）本院对全部案件材料进行了审查……（写明要求监察/侦查机关补充证据的情况）"]

经依法审查查明：……（写明经检察机关审查认定的犯罪事实，依照刑法规定应当追缴的违法所得及其他涉案财产的来源、种类、数量、所在地以及查封、扣押、冻结等情况。）

写明犯罪嫌疑人（被告人）的近亲属或者其他利害关系人的姓名、住址、联系方式及其要求。

认定上述事实的证据如下：

……（针对上述犯罪事实和违法所得，分别列举证据）

本院认为，犯罪嫌疑人（被告人）×××涉嫌××罪，逃匿一年后不能到案（或者于×××年××月××日死亡），……（概述其违法所得及其他涉案财产的来源、种类和数量等），事实清楚，证据确实、充分，应当对其违法所得及其他涉案财产予以追缴。根据

续表

《中华人民共和国刑事诉讼法》第二百九十八条的规定,提出没收违法所得申请,请依法裁定。

  此致
××××人民法院

检察官×××

检察官助理×××

20××年××月××日

(院印)

  附件:1. 通缉令或者死亡证明书。
  2. 违法所得及其他涉案财产清单以及查封、扣押、冻结的情况。
  3. 证据材料、不宜移送的实物证据的清单、照片或者其他证明文件、拟出庭证人名单。
  4. 其他需要附注的事项。

×××公安局
没收违法所得意见书

×公( )没字〔 〕号

  犯罪嫌疑人×××……[姓名(别名、曾用名、绰号等)、性别、出生日期、出生地、身份证件种类及号码、民族、文化程度、职业或工作单位及职务、住址、政治面貌、违法犯罪经历以及因本案被采取强制措施、逃匿、通缉或死亡情况。案件有多名犯罪嫌疑人需要被没收违法所得的,逐一写明。单位犯罪案件中,应当写明单位的名称、地址。]

  犯罪嫌疑人×××涉嫌×××(罪名)一案,由×××举报(控告、移送)至我局(写明案由和案件来源,具体为单位或者公民举报、控告、上级交办、有关部门移送或工作中发现等)。简要写明案件侦查过程中的各个法律程序开始的时间。

  经依法侦查查明:……(详细叙述经侦查认定的犯罪事实。重点阐明该案中潜逃、死亡犯罪嫌疑人违法所得及其他涉案财产的情况,包括涉案财产的名称、种类、数量、特征、所在地及查封、扣押、冻结情况。)

  认定上述事实的证据如下:
  ……(分列相关证据,并说明证据与案件事实的关系)
  上述犯罪事实清楚,证据确实、充分,足以认定。
  综上所述,犯罪嫌疑人×××的行为已触犯《中华人民共和国刑法》第×××条之规定,

续表

涉嫌×××罪,因犯罪嫌疑人×××死亡,依照《中华人民共和国刑事诉讼法》第二百九十八条第二款之规定,建议没收犯罪嫌疑人×××的违法所得及其他涉案财产。(如犯罪嫌疑人逃匿的写明:综上所述,犯罪嫌疑人×××的行为已触犯《中华人民共和国刑法》第×××条之规定,涉嫌恐怖活动犯罪等重大犯罪,因犯罪嫌疑人逃匿,在通缉一年后未能到案,依照《中华人民共和国刑事诉讼法》第二百九十八条第二款之规定,建议没收犯罪嫌疑人×××的违法所得及其他涉案财产。)

此致

×××人民检察院

公安局(印)

年 月 日

第二百九十九条 违法所得没收申请的审理

没收违法所得的申请,由犯罪地或者犯罪嫌疑人、被告人居住地的中级人民法院组成合议庭进行审理。

人民法院受理没收违法所得的申请后,应当发出公告。公告期间为六个月。犯罪嫌疑人、被告人的近亲属和其他利害关系人有权申请参加诉讼,也可以委托诉讼代理人参加诉讼。

人民法院在公告期满后对没收违法所得的申请进行审理。利害关系人参加诉讼的,人民法院应当开庭审理。

条文注解

违法所得没收申请的审理,由于被告人并不在案,程序设计上就有特殊之处。需要从案件管辖、公告程序、审理程序三个方面具体把握。

案件管辖。中级人民法院管辖的案件一般是性质比较严重,案情重大,涉及国家安全或者处罚较重的刑事案件。将没收违法所得的案件交由中级人民法院管辖,并且组成合议庭审理,体现了对这一特别程序的慎重态度。

公告程序。公告应当载明以下内容:1. 案由、案件来源;2. 犯罪嫌疑人、被告人的基本情况;3. 犯罪嫌疑人、被告人涉嫌犯罪的事实;4. 犯罪嫌疑人、被告人逃匿、被通缉、脱逃、下落不明、死亡等情况;5. 申请没收的财产的种类、数量、价值、所在地等以及已查封、扣押、冻结财产的清单和法律手续;6. 申请没收的财产属于违法所得及其他涉案财产的相关事实;7. 申请没收的理由和法律依据;8. 利害关系人申请参加诉讼的期限、方式以及未按照该期限、方式申请参加诉讼可能承担的不利法律后果;9. 其他应当公告的情况。

审理程序。犯罪嫌疑人、被告人逃匿境外,委托诉讼代理人申请参加诉讼,且违法所得或者其他涉案财产所在国、地区主管机关明确提出意见予以支持的,人民法院可以准许。人民法院准许参加诉讼的,犯罪嫌疑人、被告人的诉讼代理人依照本解释关于利害关系人的诉讼代理人的规定行使诉讼权利。法庭应当依次就犯罪嫌疑人、被告人是否实施了贪污贿赂犯罪、恐怖活动犯罪等重大犯罪并已经通缉一年不能到案，或者是否已经死亡，以及申请没收的财产是否依法应当追缴进行调查；调查时，先由检察员出示证据，后由利害关系人、诉讼代理人出示证据，并进行质证；法庭辩论阶段，先由检察员发言，后由利害关系人、诉讼代理人发言，并进行辩论。利害关系人接到通知后无正当理由拒不到庭，或者未经法庭许可中途退庭的，可以转为不开庭审理，但还有其他利害关系人参加诉讼的除外。

相关规定

《高法解释》

第六百一十二条　对人民检察院提出的没收违法所得申请，人民法院应当审查以下内容：

（一）是否属于可以适用违法所得没收程序的案件范围；

（二）是否属于本院管辖；

（三）是否写明犯罪嫌疑人、被告人基本情况，以及涉嫌有关犯罪的情况，并附证据材料；

（四）是否写明犯罪嫌疑人、被告人逃匿、被通缉、脱逃、下落不明、死亡等情况，并附证据材料；

（五）是否列明违法所得及其他涉案财产的种类、数量、价值、所在地等，并附证据材料；

（六）是否附有查封、扣押、冻结违法所得及其他涉案财产的清单和法律手续；

（七）是否写明犯罪嫌疑人、被告人有无利害关系人，利害关系人的姓名、身份、住址、联系方式及其要求等情况；

（八）是否写明申请没收的理由和法律依据；

（九）其他依法需要审查的内容和材料。

前款规定的材料需要翻译件的，人民

法院应当要求人民检察院一并移送。

第六百一十三条　对没收违法所得的申请，人民法院应当在三十日以内审查完毕，并按照下列情形分别处理：

（一）属于没收违法所得申请受案范围和本院管辖，且材料齐全、有证据证明有犯罪事实的，应当受理；

（二）不属于没收违法所得申请受案范围或者本院管辖的，应当退回人民检察院；

（三）没收违法所得申请不符合"有证据证明有犯罪事实"标准要求的，应当通知人民检察院撤回申请；

（四）材料不全的，应当通知人民检察院在七日以内补送；七日以内不能补送的，应当退回人民检察院。

人民检察院尚未查封、扣押、冻结申请没收的财产或者查封、扣押、冻结期限即将届满，涉案财产有被隐匿、转移或者毁损、灭失危险的，人民法院可以查封、扣押、冻结申请没收的财产。

第六百一十四条　人民法院受理没收违法所得的申请后，应当在十五日以内发布公告。公告应当载明以下内容：

（一）案由、案件来源；

（二）犯罪嫌疑人、被告人的基本情况；

（三）犯罪嫌疑人、被告人涉嫌犯罪的事实；

（四）犯罪嫌疑人、被告人逃匿、被通缉、脱逃、下落不明、死亡等情况；

（五）申请没收的财产的种类、数量、价值、所在地等以及已查封、扣押、冻结财产的清单和法律手续；

（六）申请没收的财产属于违法所得及其他涉案财产的相关事实；

（七）申请没收的理由和法律依据；

（八）利害关系人申请参加诉讼的期限、方式以及未按照该期限、方式申请参

加诉讼可能承担的不利法律后果;

(九) 其他应当公告的情况。

公告期为六个月,公告期间不适用中止、中断、延长的规定。

第六百一十五条 公告应当在全国公开发行的报纸、信息网络媒体、最高人民法院的官方网站发布,并在人民法院公告栏发布。必要时,公告可以在犯罪地、犯罪嫌疑人、被告人居住地或者被申请没收财产所在地发布。最后发布的公告的日期为公告日期。发布公告的,应当采取拍照、录像等方式记录发布过程。

人民法院已经掌握境内利害关系人联系方式的,应当直接送达含有公告内容的通知;直接送达有困难的,可以委托代为送达、邮寄送达。经受送达人同意的,可以采用传真、电子邮件等能够确认其收悉的方式告知公告内容,并记录在案。

人民法院已经掌握境外犯罪嫌疑人、被告人、利害关系人联系方式,经受送达人同意的,可以采用传真、电子邮件等能够确认其收悉的方式告知公告内容,并记录在案;受送达人未表示同意,或者人民法院未掌握境外犯罪嫌疑人、被告人、利害关系人联系方式,其所在国、地区的主管机关明确提出应当向受送达人送达含有公告内容的通知的,人民法院可以决定是否送达。决定送达的,应当依照本解释第四百九十三条的规定请求所在国、地区提供司法协助。

第六百一十六条 刑事诉讼法第二百九十九条第二款、第三百条第二款规定的"其他利害关系人",是指除犯罪嫌疑人、被告人的近亲属以外的,对申请没收的财产主张权利的自然人和单位。

第六百一十七条 犯罪嫌疑人、被告人的近亲属和其他利害关系人申请参加诉讼的,应当在公告期间内提出。犯罪嫌疑人、被告人的近亲属应当提供其与犯罪嫌疑人、被告人关系的证明材料,其他利害关系人应当提供证明其对违法所得及其他涉案财产主张权利的证据材料。

利害关系人可以委托诉讼代理人参加诉讼。委托律师担任诉讼代理人的,应当委托具有中华人民共和国律师资格并依法取得执业证书的律师;在境外委托的,应当依照本解释第四百八十六条的规定对授权委托进行公证、认证。

利害关系人在公告期满后申请参加诉讼,能够合理说明理由的,人民法院应当准许。

第六百一十八条 犯罪嫌疑人、被告人逃匿境外,委托诉讼代理人申请参加诉讼,且违法所得或者其他涉案财产所在国、地区主管机关明确提出意见予以支持的,人民法院可以准许。

人民法院准许参加诉讼的,犯罪嫌疑人、被告人的诉讼代理人依照本解释关于利害关系人的诉讼代理人的规定行使诉讼权利。

第六百一十九条 公告期满后,人民法院应当组成合议庭对申请没收违法所得的案件进行审理。

利害关系人申请参加或者委托诉讼代理人参加诉讼的,应当开庭审理。没有利害关系人申请参加诉讼的,或者利害关系人及其诉讼代理人无正当理由拒不到庭的,可以不开庭审理。

人民法院确定开庭日期后,应当将开庭的时间、地点通知人民检察院、利害关系人及其诉讼代理人、证人、鉴定人、翻译人员。通知书应当依照本解释第六百一十五条第二款、第三款规定的方式,至迟在开庭审理三日以前送达;受送达人在境外的,至迟在开庭审理三十日以前送达。

第六百二十条 开庭审理申请没收违法所得的案件,按照下列程序进行:

（一）审判长宣布法庭调查开始后，先由检察员宣读申请书，后由利害关系人、诉讼代理人发表意见；

（二）法庭应当依次就犯罪嫌疑人、被告人是否实施了贪污贿赂犯罪、恐怖活动犯罪等重大犯罪并已经通缉一年不能到案，或者是否已经死亡，以及申请没收的财产是否依法应当追缴进行调查；调查时，先由检察员出示证据，后由利害关系人、诉讼代理人出示证据，并进行质证；

（三）法庭辩论阶段，先由检察员发言，后由利害关系人、诉讼代理人发言，并进行辩论。

利害关系人接到通知后无正当理由拒不到庭，或者未经法庭许可中途退庭的，可以转为不开庭审理，但还有其他利害关系人参加诉讼的除外。

《高检规则》

第五百一十九条 没收违法所得的申请，应当由有管辖权的中级人民法院的同级人民检察院提出。

第五百二十条 人民检察院向人民法院提出没收违法所得的申请，应当制作没收违法所得申请书。没收违法所得申请书应当载明以下内容：

（一）犯罪嫌疑人、被告人的基本情况，包括姓名、性别、出生年月日、出生地、户籍地、公民身份号码、民族、文化程度、职业、工作单位及职务、住址等；

（二）案由及案件来源；

（三）犯罪嫌疑人、被告人的犯罪事实及相关证据材料；

（四）犯罪嫌疑人、被告人逃匿、被通缉或者死亡的情况；

（五）申请没收的财产种类、数量、价值、所在地以及查封、扣押、冻结财产清单和相关法律手续；

（六）申请没收的财产属于违法所得及其他涉案财产的相关事实及证据材料；

（七）提出没收违法所得申请的理由和法律依据；

（八）有无近亲属和其他利害关系人以及利害关系人的姓名、身份、住址、联系方式；

（九）其他应当写明的内容。

上述材料需要翻译件的，人民检察院应当随没收违法所得申请书一并移送人民法院。

第五百二十九条 人民法院对没收违法所得的申请进行审理，人民检察院应当承担举证责任。

人民法院对没收违法所得的申请开庭审理的，人民检察院应当派员出席法庭。

第五百三十条 出席法庭的检察官应当宣读没收违法所得申请书，并在法庭调查阶段就申请没收的财产属于违法所得及其他涉案财产等相关事实出示、宣读证据。

第五百三十一条 人民检察院发现人民法院或者审判人员审理没收违法所得案件违反法律规定的诉讼程序，应当向人民法院提出纠正意见。

人民检察院认为同级人民法院按照违法所得没收程序所作的第一审裁定确有错误的，应当在五日以内向上一级人民法院提出抗诉。

最高人民检察院、省级人民检察院认为下级人民法院按照违法所得没收程序所作的已经发生法律效力的裁定确有错误的，应当按照审判监督程序向同级人民法院提出抗诉。

典型案例

1. 黄某兰贪污违法所得没收案（检例第129号）

裁判要旨： 检察机关在适用违法所得没收程序中，应当承担证明有犯罪事实以及申请没收的财产属于违法所得及其他涉案财产的举证责任。利害关系人及其诉讼代理人参加诉讼并主张权利，但不能提供合法证据或者其主张明显与事实不符的，应当依法予以辩驳。善意第三方对申请没收财产享有合法权利的，应当依法予以保护。

2. 任某厚受贿、巨额财产来源不明违法所得没收案（检例第130号）

裁判要旨：涉嫌巨额财产来源不明犯罪的人在立案前死亡，依照刑法规定应当追缴其违法所得及其他涉案财产的，可以依法适用违法所得没收程序。对涉案的巨额财产，可以由其近亲属或其他利害关系人说明来源。没有近亲属或其他利害关系人主张权利或者说明来源，或者近亲属或其他利害关系人主张权利所提供的证据达不到相应证明标准，或说明的来源经查证不属实的，依法认定为违法所得予以申请没收。违法所得与合法财产混同并产生孳息的，可以按照违法所得占比计算孳息予以申请没收。

第三百条　违法所得没收申请的处理

人民法院经审理，对经查证属于违法所得及其他涉案财产，除依法返还被害人的以外，应当裁定予以没收；对不属于应当追缴的财产的，应当裁定驳回申请，解除查封、扣押、冻结措施。

对于人民法院依照前款规定作出的裁定，犯罪嫌疑人、被告人的近亲属和其他利害关系人或者人民检察院可以提出上诉、抗诉。

条文注解

裁定方式。违法所得没收案件的处理方式有两种：一是申请没收的财产属于违法所得及其他涉案财产的，除依法返还被害人的以外，应当裁定没收；二是不符合刑事诉讼法第二百九十八条第一款规定的条件的，应当裁定驳回申请，解除查封、扣押、冻结措施。申请没收的财产具有高度可能属于违法所得及其他涉案财产的，应当认定为前款规定的"申请没收的财产属于违法所得及其他涉案财产"。巨额财产来源不明犯罪案件中，没有利害关系人对违法所得及其他涉案财产主张权利，或者利害关系人对违法所得及其他涉案财产虽然主张权利但提供的证据没有达到相应证明标准的，应当视为"申请没收的财产属于违法所得及其他涉案财产"。

救济方式。对不服第一审没收违法所得或者驳回申请裁定的上诉、抗诉案件，第二审人民法院经审理，应当按照下列情形分别处理：1. 第一审裁定认定事实清楚和适用法律正确的，应当驳回上诉或者抗诉，维持原裁定；2. 第一审裁定认定事实清楚，但适用法律有错误的，应当改变原裁定；3. 第一审裁定认定事实不清的，可以在查清事实后改变原裁定，也可以撤销原裁定，发回原审人民法院重新审判；4. 第一审裁定违反法定诉讼程序，可能影响公正审判的，应当撤销原裁定，发回原审人民法院重新审判。

相关规定

《高法解释》

第六百二十一条　对申请没收违法所得的案件，人民法院审理后，应当按照下列情形分别处理：

（一）申请没收的财产属于违法所得及其他涉案财产的，除依法返还被害人的以外，应当裁定没收；

（二）不符合刑事诉讼法第二百九十八条第一款规定的条件的，应当裁定驳回申请，解除查封、扣押、冻结措施。

申请没收的财产具有高度可能属于违法所得及其他涉案财产的，应当认定为前款规定的"申请没收的财产属于违法所得及其他涉案财产"。巨额财产来源不明犯罪案件中，没有利害关系人对违法所得及其他涉案财产主张权利，或者利害关系人对违法所得及其他涉案财产虽然主张权利但提供的证据没有达到相应证明标准的，应当视为"申请没收的财产属于违法所得及其他涉案财产"。

第六百二十二条 对没收违法所得或者驳回申请的裁定，犯罪嫌疑人、被告人的近亲属和其他利害关系人或者人民检察院可以在五日以内提出上诉、抗诉。

第六百二十三条 对不服第一审没收违法所得或者驳回申请裁定的上诉、抗诉案件，第二审人民法院经审理，应当按照下列情形分别处理：

（一）第一审裁定认定事实清楚和适用法律正确的，应当驳回上诉或者抗诉，维持原裁定；

（二）第一审裁定认定事实清楚，但适用法律有错误的，应当改变原裁定；

（三）第一审裁定认定事实不清的，可以在查清事实后改变原裁定，也可以撤销原裁定，发回原审人民法院重新审判；

（四）第一审裁定违反法定诉讼程序，可能影响公正审判的，应当撤销原裁定，发回原审人民法院重新审判。

第一审人民法院对发回重新审判的案件作出裁定后，第二审人民法院对不服第一审人民法院裁定的上诉、抗诉，应当依法作出裁定，不得再发回原审人民法院重新审判；但是，第一审人民法院在重新审判过程中违反法定诉讼程序，可能影响公正审判的除外。

第六百二十四条 利害关系人非因故意或者重大过失在第一审期间未参加诉讼，在第二审期间申请参加诉讼的，人民法院应当准许，并撤销原裁定，发回原审人民法院重新审判。

第六百二十七条 审理申请没收违法所得案件的期限，参照公诉案件第一审普通程序和第二审程序的审理期限执行。

公告期间和请求刑事司法协助的时间不计入审理期限。

文书格式

××××人民检察院

抗　诉　书

（违法所得没收案件二审程序适用）

××检××没抗〔20××〕×号

　　×××人民法院以××号裁定书对犯罪嫌疑人（被告人）×××（姓名）违法所得没收一案裁定……（裁定结果）。本院依法审查后认为，该裁定确有错误（包括认定事实有误、适用法律不当、审判程序严重违法），理由如下：

　　……（根据不同情况，理由从认定事实错误、适用法律不当和审判程序严重违法等几个方面阐述）。

续表

综上所述……（概括上述理由），为维护司法公正，准确惩治犯罪，依照《中华人民共和国刑事诉讼法》第三百条第二款的规定，提出抗诉，请依法判处。

此致

_____人民法院

××××人民检察院

20××年××月××日

（院印）

附件：新的证人名单或者证据目录。

××××人民检察院
抗 诉 书
（违法所得没收案件审判监督程序适用）

××检××没抗〔20××〕×号

犯罪嫌疑人（被告人）……（写明姓名、性别、出生年月日、公民身份号码、民族、文化程度、职业或者工作单位及职务、户籍地、住址、曾受到行政处罚、刑事处罚的情况）

×××人民法院以×××号刑事裁定书对犯罪嫌疑人（被告人）×××（姓名）没收违法所得一案判决（裁定）……（写明生效的一审裁定或者一审及二审裁定情况或检察院提请抗诉情况）。经依法审查，本案的事实如下：

……（概括叙述检察机关审查认定的犯罪事实，以及依照刑法规定应当追缴的违法所得及其他涉案财产的来源、种类、数量、所在地等情况）。

本院认为，该裁定确有错误（包括认定事实有误、适用法律不当、审判程序严重违法），理由如下：

……（根据情况，理由可以从认定事实错误、适用法律不当和审判程序严重违法等几方面分别论述）。

综上所述……（概括上述理由），为维护司法公正，准确惩治犯罪，依照《中华人民共和国刑事诉讼法》第三百条第二款的规定，对×××法院×××号刑事裁定书，提出抗诉，请依法判处。

此致

_____人民法院

续表

	××××人民检察院 20××年××月××日 （院印）
附件：新的证人名单或者证据目录	

第三百零一条　违法所得没收案件终止审理及救济

在审理过程中，在逃的犯罪嫌疑人、被告人自动投案或者被抓获的，人民法院应当终止审理。

没收犯罪嫌疑人、被告人财产确有错误的，应当予以返还、赔偿。

条文注解

审理过程中，在逃的犯罪嫌疑人、被告人自动投案或者被抓获的，应当转为公诉案件处理，违法所得没收程序不再适用，人民法院应当终止审理。没收违法所得裁定生效后，犯罪嫌疑人、被告人到案并对没收裁定提出异议，人民检察院向原审人民法院提起公诉的，可以由同一审判组织审理。

人民法院生效的没收裁定确有错误的，除因犯罪嫌疑人、被告人到案提起公诉程序外，应当依照审判监督程序予以纠正。

相关规定

《高法解释》

第六百二十五条　在审理申请没收违法所得的案件过程中，在逃的犯罪嫌疑人、被告人到案的，人民法院应当裁定终止审理。人民检察院向原受理申请的人民法院提起公诉的，可以由同一审判组织审理。

第六百二十八条　没收违法所得裁定生效后，犯罪嫌疑人、被告人到案并对没收裁定提出异议，人民检察院向原作出裁定的人民法院提起公诉的，可以由同一审判组织审理。

人民法院经审理，应当按照下列情形分别处理：

（一）原裁定正确的，予以维持，不再对涉案财产作出判决；

（二）原裁定确有错误的，应当撤销原裁定，并在判决中对有关涉案财产一并作出处理。

人民法院生效的没收裁定确有错误的，除第一款规定的情形外，应当依照审判监督程序予以纠正。

第六百二十九条　人民法院审理申请没收违法所得的案件，本章没有规定的，参照适用本解释的有关规定。

《高检规则》

第五百三十二条　在审理案件过程中，在逃的犯罪嫌疑人、被告人自动投案或者被抓获，人民法院按照刑事诉讼法第三百零一条第一款的规定终止审理的，人民检察院应当将案卷退回监察机关或者公安机关处理。

第五百三十三条　对于刑事诉讼法第二百九十八条第一款规定以外需要没收违法所得的，按照有关规定执行。

第五章　依法不负刑事责任的精神病人的强制医疗程序

> **第三百零二条　强制医疗的条件**
>
> 实施暴力行为，危害公共安全或者严重危害公民人身安全，经法定程序鉴定依法不负刑事责任的精神病人，有继续危害社会可能的，可以予以强制医疗。

条文注解

第一，行为人必须实施了暴力行为，危害公共安全或者严重危害公民人身安全。"暴力行为"是指以人身、财产等为侵害目标，采取暴力手段，对被害人的身心健康和生命财产安全造成极大的损害，直接危及人的生命、健康及公共安全的行为，如放火、爆炸等。"危害公共安全"是指危害广大群众生命健康和公私财产的安全，足以使多人死伤或使公私财产遭受重大损失的行为。"严重危害公民人身安全"一般是指杀人、伤害、强奸、绑架等严重侵害公民生命、健康安全的行为。

第二，行为人必须属于经法定程序鉴定依法不负刑事责任的精神病人。"依法不负刑事责任的精神病人"，是指在不能辨认或者不能控制自己行为的时候造成危害结果，属于经法定程序鉴定确认不负刑事责任的精神病人。对于间歇性的精神病人在精神正常的时候犯罪，或者尚未完全丧失辨认或者控制自己行为能力的精神病人犯罪的，应当负刑事责任，即不属于依法不负刑事责任的精神病人。

第三，行为人必须有继续危害社会可能。对于实施了暴力行为，危害公共安全或者严重危害公民人身安全，经过法定程序鉴定确认属于不能辨认或者不能控制自己行为的精神病人，必须有继续危害社会可能的，才能对其进行强制医疗。行为人虽然实施了暴力行为，但不再具有继续危害社会可能的，如已经严重残疾等，丧失了继续危害社会的能力，则不需要再对其进行强制医疗。

相关规定

《公安规定》

第三百四十二条　公安机关发现实施暴力行为，危害公共安全或者严重危害公民人身安全的犯罪嫌疑人，可能属于依法不负刑事责任的精神病人的，应当对其进行精神病鉴定。

《高法解释》

第六百三十条　实施暴力行为，危害公共安全或者严重危害公民人身安全，社会危害性已经达到犯罪程度，但经法定程序鉴定依法不负刑事责任的精神病人，有继续危害社会可能的，可以予以强制医疗。

典型案例

1. 荣某被强制医疗案（刑事审判参考案例第888号）

裁判要旨：荣某经法定程序鉴定系依法不负刑事责任的精神病人，其在两年内多次实施暴力行为，在病情康复前有继续危害社会的可能。荣某的行为虽未造成严重的危害后果，但从其持刀、持斧子实施暴力的行为看，其行为符合犯罪未遂的构成要件，该暴力行为达到了犯罪程度。因此，符合强制医疗条件。

被申请人荣某属于"有继续危害社会可能"。具体理由如下：（1）从荣某所患的精神病情分析本身来看，荣某属于精神病人，需要及时治疗。根据鉴定意见，荣某符合心境障碍诊断标准，并伴有精神病性症状，案发时受精神病症状的影响，辨控能力丧失；荣某心境障碍，无刑事责任能力。而心境障碍，是以显著而持久的情感或者心境改变为主要特征的疾病。临床主要表现为愤怒，情感的高涨与低落，甚至是冲动报复，以过度的自我保护机制应对社会，无法正确认知自己的行为，可伴有精神病症状，如幻觉、妄想。多数患者有反复发作的倾向。(2) 从荣某实施暴力的起因、过程、行为特征来看，其起因是未签订劳动合同，今后这一问题仍然存在，因此这个问题不可能得到解决。另外从行为过程、行为特征看，其行为针对的对象不是物，而是人，尤其是两次针对特定的人。(3) 从被申请人有无接受医疗的条件分析，其家庭监护条件较差，荣某母亲薛某芳 57 岁，荣某生父荣某玉 59 岁，二人均已退休，且薛某芳有焦虑症、抑郁症。因此，荣某家庭没有看管、治疗的条件和能力。

2. 徐某富强制医疗案（最高人民法院指导性案例第 63 号）

裁判要旨： 审理强制医疗案件，对被申请人或者被告人是否"有继续危害社会可能"，应当综合被申请人或者被告人所患精神病的种类、症状、案件审理时其病情是否已经好转，以及其家属或者监护人有无严加看管和自行送医治疗的意愿和能力等情况予以判定。必要时，可以委托相关机构或者专家进行评估。

第三百零三条　强制医疗的决定程序

根据本章规定对精神病人强制医疗的，由人民法院决定。

公安机关发现精神病人符合强制医疗条件的，应当写出强制医疗意见书，移送人民检察院。对于公安机关移送的或者在审查起诉过程中发现的精神病人符合强制医疗条件的，人民检察院应当向人民法院提出强制医疗的申请。人民法院在审理案件过程中发现被告人符合强制医疗条件的，可以作出强制医疗的决定。

对实施暴力行为的精神病人，在人民法院决定强制医疗前，公安机关可以采取临时的保护性约束措施。

■条文注解

强制医疗作为一种剥夺人身自由的强制措施，由人民法院作出决定。

第一，强制医疗的管辖法院。人民检察院申请对依法不负刑事责任的精神病人强制医疗的案件，由被申请人实施暴力行为所在地的基层人民法院管辖；由被申请人居住地的人民法院审判更为适宜的，可以由被申请人居住地的基层人民法院管辖。

第二，强制医疗的申请程序。主要有三个方面内容：

一是公安机关发现精神病人符合强制医疗条件的，应当写出强制医疗意见书，移送人民检察院。公安机关在侦查阶段如果发现犯罪嫌疑人可能是精神病人，应当按照有关法律规定进行鉴定，如果鉴定结果确认犯罪嫌疑人是精神病人，且在不能辨认或者不能控制自己行为的时候造成危害结果的，应当撤销刑事案件，写出强制医疗意见书，然后移送人民检察院。"强制医疗意见书"，是指公安机关发现精神病人符合强制医疗条件而移送人民检察院处理的法律文书，应当写明需要强制医疗的精神病人的基本情况、案件认定的犯罪事实、鉴定情况、处理的意见和理由以及所依据的法律条款等。

二是对于公安机关移送的或者在审查起诉过程中发现的精神病人符合强制医疗条件的，人民检察院应当向人民法院提出强制医疗的申请。包括两种情形：一种是公安机关在移送案件时提出强制医疗意见书，人民检察院经过审查，对于符合强制医疗条件的，应当向人民法院提出强制医疗的申请。另一种是人民检察院在审查起诉过程中发现公安机关移送的刑事案件的犯罪嫌疑人可能是精神病人，经过审查，发现符合强制医疗条件的，也应当向人民法院提出强制医疗的申请。

三是人民法院在审理案件过程中发现被告人符合强制医疗条件的，可以作出强制医疗的决定。人民法院在审理刑事案件时，如果发现被告人可能是精神病人，需要鉴定的，可以对被告人进行精神病鉴定。如果经过法定程序鉴定，确认被告人是精神病人，且属于依法不应当负刑事责任的，应当根据有关规定判决被告人不负刑事责任。对该判决被告人、自诉人和他们的法定代理人可以上诉，人民检察院也可以抗诉。在审理过程中，人民法院如果认为不负刑事责任的精神病人符合强制医疗条件的，可以依照本章的规定直接作出强制医疗的决定，而不需要将该案再退回人民检察院，由人民检察院提出强制医疗的申请。

第三，采取临时的保护性约束措施。"保护性约束措施"并非强制措施，是出于保护精神病人人身安全和公共安全考虑而采取的一种临时性约束措施。采取临时的保护性约束措施时，应当对精神病人严加看管，并注意约束的方式、方法和力度，以避免和防止危害他人和精神病人的自身安全为限度。对于精神病人已没有继续危害社会可能，解除约束后不致发生社会危险性的，公安机关应当及时解除保护性约束措施。

相关规定

《公安规定》

第三百四十三条　对经法定程序鉴定依法不负刑事责任的精神病人，有继续危害社会可能，符合强制医疗条件的，公安机关应当在七日以内写出强制医疗意见书，经县级以上公安机关负责人批准，连同相关证据材料和鉴定意见一并移送同级人民检察院。

第三百四十四条　对实施暴力行为的精神病人，在人民法院决定强制医疗前，经县级以上公安机关负责人批准，公安机关可以采取临时的保护性约束措施。必要时，可以将其送精神病医院接受治疗。

第三百四十五条　采取临时的保护性约束措施时，应当对精神病人严加看管，并注意约束的方式、方法和力度，以避免和防止危害他人和精神病人的自身安全为限度。

对于精神病人已没有继续危害社会可能，解除约束后不致发生社会危险性的，公安机关应当及时解除保护性约束措施。

《高法解释》

第六百三十一条　人民检察院申请对依法不负刑事责任的精神病人强制医疗的案件，由被申请人实施暴力行为所在地的基层人民法院管辖；由被申请人居住地的人民法院审判更为适宜的，可以由被申请人居住地的基层人民法院管辖。

第六百三十二条　对人民检察院提出的强制医疗申请，人民法院应当审查以下内容：

（一）是否属于本院管辖；

（二）是否写明被申请人的身份，实施暴力行为的时间、地点、手段、所造成

的损害等情况,并附证据材料;

(三)是否附有法医精神病鉴定意见和其他证明被申请人属于依法不负刑事责任的精神病人的证据材料;

(四)是否列明被申请人的法定代理人的姓名、住址、联系方式;

(五)需要审查的其他事项。

第六百三十三条 对人民检察院提出的强制医疗申请,人民法院应当在七日以内审查完毕,并按照下列情形分别处理:

(一)属于强制医疗程序受案范围和本院管辖,且材料齐全的,应当受理;

(二)不属于本院管辖的,应当退回人民检察院;

(三)材料不全的,应当通知人民检察院在三日以内补送;三日以内不能补送的,应当退回人民检察院。

《高检规则》

第五百三十四条 对于实施暴力行为,危害公共安全或者严重危害公民人身安全,已经达到犯罪程度,经法定程序鉴定依法不负刑事责任的精神病人,有继续危害社会可能的,人民检察院应当向人民法院提出强制医疗的申请。

提出强制医疗的申请以及对强制医疗决定的监督,由负责捕诉的部门办理。

第五百三十五条 强制医疗的申请由被申请人实施暴力行为所在地的基层人民检察院提出;由被申请人居住地的人民检察院提出更为适宜的,可以由被申请人居住地的基层人民检察院提出。

第五百三十六条 人民检察院向人民法院提出强制医疗的申请,应当制作强制医疗申请书。强制医疗申请书的主要内容包括:

(一)涉案精神病人的基本情况,包括姓名、性别、出生年月日、出生地、户籍地、公民身份号码、民族、文化程度、职业、工作单位及职务、住址,采取临时保护性约束措施的情况及处所等;

(二)涉案精神病人的法定代理人的基本情况,包括姓名、住址、联系方式等;

(三)案由及案件来源;

(四)涉案精神病人实施危害公共安全或者严重危害公民人身安全的暴力行为的事实,包括实施暴力行为的时间、地点、手段、后果等及相关证据情况;

(五)涉案精神病人不负刑事责任的依据,包括有关鉴定意见和其他证据材料;

(六)涉案精神病人继续危害社会的可能;

(七)提出强制医疗申请的理由和法律依据。

第五百三十七条 人民检察院审查公安机关移送的强制医疗意见书,应当查明:

(一)是否属于本院管辖;

(二)涉案精神病人身份状况是否清楚,包括姓名、性别、国籍、出生年月日、职业和单位等;

(三)涉案精神病人实施危害公共安全或者严重危害公民人身安全的暴力行为的事实;

(四)公安机关对涉案精神病人进行鉴定的程序是否合法,涉案精神病人是否依法不负刑事责任;

(五)涉案精神病人是否有继续危害社会的可能;

(六)证据材料是否随案移送,不宜移送的证据的清单、复制件、照片或者其他证明文件是否随案移送;

(七)证据是否确实、充分;

(八)采取的临时保护性约束措施是否适当。

第五百三十八条 人民检察院办理公安机关移送的强制医疗案件,可以采取以下方式开展调查,调查情况应当记录并附卷:

(一)会见涉案精神病人,听取涉案精神病人的法定代理人、诉讼代理人意见;

(二)询问办案人员、鉴定人;

(三)向被害人及其法定代理人、近亲属了解情况;

(四)向涉案精神病人的主治医生、近亲属、邻居、其他知情人员或者基层组织等了解情况;

(五)就有关专门性技术问题委托具有法定资质的鉴定机构、鉴定人进行鉴定。

第五百三十九条 人民检察院应当在接到公安机关移送的强制医疗意见书后三十日以内作出是否提出强制医疗申请的决定。

对于公安机关移送的强制医疗案件,经审查认为不符合刑事诉讼法第三百零二条规定条件的,应当作出不提出强制医疗申请的决定,并向公安机关书面说明理由。认为需要补充证据的,应当书面要求公安机关补充证据,必要时也可以自行调查。

公安机关补充证据的时间不计入人民检察院办案期限。

第五百四十条 人民检察院发现公安机关应当启动强制医疗程序而不启动的,可以要求公安机关在七日以内书面说明不启动的理由。

经审查,认为公安机关不启动理由不能成立的,应当通知公安机关启动强制医疗程序。

公安机关收到启动强制医疗程序通知书后,未按要求启动强制医疗程序的,人民检察院应当提出纠正意见。

第五百四十一条 人民检察院对公安机关移送的强制医疗案件,发现公安机关对涉案精神病人进行鉴定违反法律规定,具有下列情形之一的,应当依法提出纠正意见:

(一)鉴定机构不具备法定资质的;

(二)鉴定人不具备法定资质或者违反回避规定的;

(三)鉴定程序违反法律或者有关规定,鉴定的过程和方法违反相关专业规范要求的;

(四)鉴定文书不符合法定形式要件的;

(五)鉴定意见没有依法及时告知相关人员的;

(六)鉴定人故意作虚假鉴定的;

(七)其他违反法律规定的情形。

人民检察院对精神病鉴定程序进行监督,可以要求公安机关补充鉴定或者重新鉴定。必要时,可以询问鉴定人并制作笔录,或者委托具有法定资质的鉴定机构进行补充鉴定或者重新鉴定。

第五百四十二条 人民检察院发现公安机关对涉案精神病人不应当采取临时保护性约束措施而采取的,应当提出纠正意见。

认为公安机关应当采取临时保护性约束措施而未采取的,应当建议公安机关采取临时保护性约束措施。

第五百四十三条 在审查起诉中,犯罪嫌疑人经鉴定系依法不负刑事责任的精神病人的,人民检察院应当作出不起诉决定。认为符合刑事诉讼法第三百零二条规定条件的,应当向人民法院提出强制医疗的申请。

典型案例

徐某富强制医疗案（最高法指导性案例63号）

裁判要旨：审理强制医疗案件，对被申请人或者被告人是否"有继续危害社会可能"，应当综合被申请人或者被告人所患精神病的种类、症状，案件审理时其病情是否已经好转，以及其家属或者监护人有无严加看管和自行送医治疗的意愿和能力等情况予以判定。必要时，可以委托相关机构或者专家进行评估。

文书格式

×××公安局
强制医疗意见书

×公（ ）强医字〔 〕 号

×××……［姓名（别名、曾用名、绰号等），性别，出生日期，出生地，身份证件种类及号码，民族，文化程度，职业或工作单位及职务，住址，政治面貌，违法犯罪经历以及因本案曾被采取强制措施或者临时的保护性约束措施的情况］。

×××涉嫌×××（罪名）一案，由×××举报（控告、移送）至我局（写明案由和案件来源，具体为单位或者公民举报、控告、有关部门移送或工作中发现等）。简要写明案件侦查过程中的各个法律程序开始的时间，如接受案件、立案的时间。具体写明精神病人归案情况。

经依法侦查查明：……（详细叙述经侦查认定的精神病人实施的暴力行为，包括行为时间、地点、经过、手段、危害后果等事实要素。应当根据具体案件情况，围绕刑法规定的该罪构成要件，说明对公共安全的危害或者对公民人身安全的严重危害情况）。

我局于×年×月×日聘请×××机构，对×××进行了精神病鉴定，鉴定意见为……。

认定上述事实的证据如下：

……（分列相关证据，并说明证据与案件事实的关系）

综上所述，根据《中华人民共和国刑事诉讼法》第三百零二条、第三百零三条之规定，建议对×××强制医疗。

此致
×××人民检察院

公安局（印）
年 月 日

附：本案卷宗　　　卷　　页

××××人民检察院
启动强制医疗程序决定书

××检××医启〔20××〕×号

  根据《中华人民共和国刑事诉讼法》第三百零二条、第三百零三条的规定，本院决定对_____启动强制医疗程序。

  检察长（印）

20××年××月××日
（院印）

××××人民检察院
强制医疗申请书

××检××医申〔20××〕×号

  涉案精神病人……（写明姓名、性别、出生年月日、公民身份号码、民族、文化程度、职业或者工作单位及职务、户籍地、住址、曾受到行政处罚、刑事处罚的情况、采取临时保护性约束措施的情况等）

  法定代理人……（写姓名、性别、出生日期、单位）

  ×××（涉案精神病人）因涉嫌实施××行为，危害公共安全（或者严重危害公民人身安全），经×××（公安机关）鉴定依法不负刑事责任。×××（公安机关）于××××年××月××日作出撤销案件的决定。×××（公安机关）于××××年××月××日向本院移送强制医疗意见书。本院受理后，审查了全部案件材料……（写明要求公安机关补充证据等情况）。

  [如果是在审查起诉时对犯罪嫌疑人做的精神病鉴定，此处写："本案由×××（公安机关）侦查终结，以×××涉嫌××罪，于××××年××月××日向本院移送审查起诉，本院对×××进行了精神病鉴定，经鉴定依法不负刑事责任。本院于××××年××月××日依法作出不起诉决定。"]

  经依法审查查明：……（写明经检察机关审查认定的涉案精神病人实施危害公共安全或者严重危害公民人身安全的暴力行为的事实，涉案精神病人经法定程序鉴定依法不负刑事责任，有继续危害社会的可能）。

  认定上述事实的证据如下：

  ……（针对上述事实，分别列举证据）

  本院认为，×××（涉案精神病人）实施××行为，危害公共安全（或者严重危害公民人身安全），经法定程序鉴定为依法不负刑事责任的精神病人，有继续危害社会的可能，事实清楚，证据确实、充分，应当对其强制医疗。根据《中华人民共和国刑事诉讼

续表

法》第三百零三条第二款的规定，提出强制医疗申请，请依法决定。

此致
_____人民法院

检 察 官 ×××
检察官助理 ×××
20××年××月××日
（院印）

附件：1. 涉案精神病人现在处所，具体包括被采取临时保护性约束措施的处所。
2. 鉴定意见、撤销案件决定书、不起诉决定书。
3. 证据材料、不宜移送的实物证据的清单、照片或者其他证明文件、拟出庭证人名单。
4. 其他需要附注的事项。

第三百零四条　强制医疗案件的审理

人民法院受理强制医疗的申请后，应当组成合议庭进行审理。

人民法院审理强制医疗案件，应当通知被申请人或者被告人的法定代理人到场。被申请人或者被告人没有委托诉讼代理人的，人民法院应当通知法律援助机构指派律师为其提供法律帮助。

■ 条文注解

第一，合议庭审理。审理强制医疗案件，应当组成合议庭，开庭审理。但是，被申请人、被告人的法定代理人请求不开庭审理，并经人民法院审查同意的除外。审理强制医疗案件，应当会见被申请人，听取被害人及其法定代理人的意见。

第二，法定代理人到场。人民法院审理强制医疗案件，应当通知被申请人或者被告人的法定代理人到场。"法定代理人"是指被代理人的父母、养父母、监护人和负有保护责任的机关、团体的代表。法定代理人无法到场的，可以通知其他近亲属到场。

第三，法律援助。由于被申请人或者被告人属于依法不负刑事责任的精神病人，属于无民事行为能力人，自己无法委托诉讼代理人，其法定代理人应当有权代为委托。没有委托诉讼代理人的，人民法院应当自受理强制医疗申请或者发现被告人符合强制医疗条件之日起三日以内，通知法律援助机构指派律师担任其诉讼代理人，为其提供法律帮助。

■ 相关规定

《高法解释》

第六百三十四条　审理强制医疗案件，应当通知被申请人或者被告人的法定代理人到场；被申请人或者被告人的法定代理人经通知未到场的，可以通知被申请人或者被告人的其他近亲属到场。

被申请人或者被告人没有委托诉讼代理人的,应当自受理强制医疗申请或者发现被告人符合强制医疗条件之日起三日以内,通知法律援助机构指派律师担任其诉讼代理人,为其提供法律帮助。

第六百三十五条 审理强制医疗案件,应当组成合议庭,开庭审理。但是,被申请人、被告人的法定代理人请求不开庭审理,并经人民法院审查同意的除外。

审理强制医疗案件,应当会见被申请人,听取被害人及其法定代理人的意见。

第六百三十六条 开庭审理申请强制医疗的案件,按照下列程序进行:

(一)审判长宣布法庭调查开始后,先由检察员宣读申请书,后由被申请人的法定代理人、诉讼代理人发表意见;

(二)法庭依次就被申请人是否实施了危害公共安全或者严重危害公民人身安全的暴力行为、是否属于依法不负刑事责任的精神病人、是否有继续危害社会的可能性进行调查;调查时,先由检察员出示证据,后由被申请人的法定代理人、诉讼代理人出示证据,并进行质证;必要时,可以通知鉴定人出庭对鉴定意见作出说明;

(三)法庭辩论阶段,先由检察员发言,后由被申请人的法定代理人、诉讼代理人发言,并进行辩论。

被申请人要求出庭,人民法院经审查其身体和精神状态,认为可以出庭的,应当准许。出庭的被申请人,在法庭调查、辩论阶段,可以发表意见。

检察员宣读申请书后,被申请人的法定代理人、诉讼代理人无异议的,法庭调查可以简化。

《高检规则》

第五百四十四条 人民法院对强制医疗案件开庭审理的,人民检察院应当派员出席法庭。

第五百四十五条 人民检察院发现人民法院强制医疗案件审理活动具有下列情形之一的,应当提出纠正意见:

(一)未通知被申请人或者被告人的法定代理人到场的;

(二)被申请人或者被告人没有委托诉讼代理人,未通知法律援助机构指派律师为其提供法律帮助的;

(三)未组成合议庭或者合议庭组成人员不合法的;

(四)未经被申请人、被告人的法定代理人请求直接作出不开庭审理决定的;

(五)未会见被申请人的;

(六)被申请人、被告人要求出庭且具备出庭条件,未准许其出庭的;

(七)违反法定审理期限的;

(八)收到人民检察院对强制医疗决定不当的书面纠正意见后,未另行组成合议庭审理或者未在一个月以内作出复议决定的;

(九)人民法院作出的强制医疗决定或者驳回强制医疗申请决定不当的;

(十)其他违反法律规定的情形。

第五百四十六条 出席法庭的检察官发现人民法院或者审判人员审理强制医疗案件违反法律规定的诉讼程序,应当记录在案,并在休庭后及时向检察长报告,由人民检察院在庭审后向人民法院提出纠正意见。

典型案例

高某球被强制医疗案(刑事审判参考案例第889号)

裁判要旨:刑事诉讼法及司法解释要求审理申请强制医疗案件必须依法组成合议庭,但对合议庭成员的组成没有明确规定。人民法院审理此类案件,应当结合具体案情决定是否需要由具有相关专业背景

第五编　特别程序 | 第五章　依法不负刑事责任的精神病人的强制医疗程序

的人员组成合议庭。具备条件的法院，可以安排一名至两名具有相关专业知识的人员作为合议庭成员参与案件审理，如果是随机选取，也可以在具有相关专业知识的范围内进行。合议庭在审理案件过程中会见被申请人，可以更加有利于直观地了解被申请人的精神状况，对最终形成更加准确的内心确信具有重要意义。因此，有必要在司法实践中规范会见的程序、方式与方法。例如，向被申请人的亲属、邻居或者与被申请人有接触的医护人员询问被申请人的基本情况，通过录像等方式记录被申请人的言行举止，与被申请人进行面对面交流等。上述活动，均应当制作规范的会见笔录、视听资料，并予以存档。有必要作为证据当庭出示的，应当将上述材料提交法庭进行质证。此外，人民法院应当在强制医疗决定书中写明对被申请人进行强制医疗的起始时间，强制医疗机构名称、地点以及公安机关所应承担的相关义务。

第三百零五条　强制医疗案件审理期限及复议程序

人民法院经审理，对于被申请人或者被告人符合强制医疗条件的，应当在一个月以内作出强制医疗的决定。

被决定强制医疗的人、被害人及其法定代理人、近亲属对强制医疗决定不服的，可以向上一级人民法院申请复议。

条文注解

第一，强制医疗的审理期限。主要包括两种情形：一是人民法院受理人民检察院提出的强制医疗申请。人民检察院在提出强制医疗申请时，应当提供被申请人实施暴力行为的证据，以及依法不负刑事责任的鉴定意见等证据材料，人民法院应当对证据材料进行审查，在受理申请一个月以内作出是否予以强制医疗的决定。二是人民法院在审理刑事案件过程中发现被告人符合强制医疗条件的，也应当在一个月以内作出强制医疗的决定。如果在审理过程中需要对被告人进行精神病鉴定的，可以依法进行精神病鉴定，对精神病鉴定的期间不计入办案期限。

第二，强制医疗决定复议程序。有权申请复议的人员有两类：一是被决定强制医疗的人及其法定代理人、近亲属；二是被害人及其法定代理人、近亲属。被决定强制医疗的人、被害人及其法定代理人、近亲属对强制医疗决定不服的，可以自收到决定书第二日起五日以内向上一级人民法院申请复议。复议期间不停止执行强制医疗的决定。对不服强制医疗决定的复议申请，上一级人民法院应当组成合议庭审理，并在一个月以内作出复议决定。

相关规定

《高法解释》

第六百三十七条　对申请强制医疗的案件，人民法院审理后，应当按照下列情形分别处理：

（一）符合刑事诉讼法第三百零二条规定的强制医疗条件的，应当作出对被申请人强制医疗的决定；

（二）被申请人属于依法不负刑事责任的精神病人，但不符合强制医疗条件的，应当作出驳回强制医疗申请的决定；被申请人已经造成危害结果的，应当同时责令其家属或者监护人严加看管和医疗；

（三）被申请人具有完全或者部分刑事责任能力，依法应当追究刑事责任的，应当作出驳回强制医疗申请的决定，并退回人民检察院依法处理。

第六百三十八条 第一审人民法院在审理刑事案件过程中,发现被告人可能符合强制医疗条件的,应当依照法定程序对被告人进行法医精神病鉴定。经鉴定,被告人属于依法不负刑事责任的精神病人的,应当适用强制医疗程序,对案件进行审理。

开庭审理前款规定的案件,应当先由合议庭组成人员宣读对被告人的法医精神病鉴定意见,说明被告人可能符合强制医疗的条件,后依次由公诉人和被告人的法定代理人、诉讼代理人发表意见。经审判长许可,公诉人和被告人的法定代理人、诉讼代理人可以进行辩论。

第六百三十九条 对前条规定的案件,人民法院审理后,应当按照下列情形分别处理:

(一)被告人符合强制医疗条件的,应当判决宣告被告人不负刑事责任,同时作出对被告人强制医疗的决定;

(二)被告人属于依法不负刑事责任的精神病人,但不符合强制医疗条件的,应当判决宣告被告人无罪或者不负刑事责任;被告人已经造成危害结果的,应当同时责令其家属或者监护人严加看管和医疗;

(三)被告人具有完全或者部分刑事责任能力,依法应当追究刑事责任的,应当依照普通程序继续审理。

第六百四十条 第二审人民法院在审理刑事案件过程中,发现被告人可能符合强制医疗条件的,可以依照强制医疗程序对案件作出处理,也可以裁定发回原审人民法院重新审判。

第六百四十一条 人民法院决定强制医疗的,应当在作出决定后五日以内,向公安机关送达强制医疗决定书和强制医疗执行通知书,由公安机关将被决定强制医疗的人送交强制医疗。

第六百四十二条 被决定强制医疗的人、被害人及其法定代理人、近亲属对强制医疗决定不服的,可以自收到决定书第二日起五日以内向上一级人民法院申请复议。复议期间不停止执行强制医疗的决定。

第六百四十三条 对不服强制医疗决定的复议申请,上一级人民法院应当组成合议庭审理,并在一个月以内,按照下列情形分别作出复议决定:

(一)被决定强制医疗的人符合强制医疗条件的,应当驳回复议申请,维持原决定;

(二)被决定强制医疗的人不符合强制医疗条件的,应当撤销原决定;

(三)原审违反法定诉讼程序,可能影响公正审判的,应当撤销原决定,发回原审人民法院重新审判。

第六百四十四条 对本解释第六百三十九条第一项规定的判决、决定,人民检察院提出抗诉,同时被决定强制医疗的人、被害人及其法定代理人、近亲属申请复议的,上一级人民法院应当依照第二审程序一并处理。

第三百零六条 强制医疗的解除

强制医疗机构应当定期对被强制医疗的人进行诊断评估。对于已不具有人身危险性,不需要继续强制医疗的,应当及时提出解除意见,报决定强制医疗的人民法院批准。

被强制医疗的人及其近亲属有权申请解除强制医疗。

条文注解

强制医疗并非刑事制裁,并无期限要求,符合条件即可提出解除意见或者申请。

第一,强制医疗机构应当定期诊断评估及提出解除强制医疗意见。一是强制医疗机构应当定期对被强制医疗的人进行诊断评估。强制医疗机构在对被强制医疗的人进行必要治疗的同时,还应当根据被强制医疗的人病情,定期组织专业医师对其进行检查评估,确认其精神状况。二是对于已不具有人身危险性,不需要继续强制医疗的,应当及时提出解除意见,报决定强制医疗的人民法院批准。"不具有人身危险性",是指被强制医疗的人已经具有辨认或者控制自己行为的能力,不会再危害公共安全或者他人的人身安全。人民法院收到强制医疗机构提出解除强制医疗的意见后,应当及时予以处理,作出批准或不予批准的决定。

第二,被强制医疗的人及其近亲属申请解除强制医疗。被强制医疗的人认为自己不应当被强制医疗,或者经过强制医疗的治疗已经痊愈,符合解除强制医疗的条件,有权向强制医疗机构提出申请,要求强制医疗机构作出诊断评估,提出解除意见,报请决定强制医疗的人民法院批准;也有权直接向作出强制医疗决定的人民法院提出解除强制医疗的申请。被强制医疗的人的近亲属如果认为被强制医疗的人不应当被强制医疗或者已经治愈,也有权申请解除强制医疗。申请被驳回的,六个月后可再次提出申请的,人民法院应当受理。

相关规定

《高法解释》

第六百四十五条 被强制医疗的人及其近亲属申请解除强制医疗的,应当向决定强制医疗的人民法院提出。

被强制医疗的人及其近亲属提出的解除强制医疗申请被人民法院驳回,六个月后再次提出申请的,人民法院应当受理。

第六百四十六条 强制医疗机构提出解除强制医疗意见,或者被强制医疗的人及其近亲属申请解除强制医疗的,人民法院应当审查是否附有对被强制医疗的人的诊断评估报告。

强制医疗机构提出解除强制医疗意见,未附诊断评估报告的,人民法院应当要求其提供。

被强制医疗的人及其近亲属向人民法院申请解除强制医疗,强制医疗机构未提供诊断评估报告的,申请人可以申请人民法院调取。必要时,人民法院可以委托鉴定机构对被强制医疗的人进行鉴定。

第六百四十七条 强制医疗机构提出解除强制医疗意见,或者被强制医疗的人及其近亲属申请解除强制医疗的,人民法院应当组成合议庭进行审查,并在一个月以内,按照下列情形分别处理:

(一)被强制医疗的人已不具有人身危险性,不需要继续强制医疗的,应当作出解除强制医疗的决定,并可责令被强制医疗的人的家属严加看管和医疗;

(二)被强制医疗的人仍具有人身危险性,需要继续强制医疗的,应当作出继续强制医疗的决定。

对前款规定的案件,必要时,人民法院可以开庭审理,通知人民检察院派员出庭。

人民法院应当在作出决定后五日以内,将决定书送达强制医疗机构、申请解除强制医疗的人、被决定强制医疗的人和人民检察院。决定解除强制医疗的,应当通知强制医疗机构在收到决定书的当日解除强制医疗。

第三百零七条　强制医疗的法律监督

人民检察院对强制医疗的决定和执行实行监督。

条文注解

对强制医疗的决定实行监督。人民法院作出宣告被告人无罪或者不负刑事责任的判决和强制医疗决定的，人民检察院应当进行审查。对判决确有错误的，应当依法提出抗诉；对强制医疗决定不当或者未作出强制医疗的决定不当的，应当提出纠正意见。

对强制医疗的执行实行监督。强制医疗的执行程序，既包括强制医疗机构的具体执行，也包括解除批准。人民检察院对强制医疗机构的执行活动进行监督，主要有审查强制医疗机构是否对被强制医疗的人实施必要的治疗，是否按照要求定期对被强制医疗的人进行诊断评估，是否按照要求提出解除强制医疗的申请，是否保障被强制医疗的人合法权利等。人民检察院对人民法院批准解除强制医疗的监督，主要体现在人民法院解除强制医疗的批准程序和批准决定是否合法，是否存在徇私舞弊行为等。

相关规定

《高法解释》

第六百四十八条　人民检察院认为强制医疗决定或者解除强制医疗决定不当，在收到决定书后二十日以内提出书面纠正意见的，人民法院应当另行组成合议庭审理，并在一个月以内作出决定。

第六百四十九条　审理强制医疗案件，本章没有规定的，参照适用本解释的有关规定。

《高检规则》

第五百四十七条　人民检察院认为人民法院作出的强制医疗决定或者驳回强制医疗申请的决定，具有下列情形之一的，应当在收到决定书副本后二十日以内向人民法院提出纠正意见：

（一）据以作出决定的事实不清或者确有错误的；

（二）据以作出决定的证据不确实、不充分的；

（三）据以作出决定的证据依法应当予以排除的；

（四）据以作出决定的主要证据之间存在矛盾的；

（五）有确实、充分的证据证明应当决定强制医疗而予以驳回的，或者不应当决定强制医疗而决定强制医疗的；

（六）审理过程中严重违反法定诉讼程序，可能影响公正审理和决定的。

第五百四十八条　人民法院在审理案件过程中发现被告人符合强制医疗条件，适用强制医疗程序对案件进行审理的，人民检察院应当在庭审中发表意见。

人民法院作出宣告被告人无罪或者不负刑事责任的判决和强制医疗决定的，人民检察院应当进行审查。对判决确有错误的，应当依法提出抗诉；对强制医疗决定不当或者未作出强制医疗的决定不当的，应当提出纠正意见。

第五百四十九条　人民法院收到被决定强制医疗的人、被害人及其法定代理人、近亲属复议申请后，未组成合议庭审理，或者未在一个月以内作出复议决定，或者有其他违法行为的，人民检察院应当提出纠正意见。

第五百五十条　人民检察院对于人民法院批准解除强制医疗的决定实行监督，发现人民法院解除强制医疗的决定不当的，应当提出纠正意见。

第六百五十一条 人民检察院发现人民法院、公安机关、强制医疗机构在对依法不负刑事责任的精神病人的强制医疗的交付执行、医疗、解除等活动中违反有关规定的，应当依法提出纠正意见。

第六百五十二条 人民检察院在强制医疗执行监督中发现被强制医疗的人不符合强制医疗条件或者需要依法追究刑事责任，人民法院作出的强制医疗决定可能错误的，应当在五日以内将有关材料转交作出强制医疗决定的人民法院的同级人民检察院。收到材料的人民检察院负责捕诉的部门应当在二十日以内进行审查，并将审查情况和处理意见反馈负责强制医疗执行监督的人民检察院。

第六百五十三条 人民检察院发现公安机关在对涉案精神病人采取临时保护性约束措施时有违法情形的，应当依法提出纠正意见。

文书格式

```
                ××××人民检察院
                  补充证据通知书
        (依法不负刑事责任的精神病人的强制医疗程序适用)
                              ××检××医补证〔20××〕×号
_____（公安机关名称）：
    你____（公安机关简称）移送的对涉案精神病人____（姓名）强制医疗一案，本
院审查认为……请补充提供下列证据材料：
    ……（列出需要的证据材料要求）。

                                          20××年××月××日
                                                    （院印）
```

```
                ××××人民检察院
              要求启动强制医疗程序通知书
                              ××检××医启通〔20××〕×号
_____（公安机关名称）：
    本院于____年____月____日向你____（公安机关简称）发出《要求说明不启动强
制医疗程序理由通知书》，你____（公安机关简称）于____年____月____日回复了
……（回复意见的名称和文号）。
    经审查，本院认为……（写明公安机关不启动强制医疗程序理由不能成立的原
因和应当启动程序的事实根据和法律依据）。
```

续表

> 根据《中华人民共和国刑事诉讼法》第三百零七条的规定，请于____年____月____日前启动对____（涉案精神病人姓名）的强制医疗程序，并将启动程序决定书副本送达本院。
>
> 20××年××月××日
（院印）

××××人民检察院
采取临时保护性约束措施建议书

××检××医束建〔20××〕×号

_____（公安机关名称）：

你____（公安机关简称）正在办理的____（涉案精神病人姓名）涉嫌实施____行为一案，根据《中华人民共和国刑事诉讼法》第三百零七条的规定，本院建议对其采取临时保护性约束措施。

20××年××月××日
（院印）

××人民检察院
纠正强制医疗案件不当决定意见书

××检××医纠决〔20××〕×号

××××人民法院：

被申请人（写明姓名、性别、出生年月日、户籍地、公民身份号码、民族、文化程度、职业或者工作单位及职务、住址、曾受到行政处罚、刑事处罚的情况，采取临时保护性约束措施的情况等）。

本院于（审查处理日期）申请对×××强制医疗一案，你院于（法院作出决定日期）以（法院决定书文号）决定书作出决定：……理由是：……

经审查，本院认为：……

综上，本院认为……依照《中华人民共和国刑事诉讼法》第三百零七条的规定，特向你院提出纠正意见，请依法对该决定进行重新核查，予以纠正，并将处理情况告知本院。

20××年××月××日
（院印）

附 则

第三百零八条 军队保卫部门、中国海警局、监狱的侦查权

军队保卫部门对军队内部发生的刑事案件行使侦查权。

中国海警局履行海上维权执法职责，对海上发生的刑事案件行使侦查权。

对罪犯在监狱内犯罪的案件由监狱进行侦查。

军队保卫部门、中国海警局、监狱办理刑事案件，适用本法的有关规定。

● 条文注解

本条规定明确了军队保卫部门、中国海警局、监狱的侦查权。

第一，军队保卫部门侦查权。军队保卫部门负责军队内部发生的刑事案件的侦查工作，其性质同公安机关对刑事案件的侦查相同，因此享有同公安机关相同的侦查权，包括拘留、执行逮捕、预审等职权以及讯问犯罪嫌疑人、询问证人、勘验、检查、搜查、扣押物证、书证、鉴定等侦查手段。这里所说的"军队内部发生的刑事案件"，主要是指军队现役军人、文职干部、在编职工犯罪的案件。军队现役军人、文职干部、在编职工在地方上作案的，属于军队内部的刑事案件，由军队保卫部门侦查。

第二，中国海警局侦查权。根据《全国人民代表大会常务委员会关于中国海警局行使海上维权执法职权的决定》，中国海警局履行海上维权执法职责，执行打击海上违法犯罪活动、维护海上治安和安全保卫等任务，行使法律规定的公安机关相应执法职权。

第三，监狱侦查权。监狱对狱内发生的刑事案件进行侦查，也享有公安机关侦查案件的职权，包括预审、讯问犯罪嫌疑人、询问证人、勘验、检查、搜查、扣押物证、书证、鉴定等。侦查终结后，监狱认为应当追究犯罪嫌疑人刑事责任的，应当写出起诉意见书，连同案卷材料、证据一并移送人民检察院审查起诉。

● 相关规定

《高法解释》

第六百五十三条 本解释的有关规定适用于军事法院等专门人民法院。

第六百五十四条 本解释有关公安机关的规定，依照刑事诉讼法的有关规定，适用于国家安全机关、军队保卫部门、中国海警局和监狱。

《高检规则》

第六百八十条 人民检察院办理国家安全机关、海警机关、监狱移送的刑事案件以及对国家安全机关、海警机关、监狱立案、侦查活动的监督，适用本规则关于公安机关的规定。

第六百八十一条 军事检察院等专门人民检察院办理刑事案件，适用本规则和其他有关规定。

参考文献

1. 《中华人民共和国刑事诉讼法（案例应用版）》，中国法制出版社2015年版；

2. 刘玫主编：《中华人民共和国刑事诉讼法及配套规定分解集成》，中国政法大学出版社2021年版；

3. 刘静坤主编：《刑事诉讼法注释书》，中国民主法制出版社2022年版；

4. 冯江、钟健生主编：《刑事诉讼法全厚细》，中国法制出版社2022年版；

5. 王爱立主编：《中华人民共和国刑事诉讼法释义》，法律出版社2018年版；

6. 李少平主编：《最高人民法院关于适用〈中华人民共和国刑事诉讼法〉的解释理解与适用》，人民法院出版社2021年版；

7. 杨万明主编：《新刑事诉讼法司法适用解答》，人民法院出版社2018年版；

8. 童建明、万春主编：《〈人民检察院刑事诉讼规则〉条文释义》，中国检察出版社2020年版；

9. 孙茂利主编：《公安机关办理刑事案件程序规定释义与实务指南》，中国人民公安大学出版社2020年版。